《王亚南全集》编纂委员会

《王亚南全集》编辑部

王亚南全集

第十三卷

厦门大学出版社
XIAMEN UNIVERSITY PRESS
国家一级出版社
全国百佳图书出版单位

图书在版编目(CIP)数据

王亚南全集.第十三卷/《王亚南全集》编纂委员会编.—厦门:厦门大学出版社,2021.11

ISBN 978-7-5615-8351-7

Ⅰ.①王… Ⅱ.①王… Ⅲ.①王亚南(1901—1969)—全集 Ⅳ.①C52

中国版本图书馆 CIP 数据核字(2021)第 160051 号

出 版 人 郑文礼
出版策划 宋文艳
责任编辑 许红兵
责任校对 英 瑛
装帧设计 李夏凌 蔡炜荣
技术编辑 朱 楷

出版发行 厦门大学出版社
社 址 厦门市软件园二期望海路 39 号
邮政编码 361008
总 机 0592-2181111 0592-2181406(传真)
营销中心 0592-2184458 0592-2181365
网 址 http://www.xmupress.com
邮 箱 xmup@xmupress.com
印 刷 厦门集大印刷有限公司

开本 720 mm×1 000 mm 1/16
印张 31.25
插页 3
字数 486 千字
版次 2021 年 11 月第 1 版
印次 2021 年 11 月第 1 次印刷
定价 168.00 元

厦门大学出版社
微信二维码

厦门大学出版社
微博二维码

编纂体例

1.编校基本原则:尊重与保持原著面貌,同时兼顾现行学术规范和读者阅读习惯。

2.版式:原为竖排者均改为横排,繁体字均改为简体字。

3.古体字、异体字改动而于原意无损者,改为今体字和通用字,并按新版《现代汉语词典》规范。

4.对明显的文字排校差错,包括衍(多余)、脱(减少)、倒(倒置)、错(错讹)进行校改。添加的字用六角号及楷体标示,其他径行改正。漫漶不清、无法辨认的,用方框"□□"标示。

5.生僻或明显有碍于读者理解的旧词,改为常用或便于理解的新词。

6.标点符号原则上不作改动;个别影响阅读或容易引起歧义的,采用现行国家标准予以改正。

7.著作(译作)、文章原则上采用原有标题;个别无标题或标题有改动的,由编者酌加或修改,并用"*"号注明,加"编者注"说明。

8.原作中的夹注、篇后注、章后注等,原则上改为脚注,文献出版年份和页码统一为阿拉伯数字。

9.编者所加注释均注明"编者注",并根据情况采用脚注或夹注形式。

10.引文均不复核,个别明显错引处径行代为改正。

11.原文中人名、地名、国名已成音译定例的,按定例予以改正和统一;未成音译定例者,仍循其旧。卷末根据需要附"人名译名对照表"等。

12.统计数字按现行规范统一。年代表述仍循原著写法。

13.内容涉及对外或民族、宗教政策的,亦保留原样,必要时加“编者注”说明。

14.早期原著中个别提法不合现行规定的,径行作省略处理。

《王亚南全集》编辑部

本卷编者说明

本卷收录王亚南的三部译著，即《人类婚姻史》、《地租思想史》和《经济学绪论》。

《人类婚姻史》一书译自芬兰著名社会学和人类学学者韦斯特马克(Edward Westermarck，1862—1939)1926年出版的英文原著《婚姻简史》(A Short History of Marriage)，由神州国光社(上海)初版于1930年。《地租思想史》一书译自日本经济学者高畠素之(1886—1928)1928年出版的日文同名著作，由神州国光社(上海)初版于1931年6月。该译著曾由郭大力校订。《经济学绪论》一书译自英国著名经济学者克赖士(John Neville Keynes，1852—1949)初版于1891年的英文原著《政治经济学的范围与方法》(The Scope and Method of Political Economy)，上海民智书局初版于1933年3月。

本卷编纂过程中，我们在最大限度保留原译著原貌这一编纂原则下，对译著正文文本中的某些人名、国名、地名及族群名称等的规范译名予以加注说明，以方便于现在读者阅读理解。

目 录

人类婚姻史

地租思想史

经济学绪论

人类婚姻史

人類婚姻史

Edward Westermark 著

王亞南 譯

神州國光社出版

原书封面

人類婚姻史

版權所有

中華民國十九年七月初版

著者	Edward Westermark
譯者	王亞南
發行者	神州國光社
發行所	上海河南路第六十號 神州國光社
印刷所	上海新閘路福康路內 神州國光社印刷所
分售處	各省神州國光社 各大書局
實價	大洋一元

發行所 / 印刷所 電話 一二三九八 / 三一〇九〇

原书版权页

译后赘言

一、这部书是从韦斯特马克于1926年出版的“A Short History of Marriage”翻译过来的。原著者在1891年还出版了一部题名为“History of Human Marriage”的大著。那部大著就量上言，要比本书多过六倍以上。所以“人类婚姻史”应该留作那部书的译名；本书只可称为“人类婚姻简史”。可是我们如果对于前者以《人类婚姻全史》题称，本书自不妨称为《人类婚姻史》。

二、书中的特用术语，大抵皆采用已有的译名。唯第三章第四章的标题，“内婚制”，“外婚制”，皆偏于意译，所以应当略加说明。内婚制（Endogamy）的原义为“内族结婚”，外婚制（Exogamy）的原义为“外族结婚”。姑不论兹所谓“族”之所指在种族，部族，氏族，或支族，究只限于此等族缘关系。而原著者在这两章所讨论的范围，则旁及于宗教、阶级及地方集团。所以译者为标题译作，“内婚制”“外婚制”比较概括而贴切。虽则本文中有的地方间或也译为“内族结婚”“外族结婚”。

三、原著间或参用的希腊，拉丁，德，法，俄各种文字的原文词句，皆由日译文转译过来。据说日本已有两种译本，而译者参照的，则为吉冈永美去年二月发行的初版本。——恐转译有失原意，所以各种原文字句，大抵皆附在译文下面。

四、这部书里面述及的种种色色的婚姻习俗已够引起我们的兴趣。而世界之大，一定还有更稀奇古怪的许多习俗，曾经存在，现在仍旧变相的存在。就中国的婚姻习俗言，原著者虽在本书中谈到了不少，而且谈到的风习，有的竟连译者亦未闻知。但译者知道中国现在有许多地方实行的习俗，竟不能在世界各民族间发现先例。据闻湖北通山一带，最近还当作惯例施行的“打鞭韂”，虽与本书中的“换妻”无大出入；可是同省崇阳县迄今犹称风行的“继科”，则是闻所未闻。“继科”的语义，不必牵强解释。其手续系由男子应事实上（如出外或疾病等）或经济上的要求，暂时将妻出租。承租人大抵因为迫于性交的欲求，或希望生子，或需人照料家事，或无力购买整个的妻，于是彼此依协定订就租约，在一定年限内，由承租人先期或分期付纳租金。期满还可续约；或者租出人将妻携归同居若干时间，重又租出。不过此种习俗，只限于下层阶级间施行。闻某举人由“继科”关系产出，终身引为憾事。此外，同省沔阳一带，男子外出十年八年，妻在家中不妨与他人发生关系，生育子女。但所生子女，仍为该男的子女。若妻在外边生有子女，该男同样保有父亲的资格。诸如此类，或较此更为特异的习俗，或许不难在中国各省内地发现。译者固然盼望最近有人移译韦斯特马克的《人类婚姻全史》，而尤其企望的是有一部《中国婚姻全史》出现。

五、原书最后附有长的索引，译者以其无关要旨，故擅与删去了。

六、译文承友人 RM 详为校正，特此敬致谢意。

民国十九年一月十二日

王亚南

识于东京

原著者序言

本书系根据拙著《人类婚姻全史》(History of Human Marriage)第五版写成的。其中所有典据的事实,几乎都是从那里面取来,但不能算是那部书的缩本。著者对于本书是在婚姻的严格意义上,把它当作一种社会制度讨论。所以那部书里面有许多题料,都予删略了。

一九二六年六月爱德华·韦斯特马克

(Edward Westermarck)

第一章 婚姻的起源

"婚姻"一语,通常有当作一种社会制度使用的意味。因为婚姻系依据习俗或法律,范围一男或数男,与一女或数女的关系;而结婚当事者彼此间的权利义务,以及彼等对于子女的权利义务,皆包括于其中。此等权利义务,虽因各民族不同,发生差异,至不能包罗一切,而得一概括之定义。但一切民族间,终必有其共同点存在。结婚常含有性交权利的意味。社会不仅允许夫妇间的性交;就一般而论,甚且认一方有满足他方欲求的义务。性交的权利,不必是独占的权利。如果一方对于他方的不贞,不得视为解除结婚关系的理由。自法的观点上,却很难说是婚姻赋有排他的权利。而且通奸也并非常是离婚的原因。

再"婚姻"不止于规定男女性的关系,又为一大大影响当事者财产权的经济制度。在可能与必需范围内,为夫者有维持妻及其子女的义务;同时妻子亦有其应做的工作。通常夫能支配妻,支配子女,但对于子女的支配期间,大抵皆有限制。结婚每每决定了新生子女,在父或母所属的社会共同体构成中所占的地位。但就庶子与嫡子在血统,遗产,及承袭关系上,常受同一待遇考察,则结婚对于子女的地位,并未具有大家不时主张的那样重要,而且那样根本的职能①。男女的结合,被认为夫妇关系,无论当时的习俗或法律之规定如何,终不能不照例履行。有时订婚须得当事者自身的同意,或当事者父母的同意,或当事者自身及父母的同意皆为必要。女家对于男家也许有报偿的要求,或者新娘的两亲有置备嫁奁的规定。经过此等手续后,乃举行或种特定的结婚仪式。凡习俗或法律要求的条件未备,则一男一女的何等结合,皆不得认为是夫妇关系。

婚姻制度大概起源于原始时代,而为原始习惯发达的结果。我们有

---

① 如在中国,儿子不拘是正出,庶出,或婢出,皆得同等分受遗产。回教法对于遗产的处置,没有〔嫡庶〕所生与婢所生的区别,只要主人承认是他的儿子。

理由相信，一男一女（或数女）共同生活，发生性的关系；共同负责养护子女，如男子保护及维持一家的生活，女子则为夫协助，并充当幼儿的保姆一类习性，系原始的习性。此种习性，先由习俗所承认，继为法律所承认，终至成为一种社会制度。

以次，著者将述说此种习性存于人类最古祖先间之理由，且以探究其源起。

类似的习惯，虽不能发现于最低级动物间。动物界中具有此种习惯的种属，却不在少数。无脊椎动物的两性关系，大都极不确实；即母之于子，亦殆免去了一切保育的烦累。最下等的脊椎动物，亦似没有关心到它们的种嗣。但多数的鸟类，则颇不相同。彼等雌雄同居，不仅在育雏期间，此后还继续下去。父与母对于幼鸟的保爱本能，皆发达到了高度。研究动物惯性有名的布利姆博士（Dr. Brehm）相信鸟类中除鹑鸡及其他有数的种属外，大抵伉俪结成，则终身不变。所以彼对于此种模范家族生活，羡慕不置，而谓"纯真的结婚关系，只能求之于鸟类"。

其在哺乳动物，大都不足以语此。固然母亲对于幼儿的保护极为热心，通常又能以浓挚的爱情哺养，但大多数的两性关系，只限于交尾期间。可是雌雄两性关系较有持续性，且雄者担当保护家族任务的种属，亦颇不少，而在猕猴类中，则更为常见。类人猿的家族生活，使吾人特别感到兴趣。关于猩猩的记载，人各不同。由某种报告：猩猩家族中有一雌一雄，及幼儿一个或两个一同生活。据其他的报告：雄者常独居，同时或可发现母猩猩与一个正在乳育，另一个已有一两岁的幼儿同栖。华勒斯（Wallace）从未见到两个成长的猩猩共同生活。但由彼不时发现雄的或雌的旁边，伴有它们的幼儿的报告，可见小猩猩决不能不受亲的保育。至若关于大猩猩的记载，则尤信而有征。许多报告皆言一匹雄的大猩猩（某种报告说是两匹），与一匹或数匹雌的，又加一匹或数匹年龄不齐的幼儿，组成家族，相与生活；由雄的，即为父的大猩猩防卫警戒，保护家族，并为家人构造居处。黑猩猩的习惯，与此极相类似。冯可盆福尔（von Koppenfels）有谓：黑猩猩类似大猩猩，雄者为幼儿及其配偶在树的杈枝上构造一巢，自身则在下面树枝间度夜。

设问某种动物的雌雄两性，何以不只共同栖息于交媾期间，且还继续到幼儿生育以后？次则不难解答。因为此类动物系被驱摄于一种本能作用。此种本能的获得，乃基于动物在自然淘汰过程中，具有一种保其子嗣，延其种属的倾向。雄者不仅与其配偶及幼儿同居，且加意保护的事实，斯可显示此种本能倾向的作用。维持种属存在之途径虽多，但夫妇之情，与亲的本能（如母性爱），则颇为切要。吾人在亲的保护缺乏的场合，当必可以发现其他补救的方法。

无脊椎动物，鱼类，爬虫类等之幼儿，大部分未及成年，即行死去。所产之卵数愈多，夭失之数，亦与之为比例。假令每只鱼卵皆得滋生而孵化，即海之大，亦恐无容纳余地。爬虫类之卵，借阳光而发育，无须母性保护。而且幼儿生时，即具有自助能力，能与成长者营同一生活。然在鸟类，则亲的保护，成为绝对的必要。卵的发育，雏的保存，最需要适当而且不断的温度。因此，母鸟常有待于父鸟的协助，如供给食物，时或代为伏卵。其在哺乳动物，幼儿虽不能不借母的抚育。但对于父的协助，却非绝对的必要。如海象、象及蝙蝠等，类皆借一种近似奇妙的习惯，代替父的保护。母及幼儿相与结成大群，而营着共同生活。

在类人猿中，有不少可以说明夫妇及亲子保护关系必要的显明事实。其一为幼儿之数少，雌猿每次只产生一匹；又其一为幼年之期长，传闻猩猩须到十五岁始得完全成长。假若猩猩的家族生活，较之大猩猩及黑猩猩更多缺欠，其理由或可视为危险较少的表现。猩猩在婆罗洲（Borneo）除人类外，没有有力的匹敌。结局此等猿类遂不得成为群居的动物，而与较小猿两样。因为彼等体躯过大，一方面不必要群居的防卫；他方面因所需食物量较多，致使大群生活益形困难。传闻大猩猩不能在同一场所逗留两夜，各家族为寻求食物，在丛林中到处徘徊。萨维吉博士（Dr. Savage）谓：大抵果物成熟的季节，则黑猩猩之数激增，由此似可说明各个分离家族群单独生活之主要原因，乃因其他季节获得食物的困难。设如土人所云：黑猩猩在喀麦农（Kamerun）能团集生活，其较大的社会性当与“大森林中种种食物供给丰富，故黑猩猩通常不易经验到饥厄”的事实，有相当的关系。

当我们由最进步的猿类，进而观察到人类，亦将发现同一现象。最下级的未开化人与最高的文明人的家族中，同样包含有两亲及其子女，并且父亲同样是家族中的保护者与供给者。真的，有许多记载谓某种民族缺乏家族的关联：以前生活于乱婚状态中（a state of promiscuity），现在仍继续生活于乱婚状态中；还有许多习俗，被解释为过去乱婚状态的遗风；更有假定乱婚说曾普遍行于原始人类间。但诸如此类解说，自著者看来，似乎全无可资证据的价值。

就被认为生活于乱婚状态各民族的种种情形，详加考验，则所得到的结论，是难于寻得比较此等更不可靠的记述。有的仅由于理论家们的误传，其中如性的弛放，分居的频繁，一妻多夫，团体婚，或与团体婚相似的多数婚，或没有结婚的仪式，没有“结婚”(to marry)的术语，或没有类似吾人的结婚关系等等，皆与乱婚混为一谈。还有的则根据一些模棱两可的不确实证据，或者全是杜撰的报告。要之没有一种解说，够得上权威的资格，甚且不能令吾人相信乱婚曾在任何场合或然的存在。在现今，或者近代，没有一种未开化民族生活于乱婚状态中，这是很明显的；这将使古代或中世著述者流所谓乱婚曾盛行于某种民族的捕风捉影的纪载，全部发生动摇。我们试思人人对于自身邻近者的性关系报告的不确实程度，便不宜懵然接受那些古昔著述者流关于非洲(Africa)、亚洲(Asia)等远隔的部族所发表的言论。因为他们明明没有了解这些民族的充分知识。普林尼(Pliny)在《加列门底族的乱婚生活》“Jaramantians”一章中，曾告诉我们非洲又一种族的补勒米亚人(Blemmyans)，没有头，口与眼都生在胸脯上。著者从未发现此类记述曾引用于人体解剖学的任何书中，因此也就没有理由断定这位著述者对于补勒米亚人的性的习惯，比对于他们的身体构造，更见精通。况且该记述简短而暧昧，能加上多样的解释。彼述及妇人共有的事实，并不一定含有一群或部族内部的一般乱婚意味，却有类于近代未开化种族间流行的团体结婚。若谓结婚关系之没有存在，则吾人必须记忆“结婚”(marriage)一语，含有许多意义；而中世著述者流关于斯拉夫(Slavonic peoples)某种族间流行的乱婚，亦得同样说明。即使我们能够相信某雅利安民族(Aryans)前数世纪没有婚姻制度存在，但我们应该认为这是他们确实丧失了过去祖先所有的遗物。

原始乱婚状态存在的主张者，曾论及乱婚与结婚制并行于世界一切未开化民族间，不仅为一种事实，且每每当作习俗履行。可见性的结合，本来不曾有什么拘束；而现在许多未开化民族间男女，在结婚前享有完全的自由，则更为世所熟知。但吾人如稍作精密的观察，则此等事实，在任何情况下皆不得视为原始乱婚的遗习。——无论是由于后代发达的结果,或者与乱婚全无关涉。结婚前的自由的意义,并非男女不断改变他们的爱人;且不断改变爱人而不受社会的任何谴责。青年男女间的性关系,往往为他们的结婚预备关系。有时可以视此为他们求婚的一种正当手段,或者确定永续关系前的一种尝试。在许多民族间,须于结婚确定前履行正规的尝试结婚(regular marriage upon trial)。有时男子将未婚妻迎至自己家中,或者自身到岳家与妻的两亲伴居一定的期间。此种惯例,苏格兰(Scotland)在宗教改革前,犹当作纯粹的习俗履行。是即大家所知的“约婚”。“在公共市场中,男子各自选择女伴,与自己同居一年。同居期既满,当事者彼此皆得自由:无论是成立正式结婚关系,或者单独生活。”爱尔兰(Ireland)亦存在有类似的风习,不过型态较为粗略。依据古之记录,则威尔士人(Wales)未经与好逑者同居考验其性质,而尤其是考验其生殖能力后,便不得结婚。在许多未开化民族间,未婚者不妨自由交合,迨女子怀妊或生产,常进而结婚;或强迫诱惑者,或恋人与彼女结婚;若不从,则科以罚金。由此可见小孩的父亲是知道的即是说,此与乱婚大有区别。

但著者的本意,并不是说单纯民族间结婚前的关系常常具有此种性质。而且有太多与过于肯定记录,不容我们怀疑结婚之外的乱婚状态存在。但未婚者间的乱婚,我们可以毫不踌躕的断定是彼等未开化民族风习中的例外。麦尔斯(Messrs)和布豪斯(Hobhouse)、辉勒(Wheeler)、景斯柏(Ginsbery)诸氏在他们合著的《物质文明与素朴民族的社会制度》一书中,曾就他们调查的实例——约计 120 个——而得到未婚前关系可以原恕的数字,与应当非难的数字,略略相等的结论。著者雅不欲胪列许多不确实的记载,但依据自己所搜集的事实,却能相信著述者流对于未开化人贞操的评价,并未过甚其词。不过发达较迟的民族,与文明接触受到的恶影响,以及更为重要的,如结婚前的一切性关系,即令是独占的,永续的,皆被视为结婚前的不贞操的事实,我们必得加以考虑。

再者,当我们就素朴民族结婚前的性关系与彼等的经济进步间究有何种关连一加考察,则知该民族结婚前的贞操标准,并不能与其文化程度为比例。而在最幼稚部族间的贞操观念,却反较进步的民族强固。设谓婚姻为人类两性间之自然的,常态的关系,亦不难由此窥见一斑。结婚前的贞操或不贞操,大都依结婚年龄而决定。文化幼稚的民族,独身者稀,其结婚年龄亦较吾人为早。但未开化的生活环境,有时亦不免迫其短期或长期的鳏居。如男子贫乏,至不能供养妻室;或女子须购买,苦难支给贷价;或一部分人实行一夫多妻,致令他人无从获得配偶等等。但诸如此类障碍,大都发现于文化略略发达的地方。在原始状态下,却不常见。因此,在文化极低的阶段,结婚前不贞操的因由,比较极少,而结婚外的关系,乃更易说明,无须仰仗古代一切男女关系皆为乱婚之假说。今日文明社会中卖淫率的增加,较之人口增加率已显示遥遥跃进的倾向。虽在卖淫废止的欧洲城市中,私生儿超过了正出儿的数目。我们试一考察此种情况,则谓未开化人未婚者的不贞操为原始乱婚状态的遗习,其悖谬孰甚。

有人假定乱婚说,或如亚柏立卿(Lord Avebury)所称的"共同婚"(communal marriage),很可从被解释为"个人结婚的行赎"(acts of expiation for individual marriage)风习得到实证。在许多场合,闻妻由个人独占,必须暂时容认既存的共有权利实行后,乃能合法的获得。此种暂时的共有权,即往往许于僧侣,王,或贵族的所谓"初夜权"(the jus primae noctis)古代属于一般男性的权利被剥夺后,僧侣,王,贵族遂被认为社会的代表,而为此种权利的行使者。但吾人如此推论以前,必得考察容认此权利,或遵从同种风习的民族感情或观念,是否可以说明此种习俗的存在。此为研究任何习俗应取的方法,而对于此刻依一种风习,证实完全架空的前代的或种状态存在的场合,尤为必要。

最能惹起我们注意的事实,为新郎往往对于初次与新娘性交的嫌忌。实在有许多民族的青年妇人或少女,皆系依结婚外的交合而被污。污淫者显然未含有行使此种特权的意味,无奈为夫者回避惟恐不力,所以不得不勉为其难。男子对于交合嫌忌的主要理由,当为一种迷信的恐怖。此种感情在许多场合,至少似与处女血恐怖(fear of hymeneal blood)有密接的关系。然普通人有危险的任务,教士与医者可以安全地担负下来。卡斯腾博士(Dr. Kasten)在其近著《南美印度人之文明》[①]中有云:初次性交,不免有恶灵妨害的顾虑。但僧侣医士知道适当处理的方法,而且知道"如何处理,方不致使女子蒙到不可思议的祸害,使女子的夫此后亦得安

---

① 此书名中的"印度人"即"印地安人"。——编者注

然无恙”。由僧侣或医者的拥抱，还可期待积极的利益。因为彼等相信与圣者交合，其利极大。一种习性有时可以当作一种权利解释，或竟成为事实上的权利。酋长或王者的“初夜权”，亦得同样说明。彼等履行“初夜权”的任务，与普通人要求僧侣者具有类似的理由。约在纪元一一〇〇年顷，由爱尔兰文编纂之古籍中，载有耶稣(Jesus)生时，厄尔斯特(Ulser)王康卓巴(Conchobar)领内之处女，悉为彼所奸污。特奸污处女乃责成彼之一种义务。若酋长之“初夜权”，显系因某某酋长取得有与异性臣民交合的权利，同出一源。但不拘“初夜权”属于酋长或僧侣，普通人奸污处女之顾忌；或依宗教人物显要人物交合而期得福利；或因赋有此种权利者的性的要求：要皆为个人的特质或权威的结果，不得视为古代共同权的遗习。

还有一种据以证实古代女性共有制(communism in women)的风习，即男子必得以妻(或妻中一人)供献来客。亚柏立卿(Lord Avebury)相信此系“女子为社会一切份子的固有权利，来客不过暂时行使此种权利”的认识。果其如此，则贷妻风习将发现于各民族间，吾人确能由是得一女性共有制曾风行于人类之结论。但贷妻与供奉来客以食物或寝床，同为任何人不得私有房屋或食物时代的遗风。因为著者相信主人必须以妻贷与来客的风习，仅为文化低落时代普行款客方法之一种照例点缀。特供客不常为妻，有时为女，为妹，或为下婢。此种款待方法，常见于《爱尔兰英雄故事》中。其在中世纪的法国文献，亦散见若干实例，并指出此种风习曾在该国存在。以妻供奉访客与其他的款待方式，同样含有迷信作用。因为单纯民对于素昧平生的外来人，不知不觉在脑中唤起了神秘畏惧的感念。款待周到，来客或可赍来福利，否则彼亦具有作祸降灾的潜力。通常对于外来者，都信其通晓魔术。因为外来者外表上超自然的特质，且与主人及家人接近最易传染祸灾，所以彼等对于访客不吉的念头或诅咒，大为恐怖。我们就未开化人顾忌未知者不吉的眼，或诅咒之想像的危险，与夫由彼之赐爱而获得想像的福利观察，则以妻供奉来客的原意，尤不难明了。

在许多未开化民族间，血统关系不决于父亲，而决于母亲。此种风习通称为母权(mother right)。马克伦兰(McLenan)及其后许多著述者，曾解说此系由于乱婚，以致父系不明的结果。但在现存未开化人间为吾人察知的道德不道德的习惯，与父系继承母系继承一般并存之事实，迄未予以说明。有的民族间，奸通实例虽极罕见，其相续关系，仍仅行于母系方面；而性交在结婚前或结婚后漫无拘束的民族，却反由父系继承。哈特兰博士（Dr. Hathand）对于母系继承不得诿诸父系不明的见解，与作者正同。彼察知母权"不仅行于父系不明的场合，实际上父系确定，亦得行使母权"。反之，父权制"不仅行于父系确定的场合，即父系未确定，甚至明知非生育儿童的正当父亲，亦得行使之父权。否则父权制度对于借他人之子为名义父亲的惯例，便随时有规定的必要"。在著者不论对于父性如何设想，迄未否认母权制与儿童生育之直接关系。但父权制母权制两者，至少都与社会条件有密切的关连。此两者分别解说，无论如何困难；现今对于低级种族的知识，无论如何缺乏，吾人得以充分的自信，抛开血族关系问题，而指明母权制度通行之主要原因——至少是一部分的主要原因。

特别在未开化人间，母子的关系，较之父子的关系，遥遥牢固。母亲抚抱婴儿，经过长的期间。乳育期有的为两年、三年、四年，或四年以上。在乳育期终了后，孩童与成长的少年，犹时常伴随母亲。其在一夫多妻的家族中，妻各分有小屋，与自己的小孩一同栖息其间。即令不在此种场合，母子结合成一小的家族，亦系出于自然。在多数民族间，男子结婚须舍去本家，与妻之家人共同生活。大抵此种风习流行的地方，皆有母权制存在。因母权制存在之一理由，似为母族结婚（matrilocal marriage）。此种结论，依父族结婚（patrilocal marriage）母族结婚并行于同一民族间，则其系统——至少有若干实例中——因夫往妻家，与妻之亲族同居为母系；夫携妻至自家一同生活为父系之事实，而得到确定。

在一切被认为男女无差别同栖之古代状态，或共同结婚（communal marriage）时代的遗风之习俗中，没有一端能够假定那种状态，曾经存在；无数维持乱婚说之事实，皆不足使吾人相信乱婚为某种民族两性关系之主要型态。在人类社会发达的过程中，乱婚不曾形成一般的阶段，更无从设想为人类史之出发点。不特此也，乱婚说不仅缺乏根据的事实，反使吾人对于原始人类状态引出了最可信赖的推论。

达尔文（Darwin）因四足雄兽具有吾人所能察知的妒嫉心，同时又具有与敌争斗的特别武器，乃知乱婚完全不适于自然状态。但依莫尔根（Morgan）、马克伦兰（McLenan）、卢巴克（Lubbock）诸氏予以证言，彼又相信乱婚在原始普遍通行于全世界。此外还有其他少数著述者与达尔文氏抱有同一见解。如其诸氏援引的事实真能证明乱婚在人类进化过程的某阶段,曾一般的通行,吾人便不得不容认男性方面之嫉妒,对于此种制度没有何等障碍。倘在任何时代没有理由假定乱婚状态的存在,则情形便完全两样。在人类既存种族及类人猿间,男性妒嫉之普遍,乃初期人类具有嫉妒心之有力的明确佐证。而且男性妒嫉为一般特质的事实,不仅由观察者直接的记录可以推知,而关于奸情的法律习俗,如为夫者自身或社会惩治情夫或不贞妻,或两者同受惩罚,甚至予丈夫以离弃不贞妻的权限等等,亦得说明此种特质的存在。

真的,曾闻某种民族,几乎没有妒嫉心可言。而且此点常由贷妻,妻的交换,或使妻卖淫等等风习得到证实。但嫉妒的意义,如仅为丧失性欲独占的对象,或危惧此种对象丧失所惹起的愤怒情感,则此等推论,将无可容认。第一,依前述种种理由,或仅依顺从种族习惯的理由,当彼未开化人以妻款待来客时,其心中究作如何感想,吾人殊难确切的关说。第二,一个人体验或种情感,尽管具有一种强烈的倾向,然在特殊情形下,此种倾向将无从表现出来。一种欲求,会由其他——至少在当时——较强的欲求所克服,以致于沉默。男子对于其妻,大抵抱有妒嫉观念。但因利欲薰心,乃不惜使妻卖淫;或如黑人(negros)之利用其妻,诱惑他人,而贪图重利。尤有进者,性的妒嫉,虽以某种程度之性爱,为先决条件,但不拘是未开化人或文明人,并未时常保持着对于妻的欢爱。与人换妻的理由之一,乃彼完全嫌恶其妻。

然著者确未由此否认妒嫉心极弱种族之存在。一妻多夫风行之多数民族,乃被称为妒嫉心极弱的民族。可是不得援引此说,借以助长乱婚的理论。因为一妻多夫——如后云云——源起之特殊因由,并不能创出女性一般的共有制(general communism in women)。况一妻多夫不曾发现于最下级未开化人间,而行之者大抵为别于未开化人的牧畜民族或农耕民族。此点颇值得注意。但此等事实,对于马克伦兰所谓“一妻多夫,应当视为乱婚之修正与进步”的主张,没有帮助。在使妻卖淫的任何场合,亦不得认为原始妒嫉心的缺乏。卖淫确与原始性漠不相关。许多民族之卖淫风习,却反由于接触高度文明,而发生的结果。再者,设动物交配期之假说,能适应人类原始情态——如作者在他处所说明——则原始时代的人类嫉妒心，与其他哺乳动物，当无大差别。

实际上，在乱婚状态下生活的民族，虽未之前闻，但确有某种族的儿童，对于乃舅的关系，较之父亲尤为密切。在苏门答腊（Sumatra）的奥伦马马克人（Orang Mamaq）[①]，在同岛巴唐高原（Padang Highlands）马来人系统的种族，在阿萨姆耆鲜高地（Jaintia Hills in Assam）的辛腾格人（Syntengs）以及在马拉巴（Malabar）的内雅人（Nayars）等，确有几种例外的风习：妻不与夫同居，而与母家亲族共同生活，夫则前往拜访。妻所生的子女，亦留在外家。常闻舅父对于儿童的权利，竟超过其父亲。虽幼儿最初至少曾与两亲同居，但父之权威，极为微弱，甚至毫无权威可言。不过我们对于剥削父权而予舅父以无限权威的说明，须得加以考虑。旅行者置身异地，容易感到欧洲家族组织，与当地民族家族组织的差别，因而张大其词，其报告亦往往前后矛盾。如某著述者谓法领非洲西部之罗比族（Lobi），儿童虽与两亲同居，系统上乃属于叔父。在次页又谓：一家的权威，不外父的权威。某权威学者关于奴隶海岸（Slave Coast）操依珲语族（The Ewe speaking peoples）之记录：在一处大书"长男为家族的主脑"。而在另一处又谓"父亲为一家的所有者或主人"。并说男子思与某女结婚，须同女之两亲交涉。在任何情况下，如儿童居于父家，父亲对于儿童的权利，无论如何限制，而其根本的父之义务，则似为一般所公认。

但在母系氏族中，不必能设想舅父或外家其他或一人对于儿童的权威，超过乃父，为一般的法则。在澳洲一切部族间，无论为父系或母系，父终为一家很明显的主脑。由母系继承的米勒尼亚（Melanesia）[②]各地，亦发现同样的实例。如科群东博士（Dr. Codrington）所云："家族的房屋为父所有，庭园亦彼所有，由彼管理，由彼统治。"查理筏（Charlevoix）关于北美阿尔港根（Algonkin）的母系种族说：即令父亲"未被认为父亲，彼常以小舍主人的资格而受尊敬"。其在易洛魁族（Iroquese）——此族如莫尔根所云，父亲毫无权威，为母权制最典型形态中少数实例之一。——莫尔根以前的某学者曾谓该族儿童由母亲管理，但父言如法，全家族必得服

① 原书此处译名中的"奥伦"（orang）系马来语"人"的意思，所以更确切的译名应为"马马克人"。——编者注

② 今译为"美拉尼西亚"。——编者注

从。凡此等等，不过在母系继承种族间，允许父亲以广泛权利之少数实例。

哈特兰博士——仅述及最近母权制的少数适例——认父权为后代发达的结果。并且主张各地由父母子女组成的家族以前，曾有母权的社会制度存在。在此种制度下，父亲完全为一从属人物，此种理论的重要立论基点，前面既已说明，在少数民族间——其数不过半打——传闻有夫妇长久分离，在自己部族中生活的风习。至小孩则随伴母亲。在其他许多民族间，母之亲族，尤其是母之兄弟，对于儿童有大过儿童父亲的权利。即使那种权利不是绝对的权利，然而在多数母系民族间：父亲又具有无上的权力。若谓母权制亦曾完全实施于此等民族间，著者实难发现任何假定之理由。一种制度对于某种民族已高度的发达，而其他民族则发达过迟。在此情况下，吾人不得谓发达过迟者，在先亦曾高度的发达。试由是对于完全母权制，施于农业部族，而母系组织在仍依狩猎及采集果实为生的澳洲土人间最为薄弱的事实，加以考察，则知此类结论，特别远于事理。在家族制度与经济的要因之紧密关系间，将由此显出极深的意义。我们不能承认“母权在各地皆先于父权”的解说。如果母权完全先于父权，则母权应当特别风行于原始未开化民族间，而事实殊不如此。主张原始状态为母权当道，父无权利义务可言者，迎面便会遇到困难；即对于主要或完全依猎物与采集天然产物为生，而不事土地耕作，或家畜饲养的最下级未开化人间，由父母子女组成家族，父为主脑或保护者，而形成一最明显的社会单位的事实，将无从解释。

夫及父在家族中的职能，实不限于性及生殖的关系。于此等关系外，还包含有维持并保护妻子的义务。此就世界各地及文明各阶段之多数事实可资证明。而许多未开化民族对于未经证实有负担此种义务能力的男子，不准结婚，确有不少的实例。在英领圭亚那（Guyana）之麦邱西斯（Macusis）的青年，当被允许择妻之前，“须证明已为成人，且能担当成人的工作；能忍受肉体上的疮痛，不肯退缩。或自行裹合于充满火蚁之寝网（hammock）[①]中，或从事其他类似的试验，以显其勇气。时或于树枝中开

---

① 指系于两树间的网状吊床。——编者注

垦一空地，栽植喀沙法(Cassava)[1]，多多持归猎物或鱼类，而表示其具有维持夫妻生活的能力。”其在西伯利亚(Siberia)之育开喜尔(Yakaghir)，则由未来的岳父至森林中，择一枝叶最多之树砍倒，然后令未婚婿曳至彼之幕舍，投于幕上，幕如倒塌，岳翁乃言：“此为善男子，足能维持吾人的生活，而策吾人的安全。”在英领非洲东部之窝普可摩(Wapokomo)地方，为防止早婚计，男子须杀鳄，并将鳄肉一部分给予未婚妻以后，始得结婚。在三比西(Zambesi)南部之贝专纳(Bechuana)及卡斐(Kafir)部族间，青年须于杀犀后，始允娶妻。传闻亚洲东南之首猎部族(the head hunting tribes)间，男子如欲结婚，至少必须猎得一具人头，以表示其勇气。

当吾人发现人类大家族生活之习性，通行于其他多数动物种族——包括有与人类极相类似的动物——时，自易发生人与此等动物间，是否同出一源的疑问。吾人对于男女间比较永续的结合，以及男子对于妻与子女加以保养的事实，不将可以假定为人类曾为保存种属必要之本能作用么？吾人已能相信类人猿的夫妇父子关系，乃基于保存子嗣生存必要的本能所形成。因为彼等幼儿之数少，成长期长。加以生活资料种类与其必要分量的限制，使彼等不得群居生活。在人类，儿童数通常比较极少，成长期比较更长，又吾辈最古的半人祖先，在实质上不难信其与类人猿依同一食物——以菜食为主——生存，而且约需同一食量。然则在此两者间，宁非依同一原因，而产生同一结果？反对者或以为人类为纯粹社会的动物，与类人猿不同，所以夫妇父子的结合关系，亦如其他社会的动物，似非必要。就令此种关系可依其他理由而存在，殆难视为基于种的生存的必不可缺的理由。但我们一考察未开化人不知饲养家畜，不知耕作——最原始的畜牧耕作或当除外——专依自然直接赐予之猎物鱼类、果实、草根等而生活的社会状态，则知此种反对论之没有价值。

对于各种可资借鉴的事实，一一加以考察，则在世界各地未开化人间，由父母子女结合的家族，似已成为非常明确的单位。可是彼等并不以家族的结合为唯一的结合。如旅行者所称述家族仅为各个人彼此结合的枢纽，是家族一语，明明为广义的意味。有密切关系的诸家族，不仅相互

---

[1] 即“木薯”。——编者注

保持友谊关系，并组成大小集团，而一同生活。其在澳洲土人间，似为包括更广的社会组织。第隶属于同一集团的诸家族，不必常居一地；他们每每分途寻觅食物，甚或经过一极长的分离期间。而且此种事实的发生，并不限于食物普遍缺乏的荒凉地带；即得天独厚的国度，亦在所不免。在此，著者将问：原始人的群居期间，较之多数现代未开化人为永续的假定能视为合理么？其回答将适得其反。即原始人的群居期，比较近代未开化人为短促。我们应该记忆一切现存的未开化人，皆胜过人类太古的祖先。人类曾——引用达尔文语——“发明武器，用具，网罟等，且能用以防卫自身，捕杀鸟兽；或使用其他各种方法，获得食物；彼曾为捕鱼或渡往邻近丰腴岛屿，制成木筏，或独木舟；曾发明生火技术，使坚固的纤维质的草根，能够消化，使有毒的草根，或药草等，没有毒害”。总之，他们已渐次发现了草昧的祖先梦想不到的种种新的谋生方法。于是益益从自然环境的直接支配解放出来。固然仍有许多未开化人之家族，为寻觅生存必要的食物，不得不舍弃他们便 于防卫的群居生活。但包括有夫妇父子保卫的家族结合，犹不难信其对于原始人，比之黑猩猩大猩猩更为不可缺少。是则家族为原种(the parent species)的遗产，类人猿或原人(Hominidae)都由此渐次发达起来。如其假定的原种与类人猿同一食物——或许肉食较多于黑猩猩——所需食量(比较的大量)略略相等，又加生育同样的少数，且幼儿需要更多的期间，则家族为原种的遗产的假定，便不为无据。著者特欲根据此等要素(不仅是黑猩猩大猩猩现存的习惯)，以证实吾对于两亲子女所结合的家族，曾存在于原始人类间的假说。

以上皆就习惯立论，讫未谈及制度。但习惯与制度间有紧密的关连。社会的习惯，有成为真实的习俗，即行为规范的一种强有力的倾向。人不乐意非常的事故，为习惯形成习俗的单纯理由。而今兹所论，在习惯习俗转变的过程上，当必有较深的根底。由本能作用的驱使即令在性的关系终结后，男性尚与女性同居，且加以保护。可见此种本能的根柢中，显然存在有一种对于欢乐对象——即在此场合的性爱——依恋的倾向。此种感情，根本地使两性结合，使男性保护女性。而且因为夫妇之爱，在生存竞争上，对于种的持续有很大的利益，所以自然发达成了一种特殊的性质。至若父亲对于子女的保护，亦必源于一种本能。父的情感，似乎在未开化人间，与在文明人间是一样的普遍。然而此种情感与类型的母性爱，殆难十分切当的认定为生物亲子的情爱。关于此点，屡屡有极力的主张出现：如斯宾塞（Spencer）则相信离开亲的关系，事实上尚能刺激此所谓亲的情爱，彼盖以唤起此种情爱对象的一般特性，当为弱小或无能。但如此解释，仅有一部分的真理。即令在群居生活的种族间，为母者犹能使他人的子女，与自己的子女分出差等。所以关于母的情绪，必须在小孩无力以外，假定还有其他唤起或至少加强母的本能的感应刺激之存在。此种刺激，系由于一种外的关系，即无力小孩，由幼小时代起，贴近母亲的一种紧密关系。而父性的本能，显系由于唤起母性本能活动的同一刺激，是即幼年的无力，与父子的接近。凡属两亲同居，自始即与子女接近的一切场合，皆有此种本能存在。自然著者在此仅涉及亲的感情的原始单纯型态，此后因与财力观念，及夸耀等等情感结合，而渐形复杂；即在子女之幼年期以后，还继续显其作用。

在人类，此等本能不独造成了习惯，且为习俗制度诸法则之起源。赋有此本能及智慧充分发达的社会中人，对于抛弃妻及其子女的男子，自会引起道德的反感。著者曾于他处论及公共的或道德的反感或非难，斯为习俗及一切义务权利诸法则之本源。[①]

由前所述，我们可以看得出婚姻与家族彼此间极紧密的关连。两性继续同居，原意在图青年男女的便利。实在有许多民族的男女约婚者，须待子女生产或怀妊征候显现，始能过真实的结婚生活，或确定结婚关系。在其他场合，则又如前所述，常由生产或怀妊的性关系，促成结婚，或强迫结婚。是婚姻关系无疑为导源于家族，而并非家族始于婚姻。

---

① 见《道德观念的起源与发展》。

第二章 结婚的可能率与结婚年龄

结婚不仅行于未开化诸民族间，并且彼等结婚的频繁，还远过于我们的社会。照例男子既达思春期——如果以前不曾订婚——几乎人人皆从事结婚的努力。而实际上确没有一个未结婚的女子。在某种未开化种族间，僧侣或魔术师必须保持独身，也还有避免与异性性交的精神“倒错者”(inverts)。常闻人不结婚，大抵视为怪物(unnatural being)，或为轻侮嘲弄的对象。其在孟加拉(Bengal)之逊达尔族(Santal)，独身男子为男女两性所不耻，并且视为与盗贼妖巫无大差别。彼等称此不幸之鄙夫为“非人”(No Man)。卡斐人(Kafirs)之无妻者，在村落中无发言权。缅甸(Burma)之开芹族(Kachins)无妻者及独身老妪死后举行一嘲弄之葬仪。依斐几人(Fijian)[①]之信仰：无妻而死者，将于趋赴天堂的途中，被伦甘伦加(Nangganangga)神所阻止，并打成粉碎。

结婚的可能率，自然依普通结婚的年龄，而显著差异。未开化人关于此两者虽完全缺乏统计的根据，但我们不妨断言一切未开化民族女子的结婚年龄，比较西欧文明民族女子为早。而男子的早婚，则屡屡成为不可避免之事实。许多未开化民族间，除既婚者与已经订婚者外，欲满足性交的欲求，颇非容易，甚或绝不可能。即令在自由耽湎于结婚外的性交的所在，男子的结婚，不久亦成为必要。彼须得有一异性伴侣，为彼整理家务，采薪，取水，燃灯，升火，预备食物，制革缝衣，收集草根果实；在农业民族间，每每还要担当土地的耕作。彼必得有一生子的妇人，并为彼乳育幼儿，照料幼儿；因为在安全幸福依家族结合而获得，而且老人必须由青年供养的未开化人的生活情况下，人皆以无子为不幸。无子者因无后裔，虽死去犹须忍受苦难。柏林海峡(Bering Strait)[②]，附近之伊斯克摩人(Es-

① 今译为“斐济人”。——编者注

② 今译为“白令海峡”。——编者注

kimo)[①],以为"彼等的灵魂如被忽视,来世将不免陷于穷困;所以难得有人在祭时纪念的确信而死去,则非常恐惧"。英领东非洲之巴格莎人(Bagesu)的结婚,"非性爱问题,乃便利问题。因为儿童为吊祭死灵的一种手段"。

未开化族的青年男子,对于维持一家的生活,亦不见得十分困难。闻印度本国土人部落中,"活动的青年,在猎兽捕鱼方面,具有部族年长者对等的生活手段。彼实未感到早婚的障碍。"并且"彼不久即理会到结婚为彼之真实利益"。其在牧畜部族,或农耕部族,亦当有不少的类似情形。妻与子女不仅不为男子的负累,且常为一种繁荣的来源。赫理奥特(Heriot)关于加拉大(Canada)[②]某种印度人(Indians)[③]之叙述中,至谓儿童构成了未开化部族间的富。

然而在未开化人的生活环境中,殆亦不免驱迫男子或久或暂地过着鳏居生活。当妇女须购买时,青年人对于必备的价格,便感到困难。实际在许多素朴民族间,因新娘代价的必要,时常妨碍早婚,甚或成为鳏居一生的原因。但我们于此种障碍,无须过于重视;因为青年在无力购妻的场合,大抵可以为女之两亲劳动相当期间,以资抵偿;或偕彼女一同私奔。且如亚柏立卿(Lord Avebury)所云:妻之价格,通常由部族之经济环境决定,所以每个勤劳的青年,几乎都能获得配偶。

在许多未开化部族间,男性数超过女性,这对于贫穷男子的求妻,虽非绝不可能,但极困难。设在此种不平衡的情况下,实行一妻多夫,自不会使男子流于独身,否则一部分男子,便完全没有结婚的希望。此种实例,定可在男数显著超过女性的南海诸岛人间发现。澳洲土人通常男多于女,老人特别是壮者又拥有多妻,于是一般青年想求得配偶,便须等待很长的期间。

一夫多妻伴以不平衡的财产分配,常有使较贫困者或较年轻者,流于独身的报告。韦克(Weeks)说:"在刚果奥地(Upper Congo)[④]之波罗凯族(Boloki)间,中流及下流阶级的青年与少壮有力者,多半因为无娶妻的

---

① 今常译为"爱斯基摩人"。——编者注

② 即"加拿大"。——编者注

③ 指"印第安人"。——编者注

④ 指"上刚果"。——编者注

机会，而常抱不平。我们曾发现某堡集中，所有的妇女，殆全为少数人所擅有。彼辈每人拥有女子四五人以至二十五人三十人不等。大多数青年男子无从获得配偶，由此便可见一斑。”一夫多妻盛行的南部基内亚(Guinea)[①]海岸部族间，同样有多数青年男子没有妻室。由哈笛斯特(Hardisty)的报告，在库芹(Kutchin)印度人[②]间，“因为酋长，医者及以财产获得身分者，擅有两妻，三妻，或更多的妻，所以青年男子如不以年老而成为废物的寡妇为满足，殆没有娶妻的希望。”即在女数超过男数的场合，一夫多妻亦不免成为男性独身的原因。斐尔金博士(Dr. Felkin)陈述报格达(Baganda)一夫多妻盛行的情形说：女性超过男性三倍以上，犹有许多贫穷的男子，不能结婚。可是从又一方面看去，不得谓凡在实行一夫多妻的场合，便一定或大抵不免有相当多数的男子流于独身。其实一夫多妻通行之大多数民族间，多妻者只限于少数，且每每为女性过剩发生之现象。所以一部分人虽拥有数妻，其他的男子还能获得配偶。如士温氏(Mr. A. J. Swann)所述：在坦干依喀湖(Tanganyika)实行一夫多妻之瓦格嘿族(Waguha)间，女性多过男性，没有一个成年未婚的男子。一夫多妻在文明最低阶段实行者少，所以不得视为独身之有力原因；而且原始状态下，无财的蓄积可言，则男子长久独身，亦似不由于贫困。

一夫多妻有时或不免促成男子独身，而对于女子，则全为相反的结果。举拿德(Junod)关于南非洲(South Africa)某部族的记述有谓：“一夫多妻盛行的地方，每个青年女子，皆有其配偶。”大约未受欧洲文明影响的诸国，当女数较多时，必实行一夫多妻。所以老年的独身处女，殆不易发现于未开化种族间。我们不得设想实行一妻多夫的场合，便会阻止一夫多妻。把一妻多夫当作习俗实施的民族，其男子至少常较女子为多的事实，姑且不论。许多民族殆完全视此为例外的结婚型态。而且在任何场合，一妻多夫，与一夫多妻、一夫一妻，或团体婚并行则有之，决未以此为唯一的型态。

男子感受获得妻，或少年妻的困难，殆为广行于素朴民族间的童年或少年许婚之一要因。由澳洲土人(Australian)在外表上许婚的特别风行，

---

① 今译为“几内亚”。——编者注

② 指“印第安人”。——编者注

就不难推知该部族对于妇人的大大需要。不过童年许婚与经济问题有直接关系。因为幼女的价格，大抵比较成年的少女便宜。尤有进者，许多民族特别重视新娘的处女性，童年许婚，又可作为保全处女性的手段。此外及早联婚的动机，每每在使男女两家容易接近，或由婚姻关系，而加强永续两方的友谊。并且还可借此结纳显贵家族。闻许婚特别流行于有力者，富者，或酋长间，而成为一种政治的提携作用。

在多数素朴民族间，弟或妹，或弟妹的婚嫁，须在兄姊既经婚嫁以后，否则认为失当。此种风习，亦见于中国。中国男女婚嫁，一一按照长幼的顺序。塞姆族(Semitic)[①]、雅利安族(Aryan)与中国相同。雷本(Laban)说："幼者先于长者婚嫁的事体，不得见于吾国。"此语载在《创世纪》(Genesis)中。吠陀族(Vedic)亦以结婚不僭越长幼的次序为适当。在《印度古律书》中，有犯此规律者，则加以堕狱罪，或依苦行以求赎免。及近代的希腊，男婚须在一切女嫁之后。而嫁女又当依长幼的次序。爱尔兰普通嫁女，必照长幼之序，最长者在前。而同一规则的痕迹，尚残存于英格兰(England)、威尔士(Wales)与苏格兰(Scotland)的结婚仪式中。布兰德(Brand)曾引用关于此种旨趣的记事说："一家中最幼妹如有机会先诸姊而结婚，诸姊必在彼之结婚式前，脱鞋舞蹈。其意盖欲消除彼等自身的不幸，使彼等获得良人。"同样的习俗，莎氏比亚(Shakespeare)曾在彼之《驯鼠》(Taming of the Shrew)[②]中提及。士洛普细尔 Shropshire 及英格兰北部，迄今尚犹通行。在巴尔摩勒(Balmoral)附近地方，妹先于姊结婚时，姊须在妹的结婚式前，强着绿衣，有某少年将伊曳去，即决定为伊的未来夫。

诸如此类风习，皆不外基于男女既达结婚年龄，便须从速婚嫁的观念。弟妹已能婚嫁，兄姊尚犹未婚，即属反乎自然；所以相因而发生了此等异样的风习。

以独身为非同小可的例外，并认结婚为一种义务，虽在太古文明诸族间，亦与未开化种族无甚差别。葛雷博士(Dr. Gray)谓："中国人无论为

---

① 今常译为"闪米特人"。——编者注

② 今常译为《驯悍记》。——编者注

壮健或孱弱，整体或畸形，思春期既达，父母殆无不促其结婚。成年男女未婚而死去，父母将视此为极大的悲哀。"因此，既达结婚年龄的青年男子，如有肺病或其他缠绵症的征候，父母将从速强其结婚。中国人重视结婚的程度，甚至为死者结起婚来。如使幼年或少年死去的男性的灵，与一切同年顷的女性灵，在适当时期举行结婚，即其一例。没有子嗣继承湮祀而死去的男子，为极大的不幸，而且对于祖先为背德。因为缺乏后嗣，善事父母及其他一切祖先的亡灵，为彼等扫墓，保护牌位，举行一切关于死者的祭礼与仪节，则不免使彼等在冥土中可怜的存在。孔子谓："五刑之属三千，而罪莫大于不孝。"孟子私淑孔子，乃言："不孝有三，无后为大。"因之，男子独身最为侮逆不道。假如妻年既达四十而无子，则纳妾为男子绝对的义务。

中国道德学者们关于结婚的信条，日本在千余年前已奉行唯谨。其结果，独身虽未明确受法律的制裁，但已为一般舆论所指责。诚如穗积教授(Hozumi)所云："结婚的义务，因为舆论主张最力，所以没有法律强制的必要。"但彼又附言：习俗禁止独身，只限于现在及将来的家长。对于其他的人，却反有独身的必要。在一八六八年维新以前，只允许家长及认定继承的家长，与再次继承的家长可以结婚，或有结婚的义务。其他次子以下，皆不得有合法的结婚。因为彼等显然没有家长及继承一家香火的希望。所以没有结婚与子孙的必要。严格遵守此种规则的，为沙马利(Samarai)[①]或军事阶级，因为次男以下结婚，不能得彼等领主的许可。

塞姆人的思想，以为无子而死去，不能接受祖先仿佛接受过的祭礼，所以不免在冥土中失去或种的享受。希伯来人(Hebrews)视结婚为一种宗教的义务，依据认可的犹太法典：沙尔罕·亚于克(Shūlhān Ārūkh)之不结婚者，与犯流血之罪等；贬辱神像，并使神由以色列(Israel)退去。因此，男子既过二十岁尚未结婚，法官将强其娶妻。米希拉人(Mishna)以十八岁为男子结婚的标准年龄，女子在既达成年的第十三年初，即以能结婚看待。但犹太人(Jews)间每每盛行极年轻的结婚。在十三世纪以前，大部分犹太少女未及成年，即行结婚；至十七世纪后半期，新郎每每不满十岁，新娘则更年轻。

---

① Samarai即日语"武士"之意。——编者注

回教(Islam)虽认结婚为市民的契约,同时又谕令为加担于一切具有能力者的宗教义务。“神之仆的结婚,实可完成其宗教的一半。”在《经外传说》(Traditions)中:预言者曾问某男子是否结婚。其回答为否定。又问“汝康健否?”某男答言康健。于是预言者说:“然则汝为恶魔之兄弟。”著者闻说摩洛哥(Morocco)男子有妻者,生前受福,死后得入天堂。若成年无妻而死去,则天路茫茫,将复以恶魔而现世。在诸回教国中,男子既达结婚年龄,无何等障碍,而不结婚者,不惟非当,且视为可羞。尼巴(Niebuhr)说:“世间再没有比东方女子既达相当年龄尚未结婚还稀罕的事。”

依法斯特·达·柯仑格(Fustel de Coulanges)等的记录,古代雅利安民族(Aryan)以独身于亲为不孝,于自身为不幸。因为“不结婚便有破坏祖先灵的幸福的危险,故不孝;彼自己死后之祭礼缺如,故不幸”。来世人间的幸福,全赖男系子孙继续为魂的安息定期执行供祭的义务。养子固能担当此种任务,但在《利格吠陀》(Rig-vedo)(印度《吠陀经典》之一部——译者)中,至少对于此种习俗,总不能表示满意。印度迄今犹保有古代的观念。如“兴都人(Hindus)为魂的安然彷徨于旷野,便不得不娶妻企望产生执行葬仪的子嗣”。因此,结婚乃为亲者必须为子完成的义务。否则人子将不愿向亲表示敬意。未婚的男子,虽不免视为无用的下流;但如抛出了自然范围以外,尚不致玷辱家声。然而女子在思春期未嫁,上流的兴都人却视为极不名誉。一家的业作,都似拂逆了神的意兴。而且依经句的严格解释,女子不婚,将遗累既往三代祖先,干犯堕狱的罪戾。就印度一般言,已越十五岁尚未出嫁的女子不过十四人中一人;已越三十岁尚未结婚的男子,不过二十四人中一人。而兴都人的结婚,则比较一般更早。成年未婚者,除病人、残废、乞丐、营皮肉生涯者、婢、宗教信徒、托钵僧,及在优种结婚团体中,仅由团体的规则认为不能缔结此种关系的少数分子除外,实际上并无一人。

兴都人的幼年结婚,虽没有立即同居的意味,但男女在幼时结婚的,却颇不少。此种早先缔结婚姻关系的事实,许多著述者提示有种种原因。而其中最有力的说法,似在危惧成长时难觅配偶,并希求获得处女的新娘。此类原因,在世界其他各地,导出了相同的结果。但在任何场合,不得视此为得拉维达人(Dravidian)或雅利安人原始习俗的遗风。因为得拉维达部族大抵为成人结婚，而古代《吠陀经典》曾述说结婚的本质，系完全发达的两者的结合。童妻似在修多罗时代（Sūtra period）始正规通行。印度多数法典，对于少女皆定有结婚年龄。而由新法典所规定的，则比较年轻。

在印度圣典中之结婚生子观念，同样散见于拜火教经典。阿胡剌·马达（Ahura Mazda）向札罗斯特（Zaroaster）说："有妻者远胜于禁欲生活者；有家者远胜于无家者；有子者远胜于无子者。"无子对于古代波斯人（Persian）为极大的不幸。无子者禁渡天国的桥梁。守桥天使将首先询问彼在世上是否留下替身。如应为"否"，天使立即走开，无子者将停立桥头，充满忧郁。依此种原始意义的表示，即无子者无人为彼供奉一家的礼拜，所以不得进入天国。在近代所有良善的拜火教信徒的心目中，仍如他们在得拉理斯王（King Darius）[①]时代及希罗多德（Herodotus）时代所想像的一般。市民的两种伟大的功绩为：生育多数的子女，与耕作丰收的土地。

古代希腊人视结婚为社会及个人自身的重大问题。各地对付誓守独身者，或竟采取刑法上的手段。柏拉图（Plato）说："准备继续自己为神的仆人的后继者，为一切人的义务。"爱斯栖阿 Isaeus 说："自知死期将近者，都以慎重的注意，关怀身后的家计；并热望有人为彼经营葬仪及举行法定的墓所祭奠。"同样以生子及建立家族基础为道德的必要，与公共义务的确信，亦曾深深地把握住古代罗马人（Roman）的精神。在西赛禄（Cicero）之《法律论》（De Legibus）——此在哲学的形式上，使古代罗马法一般的再生起来——中，规定未婚男子由监察官依法课税。然至后代，罗马的性道德衰颓，独身者逐渐增加。而特别盛行于上流阶级间。彼等以结婚纯系为公共利益，加担于自己身上的一种负担。当时结婚及养育子女的实际状况何如，俱见于葛拉昌（Gracchan）之土地均分法（agrarian law）中。迨后佑理雅及巴比亚·普比亚法（the Lex Julia et Papia Poppaea）对于既达结婚年龄的独身者，虽课以惩罚，殆无何等结果。依照以后的罗马法，则男子由十四岁起，女子由十二岁起，皆得结婚。

少数希伯来人的结婚观，与古代文明民族一般所抱的见解，颇不相同。彼等视结婚为不纯洁。节士甫（Josephus）说：犹太的戒行教派（Es-

---

① 今常译为"大流士王"。——编者注

senes)，“以快乐为罪恶而摈斥，以制欲克情为道德而褒奖。结婚生活，则唾而不顾。”此种教理虽于犹太教无何等影响，却大有影响于基督教。圣罗保(St. Paul)以为与其结婚，毋宁独身。因说：“让其出嫁固好，不令其出嫁则更好。”“不与妇女接触，善莫大焉。然为免除淫行，倒不如使各个男子皆有自己的妻，各个女子皆有自己的夫。”设未婚者或寡妇情不自禁，则当让其结婚。“因结婚犹较欲火焚如为愈也。”《新约》(New Testament)中关于此类记述，皆竭力鼓吹处女的纯贞。忒滔良注解使徒教谕则谓：“更好的不一定好。一眼失明，固然比较两眼失明好；但两眼完全才是真好。”同理，结婚虽较欲火中焚为正当，究不若能克欲而又不婚。结婚“系依私通的本质而成立。人惟有以禁欲与手段，始得与伟大的神圣之实体交通”。我们的主，具有在世上进行生命战的肉体，乃得自圣处女。圣徒约翰(John)、保罗及“其他一切名列生命书中者”，莫不爱慕而且抚育童贞。处女的纯贞，曾演成许多奇迹。摩西(Moses)之妹玛利亚(Mary)率女性一群，徒步渡过海峡。依同样的美质，底克拿(Thecla)至为狮子所崇敬。此苦饥之猛兽，蹲伏于食饵(即指底克拿——译者)之前，不独不凶视处女，或以利爪加害，竟忍受神圣的断食。处女的纯洁，如春之花，常由其洁白的花瓣上，发散温软不灭的柔香。上帝为童贞开启天国的门。假若亚当(Adam)能顺从创造者，彼将永久保持童贞的纯洁。依自然浑噩的模式，乐园或许早就充满了天真不死的生灵。①

童贞固然可由捷径趋向信者的堡垒。但夫妇生活，亦得绕道迂回的达到。

马希亚特派(Marcionites)有禁止自派相互通婚，及强使既婚者离婚后方许加入团体的规定。此种规定，即忒滔良自身亦曾加以反对。第四世纪初，干格拉(Gangra)之宗教会议，公然非难基督教徒结婚不得入天国之说。然在同世纪末之宗教会议，又以修道僧佐芬理安(Jovinian)否认童贞较优于结婚，而逐出教会。允许结婚，不过继续人类必要的手段，且为抑制自然放肆——虽则不算完全——的一种作用。正如农夫播种土

① 怀抱此种见解者，视为里沙(Nyssa)之格列高利(Gregory)，追后达马斯克(Damascus)之约翰(John)亦师承其说。但汤姆斯·阿魁拉斯(Thomas Aquinas)对此则表示反对。彼主张人类即由性交而增殖，可是性交根本不基于肉欲。

地，期待收获；基督教徒因耽于情欲，而产生子女。农夫不宜过度的播种，教徒自应适当的调节情欲。此种见解，逐渐成了正俗僧侣义务的独身生活的前因。

一切基督教国的法律，对于男性女性皆定有认可结婚的最低年龄限度。男子十四岁结婚，女子十二岁结婚，系罗马法的规定。此种规定，由教会采取，在寺院法的影响下，迄今犹为诸国所保存。后代立法的一般倾向，皆使结婚的年龄限制提高；至规定男子为二十一岁，女子为十八岁。但在许多国中，寺院法虽已废弃，若结婚较当前法律所允许的年龄为轻时，仍可依特赦而除其障碍。不过通常于禁止结婚限制以外，还有更高一层的限制，即结婚须得父母，保护者，或其监督人的同意。

事实上近代文明对于欧洲各国的结婚率，已逐渐显出了不利的倾向，而且提高了结婚的平均年龄。欧洲既达十五岁的男女，有 1/3 以上自愿地或逼迫的度着独身生活，而其中有许多则到头没有结婚。如下列的数字关系，结婚率在欧洲各国间，显出了极大的差异。该数字系正当结婚年龄一万人中，每年的结婚数，即十八岁或十八岁以上的男子，与十五岁或十五岁以上的女子的未婚者，寡妇离婚者一万人中，每年的结婚数。所有这些数字所代表的事实，大都没有受到大战时期的特殊影响。

结婚数

国家(时期)	结婚数
塞尔维亚(1896—1905)	1 386
保加利亚(1910—1911)	1 223
俄罗斯(芬兰及波兰除外)1896—1897	921
罗马尼亚(1896—1903)	873
匈牙利(1906—1915)	778
德意志(1907—1914)	569
法兰西(1910—1911)	539
奥国(1908—1913)	536
英格兰——威尔士(1907—1914)	507
挪威(同年间)	418

续表

国家(时期)	结婚数
苏格兰(同年间)	411
芬兰(1906—1915)	398
瑞典(1908—1913)	367
冰兰(1906—1915)	335
爱尔兰(1909—1912)	354

独身男女进入结婚生活的平均年龄

国家(时期)	男	女
塞尔维亚(1896—1900)	21.8	19.7
意大利(1911—1914)	27.2	23.6
德意志(同年间)	24.7	27.4
英格兰(1904—1914)	27.4	25.7
苏格兰(同年间)	27.8	25.8
法兰西(1906—1910)	28.0	23.7
瑞典(1906—1913)	28.8	26.4

最近欧洲诸国,未婚者的比率增加,结婚年龄提高。就英格兰及威尔士言,10000 个正当结婚年龄的男女,一年的结婚数,1876—1885 年为 568;1886—1895 年为 529;1896—1905 年为 531;1907—1914 年如既述为 507。然 1907—1914 年比 1906—1910 年,其率略高。

英格兰及威尔士新郎新娘的平均年龄

时期	男	女
1876—1885	25.9	24.4
1886—1895	26.4	24.9
1896—1905	26.8	25.3
1906—1910	27.2	25.6

在英格兰结婚年龄继续增高的倾向，又可依25岁以下结婚的百分比，加以说明。

英格兰25岁以下结婚的百分比

单位：%

时期	男	女
1896—1900	48.3	64.4
1901—1905	45.4	61.6
1906—1910	42.5	59.1
1911—1915	40.4	56.9

欧洲结婚率减退，结婚年龄增高的重要原因，乃在于近代社会维持家族的困难。经济要因的重要性，统计学者们曾极力主张。由苏斯米尔(Süssmilch)时代，以至前世纪中叶，结婚数与谷物价格成反比例的变化，殆认为是统计上的原理。德国直至一八六〇年顷，皆显示裸麦价高，结婚数减；裸麦价廉，结婚数增的倾向。然此后德国工商发达，食物价格不过大众经济之一平稳要素。依英国的纪载，即回溯至一八二〇年间，结婚数与谷数间全没有如此明显的反比例关系。屡屡反依正比例而相共变化。关于此种事实的说明，奥格尔(Ogle)指出："输入输出增加，则货物运费加多，谷价因而腾贵；同时在贸易兴旺，输出额增加的场合，结婚率亦从而增加。"输出最为雇佣机会的标准器，为经济繁荣的指标。然而由贸易进行中所指示的结婚率，与国家一般繁荣的一致，不必是绝对的事实。实际上不过一曲线所显示的动摇关系。依现世纪初霍克尔氏(Hooker)的观察，在过去四十年的英国，贸易曲线，大抵扬而上趋；结婚率则敧而下行。因此，黑尔满(Hermann)的"任何时代的结婚数，可以表明当时经济的隆盛程度"的定则，亦不过有其相对的价值。

经济上尽管一般的进步，而不欲结婚者反益益加多。此种起因，分明为一切阶级的生活不绝提高，致令若者结婚延迟，若者结婚断念，而在各社会间又生出各种的差别。福尔布克教授(Fahlbeck)发现瑞典贵族正当结婚年龄的男子，有34.17%没有结婚，女子有46.15%没有结婚。然而全瑞典人的百分比，男子不过31.42%，女子则为31.54%。而近年来的未婚数，方日见增加。大抵结婚的平均年龄，上层阶级比下层阶级高。因为绅士者流结婚所必要的收入，劳动者只需一极小部分，便够维持夫妇的生活。绅士成立家庭必得适合妻与自己在社会中的地位。妻如没有嫁奁，对于一家的支维上，殆无何等贡献。尤有进者，就经济方面设想，如果一个青年能同壮者赚得略略相等的收入，便应当没有延迟结婚的理由。所以矿夫，缝工，鞋匠等的结婚，比较自由职业者为早；而男子依智力以谋生计，又比较筋肉劳动者，需要更多的时间。

我们一考察欧洲各国的结婚率及结婚年龄的差异，就知道要求结婚的倾向，以文明发达较迟的东部为最厉害。俄国二十岁以下结婚的男子，为数颇多；女子结婚则过半数在二十岁以下。形成此种倾向的原因，不外住民大部分为小农业者。彼等为欲得一劳动女性的帮手，所以从速为儿子办理婚事。在北欧的结婚率格外低减，至少有一部分是因为出外作工的原因。爱尔兰的结婚率比欧洲各国为低，也无疑是由于青年男女的出外寻求生路。此外还有一种使结婚率低下的经济原因，即女生经济的独立性的增大。在文明低的阶段，女性无能，全赖男子生活。近代文明发达，女子尽可依自己的努力，而获得生活的手段，所以不必要仰仗男子，急于结婚。但男女不汲汲于夫妇生活，除经济性质的关系外，还有其他重大的要因存在。

此种要因，曾由近代某著述者切当的指出："因为教育与文化一般的普及，时代新的发明与发现；商业交通及富的增加，于是男女的趣味展放，欲望加多，乃醉心于新的快乐与满足。生存的悦乐增加，因而给予结婚生活的比较满足量亦相应减少。家庭团聚的乐事，已不能在生活中占得从前那样的局面。实际，家庭对于男子或妇女都减杀了它的重要性。结婚生活在某种程度丧失了独身生活的优趣。现在有各种各样的快乐，尽够独身者去享受。"再者，"社会的文化更加普及，男子女子越发不易求得相当的对手。因为彼等要求苛刻，优越的标准提高，匪独他人颇难满足自己的希求，即自己亦不易适合他人的理想。"

最后，基督教国的结婚法与离婚法，对于许多独身生活者亦负有相当的责任。设结婚关系比较容易解除，则其结合亦必较为容易。况且一夫一妻制在青年女子多过男子的场合，自不免成为独身的原因。结婚年龄由二十岁起，到五十岁止，欧洲男子每百人殆可由女子103.4人中选择配偶。因之，3.4%的女子，通常便由义务的一夫一妻制，而宣告单独生活。

第三章 内婚制

社会在各种方面限制婚姻，而首先是定下关于选择配偶的规则。某团体的人禁止与其他团体的联婚，是为内婚规则。同一团体中人禁止相互联婚，是为外婚规则。就许多团体言，此两组规则决不相互抵触，所以内婚制(endogamy)与外婚制(exogamy)能够并存于同一民族间。依亨利·缅因(Henry Maine)的便当说法：则集团外的通婚明确禁止，且视为不当的“外部的集团”(outer circle)，与不许在集团内通婚的“内部的集团”(inner circle)，实到处存在。

我们听说许多种族不轻易与其他种族中人通婚，或发生一般的性关系。彼等通常皆非难此类结合，或则实行禁止。庖厄兹(Powers)谓：加利福尼亚印度人①(Californian Indian)的女子，与白人结婚或私通者，则致之于死。美洲中部的西班牙人(Spaniards)，麻里希阿岛(Mauritius)的英吉利人，棱尼昂岛(Réunion)及安的勒斯族(Antilles)的法兰西人，以及格林兰(Greenland)的丹麦(Danish)贸易商人，自来即依法律禁止与土人通婚。罗马人亦不许与蛮族通婚。大抵一切种族对于与极不相同的异族——或至少是较劣等种族——通婚，虽不一定认为罪恶，总觉得不很名誉。而此种感情在女子方面，尤为强烈。事实上非对等的两种族间生产杂种的实例，父亲必属于优越的种族。夸储斐洛(M. De Quatrefages)谓：“女子在这方面不肯低头，男子则较为钝感。”例如北美白人女子与有色人的男子结婚，极其稀少。南部诸州对于此类婚姻，不独舆论予以制裁，每每还由法律禁止。因此，许多白人的血液混入黑人间，殆完全为白人男子与黑人女子的交合。

种族的内婚制，大都起于种族的，或国民的矜夸，以及对于其他种人的缺乏同情，或极端嫌恶。所以在思想习俗文明显著差异的族种间，则内

---

① 应指“印第安人”。——编者注

族婚姻特别发达。但同时著者相信回避与异种动物配合，且类似本能感情的性的嫌恶，多半是由于对方具有非常不同的外貌所引起的反感。并且此种嫌恶，对于性的本能，比男子更易动好恶感情的女子，尤为普通。不过此不限于有种族差别的人类。某种家畜类，或半家畜类，亦相互拒绝杂交。由同一性的生理法则——配偶的生殖细胞之或种同一性，对于生殖上，或至少对于常态的生殖为必要——所起的本能嫌恶。对于相互显著差别的同种人间，在某种程度，亦必可以感到。就令在生理的法则没有作用，杂交不致减少生产的场合，其嫌恶自若。但同类动植中的各种变种混合而多产的法则，并非全无例外的法则。

许多民族于部族或区划更小的氏族或村落以外，极少或全没有发生过通婚的事。闻在孟加拉(Bengal)之窝拉昂族(Oráons)中"有与族外人结婚者，即由部族放逐，直到与异族妻离弃后，方许归还"。阿沙姆(Assam)之普达谟(Pádam)或亚波族(Abors)，憎恶其女与彼等氏族以外的人通婚的事实，达尔顿大佐(Colonel Dalton)曾为郑重证言："普达谟之女如降格与氏族以外的人结合，则日月不与光辉，而掀起一切事务皆归停顿的风波(strife in the elements)。迨行牺牲，进供物，此污乃得洗涤。"巴东教授(Prof. Barton)关于古代塞姆族的观察，以为征诸历史，则彼等皆赞同族内婚。子女与族外人通婚常使父母悲痛。罗马市民与本身非罗马市民，或不属于取得结婚特权——常由明示颁与之权——的部族的女子结婚，任采何种形式，皆为无效。然在往昔，父母为女在自己氏族中择一良人，甚至成为习俗，婚姻出乎氏族圈子以外，则视为非常的事体。

相异部族，或同一部族内小区分(Sections)①间之接触太少，则彼此间相互的结婚，虽非绝无，自然极为稀罕。因为孤立的习性，与嫌恶异言异俗的情感相结合，自易唤起杂婚的非难，或实际上予以禁止。而且不欲任何人由部族或氏族中离去，亦足为非难或禁止离婚的有力动因。族内婚所以与父族婚相并存在之理由，明为憎恶其女由密接的团体中失去。古代阿拉伯人(Arabs)部族内婚的目的，盖在强固血族的结合。摩洛哥里夫(Rif)之柏柏人(Berbers)，为欲拒绝部族外来者，所以奖励同一部族中人的结婚。女子离开村落，则剥夺其相续权。摩西(Moses)告诫泽鲁

① 英文原著为"subdivisions"。——编者注

福嘿(Zelophehad)的女子与父之部落的男子结婚,以期存续“父的一门的部族”。但《申命记》(Deuteronomy)中禁止与迦喃七族(seven Canaanitish nations)通婚的理由,则不外宗教的理由:“彼等将蛊惑汝子,舍我而事他神。”

摩西关于以色列与迦喃人间的通婚禁令,直到厄兹剌(Ezra)以后,其适用范围乃扩大至于该国所有的异教国民。依厄兹剌训令的精神,马喀边(Maccabeans)父子时代,及对于罗马作战时的权威者,乃禁止以色列人与一切异教徒发生婚姻关系。此种禁令,曾确定为法律,载在《特尔马德》及《罗比法典》(Talmud and Robbinical code)中。《罗比法典》对于与基督教徒通婚,虽无何等的规定,而实际上亦包括在与异教徒通婚的一般禁令中。一八〇七年,由拿破仑(Napoleon)招集的宗教会议,宣言以色列人与基督教徒缔结婚姻关系,依市民法(Civil code)①认为有效。并且此类婚姻虽不举行宗教仪式——即犹太之宗教仪式——亦不受犯规的处罚(革出教门)。一八四四年,在不伦瑞克(Braunschweig)所开的犹太法律家会议,则更进一步决定犹太人与基督教通婚;并且一般的犹太人与一切一神教信奉者间,如果两亲系依犹太信仰育其子女,为国法所认可者,则通婚不在禁止之列。然而决定地放弃特尔马德见地的决议,虽某某修正犹太教之热心辩护者,亦曾加以强烈的非难。犹太人各方面的意见,皆不赞同结婚当事者不属于同一宗教。在欧洲如俄罗斯等国中,至今犹太人与基督教徒通婚,尚极稀罕。一八九八年在维也纳(Vienna)之纯粹犹太人结婚数为847,而离婚为110。在普鲁格(Prugue)之纯粹婚为354,离婚仅为6。

基督教徒与犹太人的通婚,亦依基督教徒如君士但丁(Constantine)及其后许多皇帝,并各种宗教会议,予以禁止。中世纪时代,大家都回避此种婚姻。雅各(Jacobs)说:“欧洲民间的谈话,皆视犹太人为劣等人。所以中世纪基督教徒之女与犹太人结合,非具极大的宽容,殆不易看为自然的事。”本来对于极端嫌恶基督圣名的犹太人,自无怪往昔教会反对与犹太人通婚,比反对与异教徒通婚尤为厉害。特基督教徒与异教徒通婚,圣保罗虽不许可,忒滔良(Tertullian)至呼为奸淫,而先前的教会,每每尚

① 今常译为“民法典”。——编者注

以此种婚姻为宏布基督教义的手段,甚且加以鼓励。不过此仅行于教会的结婚禁止既经成功以后。当十二世纪格拉法令(Decretum of Gratian)公布时,相异宗教的结婚障碍,已成为基督教会寺院法(the canon law)的一部。以后天主教徒与不信教者间的一切婚姻,非得教会当局的特赦,不能认为有效。在又一方面,天主教徒与异教徒的婚姻,如未得混成宗的特赦,虽为不法,亦属有效。然对于此类婚姻,自昔反对者多,各种宗教会议,且制定法律禁止。特林特(Trent)的会议,并宣言天主教徒与非天主教徒的婚姻关系,非在教会当局者前举行,则完全无效。可是法王(Popes)[①]对于杂婚渐渐感到不能不为种种的让步。唐东(Taunton)说:"教会每每嫌恶此类婚姻,不仅因为拜受圣餐,盖顾忌邪恶的危险,与儿童教育的困难。"新教徒原来亦禁止此类婚姻,然而现今无论在旧教国或新教国,杂婚对于民法皆不牴牾。虽则加上了宗教拘束的希腊教会所属诸国的情形不能一样。

回教徒亦曾使宗教成为杂婚的障碍。《可兰经》(The Koran)明确表示,回教徒"与多神教教徒之女结婚,必待此女信奉回教"。但又宣言:回教徒与有贞洁属于经典本位的宗教派,或笃信天启教或道德教的女子结婚亦为合法。孙莱(Sunni)[②]及示阿其(Shiah)[③]的法律家,曾由此类训令,或类似此类的训令,引出了不少背道而驰的结论。但对于回教徒婚偶像崇拜,或祷拜星,或其他物神之女通婚,则同为两派所禁止;而且在任何情况下,不许信奉回教的妇人,与非回教信徒的男子结婚。

在兴都人(Hindus)间,宗教甚至禁止异阶级的通婚。内婚制早已成了阶级制度的本质。不特此也,兴都人不仅干涉彼等阶级范围外的通婚,而同一阶级内,通常又划分为若干小阶级。小阶级以外,亦不得通婚。各小阶级间,有的虽则禁止互婚,有的还允许互婚;且有只能由某小阶级娶妇,却不能以女娶之的小阶级。在一阶级中区分有几等地位的场合,则必例行优种结婚。Hypergamy 即父母不得不将女嫁于同等地位或较高地位的男子。否则父母的地位,必随女降落。然男子则不妨与自己所属的

① 今常译为"教皇"。——编者注

② 今常译为"逊尼派"。——编者注

③ 今常译为"什叶派"。——编者注

地位区,或下等地位区的女子结婚。优种结婚或阶级结婚,除印度南部及阿沙姆(Assam)殆无所知外,迄今犹盛行于各地,而为一种具有极古习气的近代型态。

阶级内婚制(class emdogamy)可以发现于世界各地之多数未开化民族,及文明民族间。马达加斯加(Madagascar)之霍筏族(Hovas)间,分为贵族、平民、奴隶三大部分,彼此禁止通婚,几无例外。而奴隶方面,又区分为三个不得互婚的阶级。波里内西亚(Polynesia)[1]之平民与贵族,彼此殆相互视为各别的人种。因之,高等身份的贵族与平民间的婚姻,乃为前者所强烈反对。特里梯(Tahiti)之富裕女子,如选择贱男为妻时,则彼女所生的幼儿,必遭杀害。非洲玛赛族(Masai)的铁匠家族,不得与他业的家族联婚。纪元前四四五年以前,罗马的贵族与平民不得发生婚姻关系。贵族与其家臣结婚,亦所不许。西赛禄(Cicero)自身曾非难贵族与解放过的奴隶联婚。虽然在皇帝时代(under the Emperors),此类结合一般地得到了许可。但元老院议员仍不得娶解放过了的奴隶。解放奴隶的女主人,与彼所解放的奴隶结婚,亦在禁止之列。自由民与奴隶只许可同居,不准结婚。条顿族不论何等自由人,一经与奴隶交合,男必降为奴隶,女则施以极刑。在斯堪底纳维亚诸国(Scantinavia)[2]间,奴隶制度虽比较早经废止;而德国继奴隶制度而起的,又有所谓农奴制,仍视出身同等为合法结婚的必要条件。不拘在德国或在斯堪底纳维亚诸国,贵族已渐由自由人阶级(class of freeman)形成了明显的阶级。高等门第中人,与虽属自由,还未显贵的人通婚,总觉不称。瑞典在昔通行此类婚姻,结果在经济方面蒙到了极大的不利。即在今日,欧洲尚残有往昔阶级内婚的形迹。依据德国民法,贵族男子与下等出身的女子结婚,迄今犹引为耻辱。而且彼女不能获得夫的身份。彼自身及所生的子女,皆不得完全享受相续权。如亨利·缅因(Sir Henry Maine)所云:男女必得在所属范围内联婚之内婚制,大抵由于习俗或偏见的保障;所以"在法国不问一切形式制度如何,属于贵族阶级者,与属于市民阶级者(彼等大体由前置词 De 字区别)间的婚姻关系,虽非绝无,实在是可惊的稀少。"

---

① 今译为"波利尼西亚"。——编者注

② 英文原著为"Scandinavian countries"。——编者注

有时阶级内婚明明起于种族的及国民的差别。社会的分化，常为外族征服的结果。征服者为贵族，被征服者为庶民，或奴隶。英国被诺曼族(Norman)征服以前，贵族为撒克逊人(Saxon)；以后则为诺曼人。日耳曼(German)之高卢(Gaul)，征服者的子孙，曾为法兰西一千年间的支配种族。在十五世纪以前，一切上流贵族，皆出生于佛兰克(Frankish)或巴干特(Burgundian)[①]。威廉·理基卫(William Rigeway)说：罗马的贵族，原系曾为罗马支配者的一团，而平民则为土著的力吉里安人(Ligurian aboriginal)在斯巴达(Sparta)则被征服的奴隶阶级(Helots)，与征服者的贵族社会，显生差别。

说者谓梵语阶级为"法拿"(varna)，字义上有"色"的意味，盖显示印度上下阶级所由起。此语在后之文献，则用以称说四阶级，而在《利格·吠陀经》中，乃指明依色的差别，而区分两阶级，即得沙法拿(Dāsa Varna)，与雅利安发拿(Aryan Varna)。以前居住印度者，为一种黑色民族，迨后始由白色雅利安人越西北境而占有。彼等输入有梵语，及载在《吠陀》与《优波尼沙》(Upanishads)中的宗教观念。征服者的支配精神，以及彼等对于异种异俗的极端轻侮，与强烈的非难，使彼等自身与被征服住民(首陀罗，Sudras)间，划出了显著的差别。最初彼等因女子过少，不得不娶土人为妻。迨此种缺乏得到了补充，乃封锁阶级，禁止杂婚。于是各集团遂形成了现存的阶级。即在今日，说者犹以为阶级大抵与种族符合，至少身体的形态，可以表示其社会的地位。即在上位的雅利安人，与在下位的土人，犹不难从外貌判别。自然此等见解不能符合一般的事实，某著述者谓阶级制度的起源，仅能求之于机能与职业的共同社会(The community of function and occupation)中。但社会地位，在今日虽与职业有密切的关连，而基于阶级的人种学的理论，殆不得谓非正确。种族的差异，最初即与职业的差异相判。征服者自然会置彼等于高等的职业，而将比较原始的业作，留给非雅利安系统的民族，首陀罗。

因为由不同的祖先相续下来，累世名门的家族中人，自会努力维持彼等悬隔的地位，而对于彼等周围的民众，殆不免视若外人。托克魁斐勒伯爵(Count de Tocqueville)鉴于社会此等种阶级存在，致令各阶级间缺乏

---

① 今常译为"勃艮第人"。——编者注

同情，因述其感想云："各阶级自身皆有其意见，感情，权利，风俗，及生活的样式。构成各阶级的人人，与其同胞国民大多数，殆各别的存在。彼等所感不同，所想不同，几难相信属于同一人类。……彼因门第或依教育属于贵族社会的中世编史家，叙述贵族的悲剧的末路时，自不禁悲从中来，潸然泣落。然彼等对于加诸庶民的虐杀拷问，亦遂无所畏忌的和盘托出。彼等对于庶民没有感到是习性的憎恶，或故意的侮蔑(Systemic disdain)。社会阶级间的斗争尚未宣布开始，彼等殆为本能所驱使，而并非由于感情。彼等对于贫民的苦恼，没有明确了解，所以无从顾到他们的命运。"阶级以外的结婚禁止，或一般避忌阶级外婚的起源，不外排他性与随伴排他性而发生的意念。通常对于踰越族内结婚范围的不正规的男女关系，比对于使当事者立于平等地位的正式婚姻，较为宽大。此种事实，不限于阶级内婚的场合。某旅行家尝谓性道德不甚尊重的德几达(Djidda)之贝督英(Bedouin)[①]地方的女子，为金钱故，可以委身于土耳其人或欧洲人。如土耳其人欧洲人依法律手续与彼正式结婚，则彼将视为终身的耻辱。

近代文明，正倾向于逐次减低，或推倒种族，国民，宗教，及社会各阶级间分离的障壁。因之，内婚规则的严酷限制，已较缓和；男女通婚的范围，亦从而扩大。此种过程，在人类史中极关重要。主要源于种族的自大，阶级的夸张，或宗教的偏狭之内婚诸规则，又曾回头来维系而且加强此类感情。然而杂交通行，定当发生正相反对的结果。

---

① 今常译为"贝督因"。——编者注

第四章　外婚制

我们将由特定团体中人，禁止与该团体以外的人通婚的内婚规则，进而研究特定团体中人，不得与同一团体中人通婚的外婚规则。“族外结婚”(exogamy)一语，通常盖为较大于单由同一家人组成的团体范围内，尤其是较大于氏族的团体范围内的通婚禁止而使用。但不拘在此语的语义上，或禁止的性质上，都不能寻出此种拘束的根据。而内容地属于同一部类(class)，且——依作者想——具有同一基础的诸规则，却反有分离的不利。

外婚团体，大抵由血缘或亲族关系，或认为有此类关系的人所构成。亲族关系愈近(至少属于同一系统)，则愈成为通婚的障碍。在外婚诸规则中，以禁止子与母，父与女通婚的规则的应用为最广。事实上此种规则，似普遍通行于人类。固然闻说有某种民族的父女母子实行通婚，但少数实行者，明明不免为社会所非难。而且此类结合是否亦曾为或种民族当作习俗实施，却是一个极大的疑问。

禁止同一父母所生的兄弟姊妹通婚的外婚规则，殆与上述的规则同样普遍通行。至若关于此种规则的例外记载，大多数非明明的谬误，即多少含有暧昧的性质。因为彼等没有确定结合的兄弟姊妹，为同父母之完全兄弟姊妹，或同母异父，或同父异母之半亲兄弟姊妹。依惯例而行兄妹结婚之极确实的实例，通常可于王族或酋长中发现。麦鲁(Malo)在彼关系于夏威夷(Hawaii)此类婚姻的报告中说：“最高位酋长的适当配偶者，为彼同一父母所生的姊妹。……对于大酋长则另有一个适当配偶，大抵为彼之同父异母妹，或同母异父妹。”然血族通婚为酋长的特权。我们甚至得知夏威夷“最初承认基督教的从兄弟姊妹通婚。迨新教传来，此种事体遂成为明显的罪过(stumbling-block)”。格希拉索·达·拉·费加(Garcilasso De Ra Vega)称述秘鲁王(Incas of Peru)①最初制定严格的法

① 今译为秘鲁印加人。——编者注

律,凡属王国承继者,当与其父母嫡出的长女结婚。但由其他学者的报告,十五世纪末,某王与同父异母妹结婚,乃规定"惟王始得与同父异母姊妹通婚,他人皆不许可。"而在此以前的秘鲁人,则常视一等亲结婚为不法。其实除国王外,任何人皆未赋有漠视自然法则,至与自己姊妹结婚的权威。古埃及关于后代诸王(Pharlohs or Ptolemies)与完全姊妹或半姊妹通婚的证据颇多。在罗马时代(Roman age),与半姊妹或完全姊妹通婚的实例,常见于土地耕作者及土人的家族间。而在前的埃及(Egypt),或许同样甚或更普遍的盛行。但此种推想,不过出于学者们一己的私见,而无从证实。神或人间兄弟姊妹结婚的神话及传说,即在不承认或并未实行兄妹婚的民族间,亦尝闻到,且不觉得稀奇。不论此类故事的根源如何,终不得认为是过去曾有此种习俗的例证。

若半兄弟姊妹间通婚,则颇不稀罕。而且在通行此类婚姻的一切场合,几乎皆为同父异母的兄妹。此种实例,在未开化人及古代文明民族,如日本人、塞姆人、雅典人间,皆可发现。亚伯拉罕(Abraham)娶其半姊妹,即父之女撒莱(Sarah)为妻。他玛(Tamar)得与其同母兄亚芒(Amnon)成为合法的夫妇。犹太在厄萨克尔(Ezekiel)时代,关于此类结合犹有所闻,虽则彼曾斥其为可憎的事体。在通行氏族外婚的场合,尝有人断言男子依照父系或母系的线索,得承认与同父姊妹,或同母姊妹通婚。但此种断言,系基于一种谬误的假定,以为外婚规则完全立足在系图溯源的方式(The mode of tracing descent)上。

印度某民族或某阶级间,男子对于娶姊妹之女,兄弟之女,父之姊妹,或母之姊妹,赋有特别的权利。有时甚至为彼等所期望,或者当作义务履行。而在其他多数民族间,大抵皆允许此类婚姻。依据犹太法律,姑母虽不得与内侄成婚,叔父可以娶其侄女。但此类婚姻,不能在英国举行犹太的仪式。因为英国禁止叔父与侄女通婚。反之,在德国、纽约州(New York)、秘鲁、乌拉圭(Uruguay),叔父侄女婚,姑母内侄婚,同样为法律所承认。而同时在法兰西、意大利、比利时、荷兰、瑞典等国,则人民自知避忌此类结合,不必要法律去禁止。

从兄妹间不许结婚的一切基督教国,叔父侄女婚,姑母内侄婚,皆在禁止之列。然而在禁止后面两种婚姻的近代大多数法律书中,却不反对从兄妹间的结婚。即如瑞士(Switzerland)、英格兰,大抵北美诸州,虽绝对禁止叔侄婚姑侄婚，其法律亦同样没有从兄弟姊妹结婚的限制。就一般而论，前两类的婚姻，比较后者尤多障碍。犹太法，穆罕默德法，皆允许后者通婚，欧洲在宗教法（ecclesiastical law）影响下，特别如俄国、奥国（犹太人除外）、匈牙利（Hungary）、西班牙诸国，迄今犹禁止此类婚姻。而匈牙利、西班牙则不待禁止，自可达到禁止的目的。许多民族以男子与从姊妹间的婚姻，为最适当的婚姻。男子有为从姊妹的夫的权利，甚且把此种权利当作义务履行。但其间常有所限制。如对于某种从姊妹结婚可以允许，而对于其他的从姊妹则又禁止。古代阿拉伯男子有与其"宾达姆"（Bint'amm）即伯叔之女结婚的权利。此种权利，今日仍为穆罕默德教徒所容认。而在其他各地，又以男子与姑表姊妹，舅表姊妹，即所谓交义的从兄妹的婚姻（cross cousin marriage）为最适当。从兄妹间的婚姻，有强固血族联络，或拉拢亲属关系，防止家产分散，并且时常可以减少结婚费用等等明显的利益。交义从兄妹的结婚可能率，在通行氏族外婚的场合，自然会因禁止同一氏族的从兄妹通婚而发生连带关系。可是交义从兄妹通婚的意味，并不是一定要让男子与其他氏族中的从姊妹结婚，不过大抵如此。

大抵外婚规则行于未受近代文明影响诸民族间者，其范围或较吾人为广。彼等的规则，系关于氏族（clan）、小氏族（phratry or moieties），或小部族［此系就澳洲及米拉尼西亚（Melanesian）而言］及地方团体等，一切人的规定。彼等于禁止男子与同一氏族或小部族的女子通婚外，更进而禁止男子与有近亲关系的女子结婚。澳洲土人的外婚规则，特别复杂。依据关于彼等的确实报告，大多数的部族，殆皆分为两个结婚团体（小氏族或支族）：同一团体中人，皆不得通婚。在多数部族间，此两者又各分为两个外婚小组（section），各小组更分为二。所以诸部族包含有两个四个或八个外婚团体或小团体。而各个团体中人，皆须由自己所属的团体或小团体以外去求妻或选夫。然在四个结婚团的部族的男子，不仅照例禁止由自己支族中求妻，并且只许与他支族的某部分通婚。子女不属于父的小团体，或母的小团体。依此等结婚团体的系统，为母系则子女属于母所属结婚团体中的其他某小团体；为父系则属于父所属结婚团体中的其他某小团体。此外就吾人所知的多数部族间，不仅通行小部族的外婚，即氏族亦行外婚。所以各个小部族再分为许多外婚的图腾氏族（exogamous totem clans）。而澳洲在小部族，氏族的外婚以外，尚有其他同族结婚禁止的规则。诸如此类的外婚规则，澳洲土族间，以前即至现在尚严格厉行，违犯者通常皆课以死刑。除某部族外，结婚及结婚以外的性关系得到了特许的机会，虽可以不受禁制规则的束缚。然近亲——亲与子、兄弟与姊妹——间的性交，仍严格禁止。中国的外婚规则，与族姓(family names)相连。中国人有许多为同姓。依古代刑法，同姓通婚者，则加以鞭笞六十的惩罚，并宣布婚姻无效。但与父之近亲通婚，其刑罚更为严酷。与大伯父，父之从兄弟，兄弟，侄等结婚，或发生不伦的性交，皆处以死刑。而且在此类禁令外，还有适用于母方亲族范围内的禁令。依据中国法典：与禁止结婚的亲族偶然性交，其罪与结婚等，且课以同一刑罚。

印度通国皆有许多划分的外婚氏族。在多数部族间，男子不仅禁止在自己氏族内娶妻。此外如在母的氏族，祖母的氏族中，亦同受限制。于氏族内或“果特拉”(gotra)内通婚禁止外，依印度法律，婆罗门(Brahmin)不得与属于母或母方祖母的“果特拉”(即氏族)的女子，或与父或祖父的“沙品达”(Sapindā)通婚。根据“沙品达”结婚禁止的规则，如男女两者为同祖先的四代近亲，并且其亲族关系系于任一方面的父方，则不得通婚。然男女的亲族关系如系于母方，则同一祖先的第三代通婚禁止。但揆诸实际，在男系亲族同祖先的四代人间，女系亲族同祖先的三代人间的婚姻，皆属有效。即男系共大祖父的男女，女系共祖母的男女，皆不妨结婚。然就圣律书(sacred law-books)所载“沙品达”的亲族关系，在男系共祖先的场合，及于六等亲，女系则及于六等亲或四等亲。

古罗马对于同一父权之下，即在六等亲(再从兄妹——此种计算法详见后面，译者。)内的婚姻，认为不道德，而且不法，至称为可憎可耻的结婚(Nefariae et incestuae nuptiae)。但此等禁制，以后渐趋缓和。第二次普里克(Punic)战争[①]以来，殆已允许第一从兄妹的结婚。迨依克洛底斯(Claudius)帝时，元老院所颁布的敕令，与兄弟之女结婚，亦认为合法。然后来受到教会禁欲观念的影响，禁制等亲(prohibited degrees)的范围又复扩大起来。在东部教会方面，禁止依罗马方法计算的七等亲的通婚。此种计算方法，系由当事者一人上数至共同祖先起，下数至其他当事者止。例如第一从兄妹为四等亲，叔父与侄女为三等亲。即在今日的东部

① 今常译为“布匿战争”。——编者注

教会,尚犹遵守此种规定。若西部教会的禁止范围,则渐次扩大至于依新的西部计算法或寺院计算法(canonical compution)计算的七等亲。此所谓七等亲,实际与七代相同。兄弟姊妹为第一等亲,第一从兄妹为第二等亲,再从兄妹为第三等亲,其余依此类推。第七等亲的通婚禁止,殆本于任何远亲皆得禁止的苛刻理论家的主张。因为依条顿民族的普通法则,相续关系不得溯至七代以上。所以七等亲的婚姻禁止,在法律的目的上,即无异禁止一切相互有血缘关系的人的通婚。纪元一二一五年在英诺森(Innocent)[①]所开的第四拉忒兰(Lateran)会议,禁制等亲始由七等亲缩少至四等亲。允许第三从兄妹以上的结婚,以后则没有变更。是西部教会的禁制范围,略略与东部教会趋于一致。因为由寺院法计算的第四等亲,与由罗马法计算的七等亲或八等亲相当。但东西两教会的立法上,有其最关重要的不同点。即在东部教会禁制范围内,任何人不能得到特许。在西部则不仅特许,而且从来即大规模地施行。然法王特许的要求,似至十五世纪始行到禁婚令(Levitical prohibition)底领地。嗣后代代改革,原则上适为摩西法(Mosaic law)禁制等亲的还原。一五四〇年亨利八世(Henry Ⅷ)宣称"神的法以外,没有依照禁婚规定的婚姻,不受任何障碍与谴责"。于是亲族禁婚的限制,乃进而止于叔父与侄女间。

血族间的通婚禁令以外,还有一种依姻缘或亲戚关系的亲戚间的通婚禁令。关于后者的规则,依各地而不同。许多民族虽允许男子与妻的姊妹成婚,或予以对于彼女等约婚的优先权。而在其他民族间,则完全禁止,或则非难,或则仅许其与亡妻之妹结合。——此类最为普通。利未提法(Levitical law)与回教禁止同时与姊妹二人结婚。加特力教会对于与亡妻之妹结婚亦所不许。英国依宗教的宗规,宣告此类婚姻无效。而确定为不法,则在一八三五年。一九〇七年,英国对于与亡妻之妹结婚为合法之法令,曾费过不少的努力,克服强有力的反对论后,始得成功的通过。东部教会甚至禁止两兄弟与两姊妹联婚。诸如此类的结合禁止,亦不难发现于未开化民族间。再者,有许多民族皆允许与弟或兄之寡妇成婚,甚或以此为应尽的义务。而同时在其他的民族间,又完全予以禁止。中国刑法对于与寡嫂或孀居弟媳结合者,治以绞杀之罪。然与亡妻之妹结婚,

① 英文原著此处为 Innocent Ⅲ,1161—1216 年间担任罗马教皇。——编者注

则又视为特别名誉。寺院法对于与死去的兄弟的未亡人或亡妻之妹成婚，同样禁止。许多国家尤其是拉丁系诸国的法律，亦禁止此类结合，虽然都不难得到特赦。

基督教造成所谓灵的亲族(cognotio spiritualis)，又在婚姻方面加上了一层新的障碍。查士丁尼皇帝(Emperor Justinian)制定教父与受洗妇女禁止结婚的法律。因为教父与教子的关系，使此类结合的不义程度，类似父女通婚。此后教会关于灵的亲族的关系，又添加了许多禁令。例如圣餐式的执行者，与施行洗礼者及其父母间的婚姻，教父与教子的姊妹间的婚姻，教父与教母的婚姻，教父(母)与受洗后所生的其他教父母的子女的婚姻等，皆在禁止之列。而且依坚信礼(confirmation)成立的灵的亲族关系，亦得应用此类禁令。许多民族禁止同一部族，或同一地方集团内的结婚，或者通常避忌此类结合。而构成此集团的一切人间，是否皆有血族关系，不得而知。但对于某种民族的集团，确没有血缘的联系。豪易特博士(Dr. Howitt)指明澳洲部族间有两样的组织：其一为社会的，分成支族[小氏族(phratries)]及氏族；其一为地理的，分为多数的群。此两种组织虽相互并存，但一方的区分，与他方的区分，却非一致。因为属于某种地理的集团的一切人，皆在同一地方生活；而属于社会集团的人，则屡屡散居于多数地方的集团间。许多部族的男子，因为与同一群，或同一小群的妇人的通婚，或发生性关系绝对禁止，所以出生的地域，完全成了不可逾越的结婚障碍。无论彼女在其他方面如何适当，如男女两者属于同一地方，——如库尔拉(Kurnai)——则因“过于接近，不得成婚”。地域的组织，具有偌大的优势，大抵为氏族组织渐形弛废，或几至灭绝的部族中的情形。然在氏族组织极为强固的部族中，地域对于婚姻的限制，犹严格厉行。尝闻澳洲某土族求妻以得自最远地方者为最好。印度于外婚集团(exogamous group)及禁制等亲(prohibited degrees)外，还禁止在同一村落中联婚。超塔·拉普尔(Chota Nagpur)之奥拉昂族(Oraonsá)嫌忌同一村落中的婚姻，并相信此类婚姻为男女一方或双方灾祸的预兆。俄国某地方娶妇，必须求之于其他村落。即在没有同样的习俗的区域，又每以外乡人(Stranger)看待新郎。新郎与友人及随伴者，扮作来自远远的异乡，以迎其妻君。在巴尔格利歌中则又断言新娘娶自其他村落。

说明外婚诸规则的著述者，有马克伦兰（McLennan）、哈柏特·斯宾塞（Herbert Spencer）、莫尔根（Morgan）、亚伯立卿（Lord Avebury）、斯达克（Starcke）、夫列色（Frazer）、杜克嘿门（Durkheim）、亚特铿森（Atkinson）、安特烈·兰格（Andrew Lang）、和斯（Hose）、马克杜加尔（McDougall）等，而究其原因，则归于种种事实：如往昔虐杀女婴孩的习惯；未开化人以战利品为妻的虚荣的要求；近亲交配（曾行于比较现存未开化种族更初期发达的阶段，但后渐遗忘）的有害影响的经验；原始乱交时代的掠夺结婚，购买结婚；乱伦使谷物不实，使畜类不蕃，使女子不得生育的迷信；图腾主义（totemism），以及类似大猩猩祖先的猛烈嫉妒等。彼等每种主张，都可引起极严重的非难；而对于一切主张，还有共同的驳论。彼等皆视外婚规则为最古社会的遗物。又设想此等规则系胎原不复存在的社会状态，或基于在少数未开化民族尚可发现或从不曾发现的零碎观念。然而事实上，我们能够相信现在禁止乱伦的法律，亦发生于同一根源么？一种无须掠夺，无须购买，无须未知者的同意；比其他任何方法还易处理的结婚拘束，虽全没有用处，我们亦能相信其经历许多时代，不会废弛么？须知外婚规则并非一成不变的规则。而且即使在同一系统的民族间，亦各不相同。在欧洲每经过二三世纪，不待教会方面宗教的承认，彼等已发生极显著的变化。凡此皆可证明外婚规则并非枯死的化石，乃社会组织中有生机的部分，随环境而变迁。

再者，诸般理论复暗示家庭中因法律，习俗，及教育的规导，当不致有乱伦的顾虑。但社会的禁制，纵令能阻止近亲者间的结合，却不能阻止彼等结合的欲求。性的冲动，殆难依法规而改变。同性间的性交虽有法律禁止，而且最苛酷的禁止，但曾否消灭过此种生来倾向的欲求，却是一个疑问。吾人对于近亲不伦的法律，殆未感到感情上的拘束，简单的理由是因为法所禁止的行为，通常并未存有那种欲念。大抵由幼时一同亲密的生活者间，显然缺乏恋情。不特此也，在诸如此类场合的性的淡漠，漠如一旦浮起性的行为的念头，必会牵动积极的嫌恶之感。著者相信此点为外婚规定的根本理由。幼时一同亲密生活者，大概属于近亲；因之，相互对于性关系的嫌恶情感，遂在禁止亲族间性交的习俗与法律中，显露出来。

此类感情，或至少对于同居者性感淡泊情怀的存在，已由许多著述者承认为共同经验实证的心理事实。海佛陆克·爱里斯（Havelock Ellis）

博士说:“从幼年时代共同长育的两性间的幻想听觉,触觉等,一切感觉的刺激,皆因熟惯而哑钝。性爱已成为无风的水准,浸假丧失了呼起兴奋,使性的机能肿胀的潜力。”依一位多年为芬兰男女合校的校长某女士有趣味的通信,乃知同校受教的男女学生间,犹且显然缺乏恋情。一次某青年还声言:男学友中,没有一人希望同女学友结婚。著者亦闻某青年以自己同学中的女子与其他为彼所称为“真的”女子间,有极大的差别。有谓男学生对于同校下级女生,或不免发生恋情;但对于同一级的女生,则没有表示此种性感。

幼时亲密同居的男女,无论一方或双方,通常缺乏欲求的倾向,已无疑为一世界的现象。柏拉图(Plato)谓:习惯法(unwritten law)足能防范父母与子女及兄弟与姊妹陷于不伦的关系。而且不伦的意念,并未浮上大多数人的心头。当著者由一位大亚特斯(The Great Atlas)出生的柏柏人(Berbers)询问彼之部族间从兄妹结婚是否频繁时,彼答言:“足下怎能恋爱一个时常见面的女子?”依大家认为有最权威的学者科伦苏(Colenso)所云:在新西兰(New Zealand)之麦窝里族(Maori)①间,兄弟姊妹自出生起,即照例同眠至于成年。“彼等不独没有犯罪的事实,并未动犯罪的念头。”罗素(Mr. Russell)及斯图诺克(Mr. Sturrock)两氏,曾在印度发现许多关于外婚规则,源于习居两性嫌恶性交的事实,足征著者所见之不谬。里查德·柏东(Sir Richard Burton)谓:“苏麦来(Somali)的妇女,诚如有名的阿拉伯谚语所谓:‘新人令眼欢’,常乐意与外来者发生非法的恋爱。”关于巴拉圭扬·绰柯(Paraguayan Chaco)的郎果亚印度人(Langua Indians)②间既婚男女的常不信实,格拉布氏(Mr. Grubb)尝就以次的事实,加以说明。此种居民“杂居在非常小的范围内。除幼时一同游戏者外,没有机会遇见一个堪为配偶的男女。因之,彼等殆没有选择配偶的余地;并且也没有具有魅力能导入恋境的清新的容貌,性格,一类的新奇刺激”。

在最下级动物间,亦有同辈不足为交配本能的刺激,而必自外来者得到性的满足的事实。论鸠的权威学者马魁斯·达·布利塞(Marquis de

① 今常译为“毛利人”。——编者注

② 此处“印度人”应指“印第安人”。——编者注

Brisay)说:"育于同窠的二鸟,极少结合。彼等仿佛视交配为应当禁止,或宁说是相知过熟。彼等的关系,不因为已经成长的变化,而受到何等影响。彼此似乎未留意到性的差别。"蜜蜂不曾在窠中繁殖,每为达成此种目的而飞到外边。飞蛾的男女两性,普通皆从事"逃奔的结婚"(marriage flight)。彼等殆于同时离窠,与其他的蜂群混合。所有世仇夙怨,皆漠不关怀,唯陶醉于欢乐及恋爱中。在家畜化之动物中,对于同侪性感迟钝,而倾向未知外来者的事实,常为吾人所注意。孟德鸠(Montaigne)说:"当牡马嗅到牝马,难过欲火时,虽可由身旁的牝马即时得到性的满足,但彼对于外来的牝马,或牧场外经过的牝马,仍迫求地嘶叫,常至陷于狂暴的热情中。"牡马不与同厩牝马交合的事实,还有一位笃实人曾亲告著者。赫里斯君寄结著者的书中有云,假若牡狗与牝狗从幼时一处养育,则牝狗屡屡拒绝与幼时习居者交合。此种事实,饲犬者知之甚悉,余亦相信。在牡狗方面,似无嫌忌之情。若就牝狗言,余得以自己的经验,为某种限度之确证。希普君(Mr. Heape)亦申诉同样的意见,以为动物与新来者接触时,必加强其性的刺激。塞里满教授(Professor Seligman)曾惠寄著者以下面的消息:"余在一包括有小池,及自然牧草的合式围场中,饲有六羽羽毛丰泽的普通□鸭。彼等一同快适地生活。余虽不绝观察(斯时考究其羽毛的色的变换),但知彼等相互间并未特别注意。追加入二羽同类同羽毛的新的雄鸭,此新来者殆难堪围场内原住者之性的殷勤的缠绵。此种情态,曾经过二三小时,——也许可以延及数日。其后大家都安静下来。过着通常的生活。时在初夏,约为六月上旬。"

特共居者性的冷淡,尚不够说明外婚的诸般禁制。欲说明此等禁制规则,必得是性的冷淡,通常因萌动性的行为念头;所惹起的嫌恶之感。著者相信此为性交观念十分强烈,而其欲求终未具体显现的一切场合的一般状态。例如老年丑妇,实足惹起大多数欲念正浓的男子的嫌恶。许多男性倒错症患者,对于性欲对象的任何女子,不独漠不关心,并且厌弃。著者在所著《道德观念的起源及发达》中,曾指出一般感到的嫌忌感情,自易成为道德反感,及禁制法律或习俗的起因。

此种见解,曾引起了许多的非难。精神分析学者们至斥为糊说(amazing)。夫拉得博士(Dr. Freud)[①]以为著者根据的心理假定,完全为精神分析的结果所推翻。依精神分析的结果,则少年人根本的性的倾向,及正规地具有一种不伦的性质。而且抑制此种不伦的欲念,与以后的精神有可惊的影响。但精神分析学者据以破坏著者所本的事实,不过一种臆断。略加分释,即不难见其说之荒诞。研究精神病患者所得的结果,是否可以安全向导吾人对于性本能的常态表现,作正当的理解,却是一个疑问。而且夫拉德博士所谓:"性的倾向"的术语,似含有与性欲实际要求非常不同的心理状态的意味。其他有名的精神分析学者朱博士(Dr. Jung)说:"在幼年期的不伦欲求,与原始人类相同,不得认为有很强的倾向。"准慈博士(Dr. Jones)则主张精神学者指出的关于不伦欲求的有力而普遍的倾向,大部分仅被抑制在无意识的状态下存在。但此种倾向因何而被抑制?对于这个重要问题,不能在精神分析学者们的著述中,得到满意的回答。精神分析学者认定世界各地为防止普遍的,不伦的恐怖,才有极复杂而且残酷的法律,以投向此"人欲横溢"的主张,确为不当。因为此复杂而严酷的法律,究因何而产生?何以法律特别在此种场合,几能完全抑制生来固有性欲,而尤其是曾经感到普具的性欲?凡此皆依二三千年文明人的,或大部分精神病者的精神分析的研究,及可作为各种解释的神话或天地创造说的一切结论,而假定原始人间不伦意识的欲念存在以前,所必须解答的疑问。

杜克嘿门教授(Professor Durkheim)反对著者说:密接的同居生活,能唤起对于性交的嫌恶之感,则此种感情,应该在夫妇间及近亲者间显现出来。然而此两者不能混为一谈。著者所论,系就性欲行为——至少在其鲜锐的形态上——不成问题的时候起,一同长久亲密生活者间缺乏性交的倾向,并伴随性交观念而引起的嫌恶的情感。若在男子与某某女子结婚的场合,其情感关系,颇不一样。彼等在夫妇生活中,或许不仅能继续,而且可以增加恋爱的冲动。可是夫妇同居过久,亦无疑会钝减性欲,甚至惹起积极的嫌恶之感。布洛奇博士(Dr. Bloch)说:"长期单调的日常伴侣,足使恋爱倦眼,热情挫减,甚或在两人间撩起潜在的,或明显的憎恶。此种憎恶之感,就多见于自由结婚。"

列举某种民族实行兄妹婚,或他种不伦的"讨厌实例"(The noisome

---

① 今常译为弗洛伊德。下同。——编者注

list),正可对抗少年同居发生性的嫌恶的理论,或者予此种理论以致命伤的打击。然允许最近亲者间结婚的民族,与禁止此类婚姻的民族比较起来,为数无几。况关于不伦民族的记载,有的仅由于少数个人的说明;有的是明显的谬误,或者不十分准确;而大多数则不能决定为全兄弟姊妹,或半兄弟姊妹。全兄弟姊妹与半兄弟姊妹的区别,在此为极关重要的问题。凡属允许与半姊妹结婚的场合,兄与妹殆为同一父亲。此可依一种事实说明:即不同母亲所生的子女,不能像同一母亲所生的子女,在一处亲密的接触。在一夫多妻的家族中妻各自与其子女作成小组,在各别的小屋中分居。而小家族间发生憎恶与敌忾的事实,却并不稀罕。父亲在此种小家族中所占的地位,与彼在一夫一妻家族中所占的地位,也不一样。关于允许男子与同父的半姊妹通婚的雅典法律(Athenian law),休谟(Hume)曾说:这是"因为男子对于继母及继母的子女,如他家的人一样,其间绝少交通"。罗伯森·斯密(Robertson Smith)谈及古阿拉伯允许半兄弟与半姊妹结婚的事实以后,复申说"视一家同居者间的婚姻为淫猥的感情观念,老早便成为结婚障碍的起源"。

在未开化民族及文明民族间,亲与子,兄弟与姊妹的结婚关系以外,无疑还有偶然不伦的性交。此在欧洲某时代,或当法兰西罗可可(Rococo)时期尤为繁多。曼特(Mundt)述及前世纪中叶法兰西人之为父者,以女为妾,而相与同居,却并不以为稀奇的事实,因思对于血缘近亲者间结合感到的不快,在法国人的性质上,殆没有德国人那样厉害。

摩替麦氏(Mr. Mortimer)说:"在近代文明民族间,尤其是在大城市的下层阶级间,近亲不伦的事,并非罕见,……而在上层阶级同一家族中男女儿童的性交,也不是大多数父母及监护人所设想的那样稀少。实在我曾听到十二岁,或较大儿童的许多不伦实例。虽则在思春期以后,此种实例不常见到。……文明诸国大多数不伦的实例,殆皆限于思春期以前的儿童。"

但兹所列举的事实,皆无伤于著者所持的理论。因为此等事实,完全属于例外,而著则所述,则为一般的法则。在世界为一般的,而就某国言为特别的同性爱的习惯,明明较近亲不伦为风行;然而任谁都不会设想同性爱频繁的事实,将予普通男女间发生性爱的一般见解以"致命伤",或"否定"(hostile)。吾人一考察性本能显示的种种变相,则对于诸般不伦性交的事实，自无待惊愕。而在著者却反以为此种原则的例外比较过少，觉得稀奇。

我们必须记忆着，欲求的缺如，甚或积极的嫌恶，在某种情况下，都会突跃的从反面表现出来。性本能的强烈，有时不能以普通的方法满足，必诉之于变态的满足。因之，妇女缺乏（手淫及兽奸姑存而不论），则同性爱非常通行。设如报告真实，则巴西印度人（Brazilian Indians）[①]、绰克起人（Chokchee）、布西曼人（Bushmen）的小而孤立的部落间的乱伦理由，亦得由此说明。汤姆斯氏（Mr. Thomas）设想在来即里亚（Nigeria）[②]所属之窝稣稣（Ososo）地方实行与姊妹通婚，乃由于妇女的缺乏。布洛奇博士（Dr. Bloch）谓欧洲今日“不伦的事实，完全出于偶然。而为醉酒，狭窄住室内的家族密集或其他性交机会缺乏等等所凑合的结果。”

至若王室血族的结合，分明为欲保持王家血的纯粹。也许因为是在女系亲族制度下，王的姊妹的儿子，或王之女的夫君，亦享有王位继承权。但此种说明，在女系亲族制度未明确施行的民族间，则不宜推想其曾经存在。而确保纯粹王室血的欲求，则为世所周知。古代埃及兄弟姊妹间的婚姻，乃视为保存（或防止分散）一家财产，特别是土地财产的手段。同样闻麦窝莱族（Maori）[③]施行极稀的兄妹婚，“普通系由于保存男子与同一家系的女子的所有财产的欲求”。

詹姆士·基·夫列色（James G. Frazer）曾著论反对著者，以为外族结婚如系自然本能所生的结果，则无须利用法律拘束此种本能。法律不过禁止任情而动的倾向。所以我们不妨假定法所禁制的罪恶，乃多数人将顺自然性向所犯的罪恶。此种见解，曾为夫拉德博士（Dr. Frued）及准兹博士（Dr. Jones）大加推崇，并且引用。准兹博士说：“因为有力的普遍的诱惑存在，而发生罪过，而制定法律的夫拉色氏的确切议论，曾未闻到反响。此殆没有议论余地的问题（non possumus）。近亲不伦如果没有倾向不伦的一般动向，自无待严厉地禁止。”此种议论，包含有法的禁制起源的可笑的误解。本来没有罪过，便没法有法律。著者已经言及性的本

① 此处“印度人”应指“印第安人”。——编者注

② 即“尼日利亚”。——编者注

③ 即“毛利族”。——编者注

能非常容易变化，又曾提到在某种情形下，会使自然的感情迟钝或厌伏，为普通周知的事实。对于兽奸或鸡奸一类罪过，吾人已知有与不能之罪等或有更严酷的法律禁止，然干犯此类罪过，亦得认为一般倾向的证据，或强有力的诱惑的证实么？又，处理杀亲的刑律，特别苛酷，此亦可证明大多数人赋有杀亲的自然倾向么？精神分析学者关于杀亲欲念的质问，将会肯定的答复：因为彼等——引用准兹博士语——相信："一切男子无意识地怀有妻母的意念，并欲必死地除去障碍的敌手，尤其是父亲。"但对于弑母的法律，同样严酷。假若人子热望与母乱伦，何故又欲弑母？法所以表示社会与立法者的感情，而惩治与此种感情冲突的行为。但感觉到干犯禁制行为的倾向者，为多数，抑为少数，法未有以明告吾人。

夫列色对于著者的理论，又提出了更重要的反驳，使著者不能不附加几许说明。彼亦承认自幼时同居者间对于性交的自然嫌恶，至少其情欲缺如，似信而有征。但同居者的性交嫌恶如何过渡或发展到近缘者性交避忌，却不易理解。并且彼以为关于此点未充分说明以前，著者维持自己理论的连续，将不免在扼要处完全切断。此种反对论，亦曾得到了夫拉德博士热忱的拥护。

在著者看来，夫列色认为理解困难的，由同居性交嫌恶，到近缘性交嫌恶的推移，不仅为能够理解的自然的趋势，而且几乎可以从普遍呈现的与在社会上较为重要的类似情形即是由所有社会的权利义务与亲族关系结合之过程，而得到证明。主要为亲的义务权利之根底的父的情感与母爱，在其最素朴的形态上，不基于血族关系的意识，乃由于既经指明的其他情形，特别是幼年者的无力，与亲子同居。即不外外的关系的刺激的反应。而所谓人子的爱，亦并非本于亲族关系的计较，其本质为应酬的，蒙受恩惠所抱的快慰之感，使彼等对于赐予恩惠者，表示欢悦与亲切。若更就亲子长久分居，则情爱冷却言，原本由密切同居生活发生的情爱，将因同居而进一步的强固起来。因之，兄弟的爱，以及由此种爱所发生的权利义务，要皆基于共同血族关系以外的情形。而更远缘亲族结合的联锁，亦得同样说明。其社会的结束力，根本得自近亲者同居的习惯。入居在出生的地方，与近亲者群相结纳；离开亲族，又宁愿与外人友好，似此则确无血缘的结束可言。相互的爱执，与由群居状态发生的社会的权利义务，皆基于集团中人人的相互关系——即由共同姓氏所显示的亲族关系——而规定出来。依共同姓氏所维持的亲族结合,即在地域的连锁断绝以后,还继续有其作用。诸如此类,曾由亲族关系说明,而毕竟基于亲密同居的事实,实不在少数。然则吾人何以不能相信同样本于亲密同居,而以近亲关系说明的近亲不伦的嫌恶,及由是而发生的禁制诸规则?

夫列色问:"若全问题的根底是亲密同居者间以结婚为恐惧,何以到现在此种恐惧殆不易感到,而且一般人偏偏愿意与素日亲近者结合?……当同居者结婚时,所有本能的根源,皆不足使其感到被人笑话的何等意外;而在一切文明国家的法律见地上,亦与其他的结婚同样认为合法。然则兄妹母子间的婚姻,如非由于血族关系,何以会引起极度的嫌恶?"在著者则相信男子与养女,或乳兄弟姊妹,在社会关系上类似相当等亲的血族关系的结婚,确能令世人感到惊奇,且认为不自然而加以指责。虽则此种事实大有关于社会关系的密接程度,及其相互接近的时机。若斯特米兹博士(Dr. Steinmetz)所谓"肉欲厉害的法国人,常与极年少的女友结婚"的一类议论,确未触到问题的要点。希普君(Mr. Heape)论及文明民族间同居者的结婚,而有下面切当的观察:"文明进步,由幼时继续同居者间,愈难感到性的牵引。但男性在思春期后暂时离家者日多,自性的见地设想,则是思春期以前的同伴,后来反成为外人。关于此类问题,小说确为非常有方的向导。然小说中的描写,通常不过男性向未知女子求婚,结果失败一类事实。至若同居者的婚姻则很少涉及。"著者固然是肯定近亲血族间结婚者自身的嫌恶,但一考察伊古以来,此类结合的嫌恶即表现于近亲结婚禁制中,并为习俗法律宗教所追认,则彼等自身所抱的嫌恶之感,实极自然,而没有怀疑之余地。即令禁制诸规则通常适用于亲族的结婚,亦不得认为意外。因为法律仅就一般的,意义明确的场合设想,血族关系比较社会上其他的关系明显而普遍,所以几乎都有血缘的人人,皆以血族关系界限出来。此不仅就不伦的禁制言,即家族内其他许多权利义务亦莫不如是。

再者,养子或寄子(fosterage)亦常成为结婚的障碍。在许多民族间,同一村或属于同一地方团体者不拘有无血族关系,通婚一律禁止。无数的事实,指示亲族禁制结婚的范围,与密接同居生活的范围,几乎无大出入。

蒙梯斯昆(Montesquieu)尝谓从兄妹的通婚禁止,大抵为兄弟及其子女通常皆同居一家的民族。试比较希腊罗马的禁制等亲(forbidden degrees)即可知其意义。希腊允许从兄妹甚至半兄弟姊妹结婚,在罗马则较远的亲族结婚,亦予以禁止。此种差别,依洛斯巴哈(Rossbach)所云,则由于希腊人的家族感情,远不如罗马人浓厚。古代罗马人间儿子虽在结婚以后,犹照例居于父家。因之,从兄弟姊妹皆如兄弟姊妹一样养育。迨后共同家族(common household)分为若干家族,从而禁制等亲乃缩小了范围。科勒教授(Professor Kohler),尝指明印度人广泛的结婚禁止,与彼等大家族制度的关系。印度氏族(果提拉 Gotra)一语的含义为马厩或牛栏,原来所以表示人人在同一场所生活有如家畜群居之意。

许多南斯拉夫人(Southern Slavs)在今日犹生活于家族共同体中。此共同体为父方二等亲三等亲的血族,由十人至六十人或更多的人所构成。其中有的为一个共同居屋(common dwelling),有的为数个居屋。有共同的土地,从事共同的职业,为一个共同主脑所支配。亨利·缅因说:"多数男女所以能够共同居住,仅由彼等相信亲族男女的任何结合,皆为渎犯不伦一点便可说明。"在昔威尔士之外婚制合同家族(joint-family),系以同一居处的亲族构成。"一家之长存在一日,所有的子孙皆一同生活。如非在家族的地基上另建新居,则大家都得聚居同一屋中。"然而古代条顿族的外婚禁止,似乎仅及于最近亲族。彼等未曾实施合同家族制度——依据塔西佗(Tacitus)——相互在小距离内分立门户。希伯来人允许从兄弟[1]结婚,禁止兄妹结婚的缘由,在亚发尔特(Ewald)则以为容易说明:从兄妹"没有共同的家族,并且各家住宅愈依古风独立的存在,则从兄妹的分离,似乎愈加疏阔"。古代阿拉伯人视同居结婚为猥亵。此系罗柏森·斯密氏(Robertson Smith)的记述,著者已经说过。

在许多素朴民族间,还可看出密迩同居,与禁制等亲间的一种类似关系。如巴西印度人[2],布西曼人结成小家族团体而生活的民族,外婚制的禁止,只限于最近亲者间,而且外婚氏族为亲族的集团。同时又常为土地的集团。作者殆与詹姆士·夫列色同样相信外婚支族(小氏族)及氏族有其自领土地的地方集团。然而事实上外婚氏族或支族中的族人,不必常

① 原文如此。应为"从兄妹"。——编者注

② 此处"印度人"应指"印第安人"。——编者注

居一地。因之，外婚禁例甚至可以限制到在其他部族或其他国中居住的同一氏族或支族的族人。此种趋势，系基于幼时起即密接同居者间，相互嫌忌性交的感情，以至演成亲族通婚禁制的自然发达的结果。外婚禁制诸规则，原先因血族关系，而施于通常同居的近亲；迨后非同居者的亲族，亦包括在内。正如与亲族相关的社会的权利义务，最初原以同居者为限，迨血族繁衍，地方的连锁断绝，此种有力倾向，仍继续施其作用。如氏族中人不问是否同居，对于氏族的外婚制，皆须当作全氏族的义务履行。而在血族反睦的场合，当然可以得实行上的便利。

在此种过程上，共同姓的影响，非常重要。亲族关系，当求之于姓的系统。姓所以显示血族的关系。但此种系统，不免成为片面的系统。因为男系和女系保存的纪载，只及于一方面，不能将两者同时保存下来。并且此片面的系统，如不依纪载保存，即在亲族关系不难分认的场合，多少总不免疏略，以至于无从记忆。因此，禁制等亲一如与氏族相关连的社会的权利义务，仅能在一方面跛行的扩大。原始人对于姓的本身，在同姓者间，有一种神秘连锁的观念。兰森博士（Nansen）说："在格林兰（Greenland）及其他各地，姓的关系，颇为重要。同姓的两人间，都相信其有灵的缘故（spiritual affinity）存在。"

憎恶不伦的情感，对于现有或曾有婚姻关系者的家族间，亦反对发生性的关系。就一般言，在既有某种紧密关系的两者间，虽则以前不过思想感情的结合。一旦成为夫妇，或发生性交，便会惹起不当或不伦的指摘。如姻戚间的结婚禁止，以"灵的亲族"为理由的希腊罗马教会的禁制，以及前面既述的禁制等等，不一而足。凡属夸称能充分解释外婚诸规则的假说，都不得不运用联想的法则。如杜克嘿门教授一方面因为同一图腾氏族中人，不必同居生活，而主张著者的理论不能适用于氏族外婚制。然同时彼自己为说明越出图腾氏族的禁令，又行所无事的据以类推。例如彼解说氏族外婚制规则，所以施及于其他氏族的近亲，乃因为其他氏族的近亲，与同一氏族中的族人是一样的时常接触。

著者主张的假说（因亲密同居而发生性交的嫌恶，而有外婚禁制的规则），敢信其与前述诸种事实，皆能一致。如不伦的嫌恶，何以能脱离教育与经验关系而显其作用；族外结婚规则，何以不仅行于血族，并屡屡使全无血缘关系者受其拘束；血族的结婚禁止，对于紧密生活者殆可普遍的适用，何以在禁制等亲的场合，大不相同。又，诸般禁制何以仅在父系母系或一方面特别偏枯的伸展等等。但还有一个待解答的疑问，即吾人对于幼小亲密同居者间的情欲缺乏，以至引起积极的嫌恶性交，将如何说明？此种疑问，未得充分解答以前，则著者关于族外结婚的理论，将不能自圆其说。

因为性的本能，于种的生存上极关重要，所以此种特质的满意解答，必以其对于种的生存的功用为旨归。外婚制起源的心理原因，由植物动物的无数事实的提示，则知在生物学上有其深的根柢。此类事实，将使吾人确信营自性生殖的植物，及密接的同种交配的动物，大体上皆有害于其种续。达尔文就一千数百本种种色色的植物考验，由发芽以至成熟，其中一部分由异花授胎，另一部分则由同花授胎。在此考验中，彼发现由异花授胎，与自花授胎所生的苗的高度，重量，体力，繁殖力等，皆有显著的差别。设若自花授胎所生的植物，与异花授胎所生的植物，在生存竞争场合对抗时，则后者必占优胜。惟其如此，所以植物种的大多数，皆系异花生殖的事实，在今日已为一般所公认。

其在动物界，饲养动物，及就观察所得加以记述者，殆皆确信同种交配会发生有害的结果。豚的同种交配，特别有害。羊较豚稍能减轻此种影响。就四角山羊实验，同种交配过甚，必致骨格或筋肉衰弱，动物的生活力低减，并丧失其啜乳本能。据骆 Low 的观察，由同腹连续再生产的犬，渐次表示虚弱或退化的征象，即“其毛稀薄或脱落，身体小，四肢细长，两眼注入的一切未发达时期的特征”。英国皇家种马委员会在前曾有关于同种交配的纯血种马的报告，谓全国每年约40％的纯血种牝马，没有小马。如此多数的不妊，其原因似不完全由于同种交配。琴尔敦教授(Professor Sheldon)[①]说：“所谓‘同种交配’(in-breeding)——即近亲间的交配——大都在种的体质及生殖力上有不良的结果。同血族对于纯血种的形成，虽在某种限度有其价值；但过度实行，则为害滋大。过度同族交配的结果，在牛的世界，则以一般虚弱不产为极普遍的现象。最初父母轻微的一时的虚弱，积渐至于后代，乃成为固定的，猛烈的形态。——实在先前单是体质虚弱，后乃次第发展而为疾病。”伊瓦特教授(Professor

① 按人名外文的读音，此处“琴”字或为“瑟”之误。——编者注

Ewart)亦有相同的见解:"自然只能当帮助诱起遗传潜力的有用特质永续时,在一定限度内,宽容同种交配;若超过此种限度,则不免牺牲生活力,牺牲生产力。在种的灭绝上,不难想像同种交配曾为一极重要的因由。许多人为淘汰的种类种属,虽实际上未因此毁灭;曾蒙其损害,则无疑义。"依适当的观察,有时同种交配,不独无害,而且有益。但在此种场合,诚有如华勒斯(Wallace)所云:"施行严格的选择,除去虚弱者,不产者,殆无疑可以长久防范同种交配的有害结果。然而无从证明有害结果之绝不发生。"优于家畜饲养者的意见,曾依生物学者关于鼠,鼷鼠,兔,天竺鼠,蝶,蛾等许多实验,而得到保证。摩帕斯(Maupas)曾指明原虫类个体各各分离,若不与以外的个体配合时,则立即枯死。要之,同种交配不免发生或种有害的结果,此殆无可疑余地。

论者谓骨肉交合,野生动物不断的实行,设同种交配为有害,则此类种属早应归于灭绝。但我们今日关于野生动物的知识,决不能判定此种主张为正当。在家族内生活的动物,幼小自能移动起,即离家外出;即不然亦闻彼此禁戒交配。群栖动物如我们所知之家族类,皆乐于与外来者交合。蚁或蜂之"逃奔结婚"(marriage flight),明为防止同种交配添一助力。而且动物界为达成此种目的,尚还有其他的配备。即如两性动物之自己生殖,亦屡屡依同一动物的卵子与精虫的异时成熟,而得到防止。在发情期内,男性的兴奋状态,驱使彼等搜索追求女性;此等热情的力,曾被认为寻求必要的血的混入的手段。著者曾设想附带性的特征,如色,香,声音等,对于种的功用,于使异性容易发现,促进再生产外,并可牵引远方的异性,借以防止同种交配。

在人类方面,因为近亲结合一般的罕见,所以无从研究同族交配的结果。有谓实行近亲结婚的古代埃及人及波斯人并未发现彼等体格低弱的实据。但即使此等民族实行的近亲结婚,比吾人任意想像的尤为频繁,然此非唯一的结婚方法,则不难明了。依家畜饲养者的经验,虽长时期同种交配的有害结果,只须混入数点无血缘者的血液,便可充分得到和缓。胡兹氏(Mr. Huth)断言埃及诸王虽不断与姊妹侄女从姊妹通婚,并未不产,尤不见短命。但哥尔顿氏(Mr. Galton)就彼对于埃及王的经验中,却发现了近亲结婚，与生产减少相判[①]的证据。而且以乌菲尔维(Ujfalvy)为题构成了证明埃及诸王的近亲通婚，使肉体与精神皆陷于衰颓之苦心论文。

事实上，我们关于最近亲结婚的研究，比较能够着手的，是从兄妹间的婚姻。并且有关于这方面的颇多的文献。特著述者的意见，人各不同：有的相信男女两者未禀受父母同一遗传病的倾向，则此类婚姻绝对无害；有的又盛称此类婚姻，最是惊戒。总之，血族通婚在任何场合，皆有产生白痴、哑者，与所谓色素性网膜炎(retinitis pigmentosa)的眼病的明显倾向。此种眼病患者的总数，约 1/4 或 1/3，为血族结婚的父母的儿童。在此我们须得参照丹麦医生(Danish physician)迈基(Mygge)或可靠的研究方法，参验许多实例，著述的血族间的婚姻。就彼所观察的各教区内，发现血族两亲所生的儿童间的白痴，狂人，癫痫，哑者等，比较其他非血族两亲所生的儿童间为多。他若前者的死亡率比较高，比较容易患病，虽未证实，但彼信其可能。著者在设德兰诸岛(Shetland island)中最隔绝的佛拿(Foula)滞在时，亦曾搜集几种可供说明的事实。该地居民总数 200 人至 250 人，全体殆有血族关系。从兄妹间的婚姻，尤为普遍。一般家族之人数稀少，由 7 岁至 14 岁的儿童，仅占全人口 14%。然同群岛中之柏拉岛(Burra)的血族婚姻，极其稀少。同年龄的儿童，占全人口 22%以上。佛拿岛人民的体格，似较其他诸岛人为矮。而曾在此等住民间周旋过 10 年之久的莫利森氏(Mr. Morrison)，则称述彼等的疾病虽不常见，但体质略嫌虚弱。且有患白痴者。著者闻某家夫妇为从兄妹。儿童生而哑者，已达 3 人。欧洲以外的社会间，关于不断同族交配证明其有害的记述，为数颇多，即令除去其中不十分可靠的部分，终不曾发现狭隘族内婚盛行而无害的证据。

在欧洲及其他各地，亦有不少的孤立社会，其间永久实行同族交配，却未闻伴有显著的不利。但此等地方的族内婚，通常不得认为与近亲婚姻一样。沿苏格兰海岸的一切孤立部族间，曾被称述为通行内族婚的地带，而米析尔博士(Dr. Mitchell)则发现该地近亲结婚的比较稀罕。依迈基博士的记述，丹麦的来阿(Lyϕ)及斯特赖(Strynϕ)亦有类似的情形。

---

① 原文如此。或为“相伴”。——编者注

安特烈·伍德博士(Andrew Wood)述及纽哈文(Newhaven)之渔民,以为彼等虽常孤立,但对于婚姻极为慎重。血族结婚,则视为违犯道德的信条。

同时,密接的互婚(close intermarrying),虽继续颇久,在特殊的情形下,似乎不致有害。迈基博士在丹麦某教区,全未发现血族通婚的有害结果。而在旁的教区,又有极显明的害处。依据达尔文的研究,自性生殖虽然使大多植物蒙不良的影响。但确有几种植物,在自然状态下,经历几千代不曾一度混交异种,自能延续蕃衍下去。自性生殖及同种交配的不良结果,在顺适的境地,殆可依事实证明其不会发生。予自性生殖植物以充分的余地,及适宜的土壤时,其质殆可全然保持原状。但一旦与他种植物立在竞争的地位,每至死灭,或完全缩萎。克蓝普(Crampe)实验褐色鼠近亲父母产生的幼儿,在营养充足,及特别保护下,殆不见何等有害的结果。此与米析尔博士关于苏格兰血族结婚的观察,成了可惊的一致。我们由此殆可想见血族结婚的有害结果,在生存竞争剧烈的未开化地方,比较在文明社会,而尤其是此种婚姻最通行的富有阶级间,尤为厉害。根据达尔文的调查,英格兰贵族间的从兄妹婚姻约为 4.5%;上流中流阶级,及大地主间,约为 3.5%;而伦敦(London)包括一切阶级,不过 1.5%。当彼发现第一从兄妹婚姻的恶害的轻微,彼于是想到这大概是由于英人大多数都生活在极顺适的环境下。

就著者关于此问题所知的一切事实加以考察,自不能不相信同族交配,在某方面,某程度,对于种的伤害。因之,近亲血族的相互关系的特征,如幼时起即亲密同居者间的性欲缺乏,及对于性交的积极嫌恶之感,便不难由是充分的说明。我们相信在此种场合,正如在其他场合一样,曾经过自然淘汰的作用,除去破坏的倾向,保存有用的变种(useful variation);使性的本能,不违反种的要求。但在此不得援引从兄妹婚的害处的轻微,而证明没有此种淘汰的必要。因为——如著者所主张的——两亲及子女构成的家族,如果为原始人类或近猿祖先间的社会单位,则今兹所论新性本能的特异性,须得为更古哺乳动物的遗产,方不致演成最近亲间结合的有害结果。此种本能一度既然获得,便自然会在一切密接同居者间显现,尽管那种结合,是不必有害的远缘或无缘。而且依观念与感情的联合,性交禁制的范围,便进一步扩张到了完全分居的各个人间。

就著者所见，外婚制起源的说明，不因内族结婚如何有害于种的疑问，而受到影响。关于此问题的多数著述者，皆相信族内结婚发生的一切害处，以父母两者共同病的倾向的结合，与必然的累加为起因。因之，此种倾向之有无，可以决定血族婚姻是否发生有害的结果。旁的著述者，又主张动物的同种交配，或植物的自花生殖的害处，在某种限度，当有于[1]血族或与血族婚姻相当的自性生殖。如达尔文所见，则异种开始交配的不产，或混血种的不产，系由于性的要素过度的相差。相当程度的差别，对于两个有机体的结合或多产，皆为必要，而且有利。但著者关于外婚起源的理论，不依族内结婚有害的何等特别说明而共其消长。

著者为维持自己的理论起见，尚欲有所申述。外婚制本于性本能的特异性的假说，与外婚禁制，不仅适用于婚姻方面，并适用于一般性交的一般法则，完全一致。而对于此种法则的少数例外，不过限于遗漏的疏远的亲族。著者的理论，系依据一切人种共同精神的特质，而说明普遍的制度。而此种精神特质的起源，则由于种的必要。因之，此种理论在内容上，似乎包含有相互依属的三种平行的事实。即外婚制的诸规则，自幼年起亲密同居者间的性的嫌恶，及同族结婚的有害结果。而且我们由是发现了支配有机世界二大王国中类似现象的，同一的，一般的法则，即植物的异花授粉，及动物防止同种交配的种种用意（配备），与人类的族外结婚。

① 此处“于”字或为“与”字。——编者注

第五章　掠夺婚姻

我们现在将进而讨论各种缔结婚姻的方式。在诸般方式中，其一为不待女子自身与其亲族的同意，竟由武力夺取，及所谓“掠夺婚姻”。

凭借武力得妻的方法，曾实行于世界各地。不暇备述，爰列举少数实例。在提厄剌·得翡哥（Tierra del Fuego）[①]之耶干族（Yahgans）与奥拉族（Onas）间，往往皆施行掠夺婚姻。后者若与邻近部族战，则杀其男子，妻其妇女。然在和平无事时，男子皆从自己部族中娶妻。其手续系由两家父亲相互磋商，和平处理。巴西诸部族亦有掠夺其他部族妇女为妻的风习。许多南美印度人[②]似乎为此目的，惹起了不少的战争。加利福尼亚（California）海岸的卢依生鲁印度人（Luiseño Indians）[③]的求婚方法，系由求婚者率友数人，以武力夺取彼所钟情的妇女；有时甚至夺自彼女的父母家中。

在亚洲东北隅居住的察克奇族（Chukchee）间，往昔“青年男子结成一伙，在广场中捉住女子，缚其手足，拉至欲娶彼女为妻者的家中。此种手段，不仅施于异族间，即亲戚或从兄弟求婚未得女之父亲许可时，亦必采取同一的行动。特此类袭击或强夺，不得视为不易和解的憎恶，或反目的理由；因为获妻者，不久将应女之两亲的要求，付与赔偿。但赔偿并非驯鹿，乃一作为妻族某男子之妻的妇女。虽在今日，此种强夺风习犹不时发生。”在撒慕耶（Samoyeds）、福叶克（Votyaks）、阿斯梯叶克（Ostyaks），以及其他属于旧俄罗斯帝国诸民族间，如求婚者无力支给一定购买的价格，在过去以至现在，皆采取“新娘夺窃”（bride-stealing）的手段。嘉尔马克（Kulmucks）的男子，当求婚对手，及其两亲不愿允许彼之要求时，辄从

---

① 今译为“火地岛”（在今之阿根廷境内）。——编者注

② 此处“印度人”应指“印第安人”。——编者注

③ 此处“印度人”应指“印第安人”。——编者注

事夺取。但女既掠至彼之小屋中，两亲亦莫可如何，只有勉强允许。掠夺婚姻间或实行于印度若干族部间。其在阿利斯州(The Orissa State)之布胡叶族(Bhuiyas)，"当男子钟情某少女，未得少女及其两亲的同意时，彼乃招集友人一队，乘机将彼女夺去，同辈则为彼备预不虞。此种猎妻方法，常因女之友人防止夺取，或试行救助，而引起流血的斗争"。孟加拉(Bengal)之火族(Hos)亦"实行掠夺婚姻。青年在跳舞场或市场中，不顾少女之真实的或假装的抵抗，强迫携去，然后再定价格"。留印(Lewin)关于奇塔公山地(Chittagong hill)诸部族的婚姻说："在女性缺乏的部族中，男子当身佩武器，自弱小部族夺取为彼所欲得的妇女。"

掠夺婚姻的实例，亦发现与马来群岛(Malay Archipelago)及米勒里西亚(Melanesia)[①]等地。而在澳洲大陆，则到处可以搜得此类记载："土人往往为袭击幕舍，组成一'突击队'(a surprise party)。杀其男性，并掠夺占有其妇女。而与此'大规模掠夺'(wholesale abduction)并行的还有各个强制的掠夺。女子如图反抗，则加以毒打。"但在往昔观察者的报告，却与此不尽相同。彼等称述掠夺婚姻在澳洲，不过一种例外的，偶发的结婚方式。因为掠夺会诱起反目或争斗，澳洲诸部族大都反对此种习俗。在非洲各地，亦闻有不少武力获妻的实例。

掠夺妇女的习俗，曾广行于古塞姆族间。在穆罕默德以前，几乎到处可以发现。希伯来军事阶级，虽依法禁止与异教徒通婚，但同时又允许男子娶取由战争捕获的妇女。在印度欧罗巴(Indo-European peoples)诸民族间，亦尝发现掠夺婚姻的实迹。兴都(Hindu)的神话立法者马努的法律(Laws of Manu)中，载有八种正当结婚方式：其一为罗刹(rākshasa)，即"杀伤其亲族，毁其居处，而强制夺取其正在哭叫的妇女"。依据宗教传说，则此种结婚方式仅为刹帝利(Kshatriyas)或武士阶级所允许。就哈利加拉苏(Halicarnassus)之带奥尼细阿斯(Dionysius)(希腊历史家)所述，掠夺婚姻某时代曾普遍通行于希腊。苏克尔勒利(Sakellarios)则以为即在最近，犹不时发现。古代罗马传说，亦保存有此类婚姻的遗迹。条顿族在昔彰明较著地捕获妇女为妻。阿鲁斯·麦拉斯(Olaus Magnus)谓斯堪底纳维亚人因为"诱拐或强夺妇女"(propter raptas virgines aut

① 即今之"美拉尼西亚"。——编者注

arripiendas),不断相互战争。最古条顿法典对于强夺结婚虽视为应该惩治的罪过,但仍不失为一种婚姻。在爱尔兰之《尼里阿斯》(Nennius)中,我们尝读到批克德族(Picts)由果厄尔族(Gaels)抢婚的记载。古代斯拉夫民族间,亦曾发现掠夺婚姻的实例。小俄罗斯(Little Russia)之戈萨克人(Cossacks)及乌克兰人(Ukrainian)尚施行于十七世纪,而许多南斯夫族人至十九世纪初或最近,犹继续此种习俗。在高地阿尔巴尼亚(Albania),即在今日,亦常发生少女掠夺的事故。高加索山地(Caucasian mountain)诸部族间,以为捕得的少女,当成为强夺彼女,且奸淫彼女者的妻室。

实行掠夺婚姻的民族,殆不难继续举出许多;但没有一种民族以此类婚姻为一种普通的或常态的方式。由上面列举的实例,我们似乎可以窥见掠夺婚姻大抵是由于战争的结果,或者因为依普通方法获妻的困难与不便,而采取的一种非常手段。我们知道这是曾经发生于斐迦(Fuegians)[①]、巴西(Brazilian tribes)及布西曼(Bushmen)一类过着小家族集团生活的未开化人间的事故;是澳洲诸部族许多青年男子,因为各种障碍颇不易得到女伴而形成的事故;并且是较高级民族,实行买卖婚姻,由是男子企图新娘跌价,或者完全避免破费,所演的事故。依习俗的要求,女子被掠夺后,始与其父母商议决定一切。是妇女夺取,与其说是一种缔婚的样式,不如说是结婚的预备。然而格罗塞博士(Dr. Grosse)主张掠夺婚姻,不过是偶发的,应该惩治的暴行,而从不曾被法律或习俗认为是一种婚姻形态之说,自未免失之偏激。

在另一方面,无疑有许多著述者夸称掠夺婚姻的风行,以为某时代曾被未开化民族视为常态的结婚样式。但此类主张,究无从得到证实。我们没有理由相信男子在普通情况下能够获妻,而必欲诉之武力。未开化人并未与邻人时常过着斗争的生活。彼等殆视争杀为十分的例外。许多民族也许从未有过斗争。我们决不能相信彼此有友谊关系,可以相互通婚的家族,不曾在未开化人间存在。

掠夺婚姻为一种初期阶段的婚姻形态的理论,乃依据极通行,并且认为是往昔实行掠夺残留下来的几种习俗,得到支持。但此类习俗,并不够

---

① 今译为"火地岛人"。——编者注

为设想的事实的确证。因为彼等自身很容易有其他的解释。例如在许多场合，新郎及其所属人等，与新娘的家族，相互为“模拟的斗争”(sham fighting)；或由后者施行或种抵抗，当作一部分的结婚仪式。像此种视为掠夺婚姻遗习的实例，著者不妨列举一二，借以观其究竟。

在英领非洲之阿肯巴族(Akamba)间，“往昔新郎于结婚日，偕兄弟或朋友五六人驰往近村田亩，捕捉彼之未婚妻。未婚妻照例大声喊叫，其兄弟亦照例集合攻击新郎的队伍。双方以棒，甚至把剑争斗。若女家胜，则挈女以归。两家亲族乃开联席会议，女之父亲，或要求增给山羊十头。此后求婚者，乃可独往女家村落，安然取得新娘”。据塞力门教授(Professor Seligman)所述：英领新几内亚(New Guinea)之罗罗族(Roro)，于结婚式举行的当日，由新郎部落中的男子一队(新郎不参加)，包围新娘父母的住宅，狂怒乱嚷，假装袭夺新娘。“新娘逸出，拼命奔逃。虽被追获，犹用尽气力，以手脚齿牙作顽强的抵抗。此时两方关系人遂激起模拟的战争。正当骚扰中，新娘的母亲，乃持木棍或掘具，叩打周围一切无生物，并大声诅咒强夺彼女的人们。村中其他妇女亦随同号哭。”其在蒙古族(Mongols)，新郎身备武器，率同辈一队，至女家幕舍。女家兄弟站立门前，询问客人的来意，彼等答称：“欲入贵幕。”主人乃宣言“入幕之前，须经过战争。”于是相互推拉，开始殴斗。经过短时间的模拟战争后，防御者败北，乃延请攻击者进入幕中。在摩洛哥某地方，当新郎率人挈取新妇时，新妇的族人将以石投击；或者新郎及同样装扮的男子二人，为新妇村中男女所攻打；或者彼女的兄弟或叔伯，在女未携至举行婚礼所在以前，与新郎有一场模拟式的斗争。在缅甸(Burma)各乡村间，照例在新郎往妇家的途中，张起遮道小索；当新郎及其友人等正搬运成家的大部分什物，行经张索的地方时，张索者——通常为贪图热闹快乐的青年——乃拦住去路，要求幸福的新郎，给予喜钱。否则以断索表示诅咒为恫吓。

在途中留难或阻止新娘进行，为欧洲条顿族、斯拉夫族、诺曼族及其他诸民族一般的习俗。此种习俗，亦曾被著述者辈视为掠夺婚姻的遗风。拦路所采取的方法，有时是在新娘车前投以木块，或拔出武器，但以黏花绳索横张途次为最多。新郎为车辆通过，不得不给予偿金。在格鲁塞斯特瑞厘(Gloucestershire)及威尔士亦有绳索拦路的风习。但在十八世纪，实际直至晚近，威尔士的新娘还会遭遇更厉害的留难。结婚日的早上，新郎及其友人同往姻家，要求新娘。新娘的友人，则断然拒绝，于是惹起模拟式的殴斗。此时新娘乘马与亲近者走开，新郎及其友人大声喊叫，跟踪追赶。迨两方人马疲顿，始允许新郎赶上新妇得意地携归。此种模拟的掠夺，一世纪前，曾在苏格兰及爱尔兰各地通行。

像此类习俗，无疑会使我们联想到真正的新妇掠夺。但我们却不能由此发现掠夺曾为结婚通常样式的意味。在好战的部族间，捕得其他部族的女子为妻，会被赞扬为武勇的行为。所以普通人举行结婚，亦戏相模仿。某国国民结婚拟新郎为王，新娘为王后。但谁将承认此种事实为某时代独有王族结婚的遗风？女家亲族对于仪礼上的留难，大抵由于不愿舍弃少女的情感，及最近亲者特别容易感到的，性的贞洁无缺的象征的表现。科特灵吞博士（Dr. Codrington）相信彭忒柯斯岛（Pentecost Island）在结婚式中的模拟斗争，无疑是女家因为丧失了彼女的劳务。并且“亲族任谁皆不得与彼女结合，所以决非由于损失了性交的权利”。但是女家父母及亲族必不仅惋惜劳服的损失，同时亦会深深地感到别离的悲痛。尤其是母泪滋滋，与我们今日社会中为母者所表现的纯粹悲哀，原无二致。父母对于嫁女的踌躇，常由真实的或假装的各种方法，显示出来。佐折森博士（Dr. Jochelson）谓西伯利亚（Siberia）之优克希尔族（Yakaghir）间，当结婚意见由媒妁通告女家父母时，父为尽量表示一家的庄严计照例要一度回绝。摩洛哥之柏柏人亦有同样的习俗。其在奴隶海岸（Slave Coast）之依乌语族（Ewhe-speaking people）例于结婚日黎明，遣人赠送刺谟酒（rum）于新娘的父母，随即提出结婚要求。两亲照例一再留难，并设为种种口实，拖延时间；直至正午，新郎又以同一使命，派来第二次使者，但仍没有结果；迨第三次来人于日暮到达时，父母始不再踌躇。自然决定的迟疑，与在迎亲者途中设为种种得依偿金排除的障碍，具有同一射利的动机。但沙姆特博士（Dr. Samter）还相信阻止新娘进行，系当作一种拂除恶灵的手段。在著者则以为摩洛哥结婚式中的模拟斗争，与其他各种场合类似的斗争，皆有净化的意义存在。开士登博士（Dr. Karsten）曾在彼所著之《南美印度人的文明》[①]中，确信强制夺取少女的暴行，乃企求使彼女净化，使其由“超自然的敌”（supernatural enemies）脱离。而敏捷的

---

① 此书名中“印度人”应指“印第安人”。——编者注

动作,更可助成少女脱离此类敌人。在德国农村的结婚式中,新郎新娘往教会以至由教会过来,都用非常的速力,此明明含有预防神异危险的意味。

每每在迎婚场合,主要的或专由女子方面出以抵抗,或表示悲哀的事实,亦尝被认为古代掠夺结婚的遗风。例如在智利(Chili)之阿喇坎族(Araucanians),常以假作暴力,挈去新妇,为婚礼仪式中必不可缺的点缀;同时也正是彼等婚礼仪式的全部。"夫与其父商议,自身及友辈数人,一同隐藏在新娘必须经过的场所近旁,新娘一到,立即捉住,毫不介意彼女假装的抵抗与悲鸣,使其骑在新郎所乘的马后。彼女沿途嚷叫,直至夫家。女家亲眷随即赶到,享受婚礼筵宴后,乃领取协定的赠物别去。"南森(Nansen)博士谓格林兰东海岸居民的唯一结婚方法,迄今犹为男子驰至女家幕舍,捉住女发或衣袖等,从容曳至彼之住处。此种暴力的场面,常由于女子惧怯失掉了贞闺(modesty)的名誉,对于任何结婚意见,皆表示极度的羞涩与嫌忌之感所促成。但"女家亲族视争闹全为个人的私事,只在一旁袖手静观。因为格林兰人(Greenlander)为与邻人保持友谊关系,从不肯出面干涉旁人的事情"。在土耳其人间,则由少女服婚装,跨骏马,膝置山羊或羊的尸体,奋迅急驰,新郎亦与多数青年骑马尾追。但彼女力求避免追及,常敏捷回环驰骋,以致追者无从获得彼膝上的死物。此种竞技,为中央亚细亚一切遊牧民族间通行的风习。西奈伊(Sinai)之贝督英人(Bedouins)以少女得知约婚消息时,佯欲遁入山中为一种仪式。并且某部族的女子,竟实行离开父亲的幕舍,在山中隐居三日,他[①]若在出嫁预备当中不断哭泣的,则为摩洛哥的少女。

在新娘方面,当作仪礼的踌躇与哀泣,曾发现于印度欧罗巴(Indo-European)诸民族间。古印度关于民间谈话之刊物《葛列耶多罗》(Grihyasūtras)中,载有专为新娘哭泣的某种祈祷。可知号泣在古代印度婚仪中,正如现今一样,为必不可缺的形式。罗马新娘每逃至母之膝边,由新郎及其随从者强制曳去。斯巴达之新郎迎妇,亦佯用暴力。近代希腊新娘向教堂出发时,辄呜咽哭泣,拒绝前往。伴随者说:"要哭让她单独留下。"新娘应说:"带我去,但让我哭泣。"德国一般人皆相信号哭为吉兆。

① 应为"她"。——编者注

在结婚式中的哭泣，可以预示结婚生活的幸福。所以在奥地巴拉丁(Upper Palatinate)有所谓“婚前不哭婚后哭”。“笑的新娘，哭的妻君”、“哭的新娘，幸福的妻君”一类谚话。新娘的哭泣，在斯拉夫民族尤为必要。俄国重视“善哭”；以为哭泣愈佳，愈能得到友人的赞赏。西伯利亚当青年男女的婚姻，既由年长者决定时，新郎即依正规的习俗，借腕力将新妇携归。因为女家对于同意此种决定，视为极不高尚。许多著述者相信欧洲近代的新娘号泣，亦源于古昔掠夺结婚的遗风。

然而视为掠夺遗风的新娘的抵抗与哭泣，并不比女家亲族的阻挠来得厉害。亲族生别少女的踌躇或伤感，与少〔女〕分离亲族所抱的悲哀，同样出于自然。并且同在婚礼仪节中加强地表现出来。不过我们就前面援引的许多记述，似可明了新娘所取的态度，大抵由于或真或假的性的羞怯与谨慎。斯宾塞曾视此为掠夺仪式之一起源。而斯宾塞以前之马勒(C. O. Müller)则以基于“少女须由男性使用暴力迫挟，始肯委屈其自由与处女的纯真”观念之古代习俗说明。斯巴达的仪式，在结婚预备或决定中，由种种方式表示的性的羞怯，不仅女子为然，在男子方面亦有类似的实例。而且男性亦遭掠夺。阿萨姆之格罗族(Garos)在决定婚礼举行的当天，“女家亲族为欲掠取新郎，乃齐赴新郎的小舍(machan)。新郎窥见或预知彼到达时，即逃奔至无人的住宅，或钻入森林。女家亲族四处搜寻，迨发现后，乃强迫同去，并提出种种诱惑，使彼同意结婚。但彼概行拒绝。彼等无法，乃将其投入水池，头部浸没至再至三，最后始得表示同意。于是彼等将彼由水中拖起，欢然携去。在新娘方面，亦须逃至无人的住宅，但与新郎有别的，是不必遁入山林。”在南马其顿(southern Macedonia)之希腊人间，被盗夺者为新郎，却非新妇。亘一周间宴祝的末日，由新娘派来使者，鼓励新郎，同时并试行架去。新郎则出全力抵抗。

此外在结婚式中，还有一种分明非古代掠夺婚的遗风，而为各别社会群间的反目，与每一社会群中人人的连带关系所促起的模拟斗争。被劫而挣扎的新娘，常可取得女性友人的帮助。在种种场合，大抵为此辈女性友人，与新郎间的斗争。摩洛哥的新郎，每受村间妇女们联合的攻击，彼等殆视结婚为凌辱女性，所以同时还诅咒男女两家的父亲。而且在独身男子，与未婚女子或普通妇女间掀起斗争的场合；在男子辈尝试夺取新娘的或种财物，而新娘备有友人及随伴者防卫的场合；以及在参加婚礼的男子，对于新娘与其母亲姊妹所取的劫夺行为的场合，皆显著地表示性的反目。依照摩押阿拉伯人的习俗当迎婚行列行近新郎部族的村落时，妇女皆群起袭击。彼等不乐意接受外来者，视外来者的莅临，为彼等中间的美人及有姿望者的侮辱。

又有人假定掠夺婚姻曾在女性使用的语言中留下痕迹。卡立布族(Caribs)中，男女使用的语言，到了各不相同，或至少男子与男子及女子间谈话为一种字汇，女子间又有另一种字汇的差别程度。此等差异，说者信其由于掠夺邻近部族的妇女使然。但此种理论，确有斟酌的余地。男女用语的不同，在美洲以及世界各处都可发现。可是不同的意义，在任何地方，甚至在卡立布族间亦未达到两种语言组成的差别程度。而相当的差别，复基于各种原因。在拉斯奇(Lasch)与沙帕尔(Sapper)，皆极力称说职业与劳动分化的社会经济的因由。语言容易在密切结合的人间，如在同一地方的住民，或同一社会阶级分子中间形成一种特型。而两性间的分离，自然会在语言上发生类似的结果。克洛莱氏(Mr. Crawley)指出“近代欧洲性的分离，在某种程度，仍由于流通语的影响。因为男女各各有其特用的语词”。南美某种印度[①]妇女的方言，知道的讲出，则可表示妇女间保存有部族语言的古型。克洛司(Krause)说：“特殊语言的起因，无疑由捕获其他部族的妇女。”然而妇女比较与外界隔离，当可说明——作者所观察到的——大阿特拉斯(the Great Altas)柏柏族(Berbers)的妇女，使用古柏柏族数字，而男子则常常使用外来阿拉伯数字的事实。归结说，假令妇女用语的一定特质，系由于异族娶妇的习俗，则我们应该记住这是族外通婚，而不一定是掠夺结婚。

此外还有其他许多习俗，都被想像力丰富的著作者，视为掠夺婚的遗风。如将新娘举过门阶，罩上面帕；在结婚式中交换戒指；新郎新妇出发时，在后面投鞋一双；公姑大人的避忌；新郎使新妇远远离开亲族及朋友，至今日尚极时新的蜜月旅行等。此类习俗，有一部分著者将在本书“结婚仪式”一章中讨论。但其中没有一种习俗有与掠夺婚发生连带关系的要求。

① 此处“印度”应为“印第安”。——编者注

第六章 当作婚姻条件的同意

婚姻不仅为男女当事者的关系，同时对于其他的个人，亦与有利害关系。所以婚姻决定，往往须取得后者的同意；甚至全由后者主持。有时男或女，或男女两者，反没有参加意见的余地。

我们已经知道在多数低级民族间的婴孩约婚，或幼年约婚，是一般的通行。而在此等场合的男女当事者，自说不到什么同意。但约婚的效力，通常虽得维持到结婚成立以后。然每每认为当事者两方可以不受此种规定的拘束。或者受拘束的仅限于女性。在许多未开化民族间，子女虽已成人，婚姻的约束，还须决于两亲。印度多数部族的男女婚姻，一般都由父母计划，由父母决定。非洲各部族大抵相同，特别是父亲照例对于儿子的婚姻的安顿。在克沙・卡斐族(Xosa Kafirs)间，父亲须为儿子遴选主妇，有时甚至儿子的如妻，亦由父亲决定。由利味尔博士(Dr. Rivers)的报告，在圣太・克卢兹群岛(Santa Cruz Island)中之台科鄙亚岛(Tikopia)及班克诸岛(Bank Island)间，男子已达结婚年龄时，其妻须由父之姊妹选择。设男子自行决定，亦必得姑母认可。“任何男子结婚，不得违反姑母的意见。”许多民族的婚姻，不仅是取得近亲者的同意，同时还需征求所属部落中人的意见。其在澳洲诸部，则取决于“部落会议”(camp council)，或取决于部落中之头目。试思婚姻关系，便不相知的家族结合起来；或由是作成更大的同族集团；或于已有友谊的家族间，加上新的连锁。所关至巨，无怪当事者的父亲，或父母，或亲族等，对于此种问题必得提出主张。自然干涉的权利，系基于家族或家长对于家族中各个人所具的权威。例如在克沙・卡斐族(the Xosa Kafirs)间，父亲有终身支配其家族的权利，即既婚的子辈，亦包括在内。

择配取决于旁人，在女子方面较之男子方面尤为习见。虽则素朴民族间的家长权威问题，尚须较深的研究。但我们不妨说，此等民族的女子，在出嫁前，大抵遇事皆听凭父亲。即既婚后，或者尚有若干未脱父权支配的实例。不过许多民族女子的婚姻,有特别取得母亲,兄弟,或舅父的同意的必要。而在此等场合,父亲殆全没有容喙的余地。特父亲或其他关系者的同意,虽属必要,究没有违反女子自身意志,迫令其出嫁的意味。关于世界各地未开化人的许多记载,皆表示妇女对于自己婚姻的同意,不仅屡屡于事实上为必要,甚且为习俗的要求。自然有许多与此相反的实例。但著者就证于自己搜集的材料。却曾引出一个结论:即顺从或必须顺从女子的实例,较多于违反女子的希望的实例。并且由麦尔斯(Messrs)和布豪斯(Hobhuse)、辉勒(Wheeler)、景斯柏(Ginsberg)诸氏所编纂的表志,亦可得到类似的推论。

就环境的影响言,下级民族间的女子的择配自由,并未与他们的文化,依同一比例而增进。此种否定的论述,我们不仅可以不稍踌躕的昌言,而且除澳洲土民外,下级未开化民〔族〕的择配自由,决计比稍稍进步诸部族间的为大:下级狩猎者间,比较进步的狩猎者间为大;在初期的农业者间,比具有家畜的纯粹农业者为大;在下级牧畜部族间,比高牧畜部族间为大;而在一切狩猎者农业者间,皆比较牧畜部族间者为大。下级诸民族间经济文化的进步,所以成为女子择配自由障碍的原因,乃由于必须限制女子自由的"买卖婚姻"(marriage by purchase)的施行。买卖婚姻在下级狩猎者间,殆无所闻。初期农业者间,亦属罕见。而在较高级的狩猎者,尤其是具有家畜的纯粹农业者间,则颇为通行。并且进步的牧畜部族间,比之下级牧畜者间推行较广;进步的农业者间,虽非常习见,而就牧畜部族全体言,则比较农业部族间更为流行。买卖婚姻的发达,与妇女择配自由的限制,依同一轨道进行。两者间的因果关系,已到了无可怀疑的程度。然而妇女择配自由其所以蒙到经济文化进步的不利影响,尚有其他的原因存在。财产开始积集,贫富间的差别判然;于是一家对于家族中各个人的利害关系,亦从而增大。家长已不欲顺从各个人的意向,任其自由选择了。

在环境妨害未开化妇女择配自由的讨论当中,我们不要轻易看过了澳洲土人——与世界各地的下级狩猎者不同——的一般妇女全没有择配自由的事实。虽则男子对于女家亲族馈送少许的猎物或武器,但普通的买卖婚姻,并不曾在彼等中间存在。因之,关于彼等的强制妇女服从,便须得有其他的说明。幼年许婚的异常盛行,老年人擅有部族中最美女子的风气，以及由姊妹或亲族之女与他族交换——交换无论在幼时或成年女子都无发言权——而得妻的习俗等等，皆无疑为强制妇女服从的主要理由。因为诸般习俗皆与老年人的绝顶专制相关连，于是青年男子遂经验到除了由幼时许婚，或亲族女性交换外，实不易依其他的和平方法，得到配偶，而尤其是获得青年的配偶。可见澳洲土民全然抹煞妇女希望的原因，乃由于具有地方特质的特殊环境关系，而不得认为是一种比较其社会组织，犹不及澳洲诸部族发达的下级狩猎者，更为原始阶段的遗风。实在说，澳洲土民是否完全属于下级狩猎者群，尚属疑问。著者有鉴于此，对于马·里托尼(M. Letourneau)所谓女子的希望被抹煞，曾经过极长时间的"概括记述"(sweeping statement)，不仅不能同意，却还有理由相信女子的择配，在原始时代，较之在今日澳洲诸部族间，或在其他较开化的野蛮人间，有更多的自由。

严格地说，即使女子在毫无过问自身婚姻问题的权利的场合，也许对于不愿意的结婚，或强迫从事的结婚，持有阻止或破坏的手段。彼可向母亲或亲族的其他女性请求，依彼等的调停，而改变父亲的意向；或以迷信为武器，企图反对不惬意的婚姻提议。在邻近费兹(Fez)的阿依慈·萨登(Aith Sadděn)之柏柏族间当男家的母亲由族间妇女伴往女家幕舍，向女之两亲陈述丈夫欲为儿子与彼等的爱女联婚的来意时，彼女虽不获参加意见，但婚姻成否，一视彼之态度如何而决定。如彼女爱好彼等提到的男子，彼将华服盛装，与来宾同坐；并极力显示令人颠倒的神情。但男子如非其所好，彼将说出许多在此种场合应该禁忌的下等的，不吉利的话语；或则抓破面容，以牛粪涂身，装盛莅临葬式的模样。其结果，因为两家都顾忌此种婚姻未来的不幸，所以用不着进一步谈判。在同一部族间的少女，更有在求婚日或在预订结婚式举行期间逃出，以期防止婚姻进行的事实。我们知道女子因两亲强迫出嫁，而私行奔逃的风习，在许多民族间，极为普通。中央摩洛哥山地居住的柏柏族，居然有一种关于此种事实的珍奇制度：如女子不欲与自己的丈夫同居，乃奔往其他男子的房屋或幕舍中，抱一屋脊的支柱，或幕舍的竖柱。设无此类木柱，则持一手磨回转，如欲挽磨。斯时屋主或幕舍主人无论为独身者，既婚者，或有妻若干，皆须与彼结婚；并且对于彼女舍弃的丈夫，必得照例给予代价。代价的额数，各部族显著差别，即同一部族，亦颇难一致。在阿依慈·萨登(Aith

Sadděn)人间，其数计达五百元。此种特异的习惯，乃基于此类女子以此等方法求救，若不立与成婚，必会遭逢极大的大不幸的观念而产生。因为抱住居宅支柱，或回转手磨，乃表示在主人身上置有亚尔(Ar)，即在彼身上附有一种条件的诅咒。

女子在未得两亲同意，或违两亲意见，不能得到彼所心愿的良人的场合，则以相与私奔，为达到此种目的的极普通的手段。私奔的风习，一方面表示徒徒当事者两人相互的同意，在结婚手续上，常不能称为完备；同时又表示此系不完备救济的准备。设青年贫乏无资，不能付给对于少女所要求的价格；或不得以普通的方法与彼女成婚，则惟有出于私奔。许多民族视私奔为缔结婚姻之一方法，或至少为婚姻预备手段的一种实际制度。每每爱人在后还须为一同私奔者，付给代价；并对于女家亲族，贡献殷勤。但私奔者有时不必行使其他手续，亦得成为夫妇。以私奔为结婚的手段，在澳洲诸部族间，最为频繁，而且最为必要。由豪易特(Howitt)的报告，吉坡斯兰(Gippsland)之卡拉依族(Kurnai)间，男子“得妻的唯一方法，即取得女子自己的同意，相与潜逃”。而协助彼等达到此目的者，为医生的任务。因为求妻的困难，遂至此等任务，亦为习俗所认可。假如当事者相互因亲族结婚禁止的关系而私奔，则必科以极严酷的惩罚。否则男子在某种情况下，至少可以保有一同私奔的女伴。不过私奔的男子，有时须得与彼女既经约婚的男子斗，或与彼女既经结婚的丈夫斗，或者惹起亲族都卷入漩涡的极一般的混斗。俟斗争的结果如何，方可决定彼是否允许保有一同私奔的女子。但在澳洲诸部族间，如果彼等产子或女已怀姙后，始行归来；又或两幸福者为避免女之部族，表面的搜寻，仅在丛林中同栖一日两夜，皆得允许成为夫妇。

当我们由未开化的野蛮种族，进而观察文明较进步的种族时，我们将会发现父权或亲权，及子的孝敬，达到了绝顶的高度。就古代墨西哥(Mexico)言：为救济贫困的父母，儿子中任谁都可依父母任意置处。青年为自己选妻者极少，一心期待着两亲的抉择。古代秘鲁(Peru)的法律中，亦含有此种旨趣。儿子在二十五岁以前，须事奉父母，服从父母，未得自己两亲及女家两亲同意的婚姻，概作无效；其所生子女为私生子。但闻在婚姻关系上，亦顾及男女当事者的意向。

孝行为人的根本义务观念，直至今日，犹支配中国关于家族的立法。

家长为一家最高的支配者，即子辈的婚姻关系，亦包括在父权范围内。在两亲生存中，或在两亲近旁，或在亲族年长者跟前，任谁有多大的年龄，均不得以独自的意思行动。此等监护者（Guardian）的权力之大，不仅能为出外的年少者订婚；即令年少者在外面未经彼等同意结有良缘，犹不得不遵从彼等包办的婚姻。其结果，约婚的当事者，婚前殆各不相知，直至结婚式举行时，始为男子瞥见妻颜的最初机会。日本家长的权威，在昔与中国同其强度。一家任谁的婚姻，都须得家长的同意。而当事者自身却没有同意的必要。不过此为日本习惯法确立的原则。由日本新民法的规定，结婚当事者自由的同意固为必要，而在同家居住的父母的同意，亦为必要。但男子满三十，女子年满二十五时，则不必取得父母的同意。可是事实上即在今日，婚姻大概还是由父母决定。

在古代加尔底亚（Chaldaea）地方，父亲对于子女，亦有极大的权力。女子出嫁，完全不能违拗父命；儿子未得父之同意，其婚姻作为无效。但父亲在婚姻上干涉的权力，是否到死为止，不得而知。父权之大，从儿子不孝，得由父卖作奴隶的事实，可以想见其梗概。

在古代希伯来人间，子女对于父母的义务如何重视，就《十诫》（the Ten Commandments）中对于此问题设为法令；并且其位置仅次于人对于神的义务的戒律一点，便容易判断出来。父为救贫计，可以鬻买子女。又可以当作质物押于债权者。对于女的婚姻问题，不仅有无限的权力，并得变卖为下婢，为妾。但外国人没有购买的权利。彼又为儿子选妻，然而此种权利，往往属于母亲。儿子服从的年龄至何时为止，无从证实。然米真勒（Mielziner）称说以色列人间，因为父母受有极大的尊敬，“未得父母同意的婚姻，幸为极稀有的例外”。

依照穆罕默德法，女子尚在父权约束下，则不必征求女的同意。在赫拉番族（Hanafis）及哂亚族（Shiahs），父亲虽有不待女之同意，能令其出嫁的权力，但此权力随女年既达妙龄而终。然回教之麦来喀派（Maliki school）则与此不同。女由父权解脱出来，必待父死，或父生时明示许其解放，或因出嫁，或则彼女至少须年达三十。而在另一方面，若女在已经脱离父权支配而约婚的场合，则须得彼女予以明白的同意；若为处女，亦得予以暗示的同意。女之沉默或微笑，皆当作同意的意味解释。在摩洛哥、阿尔基里亚(Algeria)[1]、突尼斯(Tunis)以及其他巴勒斯登(Palestine)[2]的许多地方,父母不问女的同意,令其出嫁,为一般的法则。然沙漠之贝督英族(Bedouin)与巴勒斯登的其他回教徒不同,彼等在议婚方面,允许其女表示承诺或拒绝。在麦加(Mecca)地方,处女虽依顺从父亲的理由,仿佛以照着父亲的意志行事为妥当。但强制女子结婚的事,却极稀罕。回教一切宗派,皆主张男子既达思春期,订婚不必要父的同意。思春期大概就既达十五岁言。固然父亲对于在少年期内的子女,持有予以结婚地位的权利。但法律注意到此种权利的行使,总期无害于少年。凡属有害于少年利益的父的行为,皆认为不当。并且法官持有阻止此类行为,不令其完成;若既完成,则宣告无效的种种干涉的权力。然在摩洛哥及其他地方,事实上儿子虽已成人,其婚姻尚得依照父母的意思行事,并且习俗亦要求顺从父母的希望。可是男女分居每至严格厉行的回教世界中,两亲对于婚姻问题的干涉,青年男子殆不易感到何等痛苦;尤其是男子对于不称意的妻,随时能够离弃。然就女子言,却不容易在未知的求婚者中,选择配偶。

在古代罗马人间,家长权的强大,至称说"家族中的一切,皆没有法律上的权利——妻与子,与牛或奴隶同"。父亲不仅有对于子女的裁判权——由正当的理由,得课以死刑之权,亦包括在内——并得随意出卖子女。男女虽已成人,犹受家长支配。女未依照"书面契约"(convertio in manum)的手续而结婚,婚后犹不能脱离父或监护人权威的拘束。家长(paterfamilias)的同意,对于男女的婚姻为绝对的必要。此种法则的严格程度,直至马喀斯·奥理略(Marcus Aurelius)治世时,对于精神衰弱的子女,因为在父的权力下不能予以同意,便不得有合法的结婚。

亨利·缅因(Sir Henry Maine)及其他著述者,曾提示罗马人的父权(patria patstas),为存在于太古雅利安人间的父权的遗物。但此种无限的权威,在其他所谓雅利安民族间曾经流行过的明白证迹,却无从觅得。古代某法学者说:"我们对于子女所具的权力,为罗马市民独特的权力。因为没有他国国民对于子女的权力,能如罗马市民一般。"在希腊人及条

① 即"阿尔及利亚"。——编者注

② 即"巴勒斯坦"。——编者注

顿人间，父亲有抛弃幼时子女的权力；有为应急需，出卖在彼支配期内的子女的权力；有不顾女的希望，迫令其出嫁的权力。但罗马家长主权的行使，在子孙的年龄上，当有或种限制。希腊妇女每有嫁于未知男子的事实。希腊及一切条顿国民间，男子成长，则去家脱离父权，自行选择配偶。不过条顿族依历来的惯例，男子选妻，须与亲族磋商。

在兴都族间父权或亲权虽自古迄今亦称有力，但如罗马一式的父权，却不能在印度发现。曾经风行过的证据。吠陀时代，父亲仅在有能力保护维持一家时，得为一家的首长。衰老的两亲，甚或任其饿死。麦克唐纳(Macdonell)及歧司(Keith)均主张当时父母往往为子女决定适当的配偶，本无可疑。但男子或女子也许持有自行择配的自由。据后代的法律书，父母有生产儿子，变卖儿子，抛弃儿子的权能。“因为人由子宫的血及精虫所构成，父母为因，子女为果。”然在其他载籍中，则不承认父母有授受买卖子女的权利。依据马努法典(Laws of Manu)，女子可以自行选择心愿的良人。但立法者对于“以情欲出发，为情欲而行性交的女子与其爱人恣意的结合，则不能容忍”。父母在法律上的严格权利，即寓于子女方面以孝行为最切要的义务中。人有三阿梯格拉斯(Atigurus)，即是有三个应当特别崇敬的长上：父与母与心灵的师。对此三者必得时常服从，婉慰，并伺候，非经彼等许可，则不得有所作为。与此类似的情感，在近代兴都人间极为普通。女之义务，自结婚日起，完全移转为对于夫及公姑的义务。依兴都族现存的惯例，女之婚姻，有取得两亲同意的必要。男子的初次婚虽同为必要，但往往为一种劝告。兴都的著述者说：“兴都青年对于婚姻的提议，都须取一种漠不关心的态度。迨此问题既由父母，祖父母，叔伯，或兄等决定，彼则以必须遵从彼等的义务观念，而执行婚仪。”

据俄国古代的法律，父亲对于子女有极大的权力。但鬻子为奴的事，或未实行。在一八六一年农奴解放以前，巴朗·冯·海克和森(Baron von Haxthausen)曾在彼之著述中说：“家长制的政治，感情，与制度，迄今犹在大俄罗斯的生活，风俗，习惯中，恣意地活跃。父亲对于子女的无限权威，现在母亲亦同样用以对付其女。”男子直到自身的子女能够处理家务的年龄，或自身已为家长以前，还须服从父权。为求妇女的协助，父亲依惯例为儿子娶一年长女子。在儿子未成年中，则与自己同栖。据波基司克教授(Professor Bogisic)的报告：南斯拉夫人的父权，虽没有俄国人那样厉害，但男子不许拂逆父母的意志，与某女结婚。在哥罗地亚人(Croatians)[①]与塞尔维亚人(Serbians)间，青年为自身择配，完全出于例外。若女子自己处理婚姻，自然更属罕见。古代爱尔兰男子在正式解放以前，完全在父权支配下。但解放年龄的限度，则无从稽考。威尔士法律对于处理女子婚姻的父的权力，自不待言，即亲族亦有此种权力。不过女子的婚姻，似不曾完全由彼等处理，而在理论上，也未完全享有自由。

欧洲古型的父权，逐渐在向着剥夺父亲对于子女曾有的，最本质的权利的组织让步。此种组织的深奥意义，可以从法国《百科词典》编纂者所谓"父权即义务"(Le pouvoir paternel est plutôt un devoir gu'un pouvoir)的语句中，寻绎出来。

即在异教时代，罗马的父权，亦曾受到极大的限制。基督教成为罗马的宗教以前，子女的生命与父母的生命，是同样的神圣。亚力山大·塞维阿斯(Alexander Severus)限制父母对于子女罚责的权力，只限于简单的惩戒。而戴克理先(Diocletian)及马克希米连(Maximilian)则剥夺父亲鬻卖生而为公民的子女作奴的权利。在查士丁尼(Justinian)的法制中，虽规定父亲不得强制处理子女的婚姻，但仍确乎保有发言权；即不问年龄几何，凡在家长支配期间的男女婚姻的效力，都须取得家长的同意。

寺院法采用未得婚姻当事者的同意，不能成立任何婚姻关系的原则。其与查士丁尼法(Justinian's law)不同的地方，是依此种教义的结果，则婚姻为一种圣典(sacrament)。因而规定新郎新妇无论如何年轻，即未取得父母或监护人的同意，亦能成为有效的婚姻。教会不赞同未得本人同意的婚姻，未得本人同意，是使婚姻成为不法的"结婚禁止的障碍"(impedimentum impediens)，而不是婚姻成为无效的所谓"结婚无效的障碍"(impedimentum dirimens)。因寺院法的刺激，虽非宗教法，亦蒙其影响。纪元五六〇年，克罗司亚尔(Clothaire)以法令禁止违反妇女意志的强制婚姻。克纽托(Cnut)亦禁止强令妇女嫁与不愿意的男子。第十世纪以来，盎格鲁-萨克逊(Anglo-Saxon)的许婚方式中，以女子的同意为无条件的必要。昔时大陆的许多条顿法律书中，亦有此类记载。寺院法对于有

① 即"克罗地亚人"。——编者注

效婚姻不必要父母及监护人同意的规定，在某种限度，亦似为英国世事法(temporal law)——虽认“监督与婚姻”(wardship and marriage)为财产权最重的部分——所默认。在中世后期的德国妇女，尽可冒废弃继承权的危险，而从事父母不同意的婚姻。此类婚姻，虽为国民感情所反对，但使教会变更法律的尝试，却均归无效。而在特棱特(Trent)的会议中经过热烈的议论后，终于得到了确定。

若路德(Luther)及其他宗教改革者，则别有所见。彼等主张未得父母同意的婚姻，婚后亦不予同意，则视为无效。此种原则，虽渐为新教诸国大多数立法者所采取，但附有在理由充分的场合，得拒绝亲的同意；在必要的场合，亲得代予同意的修正。寺院法的主义，亦为罗马旧教诸国所反对。立法者宣布婚姻须得亲的同意，始发生效力。亲如拒绝，亦不得申诉。一五五六年，法国亨利二世(Henry Ⅱ)布告未得长者同意的年少者的婚姻，皆属无效。后之立法者关于此等旨趣，益形扩大，二十五岁以下未取得亲的同意的婚姻为无效；二十五岁至三十岁，虽则有效，但褫夺其继承权；若在三十岁以上，则当依从所谓“三种应当尊重的法令”(The three respectful acts)，而有预先通告两亲的义务。依据法国的民法，二十五岁以下的男子，及二十一岁以下的女子，直到一九〇七年，尚须得父母的同意，始能结婚。

就一般言，关于父的权利，及子的义务的罗马观念，经过中世纪及中世纪以后许久，还在某种程度残留于法国及其他拉丁系诸国国民间。在十一世纪文献中，马·伯讷(M. Bernard)说：“父亲到处受尊敬，并褒奖酬庸子的孝顺。在骑士的故事中，父亲从没有揶揄人子的事；人子亦不曾傲慢或嘲弄。……在封建诸侯的尊严以上的父的权威，仍视为神圣不可侵犯。儿子有天大的能力，终不敢触犯父亲。父的权威，在彼眼中每视为一种主权的命令。”布丁(Bodin)在十六世纪后期称说：虽然君主支配臣民，师匠支配生徒，长官支配部下，但除“万物普遍的主宰，最高神的真实肖像的”父亲外，自然实未给予任何权能。杜·斐尔(Du Vair)说：吾等必须认父为地上的神。在《萨立公的言行录》(Duke of Sully's Memoirs)中我们得知当时子女未经许可，不能随意坐在父母跟前。达·康克尔(Messrs de Goncourt)曾就十八世纪法国贵族及上流社会的妇人说：“一般青年女子离开学校后，父母即令其结婚，组成新的家庭。婚姻每由两亲当作家事处理。彼等就最紧要的地位，金钱，门阀，财产等较量一番，即随意决定，无须征求本人的同意。”

依法国的现行法，二十岁以下的男子的婚姻，须由父母裁可。若父母的意冲突，则仅取决于父；父或母死亡，当由生存者予以同意；设父母俱亡，或在父母同意为不可能的特别情况下，则由祖父代予同意。二十岁至三十岁间，婚姻当事者尚不能不俟两亲的允诺。不过父母如果拒绝同意，还得在公证人前依适法的契约处理。并且在三十日内，如仍不能取得亲的同意，则不待其同意，亦得成婚。意大利未满二十五岁的男子，及未满二十岁的女子，皆有取得父母，或父，或父母一方死去其他一方生存者的同意的必要。但不予同意，尚有向法庭申诉的规定。奥国未成年者——二十四岁以下者——没有父的同意，则认为没有结婚的能力。德国正出儿的婚姻，在二十五岁以前，必得父亲承认。私生儿在同年须得母亲承认。若父死，则由母亲代予同意。瑞典男女二十一岁以下者，瑞士二十岁以下者，其婚姻皆要求父母的同意。

英格兰依惯例法(common〔law〕)，既达结婚年龄(age of consent)——男十四岁女十二岁——的未成年者的婚姻，先前不待两亲的同意，皆属有效。直至一七五三年，始依哈德尉克(Lord Hardwicks)的《结婚条例》(Marriage Act)，宣告无效。英格兰的现行法，对于非鳏夫寡妇未满二十一岁者的婚姻，须取得在生的父，或父死取得监护者，或监护团，或监护团中一人的同意。如监护人在法律上未经指定，且母未再醮，则母有予以同意的权能。没有取得具有同意资格的同意，未成年者虽得依教会中结婚公告(大僧正)的结婚许可状，或监督户口吏的证明书，发生结婚的效力。但结婚的结果，当事者或不免要丧失财产上的权利与利益。其在苏格兰，则已达思春期的年少者，无须要父母或监护人的同意。合众国的习惯法，未蒙到哈德尉克结婚条例的影响，亲不同意，亦发生效力。未经亲或监护人许可的未成年者的结婚式，虽依成文法禁止举行；但法律大抵对于此类婚姻，没有取消无效的条文，所以有时即或科以罚金，或惩治，违法的结婚，仍属有效。

在离开本问题之前，我们还须观察曾经赋予父或母以干涉子女婚姻——即使在不仅为保障子女本身利益的场合，亦得行使干涉——的权利的一种权威的起源。

亲的权威,最明显的基于子女幼时,父母对于彼等所具的优越性,及子女的缺乏能力。再者,父母为子女的创造者及扶养者,所以在某种限度,总以为父母对于子女持有所有权。又往往因为父亲为子女母亲的所有者,所以联想到父亲亦为子女的所有者。子的义务与亲的权别,在某种限度,皆起于子女对于父母,特别是母亲所抱的自然的情爱;及对于予彼等以生存,幼时又赖其保育的人所怀的恩义观念。此外依别于情爱的人子的尊敬之情,父母的权威,乃益加强而扩大。子女由幼时起,即习于尊敬父母,视父母,尤其是父亲为彼等的优越者。此种情感自身,似具有一种持续的倾向,即使父母年老,尚益益固执其存在。因为尊敬之情的发生,不仅基于优越的力,身体的技能,尚有随年龄衰颓而增续的知识与智慧。里洛伊·标立(Leroy-Beaulien)说:“在俄国国民间,视亲的权力,乃依宗教的感情,及年龄的尊敬而支持。……‘白发的所在,有善意与正义存。’——此为有走移的许多流行俚语的叠语。”易洛魁人(Iroquois)云:“长寿常与智慧相连。”非洲西部一带,则以老人为“智囊”。在文献缺如的民族间,老人为宗教上及习惯上的唯一权威者。澳洲年老者的特异性,乃因为对于仅为彼等所知的神秘仪式的迷信畏惧,及彼等具有青年人难于猝得的知识。利味斯博士(Dr. Rivers)以米勒里西亚(Melanesia)[①]老人的魔术的力,为其支配力所由来的源泉。在东非洲恩比族(Embe)间,老人对于容易愤激的青年,尚能维持其最上权力的原因,不外假于与最厉害的迷信。彼等显出战阵中人的命运,仅掌握在圣人手心的魔术的表象,使战士们心服。老妇人亦常认为有神异的力。一般妇人,虽在从属的地位上,彼等的影响,殆不劣于医师。老龄本身便可唤起不可思议的畏敬。摩尔人(Moors)以为老人为男则为圣徒,为女则为恶灵——不论男女皆有神异。

对于死者所抱的信仰,于待遇将近的老人,亦颇有影响。中非洲某部族为求得到老人死后的好意,所以对待老年者非常表示亲切。非洲东部某传道师曾闻一黑人关于老人的谈话说:“我等从顺彼的吩咐,因为彼不久即将死去。”中国依亡魂的好意或恶意干涉人间的事业与命运的教义。

① 即“美拉尼西亚”。——编者注

“教人尊重人的生命；仁慈地待遇孱弱者，老人，病者，特别是当彼等已濒于死亡的时候。”老人的尊重，与死者的崇拜，屡屡混为一谈，而暗示两者间存有内在的关系。但在此等场合，欲严密识别其原因与结果，殊为难能。因为死者的崇拜，主要虽由于死的神秘，而人在生所受的崇敬，亦能与形而上的灵魂以崇拜的影响。

在古代文明诸民族间，人子的从顺，与宗教的信仰，有特别密切的关系。中国、日本对于父母的尊敬，殆为一部分祖先崇敬的原因。腓鲁·朱大阿斯(Philo Judaeus)以为以色列人对于父母从顺的诫律，居于人对于神的义务诫律的次位。父母介在人间性及神性两者间，而且兼有两者的性格——因为彼等曾经生来，又待死去，故明有人性；因为彼等产生子女，使以前不曾存在者，得到存在，故有神性。父母对于子女的关系，与神对于世界的关系正同。父母为“可见的神”(the visible gods)。人子义务的宗教性质，在穆罕默德教及兴都教中，极为显著。对于父母的不孝在回教徒为最大罪恶之一，与偶像崇拜，杀人，及与异教徒战争而临阵逃脱者，置于同一极恶的标准。依古代兴都人的观念，父与母与僧，等于三吠陀，即等于婆罗门(Brahman)、毗湿奴(Vishnu)、湿婆(Siva)三大神。不尊敬父母，在宗教的皈依上得不到何等利益。但“如敬母，将得到现实的世界；敬父，则得神的世界；竭力忠顺僧侣，便能得到婆罗门的世界”。希腊书中有许多申说孝行与对于神的义务，有同等价值的章句。古代罗马人以父母为不亚于神的神圣。俄国人则视父如沙皇。以为父“保有神所给予的一定神权，反抗即为渎圣”。斯拉夫的格言说：“父之于子，有如地上的神。”

在古代文明国民间，大都由父行使祭司的职权。发斯特尔·达·孔兰基(Fustel de Coulanges)说：“在原始的古代，父亲不仅强而有力，且为有权命令服从的保护者。继承先绪，延续一家；为子孙的祖先，又为礼拜中神秘的仪式，与祈祷的神圣法式的委托者：全宗教皆备于父之一身。”

在人子的从顺，与宗教信仰的关系上，还有一极重要的理由，即一般视为有非常重大性的父母的诅咒与祝福。以色列人相信父母特别是父的诅咒与祝福，能够决定子女的命运。而实际第五诫中，对于恭顺儿童所示的褒奖，本来就不过是两亲的祝福。我们由《经外典》(Ecclesiasticus)还可发现以次的古代观念：“言语上行动上都能尊敬汝父，父将为汝祝福；依父之保佑而兴家，母怒则其基础颠覆。”摩尔人的格言说：“圣徒咒汝时，可依父母而得救治;但父母咒汝,则圣徒救治不得。"这即是亲的诅咒较圣徒尤为有力。

父母祝福而繁荣,父母诅咒将给予不幸的观念,一般地深入于古代希腊人的脑中。柏拉图(Plato)在其《法律论》中有云:"轻侮父母者,决不会得到神及有理解的人的宽恕。父母对于子女的诅咒,当然比其他一切人更为有力。我们试想:被子女侮辱的父或母的祈祷,将应其祈祷的性质,而上闻于神;假若父或母受子女的尊敬,以充满喜悦的心,热心叩求神明,赐予彼等幸福的祈祷,则此种祈祷,不将会同样被闻于神,由神助成其愿望么?……因之,人设欲正当利用父,或祖父,或其他近亲的老人,便当有最善的偶像,借以得到诸神的厚意。"父母的"祝福"或"诅咒"的效果,本来在使用语辞的自体,有其内在的魔力。如同希腊的"复仇女神"(Erinyes),还有如"生客","哀求者","乞丐"等在被虐待或轻侮的场合,皆不过使其所发的咒言,成为人格化。但是凡属——不拘在此等场合或其他类似的场合——祝福或诅咒的实现,有的人认为是神的行使正义。柏拉图说:正义的使者里米希斯监视子女对于两亲发不逊的言辞。希西阿(Hesiod)说:詈骂老年父母者,"所斯(Zeus)[①]自身震怒,结局将课以严罚,作为不当行为的报复。"罗马人所信仰的"亲神"(divi parentum),有如他们的"守护神"(dii hospitales)一样,实不过人格化的祸灾。因为人子殴辱父亲,父亲哭叫时,彼将由亲神注定毁灭。俄国贵族家庭中儿童,都怀有一经父亲诅咒,便会死亡的恐怖。即在今日,俄国国民尚相信结婚未得两亲的同意,神将降怒于青年夫妇。南斯拉夫人有谓:"儿子未实行父亲临终时的遗言,其灵将于墓中诅咒。"塞尔维亚人(Serbians)亦谓:"不能尊敬老人,则无法救济。"

在许多未开化民族间,亦视两亲的祝福与诅咒有莫大的效果。最为非洲西部马榜族(Mpongwe)青年所避忌者,莫如老人的诅咒,特别是彼等尊敬的父亲的诅咒。在英领非洲东部之缪狄族(Nandi)间,"儿子因或种重大事件,未遵从父命时,父即以毛皮外套,严肃地责打。此种惩罚,与最厉害的诅咒相等。如非以山羊为牺牲,在父前求恕,则视为有生命的危险。"非洲东北部之巴利亚族(Barea)及库拉麻族(Kunama)皆确信故老不

---

① 今常译为"宙斯"。——编者注

予祝福，将遇事失败；故老发出之任何诅咒，皆具有破坏性。其邻近之波哥族（Bogos），在未取得父或家长的祝福以前，无业不就业，有业不离业，至任事结婚，皆所不为。

若问父母的祝福或诅咒，何以具有如此异常的力量，则高龄的神秘，与死的迫切，自为一明显的理由。不独父母，即在某种限度对于一般的老人，亦相信彼等能使其善恶的愿望相当实现。老人的生期愈促，则此种能力亦随而增大。巴特勒（Büttner）称说：希里罗族（Herero）实际认为最有效果的祝福，乃父亲在临终床前所与的祝福。条顿人的观念，以为一切诅咒中，最可畏惧者为待死者弥留时的诅咒。在古代阿拉伯人间，与此类似的观念，亦颇流行。以色列人之为父者决定子女吉凶祸福的神秘特权，至死期迫近时，乃特别明显。然亲的祝福或诅咒，同时又依彼等在家族中所占的优越地位，及彼等自然所受的尊敬，而保持其权威。此等优越性，在诅咒效力上所生的影响，亦可由几种事实说明。依希腊人的观念，家族中年少者，对于年长者，即令是弟之于兄，妹之于姊所加的不法，复仇女神将予以报复。反之，则不报复。摩尔人以为夫的诅咒，与父的诅咒一样有力。东加岛人（Tonga Island）相信"诅咒者的身份低于被诅咒者，则其诅咒没有效力"。若父亲为一家的祭司，其祝福或诅咒会发生异常的效验。

然而就上面所考察的事实，尚不足以充分说明亲权在古代国家中的异常的发达。魔术的及宗教的信仰所及于亲权的影响虽大，但含有大大的反动性质。设使父为一家次要的人物，则对于彼的祝福不会过于希求；其诅咒，也不会过于畏惧信。如亨利·缅因所云：父权早经树立于父的崇拜实行以前，"父在生前如非家中最卓越的——也许说最可畏的——的人物，何以死后偏较他人受到更多的崇敬。"我们在此，便须考察到家庭的组织，与社会政治的构造间的关系。在文明发达的低级——虽非最低的——阶段，我们屡屡发现氏族有压倒其他一切的重要，致使各个家族所要求于家长的，不过极为有限制的权威。但氏族及部族统一于国家后。情形便跟着变化起来。新国家一方面减弱并破坏氏族，而同时又使家族的结合加强。在古代社会中，家族与氏族每成一对抗的局面。氏族的结合力特别强，则家族的感情浸被蚕食；氏族的结合力弛懈，家族感情乃得发扬。格洛斯博士（Dr. Grosse）所谓在文字的真实意义上，父亲是君主，因为彼是以前属于氏族权威的唯一继承者，此说殆不失为允当。

但国家在初期依氏族的衰落，使家族的结合加强。以后在其发达的过程上，又生出了不同的倾向。国民生活强固，各家族中人虽因追求共同的目的，使彼此的结合益加紧密起来。然因年少者对于两亲的经济独立性，因产业进步而增大，于是家族的重要性，重又陷于绝地；而伴随文明进步的其他要素，又在亲权的没落上，加添力量——如祖先崇拜的消灭，迷信念的衰减，宗教影响的倾颓，而最后，但非最小，通国人民间相互感情的扩充等，皆不让子女的自由，继续牺牲在父母的专制的支配下。

第七章　婚姻上的赔偿及财物赠答

——对于新娘及对于新郎的赠物

在下级种族间，通常无报偿，则对于婚姻契约不与同意。大抵求婚男子对于女家的父亲或亲族，必须采取新娘交换的形式，或为其执行劳务，或让与或种财产，以资酬报。

豪易特博士（Dr. Howitt）关于澳洲土族的婚姻说："在此等蛮族间，由亲族的女性与他族交换而得妻，他如继承（Levirate①）私奔，或掠夺等方法，都不妨视为彼等得妻的广泛而一般的定则。……最普通的风习，为父母各为其子，相互交换女子为妻。有的部族，则由青年自己主持，借姊妹或亲族的女性以行交换。"新娘与新娘交换的风习，虽不必通行于澳洲各地，但由多数记述的证实，确曾有不少的部族施行。澳洲土民极穷，男子以妻为最贵重的所有物；又因为没有当作妻的代价的等价物，所以通常不得不实行女性交换。但就许多与澳洲土人同样贫乏，或更加贫乏的民族，不曾以女或姊妹交换得妻的事实考察，则知澳洲此风盛行的重要原因，在某种限度，当由于严格的氏族及支族的规定。照彼等的规定行去，男子结婚范围遂大受限制，而感到得妻的异常困难。此种困难，在有姊妹当作妻的代价的男子，则容易解决，因为彼能在允许通婚的氏族或支族范围内，由交换而得妻。例如在新南威尔士（New South Wales）之喀米勒族（Kamilaroi）间，库波（Kumbo）的男子，得与缪利（Muri）的女子通婚，而后者的兄弟，又可娶得前者的姊妹。新娘交换的风习，在世界其他各地，与普通的买卖婚姻，相并实行。其目的系当作削减新娘代价的经济手段。关于米勒里希亚（Melanesia）②的所罗门群岛（Solomon Group）之交换制度，图伦发尔博士（Dr. Thurnwald）有以次的意见："妇女相互交换，大抵

① "Levirate"意为"娶寡嫂制"。——编者注

② 即美拉尼西亚。——编者注

起于两部族间当作树立友谊关系的好意的保证。"彼还相信此种结婚型态，为起原的型态，为依价值的对象(金钱)购买妇女的由来。

比较交换婚姻流行更广的，为男子向女家父亲贡献劳服而得妻的风习。依希伯来的传说，我们乃得熟知此等风习特别通行于南北美许多印度人①，西伯利亚民族，中国印度支那，印度之多数土著部族，马来群岛多数岛民，以及若干非洲民族间。男子通常在一定期间内，往未婚妻家中居住，并执行奴隶一类的劳务。劳务期在各民族间颇著差别。一年以下为极少，有的为十年，十二年，以至十五年。在规定劳役期内：有的允许与未婚妻接近，有的不许与未婚妻接近，还有的须得劳作到结婚后生育子女为止，或者更长，或至终身留居亲族。但终身转居妻族的结婚型式，与在一定期间为丈人服务终了，携妻归去的结婚型式，自有区别。并且著者对于以劳务获妻为古代男子须永住妻家的遗习之主张，不能发现充分的根据。又有谓若干民族间，只限于最初的妻，由劳务获得。

许多部族以劳务得妻为正规的——虽非唯一的——方法。而在其他的部族，却并不当作正规的型态履行，不过在求婚者无力支给新娘的价格，乃借此代替购买婚姻。还有少数民族，徒以劳务尚不能得妻，必须于劳务外，支给若干代价。就劳役替代购买的多少事实，分明可以看得出服役得妻的习俗，以父亲不愿无偿嫁女为其主要原因。然依据种种记述，又似含有其他的意义。即以劳役期为试验期，借此看青年的能力，是否配作良人，配为佳婚。佐折森博士(Dr. Jochelson)关于西伯利亚(Siberia)柯尔雅人(Koryaks)的著述中，曾力持此说："从事劳役的求婚者，与普通的劳动者不同；其根本观念，非为工作的效用，乃欲借此看彼是否能耐受困难屈辱的试练。彼等予新郎以粗陋的寝床，给以粗食，夜深不许就寝，并使其担当难堪的任务。有时或使其充当牧人。牧畜主或未来妻的兄弟皆告休憩，彼不得不经过几夜的不眠。总之，在彼服役期间内，所有猎人应有的持久、坚忍、温和、机敏，及牧人应具的热心，与素朴等特质，都须经过试验。必得求婚男子一一胜任愉快，女家父亲始予以结婚的同意。诸凡使求婚者担负危及生命，及克服斗争的种种试验的光景，亦可于柯尔雅故事中发现。"在柬埔寨(Cambodia)地方，求婚者的服役期与试验期相当，

① 此处"印度人"应指"印第安人"。——编者注

其任务在使自身投合未来妻及其父母的脾胃。卡味(Carver)关于北美大湖地带诺朵危斯族(Naudowessies)之求婚者的劳务观察,亦相信依此方法,“女家父亲乃有检验新郎是否有支持妻子的能力的机会”。南美印度[①]男子在未来岳父前贡献的劳役,大部分分明含有试验能力的意味。

斯宾塞相信以劳作代替购买而得妻的方法,为比较进步的结婚型态;与社会产业的形式一同发达。但此种见解,与事实正相反对。依劳务而结婚,在狩猎民族间,颇为盛行。即在其他场合,对于求婚者要求的劳务,并不能当作经济文化较高度发达的前提要件;却反而在买卖婚姻通行的所在,财必得积集起来。因此,当作代替普通购买形式的劳务,或许仅能发现于比较进步的未开化种族间。

当作妻的代价所给予的报酬,屡屡为或种财物,其额数因民族不同,而显著差别。在最下级部族间,此种酬报极为微末。稍稍进步的多数民族,亦无价值可言,不过当作赠品相互授受,并未含有买卖的意味。然而在其他场合,酬报的额数颇大,致使婚姻契约,成为纯粹的生意买卖。北美印度人[②]常以马为新娘的代价。非洲诸民族则以牛或山羊。某种部族虽在习俗上有所规定,但屡屡依情形而颇有变更。当事者的身份、富力,或少女个人的美、力、才能等特质,皆于代价上有大的影响。并且处女的价格,通常皆高于寡妇或再婚者。女的代价虽多半由父亲收受,但父亲必得颁给家人或亲族。每每新郎对于女家亲族,另有赠品,特别是对于女的母亲。有时报酬的全部或大部分须赠给女的舅父,或者女的兄弟,也分得一显著的额数。北美及非洲诸部族间,夫仅支给新娘的代价,则对于所生的子女,无何等要求权。如欲对于子女有所要求,便须支给特别的代价。但非洲其他部族在妻未产子死去的场合,夫可以请求偿还新娘的代价,或有要求其他女子——通常为妻的姊妹——作为代替的权利。

以赔偿作为正规习俗实行的地方,女子如无偿嫁出,在女子自身及其家族,皆视为极不名誉。雅库人(Yakut)以“无偿的婚姻在女子为毫无价值,有被弃者,或贱货的意味”。雅库族妇女所以鄙弃由谁交换,即可娶得的俄国妇女的原因,便不难由此得到理解。卡斐(Kafir)妇女,对于不曾

---

① 此处“印度”应指“印第安”。——编者注

② 此处“印度人”应指“印第安人”。——编者注

以牛为代价，正当地被买者，嘲笑轻蔑，至呼为古猫。因为猫在土族间，为唯一无价值的动物。反之，超过普通数额购买的女子，斯为得意的女子。

以实物(material object)作为新娘代价的理由：第一，因为持有处理女子婚约的权利者，不愿空空地舍弃女子；其次，因为急欲妻者，乐于支给代价(对于赔偿婚姻的其他型态，亦得同样解释)。此种婚姻的型式，通常至呼为(买卖婚姻)(marriage of purchase)。但征之多数实例，此语殆全不正确；若勉强使用于其他场合，亦当明了亲族并未以女子当作产物变卖。在新郎方面的赠物，所以表现好意或尊敬；所以证实自己具有维持妻的能力；能保障旁人所加于妻的虐待，并得防闲妻的不贞行为。在许多场合，新娘的价格，系当作女子嫁出后所蒙的损失的赔偿；或者在结婚以前，为扶养彼女所费的经费的弥补。给予母的赠物，乃养育彼女的酬报，有如一种"慈母乳育的价格"。有时或者为彼女"处女性"保护的报酬，所以又视为"处女的价格"。射利动机的显著，女子或不免为出最高价格者所买得，且以卖得高价的目的而教养。但无论要求新娘赔偿的理由如何，不拘赔偿额为多少，终未因赔偿而予夫以任意处理妻的权利。夫仅能买得习俗允许范围内的夫对于妻的权利。此种权利，也许有时不免过大，但决非绝对的权利。我们不能在任何民族间找到妇女对于夫"生杀惟命"的实例。闻非洲许多民族在某种情况下，父母至不惜返还代价，而挈女以归。

主张买卖婚姻起于掠夺婚姻的作者们，以为压制父母，夺取其女，原为本来的型态；迨后避免复仇，乃行补偿，终至成为预先赠物的习俗。彼等为支持此种见解，亦曾援引了几许始由掠夺诱拐，以后成为夫妇，乃补偿女家的实例。但此等实例，不过显示赔偿婚姻乃既经认定的婚姻型式；而强制的夺取，或私奔，皆为此种婚姻的预备手段。新娘的代价，在原来的意味上，决非身代金。许多民族间，从不闻有掠夺妇女为妻的习俗。而赔偿婚依旧风行。如前章所述，掠夺婚在任何民族间，无从证明为一种正规的结婚形式。

同时，对于新娘给与赔偿，则无疑为未开化世界一切阶段所通行的常态婚姻仪式。就一般言，其重要性似依经济文化的进步，而益增加。麦尔斯(Messrs)和布豪斯(Hobhouse)、辉勒(Wheeler)、景斯柏(Ginsberg)诸氏，申言此种重要性，在牧畜牧时，较之农业时代跃进；并且"同一关系，在区别本来的买卖与其他赔偿形式的场合，其特征将益显著"。赔偿婚在牧畜民族间，近似普遍；而某种未开化民族，关于婚姻商业见解，则为比较近代的产物。

对于新娘的赔偿，与普通所谓买卖行为不同。此在女家必须回赠男家以答礼品的场合，亦能见其分晓。婚姻赠物的交换，实为一极普遍的风习。每每习俗对于回赠的额数，且有所规定。在多数部族间，照例女家回赠的礼物，与男家支给女家的赔偿额相等，有时甚且超过原来的额数。佐折森博士（Dr. Jochelson）论及西伯利亚（Siberia）坦特拉（tundra）之耶克希尔族（Yukaghir）的婚姻习俗说："赠物的交换，意在使两家亲族紧密地接触。"和布豪斯教授至称此种习俗为"两家族强固结合的手段"。许多地方分明以女当作商品买卖为耻辱，所以至所罗门群岛之夫鲁利达（Florida）地方，男家给与土民货币 50 枚为新娘的代价时，女家则以猪 5 头为答礼品；若货币为 100 枚，猪必为 10 头。"彼等说：货币所以购猪，并非所以买女。"据赫登博士（Dr. Hadden）所述，在托利斯海峡（Torres）西部群岛居民间，"岳父对于男家回赠的礼物，似因子婿娶妇所费过多，欲借此以纾其困的情感作用。"但回赠礼物有时须视新郎的态度如何而定，因为女家得视此保护其女的一种手段。

答礼品在形式上虽为新娘的父母亲族给予新娘的嫁奁，但直接或间接仍为夫的利益。嫁女附以嫁妆，在许多素朴民族间颇为通行，虽则有的民族并未闻有此类风习。嫁奁通常为食物、衣服、装饰品、家具，及其他物件。但亦有包含家畜若干，或仅以家畜为嫁奁者。有时女家父亲给予的嫁奁，乃对于女的未婚夫的赠物。如非洲北部麦利亚（Marea）族间，嫁奁除了为夫的唯一财产外，他无所有。而就其他的实例言，则在夫妇继续期间，夫得享有嫁奁用益权（usufruct）。一旦分居或离婚，嫁奁将仍归妻有。在多数民族间，新娘代价的全部或一部分，由其父给予新娘，当作嫁奁，或作为为妻的安居费，或给养费。新娘的代价与嫁奁两者间，殆有耐人寻味的关系。许多部族还有求婚者在结婚前与未婚妻以赠物的习俗，或者既婚不久，新郎与新妇以赠物。

赔偿在婚姻，不仅通行于未开化民族间，即在文化发达诸民族间，亦同样通行。在中国，婚订的礼物，由求婚者的父亲赠与。其额数并非如"赠物"（present）的语义所示，基于当事者的好意，乃当作婚姻决定相伴要求条件履行。中国国民殆未闻呼礼物为少女的代价。但依詹弥森君(Mr. Jamieson)所见,则此种赠物,系婚姻由买卖契约处理时代之一遗物。在该国一般贫民间,且实行购买幼女,当作童媳。结婚前即可获得彼女的劳务,又能大大地节省结婚费用。古代日本的买卖婚及掠夺婚,虽一般的通行,但大宝令(Taiho-ryo)时代(七〇一——一一九二)以后,旧习已逐渐改良。

赔偿婚姻曾见于塞姆族(Semtic race)[①]的各支派(all branches)间,在巴比仑(Babylonia)的求婚者,对于岳父须奉赠新娘的代价,或赠物,其额数则依当事者的身份而不同。如青年男子未备好必要的额数,则可期望父母筹办。但依据《亨缪拉比法典》(the Laws of Hammurabi)[②],我们得知新娘的代价,一般都由新娘自己支给。由父母代办的实例,并不多见。而且妻未生育而死去,女家将返还新娘的代价。创世纪(Genesis)载有雅各(Jacob)为表姊妹里阿(Leah)及拉奇(Rachel),曾服事舅父拉班(Laban)七年。但古代以色列则以支给呼为"摩赫尔"(Mohar)或"马尔"(Mahr)的新娘代价,为普通得妻的方法。根据《犹太法典》(Talmudic law),当事者相互同意联婚后,须依特别方式,合法地表示婚约的有效。此种方法通常称为"开赛"(Kaseph)或"钱"(Money),在证婚人前,男子给予未婚妻钱一枚——甚或使用巴勒斯登(Palestine)[③]通用的最小铜枚一枚——或其他的等价物。并说:"尔为我有"。但中世的"开塞"约婚,则以质素的指圈代替货币。相习成风,直到现在。开塞式的约婚,也许有人称为古代买卖婚的遗风。然亦曾被设想为罗马柯阿姆休(coëmetio)的一种模仿。

在古代阿拉伯人间,新娘的代价"麦尔",系由新郎赠与女家的父亲或监护人。《穆罕默德法典》中虽留有此种痕迹,但与新郎赠给新妇的赠品"沙对"(sadaq)混为一谈。《可兰经》纵然规定了"麦尔"或"沙对"为新娘的财产,却不常实行,例如在巴勒斯登的村野间,婚姻契约且公然成为买卖行为"沙对"的大部分——或至少一半——都被女的父亲所占有。在摩洛哥某地方,父亲对于"沙对"的全额,皆为嫁女的开销用去;或仅用去一部分,其余的由自己保留。因此"沙对"便不仅如赛底·海来(Sidi Halil)

① 今常译为"闪米特人"。——编者注
② 今常译为"汉谟拉比法典"。——编者注
③ 即"巴勒斯坦"。——编者注

所说的“类似”买卖价格。即令“沙对”全然为妇女享有，此种婚姻，仍不妨称为一种买卖行为。除“沙对”以外，许多部族间常有赠给女家父亲，并为彼所保有的一种较高额的赔偿，此种风俗所以特别盛行于柏柏语族（Berber-speaking tribes），及其邻近的阿拉伯语族（Arabic-speaking tribes），殆无疑为古代柏柏族买卖婚姻的遗习。还有许多民族的求婚者，须对于女家父亲以外的家族，特别是父死后公认为女的监护者长兄，支给报偿。此种报偿，往往视为“贿赂”，其目的在运动亲族，促成主婚者予以同意。

有谓“买妻”（wife purchase）在各民族分裂以前，为雅利安结婚的基准方式，吠陀时代虽视买卖女子为不名誉的事体，毕竟欲得新娘，便当多多馈送女的父亲。马努（Manu）列举八种婚姻型态，其一为阿苏拉（asura），即买卖婚姻。此种婚姻马努认为农商民（the vaisyas）及苦奴（sudras）亦得实施。但在马努自身则完全禁止。彼说：“知法的父亲，不得贪取女的丝毫财礼。因贪欲而取财礼者，将鬻卖其子孙。”但所谓新郎须赠送女家父亲牡牛一头，牝牛一头，或各一双之“阿萨”（arsha）型式，又为马努及其他立法者认为正当的婚姻仪式。此类赠物，虽明白否认为一种财礼，但“阿萨”的型式得称为买卖交易的遗风，殆无疑义。《马努法典》尽管禁止买卖婚姻，直至今日，买卖婚姻甚至发现于高等阶级间；若奴隶阶级，则尤见频繁。

我们从亚里士多德（Aristotle）得知古代希腊男子，系由购买而得妻，在英雄时代，求婚者对于选定的未婚妻的父亲，赠以家畜的“赫拉”（Hedna）女称为“阿尔斐希波亚”（Alphesiboia），即对于父母负有若干牡牛，须由求婚者责偿的意味。又或使用其他由希腊语“牝牛”（Ox）与当时通货合成的名目。列札（Hruza）与其他著述者所见不同，彼以为“赫拉”并非新娘的代价，乃运动女家父亲的一种贿赂（Douceur）。彼亦承认买卖婚姻曾行于古代希腊，但彼切当地指明那并非如动物一样的买卖，不过售予求婚者以夫的权利。

在罗马国土上，买卖婚姻不能像希腊一样确实的当作一种婚姻型态。依一般的想像，此类婚姻的痕迹，曾保存于所有罗马市民（无论贵族或平民），普通联婚履行的“柯阿姆休”（coëmtio）的象征手续中。即凡欲使婚姻当作一种法的关系，而获得夫权的求婚男子，便须由支配新娘者的手中，买取新娘。此种手续，不外购买婚姻的传统仪式。然在他方面亦有否认“柯阿姆休”为古代购买新娘遗习的著者。依玛贵族(Marguardt)的主张,则“柯阿姆休”为模拟的,比较近代的仪式;而全未暗示任何买卖观念的贵族特定的结婚式“康发利休”(Confarreatio),斯为罗马最古的结婚型态。在卡罗瓦(Karlowa)设想:假若买卖婚姻曾行于古代罗马,或罗马人的祖先间,则其遗习当存在于历史时代赠给新娘的“约婚金”(arrha sponsalitia)中,而不会在“柯阿姆休”中。

赔偿婚姻为一切条顿民族的习俗。在《爱尔彼格经典》(Eyrbyggja Saga)中且留下了依劳务结婚的痕迹。维斯台尔(Vigstyr)向彼女阿斯蒂(Asdi)之求婚武士(berserk)赫莱(Halli)说:“因汝为穷汉,余将照古人的办法,使汝依苦役获得汝妻。”但求婚者对于新娘支给的代价,通常为金钱。其额数原先取决于协定,迨至法律书时代(the period of the Law Book),英国及大陆一般皆依从确定的习俗或法规。阿特尔伯特王(King Aethelbirht)之《垦替士法》(Kentish Law),规定男子以家畜购买女子。此种处理,一称为“买卖契约”(bargain)。德国至中世纪,依旧习用“买妻”(To purchase a wife)的用语。一六〇四年,在克利斯辛四世(Christian Ⅳ)的挪威法中,曾发现同一的语调。荷兰至今日一般人犹称新娘为“卖货”。不过我们在此还须注意买卖婚姻没有当作所有物购买的意示。古代条顿人所购买的是“曼德”(mund),即对于妇女的保护权,及其他因结婚而附与夫的权利。

买卖婚姻尝流行于古代斯拉夫人间。古代俄罗斯人称既达结婚年龄少女为貂。因为父母将由女换得当时作为支付手段的貂皮。什列德(Schrader)说:“直至今日,俄国人民缔结婚姻初步的提议或求婚,尚纯粹为商业的交易。照例求婚者的父,由亲族伴随,往访女家的两亲。略言:‘敝家有一顾客,尊家有一商品,未知肯出售否?’其次则进行买卖契约。此种契约,闻与牛的买卖交涉,无稍差异。”南斯拉夫之买卖婚姻,至最近尚未绝迹。在十九世纪初,塞尔维亚的女子价格,颇为腾贵。布拉克·乔治(Black George)至限制为一杜克(ducat)一人。高地阿尔巴尼亚(Albania)的“婚姻,除却不时的强制夺取外,全系购买”。

古代克勒特族(Ancient Celts)①亦对于新娘支给代价。爱尔兰的新

① 今常译为“凯尔特人”。——编者注

娘代价，包括有金银，青铜一类物品；马具，牛，豚，土地，房屋等。此等代价，每每在既婚后，由夫逐年付纳。而在古代《爱尔兰法》（Brehon law）中，则规定女家父亲，有在第一年即获得新娘代价全部的权利。

然而所有此等民族间的赔偿婚姻，在时代的过程中，与其他为我们既经认定的某种未开化民族间的某种风习，受到了极相类似的修正。并且其结果，导出了与本来惯行全然两样的制度。依此过程的一般倾向，两亲由女所得的经济的利益，不免逐渐侵剥；同时对于契约当事者的利益则较以前为尊重。

在此，我们将论及回赠答礼的风习。此种习俗，虽则有前面称述过的各种目的。而在某种场合，至少似可视为缓和买卖婚姻的一种作用，在中国，女家父母仅收受男家一部分的礼物，其余则加上或种赠品，一并回敬男家的两亲。而实际赠物的交换，会详细规定在古代《刑法法典》（old penal code）中。通婚契约与礼物一度交换，则男女当事者的婚姻注定，无可挽回。印度除"阿萨"（arsha）的结婚型态以外，还保存有买卖象征的婚姻仪式。即拒绝金钱，而接受不久即将返还赠与者的战车及牝牛百头一类具有实际价值的赠物。阿帕斯坦波（Apastamba）以为此种处置，乃因古代的有效婚姻型态，为买卖的型态，而实行古代精神，曾为《吠陀经典》所规定。古代希腊缔结婚姻关系时，求婚者对于女家父亲馈赠"赫拉"（Hedna），女家父亲则回赠新郎以"米里亚"（meília）或赠物。塔西陀（Tacitus）谈及德国男子给与妻以赠物后，并言"妻亦以武器之类的赠物，回敬丈夫"。此类赠物，在彼等则视为婚姻的保证，神秘的祝福，及"婚姻的保护神"（gods of matrimony）。威尔士的"阿韦底"（agweddi）的语义，有时虽当作新娘的嫁资使用，但严格地说，实含有女家父母及亲族，对于新郎的一种还付的意味。新郎所持来的嫁奁，也有一部分认为是给予新娘的答礼品。

在此等民族间，我们还发现有新郎给与新妇赠物的风习。虽则此种风习无疑有其独立的起因，但也不妨视为往昔对于新娘支付代价的残留。而且就我们所知，求婚者支给新娘的价格，女家父母及监护人并未得到，而其全部或一部分，都成了新娘自己的财产。

在中国，男家对于新娘备有特别的礼物，而赠给父母的财礼，一般皆当作了新娘出嫁的开销。日本同样对于未婚妻备有一定的礼物。礼物中最重要的部分，为婚礼用品。实际一度礼物授受，则婚约成立，双方皆不得取消。买卖婚曾通行于日本，若以赠物授受为此种风习的残留，当不失为一种合理的假定。然日本亦通行赠物交换。新娘对于未婚夫及其父母亲族，照例皆有赠物，而赠物的价值，常依男家赠物价值大小而决定。

《亨缪拉比法典》[1]中，不仅规定给予新娘以代价，还得予以赠物。古代以色列亦有类似的赠物。亚伯拉罕（Abraham）的下仆“持来金银的宝石与衣服等，给予利百喀（Rebekah），又以贵重的物品，赠送彼女的兄弟及母亲”。在古代阿拉伯，新〔郎〕于结婚式中，献给新娘以称为“沙对”（Sadog）的赠物。塞姆族除赠物外，还须给予代价。而代价的全部或一部分，将逐渐成为新娘自身的财产。赫罗朵塔斯（Herodotus）[2]称述巴比伦人“由美貌女子所得的代价，办理嫁妆”，谅必熟知巴比伦的习俗。柯斯察克博士（Dr. Koschaker）相信在《塞麦利法典》（Sumerian law）中，新郎以称为“奈格·缪沙”（Nig-mussa）的赠物，赠给新娘，系古代对于新娘支给代价残留的余影。在以色列人间，“摩赫尔”（Mohar）的全部或一部分，结局皆为新娘所有。拉班（Laban）的女辈，诉说彼等父亲荡尽“摩赫尔”，鬻买彼等，如同奴隶。阿拉伯在穆罕默德以前，不时将“摩赫尔”交付女辈，当作为妻的财产。而在回教治下，“摩赫尔”与“沙对”间，已全然没有区别。

夫为妻预备嫁妆的风习，至今日犹行于犹太人及回教徒间。为图妻的不幸寡居，或离婚予以保障，夫于结婚前，须依犹太法立下债务证书，注就财产一定的额数，在自身死亡或离婚的场合，给予妻以受取的权利。此种债务，称为“刻特休哈”（Kethubhah）[婚姻契据（the marriage deed）]，其最低额数，与处女结婚定为银二百德阿伊（denarii）；与寡妇结婚，定为一百德阿伊。并且为求妻对于既定金额请求权的确实保证，须以夫的财产全部——动产及不动产——作为抵押。此种婚姻契据，在今日虽没有法律上的重要意义，而犹太人结婚，大多数却一仍旧惯。有谓此种制度，系由西蒙·丙·萨特（Simon ben Shatach）在纪元前百年所创设；但与赔偿婚的旧习也许不免有多少的关系。

---

① 即“汉谟拉比法典”。——编者注

② 今常译为“希罗多德”。——编者注

回教徒的“麦尔”或“沙对”，虽由女的父亲引受，《可兰经》却规定为新娘自己的财产。是“刻特休哈”(婚姻契据)无疑与“麦尔”或“沙对”具有同类的性质。回教徒缔结有效的婚姻，须得给予“沙对”。不给予“沙对”，虽不妨为适法的婚姻，但在婚姻约上，由法律对于妻定有一种赔偿。在摩洛哥某地方，“沙对”已由习俗明白地确定。其额数在同一部族间，亦显著差别。而一般则取决于当前的环境。在不甚富裕的斐支人，对于处女定为七十元乃至百元，寡妇或离婚再醮者三十元乃至四十元。然当事者父母富裕，有的竟达到六百元。“摩尔”在麦加(Mecca)更多差异：最高额达数百元，最低不过二元。“沙对”对于寡妇及离婚者，一般都比较少。但至少摩洛哥不在此例。依据《可兰经》或其他种种传说，都未表示“沙对”的金额，须在结婚以前支付。因此，后代的法律家遂认定“沙对”仅仅一部得立时支给，或依需要请求支给。其余在契约有效期间内，或因离婚，或因当事者一方死亡而解除契约时支给。

在印度欧洲诸民族间，因为有新娘的代价，转化为嫁奁的事实，所以后来女子的代价一语，便含有嫁奁的意味。印度原来对于女子支给其父母或监护人的代价，往后乃成为彼女自己直接由未婚夫受取，或由父母代收。在英雄时代的希腊人间，父亲对于“赫拉”不必自己擅用，时或将“赫拉”的全部或一部分，交与新娘。并闻新郎当亲手取去新娘的面帕，初次与新娘见面时，或在神秘之夜(mystic night)以后，始给予新娘以赠物。罗马新娘[①]给予新妇的赠物，称为“阿尔哈·斯奔沙希亚”(arrha sponsalitia)。此种赠物是否为往昔新娘代价的变形，一时尚难确定。

条顿诸民族的婚姻，亦遵循类似的发达过程。由六世纪至七世纪的人民法时代(time of folk law)，新娘的价格，不支给父母或监护人，而由彼女亲身保有。监护人的权利，仅限于过交。即《沙里克法典》(Salic law)所谓“所里打司”(Solidus)及“得拉利阿斯”(Denarius)的一种形式的手续。但事实上往昔新娘的代价，并不一定在婚姻决定时交付。因为妻的财产，在夫的生存中，悉由夫支配。所以新娘代价的领取，实际仅在夫死后，移作寡妇生活的给养。普洛克(Pollock)说麦特兰(Maitland)说：“盎格鲁-萨克逊族的婚约，殆具有约婚，真正的精神。女家亲族领受的代

① 原文如此。应为“新郎”。——编者注

价，并非现金，不过求婚者与彼等由契约注定，彼对于未来妻的或种授与。彼得言明并保证：假如彼女‘有了决心’，将取得‘朝的赠物’（morning-gift），若自身死后，彼女将享有扶养寡妇的资产。虽则亲族中人，无疑会如后代为父者，及封建领主之从中沾染剥削，但较本质的问题，是彼等对于彼女，终得保全其为妻为寡妇的体面待遇。”关于“朝的赠物”——曾在欧洲残存许久，即在今日之德国瑞士尚犹留其余影，——许多著述者，称为新娘代价的起原，或视为构成新娘代价的一部分。其他著述者，又认定是处女的价格。而反对此说者，则以为“朝的赠物”有时亦给予寡妇。但此种赠物的名称，确与完婚（consummation of the marriage）有或种相关的暗示。不过认为赔偿观念，与其他观念结合成功的结果，则尤为可靠。在摩洛哥及其他回教诸国中，新郎每于将交合前，或刚交合后，给予新娘以金钱的赠物。此种习俗的本来目的，著者有理信其为保障或种不良的影响。

据开服拉斯基（Professor Kavalewsky）所述：在大俄罗斯人间，女的代价，照例由父亲处理。父亲依受取价值的多寡，给予彼女以相当的额数，作为嫁奁。《古爱尔兰法》规定父亲第一年享有女的代价的全部，第二年享有三分之二，第三年二分之一，其余挨次递减；而逐年留下的残额，则规定为妻的财产。在古代威尔士，夫于完婚之后翌朝，须为新妇的童贞时代，给以赠物。其额数由法规定，因父亲的身份而不同。

一般的倾向，已由赔偿婚姻，转而为嫁女赠以嫁资——一部分为新娘的代价——的风习。嫁奁有种种目的，其混杂常至无可分析。比如对于男家所给的代价，则有答礼品的意味；有与夫分担共同的新的费用的意味；又每每为对于妻在夫死后，或在其他解除结婚关系场合的一种授与。但夫在结婚生活中，通常对于嫁奁持有用益权。因之，嫁奁一方面对于夫为答礼品，同时亦不失为妻的授与物。而在实际上，还可视为购买夫的一种手段。

古代巴比伦的出嫁女子，通常都由家于备有嫁奁。夫对于嫁奁虽有用益权，但终为妻的财产。回教徒嫁女除男家所馈送的“沙得”或“麦尔”外，父亲常附有几种赠物，作为妻的嫁奁。埃及人不仅由男家备办有一部分的嫁妆，女家更以超过男家礼物价值的金额，为女备置所需的家具，衣物，及装饰品。依斐支（Fez）的习俗，父亲为备置女的嫁妆，至少须花费自己与“沙对”相等的金额。在吠陀族间，父兄为保障女或妹妹的结婚生活起见，常给与以嫁奁。不过新娘的嫁奁，皆为夫所有，即妻的所得，亦属于夫。因为印度虽在更后的时期，对于以妻的财产为其自己的财产的认识，尚属幼稚。《兴都法典》，亦承认妻对于此种财产的支配权。但在夫贫困时，又予彼以使用处分的权利。依恺撒(Caesar)所述：在古代高卢地方，当新娘携来嫁奁时，夫将由自己财产中，拨出与嫁奁相等的额数，一同作为特别财产。迨一方死去，生残者将为特别财产及其蓄积所得的所有主。爱尔兰人间，为夫者，虽对于未婚妻支给代价，但彼女自己如有宝石，金，家畜及土地等物，实际常为彼所保有的特别财产。此外青年男女在朋友为彼等酬集醵金的多数场合，依法律规定金额三分之二为夫所有，三分之一为妻所有。古代威尔士女子，持有由父亲或亲族给与的嫁奁(marriage partion)，或授与物(settlement)的所有权。嫁奁不仅包括有新家庭的实用品，并还有彼女自己的使用品。雅典妇人结婚备有嫁奁，为一般的通则。嫁奁中通常有金币。主要的为动产，不动产则不常见。妻持有嫁奁：一方面可以资助结婚的经费，同时并得防止因细故发生离婚的危险。嫁奁的数量，一任父亲决定。但父亲为女备办嫁奁，决无从实证为一种法定的义务。再者，嫁奁大抵为一种名誉结婚的标准，所以与妾表示区别。爱栖阿斯(Isaeus)有言：合礼的父亲给与其正出女的嫁奁，必不会少于自己所有财产十分之一。又为夫者，在当时皆享有嫁奁的用益权。所以攸赖帕斯(Euripides)称说自己时代的风习，一变而为英雄时代的风习，致令米第亚(Medea)的女子，须以巨金购买夫君，而诉说不平。但嫁奁毕竟为妻的财产。夫因为他日或有买取此种财产的必要，通常都须抵押自己的不动产，作为保证。在亚里士多德时代，斯巴达全领土，殆有五分之二当作陪嫁的财产，属于女子。

罗马以嫁奁为正当妻的名誉表征，甚至较之希腊人尤为显著。女子在法律上有向父亲要求“多斯”(Dos)或嫁奁的权利。嫁奁对于妻的利益，固有所打算；但领受嫁奁作为新家庭经济开销的补助，却不是妻，而是伊的丈夫。依共和国的古代法，夫对于嫁奁有所有者应有的一切权利，而其中包括有让渡权及抵押权。彼不独在结婚生活中，即此种关系解除后，亦被认为“多斯”的唯一所有者。但因时代的推移，夫的权利亦从而受到了重大的限制。纪元前十八年的成年法(The Lex Julia de adulleriis)，禁止“多斯”中包含有“意大利土地”(fundus Itatians)的让渡与抵押。查士丁尼(Justinian)更禁止一切土地的让渡与抵押。并且夫对于“多斯”的用益权,只限于夫妇生活继续期间。然在查士丁尼以前的法律,即使婚约解除以后,还继续承认夫为“多斯”的真正所有者。不过仅有的限制,是法律对于妻及备办“多斯”的人,得维持其债权的资格,要求返还。可是查士丁尼的法律,则规定解除婚约,除因妻的不贞行为外,在任何场合,夫皆有返还“多斯”的义务。夫对于处理妻产所以受到限制,大率由于夫妇关系的逐渐弛懈。在夫妇生活毕生能够维持下去的场合,夫的财产,与妻的“多斯”混在一团,原无关系。但离婚事件次第加多,于是处理妻产,便成了不可终日的问题。不过“多斯”在罗马法发达的径向中,或许受到了妻产为妻所有的希腊法的大大影响。

罗马“多斯”的衣钵,大体都由教会承袭下来。实际上嫁奁的目的,在保证夫不得任意侵侮妻的人格,以及夫死后妻不致无所凭依。查士丁尼的妻产仍为妻有,但夫得管理使用的原则,虽在各国不免受到了多少修正,究不失为后代立法的基础。查士丁尼曾几度由敕令布告给与“多斯”,仅为高身份者的义务。但旧习相沿,后代竟有许多法律承认女有要求嫁奁的权利;一七九四年的《波斯[①]土地法》(Land recht),仍规定父亲——往往为母亲——须为女张罗结婚的仪式,并为青年夫妇作家计的安排。但依《拿破仑法典》(Code Napoléon),则父母未负有为女备置嫁妆的义务。此种原则,已为近代一般立法者所采取,不过对于嫁奁制度的执着,在各国,尤其是所谓拉丁诸国民间,具有有力的情感。如亨利·缅因(Sir Henry Maine)所云:则此种情感为法国国民勤俭贮蓄的主要源泉,而其起因,则由于一脉相承下来的罗马的义务贮蓄制。

在今日使嫁奁制当作重要的社会制度保留的倾向,更有其要因存在。在依法规定一夫一妻的社会中,在成年男子超过成年女子的社会中,在多数男子不得结婚,而既婚妇女容易流于安逸生活的社会中,嫁奁遂成为父亲为女购买去的价格,正如男子在以前须向女的父亲购买未来妻一样。

在印度,因为为女求配的困难,竟至不加掩饰地购买新郎。下层阶级间通常虽支给妻的代价,但上层阶级则支给夫的代价。并且在某种场合,

---

① 英文原文为 Prussian,即“普鲁士的”。——编者注

特别是在厉行优种结婚(即女子须嫁于自己同阶级,或较高阶级的结婚)而男子又显着不足的社会间,常须对于新郎支给高额的价格;最近因为学历上的资格关系,新郎的价格乃大受影响。孟加拉(Bengal)开耶斯替(Kayastha)的毕业生的价格常由五百至一千,有的甚且达到了一万的记录。

第八章　结婚的仪式

假令已取得了缔结婚姻所必要的同意，并且前述的其他条件已次第遵行；欲使此种结婚成为有效，或自法的见地上使婚姻关系完成，则还残有必得履行的手续；虽则此种手续非成婚万不可缺的要件，而遵从习俗，对于或种仪式，却势在必行。

与婚姻相关的仪式，每每自议婚开始起，至完婚以后止，其间顺序续行许多惯例或戒律(taboos)。此等惯例戒律在约婚与结婚时，以及由约婚至结婚的期间，特别显著。由约婚至结婚的时间距离，颇多差异：或则数年，或则数月，或则数日，还有的不过数时间，甚至两者混在一起。爱尔兰西部地方，庆祝约婚后，仅隔一两日，即举行结婚。犹太人在中世纪的风习，约婚与结婚在同日同时，或隔数小时举行。其间祝贺来宾，皆欢受新郎的餐宴。古代罗马对于约婚虽通例当作适当的预备行为履行，却没有法律上的必要。但承继罗马的“约婚与结婚”(sponsalia and nuptiae)风习的基督教会的仪式，对于约婚与结婚两者，早就同时并行。宗教仪式的输入，虽不免使此等仪式发生混乱，然一般的习俗，却依旧保持两者的差别。

论述某一民族，或相关诸民族间的结婚仪式，自应依照此等仪式通行的顺序，挨次申述。拙著《摩洛哥的结婚仪式》，曾应用此种方法。但今兹所论，作者拟将各时代类似的仪式，集在一起研究。这自然没有抹煞种种仪式顺序的意味。不过一种仪式形成的际会，常于其解释上，极关重要。而且同一仪式，或可发现于相异情形下的相异场所；例如某种仪式有时或见于约婚，有时或见于结婚，又或在同一民族间，并行的此两种场合。著者的主要目的，乃在讨论仪式的意义。

结婚仪式的一般社会的目的，不外将结婚的事实，公诸社会。本女士(Miss Burne)说：“结婚公诸社会，为区别合法的结婚，与不合法的结婚的要素。”有效的结婚，须得官方承认；此不仅见于近代文明诸国间，即野蛮部族，亦必由酋长正式宣布。但结婚公布，还得采用其他方法，依回教的“口传法律”(Sunni law)，至少需要证人二人，会同证言结婚契约的成立。罗马贵族的结婚[康发利休(confarreatio)]，有最高僧官(Pontifex Maximus)、祭司(Flamen Dialis)及证人十人列席的必要。直至近代，条顿诸国的约婚，尚须证人到场。

结婚的公开，有时必得由性交方面表示。在非洲东部班图·开斐伦多族(Buntu Kavirondo)间，新郎须在许多少女及妇人面前，与新娘完成此举。条顿诸国在昔因法律上有效的结婚，须证实男女两者曾同被交眠，所以新娘新郎得在证人面前一同攒入被里。此种风习，至近代犹未绝迹，且常发现于斯拉夫民族间。

开宴庆祝，为结婚公诸社会的最普遍的方法。宾客就某种意味言，都可视为证人。结婚式有时在女家举行，有时在男家举行。但祝宴则行于两家。结婚式的目的，不仅使结婚的事体公诸社会，同时并得团聚两家亲族加强彼此间的友爱。此点在共同用食，殆与盟约同视的国中，有重要的社会意义。

各种结婚仪式，伴有许多不同的目的。有的与新娘离开惯住的家庭，有直接关系。凡·泽拉普教授(Professor van Gennep)所谓“离别式”(Rite de separation)，如前述新娘及其亲族的仪礼的反抗，与新娘哭泣等，皆属于此类。又还有所谓“聚合式”(Rite D'agregation)，但多数的结婚仪式，不得依此分类。

某种常行的结婚仪式，意在表征当事者间的结合，或者强固彼此姻缘的连锁。如握手多行于野蛮部族间，而印度欧罗巴人早就视为最重要的结婚仪式。此种仪式，殆可表示几种不同的观念：罗马人的“右手结合”(dextrarum junctio)，有新娘已入夫手，或让渡于夫的意味；握手在昔视为彼此信赖的外面的表象。“当作誓约印记的握手”(Handschlag)、“握手誓言”(Hand in Hand geloben)、“握手为誓”(Handgelübde)等，均为德国法律上常用的术语。但此种仪式至少当为象征结合的行为，则至明了。在欧洲诸国如波兰、比利时、葡萄牙，以及在印度各地，新娘新郎的手，不仅交合，并且缠结起来。

还有将同类物分别附着在两人身上，以为新郎新妇结合表象的仪式。在英领非洲东部兰狄族(Nandi)间，新娘新郎腰边各各缀以草的嫩枝。

贝专拉部族(Bechuana)中之帕斯托人(Basuto)杀取牛喉垂肉一片,附于女的腰边,另一片则附于男的腰边,意在表示二人相互的固结。他如约婚指圈与结婚指圈,至少当有一部分与此等仪式具有类似的目的。古代兴都人(Hindus)曾使用结婚指圈。而约婚的指圈,则古罗马常用以赠给与彼约婚的女子。中世纪及中世纪以后,同样的习俗,常流行于欧洲基督教诸国。不过后来指圈赠与的习俗,一变而为指圈交换。北欧在昔沿用古条顿族之结纽,及部分金钱或银钱,男女各执其一的风习。此类风俗,虽为指圈交换所代替,但指圈交换输入至迟,直至十七世纪末,斯堪底纳维亚半岛尚未见诸实行。与指圈相关的种种迷信,有的在解说指圈为夫妇间象征的楔锁。因之,指圈失落或损坏,常视为招来死亡、离婚,或其他不幸的前兆。苏格兰东北部人民,相信妇女失落结婚的指轮,“将不免失掉其夫君”。

野蛮人及文明人间流行最普遍最频繁的结婚仪式,为新婚夫妇的共食。兴都人不问身份,不问阶级,皆依照习俗,共食同一叶或同一碟所盛的食物。古代希腊的新婚夫妇,则共食一胡麻饼。罗马以古代意大利称为“发尔”(Far)——罗马的贵族结婚,称为康发利休(Confarreatio),盖自此得名——的谷物,作成一饼,献给“谷物大神”(Jupiter)后始由证婚人监视新郎新妇同食。当约婚时,尤其是结婚时,当事者一同共食的习惯——通常由同一碟,或同一匙,或分食同一面包——在今日尚通行于欧洲各地。此种仪式,原来不只表示单纯的象征意味,殆无疑义。瑞典一般的信念,都以为男女同食一口食物,此后将耽于恋爱。德国新郎新妇须同匙共食朝汤(morning soup),此后始得安度夫妇生活。依摩洛哥山地阿拉伯语族(Arabic-speaking tribes)的习惯,新郎新妇当共食新郎开始以指甲花质化妆时所杀的羊的肝脏。据闻其目的“在使彼此相互亲爱”。但结婚生活最显著特征之一,当为夫妇共食。所以共食仪式的举行,又在借盟约的行为,使此结合强固,而加于两方的约束。

此外,有时与共事[①]相伴的,还有交杯共饮的仪式。此种仪式为象征且加强夫妇结合的手段。在南美某种印度人间[②],新婚夫妇须同杯共饮,

---

① 原文如此。疑为“共食”之笔误。——编者注

② 此处“印度人”应指“印第安人”。——编者注

有时所饮为白兰地。中国在完婚时，夫妇以红线连绊的两杯，交互饮酒，或酒与蜜的混合物。起首将新郎饮过一口的酒杯，递与新娘；又将新娘饮过一口的酒杯，递与新郎。以次交杯互饮数度。日本亦有同样的习俗。酒杯交换九度，全部仪式乃告完毕。欧洲由意大利以至挪威，由英格兰以至俄罗斯，其间皆有共饮的仪式。在苏格兰亦不难觉其形迹。而各国犹太人间更以共饮构成一部的婚礼。

为求保证并促进结婚的成立，亦有种种的仪式。在欧洲，摩洛哥，及其他许多地方的结婚式中，有打碎卵，土器，玻璃器具等的习俗。阿该尔犀累(Argyllshire)地方，当祝贺新郎新妇的康健干杯时，为祈新夫妇的幸福，来宾某必以玻璃器自彼等肩部抛过，碰碎于地。在新堡(Newburgh)，当结婚式刚告完了，新婚夫妇离开女家时，有谁将暗地越过新郎头部，投碎一盛盐小碟。在克里甫兰(Cleveland)之季兹巴洛(Guisborough)，照例新郎将取过新娘到达时赠给伊的饼碟，由左肩抛下，"彼等未来幸福的希望，全凭此碟落地碰破。"在沙尔斐尔德(Saalfeld)地方，结婚式后，新娘的伴随者一人，急先驰归，取得麦酒或白兰地一杯，捧献新郎，新郎干杯后，将杯自背后抛下，杯碎斯为吉兆，否则为不幸的预示。在德国的坡特拉本(Polterabend)——结婚前晚的庆祝——的仪节中，女家须将一切旧陶器在宅前毁弃。并且北部德意志人以为"陶器的碎片愈多，幸福亦愈多"。而同晚在巴拉丁奥地(Upper Palestine)，女家每以捣毁窗扇的许多碎片，为将来富的表征。即在今日，犹太人的结婚式，犹以碎杯作为最显著的特征施行。有时由新郎以足踏碎，有时由法律博士毁弃。对于此等仪式，虽有各种想像的说明，但就著者所知的真实的意义，却从未有人提到。有许多事实，暗示毁碎各种脆物的仪式，意在应"同种治疗的魔术原则"(principle of homaeopathic magic)，保证完婚不受竞争者的敌意，及其他怀恶意者妨害——如欧洲及其他各地所设想的妨害——的影响。若就此问题之性质考察，则此种意向，多少不免出于矫造，殊无足怪。但南斯拉夫人间已由无可致疑的真率，将原意尽情表露出来。塞米亚(Syrmia)之塞尔维亚人(Servians)①的家长，半夜时将新娘导入新郎室中，关上房门。"于是举起满斟酒的酒杯，干杯祝贺新婚夫妇。祝贺毕，乃

① 英文原著为"Serbs"。——编者注

将杯投向房门，打成碎片。此种仪式，所以为处女性急促地丧失之表象。”当新婚夫妇留在一处时，来宾皆大嚷叫，打碎玻璃杯，茶壶，及袋中放置的卵等等，“作为结婚已告完毕的表征”。

许多民族有折毁杖，棒，树木等的风习。其目的大率与毁弃脆物相类似。在摩洛哥中部阿兹·耶西族（Aith Yusi）间，当新娘骑上牝马，向男家出发时，手中伸持一附旗——有时或不附旗——小杖，由迎婚行列中诸男子向杖发枪射击。彼等为当夜使新郎得摧破处女膜起见，必须将杖打为粉碎。每每在结婚式中所用的赤色，不仅如一般所谓处女的表示，并得视为处女膜确实摧破的意味。中国广东人在新婚夫妇花床上端，悬挂赤色长纸条三张，上面写有“百子千孙，万代富贵”一类愿望语句。希腊罗马之新婚寝床，照例罩以赤布。芬兰爱垦拉斯（Ekenäs）地方，“为求新娘的幸运，婚礼中的地毡，不得不用赤色”。

有许多仪式的意味，在期望新娘多产，或多产男子。摩洛哥新郎的母亲，背负粗篮，或儿子的旧衣一束，当作小孩；或者未婚男子辈将新娘的母亲纳入网中，如摇小儿就睡，左右抖动。新娘赴男家所用的乘物，时或为牝马，取其多产；时或为种马，取其产生男子。往往又以幼男与新娘同乘牝马，其用意大抵相同。而与此极相类似的风俗，亦得于其他许多国家发现。瑞典某地方的一般农民，都相信新娘如欲最初产生男子，结婚前夜须与一男孩同寝。在多数或在一切斯拉夫民族间，大都以一男孩交给新娘，或由新娘抱在膝上。此种习俗，为印度欧罗巴诸民族的原始结婚仪式。因为我们由《格来耶苏特拉》（Grihyasūtras）得知古代印度新娘进入新家庭时，一男孩将置彼膝上，以为生产男子的前兆。

而与此相关并发端于原始印度欧罗巴民族之一结婚仪式，为向新娘投掷某种谷物或果物。东起印度马来群岛，西迄大西洋，都可发现向新娘夫妇，或单向新郎，甚或向参与婚仪的人人投掷谷物或果物的风习。在印度，我们由《格来耶苏特拉》，中经古典的梵文学，以至现代，皆不难探索此种习俗的经过。古希腊新娘甫入男家，新郎即将彼携至厨屋中，马上棕榈子、无花果、胡果、小钱等，如雨纷掷。罗马新郎以坚果撒与成群的少年。斯拉夫诸国惯用谷物与忽布等投向新婚夫妇，或迎婚的行列。法国某地方在新娘夫妇头上纷掷的，为大麻种，或麦子，或者新娘受取面包三块。英格兰在昔——今尚沿用——以米以外的其他相当果物，投给新娘。而今日一般则采用果糖。闻十七世纪中,新娘由教会出发时,例都投以小麦。英格兰北部由邻居最久者一人,立在新娘的新家庭门口,以小盘所盛的松饼,向新娘迎头撒散。此饼获得一片,即视为最有幸福,所以看众群相争取。十八世纪初,在格罗塞斯州(Gloucestershire)之栖斯陀(Siston)的习俗,以大饼自新婚夫妇头上抛过,跌成碎块。而在亚柏丁州(Aberdeenshire)之罗斯赫特(Rosehearty),则当新郎新妇莅临宴会时,撒以大麦。爱尔兰西部地方,新郎母亲以燕麦作成的小饼,向甫跨门限的新妇迎头打去。

芒哈特(Mannhardt)设思谷物,或种子或干果等投向新娘的习俗乃"起于人类与结实草间的一种同类意识关系的感情,及人身的子嗣与谷物的实的比较"。其他后起的著作者,亦假定此系由于增进生殖力的意向。在某种场合,实行此类习俗,或其他类似习俗的民族,明明抱有是等见解。但作者还发现有其他的观念,即于希望获得子孙外,同时又常视为求富的手段,或期待繁荣,或仅仅为了丰富。在摩洛哥更还有另外的信念存在;而且彼间人民,从不愿多产。彼等向新娘撒干葡萄,撒无花果,撒棕榈子,意在使新家庭一切感到美快(sweet),使新娘对于新郎的家族觉得芬芳(sweet),且得防避对彼女怀恶意者的毒眼。而同时新娘以小麦,或麦粉,在自己头上纷撒,乃当作驱拂自身一切不吉影响的手段。即在其他诸国,视此类习俗为不吉的预防或净化方法的,亦并非罕见。试思同一国内,遵从此类习俗的人人,各有解释,则至少在某种场合,已早遗忘了真实的起源。因此,代之而兴的,自无疑为派生的新的见解。同一仪式假令能发现于不同的民族间,则对于每种习俗,必有其同一根本观念的人类学上的普通假定,便应当加以斟酌。像谷,干果等可以成为许多目的的暗示,假若类似的仪式,在不同的场合,有其相异的动机,则在一定情况下的同一仪式的起源,也就不限于一个目的。而且我们决没有理由否认最初几许动机混合的可能性。由是,以增进生产力为结婚式中投掷谷物种子干果等习俗的唯一目的,斯为不合理的假定。贪望繁荣,希求富,避免恶害,殆与多育子嗣等,同为此类习俗原始的动机。

鱼及某种雕像,每每应生殖的目的,而用于结婚式中。在东方犹太人间,新婚夫妇完成宗教的仪节后,立即在盛满鲜鱼的大盘中,或在养有活鱼的容器上,三度超跃。或另在一尾鱼上,来回跨过七次。此种仪式的解说，系当作祈求子嗣的象征，而德国犹太人于结婚第二日的吃鱼惯例，亦不外希求多产。闻在斐支(Fez)地方，夫由结婚日起，至第九日止，皆购鱼给妻烹调，以为繁荣的手段。鱼卵不仅暗示多产，并暗示繁昌。大抵结婚仪式的种种目的，都不外使夫妇兴旺繁荣。摩洛哥是如此，其他各国亦莫不皆然。

卵常用为增育子嗣的手段，并且在某种结婚仪式中，有谓其目的在喻示子孙。但摩洛哥虽以卵为结婚式中必要的点缀，却未闻有祝护多产的意味。通常用卵与用其他白色物相同意在象征新婚夫妇，或新妇未来的光辉与幸福。时或由此企望结婚举行时的晴朗天气，或预期全部落一年的兴旺。依往昔著述者所述，摩洛哥犹太人之新郎，例于结婚日“取一生卵投给新妇，以暗示自己对于新娘生产容易，而且快适的愿望”。俄国西部犹太人亦为象征多产，且生产如牝鸡之容易，乃有在新娘前面放置鸡卵的习俗。此外还有期望青年妇女容易分娩的种种仪式。瑞典某地方的新娘，鞋不加绊，“以示生子如脱鞋之容易。”又新娘由教堂归来时，轻快地下马，急取过马的鞍具，抚其鼻，而松放其肚带，意在不令马表示疲劳。

配偶中一方欲取得支配其他一方的权力，亦在许多结婚仪式中，表现出来。摩洛哥新郎欲表示自己为支配者，持剑轻叩新娘的头部或肩部，由三下以至七下。有的以短剑的革纽打肩三下，或用手轻拍，或用足轻踢，或则先头取杯饮过，依旧把杯令新娘就饮。其在格洛休(Croatia)，新郎使掌轻击新娘的侧面，表示尔后为其支配者。在俄国结婚式中，有一部分为父亲取新鞭轻打其女，并言明此为最后一次，然后将鞭赠给新郎。在多数斯拉夫民族间，为使新娘立誓从顺其夫，敬畏其夫，忘却结婚以前的爱人起见，新郎须轻叩新娘三下。此外还有新娘为新郎脱鞋的习俗。俄国在昔新郎轻击新娘头部，乃所以表示为彼所支配，须为彼是从的意味。但在斯罗芬克人(Slovenes)间，新娘为使新郎理会尔后不欲为其脱靴起见，反以穿靴的足，轻踢新郎。

在另一方面，又有使夫当心或从顺妻的仪式。孟加拉(Bengal)东部的婆罗门新娘，照例将挂锁放置新郎口边，回扭其键，“表示不亲切的言语之门，已经闭锁”。德国许多地方当僧侣使新娘夫妇握手时，新娘照文字的意义，欲取得“上手”(to get the upper hand)，新娘亦不肯示弱，于是每有手的争持[1]。结果时由僧侣解决，将夫手争放在上面。有时依同一目的，当事者一方——通常为新娘——努力将足加于对方的足背。瑞典瓦牧兰（Wärmland）之新娘，在新郎未见彼之前，争先瞥视，并且为占得优势，尽先坐于婚礼席上。大俄罗斯人间，新郎新娘各取白兰地一杯，各向对方杯中倾注少许。首先完成此举者，即认其持有结婚生活中之权威。威尔士新娘于婚事甫毕时，常须为夫购买或种物件，夫亦为彼购买或种物件，若彼先夫而购得，老妇女辈将谓“彼为终生的支配者”。摩洛哥之新娘，亦试行种种方法，以图取得支配者的地位。彼跨上为施指甲花质化妆所屠杀的牡羊，且批其颊，因为牡羊为夫的表象。彼为使夫君如妇女一般的柔弱，温和，将羊挂上妇女之颈饰，并拉出其胃腑，以右手践踏。又新娘在婚房中闻听新娘足音走近时，即用右脚的拖鞋，连向房门叩打七下。有的或当新郎既入时，以一靴投向新郎，或以一靴击其身体三下，此时新郎如发叫，彼女乃得为一家支配者，否则不免为其所支配。然而诸如此类习俗，我们不得概以获得支配权为唯一目的推断。因为即使此等仪式在今日一仍旧惯，其起源观念犹不尽相同。我们知道新婚夫妇常因净化目的，而受捶击。即在新郎打新妇，新妇打新郎的场合，不得谓非由于净化。在摩洛哥之亥阿拉族（Hiáina）间，当新郎仅与新妇二人留在一处时，新郎把剑轻拍新娘之额与肩，“以示驱拂恶灵”。在大阿特拉斯（The Great Atlas）之德门拉特（Demnat）地方，新娘以恶灵所惧的岩盐一片，或拖鞋投掷新娘[2]。并且前面当作获得支配权的关于投鞋及以鞋叩打的诸般仪式，同时确能暗示一种净化的方法。

对于新郎新娘两者企望予以积极的利益外，还有自魔的势力下保护彼等，并驱拂魔力的仪式。——即预防的（prophylactic）或洗涤的（Cathartic）仪式。一般的情感，或一般的观念，都以为新娘新郎在危险状态下，尤其是他人魔术的诡计，有坏意的面孔，恶灵的袭击，或超自然的不可思议的恶势力等，特别有净化防卫的必要。而且一方面认定新娘在危险中，同时又以彼女为给予他人以危险的根源。因此，与新娘有直接关系的

① 此句两处皆用“新娘”，语义不通。由上下文看，后一“新娘”当为“新郎”。——编者注

② 据英文原著，此句的后一个“新娘”为“新郎”（bridegroom）。——编者注

习俗，即无异为对于威胁新娘的恶害的防卫手段，——凡此明明为恰当完婚前的种种仪式——且得视为使他人少与新娘接近的手段。所以新娘甫达新郎的家庭时，屡屡举行净化的仪式。

在结婚举行的地方，常常讲求恶势力搀入的防范方法。俄国举行结婚式，必锁闭一切窗门，甚至烟囱，庶使有恶意的魔女，不致飞入加害于新郎新妇，开枪放炮的仪式，颇为习见。大抵皆以追散恶灵及其魔力为目的。而当作结婚式中一部分的喧闹与嘈杂的音乐，亦得同样说明。摩洛哥当新娘向新家出发时，每每在所乘动物前鸣枪助威；嘈杂的音乐，间以妇女所排奏的称为扎利特(zghârit)的骚音，迨到达新家时，又同样的演奏。不过使用枪炮的净化或防卫的性质，在后者的场合，格外显明。因为该时炮火逼近新娘，以致将其笼入烟中，又或当伊进向婚房时，竟实弹向房中放射。铳火屡屡用于欧洲乡村的结婚式中。有时明言为驱拂恶灵。在杜尔赫姆田舍间，当婚礼行列进向教堂时，备铳护卫的武装男子，沿途在新娘及其侍女近侧不断地放铳。在克里甫兰(Cleveland)之季兹巴洛(Guisborough)，则自教会归来的途中，于新婚夫妇头上凌空放铳。德国在结婚的前夜(坡特拉本 Polterabend)或在行向教堂的途中，一路喧闹，并大作炮声。斯拉夫民族恰当结婚式进行时，来宾皆在婚礼场外作可怕的嚷叫。

在彭查布(Punjab)[①]的高等身份的兴都人间，新娘为驱逐恶灵，常携带铁制的武器；在结婚式当中，则尤为惊戒。摩洛哥新郎照例须携带剑，短刀，手枪等一类武器。当彼以指甲花质化妆时，为惊戒畏忌钢铁，特别是畏忌钢铁所制武器的恶灵为害，头上面及前方皆交叉地架有刀剑。而在新娘方面履行指甲花仪式(henna-ceremony)时，亦作同样的设备，彼女亦携带短刀。新郎有时为驱拂恶灵，或其他的魔力，须以自己的剑，预先送往花床安置，或放在自己的寝处，或挂在壁上，或在枕下横置手枪。回教诸国的迎婚行列中，照例有佩剑的男子二人护卫新娘。我们由所罗门的歌曲得知希伯来人因夜的恐怖，在迎婚行列间备有把剑以从的武装男子。德国各地方则由新郎亲自佩剑保护新娘。十七世纪法国举行结婚式时，新婚者须自双剑架成的“安特列式的十字形”(Andrew's Cross)下面穿过。诺曼底(Normandy)的新郎新娘，一同留在婚礼式场时，由友辈一

---

① 今常译为“旁遮普”(印度)。——编者注

人把鞭追拂纠缠彼等的恶灵。

在摩尔人结婚式中最重要的预防洗涤仪式，为新郎新娘照例施行指甲花质的化妆。指甲花为出自埃及所产水蜡树叶底一种颜料物质。通常以此种颜料具有多景的"巴拉喀"(Baraka)，或仁慈的德，所以在容易招致神异危险的场合，都当作净化保卫的手段使用。在新娘方面，两手两足，时或胫，腕，颜，发一律涂以指甲花质。新郎所涂为掌，指，或右手的小指，或两手的小指，有时或在足上同样的涂抹。此种仪式广行于回教诸国，但以新娘涂饰的风习为特盛。

新郎在会见新妇前入浴的习惯。似广行于回教徒间。新娘亦同样依行浴而撒水净身。在古代及近代兴都人及其他印度欧罗巴(Indo-European peoples)[1]诸民族间，从来皆视沐浴为新娘——屡屡新郎同样——在婚礼前必要的准备。古代希腊须由特别的源泉汲水沐浴，在雅典则取用卡里罗阿(Callirrhoë)的源流。即在近代的希腊，尚犹例行沐浴。格洛玛替(Gromarty)的新娘，照例须于结婚前日施行洗足式。先将钱币投入水桶，追新娘伸足入桶时，女友辈乃争持其中的钱币。苏格兰东北部在结婚的前夜，亦有"洗足"的仪节。新郎在家中延请三数亲密友人，持出浴盆，盛水几满，继乃脱下鞋袜，将两腿深深浸入水中。此种风气，同样广行于诺森兰(Northumberland)，但在新娘方面仅由自己履行，不必招请朋友。新郎新娘的洗足或沐浴，无疑有迷信以上的理由。但就其性质上言，确暗示有净化的目的存在。并且屡与结婚式关连的使用水的其他仪式，其理亦复相同。摩洛哥一般的风习，每于新娘到达新家时，即赠以牛乳、水、指甲花汁一类有净化力的物质，或直接洒在新娘身上。晒阿人(Shi'ahs)[2]的传说，有谓预言者允许女与亚莱('Ali)完婚以前，命女取水，然后以水向女及亚莱洒散，意在祈求上帝，不含恶魔加害于新婚夫妇及其子女。古代罗马有使新娘"接受水与火"(aqua et igni accipere)的习俗，而与此类似的水的仪式，在古代并近代的印度及其他许多未开化部族的婚礼中，与在欧洲诸国的婚礼中，一样通行。

水以外，每每用火为结婚式中驱拂恶势力的手段。燃烛对于摩洛哥

---

① 今常译为"印欧人种"。下同。——编者注

② 指什叶派穆斯林。——编者注

的婚礼所以重要，其理由有一部分明明基于恶灵欢喜黑暗，畏忌光明的迷信观念。古代希腊罗马的新娘常常在火把围绕中向婚家护送。而罗马还备有一山栌做成，信其有驱魔效力的火把。依布兰德(Brand)推想，火把迎亲的习俗，曾否见于英国——虽则有多少形迹可寻——尚属疑问；但在斯堪底纳维亚诸民族间，至今犹惯用火把。瞿尔士·郎德(Troels-Lund)且明言其目的在防拒黑暗中的邪神。兴都人结婚式中亦为恶魔作祟，而以灯火等在新婚夫妇头上挥拂。因为一般认定火的驱魔功能，不仅是光的辉煌，且具有烧力。中国汕头有当新娘既达新家时，为净除途中所遇的恶魔的污染，乃焚烧小束干草，令新娘在火焰上面跨过的风习。白俄人(White Russians)在结婚式前，男女两家的住宅都须燃藁除魔。当新郎由女家迎娶新娘时，必得自火焰上踏过。并且往访舅家时，亦须投钱于火中，而在火上跨越。德国北部例于新婚夫妇向教堂出发之前，在彼等必经的门限上放置火把。

欧洲各地及印度，自古迄今都有使初到的新娘回行灶火三匝的习俗。古代罗马在握手式终了后，乃供献牺牲，新郎新妇须在祭坛周围回转。德国新娘由新夫或其母亲领导在火前回环三度。诸如此类仪式，有当作“结合的仪式”(aggregation rite)解释者，但不能决发其根本的意义。依著者想，此殆与其他使用火的仪式相同，明明含有净化的目的。德国某地方当新娘在灶的四周回旋时，照例有人在背后投之以火，或使其坐在下面放有燃着石炭的椅上。有时新娘还在自己旧家的灶周回行。倘谓回行为“结合的仪式”，则在此种场合，亦得视为寓有结合的意义么？

且回行不仅例行于灶的周围，南斯拉夫的新娘须先绕教堂三匝，方许入内。依瓦尔纶(Waldron)一七二六年的著述，曼岛(Isle of Man)新婚夫妇同样在入教堂前，三度回行其周围。据辛克莱(Sinclair)十八世纪的著述，则伯尔斯(Perthshire)的新婚夫妇离开教堂时，须沿教堂右侧回行三度。温特里兹博士(Dr. Winternitz)断言，教堂周围回行，为引导新娘在祭火(sacrificial fire)周围环步的古习的遗风。此种仪式的悠远性，以及在印度欧罗巴多数民族间通行的事实，确能为支持此种意见的资料。在教堂及其他与宗教相关的神圣场所的回行，就任何场合言，决然有净化或除魔仪式的外观。

姑不论回行的场所或物体的净化性质，在回行自身，亦得视为防卫恶魔的手段。为保护居民，须得依回行，使新来的危险人物的魔力发散；而且为保护新来者，亦须依回行使其入未知场所的危险，得到中和。摩洛哥当新娘到达新郎的村落时，必须在村中回教寺院周围回行三度至七度。有时或回行全村，但以回行新郎的住宅或幕舍为最普通。有某种与回行相关的措置，明明表示此种仪式的效验在驱拂新娘身上所著的邪魔；并且回步与其他净化的仪式一同举行，亦足引起同样的联想。例如在某地方，当新娘在新郎的幕舍，村，或村中的回教寺院周围回行之后，——如著者所闻——为斥退祸害或扫除新娘一家的晦气，并赶走家畜的瘟神起见，乃持杖三叩幕舍。若结婚后不久有小孩夭折，或动物死亡，则彼女将感到极度的不快。因为不幸与新娘初来，自然会发生因果的联想。但摩洛哥还有依净化目的，使新郎新娘自行鞭打的仪式。其在大阿特拉斯（The Great Atlas）之阿姆兹米兹（Amzmiz），新娘的兄弟，以银币纳入伊的靴中，然后令其穿上，并且用自己所著的拖鞋打伊三下，其意或不外驱拂恶魔。古代印度的新娘或受嘲弄，或被捶击。德国某地方捶击新郎者为来宾，特别是一般未婚男女。法国往昔当教会的结婚仪式既终，新郎新娘即开始领受仪礼的挨打。有的用拳，有的使杖，其意向在借"打"给与彼等以幸福。曼哈特（Mannhardt）就鞭打新郎或新娘的习俗，列举许多实例，而申言其目的在驱除妨害生产的恶灵。但我们没有理由想像驱逐恶灵，仅限于企图多产。

除了驱拂恶灵及其他魔力的仪式外，还有依欺瞒而护卫新郎新娘的仪式。假装结婚式的广行，许多著述者曾申述其目的在欺瞒等待新郎新娘，而潜伏着的恶魔。

在南印度婆罗门的某部分，特别是在坦蜜尔（Tamil）[①]，新娘于成婚的第四日，身着男服，装成新郎，而另一女子则伴作新娘。普略拿（Plutarch）谓古代可斯（Cos）当新郎欢迎新娘时，例着女服。斯巴达的新娘被新郎携去后，即由"随嫁人引受，秃其发，使服男装，着男靴，然后导至暗室寝台上，等候新郎到来"。在中世埃及之犹太人间，新郎着女服，新娘则戴上"窄边拿破仑帽"（helmet），手执短剑，为迎婚行列及跳舞队之先锋。斐支（Fez）地方，每于青年男子订婚，在父母家中晏祝时，由通常帮助妇女化

① 今常译为"泰米尔"（印度）。——编者注

妆之黑人女子，以所携来的衣物，将青年装成新娘，然后使其在门对侧的蒲团垫褥上闭目就坐，俨若新娘一般。而在摩洛哥某乡村，又使新娘模仿男子的外貌，两颊涂髭，左肩搭披巾，右肩挂短刀，时或脱去旧服，披起男子的外套。丹麦克劳夫波利(Klovborg)之新婚夫妇，在结婚第一日，均着古装。新娘穿男服，新郎穿女服，彼此相互隐蔽。又新娘带上新郎的礼冠，为丹麦、爱沙尼亚(Esthonia)及俄罗斯通行的习俗。南西里伯(Celebes)民族间，当结婚式进行至某一段落时，新娘即脱下衣服，马上由新郎穿上。

然而此类习俗，是否均能依欺瞒恶灵说明，尚属疑问。像在斐支之新郎，扮成新妇，或穿上新妇的衣服，皆不必能防备恶灵。因为依一般的想像，新娘与新郎同样或更易着魔。同时，如在南印度之新娘扮作新郎，或戴上新郎的礼冠，仍无补于防卫恶灵的为害。以此等事实为欺骗恶灵，倒毋宁同意克洛莱(Crawley)的“接种”(Moculation)的理论。彼假定新娘或新郎各各穿上异性的衣冠，其用意在减少由以前恋爱者与可怕者所受到的性的危险。所以彼此同化的可能性最大，则中和此种危险的效力亦最大。爱沙尼亚某地方在结婚日中，新娘身佩男带，新郎则以女带环束帽边。凡此皆如前面所述，类似的习俗，每每起于不同的动机；或者同一习俗，殆为几种动机参合凑成的结果。新娘模仿男子的外貌，当不仅为防卫恶灵，同时还得视为避免怀恶意者注意的手段。

许多地方，每由新婚夫妇以外之若干人，模仿彼等的服装，或单单模仿新郎或者新娘。据闻此种习俗的用意，在使变装者成为牵引魔的注意，及转换不吉的妒眼的目标，而真的新郎新娘，乃得安然地逃脱。在斯拉夫、条顿、诺曼诸民族间普通的风习，每每装扮一丑陋老妇，小女，甚或男子，为伪的新娘，以待新郎或其代理者取去。布勒塔尼(Brittany)在前冒替新娘者为小女，继为家主妇，最后为祖母。巴威略(Bavaria)之沙麦尔柏立(Samerberg Disirict)地方，由髯面男子着女服，模仿新娘。爱沙尼亚充当此项任务者，为新娘的兄弟或其他青年。冒替有时见于订婚的场合，有时或仅在婚礼祝宴当中扮演。而其意义则不得不承认有几种解释。新郎携去顶替的新娘，或许如前面所说的关于掠夺结婚的一种仪式。因为新娘及其亲族得借此种表示反对，并暂时予对方的妨害。

在印度为防护新娘，或新郎，或双方遭遇可怕的恶害，每每施行无生物，树木，或动物的结婚。“树木结婚”（Tree-marriages）特别通行于印度北部。如克鲁克司博士（Dr. Crooks）所云，则其旨趣，系设想树木在婚式后不久即会枯死。“似指明纠缠新婚夫妇的魔力，当可转附在树木身上”。在判查布族（Punjab）①间，当男子欲娶第三妻，或女的星占载就某种星宿关系，或使其早寡时，为避忌凶运，乃例行模拟结婚（mock marriage）。前一场合的模拟式，通常系以某种树，灌木，或羊，装成新娘，由新郎领导环行“祭火”周围，同时真的新娘则端坐一边。此种仪式的举行，固在避忌凶运；而凶运的恐怖，一部分系由于男子的前二妻死去，则后继者都荷有死的命运，尤其其是对于第三妻格外不幸的迷信。第一妻死灵的妒嫉，对于第四次结婚虽然灵力渐尽，无待施行模拟仪式，而第二妻的死因，则明为第一妻作祟。此种信念，亦得视为畏忌凶运的又一部分原因。若后一场合的模拟仪式，系将满盛水的水瓶，扮作新娘。婚礼完毕以前，新娘概与此新娘一同周旋进退，以后复依非正式的方法，与真的新娘成婚。盖由是不吉的星宿，将坠入水中，新郎无恙，新妇亦得免除早寡的灾厄。

新郎新娘除了扮作他人，或使他人代替自己外，还有使数男女同一装束，一见若数新郎或数新娘，借资掩护的仪式。当斐支的新娘迎至新家时，随伴者不仅新族中的迎婚人，自己亲族的男子，及童子一团，还有扮作酷似自身，致令傍人无从识别的六个或八个亲族妇女。此种方法的作用，闻系掩护新娘，不令为魔术或不吉的眼所发现。埃及新郎在未会见新娘以前，趋赴回教寺院时，每有同一装扮的朋友二人，相伴左右。在里窝尼亚人（Livonians）间，新娘有与自己完全一样打扮的侍女二人相随。柏尔福（Belfold）的新娘，同样有侍女模仿自身的装束。闻在英格兰各地，亦曾发现此种风习。男女化装陪伴的功用，自然以伴随为次要，而重在防卫魔力。所以即使在不加模仿的场合，仍觉有陪伴比较安稳。设得兰（Shetland）的新娘在结婚前夜，须由人伴寝。白俄人新婚夫妇的花床前，须另备一伴随人的寝榻。其进焉者，某种民族的伴随人，竟当新郎新妇好合时，尚伴在同衾的场所；或任务所在，且得干涉彼等过速的完工。

对于外界的魔力，特别是对于不吉的眼的有效掩护方法，莫过于迎婚时将新娘闭入箱中。此种风习，尝通行于摩洛哥北部。其法以新娘置入

---

① 今常译为“旁遮普”（印度）。——编者注

所谓“恩玛来雅”(′ammarîya)的箱中,载在驴或马上,运往婚家。某部族制造此箱时,特别采用最能避魔的夹竹桃为材料。在摩洛哥其他的地方,以及回教徒所住的一带,皆将新娘的颜面,完全掩盖携往新家。而同一习俗,亦尝发现于许多未开化民族间。《创世纪》(Genesis)中所提到的新娘的面帕,曾在欧洲各国通行。古代罗马人对于此种习俗的重视,依一般表示女子结婚的“努比尔”(nubere)或“阿布努比尔”(obnubere)的用语,殆可概见。其最初目的,多半在掩护新娘,特别是对于不吉眼的掩护。爱沙尼亚的新娘面帕,明明称说有此种功用。但摩洛哥却还有另外的说明:即新娘自己的眼,亦不免予他人以危害。新娘在未见新郎以前所瞥见的人或动物,都会蒙到灾害,或者途中有谁由彼瞥见,则当天的婚礼,将惹起斗争或杀戮的变故。古代印度新郎对于新娘的魔眼,须得自行防护。

对于新娘新郎由上面来的危险,每每似乎特意戒备,中国“当新娘升入花轿时,头戴纸冠,并由一多子多孙老妇撑伞掩罩”。犹太人今日结婚,尚犹使用的天盖(chuppah),也许是源于古代迎婚行列中新娘所乘的附有天盖的驾舆。在斯堪底纳维亚诸国、英国及法国,例皆以“方布一幅”(A square piece of cloth,法国称 carre,英国称 caré cloth)张覆新娘夫妇。在德国某地方,新郎须于结婚日戴上高帽,此帽规定在教堂中,始能取下。在许多斯拉夫民族间,新郎临食桌时,须掩蔽头部。波希米亚(Bohemia)及乌格罗·芬尼克族(Ugro Finnic)间,虽盛夏举行结婚式,新郎仍须戴上毛皮礼帽。西利叶尼(Syryenion)新郎所着的礼帽,结婚式未完了以前,即在夜间,亦不得脱下。

新婚者不仅有空中的危险,即地下的危险,亦须防卫。摩洛哥的新娘,因为免除魔害不得在地面埃坐。在某种场合,彼由随伴人或未婚友辈数人携负而行,且于婚礼式中,勒住拖鞋背面,不令脱落。新娘的足与地面接触,同样会招来不幸,所以须与新郎有类似的,或更大的警戒。新婚者身上附有神圣或“巴拉喀”(Balaka);附有此种高洁性质的人或物,在许多场合,都不得与地接触。且恶灵的真的住家为地下,所以常易在地面显现出来。摩洛哥以外的其他诸国,亦发现与此类似的结婚习俗。新娘往新家嫁送,每每须乘动物,轿,或由人负起。此种仪节,自然是由于便宜,或者因为处女故作不愿嫁出的仪礼的表现。但彼女对于触地的恐惧,当无疑有几许关系。在彻里弥斯人(Cheremiss)间,新娘所乘的马车既达婚家，尚须运至屋内。此种事实，明明由于新娘的足不得接触地面。

中国福州地方，婚家因为避忌新娘的足触地面，由落轿场所至婚房，皆铺有大红绒毡。又中国新娘当由旧家出发时，须着父鞋自闺房行至轿边，迨上娇始将鞋留下。此种仪式，殆不难想像为基于同一理由。依布兰德(Brand)所述："英格兰结婚式中，有新郎新妇由住家至教堂沿途铺散草木，草花，灯心草等的习俗。"孙德兰(Sunderland)的新娘，由住宅至举行婚礼的教堂中间，所必经的步道，一律撒以锯屑。而在前则用海沙。但如果应此习俗的严格要求，则家与教堂间的全路，皆当以砂或锯屑铺撒。在纽喀斯尔·昂·泰因(Newcastle-on-Tyne)，同样于新婚夫妇未经过前，以砂撒上道路。肯特(Kent)之克兰布洛克(Cranbrook)地方，当新婚夫妇自教堂归来时，撒道的材料，因新郎的职业而不同。木工则撒刨屑，屠者则铺羊毛，鞋匠铁匠各各使用革屑与铁屑。而在结婚式中所用之大红绒毡，则更为吾人所熟知。

此等习俗，——至少有一部分——起于惧怕接触地面的迷信原因，若就其他明为新婚者防卫地下危险的风习考察，则尤有相信的可能。摩洛哥人为要咒除恶灵及其他魔力，例于新郎新娘右足拖鞋中，放下小针一根，并食盐少许。许多地方都有在鞋内放钱一枚或数枚的风习。虽则此风特盛的斯堪底纳维亚人的动机，有的为送穷，有的为求富，但明明视为防卫恶魔的实例，却并不见珍奇。依据达尔夷博士(Dr. Dalyell)所述："苏格兰某地方的新郎，以放松鞋纽，在足底纳入钱币为防卫地下或然恶害的一种准备。"

将新娘抬过门限的风习，极其普遍。在中国，巴勒斯坦(Palestine)，开义罗(Cairo)①，摩洛哥，古罗马，以及近代欧洲诸国(英国包括在内)，皆曾通行，而且有的还在继续实施。威尔士的新郎由举行结婚的场所归来时，常小心地抬过门限。"因为新娘的足与门限接近，将招到非常的不幸。"又"步入新家的女子，则一生烦恼不尽。"前世纪初，苏格兰某地方当迎婚行列到达婚家时，"新娘须由人'抱过'(lift over)门限，或门的第一阶，因恐妖术或不吉的限落在彼女身上，并予以祸殃。"与抬过门限的习俗并行的，为仅仅避忌新娘的足踏上门限。此种风习，在古印度极有权威。

---

① 即"开罗"(埃及)。——编者注

在新郎方面，亦视门限为危险。接近孟买（Bombay）之沙尔塞特（Salsetle）岛上，新郎先由舅父扶入家门，然后亲自将新娘抱过门限。关于门限的恐怖，著者敢信其主要的起因，系由于无知人民初由明亮的门外，进入薄暗的屋内时，容易经验到的怪异之感。由此种感触，遂易发生门限为鬼魂或如“精”（Jinn）之灵一类的神异物，或一般超自然的危害所由出没潜伏的场所的观念。

地下出现危险的恐怖，亦可视为投掷古鞋于新婚者背后的习俗的来由。比种习俗，不仅见于英格兰、苏格兰、丹麦、来因河畔（on the Rhine）各民族，及德兰斯斐尼亚（Transylvania）之吉蒲息人（Gypsies）[1]间，而且由雅典博物馆中花瓶上所绘的结婚式的模样看去，是古代希腊明明有其实行的痕迹。投鞋仪式有的行于往教堂及自教堂归来的场合，或在结婚日的早餐后。但如曼岛，则在新婚夫妇背后各别投鞋，并非同时在两人背后抛掷。关于此种习俗的起因，曾有种种说明：有谓由于齐来幸福，自是过于牵强；其他有当作掠夺结婚的遗习解释者，因为背后投鞋，与女家对于劫女以去者，所施的假装袭击相似；还有视为保证生殖力的手段，或避免魔力的手段者；或则以恶灵畏惧皮革说明；或又相信此系对于灵的供物。一切议论所持的理由，在著者皆不能认为满意，我们对于此种习俗有几点应当注意的地方：第一，投鞋于新婚者背后，是当他们出发到某一场所的时候；其次，与投鞋并行的，还有防避地下潜伏的魔力为害的习俗。此外当英格兰、丹麦、德意志及其他各地的旅行者，商人，或猎者出发时，亦于彼等背后投鞋或拖鞋。布兰德（Brand）谓：“英格兰一般人民如希图某人所从事的事业得到成功，则在其背后投掷古鞋。”就诸般事实所暗示，不外以古鞋与彼等所着的鞋，在途中同样有特殊的魔术保护作用。这使我们对于摩尔人的新婚者极小心地不令拖鞋从脚上脱落，以及中国新娘着父鞋不使足触地面等等实例发生联想。苏格兰且有为新婚者祈求“幸福的足”（A happy foot）的风习。

新婚者除了由积极的仪式避免祸害外，又从消极方面，作种种的禁戒。因为彼等容易受到祸害，同时又容易与他人以祸害，所以对于一切行动，皆极小心，而且在可能范围内，力求限制。有时不得向四周环视，有时

---

① 今常译为“吉普赛人”。——编者注

禁止公开的饮食，或者不许多食，或特指的某种食物不得食，或至全然禁食。有时新娘须严守沉默，新郎亦小心高声的谈话。某某民族的新婚者竟以睡眠不寐为必要，而屡屡于结婚后暂行制欲的实例，则不难于世界各地寻得。

印度欧罗巴诸民族(Indo-European peoples)结婚后实行短期制欲的习俗，尚论者曾假定为同民族原始时代的遗物。在印度古法律中，早有所规定。即至最近，尚发现于欧洲诸国间。德国及瑞士各地方的新婚者，皆于结婚后禁制三日，即吾人所熟知的"托比阿斯之夜"(Tobias Nights)。一般的信念，以为违反此种习俗，则夫妇生活将陷于不幸，若能出以抑制，恶魔必无从加害。法国某地方至近代或最近，尚实行禁欲两夜或三夜，或仅限于初夜。布勒塔尼(Brittany)有几处地方，竟在结婚当夜委派新娘的伴女，及新郎的伴男，从事监督。在十八世纪后期，赫尔卿(Lord Hailes)得知结婚初夜的禁欲，"尚为苏格兰某地方一般人民所遵守"。由是便有人主张欧洲多数国中结婚后禁欲的习俗，并非古代异教徒的遗风，乃基于基督教会的教义。纪元三九八年招集的迦太基(Carthage)第四次会议的法令，制定新婚夫妇在受祝祷之夜，为对于祝祷表示敬意，须保持童贞的纯洁。此种法令，已编入寺院法中。往后的法令，遂由一夜加到两夜，或仿托比阿斯(Tobias)的前例，定为三夜。托比阿斯(依据拉丁的圣经译文)遵从天使长(Raphael)的忠告，与妻沙拉(Sarah)曾三夜禁制情欲的交合。性的污辱的恐惧情感，使基督教会制定与其他种种宗教的法规相关连的禁例，若谓同一情感，亦能使基督教会单独作成(为其他宗教所没有的)关于结婚禁欲的法令，正自可通；但如谓此种法令，及在后天使长对于托比阿斯的忠告的屡屡采用，反使适合教会禁欲倾向的异教古习，得到基督教的追认，及圣经的支持，似乎较为可能。最近詹姆士·夫列色(Sir James Frazer)亦抱有与此类似的见解，且曾详加论述。此种见解，可以由两种事实得到维持：第一结婚后制欲的规定，不仅见于世界各地的异教徒间，而信奉吠陀教之雅利安民族，亦曾实行。第二此种规定在欧洲诸民族习俗中，已固执其存在，根底深殖，殆强于宗教上的命令。

可是对于结婚性交的延期，在相异的场合，不得不承认其有不同的根源。有时谓其出于新娘方面的反抗，虽不无相当理由；但由于新郎或两当事者性的羞怯，则较为常见。有谓性交的犹豫期间，以来宾各各分散为止。在或种情况下，如此解说，实极自然。不过新婚者服从制欲的规则，一如服从其他的戒律（Taboo）相同，主要地殆无疑为迷信恐怖的结果。在彼等谈话，饮食，甚至睡眠且视为危险，则以彼此间的性交为极危险的事体，并不稀奇。然而在义务制欲的大多数场合，著者从未听到此等制欲的理由。而往往称说的，不外以制欲为幸福的夫妇生活的要件，能使子孙昌吉，或阻止为害的恶魔。并且在托比特（Tobit）书中，载有名为阿斯摩达阿斯（Asmodaeus）的魔神，彼当男女辈结婚的当夜，不胜其愤怒与嫉妒，乃潜入女体，马上杀其新郎七人。

关于吠陀的风习，奥尔登柏（Oldenberg）谓“其本来的意义，虽则早就无从理解，究不得不归之于恶灵的恐怖。恶灵会在交合时潜入女体，为害胎儿；甚或自身投胎，予妇女以不利。但因信其可欺，故暂时制欲，佯为永不交媾”。恶魔当夫妇交媾时潜入女体的思想，虽在今日回教徒间，犹极流行。闻摩洛哥男子与妻性交以前，为避免魔入女胎，致令儿童成为下流起见，通常须说“比斯美拉”（bismillāh）或“神鉴在上”（in the name of God）。此种信仰，依回教徒的传说而保其存续。詹姆士·夫列色却谓此种习俗的用意，与其说是装作结婚的过程未完全终了，哄骗恶魔；倒毋宁说是让恶魔趁新郎外出时，有与新娘恋爱的余地。就著者所知，卡斯腾博士（Dr. Karsten）关于厄瓜多尔（Ecuador）的干勒鲁斯印度人（Canelos Indians）①最近发表的论文，与此说完全持有相同的见解。但人类学者对于探索原始习俗的根底，常未免推理太过。其实习俗大抵发生漠然的感情，并不一定有明确的思想根据。在多数场合，皆视性交为祸害的神秘原因，而对于彰明较著的新婚者，自然特别危险。因之，在危险存在期间，乃有制欲的必要。不过，危险与危险的根源魔力的特有性质，以及视为避免危险的禁制等等，皆系出于推测，并无直接的证据。即该民族自身对于此问题是否有明确的理论，尚属疑问，所以推理的结果，便更难切合事实。

世界到处在结婚当中，扮演一重要部分的预防的处置，将唤起吾人以有趣的问题：为什么设想新郎新娘在危险的状态下，新娘何以会使他人感受危险？为求解答此等问题，著者曾比较过摩洛哥的新郎新妇双方在初婚场合所行的结婚式，与当事者或一方在再婚场合所行的结婚式。依比

① 此处应指“印第安人”。——编者注

较的结果，新婚夫妇的净化或防卫的仪式是否举行，一视夫妇任一方面——并非双方——是否为再婚而决定。若新郎为初婚，不问新娘为处女，为寡妇，或离婚者，皆须举行同一仪式；但新郎为再婚，则不问新娘的事态如何，此等仪式，不妨简略。同样，新婚在初婚的场合，夫为初婚，鳏夫，或多妻者，可以不问。预防的仪式，必得举行；反之，如新娘为离婚者或寡妇，又不问夫的事态如何，仪式即非完全闲却，但至少不必一一遵行。著者基于此种事实，乃有以次的结论：净化的或防卫的结婚仪式，虽无疑为起于初夜的血的恐怖观念，或起于新娘备有新来者而又为妇人的两重危险资格的观念，但就此等仪式的本身言，却以新娘或新郎的初婚为其因由。男或女进入新生活的状态，则结婚式正如凡·泽勒普（M. van Gennep）所谓“转移的仪式”（rite de passage），凡在进入新的情形，或开始某种新经验的场合，例皆视为与危险相伴，而新婚仅其一端。不过新婚本身的性质，依结婚的承认，而有增加其想像的危险的倾向。著者敢信此种说明，在大体上不仅符合摩尔人的事实，即推之其他许多民族间，亦不失为允当。详细比较初婚与再婚所行的预防或洗涤的仪式，可惜缺乏充分的证据，但寡妇或离婚者的再婚仪式，较之处女的仪式为简略，此则时常有人谈到。

纯粹魔术的结婚式外，尚有依僧侣执行的宗教或半宗教性质的仪式。有时此等仪式的特殊目的，在求得子女，但大多数场合，则在增进夫妇一般的幸福。即与以积极的利益，且以防止其祸害。在未开化民族与文明民族间，均能发现此种仪式，非洲某部族当结婚时，须在祖先灵位或物神前供奉牺牲。在新西兰（New Zealand）之麦阿利族（Maori）[①]，贵族结婚，则大排筵宴；其中有僧侣为新婚夫妇作一定之祈祷。而吕宋（Luzon）之伊洛哥族（Igorot）间的结婚式，则由尼姑执行。彼当两家亲族莅场时，向死者灵前祭祷。古代印度结婚式中，亦有祈求诸神的仪节。近代兴都人除最下级者外，凡属有效的结婚，必得有执行僧侣任务的婆罗门参加庆祝。宗教的结婚式，常见于古代希腊。新娘例向司男女结合的诸神献纳女子的玩具，或其他赠物，特别是彼在闺女时截下的头发。如前所述的罗马“康发利休”（confarreatio，贵族结婚），系以小麦饼奉供谷物大神（Jupi-

① 今常译为“毛利族”。——编者注

ter)。而在历史时代的结婚,虽以动物为牺牲,但奉献何神,且实际是否为神而贡献,皆无从索解。大概往昔著述者们对于古代印度欧罗巴含有宗教性质的结婚仪式,曾过事铺张;并且对于与"神的崇拜"(worship of divine beings)混合的纯粹魔术的仪式,曾予以宗教的解释。

基督教的创造者,没有规定关于结婚的特别仪式。最初关于基督教徒的结婚,曾伴以相当的宗教的礼拜。第三世纪中叶以降,由神父(Fathers)证言的事实,得知不行正式祝祷的结婚,已为教会所反对。不过结婚式成为"圣典"(sacrament)的教义,虽由圣保罗的"惟兹圣典,是用昌大"(Sacramentum hoc magnum est)的格言而渐次伸张,至十二世纪遂完全得到承认。但在一五六三年特棱特(Trent)会议布告"尔后结婚非经二三证人莅场,由僧侣祝祷,不得认为有效"以前,不依履行祝祷的结婚,依然有效。

关于结婚事项,不属于教会,乃属于法律家的路德(Luther)的意见,不曾为新宗教国的立法者所采纳。当时固然不复以结婚为"圣典",但仍视为神所设定的制度。宗教的结婚式,对于罗马天主教徒,以及新教徒须同样当作义务奉行。

迨法国大革命发生,此种趋势,遂开始蒙其影响。一七九一年九月三日发布的宪法,宣言"法律仅认结婚系依民事行为设定的民事契约"。不过僧侣的祝祷,如为当事者所希望,亦得于必要的民事行为外,附带履行。此后民事的结婚,渐渐在欧洲大多数国家的立法上有其地位。虽则许多地方——例如英格兰——依当事的希望,无论选择宗教的或法律的仪式,法律同样认为有效。

宗教的仪式,在基督教国中的重要性,不曾为犹太法及穆罕默德法所承认。犹太法虽认婚姻为一种神的制度,但不以未祝祷的婚姻为无效。僧侣的祈祷,不曾载在《圣经》(Bible)或《犹太经典》(Talmud)中。法律学者至十四世纪以后,始正规地参与结婚式。穆罕默德法对于有效的结婚契约,亦未要求举行宗教的仪式。宗教的仪式,全凭执行者自由决择,因而也就没有一定的仪式。

综观各民族间通行的结婚仪式,则知一般人对于仪式并非当作虚仪,而有其极实在的重要性。有几种仪式无疑为古代偶发的或正规的结婚方法的遗物。如前所述,纯粹的新娘掠夺或赔偿婚姻等,在近代虽不复当作习俗履行，而其痕迹或许有几许残留于结婚式中。但一般研究初期结婚形态或男女关系的学者们，却未免过于夸张了结婚仪式的重要性。许多仪式，有一部分或全部为性的羞怯，忧郁，或怒一类感情状态的陈腐表现；而其他的仪式，又为欢乐或爱恋之情的表现。世界各地在结婚宴祝中例行的跳舞，或宾客陶醉于性的放纵等，皆属于后者一类。但当作结婚仪式的舞蹈，在特别场合有一种象征的神秘的意味。而一般则视为唤起性的昂奋的方法。且依“异质同像的魔术原理”，或许是借此为协助新郎新娘达成生殖目的的手段。

无论夸称结婚仪式有何等伟大的价值，而没有此等仪式的民族，仍不在少数。如南海诸岛民亚洲非洲诸民族，尤其是美洲及澳洲许多部族皆属于此类。然而依此等民族的记述，却不能信其全无结婚仪式。不过彼等的仪式，常如克洛莱君(Mr. Clawley)所云：“因为彼等所举行的过于轻易，过于实际，致令观察者几难视为仪式。但过细加以解析，乃得判明其为真实的结婚仪式。”即令在确实的结婚式全付缺如的场合，也许会伴有与结婚相关的或种制欲行为。结婚仪式及文化较高的民族，以及与此等民族相接触的诸部族间，特别繁多，而最多者莫过于印度欧罗巴诸国，及塞姆文化(Semitic culture)[①]各民族间。但后者所行的仪式，许多似出于晚近，此明为前者的影响使然。然而仪式的古型，已为近代文明所破坏，而实际又不曾创造新的仪式。大多数基于魔术观念的仪式，随智的文化进步而消灭，斯为自然的结果。

---

① 今常译为“闪米特文化”。——编者注

第九章 一夫一妻婚与一夫多妻婚

下等动物中，有的为本能的一夫一妻，有的为本能的一夫多妻。而在人类方面，有一男与一女的婚姻（一夫一妻），一男与数女的婚姻（一夫多妻），数男与一女的婚姻（一妻多夫），以及数男与数女的婚姻（团体结婚）等等。本章所论，则为最普通的一夫一妻与一夫多妻。

就著者搜集的事实判断，在未开化种族间，除一部分澳洲土人与布西曼部族（Bushman tribe）外，依狩猎或采集食物为生的低级民族，以及初期农业者（incipient agricuturists）或至少在下级农业者间，不曾大规模的实行一夫多妻。而在彼等低级阶段的狩猎者与初步的农业部族，反发现有颇多严格的一夫一妻。南美印度人[①]，马来半岛的土人，锡兰（Ceylon）[②]的味达族（Veddas），马来群岛的某部族，菲律宾群岛（Philippine Islands）的涅格里托人（Negritos），以及非洲中部的若干小人（Pygmies）[③]，皆属于此类。在稍稍发达的狩猎部族（大多数皆见于北美）间，虽频行一夫多妻，但彼等大多数不过偶然实行。他若绝对实行一夫多妻的部族，纵非绝无，殆极稀罕。严格的一夫一妻，在畜牧民族间，很难发现实例。此等民族与较发达的农业者间实行的一夫多妻，无疑比较狩猎者及初步农业者间为频繁。但是正规的一夫一妻，在较发达的农业者间，比之较发达的狩猎者间为频繁。麦尔斯（Messrs）和布豪斯（Hobhouse）、辉勒（Wheeler）及景斯柏（Ginsberg）诸氏，亦曾指出此种趋势。“尽管一般不承认一夫多妻为良好的习惯，其范围则不断地增进，而以畜牧民族间为特别显著。”依彼等的统计，则一夫多妻在饲养家畜的农业者间，较之纯粹的农业者间为更盛；在较发达的牧畜部族（彼等视农业为一种副业）间，远又过于低级阶段的

① 此处“印度人”应指“印第安人”。——编者注

② 即今之“斯里兰卡”。——编者注

③ 今常译为“俾格米人”。——编者注

牧畜部族。然而我们当注意一夫多妻成为“一般的”实例，在非洲人间，比较非洲以外的牧畜部族，及较发达的农业者（即纯粹的农民与兼饲家畜的农民）间，尤为繁多。此种事实，对于单依经济的理由，断言素朴民族的经济文化较发达，则一夫多妻亦较频繁的尚论者，不啻予以警告。

我们虽则不时听到非洲有许多民族以一夫一妻为较占优势的型态，甚或有少数以一夫一妻为唯一型态的民族。然就全般看去，多妻者的繁多，与妻的数目之多，在非洲皆达到了高的顶点，爱明·巴萨（Emin Pasha）称述乌谑洛（Unyoro）极无势力的酋长，必得有妻 10 人至 15 人，否则以为极不相称。穷汉娶妻 3～4 人，并不算稀罕。伯宁（Benin）[①]王的嫔妃数目，有的称为 600 人，或者 1000 人，3000 人，或 4000 人以上。不过王常以妃子赐给臣下。阿善提（Ashanti）的法律，虽限制王妃之数为3333人，但是否有达到此数的必要，却不明了。传闻娄安勾（Loango）王及乌干达（Uganda）王马提沙（Mtēssa）皆拥有嫔妃 7000 人。就著者所知，此为一夫多妻最高的记录。

实行一夫多妻的地方，每由社会的及性的两方面的修正，而有倾向一夫一妻的趋势。修正的普通方式，例因妻中一人在社会上保持有较高的地位，或被认为“主妻”（pricipal wife）。而受到此种优遇的，大抵为最初的结婚者。也许一夫一妻在过去以及现在为某某民族的通则，因而视多妻为特别的例外。最初的妻，与后继者悬隔之大，学者们至称前者为实在的或正当的妻，而呼其余者为妾。且言纳妾与一夫一妻相伴。但在大多数场合，如果“纳妾”一语的意味仅限于性的自由关系，则视此等关系为一夫多妻的结婚，并认妾为地位较低的妻，便不免失当。有时最初妻的较高地位，含有性的特权的意味。但屡闻夫对于各妻有轮流同栖的习惯；或者彼在实际上有此种要求。理论究与实际的习惯在何种程度符合，姑且不论，我们殆不难想像多数妻中，有某妻一时为夫所宠幸。

一夫多妻，或与纯粹的一夫多妻几难区别的“纳妾”，大抵行于古代文明民族间。中国除正妻外，又有所谓“特殊待遇的妻”（wives by courtesy），或法律上的妾。在最初妻的生存中，法律禁止另娶完全正式的妻。妻对于妾持有相当的权力。彼呼其夫如我们一样称为“丈夫”。妾

---

① 即今之“贝宁”（非洲国家）。——编者注

则称之为“主人”。妻不得降居于妾的地位,妾在妻的生存中,亦不得进袭妻的地位。但无论母氏为妻为妾,凡在父家所生的子女,一律视为嫡出。中国式的纳妾,在日本曾视为一种法定的制度。此种制度,至一八八〇年虽依刑法公布废止,但久经确立的旧习,迄今犹未完全断根。

古代埃及似曾允许一夫多妻,但不常见。诚如阿伦·喀第勒(Alan Gardiner)所云:埃及除王族外,实行多妻者虽非绝无,但不易觅得实例。亨缪拉比(Hummurabi)[①]的《巴比仑法典》(Babylonian Code),规定婚姻为一夫一妻。不过妻患魔病,夫可以娶第二妻;妻若无子,夫得纳妾。特妻与妾不得同一看待。亨缪拉比时代,每每蓄婢为妾。妾既与主人交合有生,则不能变卖。但在希伯来人间,男子不问有无理由,得任意娶妻多人。除妻与婢妾间设有差别外,各妻在法律上的地位没有高下。对于犹太的结婚法(levirate marriage),《盆特滕奇》(Pentateuch)(《摩西第五书》)规定死者的兄弟,无论既婚与否,必强其与无子的寡妇成婚。此种规定,实与训令重婚无异。古代以色列人与其他大多数实行一夫多妻的民族相同,居民大部分皆度着一夫一妻的生活。在希伯来人放逐时代(in post-exitie time)(纪元前597—586),一夫多妻已成为罕见的例外。可是男子娶妻,自来没有限制。古籍记载所罗门(Solomon)拥有王妃七百,妾三百。但《塔尔玛德法典》(Talmud)[②]中有谓“贤者曾予以忠告,男子的妻。不应超过四人”。欧洲的犹太人曾在中世纪实行一夫多妻,而住在回教国的犹太人,迄今犹继续此种风习。在阿拉伯人间,穆罕默德规定男子合法的妻不得超过四人,若蓄婢为妾,男子尽可自己支持的能力尽量享受。然而预言者对于自身,则不妨姿意拥有多妻。男子有又两妻以上者,则最初结婚的妻占有最高的地位,而尊称之曰“大夫人”(the great lady)。但实际回教诸国的男子,大抵为一夫一妻。

一夫多妻亦曾广行于印度欧罗巴诸民族(Indo-European peoples)间。吠陀印度人(Vedic Indians)分明有此种实例。也许只限于王侯及富裕的贵族。兴都法律书(Hindu law-books)中对于男子结婚的次数,皆无限制,不过时常表示倾向一夫一妻。且以为最初的结婚,不仅出于个人的

---

① 今常译为“汉谟拉比”。——编者注

② 即“犹太教法典”。——编者注

感谢，其缔合，乃本诸义务观念，所以应当特别神圣的重视。今日兴都的法律，亦未限制一夫多妻，但除第一妻无子，或患不治症，或虚弱等特殊因由外，实行重婚者，大抵为社会所反对。

古代斯拉夫民族间，亦有一夫多妻的风习；不过通常仿佛只限于酋长及贵族的淫乐。即在今日，南斯拉夫民族当妻无出，或患狂症的场合，尚允许重婚。往昔斯堪底纳维亚诸王，不独自身耽于淫乐，即王国内的任何男子，皆得任意蓄妾，且能娶合法妻数人。依据塔西陀（Tacitus），德国西部仅有少数贵族男子娶妻数人。在盎格鲁萨克逊民族间，虽未发现多妻的直接证据，然法典中既有禁止多妻的规定，则此种风习，必曾一度实行。古爱尔兰王或酋长，往往有妻二人。在荷马诗中，似乎纯粹的一夫多妻的实行者，仅限于普赖安玛司（Priamus），但彼为一特洛扬人（Trojan）[①]。希腊认一夫一妻为唯一结婚型态，殆无可疑余地。蓄妾始终行于雅典，虽不见舆论过甚的非难，但此与结婚显有差别。妾不能得到何种权利，且视其子女为私生儿。罗马的婚姻制，为严格的一夫一妻。既婚者重婚，不仅认为无效，至戴克理先皇帝（Emperor Diocletianus）时代，甚且课以刑罚。有妻的男子，与有夫的女子私通，在共和时代的末期，并不见稀罕。但往后此种关系，便不得与合法的蓄妾同一看待。法家包卢斯（Panlus）以有妻（uxor）的男子同时复纳妾（coneubina）为非法。

就一夫一妻在希腊罗马视为唯一合法的结婚型态征察，则知基督教以义务的一夫一妻制向导西欧世界之说，便应加以斟酌。本来《新约》中曾确定一夫一妻制为常态的，或理想的结婚型态。但除僧正及教会执事等外，并未明白禁止一夫多妻。说者谓最初的基督教宣教师，殆无非难一夫多妻的必要，因为彼等布教的民族间，早经普遍的通行一夫一妻。然而此种议论，对于基督纪元初，尚容认并且实行一夫多妻的犹太人言，实远于事理。某教父曾责问过肉欲主义的犹太法律家，但直至纪元二三世纪顷，尚未开过一次反对一夫多妻的宗教会议。而对于在基督教以前便实行一夫多妻的诸国国王，更不曾有过若何阻止的表示。六世纪中叶，爱尔兰王狄阿麦特（Diarmait）有两妃两妾。墨罗温王朝诸王（Merovingian kings）常有数妃。从拥有两妻多妾的查理曼（Charlemagne）的法律解释

---

① 今常译为“特洛伊人”。——编者注

中,似可窥见当时一夫多妻,甚且行于僧侣间的痕迹。往后厄新(Hesse)的腓力(Philip),普鲁士(Prussia)的腓特烈威廉第二(Frederick William Ⅱ),皆依路德派僧侣(Lutheran chergy)的许可而重婚。前者的重婚,且由路德自身与梅兰克吞(Melanchthon)承认。路德从各方面以极大的宽容,申说一夫多妻。一夫多妻并不曾为上帝所禁止。即如纯全的基督教徒亚伯拉罕(Abraham),亦有妻二人。固然上帝仅允许《旧约》(Old Testament)中某某男子在特殊情况下始得重婚,但凡能表示与亚伯拉罕居于类似境地的教徒,也就无妨模仿先觉重婚的榜样。一夫多妻较之离婚自无疑更为人所向往,在威斯特发里亚(Westphalia)和平条约后不久,因为人口因三十年战争激减,一五六〇年在努连堡(Nuremberg)[①]所开的法兰吉希郡会(Frankish Kreistag),竟通过尔后男子得娶两妻的决议。某基督教派甚至鼓吹一夫多妻。一五六一年,再洗礼论者(Anabaptists),公然在闵斯特(Muster)昌言欲为真正的基督教徒,须娶妻数人。他若摩门教徒(Mormons)认一夫多妻为神定的制度,则早为世人所周知。

事实上的概观终了,现在就有下面待说明的几种问题。某民族何以实行一夫多妻?某民族又实行严格的一夫一妻?同是实行一夫多妻的民族,何以有的民族的一夫多妻比较其他民族为频繁?有的妻的数目又多过其他的民族?诸如此类问题,殆不易予以详细的解答。但某种环境有发生一夫多妻的倾向,另一种环境有发生一夫一妻的倾向,则不难说明。

在结婚型态上发生极大影响之一要素,确为男女两性之数的比例。但如果主张历来男女数略相当,故一夫一妻为自然的结婚型态,则未免失之荒唐。男女两性之比率,各民族互有异同。有时显著的相差,有时约略相等。或者男性多于女性,或女性超过男性。每每一夫多妻的原因,确系女性过剩;而一夫一妻,亦无疑由于女性比较少数所促成。我们关于下级种族间男女两性比率的知识,本嫌缺乏,但如果未开化部族的女性数,显明地而且持续地超过男性,则敢必其会实行一夫多妻。著者尚未发现反对此说的可靠资料,且不能相信某部族有颇多女子流于独身,尚须厉行一夫多妻的惯例。不特此也,一夫多妻的习气,有时或竟发现男女数相等,甚或男性过多的场合。澳洲诸部族,便有此种实例。其结果,有的男子,

---

① 即“纽伦堡”。——编者注

便至少须得独身半生。不过女性过多的地方，亦往往有独身的男子。女子的过剩，虽有促成一夫多妻的可能，但此不过间接的原因，而非唯一的，或完全的原因。一夫多妻的直接原因，在于男子欲得多妻的欲望，而此种欲望，亦得从各方面解释。

第一，因为一夫一妻制，对于男子有“周期制欲”的要求。夫于每月某期间，须与妻离屋一度。在月经期内的妇女，低级文明民族直视为迷信恐怖的对象。又多数未开〔化〕人在妻的妊娠中，至少在妊娠后期，必须禁欲，因为彼等屡屡视妊娠为不净；与妊妇交，有时或杀伤胎儿。但比妊娠中制欲尤为必要，尤能促成一夫多妻实行的，为出产后的制欲。在许多素朴民族间，小儿未离乳以前，夫妇不得同栖。就乳育期有时为一年，或二三年，甚或延及五六年之久看来，则此种制欲，未免过于苛酷。长期乳育的主要原因，在于缺乏柔嫩植物，与动物的乳，即在能够饲养家畜取乳以后，彼等又复避忌此种养料。例如在中央印度之德拉维底土人(Dravidian aborigines)直视此为排泄物。中国人亦且以动物之乳为肮脏。

一夫多妻的又一主要原因，为女性令男子颠倒的芳龄与美。男子因妻老另娶新妇，为通常习见的事实。即令男子既达成年时，与略同年的女子结婚，亦不免有佳人的芳颜消逝，而夫的生活力尚如日之方中的悬殊。尤其是文明低级民族的妇女，较之文明妇女容易衰老。此外喜新厌故，亦为促成一夫多妻的原因。性本能每因习见而痹钝，因清新的接触，而昂奋起来。摩洛哥某州官一次当著者在座时，有英国妇人询以摩尔人何以不能如欧洲人一样，以一妻为满足，彼回答云：“人不能常常吃鱼。”

然而人欲拥有多妻，非仅基于性的动机。性以外如子孙，富，权威，皆足令其诱惑。且妻的不产，或生女不生男，亦常使男子有另求新配的要求。在东方各国以获得子孙为实行一夫多妻之一主要原因。日本纳妾曾由法律认可，其辩解则在生育子嗣，继承先人的祭祠。古代兴都人的一夫多妻，似以恐惧无子而死为一要因。而同一动机，依旧在近代兴都人间存在。许多波斯人迎娶新妻，仅为了初妻的无出。雷因(Lane)说：“埃及男子对于不幸无出的妻，虽恋情犹浓，不忍割爱；徒以子嗣所关，乃引起重婚的念头。”仅因初妻不产，或生女不生男，而承认或实行一夫多妻，实为许多民族的通例。

特一夫多妻不仅为获得子嗣的手段，且当作获得多数子嗣的手段。在前面我们已经研究过希求子嗣的理由，但还有希求多数子嗣的理由。生活在未开化或野蛮状态下的粗民，每每夸耀大家族，有最多亲族者，最荣誉，最有威风。柏吞(Burton)论及非洲人实行一夫多妻的意义云："增进婚姻关系的联络，对于未开化人或野蛮人为必要，因为彼等与欧洲人不同，视亲族及姻戚，为其唯一的朋侣。"摩洛哥之柏柏人，因为血族团体时常发生内哄，所以最希望多生男子，所以一夫多妻便非常风行。又儿子在结婚以前，能为两亲劳动；女当订婚时，所得的代价可以作为一宗收入。在家族小，人口单薄的地方，希望子女更殷，便更成为一夫多妻的有力原因。且未开化人的出生率恒低，死亡率又过高；文伍德·里德(Winwood Reede)关于赤道附近的非洲人说："繁殖全为一种斗争：一夫多妻虽当作自然的法则实行，无奈此种有利于生殖的制度，对于子女数少于妻数的结果，仍不能有所帮助。"

一夫多妻又会在物质方面贡献男子的安适，或由妻的劳动，而增加其财富。"假若妻仅一人，一旦妻病，将谁与烧茶弄饭?"此为"好妻"(wife-loving)的鲁咀人(Luzu)，对于其中意的习俗的辩护。东部及中部的非洲人，妻愈多者愈富多；男子盖为妻所维持，受妻的忝养。妻能挥锄，挽臼，烹调食物；妻殆可视为最良的下婢，兼有英国婢与仆所有的能力；能处理一切事务，而不要求货银。韦克君(Mr. Weeks)说："刚果(Congo)的妇女，为男子剩余富投资的最上等的担保。"

利用妻为劳动者所收的实效，在经济文化较高的阶段，无疑为增进一夫多妻的一部分理由。但此种效用不仅不能视为唯一理由，且非增进一夫多妻的唯一经济理由。经济进步，富的分配愈不平均，于是相因而有支给新娘价格——其额数依经济环境而定——的必要。同时依分配的不平衡，使一部分人优乎有余的获得多妻；而另一部分人，则全无获得妻的可能。科尔登(Colden)就易洛魁族(Iroquois)述其感想云："在富与权力一切平等的国中，决不会实行一夫多妻。"莫尔根(Morgan)亦谓："最高而且秩序的一夫多妻的型态，是以与上层阶级下层阶级相伴而发达的社会的相当进步及富的进步为前提。"

然而多妻除了增育子女外，不仅增加夫的富，且得增加其荣誉权威，即增加其社会的重要性。彼得借此开放门户，自由与外面的宾朋相结纳。

又可与其他的家族结合，而增大其势力。“多妻为武勇手腕及富的表象。”“多妻可以测定男子的富与势力。”“男子的伟大，与妻的数目为正比例。”诸如此类趣话，常散见于旅行者的记录中。当刚果土人盛称其酋长的伟大，及家长的重要时，必历数其妻，且“照例在总数上夸张一打”。一夫多妻与伟大相连，所以荣誉，而值得赞赏；反之，一夫一妻与贫乏相连，自无怪其视为卑微。此两者在某种限度判然显出了阶级的差别，所以某种民族，除酋长及贵族外，甚至不许其余的人享有多妻。

在实行一夫多妻的民族间，——其实到处皆然——社会的势力与权威，常与富相关连。即或不然，财富至少能成为一夫多妻的原因。澳洲诸部族的老人辈持有异常大的权力，所以彼等自身恣意享有多妻，致令许多青年无从获得配偶。然而不拘为狩猎者或初期农业者，凡在文明最低阶段的下级部族间，没有特权阶级存在，也就不易有一夫多妻制存在。

以上所述，为促成一夫多妻的因由，今更进而考察一夫一妻所由发生的背境。在男女两性数约相等，或男性过剩，女子有充分机会获得配偶的场合，当不愿为既婚男子作第二妻室；即令就女之两亲言，如非企图经济的或社会的利益，亦不会强以相从。因此，社会的富或社会的身份没有差别，则一夫一妻当有一般通行的倾向。但在富的不平衡或其他社会的分化极为显著的场合，虽女性过剩，贫弱者因为担当不了新娘的代价，或结婚所需的费用，能得一妻，即够幸福。而且维持多数妻的困难，亦当为男子安于一夫一妻生活的原因。在妇人的劳动受有限制的狩猎部族间，或在土地贫瘠，耕作方法幼稚，或耕地狭窄，生产不足以供养大家族的低级农业部族间，皆易引起此种困难。又在多数民族间，男子为得妻故，常须负担数年劳作的义务，或在女家度其余生。此种情况，自不免使一夫多妻在实行上受到多少的阻碍。

妻多每至发生口角或斗争。为阻止此种麻烦，照例有各别分居的必要。因而支持多妻的费用，便不易担当。即令夫的财力优于负担，女性间的相互妒嫉，亦足为实行多妻的障碍。有谓在许多情形下，多妻的嫉妒或敌视，并不曾扰乱家庭的和平；有时妇人还能忍让或赞同多妻，因为多妻有分工上的利益；能增高一家的名望，或第一妻的权威；或者因为既婚妇人有较多自由，或其他种种缘故。英领东非洲的启库优族（Kikúyu）酋长之第一夫人，尝以英国妇人是否愿意其夫多娶的疑问，询问鲁特雷基夫人

(Mrs. Routledge)。立温斯董(Livingstone)关于摩可罗罗妇人(Mokololo women)有下面一段纪载:"几个妇女听说英国男子不能娶得两妻,不觉喧叫起来,表示彼等不愿居在如此的国度。彼等万想不到英国妇女何以会满意一夫一妻的习俗。在彼等想:可尊敬的人物,应该炫耀其富,拥有多妻。同样的思想,亦流布于三比西族(Zambesi)之下流社会间。"但是我们听到因妻争闹,或酿成家庭不幸的实例,则比较更多。宣教师威廉(William)尝询问斐及(Fiji)[1]妇人何以该地无鼻女子如此之多,彼所得的回答为:"此种原因,不外男子多妻。嫉妒惹起憎恶,于是较强的妻,遂悍然割下或咬掉所恨者的鼻头。"一夫多妻在玛拉加塞(Malagasy)[2]语含有"酿起反目"(engender enmity)的意味。希伯来第二妻的通用语"赫舍拉"(hassārāh)即"女性之敌"(female enemy)。一夫多妻在回教诸国中,为争乱不幸的因由。坡拉博士(Dr. Polak)说:波斯妇女以夫另娶新妇,并专宠于新妇,为最大的痛苦。在印度无论回教徒或兴都教徒,凡属一夫多妻的家庭,都潜伏有极度的不安,与不足为外人道的隐情。许多民族,尤其是美洲印度人[3]间,特别通行姐妹同夫的风习。据闻此种风习的动机,至少有一部分是期得家庭的和平。

一夫多妻受到女性嫉妒的阻止,从几方面可以看出:或者夫为本身计,畏忌不良的结果;或者妻直接阻扰迎娶新妇;或者丈夫尊重妻的情感。虽在未开化社会间,妻往往占有被尊敬的有力的地位,而且夫妇间的情爱颇笃。此种情形,大抵见于许多实行一夫一妻或近似一夫一妻的民族间。我们从不曾在此等民族间听到虐待妇女的事实。固然如比领刚果之威伽南族(Warega),虽非常耽于一夫多妻,妇女的地位仍比较良好;不过此与其他大规模实行一夫多妻的许多民族的情形不同。依著者想:我们殆可假定下级种族间一夫一妇的原因,在于尊重女子的感情。虽则此种尊重的基因,复□于其他方面促成一夫一妻的许多动境:如女子缺乏,及对于实行一夫多妻的经济条件等等。在未开化社会中,阻止一夫多妻的同一原因,无疑在文明国民间亦曾施其作用。

---

[1] 即今之南太平洋岛国"斐济"。——编者注

[2] 今常译为"马达加斯加语"或"马达加斯加人"。——编者注

[3] 此处"印度人"应指"印第安人"。——编者注

一般尊重女子感情的意向，即令抛过不提，男女间性爱的本身，至少能使男子暂时以一妻为满足。培因(Bain)说："社会利害感情的本身性质，为普及的。即母爱亦有多数的对象。任谁皆不愿供一人的牺牲，而行报复；支配欲且要求多数的服从者。然而强烈的恋爱，则集注于一人。"爱人感情中的对象，超越群伦。心理学者培因复继续说："恋爱在开始时，与其他的爱好不过表示有限的差别，但此种小差容易扩大起来。感情与尊敬相互作用，其差别终至大莫与伦。"全神贯注于唯一对象的情爱，不仅限于人类。赫曼(Hermann)、马勒(müller)、布利姆(Brehm)以及其他精于观察者，皆认定鸟类有此种爱情。达尔文且曾发现于某种家养动物中。鹦鹉当其配偶死别时，即令予以新的适当的配偶，亦很少继续其生存。人类专一的爱情，常见于文明的男女间，也同样见于未开化的男女间。未开化人因恋爱失败或绝望而自杀者，女子似较普通，但男子亦非罕见。克鲁克善(Cruickshank)关于果尔海岸(Gold Coast)[①]土人说："非洲人呼叫爱人的名，借以激励其果敢行动，而突入战阵中；水手呼叫爱人的名，使摇橹更添一段气力。疲倦的吊床人夫，依同一感动而唤起新的元气；孤独的旅客，口唱爱人的恋歌，以驱遣其旅途中的无聊。"闻说某黑人因为不能从奴隶苦境中救出恋人，不忍分离，自身亦甘为奴隶。粗野的澳洲少女，且歌出了风骚伤感的情怀说："哪能再与恋人会见一次哩！"但爱的本质，虽有一时凝神贯注于一人的倾向，却不能长此阻止另娶新妻。因为性爱为浮动的，常为变化的欲念所支配。不过恋爱由精神出发而含有同情及倾慕的意味时，虽青春之美已消逝，尚能长久保持夫妇关系。此种倾向，为永续的一夫一妻制所由发生的原因。

在实行一夫多妻，一妻多夫，或团体婚的地方，亦必有一夫一妻制与之相并存在。而且一夫一妻制在许多民族间，都由习俗及法律公认为唯一的婚姻型态。此种趋势，或单由于习惯力的伸张作用；或基于一人拥有数妻，致令他人鳏居为不当的观念；或因一夫多妻有伤女子的人格；或因耽于淫欲，遭受非难等等。当我们考察基督教诸国民的义务的一夫一妻制时，不仅要记忆一夫一妻由基督教首先移植于欧洲社会，而承认其为唯一的婚姻型态。同时还须记忆一夫多妻，与怀疑性冲动的满足，及认不节

---

① 今常译为"黄金海岸"。——编者注

制为最大罪恶的宗教精神，殆难两立。初期的教会，虽不大顾虑到女性，但其嫌忌肉欲，极为猛烈。

考究一夫一妻及一夫多妻的原因时，我们很可分别说明两者一般的倾向。文明进步到某一阶段，一夫多妻曾为适者而存在；迨文明达到了最高的阶段，斯为一夫一妻的天下。如前所论，最初的倾向，大率基于经济的及社会的背景，即富的蓄积，分配的不公平，与社会分化的增大。较高级未开化人间因争斗招致女性过剩的结果，不会发现于争斗和缓，两性比率未大悬隔的最低级未开化人间的事实，亦值得注意。而在文明最高阶段，转向一夫〔一妻〕的趋势，也还基于种种理由：文明人没有在妻的妊娠中，及出产后，长期分离的迷信；彼等希求子嗣的意念，渐形淡薄；先前多妻足为生存竞争的帮助，以后乃一变而为难堪的重荷；亲族姻戚，已不复是男子的唯一的朋侣。多子多妻，亦不能为男子的富与势力的原因；前此单单当作劳动者的妻的筋肉劳动，大部分已由器具机械的使用代替了；恋爱的感情，更为细腻，因之更能持续；就某种教义的精言，妇人的魅力，不仅是青春与美，而且文明赋与了女性美以新的生命；以前凌辱柔弱女性的情感，今则对于彼等表示更多的敬意；而且在女性方面期望多妻的动境，已不复存在，依较好的教育与文明社会中其他的凭借，妇女不待其夫维持，亦能过舒适的生活。

然则一夫一妻在未来社会中，亦将承认为唯一婚姻型态么？对于此种质问，曾有许多解答。斯宾塞(Spencer)说："男女关系的一夫一妻的型态，分明为究局的型态。未来可以料想到的变化，决为一夫一妻的完成，与一夫一妻的进展。"然而黎朋博士(Dr. Le Bon)相信欧洲的法律，将来会允许一夫多妻。亚棱斐尔教授(Professor V. Ehrenfels)甚且昌言：若欲保存雅利安人种(Aryan race)则有实行一夫多妻的必要。但依著者想：假如人类向着从来的同一方向的前进，因而在最进步的社会中，促成一夫一妻的原因不断增加力量，特别是能够尊重妇人的感情，及妇人在立法上的地位，则我们可以毫不踌躕地断言在将来的社会中，不会废除一夫一妻的法律。想像西欧文明会有一个时代承认一男同时与数女结婚，那确是不大容易。

第十章　一妻多夫婚与团体婚

一妻多夫的婚姻型态，远不及一夫多妻的普通。某种南美印度人[①]，北美阿拉斯肯海岸(Alaskan coast)[②]的爱斯企摩人(Eskimos)，达林特人(Tlingit)，亚比特人(Aleut)，以及千泥亚米特人(Kaniagmiut)间，曾有一妻多夫的习俗。关于一四〇二年加拉烈诸岛(Carary Islands)格思揭斯族(Guanches)的征服及改宗的古记录中，载有兰塞拉特(Lancerote)岛上大多数妇女皆有夫三人："彼等按月轮流。与彼女同居的夫，在全月中负有照护的责任；次月为他夫占有，由他夫照护；如此挨次轮流下去。"此种风习，亦散见于马达加斯加(Madagascar)，非洲大陆的二三种族，马来群岛某地方，及南海诸岛民(South Sea Islanders)间。但大规模实行的，为马萨尔诸岛(Marshall Islands)[③]。而自古迄今当作一种确定习俗的，则为马盔撒族(Marquesas)的土人。依托滕博士(Dr. Tautain)关于后者结婚习俗的记述，则结婚某男子所有的兄弟，皆为新娘的次等夫。同时妻的一切姊妹，皆为夫的次等妻。不过夫对于妻的未婚姊妹，与他人结婚，亦不阻止。而且一妻的诸夫，并不常常限于兄弟。闻在夏威夷诸岛(Hawaii Islands)中，一女二夫，为酋长家族的常例。

一妻多夫婚在西藏远溯太古，即已盛行，虽至今日，犹极其普遍。诸夫例为兄弟，择妻的权利则属于长兄。长兄缔结的婚约，——如诸以此为便利时——可当作一切兄弟的婚姻契约解释。但西藏某地方亦有诸夫不限于兄弟；兄弟以外的血族，或非血族，皆得为一妻的共同夫。诸夫以其共同妻相与同栖，如一家中人。在喜马拉耶[④]一带的广泛地域，由阿萨姆(Assam)至喀什米尔(Kashmir)领地，大抵以西藏族有类缘(affinities)的

---

① 此处"印度人"应指"印第安人"。——编者注

② 今常译为"阿拉斯加海岸"。——编者注

③ 今常译为"马绍尔群岛"。——编者注

④ 即"喜玛拉雅"，下同。——编者注

种族间，每每通行兄弟多夫婚(Fraternal polyandry)。而北印度平原多数部族间，亦不难发现同一的风习。此种饶有趣味的婚姻型态，在今日成为喀什米尔国(Kashmir State)领土之一部，而其住民则属于西藏系统的拉达克(Ladack)地方，仍普遍地施行。一家的长子结婚时，马上即为家族的所有者。此后对于较小的二弟三弟，则负有扶养的义务。小兄弟们照例不许独自成婚，只能共有长兄的妻，而成为嫂嫂的次等夫。但妻如不欲为三兄弟所共有，尚不妨以其他家族中的男子另结姻缘。

除喜马拉耶一地域外，南印度亦为盛行一妻多夫的中心。而在尼尔盖利山脉(Nilgiri Hills)的托达斯族(Todas)间，曾经引起了许多人特别的注意。某男子与某女子结婚时，则男之诸兄弟皆成为彼女的夫；即以后所生的弟弟，亦得同样分有诸兄的权利。但依据利味斯博士(Dr. Rivers)，则共同夫并非兄弟。有少数的实例，不过属于同一氏族中的同一年龄的男子。假若一妻的共同夫为兄弟，则彼等将同住一村。如非兄弟，也许有的会在各村分居。妻在诸夫各各分居的场合，必照例轮流巡居各村，其期间则常为一月。托达斯族的女子，于正规的结婚关系外，还得依社会允许的结婚样式，成为其他男子的正式妻。一个妇人不妨有多数爱人，男子也不限定只共有一妻。锡兰内地一带流行的一妻多夫，至一八六〇年顷，始由英国总督予以禁止。而以前全岛除吠达族(Veddas)外，一时曾有普遍通行的记录。女子多数有三夫四夫或更多的夫，诸夫大抵为兄弟。尤其是在高等阶级间。然兄弟不必共有一妻，一妻的共同夫也不限于兄弟。

在科钦(Cochin)、马拉巴(Malabar)及特拉凡科尔(Travancore)之内雅族(Nayars)间，我们还发现了一种别样的“非兄弟式的”(non-fraternal type)多夫婚。此种多夫婚自十五世纪初叶以来，曾由许多旅行家得到实证。依内雅族的通习，一切少女当在思春期以前，举行结婚式。婚式本质的内容，系由名义夫(nominal husband)以小金皿(塔利 Tali)系于少女颈边，然后照例领受喜钱而去。名义夫对于彼女没有夫妇间的权利，不过经过此种婚式后，彼女乃得任意姘识彼所选择的婆罗门(Brahmin)或内雅人。彼女通常有多数的爱人，得依自己的意兴，与爱人等交合。爱人对于彼女当予以供养的助力。但彼女不与爱人等同居。在著者想：与其呼彼等为夫，倒毋宁称为爱人。因为内雅族一妻多夫的结合，就其极放荡的与极不固定的性质考察；就其为父的义务完全缺如，以及男女不同居的事实考察，即使依法律外的见地，亦殆难称为结婚的夫妇生活。因之，内雅族在此诸点上，与前述印度诸民族所行的一夫多妻[①]，显有差别。固然后者间接近妇女，或与妇女结合的男子，不必完全具有夫的资格，但彼女与其诸夫，或至少夫中一人，曾经过正当的结婚。并且此外还有一种显然的差异，即对于某妇人有正规性关系的诸内雅人，无从证实其为兄弟。非兄弟的一妻多夫婚，曾发现于南印度少数阶级或部族间。彼等盖与内雅人有密接的关系。

在近代印度所行的一妻多夫，大概限于雅利安以外的——西藏族或德拉维底族——部族或阶级。然说者常谓此种风习，曾存在于古代雅利安民族间。《麦赫哈拉他》(Mahabharata)[②]中载有德鲁佩提(Draupadi)与佩达发(Pāndava)王子五兄弟之最年长者作弓箭比赛失败，乃成为彼等五兄弟之妻的故事。可是此种故事，不足以证实一妻多夫为雅利安固有的习俗。奥拍特(Oppert)主张五王子共有一妻的事实，及其他特殊的习俗，皆与印度非雅利安人的习俗有密接的关系。还有一种假定，以为王子等皆属战士，战士殆有放肆处置妇女的特质与特权；且征服者因为掳归的妇女极其有限，所以乐得采取被征服土民的办法，实行公妻。然而老衰的男子，为求得嫡出承继者而央人代理，或许为雅利安古代的习俗。

斯特累波(Strabo)断言阿拉伯之斐力克(Felix)，曾实行一妻多夫。彼谓："一切血族的财产，皆属共有，主权则握在最年老者的手中。妻亦共有，先来者尽先服用。……但夜间与最年长者同宿。"依近代某某学者的意见，以为曾经在萨宾(Sabian)与民涅(Minaen)发现的碑文，可为此说作证。阿尔·巴嘿来(al-Bukhāri)且以数男与一妻同居，由妻指出谁是子女的父亲，为异教徒阿拉伯人的习俗。但诺尔得克(Nöldeke)不相信回教神学者们，能为阿拉伯异教徒习俗的可靠见证。就彼所观察，阿拉伯中部假装的一妻多夫，实际不过一种变相的卖淫。罗赫森·斯密(Robertson Smith)说："在塞姆族(Semitic)[③]定居一带地域往昔流行的一妻多夫的极

---

① 原文如此。英文原著为"一妻多夫"(polyandrous)。——编者注

② 今常译为"摩诃婆罗多"。——编者注

③ 今常译为"闪米特人"。——编者注

显著型态，似可依迦南人（Canaanites），阿拉米亚人（Aramaeans），以及希伯来异教徒间绝对性的放肆，自来即成为一种宗教仪式特征的事实，得到证明。”但著者没有理由相信此等仪式，为古代结婚习俗的遗风。

大概基于直接的证据言：一妻多夫早先有相当多数的居民实施，或至现在还继续实施的地方，仅限于少数；而在其他多数民族间，不过曾有几许例外。土耳其斯坦（Turkestan）之马萨则提族（Massagetae）虽认一妻多夫为唯一的婚姻型态，然此仅有的实例，系根据十三世纪中国著述家关于国外民族的纪载，是否可靠，尚属疑问。一妻多夫屡屡与一夫多妻同样受社会的及经济的修正，而倾向一夫一妻。最初所娶的妻，通常为一夫多妻家族之主妻；而在一妻多夫家族中，殆常以最初成婚的夫为“主夫”（Chief husband）。共有一妻的其他男子，大抵当主夫外出时，始得代行夫或家主的职权。主夫已来，即为其仆从，为从属的夫，为补助者，或单认为情夫，或“半资格夫”（half-partmer）。一妻的共同夫，每每为兄弟，虽则多夫照例为兄弟的民族间，不时也参入兄弟以外的血族，甚或全无血缘关系的外人。在实行兄弟多夫婚的地方，普通皆认长兄为主夫，妻由长兄选择。特长兄缔结的婚姻契约，虽对于一切弟弟点契地附有结姻的权利。但弟等为被认为夫起见，还须经过特别的仪式。又闻弟等仅在与长兄继续同居的场合，得向彼要求共妻。若长兄无子而死去，彼女可依单纯的仪式，与其诸弟脱离。再者，长兄对待诸弟有如仆从，得随意放逐。此外还有几种记述暗示，或明白确言诸弟虽得与长兄的妻接近，——特别当长兄外出时——实际并未认为嫂嫂的正式夫。在某种场合，妻所生的子女，常视为长兄的子女。子女呼长兄为“父”，呼其诸弟为“叔”。或者有的设为“长父”、“幼父”，“大父”、“小父”的差别。而在其他场合，不论多夫是否为兄弟，均当作父亲，或按儿童年龄的顺序，分有儿童；或由母亲指定某儿属于某父。诸夫与共同妻轮流同居，为许多实行一妻多夫民族的通习。若夫辈为兄弟，则以长兄为先导。妻在怀妊中，完全与长兄同居。

一妻多夫发端于种种原因：而其原因之一，则为两性间的人数的不平衡。闻说许多一妻多夫婚民族的男性超过女性。并且有的民族其所以实行一妻多夫，竟是直接基于此种事实。因为统计的论据缺乏，此类记述虽多少不免出于臆断，但其中定有若干不容怀疑的精确成分。古西藏男多于女的记录，已由近代著述家们予以实证。喜马拉耶一带实行一妻多夫婚的许多地方，女性确较男子为少。荡娄卜君(Mr. Dunlop)关于朱萨尔(Jounsar)地方一妻多夫的情况说："实行一妻多夫的地方，不论在成年者间，或幼年者间，男女的比较，皆显有差别。记者曾由某村发现四百以上的少年男子，而少女的数，仅及百二十人。……还有实行多夫婚的加瓦尔山脉(Gurhwal Hills)一带，却嫌女性过甚。"就塔达斯族逐年的记录，亦显示男性超过女性。对于女性每百人，男性在一八七一年为140.6；在一八九一年为135.9；据一九〇一年的调查，为127.4；而一九〇二年由利味斯博士(Dr. Rivers)的谱系录的数字，则对于每女性百人，男性为132.2。因为男性超过女性数渐进地减退，一妻多夫婚亦相伴而稍稍衰减。此种事实，对于托达斯族常因女性不足，而实行多夫婚的一般见解，确为一大佐证。锡兰亦曾由统计表显出两性数颇不均衡。前世纪中叶，新赫里斯族(Sihnalese)的男子的过剩，平均达到12%以上。依一九〇一年的人口调查，该族两性的比例，女为100，男为108.8。在太平洋诸岛，同样发现一妻多夫与男性过剩为一事之两面。当安达基那(Antangenă)之玛拉加塞族(Malagasy)定居异地时，因为彼等中间同去的女性过少，遂实行兄弟共妻的多夫婚。但两性间的平均不久恢复过来，一妻多夫制于是乎消灭。

一夫多妻[①]婚发生的又一原因，则为经济的动机。闻西藏"视此为不得不行的制度，因为山间能耕的土地，早经开悬，人口数必得与耕地的面积适应。于是土地所有者的每家，惟有限定生子一人，以期保持此种调节。"一妻多夫在移民困难的地方，不仅可以达成阻止人口增加的目的，并得使兄弟共夫场合的家产，不致分散。在拉达克(Ladakh)、不丹(Bhutan)、南印度以及锡兰的一妻多夫婚，皆基于类似的理由。经济的顾虑，难不免使富者贫者趋向一妻多夫，但依种种记录，实行一妻多夫者，大部分或完全为一般穷人。而赡养妻室，优乎有余的富者，有的或独娶一妻，有的甚至耽于多妻。一妻多夫时常由于贫乏者无力支给妻的代价，于是兄弟或其他的人，相与集资打伙，购得公妻。贫困与女子不足，容易成为一妻多夫的混合原因。在女子少的场合，贫困者获得一妻的困难，便特别大。西藏族喜马拉耶族以及印度南部诸民族实行一妻多夫婚的一部分

① 原文如此。依上下文看，当为"一妻多夫"。——编者注

原因，乃由于男子有时外出照护家畜，或搬运，或狩猎，或从事军役，或为谋生外边长年奔走，不能应付妻一人独留家中，被人袭取的困难与危险。有时一妻多夫婚，系起于求子的欲望。因为婚后妻未生子，遂不惜让他人共有，以期达到此种目的。

无论一妻多夫婚，为男女数不均衡，或者贫困，或者夫时常外出的结果，要皆有倾向——即使各种场合不必尽然——兄弟共妻的性质，则不难理解。假若一妻多夫的目的在使财产保持完整，则共同夫有为兄弟或至少为近亲的必要。在女子缺少，任谁不得擅有一妻的情形下，依兄弟的情谊，长兄使诸弟分有己妻，似属近情。他若男子因贫乏不能单独娶妻，或单独维持一妻，就经济共有的连带关系言，亦必求共妻的伙伴于兄弟间。且多夫的目的，如在男性外出时，须人随时保护维持家族或农场，则兄弟尤能胜任愉快。兄弟通常同居一地，相互间有协同与友谊的感情。若与外人共妻，则不会导入如此协同友谊的境界。但如在内雅人之夫妻不同居，子女属于母族的场合，则不必拘拘于兄弟。依著者所见，此等关系之直接原因，在于内雅人的一妻多夫，与印度、西藏一妻多夫的本质的差异。即西藏、印度兄弟多夫的组织，与内雅人缺乏此种条件，有密切的关连。假若男子与所爱的妇女分居生活，并且财产不由彼等所生的子女继续，则兄弟没有应当共妻的有力理由。假如女子像内雅族的女子一样有极大的独立性，彼将徇其所好，从各家族选择夫或情人。① 但内雅人为什么不与妻及其所生的子女同居？

此种疑问，很可于内雅族阻止夫与父同在一家过普通生活的军事组织中，得到解答。鲁柏兹·达·卡斯坦赫大（Lopez de Castanheda）在彼十六世纪中叶出版的著作中，载有关于内雅人的报告：大意谓，该族由王设定结婚禁止法，凡属男儿不得有爱慕执着的妻子。能摆脱一切家族的烦累，乃可更勇武地忠于军事工作。此种报告，最近虽不大有人理会，但少数著述者亦曾发表过类似的主张。与卡斯坦赫大抱有同一见解的孟德斯鸠（Montesquieu），尝述及欧洲不奖励士兵结婚的事实。罗马士兵虽允许蓄妾，结婚则加以禁止。而类似的限制，亦曾见于其他地方。例如日以战争为事的扎帕罗·戈萨克人（Zaparog Cossacks），其男女关系，则一向

① 著者与英国某妇人谈及各种一妻多夫的习俗时，彼断然表示不愿同时与兄弟结婚。

为一妻多夫婚。总之，我们对于内雅族异样性质的一妻多夫制，只可依彼等的军事组织作近似的说明。若求其详尽，必得进一步考察。彼等一妻多夫婚的有力倾向，即性道德的弛放；在德拉维底诸民族(Dravidian peoples)间妇女享有过分的自由；青年婆罗门间妇女的非常缺乏；以及可能的经济作用等等。某权威学者谓内雅人由此种习俗所得到的便宜，即“男子的财力不够维持一妻，则不妨邀伙共有一妻三分之一。其维持费仅按此比例分摊”。一般所想像的内雅族的母系继承规定，是否为非兄弟多夫婚的结果，尚不易遽下判断。据某种报告：男子与其妻所生的子女的关系，殊含有使任何其他规则无从实施的性质。然而在另一方面，又谓同一地方还有遵循母系继承制，但从未实施内雅式的一妻多夫的阶级。

著者对于内雅式的一妻多夫，所以不惮详说的，因为此种习俗在古代婚姻研究上，颇关重要。马克伦兰(MeLenan)及其信仰者皆视“粗型”(ruder sort)的非亲族同夫的一妻多夫婚，为变态的乱婚，或进步的乱婚。而兄弟的一妻多夫婚，则为此粗简型态发达的结果。赫柏特·米勒博士(Dr. Herbert Müller)最近发表关于南印度一妻多夫的论文，亦相信内雅族的一妻多夫制，惟有视为婚姻史上最古制度的残余，始能解释。像此等议论，实全无价值可言。因为彼等根本未说明什么。为说明一妻多夫，乃探究其起源。因探索其起源，终于发现某种环境要求一妻的诸夫为兄弟；而其他环境，又要求诸夫为非兄弟。但著者不解兄弟多夫婚，由非兄弟多夫婚发达出来的假定，究持有何等理由。设如内雅族那样发达的民族，还保持有原来的型态，而其邻近下等阶级的居民，反由此原始型态发展出来，而变为兄弟的一妻多夫婚，则诚不可思议。

上面关于一妻多夫发生的因由的讨论，著者确未信其能与此问题以满意的解答。有许多民族因为男性超过女性，或因为贫乏，或因为保持财产的完整，或基于其他理由，尽管以实行一妻多夫为有利，而从未实行一妻多夫。盖因既达婚期的女性缺乏时，除一妻多夫外，还可实行独身，卖淫，或同性爱。欲充分说明同一因由，在某种场合为一妻多夫的起源，而在另一场合为什么不曾发生同一结果的不可能，正如要明确解说何以某种民族实行一夫一妻，他种民族又实行一夫多妻的不可能一样。但就一般言，一妻多夫所以没有更普遍实施的主要理由，若谓基于男子对于妻的独占本能的欲求，则无可疑余地。许多多夫婚民族的男子，殆明明没有理会到此种嫉妒。

虽则以一妻多夫作为正规习俗实施的民族，在现在以及过去，皆不多见。而少数著述者，还表示一妻多夫在昔为常态的婚姻型态，一夫一妻、一夫多妻却是例外。为求此种意见得到支持，便不得不相信“勒维拉特”(levirate)[①]，即各地广行的与既死兄弟的寡妇成婚的习俗的由来。但“勒维拉特”容易由现存的状态说明，视作过去的遗物，则全非正当。妻的承续，也许如承续其他的遗物一样。但儿子承续父亲的其他财产，为什么——除年龄的计较外——不承续其寡妇的理由，则至易了解。就一般言，承续的意思，便是与其成婚的意思。儿子与其母成婚为到处所不许，因此寡妇的承续，至少在实行一夫一妻的地方尽管视为出于自然，若与继母成婚，亦必引起乱伦的非议。可是“勒维拉特”不仅认为属于死者的兄弟的权利，在许多场合且认为加担于彼身的一种义务。寡妇及其子女须得有保护者与扶养者。假若某男无子而死去，为其“育成种嗣”(to raise up seed)计，在往昔希伯来人认定兄弟有与其寡妇成婚的义务。

团体婚(Group marriage)尝发现于实行一妻多夫的民族间。息琴(Sikkim)[②]的驻在官(Political Agent)怀特氏(Mr. Write)关于息琴、西藏及不丹的一妻多夫的记录中有云：“有的兄弟三人与三姊妹结婚，妻为共有。但此类结合，并不常见。假若在此种关系中，生有子女，则长姊所生，属于长兄；其次妹所生，属于长兄的次弟；三妹所生，属于三弟。设三姊妹中一人或两人无出，其余所有子女，将依协定分配。”一八六九年勺特博士(Dr. Shortt)关于托达斯族(Todas)所述如次：“设有兄弟四人或五人，其中长兄已达结婚年龄，娶有妻室，其妻将公然呼诸弟为夫。迨诸弟相继成年，乃一一成为彼女的配偶。又妻如有妹若干人，亦将于既达婚期时，顺次为姐夫的妻。……然因该族妇女非常稀少，男子数人或多至六人共有一妻的事实，较为频繁。”利味斯博士最近述及一妻多夫与一夫多妻结合之倾向说：“在昔共有一妻的兄弟二人，而今共有二妻。而且两男共有两妻，已成为一般的惯例。……当男子一人或数人拥有两妻——或多数妻——时，此两妻通常同住一村，但有时如分居各村，则夫或诸夫便当在

---

① 即“娶寡嫂制”。——编者注

② 即“锡金”。——编者注

各村间往来。”此外在印度实行一妻多夫的民族间，同样闻说有兄弟中某人娶归新妻，必得与其余诸兄弟共有的风俗。依据《泥提·赫·安朵发》(the Niti-Nigh-anduva)——此为堪底(Kandy)地方可敬的新赫里斯(Sinhalese)的委员会，在一八一八年作成的“地方习惯法”(native customary law)的编纂物，——在锡兰不仅一男同时有数妻，一女同时有数夫为通常的习俗。并且二三男子，共有二三女子的习俗，亦颇流行。

在上面所述诸场合的团体婚无疑为一夫多妻与一妻多夫结合的结果。此种见解，不仅在我们少数有权威学者的记述中暗示或明言出来，而且就其他种种情形：如西藏、印度的一妻多夫婚比较团体婚格外普遍；如团体婚仅在实行多夫婚的场合，与多妻婚相并存在；又如当事势所许可，一夫多妻与一妻多夫结合而成团体婚，容易说明，而同时对于社会学者所谓一妻多夫婚，为团体婚初期阶段演化成形的意见，却不曾有满意的理由等等，亦可推论出来。

由恺撒(Caesar)关于古代布立吞人(Britons)婚姻的有名记载中，亦不难窥见一夫多妻与一妻多夫结合的事实。“在彼等家庭生活中，有十人或十二人(特别是兄弟与父子)，实施一种共妻的形式。由此等关系所生的子女，皆属于家族中最初与其母成婚的一人。”恺撒在此节述记后，复略略暗示所谓妻的共有——假若实际上曾经存在——似为一妻多夫的起源。当征之不列巅克勒特族的实际情况，则恺撒所论述的精确程度，便不免惹起著者们的怀疑或否认。约翰·立斯(Sir John Rhys)说：“第一男子十人或十二人，与其妻子在父权或家长权下一同生活，为古代制度研究者所熟知，且为多数雅利安民族在社会发达过程上的特殊阶段之一种‘大家族’(undivided family)。而基于此种旨趣叙述不列巅家族制度的记载，似曾为恺撒所闻，且为其所误解。第二，也许同岛东南部的布立吞人，或在大陆方面的高卢人(Gauls)曾听到不列颠远远地方的某部族，抱有一种与雅利安诸国国民相异的结婚见解。”稷麦教授(Professor Zimmer)确信恺撒的记述，与英国雅利安以外的民族有关。但威廉·利基卫(William Ridgeway)对于稷麦的理论，则斥其为没有历史的，社会的，言语学的任何根据的一种轻率的臆说。此后相继发表的，如斯特拉波(Strabo)关于爱尔兰人的记述，狄阿·加西阿斯(Dio Cassius)与圣哲罗姆(St. Jerome)关于苏格兰人的记述，以及索林那(Solinus)的爱尔兰注记者，关于赫布里底(Hebrides)、穷王(pauper King)与设得兰本岛(Shertland Mainland)住民的记述,皆与恺撒所论,大略相似。

就著者所知,纯粹的团体婚,断未有不与一妻多〔夫〕婚同时并行的。不过某种民族有一种性的共产制,男子数人得与数女子结合,虽则彼等中间并没有正当的结婚条件存在。斯学的权威者尝在此种关系上,使用团体婚的名词,我们不要因此误解了团体婚的真正的性质。

团体婚在澳洲诸部族间,因为早成为许多议论的题目,而且有了一些广泛的结论,所以特别饶有兴味。此等部族间最称有名的为第厄利族(Dieri)——在澳洲中部埃尔湖(Lake Eyre)东边及东南边巴尔科三角洲(Barcoo delta)上居住的部族,——关于该族的结婚习俗,豪易特博士(Dr. Howitt)曾极详细地予以说明。彼等分为族外通婚的两支族,除基于血族的限制,须得服从外,男女不妨自由结婚。闻结婚有两种:一为"替帕-麦尔克"(tippa-malku),即"个人结婚"(individual marriages),一为"匹拉乌诺"(pirruaru),即"团体结婚"(group marriage)。博士在其最近著述中又说:"个人结婚,通常由幼时定就。团体结婚则依兄弟各交换其姊妹为妻的方法成立。两兄弟与其他两姊妹结婚,彼等以四人的团体的关系同居。设某男成为鳏夫,则给与弟或兄以赠物,而共有其妻。设来客某男属于相当的集团,主人将以'个人的妻'(tippa-malku wife)提供为暂时的共同妻(pirrauru wife)。"更有进者,假若某男子对于某妇人情意过厚,"则彼女不妨请求其夫,让自己为该男共有。夫如拒绝,彼女惟有忍从;否则共同妻关系即行成立"。为使团体的关系成为合法的关系,须由图腾首长施行一种仪式。若团体中人与数个图腾有关,则此种仪式当有首长数人列席。男子不妨有数个"团体的妻",女子也不妨有数个"团体的夫"。但男子虽然能够拥有"单独婚妻"(tippa-malku wife)数人,女子却不能同时有一人以上"单独婚夫"(tippa-malku husband)。"单独婚妻"居于"团体婚妻"的上位,并且部族允许"团体婚夫"的权利,远不如"单独婚夫"所有的权利。"团体婚夫"仅当"单独婚夫外出时",始能对于妻行使夫的职权。"单独婚夫"与其妻造成一个真实的家族。此真实的夫外出时,其妻乃得与任何"团体婚夫"同居,而享受其保护。依加森氏(Mr. Gason)的论著:"单独婚夫"对于其妻所生的一切子女,似皆认为自己的子女;而且以无差等的亲切与情爱,一律看待。

在北部与第厄利族接壤的乌拉邦拏部族(Urabunna tribe)中,麦尔斯(Messrs)、斯宾塞(Spencer)及季伦(Gillen)曾发现与"团体婚"关系非常类似的制度。男子仅能与自身有"努帕"(Nupa)关系的女子——即舅表姊妹与姑表姊妹——结婚,但当彼特别钟情于自己幕舍中的表姊妹时,无论所爱为一人或二人,还须于此一二人外,与其他的表姊妹一同作成团体的关系。彼对于后者的"接近"(access)仅在一定的条件下,即"第一的男子在家时,彼女的行动,当得其同意;如其外出,则不受任何限制。"长兄能授予某男子以对于妹妹的优先权,而授予团体中其他男子以次等的权利。但在团体关系的协定发生效力以前,必须取得集团中长老的同意。女子亦得与多数男子作成团体的关系,团体关系中的男女,一般皆过着群居生活。

但"团体关系"(pirrauru or piraungaru relation)是否能够称为结婚关系,还是极大的疑问。团体关系全是性的自由的意味,与"个人的结婚"(替帕-麦尔克)或澳洲通常的结婚,根本不同。如麦林诺斯楷博士(Dr. Malinowski)[①]所言,则个人的结婚,不能与家族生活分开,且依家族经济结合的问题,以及共同生活于"小屋"(wurley)中,协力养育子女,及对于子女的爱情所创出的连带关系,而定义出来。但是使从纯粹性的见地比较,团体夫的权利,与"特定夫"(individual husband)(此处所谓特定夫,即前述的"个人结婚夫"或"单独婚夫",为行文的便利起见,故别言如此,——译者)的权利,亦显有悬殊。

"团体关系"求佐证于澳洲古代团体婚,——即某区分或小支族(division or class)的男子,以其他区分或支族的女子为妻,——的假说殊有特别的兴味。此种结婚已不复见于今日的澳洲;即在第厄利族及乌拉邦拏族所谓"团体婚"的"团体"(Group)一语的意味,不过多数人对于其他多数人的或种关系,而在团体婚的理论上,则同一名词——"团体"的使用,便含有在部族中,依支族名(Class name)或亲族名(term of relation)加以区别的一部分的意味。而且此两者的差异,尚不只此。一个人——男性或女性——并不是地位相当,便可成为团体关系中的一员。欲成为"团体婚夫",必得由特定夫承认,并须予以报酬(在鳏夫的场合——见前,译

① 今常译为"马林诺夫斯基"。——编者注

者)。尽管有一度为团体婚夫,即是永久的"团体婚夫"的原则,究只限于极短的期间(在来客贷妻的场合)。同时女子成为团体婚妻,则必待其长兄予以同意。尤有进者,就特定婚的配偶在一切方面皆较团体婚的配偶为优越考察,则豪易特博士(Dr. Howitt)的"个人结婚,侵越了团体结婚的团体权,且予以修正"的见解,便难令人首肯。著者反能相信"团体关系"为个人结婚的前身,而移植在"个人结婚"的关系上。其起源至少似有一部分与世界其他各地类似的习俗所由形成的背景相同。

在澳洲许多地方,男子既达成年,不易得妻的事实,我们已有所闻。此种困难虽不免强迫多数男子过度地晚婚,或与全非所好的女子成婚。但部族通常于结婚关系外,允许彼等以满足性欲的或种手段。在澳洲中部及西部诸部族间施行的方法之一,为对于无妻者授与"童媳"(Boy wife)而"多数婚习俗"(pirrauru custom)(按此种习俗即前述团体关系之同义的异名——译者)对于不能得妻,或仅有老妻的青年,亦得为正规结婚代用之一例。可是年老而有势的男子,大可利用此种习俗,以图彼等的的便利。爱里曼博士(Dr. Elymann)由第厄利族及其他部族中人,得知施行多数婚的利益,大部分皆属于老人。因为年青者对于老人接近其妻,虽感到极度的不快,无奈老人不受部族道德律的拘束。特性的满足,并非男子由多数婚妻,或由团体关系的女子所得的唯一利益。豪易特博士说:"团体妻愈多,于男子愈有利益。因为当彼等的特定夫外出时,有团体关系的男子,得与彼等同居,分有彼等所得的食物,而减少自己的劳作。彼可不时贷出团体妻,或由无团体妻的青年,或未参加彼等团体的青年,得到赠物,并在部族中增大其势力。"澳洲土人全被支配于一种系统的习俗的事实,我们应当留意。而此种习俗的倾向,则在助长老者强者,牺牲少者弱者的利益。假若彼等老而有势者为自己保有部族中所有的最好的部分,并娶得最美的妇女,则彼等对于一方面可以得到性的享乐,同时还能增大其势力的多数婚制度,自必表示赞同。因此,著者相信多数婚习俗为女子比较少,及老人利己的专制的结果。但我们还须回忆前面既述的关于一妻多夫的事实,如既婚妇人当夫外出时,随时有倚赖保护者的必要。此在团体关系方面,同样有其重要的意义。因为男子对于有团体关系的女子,当其特定夫外出——主要的非绝对的——时,得享有性的权利。或仅在此种场合,与彼女同居,且为其保护者。著者对于保卫的必要,与多数婚习俗间的或种关连的见解，却有赖于佛兰克·普·布郎氏(Frank P. Brown)记述中的暗示。据彼所称述：在北部地方南阿力给忒河畔(on The South Alligator River)的喀可嘉族(Kacoodja)间，男子暂时出外，必须将妻让渡于同支族中的族人。在彼未归以前，受托者有与彼女性交的权利。妻或单独留下，即或不为他人所袭取，彼女亦将自动地与他人发生关系。

由是著者不能认定“多数婚习俗”为“团体婚”先在状态的证迹。而对于其他认为有助于团体婚理论的种种习俗——例如妻的贷与或交换；少女在结婚前的正规的性交；当某种仪式中，暂时不受日常性道德拘束的性的放纵；“兄弟死亡后，须承续其寡妇的规定”(勒维拉特)许多有种种关系的亲族，在单一的称呼下，团集起来，而使用类别的名词等——亦作如是观。关于此类想像的遗习，在拙著《人类婚姻全史》——见本书原著者序文，译者——中，曾加以批评。在此限于篇幅，不便重述。对于“特定的妻”所用的名词，对于“男子与某女子结婚为合法，此外则不得结婚”的集团的一切女子，亦同样使用的事实，固不妨特别重视。但若视“共通的名”为古代“团体婚”的遗物，则全无意味。且就能成为某男之妻，与不能成某男之妻的两女子，对于同一男子的关系，显有差别言，是亦不难理解。他若认团体婚为婚姻的最古型态，而其他型态皆由此逐渐演化出来的见解，在著者亦全然不能同意。

第十一章　结婚生活的期间与离婚的权利

两性间的结婚生活，通常或限于不定期间，或者终身继续。但即使所期在终身，当事者于生存中依或种理由解除婚约的事，却极普通。

在少数未开化民族间，虽然闻说不得解除结婚关系，或不见有离婚的实例。但离婚频繁，或结婚生活只限极短期间的民族，亦不在少数。因为我们不曾搜得有完全确实性质的报告，所以对于下级种族间结婚关系的一生契合，或半途分离的比较数；以及各级经济文化阶段在结婚生活期间上究有若何影响，皆不能确定的说明。不过在锡兰(Ceylon)①的吠达族(Veddas)、安达曼人(Andamanese)，苏门答腊(Sumatra)的奥兰·马马格(Orang Mamaq)、奥兰·阿比特(Orang Akit)②，以及马来半岛的生番部族一类下级狩猎者，与原始农业者间的男女终生契合，几乎成为普遍现象的事实。确难随便看过。

我们与其就素朴民族所得的实际离婚报告征察，倒不如参详彼等在习俗方面允许离婚情形的记述，多少比较确实。在许多部族间，夫得恣意或依琐碎的理由解除结婚关系。但在夫有此种权利的场合，大抵妻亦承认有同样的权利。著者就自己所得的材料，并依据麦尔斯(Messrs)和豪布斯(Hobhouse)、韦勒(Wheeler)、景斯柏(Ginsberg)诸氏列举的数字，用能相信此系事实。更闻某某部族且有妻得任意弃夫的情事；虽则其间有的部族，或大多数部族不难想像夫亦持有同样的权利，但在所有妻得任意弃夫的部族间，却并不一定以承认妻的此种权利，同样允许其夫。不过解除结婚关系没有充分的理由，便须双方同意；一方压服他方的意志，则不得离婚，斯为多数素朴民族间的通则。也许在此种关系上，夫的同意的必要，比须得妻的同意的场合为多，但不得不征询妻的愿望的场合，亦不在少数。

---

① 即今之斯里兰卡。——编者注

② “Orang”即马来语“人”。——编者注

夫妻彼此无正当的充分的离婚原由，不得相互离弃，这是我们时常闻到的。而所谓离婚原由，则在相异的部族间，各有其不同的观念。妻的私通，或许是最一般的离婚原由。在许多离婚的场合，殆视此为唯一的根据。但在又一方面，却闻有尽管依其他的理由离婚；若离婚由于私通，则认为不当的未开化的民族。有的民族，对于妻亦有离弃不贞的夫的权利。有的民族以妻的不产为极寻常的离婚原由。可是妻如有生，即不得解除结婚关系。有的民族，妻对于夫的无能，亦得提出离婚要求。此外在未开化人的世界里面，还有种种为彼等所承认的离婚原由：在妻一方面，如果懒惰，或怠慢；或不能烹调适当的食物；或性情乖泼，好争吵；或不肯顺从；或有偷窃咒术嫌疑；或有恶疾或不治病；或太衰老；或一切子女夭亡；或自行舍弃其夫等等原由，夫皆得据以离婚。在夫一方面，如果对于妻轻视或虐待或品行不端；或怠惰不做自己应分的工作；或抛家不顾；或者其他惹起妻的极端嫌恶的一类原因等，妻亦得据以离婚。在中非洲东部某民族间，妻可离弃不为彼缝衣的夫。其在缅甸(Burma)之禅人(Shans)间，夫如饮酒，或干犯其他过失，妻有将其驱逐，并自行保有夫的一切财物或金钱的权利。

离婚没有充分的理由，发动的一方，常会蒙到经济的损失。反之，如理由充足，则此种损失当由离婚的责任者负担。例如夫离弃妻的理由不足，必失去先前为妻支出的代价，或给与妻为新婚的赠物，或科以罚金，或不得不让与一部财产。但夫如为妻的不贞不产，或持有其他离婚的充分理由，则妻当返还在前为彼支付的代价。设若解除结婚关系，由妻的方面发动，通常亦当返还此种代价，否则必须夫为离婚的责任者。

有时夫妇某一方的行为，如成为充分的离婚原因，其结果彼将连带离婚，而失去子女。但就一般通则言，子女的命运，并不因何方负责的问题而受到影响。子女幼小，自然随伴母亲，不过在许多民族间，子女后来须向父亲引渡。因为彼等认定父亲有保有子女的权利。闻此种风习，在显著实行纯粹买卖婚姻的非洲人间，特别流行。他若子女由父母两方分有，男儿归父，女则由母领受的事实，亦常闻到。但依大多数民族的通习，子女例皆跟随母亲；而特别是在母系继承的场合。如北美土民部族间，简直视此为一般的原则。西非洲诸部族间，子女由母亲保有，因为父亲离婚前曾经扶养子女，所以母亲负有赔偿父亲的义务。不过赔偿一层，常由母亲留下男孩妥协完事。有时子女跟随父亲或母亲，一听自己选择。

在若干幼稚民族间，由夫离弃的妇女，以后不得再婚。而在又一方面，如巴西开拉耶人（Brazilian Karayá），曾经离婚过的男子——虽则允许雇请管家妇人——以后不得复娶。在墨西哥（Mexico）之特僻洪人（Tepehuane），假若夫妻任一方判明有不信实的行为，则彼此立即分离。谁为分离的责任者，将受严厉处罚，并且双方皆不许再婚。

文化略略发达的民族，对于结婚生活的安定性，与下级种族无大差别。可是关于这方面，在旧世界及新大陆的古代文明诸民族间，其差别便非常显著。

墨西哥的阿兹特克人（Aztecs），认结婚为一种严肃的、誓约的、至死方得解除的结缘。但闻主妻或“本妻”（real wife）仅因不清洁，或怀有恶意，或不妊，夫得与其离婚。而奸淫一端，则非离婚所可了结，例皆处以极刑。不过对于妻，甚至“非正式妻”（less ligitimate）或者妾，如无充分理由，或经法庭认可，亦不得任意离弃。在迈雅国民（Maya Nations）[①]间，离婚却极其容易。尼加拉瓜（Nicaragua）对于淫妇虽可放逐，或不许其再婚，但妻如舍弃其夫，并不受任何责罚或非难。而且夫对于重修好一层，常不免有所顾虑。在危地马拉（Guatemala）地方，夫能因细故与妻离婚，妻亦得依同样的细故舍弃其夫。

依中国法律，夫仅能于一定条件下，与妻解除结婚关系。闻刑法中规定男子如离弃不曾因奸淫或其他罪过破坏夫妇之道的妻，或离弃未干犯七出之条的妻，皆当受笞打八十的刑罚。所谓七出的原由为不产、淫荡、不敬公姑、饶舌、偷盗、妒忌，与多年的锢疾。不过此等原由，如在妻曾为夫的两亲服丧三年；或先前贫困，结婚后渐趋富裕；或妻的父母双亡，归去无人承受等场合，仍不发生离婚的效力。前两条的规定，系基于患难与共的“槽糠之妻”，应当永久得到夫的眷顾的观念。但妻如奸淫有据，不仅不能适用此等救济条款，而得到保护；并且还要惩罚曲予宥容的夫。再者，结婚关系得依双方的同意解除，对于“如妻”（inferior wife）或合法的妾，亦得适用同样的规定。所不同的，是夫违犯规定的刑罚较为轻减。然而实际上夫所持的离婚权力，无疑较大于法律条文所许可的权力。而且法律舆论对于妻舍弃其夫，或要求与夫脱离关系的行为，似皆不认为正当。

---

① 此处“迈雅”，现常译为“玛雅”。——编者注

日本“大宝令”的离婚法，实质上殆与中国的法律相同。但在实际方面夫得托言某某细故，任意与妻离缘。而所谓“不合家风”(not comform to the usage of his family)，则为男子惯用的口实。妻持有任意理由，法律上不认其有要求离婚的权利，与中国相同。不过此为一八七三年以前的情形。至是年开始，即制定法律，承认妻对于夫要求离婚的权利。一八九六年至一八九〔八〕年《新民法》(new civil code)公布，此种旨趣，遂更加扩大。穗积教授(Professor Hozumi)在《新民法释义》中有云：此种法律在离婚的权利上，使夫妻立于平等的地位。但就著者想，虽则夫能离弃不贞的妻，可是仅因夫的不贞，却未规定妻有提出离婚的权利。离婚在日本一向风行，自新民法施行以来，离婚数乃大减。一八九七年，离婚对于结婚的比例为34%，一九〇〇年已减至18.5%。

在塞姆诸民族(Semitic peoples)间，一向夫有任意离弃妻的权利。直至现在，亦复如此。然巴比仑(Babylon)为避免妻妾无谓地被夫离弃，至由罚金予以保证。而且在某种情形下，妻得要求离婚，至少亦得要求别居，此皆载在《亨缪拉比法典》(Laws of Hammurabi)中。承认夫有随意离妻的权利，为犹太离婚法全系统的中心思想。法律家们(Rabbis)，亦不得改弦更张。不过彼等为缓和其严酷，逐渐设有许多限制。此等限制曾在《摩西法典》(Deuteronomy code)中发现两端：假若夫曾谎言责备妻在结婚前的不贞，或者夫在结婚前曾与妻发生性的苟合，则终生不许离婚。而其离婚权的丧失，正是对于自己的不当行为，所加的一种惩罚。于此两种限制外，米希拉人(The Mishnah)更附加三种限制：假若妻有狂症；妻为被掠夺的虏囚；或者妻年过少，不能处理离婚证书，则夫不得提出离婚要求。但在米希拉时代，此种法律理论，已受到萨麦伊派(the school of Sammai)的攻击。该派所抱的见解，在遵从摩西法，除已发觉妻有性的不道德的罪过外，不得解除结婚关系。同时有喜勒尔派(the school of Hillel)坚持古代的法理，极言男子不妨因妻的损坏食物一类细故，或因其他妇人更合己意的原由，与妻离缘。两派意见的立场，皆本于《申命记》(Deuteronomy)中的同一经句。而对于经句的解释，则各有不同。从法的见地看去，喜勒尔派的见解，虽占优势，但没有充分的理由，结婚便不免惹起一般法学者道德的非难。理论上既不承认夫有随时任意离妻的权利，所以此种法律，竟于十一世纪初公然废除。不过夫在举出充分理由的场合，尚保留有离妻的权利。《旧约》(Old Testament)中全未提到结婚关系，能够由妻的意志解除。犹太法亦从未容认妇人有离弃夫的权利。但米希拉人允许妇人提起离婚诉讼，若法庭宣布妻的离婚事由正当，夫不得不予以离婚证书，虽则此种证书的给予，有的假定是出于夫的本意。妻的离婚请求权既经一度得到允许，于是行使此种权利的原因，便逐渐增加起来，此后犹太法律认定妻若时常受夫的虐待，夫或淫逸无度，浪费家产，抛家不养，或在生理上染有难堪的锢疾，或依其他的理由，皆得请求离婚。但夫妇彼此同意分离，则特殊理由为不必要。据《犹太法典》(Rabbinical law)的原则，如当事者不满意彼等的结婚关系，希望解除，法庭没有干涉的权利。

与古代希伯来人同样承认夫能任意离妻的，为异教徒阿拉伯人。而此种无限制的习惯上的权利，且成为《穆罕默德法典》中的结晶。在妻一方面，回教国的法律，与犹太人的法律，同样允许妇女能采取解除婚约的手段，却不准其竟行离夫。即妻如希望脱离结婚关系时，彼当放弃一部的嫁奁或财产，而取得夫的一纸结婚契约解除证书。假若夫的越轨行为，令妻不能忍受下去；或者夫对于法律由结婚关系加担于夫的应分义务，视若罔闻；或者夫在缔结婚约时，任意承诺的条件，不能遵守；则妻有诉之法庭，请求依法的权威解除婚约的权利。法官所以具有宣言离婚的权力，盖因穆罕默德曾明言“妇女如由结婚蒙到损失，则当让其解除婚约”。但回教国妇人解除婚约的容易程度，不免受到了地方习俗的影响，所以离婚率在回教诸国各地方，显示极大的差别。据雷因(Lane)的报告：开义罗(Cairo)[①]结婚甚久，不曾离婚过一次的男子，却不多见。埃及在两年中，竟有许多男子换过二十个，或三十个，或更多的妻。巴克哈特(Burkhardt)知道阿拉伯有年仅四十五岁，换过五十度妻的男子。一个曾为著者服役，而出生在南摩洛哥的柏柏人，说他已经离婚过二十二次。然而依据加特(Gait)，印度回教徒没有特别缘故，不轻易行使他们的离妻权利，此殆由于兴都人的影响。

正统兴都人(orthodox Hindus)视结婚为一种不得解除的宗教圣典(Sacrament)。对于确实有通奸嫌疑的妇女，虽剥夺其地位，并逐出阶级。但与普通离婚的意义不同，彼不得再与他男作成新的关系，每每降居奴隶

---

① 即“开罗”(埃及首都)。——编者注

的地位，留在夫家。妻若身无过犯，则所持以对付夫的唯一救济手段，为获得分居给养的决定。此种决定，实际与“法律上的分居”(judicial separation)判决为同一意义。然而离婚法律并不常是同样的严格。现在正统兴都人的离婚法，在印度北部下等阶级，以及南部许多上等阶级与下等阶级间，皆视若具文。大都以惯例(usage)替代法律的条款。依此种惯例，则阶级方面负有一种允许离婚，或承认正当的离婚的义务。在离婚由习俗承认的地方，当事者相互同意后，还须由法律追认。大概印度离婚实施的程度，以各阶级模仿婆罗门习惯的程度为直接的比例。

当吾人观察到所谓欧洲的雅利安人，则知结婚关系在古代希腊人罗马人间，有如在兴都人——虽则印度雅利安人后来视离婚为异常容易而且习见的事体——间，同样为一种极安定的结合。离婚在荷马时代的希腊人间，殆无所闻。但久而久之，渐至成了日常的事件。据雅典法律，夫得随时任意与妻离缘，且不必申述动机。不过必得了结的手续，是将离缘的妻，及妻结婚时的嫁奁，一同送还姻家。在妻的方面，亦得向执政官(Archon)申诉理由，请求离婚。

罗马人的结婚关系，似乎没有一个时代不能解除。但与不能解除相近的，为依“康发利体”(confarreatio)举行的一种特殊的贵族的结婚。其他的结婚型态，因为没有神秘的圣典的性质，所以解除也比较容易。夫能依“开释”(discharge)子女的同一方法，由自己权力下，“开释”或解放其妻。在古代法律中，被“结婚法拘束的妻”(a wife in manu)不能自由作离婚的处置。有如小孩不能自行作解放之处置一样。妻没有要求离婚，或阻止离婚的权力。同时夫对于解除结婚关系，正如处理此种关系中的其他事件，同样有绝对的法定的威权。然而夫的权力，在实际总不免多少受到舆论的制裁，甚或监督官(Censors)亦略施干涉。闻在古代罗马，曾经有五百年间不见有人利用离婚的自由，由此便不难了解当时离婚稀罕的程度。关于“自由结婚”(free marriage)——含有妻对于夫，不受结婚法束拘的意味——的离婚规则，与上述的结婚规定，大不相同。此种结婚关系，得依当事者双方的同意，或一方的意向解除。但其间有可注意的事，即妻如尚未脱母家父权的束缚，父得行使其权力，甚至在违反两当事人的意向的场合，挈女以归。不过此种干涉权力，受到了敕令不少的限制。再者，自由结婚的离婚规则，后来竟用于由“结婚法规定的结婚关系”(marriages with manus)中，终至完全替代了结婚法的规定。共和时代的末期，及帝政时代，离婚极风行于上流阶级间。西赛禄时代(Ciceronian age)的一切的结婚知名妇人，几乎至少都离婚一度。辛尼加(Seneca)谓当时妇女计算自己的年龄，不依执政官为标准，而以彼等自身经过的夫为标准。

克勒特民族(The Celtic)[①]的法律书中，有关于离婚的种种规则。我们由此等规则，可以引出夫妇分离，在当时决非珍闻的结论。古代爱尔兰得依夫妇双方的同意，及法定手续分居。而此法定的分居手续，在古爱尔兰法(Brehon law)中，设有种种规定。其一为妻得依据七种理由，不因分居而丧失其嫁奁。古代威尔士对于分居一层，只要双方或一方愿意，随时可以实现。据条顿族的古代习惯法，结婚关系得依夫及妻的亲族协议解决。设若妻不生产，有不贞的情节，或其他罪过，夫得直接离弃。如其缺乏充分理由，操切从事，便不免要当心妻族复仇的危险。然而对于妻一方面，本来就没有解除结婚关系的权利。

基督教曾在欧洲离婚的立法上，予以革新。《新约》(New Testament)中有许多地方论及此种问题。出妻另娶，则对于前妻为奸淫；弃夫另嫁，同样对于前妻为奸淫。男子依恋其妻，“两者当合为一体”。并且“由上帝结合的配偶，人不得使之分离”。然而由此教义却引出了两种不同的见解：依据圣马太(St. Matthew)，如萨麦伊(Shammai)及萨麦伊派(The school of Shammai)，皆以为基督的教意，在使人知道出妻即为了奸淫，此外没有其他的理由。在圣保罗(St. Paul)却另有解释：假若基督教徒与不信仰者结婚，不信仰者如欲分离，则基督教徒“在此种场合，不受规则的拘束”。娶得由奸淫离弃的女子，是彼男自陷于奸淫。但对于无罪男子，却未明言禁止再婚。不过依初期基督教禁欲的倾向，最初三世纪教父们的一般见解，似不会承认此种再婚。因为第二次结婚，对于寡妇鳏夫，犹且斥为淫行；则对于最初配偶尚生存的再婚，当然不能承认。尔后虽有较宽驰的意见流露出来，但因为大受圣奥古斯都(St. Augustine)的影响，教会竟决然否定教徒有效的婚姻的解除。至少是已经过完婚手续的婚姻，不得解除。因为此种婚姻，是一种“圣典”，有永久存续的效力。反之，未完婚的基督教徒的婚姻，则不难解除。因为完婚最关紧要，惟有经过完婚的

① 今译为“凯尔特人”。——编者注

婚姻关系，才是“圣典”，才是基督与教会结合的象征。非基督教徒的婚姻，即使已经完婚，仍非“圣典”，所以在某种情况下，依据圣保罗的规定，不妨离婚。不过教会一方面虽断然阻难基督教徒结婚关系的解除，同时却允许“不完全的离婚”，或“脱离夫妇生活的分居”(separation from bed and board)，即免除夫妇在一定期间，或不定期间同居的义务；但夫妇名义，仍然保留，因此也就无从另图结合。

可是基督教徒尽管有不得解除结婚关系的理论，罗马加特力教义(Roman catholic doctrine)[①]，竟授予僧侣以不妨解除有效的结婚关系的广泛而实际的权能。教会对于受寺院法的阻害，最初即为不合法的结合，如亲戚关系或过早订就的婚姻等，许其经过一种通俗所谓——虽则不大正确——“解除婚姻束缚”的法律上的手续。此种意味，虽不过表示未曾发生效力的婚姻，随时皆归无效。然实际在理论方面不能解除的结婚关系，亦得借此解除。因为如白赉士所云：“关于婚姻障碍的(寺院法的)规则，至多而且至为复杂。不拘应政治上或金钱上的要求，殆不难寻出宣布任何结婚关系，皆属无妨的理由。”

西部教会的教义，对于该教义确立了的诸国的非宗教立法上，有深固的影响。可是经过许久，诸国的立法者尚未充分地采纳。信奉基督教的帝王有的定就夫得与妻离缘，妻亦不妨与夫离缘的离婚原由。而查士丁尼(Justinian)又在某种关于离婚的立法后面，予以新的规定。彼禁止仅依相互同意的离婚，——此在当时似无任何法律上的阻碍，——但此种禁制，却为其后继者所废除。在“日耳曼诸国王的《罗马法典》”(the Roman code of German kings)中，亦残有依相互同意离婚的可能旨趣；此外还表示妻如有犯罪行为，夫得与其解除结婚关系。而生存在古代条顿法律制度下，选举国王的西方诸王的臣民，亦似得到了同样的便利。依阿则柏特(Aethelbirht)的法令所暗示，则结婚关系——虽则为基督教徒的结婚关系——得由两当事者甚或一方的意向解除。就是盎格鲁-撒克逊族(Anglo-Saxon)及佛兰克族(The Frankish)的“悛悔式书”(Penitentials)，亦在种种场合，允许离婚。至十世纪德国的离婚法，完全为教会的规则，及裁判所所支配。而在前不久，罗马法的离婚规定，已为教会实施的法则

① 今常译为“罗马天主教教义”。——编者注

所代替。但西部教会虽然完全获得了诸国在离婚事件上的支配权；同时东部教会，不仅在非宗教的立法上，没有若何的感应，却反蒙受了非宗教立法的大大的影响。因此，关于离婚原因的诸帝王的法令，从未与教会发生抵触。查士丁尼法所认可的，伴有再婚权利的离婚原因，谅必受了后代几许的修正。

视结婚关系为一种抵死方得解除的圣典的教义，皆为宗教改革者所否定。彼等一致同意奸淫为离婚的正当理由，无罪而离婚的对方，则不妨再婚。他若"恶意的抛弃"(malicious desertion)，在彼等多半认定为是解除婚约的第二正当理由。此种理由系以圣保罗所谓"基督教徒与不信仰者结婚，若不信仰舍去，则基督教徒不受规定拘束"的定则为根据。路德更将圣保罗的至言加以扩大，于是无宗教动机的恶意抛弃，亦包括其中。路德还承认俗界诸王，不妨依其有力原由，允许臣民的离婚。而此外有少数改革者，较之路德尤为激进。此等见解，对于日耳曼其他大陆诸国的立法上，皆有深固的影响。

英格兰新教的诸教父们，较之海峡彼岸的兄弟，则更为保守。然而彼等对于男子离弃不贞的妻，且得另结姻缘的见解，却无异议。在妻的方面，似乎一般舆论亦曾许以同样的特权。当宗教改革的初期，彼等企图对于教会的法规，作一般的改订。而特别着重的，则为离婚法。为实现此种目的，亨利八世(Henry Ⅷ)、爱德华六世(Fdward Ⅵ)曾任命有力的僧侣委员会，且由诸委员作成有名的"宗教改革立法案"(Reformatio Legum)的精确报告。委员等在报告中，主张十六世纪中几为英格兰一切改革者当作天主教徒的新法令反对的"夫妇生活的分离"(divorce from bed and board)，应该废止；同时在奸淫，被弃，或被虐待等场合，应该许其完全离婚，以代替分居的半离婚办法。此种意见的全组织，虽徒托空言，但其原则，曾实现于有名的洛坦普吞(Lord Northampton)的诉讼中。洛坦普吞的第二次结婚，卒依国会的决议，而宣称有效。此种判决在一六〇二年以前，还认为良法。而是年在福尔雅门比(Foljambe)诉讼中，竟判定在"裁判的分居"后，不得再婚。机夫立森(Jeaffreson)谓：旧寺院法复活后，"我们的祖先，又有几代生活于无前例的苛刻与偏狭的结婚制度下面。向着真正的结婚解放的途径，除死以外全为绝路。宗教改革者曾经除去婚姻上人为的障壁，并连带打坏了依无稽的因由，否认结婚的机键。尔后，任何男子，如证言彼为妻的疏远姑表或姨表;或在青年时代与妻妹发生恋爱;或在结婚前与妻的灵的近亲,有教父关系,便不得由此等结婚的束缚解放出来。”

在十七世纪后期,英格兰始有稍稍缓和此苛刻的惯例出现。英格兰人有效的结婚关系,虽不能单依司法上的权能解除,尚可由国会的特别法令解除。不过国会允可离婚,只限于某种状况下的离婚事件。或者有时须纳金数千镑,始能邀其允可。在一八五七年的离婚法中,对于结婚关系不得解除的法的原则,经过顽强反对后,卒至废止。可是苏格兰脱离罗马法王的支配不久(一五六〇年苏格兰的宗教改革案通过——译者),裁判所即已允许离婚。一五七三年,又依成文法规定夫或妻于奸淫外,一方抛弃他方,亦得成为离婚的原由。

在大陆方面,十八世纪有人类自由,天赋人权等观念的新哲学出现。此在离婚自由的立法上,加添了一层新的刺激。假如结婚系依双方同意缔结的契约,今双方欲破坏此契约,亦自有让其解除。一七四九年,普鲁士根据理性与宪法作成,“夫里德利先法典的计划”(Projert des Corporis Juris Fridericiani)中,承认既婚者得依相互的同意要求解除结婚关系。此种计划,迄未成为法律。但实际上据腓特烈二世(Fredrick Ⅱ)所承认的原则,夫妇共同请求时,得允其自由分离。一七九四年,《普鲁士土地法》(Prussian Landrecht)中,规定夫妇在无子的场合,或无疑为轻率,孟浪,或强制从事等场合,皆许其依双方的同意离婚。法国由新颖的思想,制定一七九二年九月二十日的离婚法。此种新法令的序言中,宣称离婚为个人自由权利的自然结果。设结婚契约不得解除,即无异丧失此自由权。两当事者希望分离时,自当许可;即一方据感情上势难两立的理由,亦得遂其离婚的意向。新法一出,极为风行。在第六年中,巴黎的离婚数,超过了结婚数。但再过六年,即于一八〇四年废除了一七九二年的法律,而代以《拿破仑法典》的新规定。根据此种规定,离婚遂较以前困难。迨一八一四年王政复古,一八一六年乃完全废止离婚。一八八四年的法律,虽采入《拿破仑法典》的离婚法,对于离婚再行规定,然已非本来面目。所以互相同意,甚至不逾越该法典所设的限制,犹不得离婚。在十九世纪中,或稍后,离婚在若干罗马加特力教[①]诸国国民间,甚且在加特力教徒

① 即“罗马天主教”。下同。——编者注

间，皆认为合法。合众国家[①]独有南喀罗来纳州（South Carolina state）不许离婚。此种事实，就喀罗来纳州罗马加特力教徒较其他诸州为少一点看去，则更值得注意。该州为今日新教世界唯一反对离婚的所在。

依据欧州诸国及合众国诸州允许离婚的法律，则最一般的原由，为干犯或种罪过。当事者一方有该项罪过，对方即得行使其请求离婚的权利。夫妇在原则上，皆立于平等的地位。但对于此种原则，尚有少数例外。到处虽视妻的任何淫行，为解除结婚关系的充分理由；而在某某国中，却只承认夫在某种情形下的淫行，始得予妻以要求离婚的权利。抛弃对方，或恶意的抛弃，或无正当理由的抛弃，有很多地方皆当作离婚的原由，而为新教诸国法律书所主张。允许离婚的国家，大抵承认一方虐待他方为充分的离婚原由。若一方干犯何项罪戾，确定刑罚，则他方更振振有词。其他特种的罪过，如夫有扶养妻的能力，而漠视其义务（此为美国许多裁判所认定的罪过），饮酒，赌癖，虐待子女等，皆由某法律书列举出来，当作离婚的原由。此外，如夫妻任一方的无能，或罹有讨厌的疾病，或不治的狂症等，虽不必含有罪过的意味，但对方如视结婚关系为一种重荷，亦不妨据此请求离婚。瑞典法典规定某种情事于维持夫妇关系上有重大影响时，虽非特定的离婚原由，仍得解除婚约。

依相互同意的离婚，——如前所述，在基督教宣布后，即为罗马帝国所许可。往后复当作合法的习俗导入一七九二年的法兰西法，及一七九四年的普鲁士法（虽附有重大的限制）中。——现今虽有若干国承认，但须在一定的条件下。而此所谓条件，即在某种期间，依相互的同意或其他理由，为"事实上"（de facto）的分居，瑞典法律上的分居，经过一年后，得依夫妇任一方的请求，转为离婚。新俄《关于婚姻及家族的"劳农法"》，没有此等法式。由该法的规定，实际甚至较一七九二年的法国法典，尤进一层。只须当事者的同意，或一方的希求，即得解除结婚关系。

允许离婚的大多数法律书，同时还承认终生，或一定期间，或不定期间的法律上的分居。分居的意味，必待当事者一方死去，或依离婚解除婚约后，他方始得另结姻缘。某法律书中有分居的原由，与离婚的原由稍有出入的说法。然由其他的法律书，则分居（例如英国）并非对付轻微罪过

① 即"美国"。下同。——编者注

的轻易处置。乃避免夫妇关系完全断绝，使申诉者选取此种办法，为全般救济的手段。法律上的分居原由，在今日尚禁止离婚的罗马加特教诸国，比其他各国的离婚原由，较为广泛的地方，虽不算稀罕，然而大体上没有多少差异。

因解除结婚关系，致令经济上蒙受或种影响的事实，在西洋文明各国及其他各地相同。其结果则颇不一样。然依据一切近代离婚法，似乎至少在某种情形下，皆规定犯罪的一方，须为对方担负分离后的供养。当事者有罪无罪的问题，对于子女的处分，亦发生影响。但此种处分，大率由裁判所酌量裁夺。在英国裁夺的范围较广，而以图子女的幸福，为裁判所的第一义务。在此原则下，设子女任有罪的父亲或母亲保管，而未顾及子女会由此蒙到道德的损害，则裁判所将对于有罪夫或有罪的妻（比较极稀）的保管子女，加以审理或监督。

我们由法律转眼到实际的习俗，则知离婚率在西洋各国，有显著的差别。欧洲以瑞士的离婚率为最高。但合众国的离婚率，比较欧洲任何国为高。而就离婚数言，恐怕要超过欧洲各国的离婚总数。依统计调查所得，近年几乎各国的离婚数，皆在着着地增加。不论在欧洲或美洲，比较上都会的离婚，均多过村野。尉尔可克斯博士（Dr. Willcox）就合众国的情形说，离婚事件约95％中，皆显示大都市的离婚率，较大于都市以外的各地方。

结婚生活的期间，以及规定此期间的习俗法律等，所受到环境的影响，虽就上述种种事实，加以说明，犹不足以极其繁赜。著者所能办到的，不过就男女结合的久暂，所由形成的影响，以及妨止离婚，或支配离婚的规则，作一个概括的观察。

如前所论，结婚关系的本身性质，自能持续到生殖行为以上。结婚关系似基于原始的习性。虽在原始时代，我们对于一男一女或数女同居到幼儿出产以后的习性，以及此性向基于幼儿需要父母保育，遂逐渐依自然淘汰而获得了一种本能的事实，已经有了相信的理由。特具有同样习性的各种属，其结合持续期间，大不相同。鸟类的结合，竟有许多继续终生。哺乳类的一雌一雄，则鲜有同居到一年以上。在类人猿中曾发现彼等与相异年龄的幼儿数匹组成“家族群”，但此类家族群的诸幼儿是否出于同一父亲，我们自然无从断定。

人类下级种族间的结婚关系，有的终生的结合。可是我们人类最古祖先是否同样，却无从证明。假如人在原初两性的爱合，仅限于某一季节，往后始成为年中的配合。我们便可假定其间定发生过使男女同居，且使彼等的结合趋于永续倾向的新的诱导。纯粹的性本能姑置不论，夫妇之情，虽在结婚本来的目的达成后，尚使两性结合起来。此种情的胶合性，在比例上确较受过精神影响的爱，尤为持续。

亲的感情，亦有类似的影响。所以在幼儿养育的必要期间以上，还继续地执着。男女为子女而结婚，因为有子女，乃使结婚关系成为永续的关系。在许多素朴民族间，子女产出，为维系结婚关系最好的担保。反之，没有子女的夫妇生活，屡屡趋于破裂。其在文明既达高度的民族情形，亦复相同。即使不产在近代文明诸国中，不认为充分的离婚理由，而离婚事件，多半发生于无子的场合。依尉尔可克斯博士设想：合众国无子女的夫妇，较之有子女者的离婚率，当有三四倍之多。法国前世纪中叶的统计，亦显示相似的倾向。瑞士无出的夫妇，不过占结婚数五分之一；而离婚总数的五分之二，皆为没有子女的夫妇。

结婚关系因经济的事由而益臻强固。此种关系的解除，无异从妇人夺去了支持者，从男子夺去了帮助者，或在许多场合，使其失掉了妻的劳役。夫对于离婚的妻，有时必得供给生活的津贴，或返还嫁奁，或分去一部分共同财产。且婚解除后，夫或不免要丧失在前为新娘支给的价格，而在妻的家族方面，有时又得返还此种价格。总之，为女备办嫁奁的习俗，以及妻由购买获得的习俗，无疑有使结婚关系更加永续的倾向。

经济的要因，能在种种方面为文明社会离婚的阻碍。合众国因贸易不振，致结婚与离婚皆有减少的倾向。尉尔可克斯博士说：“贸易不振的关系，使大多数居民男女安于现状，以现状为满足；或者至少使彼等打消变更的念头，或从缓变更。”但彼又附言：英格兰虽在减少结婚数的不况时期，离婚不独未减少，反而增加起来。在此种事实的说明上，彼推想英格兰离婚所需的时间之久，与费用之多，只有不甚感到财政紧迫影响的富裕者，能从容地提起离婚诉讼。承担不了贯彻诉讼到底的经费，无疑为英格兰及威尔士离婚显著稀少的重要理由。在需要巨金的国会离婚时代，离婚数尤其稀罕。英格兰近年离婚的增加，主要虽由于战争产生的或种情形的结果，而离婚经费较前减少，亦无疑有相当的关连。

但是一方面虽有种种使结婚生活持续的要因，同时也还有反对倾向的要因。性本能的某种特异性，即属于此种要因之一端。具有性的刺激作用的男女两性的肉体的性质，并非历久常存，魅力既失，结合亦从而解消。我们时常闻到未开化人离弃他们的老妻或丑妻的事实。瑞士妻较夫年老的场合的离婚数，常比夫较妻长的场合为多。再者，久惯的伴侣，不免使性欲疲钝，必接触新奇，乃得亢奋起来。据奉·厄亨格(von Oettingen)所称，欧洲离婚与再婚的统计，皆显示希求变化，为解除婚约的主要理由。著者就通常经验的事实，相信离婚一般通行的诸国，皆以性的冷淡，与性本能的新的满足的要求，为离婚的有力原因。

许多民族的男女当事者，彼此都未前知的结婚习俗，自然有害于结婚关系的安定。回教徒的离婚所以容易实行，乃男女分居风习的必然结果。"与从未谋面，一切性行不必能合己意的女性结合，如不能由离婚得到解脱，谁还肯冒险碰东洋式结婚的侥幸命运。"古代雅典及其他某素朴民族间离婚的频繁，亦殆由于同一原因。

然对于配偶的选择，无论如何精审，结婚关系总不免含有几许冒险的成分。男女的接触，尽管紧密，尽管相互依存，设彼等的意向常能完全一致，则不妨说近于一种奇迹。在生活的兴味丰富，个性愈显出了差别的近代文明中，不协调的原因倍增，随时皆可引起严重的冲突。其结果，结婚关系乃益陷于破裂的倾向。视拥护自己的个性为一种权利，甚或为一种义务的思想，为近代的特征。白赉士(Lord Bryce)说："男女因为要满足自己的兴味，嗜好，与恣意的情趣，或不欲令自己的生活受他人意思的支配，其为所欲为的欲求，乃益加强；因之易感(susceptibility)与敏感(sensitiveness)的神经系一受刺激，便更加焦闷，而成为不断接触者冲突的原因。……将来在结婚关系的安定上，最感危险的，不是非法的忿怒，而是彼此间的气分(temper)。"再者，现代不满的精神，到处弥漫，有人曾称现代为"不满的时代"(the age of discontent)。离婚率与自杀——最不满的表现——率，两者不断地保持着紧密的关系。此两者在新教徒间，较之加特力教徒间为普通；条顿人间，较之克勒特族[1]间为普通；都市较之乡村为普遍。在两者激急地增加当中，离婚者的自杀的比例，乃显示异常的高

① 今译为"凯尔特人"。——编者注

率。此外妇女解放,亦足加强结婚关系的动摇。妇女易谋生活的地方,离婚自然趋于频繁。合众国的离婚,殆有 2/3 是基于妻一方面的要求。

法的限制的效果,虽常不免出于夸张。但习俗法律所定的规则,无疑对于离婚数会有或种影响。依据尉尔可克斯博士,则"立法之直接的,即时的,可以测定的影响,为从属的,无关重要的,几至无可认知的"。为欲支持此种见解,彼指明纽约(New York)虽然施行更严格的离婚法,其离婚率尚高于纽泽稷(New Jessey),且不过略低于宾夕法尼亚(Pennsylvania)。换言之,即是在人口的比例上,纽约仅基于通奸的离婚,比较纽泽稷基于通奸,抛弃的离婚为多,比之宾夕法尼亚基于通奸、抛弃、虐待、入狱的离婚,则略略相等。依据此种事实,博士乃有下面的结论:"离婚原因的限制,实质上对于离婚总数没有影响。但增加了既经允许了的原由的离婚数。此三州的既婚夫妇,有某一部分希望离婚。为欲得到裁判的判决,乃不惜提出法律上所必要的证据。"即在欧洲的离婚率,确也未能依法律离婚的容易程度为比例。例如挪威的离婚法较大陆诸国为自由,而离婚数则较诸国为少。不过著者相信尉尔可克斯博士未免太轻视了法律障碍的影响。彼主张离婚的限制,以及对于离婚后再婚的限制,在何时何地试行,皆证明没有怎样的效果。但此种议论,却与日本最近的经验相反。日本自施行从来没有的,特著的离婚困难的新法令以后,离婚数遂突然大大地激减下来。此种事实,自然与法律行使所取的"方法"(manner)颇有关系。合众国离婚率过高的主要原由,在于诉讼手续的随便。某妇人可以申诉丈夫从未带彼乘车游览,其他的妇人又可诉说丈夫抵夜十时不归,归来又不与其同床就寝。

法律及习惯律与行为交互影响,而其起源则大率基于社会既成常习的行动楷模。维持男女的结合,或使此种结合解除的社会环境的趋向,亦曾在离婚规则的制定上,发生过影响。再者,结婚关系的解除,不徒是关系一人利害的事件,所以个人的欲念,便不免为社会一般的感情所阻止。

离婚限制所由发生的根据,常于限制的性质上显露出来。限制的意向,首在防止不愿离婚的一方蒙到损害。但该方如有犯罪行为,或其他事由,如无能,发狂,病体等,致令夫妇关系维持下去,不免使对方感受不当的痛苦,则为顾全对方的利益计,乃遂其离婚的希望,不加阻止。因此,离婚的起源,大抵由于同情蒙受不幸者——在其行为不受非难的限度内——的一种社会的倾向。如前所说明，此种倾向为显现于习俗及法律上的道德规则的主要动因。结婚在一方面为一种赋与权利与加担义务的契约，但在又一方面常“使一方持有伤害对方的非常的权力”。社会为保护两当事者或一方面的利益，乃规定离婚为既经判明夫妇关系破裂场合的一种救济手段。离婚规定的设置，也许确有几分不见公平。但此不过通常两性在法的关系上权利不平等的一例。

蒙受离婚影响的，不仅两夫妇的利害关系。而在取缔解除婚约规定上，亦曾致意于子女的幸福。因此有保障子女的将来的规定，也还有（如前述）子女出产后，不得解除结婚关系的规定。固然我们今日在法律的构成上，对于子女很少注意，但不赞成离婚法的改正者，犹且以拥护子女的利益为反对的理由。

离婚规则，在许多地方曾蒙到宗教的大的影响。如日本及古代希腊诸国，因为受了宗教的影响，乃赞成在某种情形下，特别是妻的不产的场合，实行离婚。然而宗教在另一方面的影响，却又成为离婚的障碍。像耶教萨麦伊派，虽则禁止夫与妻离缘，及妻不得离弃夫，只限于奸淫以外的理由，基督教会却变本加厉，树立一切有效的婚姻关系，皆不得解除的教义。并且妻因奸淫离弃，清白的夫仍禁止另结姻缘。此种过酷的立法，乃基于教会的禁欲倾向，即对于不幸的夫妇关系的苦痛，完全麻木的禁欲倾向所作成。因为教会的信条深深地印入了基督教国立法者的头脑，所以今日多数罗马加特力教国虽已实施民事婚姻，尚犹执拗地不肯承认任何情况下的离婚。在其他诸国，虽则结婚关系不得解除的原则，早经废除；基督的明白禁令，亦不复遵循，而前此严格的教会的态度，依旧成为妨碍最必要的改革的感情，而残留下来。如结婚关系必须依死亡或配偶一方的非常不幸，或刑法上及道德上的犯罪行为始可宣告终局的一类思想，尚贯注于立法者的脑中。彼等将新酒注入旧瓶，从旧的限制里，翻出新的动机来。意若曰：依相互同意所结的契约，似乎应当因相互的同意解除，但婚约不得与普通契约同样看待，允许离婚，必须有极重大的原由。就彼等所称的子女的“道德的安全”（moral well being）上，没有再比两亲离缘更大的损害，确系事实，然此不能成为阻止离婚的有力议论。子女与其同意见不和，希望家庭关系破裂的两亲生活，感受不安或不良的影响；倒不如同一亲和平的生活，还比较幸福。设对于子女幸福的顾虑，为禁止因同意离婚的真实的原由，何以允许因同意分居的诸国，而偏要禁止合意的离婚？依同意离婚既已为近代法律所采取，然而此种让步的结果，我们却未发现何等的恶害。可是在禁止同意离婚的国中，实际上却还容易达到离婚的目的。任何立法者皆认配偶一方的犯罪，或不德义的行为，较之相互同意为解除婚约更正当的原因或理由，说来殆觉可怪。

视离婚为结婚关系之敌，设若离婚容易，则家族制度不免日即于崩坏的思想，殆极普遍。在著者想：离婚是对于不幸的必要救济手段；是使玷辱婚姻之名的结合解体，并借以保持婚姻尊严的手段。结婚关系并非依法律保障其持续，假若本书的主题不误，或说结婚关系非人为的创建，乃基于夫妇亲子本原的感情的一种制度，则此种感情历久常存，结婚关系亦将与之终古；如果此种感情消灭，则任何法律，亦将无从挽救婚姻制度的崩颓。

地租思想史

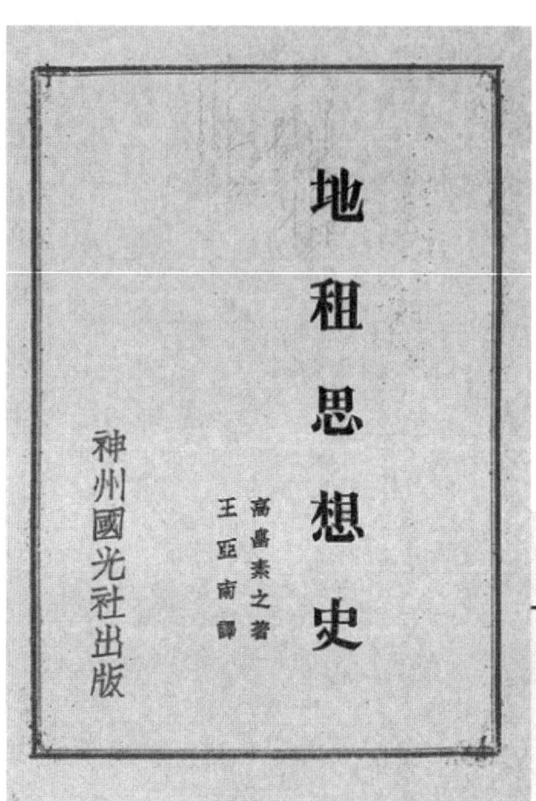
地租思想史
高畠素之著
王亞南譯
神州國光社出版

原书封面

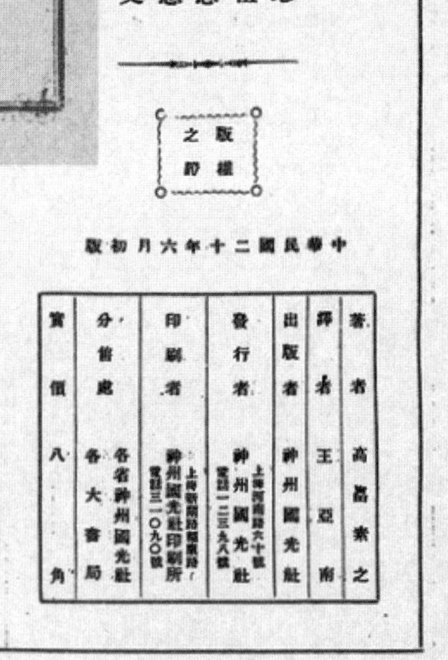
地租思想史

版權之印

中華民國二十年六月初版

著者	譯者	出版者	發行者	印刷者	分售處	實價
高畠素之	王亞南	神州國光社	上海河南路六十號 神州國光社 電話一二三九八號	上海新閘路福康路 神州國光社印刷所 電話三二〇九〇號	各省神州國光社 各大書局	八角

原书版权页

原著者序言

就地租论而言，我并不曾经过特殊的研究。所以，我除了以前研究马克思的《资本论》的时候，曾特别注意到他的经济理论之一节，即对差地租与绝对地租以外，关于这个问题应有的造诣，我是没有具备的。而且，就是我那时的注意，仍不过是对于马克思经济理论全构造所关心的一部分，决不能说是特为地租论下过了一番精深的研究工夫。

既然如此，我现在为什么特别要在这里叙述地租思想史呢？这就是因为近顷闹得很喧扰的农民问题，引起了我注意地租论；因而想把地租论当作考察这个问题的副产物，或者可说是当作考察这个问题的进向的结果。

关于日本农民问题的论策，一向许多人都是单从延长劳资阶级斗争方面着想的。农民问题，是佃农业者对于地主的阶级利害问题；它的起点，它的归结，单就劳资斗争说起来，那分明是有意义的。而所谓劳农主义之农民论策的提倡者们，不论是谁，都像是在把马克思的经济理论当作他们的护符。

然而就我所研究的马克思的经济理论看来，却反而觉得他们的行径，都走到了正相反对的方向。关于此点，我曾在某杂志上如下面这样论述过。

马克思当分析资本及利润时，是采取近代资本主义制度之典型的国度即英国做标准；当他研究地租时，也同样是以英国做标准。在英国的农业关系上，同时表示着地主，佃农及农业劳动者的相互对立，地主就是土地所有者，佃农由地主那里租借土地，使自己雇佣的工资劳动者，从事农业劳动。他从土地上获得的收益中，除了投下的资本得到补偿外，还须对于地主提供地租，对于劳动者支给通例的工资，并且自己还须收得产业上的平均利润。因为不纳地主的地租，便不能利用土地；不给劳动者通例的工资，劳动便会向农业以外的方面流出；资本得不到平均利润，也就不免要投向其他的产业部门上去。

农业以外的产业部门的生产物的价格，是把生产价格当作中心，而随着上下的。所谓生产价格，就不外是投在机械，建筑物及原料等等上面的费用价格，加上平均利润之总和。非农业生产物的价格，是能够与这种生产价格一致的。然而农业上的生产物的价格，往往就须得超过这种生产价格的限度。为什么呢？因为农业生产物的价格，在上述的生产价格以外，还含有一部分作为地租的要素。佃农业者不纳地租，就不能由地主借得土地。这种地租究竟出在什么地方呢？那势必要从农产物的价格中支出来。所以，在结局上，农产物的价格，就不得不比较工业生产物的价格高。

固然实际就是在工业生产物的价格上，也算入了地租的。可是工业生产物上的地租，是农业地租被转化了的结果，我们要把农业地租分析了之后，才能对于非农业的地租加以理解的。所以在农业地租的分析上，首先就不能不假定农业以外的其他方面，没有地租存在。

农业地租的一部分，是如上述这样生出来的，马克思曾称此为绝对地租。

如前所述，英国农业关系上，同时表示着地主，佃农及农业劳动者的相互对立，这对于探究地租成立的究竟，是非常便利的。可是这种对立关系，在其他的国度，就没有明了的分化出来。特别像我们日本，农家(一九二四年——一九二七年，5532429户)大部分为佃农(同年度1521177户)及自耕农兼佃农(同年度2275424户)，并且他们都是农业劳动者。就是其余的自耕农的大多数，也自然不外一些农业劳动者。如像英国那样，佃农一方面从地主租借土地，一方面又雇佣工资劳动者，使自己收得农作企业的利润的关系，是不能在日本发现的。

英国的The renting capitalist，就是布尔乔汜亚式的农业资本家，我们如果把这个术语翻译过来为“佃农”，无奈日本的佃农，事实上都是一些贫农，困乏者，普罗列达里亚，当我翻译《资本论》的时候，因为适译此语的困难，所以曾巧妙的把它译作“佃农业者”。佃农以农企业家的资格，对于农业劳动者适用榨取的原则的事体，是与日本人的头脑格格不入的，因之，我为要使人能够联想到含有几分资本家或企业者意味的“佃农业者”这个译名，果真会收到多少的效果，恐怕还是一个疑问。

日本的佃农对于地主是付纳租米。这就是说，在日本农村里面，通常是以实物付纳地租。那末，这种租料，果真能够说是严格意义的地租么？所谓地租，就是把自己的所有地给他人利用而得的报酬。在这种意味上，租料本可说是地租。但是在经济学上严格意义的地租，照上面说过的，除却支给佃农业者应得的平均利润，农业劳动者应得的普通工资以外，尚须存于农业物价格中的过剩分。假如不是这样，把利润或工资的一部分乃至全部充当了租料，那在法律上或名义上也许可以称为地租，但不能够说是经济学上的地租。马克思曾在《资本论》里面这样说过："佃农业者假若由他应该支给农业劳动者的通例工资中，或由他应该归于自己的通例平均利润中支出了一部分作为租料，则那种租料并不成其为地租，……因为在这一切的情形下，租料尽管付纳了，却不曾给何等实在的地租。"

由此种见地看来，日本的佃农虽然对于地主付纳租料，却不能说是支给了地租。为什么咧？因为在他们那种状态下，想以农企业者的资格，得到平均利润，固属奢望；就是以劳动者的资格，得到"通例的"工资，也势所不能。他们一方面虽然是作为佃农立于企业者的地位，可是他们的生活，就比较"普通"劳动者享受的还要恶劣。

在劳农党的辩士们或许要说这是因为他们的收益，被地主剥夺去了的缘故罢！但是假如被地主剥夺去了的部分，可以代表相当于地租的租料，那末，纵令这一部分被剥夺去了，佃农还应该以企业者的资格，收得普通的利润；以劳动者的资格，收得普通的工资。

不待说，就佃农方面言，租料愈少愈好；而就地主方面言，则租料愈多愈好。在此种利益相反的限度内，农村内部会惹起阶级斗争的理由，那是非常之多的。但是日本农民全体之所以呻吟于现在的悲惨状况之下，其理由并不仅是因为他们受了地主的榨取。他们由佃农的资格应得的利润，与以农业劳动者的资格，应得的工资之总计中，支出了租料，而利润工资以外应该生出的相当于地租的收益部分，事实上，却是被非农民的国民(都市中的资本家及劳动者等)剥夺去了。

如前所述，地租的发生，必依照农产物价格当超过生产价格的原则，否则地租就无成立之可能。可是地租尽管没有成立，佃农不贡献地主而空耕土地，依旧是行不通的。这就是说，不论有无地租，佃农总是要付纳租料的。日本佃农付纳地主的租料，就是这样由自己的利润及工资中拿出来的。为什么呢？因为农产物的价格，没有提高到使租料称为地租的相当程度。换言之，就是日本的谷米的贩卖价格，没有达到依照马克思所认为经济上的标准原则那样的程度。

这样说来，都市方面的住民，说不定要愤慨的只为奇特的暴论。但是依照马克思主张的，生产力发达愈低，所需要的劳动愈多，而那种生产物的价值便愈大。日本农业上的生产力之极度的低微，那是不待说的。从而日本农产物的价值便极高。假若我们精密的计算起来，恐怕日本米的价值，要超过现在零卖价格的十倍以上。这就是说，日本四圆五角钱一升的米的价值，现在以四角五分的零卖价格贩卖了。在这种情形下，假如日本的农产物能像英国那样，立于特殊地位，因而，米的最高限界的价值如为一升四元五角，就能够在这个范围内，以超过生产价格那样的价格贩卖出去，那末，日本的佃农除了收得利润及工资以外，也还可以支给实在的地租。

然而事实上，日本的佃农是由利润及工资中支出租料。他们的生活实质，比较起都市劳动者的生活水准是低得太远了——这都是因为米价太廉了的缘故。米价低廉，米的消费者即非农业者便有大大的好处。即是说：这般非农业〔者〕把自身在米价上应该负担的地租，叫佃农由他们的利润及工资中作为租料提供出来了。

要之，像佃农那样不上算的业作是没有的。他们一方面被地主榨取，另一方面又被都市住民榨取。他们所受的是两重剥削，两面的压迫。亚当·斯密曾由农产物国民生活之必需品的这样事实，推论地租的成立，但在日本恰恰相反；舆论（农业国日本的舆论，随时都是由都市住民制造出来的啊！）上正因为谷米为生活的必需品，却把米价低压到米的生产价格或生产价格以下的水准，而使地租的成立为不可能。

日本的农民社会问题，一方面是佃户对地主的阶级利害问题，同时又是农民对都市住民的经济利害问题。日本的都市住民，不问是资本家或劳动者，通通是由廉价吃好米而榨取农民，使农民陷于苦境。从日本的佃农的立场说来，他们能够达到支给严格经济意义上的地租的境地，便算是进入了极乐的净土。因为那时他们提高到收得通例的利润与工资的地位。固然等到他们立在那种地位的时候，他们还残存有社会问题；或者宁可说，只有到了那个时候，真的农民的社会问题，才会抬起头来，为什么呢？因为那时他们才是开始立于被真正的地租榨取的地位。

由都市与农村关系上所见到的农民问题，如前所述，是集中在米价问题上的。在农民方面如果谷米的价格，不能与生产价格或生产价格以上的水准成为一致，那他们是会穷到无容身之地的。我们现在想要谷米价格达到这个水准，只有两种方法：第一，是把谷物的价值引下。我们要使谷物价值引下，除了促进农业上的生产力，便无路可走。而促进生产力的唯一要件，就是筹集资本。资本的筹集，当然不能期诸一般赤贫的农民；所以要从这方面解决农民的问题，势不能不借国家的补助。国家实在负有在这方面努力的义务。现在为振兴实业计，不是在其他方面的民营事业上，逐年给与了莫大的国库补助么？而对于供养国民的命根，国军的精华具有更大意义的农民，恐怕没有理由说不应该补助罢！总之，今后的进向，必须澈头澈尾的着重农业生产力的增进。换言之，就是必须注意：改良农具的廉价发卖，肥料国营或府县配给，以及低利的资金融通等等。

假若由上面这种方法，不能造成谷物价值引下的场面，那末，当作第二种方法的，就不外是把米价提高到生产价格或生产价格以上的水准。结局，一升四角五分的米价，就必须尽量抬高，一直抬高到如像一升四元五角那样的价值水准。因为要这样，问题才算是得到了解决。就现在的农业生产率言，逐年既已有五六百万石不够供给，所以在供求率的自然作用上，如其舆论或政府不出以干涉，那末，哪怕米价抬高到那个田地，都市住民也还只有听之而已。

固然米价提高，劳动工资提高，同时工业品的价格亦会以同一程度而提高，因之，工业品的消费者即农民，就不免要受到当面的惩创。但是那种情形，是就平时而言的，而在我们现在讲究解决饥荒的情形之下，是应该假定农民下了自给自足的决心，对于一切工业品皆在排斥之列的。

可是谷米的价格，纵令由上述的任一方法，能够使其与生产价格的水准成为一致，但在现在这种谷纳制度之下，随着谷价增加的利益，终归是有被地主垄断的顾虑的。而且谷纳制度就是改成了金纳制度，就租料的比率言，地主与佃农间的利害，依旧不免时常惹起冲突。因之农民问题，哪怕就是在农民对于都会住民的经济方面得到了解决，而他们在这种情形下对于地主不断引起来的纷争，到底是无从避免的。要之，日本的农民问题，在纵的方面考察，是佃农对于地主的阶级利害问题，在横的方面考察，是农民对于都会住民的经济利害问题。这两方面的问题，想先解决一方面，然后再去解决他方面，那是办不到的。因为它们彼此的交互参杂，所以解决必须同时进行。

然而就近顷流行的劳动党辩士式论者的口吻说来，日本现在的农民问题，仿佛专门是佃农对于地主的阶级利害问题。而他们的这般见解，据说是由马克思的学说推究得来的，但是这样单纯随便的推究，恐怕对于地下的马克思，也没有什么光彩。我们研究马克思，要紧的是贯澈他的精神。若徒徒妄信素朴的形骸，那就不啻是死板的应用马克思的理论。所以，哪怕同是由马克思的前提出发，假如把马克思的理论活用在近顷的日本状态下，一定能够见出正相反对的观察。

在我，其所以关于地租论在或种程度上感到特殊的兴味，由是进而说明马克思以外诸学者之地租论的特色与倾向，且欲探究其历史的发展的，要不外上述这种思想的偶然产物。现在所刊行的《地租思想史》，不过是这所说的偶然产物之一鳞片爪，顶多也就不过是构成将来会展开的我的地租论的一个雏形。因之，这本书，不是表示我研究完了的一种结论，而是当作我之研究由是开始的一个小的序曲。

一九二八年 五月三十日 高畠素之

A. 初期的地租观

第一章　重农学派的地租观

一　重农学派的抬头

所谓 Physiocrats，就是指着十八世纪中叶在法国露其头角的一群经济学者。他们对于十六世纪以来盛极一时的重商主义（Mercantilism），树立一个称为 Physiocrat 的思想系统，而极力反对重商主义的干涉政策。Physiocrat 的语源，系由希腊语 Physis（自然）与（Kratos）（主宰）二辞合成，含有自然力的意味。依语义所示，他们所揭橥的标题是"放任"（Laissez Faire）"不拘"（Laissez Passer），主张人惟有遵从自然律，方可获得最高的乐利。因之，Physiocrat 就很可译为自然支配主义；但我国历来是就这个名词与重商主义对立的意味上，译作重农主义。而把主张这种主义者，称为重农学派。重农学派的思想家们，往往自命为经济学者；自杜邦·德·奈穆尔（Dupont de Nemours——即一七六七年所刊行的《重农主义》，一名《人类最有利的政治组织》之著者）呼该派为重农学派以来，于是普通便这样沿称下来。

重商主义视贵金属输入于国民经济上最关重要；所以，为振兴国外贸易计，一切经济活动，皆当由国家行使保护干涉。在当时因为一般政治家们都是重商主义思想的信仰者，所以农业上的利益，便横被牺牲，而同时工商业却受到了极度的保护。可是此种情形，以法国为最坏，法国因为极度腐败颓废的宫廷生活，与不必要的战争的结果，国帑枯竭，债务迅速增加；而赋税一项，则全由小农与下层阶级负担；至若那般占有国土三分之二的贵族与僧侣们，因为"贵族由其血统报国，僧侣由其祈祷报国，庶民仅由其输纳货币报国”的思想，在当时尚占有势力，所以他们是无须乎从怀里掏出半文直接税的。加之，当时征税的方法，弊窦丛生。例如称为征收包揽人的，就是以一定的金额，把赋税由上面承包下来，承包额以外的征收，则属于包揽人的所得。因为这样，所以这般人就行使一些巧妙的方法，简直把下层民众的生活费也征收去了。原来农民大部分的生产物，早就贡献了地主，而所残余下来的，亦不过仅够在内外市场上换得少许的货币，缴纳赋税，于是他们就陷于极度的穷乏了。其结果，农村子弟皆相率离开乡村；当时农业发达的停滞。那是势所必然的。

这样的悲惨状态，在十七世纪末叶便唤起了有心人的注意。如布哇斯基伯(Pierre Boisguillebert，1646—1714)曾指摘农民贫乏为错误政策的结果，并向政府建议废止农产物输出税，与实行分配的平衡，结局，他被追放到阿乌尔勒去了。一七一八年，马雪尔·得·佛班(Marshall de Vauban，1633—1707)曾发表同一的思想。他在匿名刊行的《王国什一税案》中，历述小民的悲惨状态，并提倡一切阶级的赋税必须平等，而且应该从一切农产物征收十分之一的直接税。这样，他触怒了贵族僧侣，当年便在国王的愤怒下把他结果了。

然而布哇斯基伯与佛班的思想，约半世纪后，又由重农学派复活起来了。十八世纪中叶的法国思想界，因陆克(John Locke，1632—1704)与孟德斯鸠(Montesquieu，1689—1775)的影响，而导入了一个新的阶段。所谓启蒙思想，已从保守主义与专制主义的蒙昧中实现出来；同时在经济方面尊重自然律，主张放任思想的，也发达起来了，这就是前面所说的重农学派。

由重商主义过渡到重农主义间最堪注目的经济学说，见于一七五五年阚梯龙(Ricard Cantillon)所著的《一般商业性质论》中。他是英国的银行家，但是他的主张却是超越国家观念的，一般的。《一般商业性质论》曾由他译为法文(译者案：此书原著为英文，经阚梯龙自译为法文，以供其法国友人之用)，这对于重农学派的形成，当然有莫大的影响。他以为财富的定义，不外就是生活的必需品与便利品。土地为财富所从出，劳动为生产财富之动力，所以城市与乡村间的国内贸易应当注意，不宜偏重国外贸易。他在同书中又说，一国的人口，城市方面如居其半，则国家的农产物，亦半为城市居民所消费。至其论究地主与农夫间之农产物分配，则更为详尽。

阚梯龙的著述，本来不能说是完全脱却了重商主义的偏见。可是他的自由见解与他对于重商主义的若干反对论调，已够鼓舞法国的经济学家了。加之，当时受了自然哲学不少影响的重农学派，因为他们一方面对于重商主义的反感，一方面对于穷乏农民的同情，所以就彰明较著的树立了一个重视农业的经济学说。

重农学说可以由广狭二义解释。就广义方面言，则反抗科尔伯主义(Colbertism)，极力主张自由放任政策的许多学者们，就是在某一方面的意见不同，也可归入重农学派的范围。这就是说，顾尔奈(Gournay)、魁斯奈(Quesnay)、杜尔阁(Turgot)等，自不待言，就是康多塞(Condorcet)、康狄勒克(Condillac)，亦不妨包容在重农学派的旗帜之下。就狭义方面解释，即是就尊重纯收益观念与自然律秩序解释，则顾尔奈、杜尔阁亦不得认为是属于重农学派。但是，我们现在如果不问这些区别，那末，该派的代表者，当为魁斯奈，顾尔奈，杜尔阁，米拉波(Mirabeau 1715—1789)，此外如利味拉(Mercier de La Rivière)等，亦不妨说是这派的人物。其次，我将进而略述代表者魁斯奈与杜尔阁的生涯，且以推究他们的经济思想，特别是他们的地租观。

魁斯奈(Quesnay)为一农家子，一六九四年六月生于威尔沙爱附近之麦那。他因为八岁丧父，不能享受正规的学校教育，传闻他到十二岁时尚目不识丁。但他意志坚决，刻苦自学，卒于一七一八年得到了外科医生的许可证，定居伦特。一七三二年被选为外科医生会书记，迁往巴黎。一七四九年由坡姆巴特尔侯爵家聘为医师，乃赴威尔沙爱。此后，因为充当路易十五世的侍医，治愈了王子的疾病的功绩，遂列为贵族，永住在威尔沙爱宫殿中。

魁斯奈在前虽有医学的著述发表，但至一七五三年以后，始专门从事经济学的研究，一七五六年，他以题作《农夫论》的文稿，及翌年《关于谷物论》的文稿，投寄迪德罗(Diderot)及阿勒贝(d' Alembert)所编纂的《百科辞典》。至一七五八年，有名的《经济表》乃出现于世。此外，他又于一七六三年刊行《农业国中的一般经济方针》，一七六八年发表《自然律》。一七七四年十二月殁于威尔沙爱。

杜尔阁(Turgot)应该称为重农学派的殿将。他于一七二七年生于巴黎，就学于圣休不利斯的神学校，一七四九年被举为梭尔邦鲁之方丈。他精通希腊语，拉丁语，希伯来语，德意志语及意大利语。他曾翻译过休谟(Hume)及塔克(Tucker)的著作。一七五〇年始着手著述《对于柏克莱(Berkley)形而上学的批判》，投寄《百科辞典》。一七五一年他把处世的进路改变了，舍弃僧职，离开梭尔邦鲁，翌年充当检事长的顾问，后在议会供职。

由一七五五年至一七五六年，他与顾尔奈共作国内旅行，得知国家过度干涉政策所酿成的种种弊害。自是他继续在《百科辞典》上投稿，痛论错误慈善事业发生的恶影响，并主张自由自助为促成社会健全之要素。一七六一年八月被任为里摩约总督，遂得在该地略展其素日的抱负，当时里摩约地方的情况甚形疲弊，人民负担的赋税过重，财政几乎紊乱到不可收拾。因此，彼乃着手对于土地的根本调查，更改赋税，轻减人民的负担，结果成绩颇著。他寄给当时财政大臣的有名书翰七封，及《关于财富的形成及分配的考察》(一七六九年公刊)的名著，皆系他在里摩约总督任中的产品。

一七七四年他再三辞退总督之后，又被任为海军大臣，参划路易十六世的政治设施。但仅及五周，又转为财政大臣，担当紊乱达于极点的财政整理任务。他当此难局，以岁出不可超过岁入的根本主义，节省冗费，偿却许多债务，并且允许国内的自由贸易。但是新政策惹起了宫臣等的反感，结果他不得不舍去要职。他于一七八一年三月在巴黎病殁之前，是以科学及文学的研究托其余生的。

二　重农主义的特色

在魁斯奈与杜尔阁的时代，资本主义的生产，还不曾确立起来，从而，当时剩余价值的主要形态，就是地租，也就是重农学派所谓纯收益(Net Product)。这种纯收益观念，在重农学派的学说上，占有中枢的地位。据他们所见，一国里面，只有包括矿业渔业及其他天产的农业，始可增进国富，生产赡养其他一切阶级的剩余。换言之，就是只有农业，始能于供给农民自身的生活资料以外，并生产赡养地主阶级及工商阶级的纯收益。商工业阶级，决不会生产剩余价值物。

重农学派所谓纯收益，不外就是土地生产物全价值中将为着生产所投下的工资及资本利润除去后余下的残额。据该派的见解，土地生产物的所得，在本质上与他种生产的所得不同。即是说，在其他诸部门的生产物的价值，常与其生产费（资本利润包含在内）一致，而土地生产物的价值，必包含有生产费以上的余剩。例如，某木匠以林产物的木材为原料制造独脚桌，他能够由自身劳动的加入而增高木材的价值。但是他没有生产什么余剩。因为独脚桌的价值与木材的价值之差额全部，皆为木匠劳动的报酬，即不外他所应得的工资。该派其所以呼商工阶级为不生产的，其原因就在此。

由此看来，重农学派所谓生产，并不是指着造出价值的全额，而是工资及资本利润除去后剩下的纯收益。对于土地生产物加以制造的制造业既然是不生产的，那末，得称为生产的，得称为增加财富的源泉的，就只有造出原料，即栽培什么，捕获什么以及采掘什么的业务。因此，他们主张一切的业务，皆当“放任”“勿拘”，受自然律的支配。设若在土地上投下更多的资本，则纯收益增加，国民的生活与国家的财政，均可得到救济。

在重农学派之所谓财富，就是具有交换价值的东西。他们虽然把财富与物的效用区别为交换价值及使用价值，可是对于价格与价值的观念，终究没有分开。在他们看来，价值就是价格。然价格毕竟是因何而决定咧？魁斯奈虽然承认基于平均生产费的根本价格，并视此种价格系由竞争所确定的，但是关于此点，他没有与以充分的说明。宁可说，他对于市场价格的变动，比较根本价格，有较多的兴味。他曾说，市场的价格，“系由生产的多少，或买手与卖手间竞争的多少”而决定。

他们的价值论，是混杂而不容易捉摸的，但其大要，则可约言如次：首先，他们以为价值的发生，系基于物之效用。因为自然的生产物，在大体上皆是出于自然的恩惠，所以其价值由效用及需要的关系而决定。但是制造品系基于原料（即自然生产物）及运输与制造所费的劳动这两部分成立的，所以这种物品价值，就必得于前者（原料）的价值上，加上运输劳动者及制造劳动者的生活费。因此，制造品的价值虽被规定于生产费，而原料品的价值，却非决定于生产费，乃决定于自然力。更有进者，他们的生产的意义，既然是限于原料品的产出，那末，用作制造品即不生产之财富的费用，便不得呼为生产费了。

魁斯奈在他的《经济表》中认为劳动阶级，只是获得工资，由工资维持其生活的阶级，所以在社会的分配上，无须乎对于这一阶级特别注意。由是，我们就可以推知：他是主张工资应当与劳动者的生活费，确然一致的。依他所见，仅够维持生活的额数，才是劳动者所得的自然工资。杜尔阁亦曾申述：雇主支给劳动者的工资，既力求其少，加之他对于劳动者有选择的自由，所以，劳动者有时纵可购得若干奢侈品，并有贮蓄少额的余裕，但在大体上，工资毕竟是就仅够劳动者获得生活必需品的额数而决定的。实在说来，重农学派关于工资的分析，与其他资本主义前期的经济学者完全是一鼻孔出气，而不能作更进一步的论述。

但是就资本而言，他们是认清了货币与资本的区别，并且认定资本的成立，是由于货币的蓄积的。因为如此，所以资本利润的发生，就必得是投在土地上的资本所必然生出来的纯收益。魁斯奈排斥那种以利息发生为基于有危险性的投资之主张。依他所见，利息便是由购入土地所获得的余分收入。农产物价格愈高，纯收益愈大，利润率亦相因而提高起来。可是他们不把利息看为剩余价值的成分，而把它当作生产费即农业收入的前贷金，这不能不说是极大的谬误。

重农学派主张纯收益的获得，只可期之于农业一途，这是前面已经述过的。此外，他们还抱有救济地主以外的农业者的志愿。重农学派的土地单税论，就是当作他们的主张的结论而产生出来的。而所谓单税论的主旨，就在主张一切赋税，皆由土地所生的余剩直接征收。因为，依他们所见，工资或利润会由竞争关系而止于最低限度，所以一切赋税，不得不局限于土地方面。假若赋税不直接征收于土地的剩余，而课加在各种消费物品上，结局，在土地方面的负担，实际上却要加多。例如，对茶课税的结果，茶的零售价格内，便含有前支的税额，以及此种税额的利息；购茶者更将此负担转嫁于他人，这样，负担额虽然次第增加了，而这种负担额结局还是要落在土地的剩余上。由此看来，假如最初仅把赋税课加在土地上，那种方法一定是最简单而且最有利的。像这样的单税说，就是魁斯奈非常坚决的主张的一种课税理论。

三　魁斯奈的《经济表》

魁斯奈的经济思想，全都包括在他的名著《经济表》里面。《经济表》

就是假定农产物最合理的分配，且加以说明的东西。他首先在该书中把国民区分为三个阶级，即(一)生产阶级，(二)地主阶级，(三)不生产阶级。

第一，生产阶级依土地的耕作，而逐年生产国富，他们除了回复农业上经营的资本外，尚可提供地主阶级的所得。他们可以贩卖的生产物，便等于逐年再生产的国富之价值。这一阶级，包括有大农(自耕农)及小农(佃农)。

第二，地主阶级，就是由领主，什一税的收得者及地主所构成的阶级。他们这般人的所得，不论何时，都是由生产阶级提供的。这一阶级虽然没有直接从事耕作，但因为他们使土地导入耕作状态，并加以管理的缘故，所以不得全然视为不生产阶级。

第三，不生产阶级包含有商工业者及高等职业者。他们对于农业没有什么贡献，所以全为不生产阶级。特别因为他们的收入，都是间接由生产阶级取来的缘故，所以又称为食禄阶级。

魁斯奈把社会阶级照这样分成三类之后，乃进而假定有一块最高度发达，年可获得五十亿元生产物的广阔土地。在这块土地上面，假如价格不变，在农业上投下的资本，能够继续保持其安全确实性，那末，以上三阶级年年的收入及支出，将成为怎样的比例咧?

首先生产阶级的总生产额五十亿元中，为回复营业资本(即生活费)肥料种子等的前贷金，须除去二十亿元。残余下的生产物，在市场上卖得三十亿元，以二十亿元的货币，交付地主，还有十亿元则当作工具或衣物等买入的代价，支给不生产阶级。即是说，地主阶级每年由生产阶级领受二十亿元，不生产阶级每年由生产阶级领受十亿元。

然而不生产阶级当作商品代价，由生产阶级领受的十亿元，只算是他们为买入制造原料，对于生产阶级预支十亿元的回收。他们以当作前贷资本的十亿元支给生产阶级，又照旧回收转来。而这回收转来的十亿元，又是不生产阶级次期的前贷资本。

不生产阶级的十亿元前贷资本，不止成形十亿元的商品，那是不待说的。应为十亿元的原料，加上搬运及制造劳动。结果会获得二十亿元的商品。这二十亿元的商品中，把十亿元卖于地主阶级，十亿元卖于生产阶级。即是说，资本回收以外，尚残有十亿元，不过这十亿元是加在原料上的劳动代价，是属于他们自身所消费的部分。因之，这一阶级就不能不说是徒徒耗费生产物，徒徒消灭生产物。在他们生活资料上化去的费用，换言之，就是他们的“不生产的支出”，结局是要从土地生产物中消去的。像这样消费了的物质，是决不会有更新的希望的。

地主阶级由生产阶级所取得的二十亿元中，以十亿元当作制造品的代价，支给不生产阶级（这就是不生产阶级所消费的部分），其他十亿元，则当作农产物的代价，支给生产阶级。

由是，在生产阶级手中，最初就残有二十亿元的生产物。再加上他们须由不生产阶级购买十亿元农具之类的商品，所以他们手中便一共残有三十亿元的价值物。他们以这三十亿元，开始次期的生产。可是这三十亿元里面成为逐年经营资本的，只有二十亿元。他们把这二十亿元作为五十亿元再生产所必要的直接费用，即维持他们自身生活及供种子肥料等消耗的费用。此种消费，因为是能够再收回的，永久更新的消费，所以与不生产阶级的消费是完全两样的。

此外，生产阶级手中不是还残有十亿元么？这十亿元的用途，是作为固定资本的利息。即《经济表》中假定固定资本为经营资本的五倍，计达一百亿元。对于百亿元的十亿元，不过百分之十。假若就农业产出莫大的财富设想，就固定资本缺乏，农业不得不消灭，农业消灭，则人类会趋于绝灭设想，那末，对于固定资本百分之十的利息，决不能说是过大的额数。

不但此也，继续不断消灭了的固定资本（土地改良与机械的费用），还需由这种利息中收回来。换言之，就是固定资本的消耗部分，理应从这十亿元中予以弥补。加之农业上霜害，霰害，黑穗病，洪水等，是在所不免的；有时大灾害袭来，甚或把全部收获都牺牲了。所以，生产阶级如果没有预备基金，如果翌年的经营资本无着，那末，地主领主们也就没有指望了。这样看来，我们为要防备灾害，收回固定资本计，对于蓄积前贷固定资本的利息一层，就不能不说是非常必要的了。

魁斯奈《经济表》中所提示的合理分配案，大要已如上述。他曾说，分配如果不能按照这个比率，那末，国民生活会流于奢侈；应该落在生产阶级手中的价值部分，将转到不生产阶级手里去，其结果，势必要惹起农业的衰退，减少翌年度的纯收益，乃至破坏国民生活的安定性。魁斯奈虽然这样重视农业，主张地主阶级的生活，由纯收益维持，但是他对于“为什么要支给地租”的问题，却不曾深深的考察。他不过想像：土地最初是由地主阶级导入耕作状态，农民是由地主那里租得土地，所以生产阶级必得以纯收益提供地主阶级。这就是他在理论上，对于能够说明地租成立的地租论，尚未形成的缘故。

四　杜尔阁的地租论

然而魁斯奈残留下来的“地租发生”的问题，却由杜尔阁给与了一个明确的体系。杜尔阁所著《关于财富之形成与分配的考察》，就是以地租论为中心，使重农学派的经济思想，有了很好的发展。据说，这部书是为了两个中国学生执笔的，前后共计百零一节。他由这部值得注目的文献，就明白表示他是超乎魁斯奈一流的人物。接着，我将根据《关于财富之形成及分配的考察》，而探究他的地租理论。

杜尔阁最初设想一个人人平等劳动，无所谓利息，也无所谓地租的社会。在这个社会里面，土地平等分配于一切人们，各人仅生产维持他自己必要的限度。可是这样的平等社会，事实上是不会存在的。因为在现实社会里面，有搅乱平等的诸原因存在，而此等原因之一，便是土地性质的差异。在杜尔阁看来，土地性质的差异，并非由于丰度之优劣不等，而是甲种土地适于谷物生产，乙种土地适于棉业生产。

土地有此种差异的结果，在任何平等的社会里面，个人皆不能仅靠自己的收获生活。甲的生产物，必得与乙的生产物交换。而且各处地位不一，栽培的种类渐形复杂，于是乎进而有分业，有交换。

促进分业与交换的，不仅是土地的差异性，各个人肉体及精神的相违，亦不能不算是促成分业发达之一原因。不论何人，只要他专心致力于一种业务，他便可以收得更多的效果。因此，适于工业的人与适于农业的人，遂各行其道了。在他们相互间，不仅行着生产物的交换，并且“农夫与其他社会阶级——即非栽培土地生产物，而是选择那种制造原料，完成原料方面的职业的人——间，还行使生产物与劳动力的交换。”[①]

但是杜尔阁就农夫与其他社会阶级分离而言，则以为前者持有优越性的地位。即是说，农夫能够生产维持自己生活以上的余剩，使其他社会

---

① 《关于财富之形成与分配的考察》，一七六九年刊，第四节。

阶级得以生存。农夫所生产的,是生活的必需品,是制造的原料,换言之,就是社会经济的中心。在他们自己,固然是借自己的生产物生活下去,同时制造业方面如果没有得到农夫的余生产物,那末,就是有再多的劳动,再精良的机械,也无能为力了。

杜尔阁把非农夫的制造业者,称之为工资劳动者。没有土地的工资劳动者,依竞争的结果,虽然只能获得恰够维持生活的工资,可是在农夫方面,却能靠自然予以超过生活费的余剩,并由此余剩,"购买社会其他成员的劳动"①。即是说,劳动者由农夫与以工作的材料,为农夫构造房屋或装饰物品,而取得相当于生活费的工资。同时,农夫因为获有基于自己从事耕作劳动的所得,及基于占有土地的所得,所以他生产了超过生产费的余剩。

农民与工资劳动者分离了,于是土地所有的不平等,不久便形成了地主阶级。杜尔阁在同书十二节中曾说,使土地所有成为不平等的,有四种原因,即是:第一,勤勉而虑及将来的人,比之只顾目前的懒惰者占有较多的土地。第二,拥有大家族的人,因为生活上的必要与劳动的关系,占有较多的土地。第三,土地的肥瘠不一,所得的生产物亦各有差异。第四,由于遗产分配的不平等。

土地独占,是否遵循这样的过程,暂且不论,在杜尔阁看来,这就是使土地所有阶级与非所有阶级成立的四种原因。此外,与土地所有关系不平等相伴而发生的,就是所有阶级因为自身嫌忌困难的劳动,所以把土地借给为彼等劳动的人们,其结果,地主阶级以及当作地主阶级所得的地租,便明确的显现出来了。这就是说,地主阶级的出现,同时"土地的生产便分成了两部分:其一为农业者的生活资料及利润,即他们在必要的条件上,对于耕作地主的土地所得的报酬。又其一为条件以外,得自由处分的部分。这一部分,就是土地在耕作经营中所获得的超过其前贷资本及工资的纯然赐物,也就是地主的所得或纯收入;靠着这样的纯收入,地主阶级便可不劳而生活,并且随其所欲而保有。"②

在土地为一切农夫领有的时代,就是当作纯然赐物的部分,依然是属

---

① 同前,第六节。

② 同前,第十节。

于农夫。然而自农夫当中发现了没有土地的人以后，这般人便为地主提供劳动力，结果，他们手中残下来的，就不过生活的资料及若干利润，而其余的全部，都贡献于地主，这样一来，社会中便形成了三个对立阶级：农夫（生产阶级），制造业者（工资生活阶级）及地主（有产阶级）。这三个阶级中，农夫不仅生产地租及自身的工资，并且还生产了可以作为制造业者工资的部分。同时制造业者，不过是依他们的劳动应得的代价，而分有一部分的土地收益。因此，杜尔阁便与魁斯奈同样只承认农夫为生产阶级。

要之，杜尔阁所主张的是：土地一经独占，其结果便有不得自行利用土地的农民，便发生了所谓地租。不待说，他在这里所述的地租，要不外绝对地租，或一般的地租，因为他与魁斯奈是同样视地租为一般的所得的。

然而在杜尔阁的说明中，也还含有关于对差地租之见解的萌芽。他在《关于财富之形成与分配的考察》的第十节里面，曾经说过："土地由人口增加而渐次开垦。结局，一切最良的土地皆被占有，而对于那些最后的新垦殖者，就只残有前人所放弃的不毛之地。"他这种见解，不能不说是与李嘉图（Ricardo）的主张，颇相吻合，因为依李嘉图的主张：对差地租的成立，就是由于最高丰度的土地，首先被占有，依次及于劣等土地的这个过程。而且杜尔阁还说过："一切的土地，并非同样丰饶。两个农夫在同一面积的土地上使用同程度的劳动力，其所得的生产物，也许各不相同。"①

杜尔阁既承认在同一面积的土地上，施以等量的劳动，而所得收获不一的这种事实，那末，我们就不难推测到：他还相信土地丰度的差异。丰度相差，收获相差，于是对差地租乃因而成立。不待说，杜尔阁自已是不曾意识到对差地租的。但是他的《关于财富之形成与分配的考察》，确实给予了此后地租论发达以莫大的暗示。

魁斯奈因重视纯收益观念，而在从来闲却的方面唤起了注意，但纯收益为什么必须归于地主阶级，也没有予以充分的说明。他对于事实上地租的授受，仅仅是照原样承认罢了。然而杜尔阁关于地租的成立，总算有一个体系的说明。在这点上，我们不能不说是他残留下了一个不没的功绩。

---

① 同前，第十二节。

第二章　亚当·斯密的地租观

一　亚当·斯密的生涯及其根本思想

呼亚当·斯密(Adam Smith)为经济学的鼻祖,自然不免是一部分(正统派)经济学者的偏见。但是如果说他是经济学史上划时代的人物,恐怕谁也不能否认。他的大著《国富论》即《国民之财富的性质及其原因的研究》,曾给与当时经济学界异常的刺激,并且唤起了当时优于任何著作的注意与赞赏。亚当·斯密在这部书里面提示了他全般的经济学说。他未死以前,已经刊行了五版;举世风靡,几乎欧洲各国都有译文。

亚当·斯密于一七二三年六月生于苏格兰之克尔克加底(Kirkcaldy)。一七三七年入格拉斯哥大学。一七四〇年,转入奥斯福(Oxford)之柏利阿尔大学,在该校六年,学习数学,自然科学及文学等。一七四六年退归克尔克加底乡村,在老母膝下继续研究。一七四八年至一七五一年,公开演讲修辞学及美文学于爱丁堡大学。

一七五一年为格拉斯哥大学论理学教授,自翌年起,始担任伦理学及哲学。他的讲稿分四部:第一部自然神学,第二部伦理学,第三部自然法学,第四部则是检讨以国家利益为究局目的之政治规制,并论究国家商业,财政,宗教及军事的设备等。由这第四部讲稿发展完成的劳作,即此后出版的《国富论》。

他的《道德情操论》,于一七五九年出版。第二部论理学讲义,就是由这部书增补成功的。此后,他把口述的教授缩短,而集注主力于法学及国家经济的讲义方面。但是一七六三年当巴额尔公爵外游时,他遂成为公爵的私人教师,翌年二月因为赴巴黎,乃辞去格拉斯哥大学教职。

亚当·斯密的外游生活中,多半是寄居在巴黎及兹尔。这时他开始与魁斯奈、杜尔阁及当时法国重农学派经济学者们交游。《国富论》开始着笔，亦是在一七六四年的兹尔旅行中。一七六七年归还英国，在伦敦住到翌年五月，再返克尔克加底，潜心于《国富论》的劳作。一七七三年因《国富论》草稿略略完成，复移居伦敦，努力推敲修正，卒于一七七六年刊行出来。

一七七七年因被任为苏格兰税务委员，乃定居爱丁堡。一七八七年被推为格拉斯哥大学校长，至一七八九年十一月始解除校长职务，翌年七月十七日乃与世长辞。

在亚当·斯密思想生活上与以最显著的影响的，是格拉斯哥大学学生时代的教授哈其生(Hutcheson 1694—1741)，友人休谟(Hume 1711—1776)及重农学派诸子。

哈其生为雪佛特伯尔(Shaftesbury 1671—1713)的门人，对于其师的伦理哲学曾加以扩充组织而成为著名的伦理学者。雪佛特伯尔又是陆克(1632—1704)的门人，他曾把社会性的本能看作人性之根本特质的倍根(Bacon 1561—1626)及格洛秀士(Grotius 1583—1645)的思想综合起来，而论证道德意识为人性中固有的东西。从而，受了哈其生感化的亚当·斯密，同时便通澈了倍根，格洛秀士及陆克等的思想。不但此也，亚当·斯密关于纯粹经济上的诸观念，尤其是分工，价值，货币赋税等观念，亦属哈其生的薪传。

亚当·斯密在一七五二年顷，始与休谟结为终生交谊。休谟不仅发展了倍根、陆克的伦理哲学，且与以确定的基础，他并进一步照着倍根所期望的，把伦理哲学应用到一切知识的领域。在他的大著《人性论》(确是《在道德问题的攻究上应用经验方法的人性论》——一七三九—一七四〇年刊)中，他主张道德性的根本不在理性，应当求之于感情，而且他特别重视同情。因此，斯密的同情说，不过是踏袭休谟的思想，并完成其对于道德性之心理的分析。斯密以道德性存于社会的人性之内在的同情中。伦理学者的斯密，实在可以说是休谟的最大后继者。

英国当时的伦理学者，并非对于政治经济等实践方面漠不关心。他们是哲学者，同是又是经济学者。这样看来，斯密当然从休谟受到了关于经济方面的许多影响。休谟虽未留下关于经济学上的论著，但他对于经济学的造诣一定不浅。假若他在斯密以前发表过经济学上的系统论著，那末,《国富论》一书,便不会独擅其美了。休谟虽受了重商主义的影响,但对于外国贸易的见解特别明白(译者案——休谟曾说:“余虽为英国人,亦愿德意志,西班牙,甚至法兰西的商业日臻隆盛”)。他并且非常重视劳动,他说,一切财富与权力,都存在于它们所能够支配的劳动量上面。

受过哈其生与休谟之影响的斯密,在伦理学说上著重利他的观念,是毫无足怪的。然而在另一方面,他却以为人类的经济行为,系基于利己心。即是说,他的经济学说是建立在:“各个人利己的活动,结局会增进全体福利”的这个前提上。依他所见,政府的保护干涉,是不免要阻止各个人的利己活动的;从而,经济的发展,社会福利的增进,都会因此蒙到损害。

斯密的自由主义经济观与利他的伦理观,一见似觉非常矛盾。所以,经济学者中,有的便说斯密的自由主义思想,是由《道德情操论》刊行后才受到重农学派的影响而形成的。然而这在斯密决不能说是矛盾。倍根以来的伦理思想,都极力称许人类的社会性,以为各个人自由活动,结局会赍与社会的福利。而在另一方面视人类本性如贪残之狼,主张对于个人加以社会拘束的霍布士(Hobbes),那是陆克与雪佛特伯尔所极力反对的。此外如影响斯密最大的哈其生,亦承认个人的本能行动,可以招致“最大多数的最大幸福”。

亚当·斯密秉承着这样的思想渊源,自无怪其在经济的生活上,着重个人的利己活动。他不是像霍布士那样,设想个人的利益追求与社会的利益相矛盾。他所想的是:社会全体的利益或幸福,仅能由个人利己的活动而维持而增进。他极力称说由社会生活进步的相互性及道德性能发展个人的人格,所以像那般束缚自然道德律的“神之法则”一类强制,都是他所不能容认的。这样看来,斯密经济学说之根底的自由主义思想,并非得自重农学派,他与重农学派接触以前,早抱有自由主义思想的事实,我们后来发现他在格拉斯哥大学教授时的讲义笔记,便可窥见一斑。

然而斯密在经济理论各方面受了重农学派影响,那是无可否认的。《国富论》首先就逐年当作国富原泉的劳动之重要性说起,再论及当作增进劳动生产之手段的分工,由分工而唤起交换;在交换媒介的货币与价值的考察上,试论物价,进而探究为价格构成要素(依斯密所见)的工资,利润及地租;复于批评重商主义与重农学说之后,论到财政问题。所以就他在《国富论》中论究的一国国民“逐年的财富”与“逐年的劳动”之概念看来，便可推测到那是由于他受了重农学派的影响。

亚当·斯密以劳动为财富源泉之价值尺度。在这点上，他与那些主张生产力不属于劳动，单有土地是生产的重农学派表示了显著的差异。可是，斯密认为重要的，不是一切人类的劳动，而是除却仆婢，官吏，自由职业者等的“不生产劳动”之“生产的劳动”。所以，在这一方面，他又似乎坠入了重农学派的差别观。加之，他在价值论开始的时候，便区分价值为使用价值与交换价值，这一点，又不能不说是踏袭了重农学派所支持的使用价值与贩卖价值的区别。

我们就是就他的地租论而言，也可知道他受了重农学派的不少影响。依他所见，地租所以发生的，就是因为由土地所生产的食物，具有一种特权。这就是说，食物因为常常唤起强烈需要的结果，所以生产食物的土地所有者，遂获得了当作独占所得的地租。可是非充当食物生产的土地，便不能发生地租。为什么呢？因为依他所见，土地生产物不能够卖得抵偿生产资本及资本利润以后，还有余剩的那种价格，便不会提供地租。

亚当·斯密曾说，“食物不但是地租本来的源泉；而且后始发生地租的其他一切生产物其价值中相当于地租的部分，亦只是土地改良，耕作发达，使食物生产的劳动生产力增进，从而派生出来的结果。”他这样着重食物需要之特权，也就不能不说是采取了重农学派构成其地租论的主要部分。

二　价值论与分配论

亚当·斯密以劳动为国富的泉源，分工为增进劳动生产力的手段。分工的结果，乃有交换之必要，而价值价格则所以规制交换的。他区分价值为使用价值及交换价值。使用价值所以表示物之效用；交换价值则是表示一定的商品与其他商品交换所具的能力。但是斯密在大体上只算是论到了交换价值，而对于使用价值与交换价值的关系，却不曾深深的研究。在他，本来是潜心于规制交换法则之研究的，所以无怪其视分工与交换有不可分离的关系。

然则形成货物交换价值究竟是什么呢？斯密答称那是劳动。当我们获得一定货物的时候，势必要支出劳动，而这种劳动，就是交换价值。“只有劳动是最初的价格，是对于一切物品所支给的本来的购买货币。用以购买世界一切货物的东西，本来就是劳动。”（《国富论》第一篇第五章）。

这样看来，一切货物的交换价值，就是决于那种货物能够购买，或能够支配的他人的劳动量。但是在现实买卖的情形下，货物的价值不必常由劳动量决定。一时间不必要熟练的容易的劳动，与一时间必须熟练的困难的劳动，是大相悬殊的。而求得一种决定熟练程度的正确标准，又颇不容易，所以实际上货物的价值，不必是由正确的劳动量决定，而是取决于大体算定的市场买卖。

可是亚当·斯密对于价值与价格的差异，终没有分得明白。他说：“劳动是商品的真实价格，货币是名义上的价格。”在规定永久租地权的场合，虽有区分真实价格（即劳动上的价格）与名义价格（即货币上的价格）之必要，而在普通买卖上，却没有此种必要。这样一来，他所设想的似乎是：在交换价值上某一时间的货币名目，就算是原本的价格。因为这个缘故，所以他在《国富论》第一篇第六章里面关于价格构成要素之分析，同时就应该承认那是他对于交换价值的分析。

当分析价格构成要素的时候，他以为价值由生产获得上所费的劳动量决定这种事实，仅能见于土地所有及资本贮蓄尚未施行的原始社会中。因为依他所见，资本一旦蓄积起来；在生产上一旦投下了资本，那末，资本也就要成为价格构成的要素。到了这时候，劳动者便不仅由他的劳动生产物上附与了工资的价值，并且于利润的价值部分以外，还附与了利润的价值部分。换言之，就是随着投下资本的增大，劳动者的劳动便产出了更多的价值。在他看来，假若生产物的价格，不能生出回收资本以上的余剩，那根本就没有人肯冒险投下资本。

而且成为价格构成要素的，还不限于资本。在一切土地都被人占有了的社会中，土地亦当加在价格构成的要素上面，为什么呢？因为在这种社会中的地主，必定对于土地的利用请求代价，所以，土地生产的价格，除工银利润以外，还须包含地租。假如在某人兼为劳动者，地主及资本家三者的时候，其生产物的价格，单由劳动构成，而其收入，也许只视为工资。但事实上构成其生产物的价格的，毕竟是工资，利润，地租三种要素。依斯密所见，一切货物的价格，必得是由工资，利润，地租全部或三要素之一乃至三要素之二所构成。

这样一来，斯密就陷入了矛盾。因为他所主张的货物的"真实价格"，不仅是由于劳动，而且是由于土地及资本，即是说，他的前提是价格由三种要素构成，而其推论又说是一种要素或两种要素。这种矛盾，或许是由于他被支配于那种种观念，即他把货物的价值，视为生产上所费的费用（即生产费说）的观念的结果。可是货物在现实市场上贩卖起来，却不限定能够获得抵偿工资，利润及地租的价格。所以斯密又区别价格为市场价格及自然价格，并言市场价格常以自然价格为中心而浮动。所谓自然价格，就是由生产货物以至把货物向市场搬运所必要的工资，利润及地租等额的价格。以此种价格为中心，在市场上依货物的供给及有效需要所决定的价格，即市场价格（在市场上实际买卖的价格）。这所说的有效需要与绝对需要不同，因为前者所指的，是购买者乐于支给自然价格的需要。

市场价格虽然随着商品供给与有效需要而不绝变动，但还有不绝复归自然价格的倾向。假若市场价格显著的落于自然价格以下，那末，自然价格构成的要素工资，利润及地租三者中，有的便不得不低落下来。如果利润低下，资本必会离开该生产部门，而投向其他利润多的生产部门。利润低的部门一旦生产减少，供给不足，其市场价格自然要趋于腾贵。这样看来，劳动，资本，土地三者自由竞争的结果，市场价格亦自然而然的趋于平均，而不会长久离开自然价格。

然而在独占的商品方面，却能永续维持自然价格以上的市场价格。例如像法兰西的葡萄酒那样单由特别土地所生产的，或由一个人或一个公司的专卖权限制供给的生产物，就是属于此类。

亚当·斯密一方面以工资，利润与地租为价格构成的要素，同时又说文明社会中有三个所得部门。文明社会的人，便依着这三个所得部门而分为三阶级。关于社会一般的利害与此三阶级的利害的关系，他在《地租论》的末尾，所述如次：——原来收取地租阶级的利害与社会一般的利害，有不可分离的关系；他们固然不妨为立法的指导者，但事实上因为他们懒惰性成，究不宜于公职。收取工资阶级与社会的利害有同一的关系；他们虽然有理解社会的必要，但苦于太无知识。利润取得阶级是最聪明的，可是他们的利害与社会一般的利害冲突，所以我们必须注意彼辈关于商业立法的提案。——就在这点上，重农学派对于他的影响是灼然可见的。

三 时常发生地租的土地生产物

亚当·斯密说，在一切土地都被私人占有过了的文明社会中，任何土地生产物的价格，必定包含有地租在内；可是在非文明的社会中，就不限定一切土地都发生地租。依他所见，本来的地租，仅生于充用食物生产的土地上面。他视食物的获得，有超过获得其他生产物以上的困难，所以食物须得有维持其他生产物以上的高价。食物能够以生产上必要的工资及当时一般标准利润以上价格变卖时，土地所有者便把这余剩的全部当作地租取去，这就是本来的地租发生的原因。以下，我将由《国富论》第一篇第十一章介绍他的地租论。

有的人视地租为地主改良土地所投下的资本的利润。但是亚当·斯密反对此说，他以为这不过是地租之一部分。即是说，地主对于不加人工的土地，亦要求地租。地主在改良土地的情形下所要求的报偿，通常是当作对于投下资本之想像上的利润，而附加在本来的地租项下征收的。地租非土地改良所投下的资本利润，自不施人工的土地依旧征收地租一点，看来可明白。英国各地，尤其是苏格兰产有一种称为克尔蒲的海藻。把这种海藻燃烧时，便可采取硝子，石碱及其他可作原料品的亚尔加里（Alkali）盐。像这类生产，决不能依土地的人工改良而增加。但是产生该类水藻的土地所有者，却要求与谷物栽培地同样提供地租。

这样看来，地租既不是与地主改良土地所投下的资本额为比例，也不是由地主能够征收的额数而决定，而是取决于租地人所能够提供的一种独占价格。

搬往市场的一般土地生产物的通常价格，就是生产物搬进市场以前所费的资本及资本普通利润的合计的额数。因此，假若贩卖高于通常的价格，则资本及其利润得到抵偿以外的余剩，便成为地租。反之，如果贩卖低于通常的价格，那末，地主的地租，就没有着落。至若土地生产物是否能够以高于通常的价格而发卖，那就要取决于当前的需要情形。

在一切土地生产物中，固然有的生产物往往具有一种强大的需要，能够以超过生产费用以上的价格出售，但是其他的生产物，便不限定常常能够获这高的价格。即是说，一般的土地生产物，有时也许能够获得高价，有时却不能获得高价。所以就前者言，常须支给地租；就后者言，便当视情形如何，有时或支给地租，有时或不支给地租。

人类也与其他的动物一样，是不绝依生活资料的比例而繁殖的。因为如此，所以对于食物常有或大或小的需要，换言之，就是食物常具有购买或种限度的劳动量的能力，能够由食物购得的劳动量，不必常是那种食物所能维持的限度。如果经济的处理周到，则食物对于购得的劳动所支给的必要代价以外，也许还有余剩，即不然，至少总能够购得当地普通工资率所维持的劳动量，那是没有疑问的。

在他方面，土地不拘在怎样的地位，除了支持生产物搬进市场所费的一切必要的劳动外，还会生产多量的余剩食物，此种余剩额，往往除去生产投下的资本及资本普通的利润后，仍有剩余；这最后的剩余，就是通常当作地租提供地主的。例如，在挪威及苏格兰的不毛之地所产生的，虽然不过是一种牧草，但是由那种牧草生产出来的家畜及牛羊乳一类产物，就除却抵偿饲养所费的一切工资与利润外，还得对于地主提供若干地租。

地租不仅因土地的肥瘠而异，就地位上言，亦显有差别。尽管生产力相同，都市附近的土地，就要比僻乡土地生出较多的地租。因为前者不仅生产物运往市场的经费较多，并且都市附近土地的利润率，常比僻远土地的利润率低。工资少，利润低，于是工资及利润以外的余剩部分便加多了。

可是借着平坦的道路，运河，便于航行的河流等，次第减低运送费的结果，僻远地方与都市接近地方，遂有相互平均化的倾向。这就是说，发展交通，是一切改良事业中最有效果的。因为这在一方面可以辅助僻远地方的耕作，一方面还可破坏都市接近地方的独占权。

就一般而论，具有普通生产力的农地，比起同面积的最上牧场来，却能生产多量的食物。纵然耕作农地所需的劳动比较牧场多，可是农地收回种子费，肥料费，并除去工资后所残下的收益，依旧比较牧场的收益为大。因此，假定牛肉一斤与面包一斤的价值相等，那末，农地的利润地租，便要大大的超过牧场的利润地租。这种实例，在农业尚未十分发达的时代，是到处可以见到的。

但是面包与牛肉的相对价值，依农业发达的阶级[1]而显著差异。在从前占有国土大部分的未耕荒芜地，都用作饲养家畜的时候，肉之供给较多于面包的供给，人人争得面包，于是面包的价格增大，但是到了土地大部分都在从事耕作的时候，肉的供给便减少了，于是肉的价格，便随着腾贵起来。迨耕作普及，可以供应肉之需要的荒芜地，益形不足，结局，便不得不以开垦地移作饲养家畜之用，于是肉价益益昂贵。因为在这时的肉价，不仅要支给生产上的通例工资，利润及普通地租，并且还要给与农夫由耕作这种土地所得的利润。不特此也，开垦地饲养的家畜肉，与荒芜地饲养的家畜肉，不论质量如何，在市场上都是以同样的价格贩卖，所以荒芜地的所有者，便就家畜的价格为比例而抬高其地租。

这样看来，土地逐渐开发，接着未开发的牧场之地租与利润，在某种程度，就是由开发过的牧场之地租与利润为转移；而且开发过的牧场之地租与利润，又是由农地的地租与利润为转移。还有一层，谷物能够逐年收获，但肉类的家畜成长，便须等待四五年岁月。结局，一定面积土地所生产的肉类，比之同一土地所生产的谷类，其量就极为有限，从而在量上的比率，肉价更不能不较谷类为高。但是，假若肉类价格对于谷物价格超过自然的比例以上，则农地变为牧场；在自然的比例以下，则牧场变为农地。因之，不论各地的情形怎样，从一国全般看去，牧场及农地的地租与利润，是不断保持着平衡的。

在大城市附近的地带，因为牛肉，牛乳或马粮等的价格昂贵，所以牧场的价格，有时竟超过其对于谷物价格之自然比例以上；并且，在主要从事谷物耕作的平坦地带，牧场比之耕作地，有时竟会提供较多的地租。这种情形，就是因为牧场要饲养附近耕作地上所使用的家畜。以致成为特殊的必需的结果。而且在牧场的地租里面，除了由牧场上的生产物的价格所支给的部分以外，同时还包含有由耕作地上的谷物价格所支给的部分，因为那种谷物是借家畜生产出来的。可是在没有发生此等情形的地方，就不是如此，因为那些地方牧场上的地租及利润，是往往由耕作谷物蔬菜而产生的地租及利润所支配的。

---

[1] 原文如此，或为“阶段”。——编者注

四　有时发生地租，有时不发生地租的土地生产物

就上面所述的看来，斯密所主张的是：生产人类食物的土地，必然会发生地租；而其余的土地，有时或提供地租，有时或不提供地租。他的理由如下：

在满足人类的欲望上，最重要的当然是食物，其次，就是衣服及住宅。在土地未进于开发的时代，衣服及住宅的原料生产，比较丰富；迨土地日形开发，接着食物就比之衣服及住宅有较多的供给。但是人口是与食物为比例而增加的，在未开化的状态下，衣服及住宅的原料过剩，其价值当然低微，甚或大部分当作无用物而抛弃，结果在当时生产此等原料的土地，就不会提供地租。

然而一到土地进于开发，许多土地皆从事食物生产的时候，衣服及住宅的原料缺乏，其价格遂因而增高，价格增高到除了抵偿生产及搬往市场所费的工资及利润外尚有余剩的那种限度，于是生产此等原料的土地所有者，乃得征收地租。

在原始时代可以作为衣服的材料的，就是兽皮之类，从而以动物肉类为主要食粮从事猎狩及牧畜的原始诸民族，除了他们自身着用外，一定还有余剩的衣服原料。假如外国贸易不行，此等多余的原料，或许不免作为无用物而抛弃。如像欧洲人发现以前之北亚美利加猎狩民族间，恐怕就是类似这样的状态。但是彼等自与欧洲人接触以后，便以其过剩的兽皮，交换文明国的毛布，武器，火酒等。于是近于无用的兽皮类，亦发生价值。衣服原料的价格一直像这样腾贵下去，因而在彼等间土地已被占有的限内，就是产出衣服原料的土地，也随着发生了地租。

建筑材料不像衣服原料那样容易向远方输送，因而也就没有衣服原料那样容易成为国外贸易的对象。哪怕就是在世界贸易比较发达的地方，建筑材料过剩的存在，在地主方面，也是全无价值可言的。干燥的建筑材料，在人口稠密，土地益进于开发的国度里面，因为价格甚高，当然提供多额的地租。但是，反之如在北美许多地方，地主对于从自己土地上采伐树木的人，却宁可说是负有应该感谢的义务。

在搬运不便的苏格兰高原地带，通常对于森林只采取树皮，树木则听其腐烂。这样，森林地的所有者，自无从希望地租。可是后来国民益臻富裕，需要加多，于是这种森林地带，也渐渐有发生地租的可能。比如挪威及巴尔特海岸的森林，从前本来是无多大价值可言的，迨后从英国各地发现了国内找不到的大市场，于是价值增高了，地主遂进而要求地租。

一国人口的稠密，不是就该国生产的衣服及住宅所能够供给的人数比较而言，乃是就食物所能够供给的人数比较而言。供给食物，比较供给衣服住宅更形困难。在大不列颠许多地方，以一人一日的劳动，便得生产一栋称为普通房屋的住宅。衣服中最单纯的如皮货之类，也许能够以同多的劳动而获得。从而在野蛮或未开化民族间，一般人获得衣服及住宅的所费，不过占全年劳动百分之一，其余百分之九十九的劳动，都要花费在获得食物上，有的还嫌不够。

但是土地改良及耕作发达的结果，如果以一家族的劳动，能够获得供给二家族的食物，那末，由人口半数的劳动，也许可以生产供给一切人的食物。由是，其余的半数劳动(至少半数的大部分)，一定会用以从事其他的生产，满足人类其他的欲望及嗜好。而此等欲望及嗜好的主要对象部分，便是衣服，住宅，家具及奢侈品等。

在食物消费量上，富者贫者原无大的差别。所不同的，不过是富者的食物，在选择及调理上需要更多的劳动与熟练罢了。但是就衣服及住宅说来，富者与贫者不论在质的方面或量的方面，均有绝大的差异。因为胃脏的扩张能力，虽有限制，而对于住宅，衣服，奢侈品，家具，装饰品等等的欲求，则可任意享受，所以支配有自己消费以上的食物的人，就一定会以其余剩，交换食物以外的诸般物品。而在贫者方面，则竭其全力，以期满足富人们的嗜好，借以获得自己生活的食物。

劳动者的人数，依土地改良，耕作增进，食物量加大而增加起来。因为他们的劳动，有极端分业化的可能性，所以他们资以制造的原料生产，亦依超过他们人数以上的比例而增大。因之，对于那些用作房屋建筑，衣服，奢侈品或家具等等的一切种类的原料，甚至地中的矿石，贵金属，宝石等，皆唤起了需要，接着，产出这般原料的土地所有者，便开始要求地租。

这样看来，促成土地上一切其他生产物发生地租的，亦不外食物。换言之，就是由土地改良，耕作进步，使食物生产的劳动生产力增进，结局，其他的土地生产物，亦因而附与了可供地租的部分。

可是能够提供地租的，并不能期诸一切土地的生产物；哪怕就是在土地全部皆充当耕作的国度里面，其土地生产物，有的还不够唤起一种需要，使其能够获得抵偿工资及利润以上的价格。一种生产物是否能够获得这种价格，那是要依种种情形而决定。

例如，炭坑地是否提供地租，那要看丰沃的程度及其所处的位置如何。某种矿山是肥沃抑是荒瘠的标准，当取决于该矿山产出的矿物量，是否超过或少于同类许多矿山依同一劳动而产的分量。不论矿山的位置怎样便利，如果荒瘠过甚，利润无着，那末，谁也不会从事经营，更自无从谈到地租。即令有的矿山惨淡经营，勉强获得工资与利润，但对于地主，依旧没有提供地租的希望。不但此也，设使矿山的位置不便，搬运上需要多额的经费，那末，这种矿山就是特别丰沃，也往往不会提供地租。

可是位置的关系，以石炭为特别重要。石炭的价格，是由更卫生的，更有精力的良好燃料即薪木所支配，所以位置不便的炭矿，便难于发生地租。薪木之价格，随农场的状态而变动。在文化初期的时候，森林繁多，森林地的所有者，自会无偿的让人采取。迨耕作扩张，森林减少，随着薪木之需要，亦因而扩大。但是，假若消费薪木的费用与消费石炭的费用相等，那末，无论何人，都会把薪木做烧料，因之，石炭的价格纵令达于最高的水准，在结局上，终不会超过薪木之价格。

在石炭的价格达于最高水准的情形之下，其产地的石炭，仍不能不特别低廉，否则由产地搬到市场的运费，就负担不了。决定石炭在产地方面的价格的，是附近具有最高生产力的炭矿，也就是那种所出产的石炭的价格，比之附近一切炭矿为廉，而获利更多的炭矿。因为那种炭矿的石炭，以廉价出售，其他炭矿的石炭，亦不得不以廉价出售；结果，有的炭矿便地租无着，有的炭矿甚至利润亦有限。这样看来，在石炭价格形成上之地租的重要性，实远在其他土地生产物之下。

炭矿的地租，是与其丰度及位置相关联的。但是金属矿山的地租，则不取决于位置，而取决于丰度。因为由矿石分离出来的金属，在量之比例上具有颇大的价值，所以就是把这种金属运往远处，其运费依然有限。如日本之铜，为欧洲的贸易品；西班牙之铁，为智利及比利时的贸易品；这些金属，都是离开产地而向世界各地伸张的。结局，金属（特别是贵金属）的价格，在世界上就趋于平衡了。世界各地所产的金属价格，系由其中最丰饶的矿山所产出的金属价格而决定。因之，在此种产品的贩卖上，除了极丰饶的矿山以外，其他各地的金属，便不容易得到十足的利润与高度地租那样的价格。

贵金属与土地生产物以外的商品相同，其价格的最低水准，就是在获得该金属所投下的资本额上，再加以普通利润的金额。但是贵金属的价格，毕竟是与石炭及薪的关系不同的。它没有被其他诸商品所支配，到了某一点，便不得再升的性质。假如金之稀少性特别显著，则小片黄金，就会换得金钢石一个。贵金属的需要，是与它的有用点及美丽点相关联的。但是宝石的需要，则仅由于美丽性质，并且只能当作装饰品而使用。宝石及贵金属的美丽性，依其稀少性（即采掘上的困难与费用）而显著增大。从而，宝石的价格，就特别是由工资及利润构成，而在地租的方面，则几乎没有问题。

矿山的地租，是由相对的产出力而决定。反之，其他的地租，则由绝对的产出力而决定。极荒瘠的耕作地，就是与产出力卓越的耕作地相邻，其价值仍不会低下。因为由丰饶土地供养的多数人，同样会消费荒瘠地的生产物，所以荒瘠地的价值，却会因而提高起来。即是说，土地的食物产出力增进，不仅该土地本身的价格腾贵，就是对于其他土地的生产物，亦开拓了新的销路，而促进其改良。土地改良的结果，食物生产，遂有超过其消费限度以上的余剩，于是唤起对于贵金属，宝石，住宅，衣服等的需要。因此，食物不仅形成了世界财富最重要的部分，而对于构成财富的其他部分，亦曾与以主要的价值。

社会进步，直接间接皆使地租腾贵起来，因为土地改良及耕作进步，同一的劳动，会产生更多的生产物，于是落在地主手中的部分便更多。不过这还是就直接方面而言的。而同时因为土地生产力增进的结果，工业制造品低廉，因而地主实值的所得部分，亦间接的增大了。这就是说，地主在这时候能够以所得的农产物，购买更大部分的工业制造品。

五　亚当·斯密地租论的批判

在我们看来，亚当·斯密因为没有十分认识地租的本质，所以他前后的论旨，皆不能一贯，而他的地租论，遂陷于混乱矛盾。依他所见，地租由具有特殊需要功能的食物特性而成立；哪怕丰度至低，位置至不便的土地，只要它在从事食物（谷物，蔬菜，肉类）生产的限内，必然会生产地租。为什么呢？因为食物常有强大的需要，所以任何劣等地的产出量，必能售得一种抵偿投下资本及劳动工资以外，尚有若干余剩的价格。反之，在其他的土地的生产物，就不必定有产生地租的那种需要。它们的剩余利润（即作为地租的部分——译者）之有无，系取决于当前的情形。因为这样，所以食物以外的土地生产物，有时或发生地租，有时或不发生地租。

然而食物与其他的生产物间，果真存有如亚当·斯密所指述的那种差异么？在此点上，曾惹起种种的非难。依斯密所见，挪威及苏格兰的荒地，尚能当作牧场利用，并由是产出超过工资及利润以上的乳及肉类，提供地租，但是土地不论生产怎样的食物，如果说，丰度极低，位置极不便，也能产出提供地租那样的价值，那是很难令人相信的。我想，最劣的土地，哪怕就是充用谷物的生产，其所得至多也不过是差可报偿工资及利润，而不会有余剩提供地租。所以，斯密在食物及其他土地生产物间所设的区别，李嘉图派认为是最薄弱而没有根据的。

再者，斯密一方面在其价值论上，说地租是形成价格的要素，而在地租论上，又视地租为起于生产物高价的结果。这样极度的矛盾，也是被许多学者攻击过的。依斯密所见，生产物的价格由劳动量决定的事实，仅能见于资本未蓄积，土地未私有的社会，在资本蓄积，土地私有的文明社会里面，生产物的价格，系决于参加生产的劳动，资本及对于土地的报酬，即是决于工资，利润及地租。换言之，就是生产物的价格所以有高低，系由于工资，利润及地租有高低。

斯密认定地租与工资及利润同样在各社会或各地方，保有一种平均率，他并且称此平均率为“自然率”。地租自然率，系由社会乃至地方的一般情形，与土地之自然的乃至人为的生产力所决定；各别的地租，常与此自然率为一致。在斯密看来，生产物能维持其自然价格，就等于说工资，利润及地租三者皆保持其自然率。假若工资，利润或地租任一方面超过或低于自然率，则生产物的自然价格，亦因而破坏。

像这样视地租为决定价格之一要素的斯密，在地租论一章内，却又明言地租由价格而定，地租不是以工资及利润的同一方法构成价格。即是说，依他所见，地租通常是农业经营者在自己不蒙到损失的限内，支给地主的最高额。换言之，就是所谓地租额，是由土地生产物中，除去农业经营者投下的资本，及资本的普通利润所余剩下来的全部。

由此看来，地租不仅不能左右生产物的价格，而且是由生产物价格的高低而或高或低或保持平衡的。在土地有丰度及位置之差异的限内，纵令从事同一谷物的生产，地租仍有多有少或完全没有。这样一来，可见地租不一定会产生于食物的生产地，从而也就不会成为构成价格的要素。斯密虽在地租论一章里面，称述地租构成价格与工资及利润所取的方法不同，但这所谓不同的方法，要不外就是把地租当作价格的结果征收，而不承认那是价格的原因。斯密在这点上陷入了理论的矛盾，这是许多学者曾经指摘过的。

本来地租论是安德森(Anderson)或李嘉图创始的，在亚当·斯密的学说系统上，谁也不相信他是把握着了地租的本质。《国富论》公刊之翌年，安德森即已发表其地租论，但因他的地租论没有传诸一般大众，所以一直到十九世纪初叶，关于拿破仑战争善后的谷物条例改正问题，唤起了实际政策上的注意以前，地租学说尚在萌芽的状态。随着谷物条例论争的甚嚣尘上，于是研究地租之风大行，而严格意义上的地租论，至一八一五年始由威斯特(West)、马尔萨斯及李嘉图同时发表出了。在诸学者的研究中，以李嘉图所论为最完备；我们就地租论与李嘉图的名字成了不可分离的关系这一点看来，便可想见了。总而言之，严格意义的地租论，是由亚当·斯密未成熟的概念，遗给李嘉图完成的。

B. 地租学说的成立

第三章　李嘉图的直接先驱

一　对差地租说的萌芽

把地租问题当作一个学说加以组织系统的学者，就是李嘉图。但是在李嘉图以前，杰姆士·安德森(James Anderson 1736—1808)，佗伦斯(Torrens 1780—1864)，爱德华·威斯特(Edward West 1783—1808)，诺巴特·马尔萨斯等学者，曾试作地租学说之体系的研究。特别是安德森，他于一七七七年在爱丁堡刊行的《关于谷物条例性质之研究》，在一般的记忆中，这是当作最初提示地租学说的著述。

安德森的著述，除了《关于谷物条例性质之研究》以外，还有《国民劳动之研究》，《地租与什一税及于谷物高价影响之比较》等。可是他的一切著述，不独马尔萨斯，威斯特没有知道，就是李嘉图亦不曾知道。因之，他的研究在未经马克劳克(Mc'Culloch 1719—1864)在《经济学文献》(一八四五年刊)及《经济学文丛》(一八五九年刊)中介绍以前，对于地租论的发展，是没有何等贡献的。

安德森与李嘉图同样在土地生产力的差异上去探求地租发生的原因。依他所见，决定生产物的价格的，决非生产费及地租，而是真的需要。真的需要，是一切国民存在所不可缺少的需要。因之，可供此种需要的谷物量，不论生产费如何浩大，仍非生产不行；谷物价格不论如何昂贵，需要者在购买上依旧减少不得。

但是一国所有土地的丰度，决不是相等的。土地丰度中，有A,B,C,D,E,F,G种种阶段。设A为最丰沃的农地，B以下的丰度，挨次递低，则同一谷物价格的A,当然比其他的土地的所得为多,为什么咧?因为耕作低丰度土地的费用,一定要大于耕作高丰度土地的费用。

现在假定真的需要,使谷物价格一布奚(Bushel)[①]为一〇,又假定以一布奚为一〇的价格,仅够抵偿F农地生产物生产之实费。更假定E农地谷物一布奚为九,D农地为八,C农地为七,B农地为六,A农地为五;要这样,才各各能抵偿其生产费。

在此种假定下,F农地的耕作者不能支给地租。F以下,例如G农地,因为不能偿得生产费,自然不会耕作。但E农地耕作者的生产物,于偿得生产费以外,尚能对于土地所有者,每一布奚提供一的地租。同样,D,C,B,A诸农地的耕作者,对于生产物每一布奚,能各各提供二,三,四,五的地租。

更进,人口增加,由A到F各农地的全部生产物,尚不足以供应真的需要。于是谷物价格腾贵,每一布奚所值为十一;到了这时候,不是G农地进于耕作,就是从外国输入农产物。G农地进于耕作,则先前不生地租的F农地,现在生产物每一布奚,亦得提供一的地租。

对于谷需要自然的增加,于是由价格腾贵而使不毛之地次第进于耕作。为供应自然增大的真的需要起见,土地及耕作方法相继改良,其结果,先前的G农地,现在也许能够获得F农地同多的生产物,更进而获得E,D,乃至C农地同多的生产物。在此种情形下,耕作者便不得不支给多过于从前的地租。但是又一方面因为收获量增大的缘故,在比较上且能供给低廉的生产物,而增进一般国民的利益。这就是安德森的地租说。

安德森没有顾虑到土地收获递减的法则,而他所置念的,宁可说是倾向于土地收获的递增。他对于由自然丰度及位置关系增加的收获,与由人为改良所增加的收获间,也没有明确的加以区别。从这几方面看来,安德森的地租学说比之李嘉图是显然欠缺精密。但是他的地租说由土地生产力之差异出发,与李嘉图的地租说相似的这一点,那是无可否认的。

在一八一五年中,有四位学者几乎是同时发表他们的地租研究。那就是佗伦斯的《外国谷物贸易论》,威斯特的《资本投入土地论》,马尔萨斯的《关于地租之性质及其进步的研究》,李嘉图的《谷价低廉及于资本利得

① 今常译为蒲式耳。下同。——编者注

的影响》。

佗伦斯的著述虽是就当时成为问题的谷物贸易政策立论,其中亦略略讨论过地租问题,他在一八二六年于该著第三版公刊的时候,曾补述其地租论,并对于李嘉图加以不客气的攻击。他主张土地生产物的自然价格,与究局的生产费归于一致,而生产费则是由工资,利润及地租三者所构成。他还承认收获递减的法则,并申言更劣等的土地从事耕作,就无异夺去劳动资本之生产的利用;所以谷物输入的限制延续下去,势必对于一国的发展上,惹起多少障碍(这是他与李嘉图大体相同的地方)。

但是他与李嘉图根本相异的地方,就是他不仅是在土地生产力的差异上探求地租发生的原因。依他所见,地租的发生,不单是由于土地丰度的差异;所以,哪怕就是一切土地生产同一量的收获,也不妨成立地租。为什么呢?因为地租是由于工业资本利润低下而发生的。即是说,因为谷物价格腾贵,工业资本所获得的利润,乃趋于低下。今假定工业资本的利润与农业利得为百分之五十的时候,设工业资本利润低至百分之四十,则工业资本家便会把资本投往农业上面,提供地主百分之九的地租,而以百分之四十一的利得为满足。因此,他以为,像李嘉图所主张的,地租仅成形于土地的丰度及在土地上投下资本之差额,那是错误的。

威斯特提倡的地租论,殆与李嘉图没有区别。他同样以收获递减法则为前提,而称说地租的成立,系因土地上投下的资本之收益有差等。兹简述其地租论如次:

在一国里面最初耕作的土地,就是赍与投下资本最大利益的土地。换言之,就是最肥沃的土地,或者是对于市场占有最便利位置的土地。但是谷物的需要增加,丰度低的土地亦进于耕作,从而第一次开垦的土地与第二次垦殖的土地,纵然面积同,资本同,其收获量不能不发生差异。即是说,前者的收获量,当然比后者为多。

然而在第一的肥沃土地上,投下更多的资本,使用更多的劳动,却不会按比例增加其收获量。现在假定百亩的肥沃土地,由十人的劳动耕作,获得三千布奚的收获。设在同一土地上增加一倍的劳动,却不能希望增加一倍的收获。那就是说,由前十人所得的收获,要比后十人所得的收获多。惟其如此,劣等地乃得渐进于耕作;假若追加的劳动与先前的劳动,以同一比例而增加其收获,那末,不论是谁,都不会去耕作新的土地。

这样看来，谷物的需要愈增加，而与此相应所增投下的资本的收获，便愈要挨次递减。追加资本部分不论投在同一土地上，或投在更劣等的土地上，比起原先的等额资本来，其所获得的不过是仅少的收获。从而谷物的追加量，便需要更高的生产费用。但是市场上的谷物价格，不是取决于个个的生产费，而是取决于需要。不论由最少费用生产的谷物，或者由最大费用生产的谷物，皆以同一价格而贩卖。由是从更少费用所生产的谷物中之余剩利得，便当作地租归了地主，而农业经营者所得的，依旧不过是普通的利润。

假令在同一面积，但丰度不同的诸土地上，各投下百镑资本，由第一级土地获得价格二十镑的余剩生产物，由第二级土地获得十九镑的余剩生产物，由第三级土地获得十八镑的余剩生产物，以下依丰度低下，挨次推至价格十镑的余剩生产物为止。假若普通资本利润为百分之十，最后的土地，即恰恰生产十镑余剩生产物的土地，便不会支给地租。从而，这种土地如非所有者亲自耕作，就只有让其荒废。然而生产十一镑余剩生产物的土地，除十镑普通资本利润外，尚有一镑作为地租，而丰度最高的土地(产生二十镑余剩生产物的土地)，便须以十镑提供地主。这就是威斯特地租的要领。

二　马尔萨斯的时代

地租论由威斯特过渡到马尔萨斯，乃有更整备的发展。一部分学者其所以视马尔萨斯为真的地租论建设者的，正因为他的学说比从来的地租论有特别的进步。

汤姆斯·诺巴特·马尔萨斯(Thomas Robert Malthus)于一七六六年二月，生于伦敦郊外之塞尔雷(Surrey)。他在建桥大学学习哲学及神学，长久从事牧师的职务。有名的《人口论》，于一七九八年匿名公刊。第一版附有《人口原理——由葛德文(Godwin)、康朵尔塞(Condorcet)及其他诸氏的研究论到社会将来改善的影响》这个长的标题。翌年，为更详密探究此问题计，乃旅行德意志，瑞典，挪威，芬兰及俄罗斯诸国。至一八〇三年始把前此的标题改为《人口原理——关于在过去现在人类幸福上的诸结果之一见解》，附上自己的名字，刊行再版。至一八二六年，已出至六版之多，各版内容虽互有出入，但以第一版与第二版的差异为最显然。一八〇五年以后，他才开始在东印度公司设立的东印度公司专门学校，担任历史及经济学。一八三四年二月死去，时年六十九岁。马尔萨斯的著述，除《人口论》外，尚有《关于谷物条例及谷价腾落所及于农业及国富上之影响的考察》（一八一四年刊），前述《关于地租之性质及进步的研究》（一八一五年刊），《外国谷物输入限制之见解的根据》（一八一五年刊），《经济原论》（即是《从实地应用的观察点所见到的经济学上之诸原理》——一八二〇年刊）及《经济学的诸定义》等等。

马尔萨斯的地租论，完全见于彼之《地租之性质及进步的研究》中。他后来在《经济原论》里面，关于地租论虽略有修正补充，但大体上不曾表示何等的变易。《地租之性质及进步的研究》，是他为反对当时英国流行的那种以地租为不当之思想而刊行的。由一七九三年至一八一四年顷的二十年间，谷价暴腾，英国全境皆陷入了不安的状态。熟练职工的工资，虽略有增加，但增加的额数，犹够不上谷物暴涨的限度；而一般没有提高工资的职工，自无怪其前后曾掀起几次暴动。特别如继续两年凶作，小麦价格显著腾贵的一七九五年间，危机四伏，各处皆蠢蠢骚动。

谷价腾贵，一方面把劳动阶级驱向贫乏深渊，同时地主阶级却获得了空前未有的所有。因之，社会各方面都高叫地租所得的不当，于是乎有土地改革论者，有地主放逐论者。在学界上表露的对于地主阶级的反感与憎恶，由当时经济学者布哈南（Buchanan）于一八一四年发刊的《国富论》版本中，便可窥见一斑。布哈南不仅在《国富论》里面附有许多注脚，并且还加入了一个占有四卷全部的大附录，以表述他自己关于地租的见解。

如斯密所云："乐意从不耕殖的地方，刈取收获，而且对于自然的生产物，要求地租：这在其他的人与地主是一样的心理。"[①]然而这样一见便知道不合理的要求，一般人仿佛还肯承认地主的，那个理由究在哪里呢？即是说："其他一切人也愿意从不莳的土地刈取收获。但是看看似乎只有地主能够获得这种希望的对象物，究竟是为什么缘故呢？"[②]布哈南如此追

① 《国富论》——阚南（Cannan）版，第一卷，第51页。

② 《国富论》——布哈南（Buchanan）版，第一卷，第80页注脚。

问了之后，他于是说，地主的所得，结局是由于土地之自然的独占。

依布哈南所见，谷物价格的决定，与生产费没有何等关系。在进步的国度里面，因为对于所有粗制生产物的需要甚大，而同时食物的供给，又为耕作地的分量所限制，所以通常谷物的价格，于支给工资及利润以外，还有一定的余剩。而当作地租贡献地主的，就是这种余剩。所以布哈南说：所谓地租，就不外是由土地之自然的独占而生的利得，正如由人为的独占而生的利润一样。

重农学派以地租为国富的根源，赋税的源泉。然而在布哈南则认定地租不过是由一阶级的所得转给他阶级，决不会增加社会的财富；同时也不得认为是提供赋税之唯一源泉。在土地生产物上课加的收入，预先就存在土地生产物购买者的手中；假若土地生产物价格低廉，那末，成为地租的部分，便要残留在消费者方面。假若价格提高，这一部分的价值，便会转移到地主方面。结局，不论在消费者方面，或在地主方面，同样可以作为赋税的源泉。

土地之自然独占的地租，与人为独占的独占利润正同，在取得者即地主方面虽然有利，而在支给地租的一般消费者方面，便极不利益。土地生产物更廉价的售出，则除去耕作诸费，就不会残下可供地租的剩余部分。设土地生产物的价格抬高，那末，卖生产物的地主的财富虽因而增大，而买生产物的消费者的财富，便以同一比例而减少。正如马尔萨斯所批评的："在最近由爱丁堡的布哈南氏刊行的极可珍贵的《国富论》版本中，对于独占的观念，确有更进一步的发展。即从来著述家们虽设想地租由独占的法则所支配，但他们还以为，就土地方面说，独占是必要而且有利的。然而布哈南认定这是一种偏见，他甚且倡言：地租是掠自消费者而给与地主的东西。"①

三　马尔萨斯的地租论

马尔萨斯不仅反对布哈南的独占说，他并且反对重农学派及亚当·

① 马尔萨斯：《地租之性质及进步的研究》，第516页。

斯密的独占说。他曾就地租的原因说:“我在极深的注意与反复熟读之后,发现了亚当·斯密,其他的经济学者,以及近代的著述家们,对于地租论的意见,是全然不一致的。……在我看来,所有这些学者们,几乎都设想着:地租的性质及支配地租的法则,在于由独占持有一种超过持有生产费以上的价格。”①

然而马尔萨斯对于地租的原因,亦不曾说到土地生产物价格与生产费之差额以外。他主张:“地租的直接原因,分明是基于原料生产物的市场价格,超过其生产费的那种事实上。”②不过他认定:原料生产物其所以有超过生产费的价格的,要不外下面三种原因。(他特别重视第二原因,并由是申述地租非独占的产物。)

一、土地的性质 土地有赍与耕作者维持生活必要以上的生活资料之性质。

二、生活资料的特性 生活资料能创造它自身的需要,即是说,需要者的人数,会依生产出来的生活资料之量的比例而增加。

三、土地的稀少性 肥沃土地稀少。

以上三种原因中,第一原因是重农学派所着眼的。第三原因是亚当·斯密以下的多数学者所主张的。马尔萨斯的地租论,则宁可说是着重第二原因。依他所见,人类生存上绝对无条件的必要生活资料之需要,本质上与其他商品的需要不同。即是说,在其他商品方面的生产量的需要,皆是立于不足轻重的位置。所以普通商品行使独占,把供给量略加限制的时候,价格便随着腾贵起来。然而在绝对必要的生活资料的场合,需要的存在及增加,换言之,需要者的人数,就不得不由生活资料本身的存在及增加而决定。

马尔萨斯人口论中所谓人口增减与生活资料增减为比例之说,是人所周知的。而他的地租论,也还是以人口律为前题。依他所见,人口增加,是耕作者产出了消费量以上的许多生活资料的结果。因之,人口增加多少,对于生活资料的需要,亦不得不以同一程度增加。在其他商品方面,因为机械等的发明,生产量增加,其结果,供过于求,价格乃因而低下;

---

① 同上,第2页。

② 同上,第2页。

反之,在生活资料方面,便大不相同:生活资料的生产量无论大到若何程度,价格总是有加无已的。

为提高商品的价格而限制供给量,那是有效的方法。而且,由独占限制供给量,使价格腾贵,因而获得独占的利润,那也是明显的事实。但是在生活资料方面,就不是这样。生活资料如果限制供给,接着它的需要即人口亦将受到限制,所以这种生产物的价格,就不会提高。从前的学者们,都以为生活资料的价格,是立于独占原理支配之下的,因为如此,所以他们把地租当为一种独占的利润。但是马尔萨斯看来,这全是错误的。地租的起因,宁可说是,土地具有一种能够赋与耕作者的消费量以上的生产物的性质(马尔萨斯称此为赋与人类之"自然的恩惠")。而且,因为生活资料自身会创造需要,所以它的供给量越发增加,便越发会唤起需要,而使地租不绝加多。他曾在《人口论》里面说过,人口有比较生活资料增加的更速的倾向。这样看来,需要的增加,便不得不比生活资料的增加更大。其结果,生活资料的价格腾贵,接着地主可以获得的剩余部分,亦因而增大。

在马尔萨斯说来,在文明程度发达到了某一阶段的国民间,地租必然会当作生活资料的特性及"自然的恩惠"之结果而发生起来。一国人口到了某种密度,加之,一国的财富达到了某种程度,而发生地租,那就是"与地心吸力定律为同样不变的定律",他以地租之发生为必然的,并且以地租腾贵,为一种无可避免的倾向。他曾把地租的腾贵,归于以下的四种原因:

一、由资本蓄积,渐次利润低下。

二、由人口增加,渐次工资低下。

三、由农业上的种种改良,即劳动生产力的增进,结果,生产一定额数的劳动者的数目减少。

四、因需要增加,而土地生产物的价格腾贵,又因土地生产物的价格腾贵,而生产费低落。

依他所见,利润率是以需要与存在资本量之大小依反比例而上下。资本蓄积增进,存在的资本量超过需要,于是利润率因而低下。地租不外由土地生产物价格中除去(包括有农业资本普通利润在内的)一切生产费的残额。这样看来,利润率的低下,就是生产费的低下,也就可以说是地租的增加。而且,人口增加,即是劳动者增加;劳动者供给过多,于是工资低下,结局依然会使地租增加。

产出同一量生产物的劳动者的人数,是依土地改良,耕作方法进步而减少的,这种过程,仍不免使生产费缩减,地租加大。更进,谷物价格虽然腾贵,生产费不仅不能依此比例而膨胀,却反而会由此裁汰劳动者,使生产费低减下来。资本的蓄积,人口的增加,农业上的种种改良,谷物价格的腾贵……总之,所有这一切的活动,皆不外财富增加的必然结果。所以马尔萨斯主张:地租的高涨,即国富增加之表征。

马尔萨斯在重视地租一点上,是优于亚当·斯密的。他尝说:"魁斯奈派的经济学者们,关于地租所述的若干意见,在我看来,似乎全是正确的。"[①]我们照他自己所述的这一点立论,他是堕入了重农说一流的偏见。依他所见,地租不止是个个地主的利益,或者地主阶级的利益。地租就是对于制造业也唤起了坚实的国内需要,而成为赋税最有力的资源,国民经济上不可缺的一部分。"实在说来,没有地租,就不仅没有都市,没有海陆军,即艺术,学问,制造工业品,舶来便利品或奢侈品等所有一切,都不会存在。更进,设若地租不存在,那就不但不能使人向上而且具有威仪,同时在大多数人民全体上发生有益影响的文雅而优良的社会,也不会存在。"[②]在他看来,即谓一切文化皆脱胎于地租,亦非过言。

从而,像布哈南所主张的:地租不会增加国富,不过是有利于地主,并以同一比例有损于消费者的那种价值转移说,(在马尔萨斯看来)便不能不说是绝大的谬误。地租不单是名义上的价值,所以不得视为不当的转移价值,而是国富中最真实而且本质的部分。土地不拘为何人所有,终当以自然法则为依归。

马尔萨斯既认定地租为国富最重要的根源,其结果,当然会如重农学派一样,视农业为最重要最生产的产业。他说:"亚当·斯密所谓:在制造业上,纵令使用等量的生产劳动,决不会赍与农业场合同多的再生产,这是对的。……假定现在有各各一万镑的两宗资本,一宗用于制造业上,另一宗用在土地改良上,均能获得普通的利润;如果二十年后回收转来,则

① 《经济原论》,第 137 页。

② 《地租之性质及进步的研究》,第 17 页。

制造业上所用的资本,没有残下什么。而同时土地上所用的资本,必会残有不少价值的地租。"①

亚当·斯密主张国民由所得上的关系,分为工资所得阶级,利润所得阶级,及地租所得阶级三者,就中地租所得阶级的利害,与国家的利害最为一致。马尔萨斯亦踏袭此说,以为地主阶级虽不会积极的贡献财富的生产,而其利害比之其他诸阶级,却最与国家的利害一致。所以事实上予地主阶级以打击,就必然的要影响国家的利益。

四 马尔萨斯与李嘉图

视地租为国民经济上极关重要的马尔萨斯,其归结当然会反对那些使地租低下的一切政策。依他所见,当时成为问题的谷物输入限制,决不是有害的。不拘谷物限制能行与否,谷物高价,终归是财富之增进的表征,是"财富之增进的必然伴随物;一方没有,他方亦不得存在"。②

谷价腾贵,地租将因而增进,国民的经济文化将因而发达。但是,他之所谓地租的增进,与威斯特及李嘉图所主张的不同,因为那不是由谷物生产费递增而发生的。谷物价格非由地租决定,地租却反而是由谷物价格决定。所以他主张:谷价腾贵,定能使国富增加,哪怕就是从任何意义上设想,谷价腾贵,也不得认为是有害的。

在英国当时的劳动者,因谷价腾贵,一般皆陷入了极度的贫困。所以许多人都从社会政策的见地,去反对谷物输入的限制。但是马尔萨斯不这样主张,他以为视谷物昂贵为劳动阶级的不利,那不过是一种近视的见解。固然他也承认工资增加,不曾与生活资料价格的腾贵相照应,可是他相信,对于劳动的需要,如依同一比例增加,劳动者的谨慎生活习惯,如没有改变,那末,这种贫困的状态,是不会继续下去的。

依他所见,只有谨慎的生活习惯与劳动需要增加,才能赍与劳动阶级的福利。劳动阶级最可怕的问题,是劳动需要减退,谷物价格没有抬高。

---

① 《关于外国谷物输入限制政策之一见解的根据》,第 35 页、第 36 页。

② 《地租之性质及进步的研究》,第 47 页。

谷价高的国家的劳动阶级比之谷价低的国家的劳动阶级，能够获得同样或更多的福利。设谷物自由输入，则谷价低下，因而农业衰落，劳动需要减退，劳动阶级乃不得不陷于工资低落与失业的痛苦中。

谷物的关税撤废，其结果会使农业经营者与劳动者同样蒙到痛苦。谷物输入增大，则谷价低落，农业资本的利润因而着着减退；即令利润率能够逐渐恢复过来，但在利润率恢复以前，农业资本上早就要酿起莫大的损害。而同时由输入谷物受到利益的，不过是那些在商工业方面从事外国贸易的一部分人。其余的大多数商工业者，因为谷价低减，农民的购买力低减，一定会跟着受到非常大的打击。因此，依马尔萨斯的主张，谷物关税的撤废，对于任何阶级都是没有利益的。

马尔萨斯与威斯特同样在土地生产力的差异上，探求地租的区别。但是他不能如李嘉图那样集对差地租论的大成，他不过执着于地租的必然性及其重要性罢了。而且他的极端地租尊重主义，也不过是对于当时掀起一般风潮的地租排斥或地主攻击的一种反动；这正如他的人口论不过是对于葛德文一派社会改革论的一种反动一样。

李嘉图对于马尔萨斯所主张的，曾加以精细的批评。他虽没有发觉安德森的著述，但对于马尔萨斯与威斯特的著述却曾切实的钻研过。他借地租论的介绍，得与威斯特及马尔萨斯交游。一八一五年三月九日寄马尔萨斯书中说："与足下相逢后，始从著述家威斯特获得一函。"①一八一八年九月十一日寄陀那说："威斯特的小著是得未曾有的。他发现了地租及利润的确当学说。我与他的所见相同。"②

李嘉图读到了《地租之性质及进步的研究》时，曾以下面这样的书信寄给马尔萨斯："我现在正在熟读足下关于地租的成立及进步的论文，我的意思，是要探究日后说不定要在我们彼此之间惹起争论的部分。那里面所展开的一切主要见解，我都绝对赞成。而且我所赞成的，并不仅是关于地租方面，而其他许多困难点如关于课税等的重要独创见解，亦令我心悦诚服。这些话，决没有参杂一点客气在里面。"③李嘉图重视马尔萨斯

① 《李嘉图寄马尔萨斯书简集》，第 61 页。

② 《李嘉图寄哈其斯·陀那及其他的书简集》，第 56 页。

③ 《李嘉图寄马尔萨斯书简集》，第 58 页。

及威斯特的研究，就他所著的《经济学及赋税之原理》中称述的，亦可窥见一斑。他说："一八一五年马尔萨斯的《地租之性质及进步的研究》，与牛津大学学友[①]《关于土地投资的论文》，几乎是同时公表的真的地租论。"[②]

李嘉图虽然这样称扬马尔萨斯及威斯特的劳作，但在另一方面，他对于马尔萨斯的偏见，却毫不客气的加以批评。特别是关于马尔萨斯当作地租发生之直接原因的土地及食物的特性，他认为是完全谬误的。马尔萨斯踏袭重农学派，以地租为纯利得，为财富的新创造。李嘉图却极力称说地租不是什么新的创造，新的利得。接着，我将就李嘉图寄陀那的书简，而探索他对于马尔萨斯的反对意见[③]。

据李嘉图的见解，任何商品的生产，皆不会超过需要以上。假如没有需要而生产，其价格势必低落。价格低落，则生产上所费的劳动不能得到报偿，而资本的普通利润，亦没有着落。在这点上，不论是谷物，是丝，或者是葡萄酒，其结果都是一样的。丝或葡萄酒在一定价格的需要以上生产，必会招到损失；同理，谷物的生产，亦不得超过需要。因为任谁生产，都是以获得利润为目的，价格划算不来，他一定不会继续下去。

事实上，把谷物当作一时有更多需要的商品，那是说得过去的。但在这种情形下的谷物生产，不过是对于目的的一种手段。生产者的目的，是希望获得更多的货币。谷物亦与其他一切商品相同，在生产上事先预期一定的需要，然后再以生产作为达到这个目的的手段。当谷价低落到自然价格以下的时候，人口虽会因而增加。但在这种条件所生产的谷物，恐怕对于谁也没有利益。这样一来，我们就无从设想谷物会唤起自身的需要，或者谷物丰收会使人口增加。

再者，劳动需要的增加，并不一定马上就会增加劳动的人员。工资腾贵，宁可说是使同一人数的劳动者，从事更多的劳作。从而，资本及劳动需要的增加，并非增加谷物的需要，而是增加劳动者可以消费的其他商品之需要。因为劳动工资增加，最初所要求的就是这些商品，儿童数未增加以前，是不会特别要求谷物的。谷物需要增加，其他必要品减退的事实，

① 这种著述，是威斯特用"学友"的名义公刊的。

② 《经济学及赋税之原理》，一八一七年刊。序文第 29 页。

③ 《李嘉图寄哈其斯·陀那及其他的书简集》，第 121 页。

系发现于儿童数大增之后。衣服不能使人数加多，葡萄酒不能使人数加多，谷物也同样不能自身创造需要。在资本增加的情形下可采取的最好的手段，不是生产需要以上的谷物，而是生产许多有高价格的商品。马尔萨斯说，谷物具有产出需要者的特质，在这点上，它与一切其他的商品不同。在我们看来，他这种主张，是不得认为允当的。

以下是李嘉图对于马尔萨斯的批评。

依马尔萨斯所见，普通诸商品虽因供给增加，使价格下落，但谷物能够创造自身的需要，所以不会由供给而低减价格。然而李嘉图却以为：如马尔萨斯所云，食物的现存量既不会使人口增加，那末，需要以上的谷物生产，便不得唤起价格的低落。在李嘉图看来，人口增加以前，必定要增加资本。由资本增加而唤起劳动的需要，而提高工资，其结果，劳动者的生活向上，即是说，劳动者可以消费的一般商品增加，接着结婚及生育增加，于是谷物需要乃因而增大。所以李嘉图反驳马尔萨斯说，谷物生产的增加，决非人口增加的原因。

此外，李嘉图又断言：马尔萨斯称许地租的重要，是同样的谬误。地租腾贵的原因，在乎谷物生产费的递增，而不是像马尔萨斯所说的，由于国富的增进。至若马氏主张谷物价格腾贵，不会减低劳动阶级的利益的见解，亦无是处。因为从消费者的立场说，谷物愈低廉。便愈有利益。希斯孟第(Sismondi)及布哈南(Buchanan)所谓地租在地主方面，固有利益；在消费者方面，却毫无利益可言，这是非常确当的。可是李嘉图亦未视地租的征收为不合理，他充其量不过是说：地租是由于土地独占之自然的利益。

要之，马尔萨斯虽努力使地租的征收合理化，却未收到十分的效果。他在地租非由独占而生的一点上，虽然显示了多少的特点，却不曾提出一个十分有组织的理论。他的主张是基于极端的阶级偏见上，而拘囚在主观的非论理的视野里面。从而，在正统派经济学上，集地租论之大成这件事，遂由李嘉图一手担当了。当作反对社会主义思想而披露的马尔萨斯的《人口论》，经过李嘉图的手，化而为社会主义者们战斗手段的工资铁则说；同样，马尔萨斯的地租论，经过李嘉图大成之后，乃成为亨利·佐治等的社会主张之有用的理论根据。

第四章　李嘉图的地租学说

一　李嘉图的生涯及其根本思想

称为地租学说之建设者大卫德·李嘉图(David Ricardo),是荷兰系犹太人的儿子,他于一七七二年生于伦敦。他的父亲是证券交易所的办事员,李嘉图受过几许商业教育后,亦于十四岁时,在交易所里面出入,后来因为归依基督教触怒其父,为父所驱逐。他既被驱逐在外,遂不得不自营生活;二十一岁时,亦成为证券交易所的办事员。他的态度冷静,计算明确,所以着着成功,及至二十五岁,已积有巨大的财富。

但是他的意向,不欲长久留在投机场里。他既得有充分的资产后,遂一转进路,而从事学问的研究。他首先着手研究数学,化学,地质学等。然自一七九九年对于亚当·斯密的《国富论》一书,深加研究以后,其注意遂倾向于全经济现象之探讨,最后始专心攻究经济学,特别是分配论。

当时英国因谷价及地租极度腾贵,招致一般生活不安的情况,这是我们在前章述过的。因为如此,所以关于财富分配的问题,遂成为当时经济界主要的问题。诚如里卫斯·韩讷(Lewis Haney)所说的,"物价为何而腾贵?地租为何而提高?应如何救济?如何决定劳动工资?劳动组织能生若何的效果?赋税应归何人负担?凡此诸问题在资本家利益上所生的影响如何?都成为当时急待解决的问题"。[①]

李嘉图生活在这种环境下,而特别着重分配论的讨论,那是势所必然的。其处女作《当作银行纸币跌落证明的金银增价》(于一八一〇年刊行),就在说明这个题名的原则。他这种原则虽为生金委员会所采取,但

---

① 韩讷著,《经济思想史》,一九二〇年版,第254页。

鲍山奎特(Bosonquet)曾加以驳斥。由是,李嘉图遂于一八一一年公布《答鲍山奎特对于生金委员会报告书之实地观察》一文。马克劳克曾说这篇文章为经济学上一切论争中的最优论文之一。李嘉图在一八一五年所著的《谷价低落对于资本利润之影响》里面,曾略略表示过地租论的大纲;翌年刊行《经济而安全的通货建议》,一八一七年,其主要著作《经济学及赋税之原理》出版。李嘉图此外的著作,还有为《大英百科全书》执笔的《减债基金制度》,及于一八二三刊行的题为《农业保护论》等小著。

李嘉图于一八一九年被选为代表波达林顿(Portarlington)的下院议员。他在议会中虽不十分活动,但因其深湛的学识与慎重的态度,颇为人所尊敬。他富于同情心,常用其财产于博施济众之举。除以巨款捐助他人所经营的慈善事业外,更独自供给两个慈善学校与一个贫民院之完全费用。他于一八二三年逝去。

经济学史上的李嘉图,系属于亚当·密斯学派。他大体接受斯密的学说,且加以发展,并努力于其特殊部分之订正。但在方法论上,他却与斯密背道而驰。斯密以某种事实为基础而构成其学说,李嘉图则假想一个抽象的世界,对于实际生活上的实例,几乎没有提及。在从来的经济学者中,没有哪个像李嘉图这样纯尚抽象观念的,他常由假想的抽象前提出发,而试行演绎的推论,至若前提各部分所含的实在性,他是不曾深深顾及的。

李嘉图与亚当·斯密不一致的地方,并不是说他是一个哲学者,他很可说是一个狭义的功利主义者,唯物论者。他与十九世纪初叶的功利主义者边沁(Bentham,1748—1832)及詹姆士·弥尔(James Mill,1772—1832)的思想,暗相契合。弥尔为他的亲友,他受了弥尔的影响不少。他得与当时以人生哲学见地研究古典派经济学的边沁相识,亦系弥尔的介绍。

李嘉图信奉的经济哲学,与英国当时的工业资本为一贯。他是一个自由贸易论者,极重视自由竞争。亚当·斯密与马尔萨斯都受了重农学派的影响,反之,李嘉图却是左袒新兴布尔乔氾亚的利害的人。重农学派与马尔萨斯所重视的是地租,李嘉图所重视的是利息及利润。依他所见,地租是由生产资本及其利润控除下来的不劳而获的部分,是依国民经济的衰退而增大的部分。可是利润及利息,倒是随着国民经济的进步而增大的部分。所以他称说利润之大小，以工资为依归的时候，言外就隐约含有希望工资低廉的意思。

要之，李嘉图关于财富之分配说：最重视商工资本阶级，对于地主及劳动者，没有何种的同情。他所倡导的工资法则，后来拉赛尔（Lassalle, 1825—1864）至称为冷酷的“工银铁则”。他主张工资须与劳动者的生活及繁殖必要的最低额相当。这就是所谓“劳动的自然价格”。工资超过这种价格，则结婚盛行，劳动者的人口增加，结局，工资复归于低下。在这点上，他明明受了马尔萨斯的几许影响。

可是他虽未脱却阶级的偏见，但在经济学史上为遗有不可埋没之功绩的学者，则无可争议。我们在探究他的地租论之前，拟先略述其分配论之根底的价值论。

二 交换价值的构成要素

李嘉图仿照亚当·斯密，先区别价值为使用价值与交换价值。前者所指为物之效用，后者所指为一物对于他物交换所具的力量。效用虽为交换价值的前提，但非其尺度。所以经济上可资论究的价值，为交换价值；交换价值同时又必得为货物之“自然价格”。他尝说：“我每每言及交换价值，或言及一种货物之内在购买力的时候，系指着一时的，并在不发生障碍的限内，能够想像得到的该物所含的力量。所以这就是货物的价格。”①

所谓自然价格，就是比较经过长的期间对于货物平均支给的一种价格——即平均价格。实际上，市场价格虽不绝与自然价格成为一致，但决定市场价格的市场情形在不绝变动，所以不能由这方面确立一般的法则。由是，李嘉图遂进而探索形成自然价格基础的一般法则，且加以说明。

然则当作货物之自然价格的交换价值，究由何而决定呢？李嘉图以为货物由劳动区分为能够任意再生产的及不得再生产的两种，后者的交换价值，系取决于该货物之稀少性，购买者的购买欲，及财富的程度。例

---

① 《经济学及赋税之原理》，第 49 页。

如珍奇的绘画雕刻，古书，古钱以及特殊土地所生产的葡萄酒等，皆属于此类。可是李嘉图尝言此类物品，不过占有经济财中极少的部分。

经济财中的大部分，是成于能够任意再生产的货物。李嘉图主张此类货物的交换价值，系由生产所费的劳动的相对分量而决定。在生产所费的劳动上决定交换价值所当考虑的，不是最有利生产情况下使用的劳动，而是最不利的生产情况下使用的劳动。所谓最不利的情形，就是随着物品的必然要求所迫而继续生产的劳动情形；在此种情形下所费的劳动，才可说是交换价值的基准。他关于此种法则，所述如次。[①]

任何商品的交换价值，皆随着生产困难的情形而益益增大。比如在金银生产上必要的劳动没有显示何等的增加，而谷物生产因新的困难发生，非投下更多的劳动的时候，则谷物的交换价值，比之金银的交换价值，定会昂贵起来。反之，谷物生产如只需要较少的劳动，其交换价值，必因而低落。因为这样，所以农具改良，谷物的交换价值减少，纺织机械改良，纺织品的交换价值减少。

但是李嘉图当作决定的价值，并非个个货物绝对的交换价值，而是相对的交换价值。即是说，甲物的交换价值，不是等于甲自身所费的劳动量，而是说，甲物对于乙物的交换价值的比例，是等于前者对于后者所含的劳动量之比例。例如某商品含有一千镑的劳动费用，其他商品含有二千镑的劳动费用，那不能说是前者一千镑有后者二千镑的价值，只可说，这两者的相对价值为二对一，或以一对二的比例而交换。从而在这种情形下，不论前者以一千镑后者以二千镑售出，或者前者以一千五百镑后者以三千镑售出，在李嘉图看来，都不成问题。

不过商品的种类不同，在生产上投下的劳动的性质，自难一致。因此便有相对价值之尺度为何，及种种劳动究由何而评量的问题。可是李嘉图对于此等问题，没有与以深切的说明；他仅仅说到，对于相异种类之劳动的价值评量，是以实际市场上十分正确实现的劳动者之熟练程度及对于劳动的苦痛为标准。李嘉图的目的，在研究商品之相对价值的变动，而不是研究商品之绝对价值的变动，所以这类问题在他看来，并不觉得特别重要。例如金工劳动的价值，似比铁工劳动的价值为高的问题，那不是他

---

① 《谷价低落对于资本利润的影响》，第 377 页。

所研究的问题。金工劳动与铁工劳动的价值虽然相异，但这种相异是长久保持不变的，所以在价值及价格的变动上没有何等影响。现在假定有金铁两种劳动的生产物的价值为三对一的比例，变为四对一的比例，那末，那种关系就是因为两者所费的劳动量之差异的变化，而非质的差异变化。即是说，那不是金工劳动生产物之必要劳动量加多，就是铁工劳动生产物的必要劳动量减少，或者是这两种变化不相符合；至若劳动之质的差异，那是恒久不变的。

依李嘉图的见解，此种相对价值之尺度的劳动，不仅包含有直接生产上所投下的劳动，并且在器具，机械，原料等上面所投下的间接劳动，亦包含在内。例如评量袜之交换价值，不仅直接在袜的制造上所费的劳动设想，就是造成机械工厂的劳动，原料（即棉花）的栽培劳动，以及机械原料等输送所费的劳动，都不能不一一加以打算。

李嘉图在大体上是以生产上投下的劳动量为交换价值之尺度的劳动价值论者。可是他的价值论，前后没有联贯起来，因为他有时还说工资及资本普通利润，亦得为交换价值之决定要素。由这点看来，他的主张，又近似生产费说。

他在所著《经济学及赋税之原理》里面，开始就批评亚当·斯密之价值说。斯密主张：交换价值单由劳动决定的事实，只限于资本未蓄积，土地未私有之原始社会，若在文明社会中，则工资，利润及地租，皆为价值决定的要素。李嘉图虽指称此说不澈底，但在劳动价值说与生产费说之间徘徊的一点上，他与斯密实不相上下。这样看来，他所非难斯密的地方，殆由于他没有顾虑到经济发达的各阶段，因而把价值论当作一种附有超历史的一般性质的东西。他尝称说，原始社会中的生产物的价值，亦不仅由于直接的劳动决定；因为在决定此种价值的时候，应该考虑当时借以捕获野兽之武器上所投的劳动。依他所见，没有武器，便不会捕获海狸与鹿。从而此等捕获物的价值，便不仅由捕获上所费的劳动决定，武器的制作乃至搜集上的劳动，亦必加入考量。这就是说，哪怕就是在原始社会里面，也有资本存在。原始社会与文明社会在经济上只有程度的差异，其本质是没有什么不同的。

三　资本与价值的关系

李嘉图所以被人视为由劳动价值说，移向生产费说的，就是因为他在《经济学及赋税原理》第三版中，曾与价值论以修正。在第三版四十六面的注脚下，他极力申述利润何以必须加入生产费中的原因。即是说，只有加入普通利润的生产费，才可称为交换价值(即自然价格)。(他寄马克劳克的书简中)他既然称说劳动以外的资本亦应参加价值的决定，那末，他的价值理论，就已经不是劳动价值说，而是生产费说了。

他把资本分为固定资本与流动资本两种。流动资本是迅速消耗而屡屡需要更新的资本，固定资本是徐徐消耗的资本。然而这种区别，李嘉图却不认为是本质的，不过程度上分类而已。因为这两者一方是比较流动的，他方是比较不流动的；一方是比较固定的，他方是比较不固定的。但是不论如何，资本的持续性既不同，它们在构成上的过程自不一样；而且因为固定资本本身间的持续性亦有差异，所以在交换价值的构成上的影响，就显然不同了。李嘉图主张决定交换价值，是限于以下的四种情形：

一、企业家二人，在其生产上不使用机械(即固定资本)，只使用劳动；并且他们两者的生产物，如果在搬往市场以前的时间上没有差异，则单由劳动决定其相对价值。

二、企业家二人，在生产上皆使用机械(即固定资本)，且两者的固定资本的持续性与价值皆相等，那末，他们的生产物亦单由劳动决定其相对价值。

三、企业家二人，虽以等量的资本及劳动投在生产上面，但一方的资本比较他方的资本包含有更大部分的固定资本——在这种情形下，决定交换价值的，除劳动以外，还有资本的利润。

四、企业者二人，虽使用等量的劳动及资本，并且他们的固定资本之量亦相等，不过一方的固定资本，比之他方的固定资本，较为速耗——在这种情形下，也是由劳动与资本利润决定交换价值。

李嘉图更就这四种情形，详加说明——假令甲乙丙企业家三人，各在一年间使用劳动者百人。但甲乙以其劳动的全部，用之于机械的生产，丙之劳动者全部，充用谷物生产。一年后，甲及乙所得的机械，与丙所得的谷物，便会代表同一价值。因为在此种生产行程上，各各所投下的是等量的劳动。

假定这三个企业家在第二年度，亦各使用百人劳动者从事生产，甲依前一年生产的机械之助，生产羊毛品，乙亦依前一年生产的机械之助，生产棉制品，丙依然生产谷物，那末，其结果将怎样呢？一年度投下的劳动量，是彼此相等的。可是丙之生产物中，不过含有劳动者百人本年间所投下的劳动，而甲与乙的生产物中，则上一年度的百人劳动，亦当加在里面。其结果，甲及乙的生产物，一定有丙的生产物价值的两倍。因为丙之生产物，不过是一百人一年间的劳动体象化。而同时甲与乙的劳动生产物，则是一百人两年间的劳动的体象化。

然而事实上，甲乙各各的生产物，有丙之生产物二倍以上的价值。即是说，其交换比率为二对一以上。因为甲乙两者的生产物中，都须加上资本的利润。

总而言之，因为甲与乙前一年生产的机械，至第二年度系当作固定资本使用，所以第二年生产物的价值，不仅为直接支出劳动量，与机械上投下的劳动量的合计，并且还得加上对于资本第一年间的利润。依李嘉图所见，商品的价值，不必能与投下的劳动量为比例，因为资本的持续性不同，或者生产物搬往市场的时间不一致的时候，利润便有差异，而且这种差异，又会在价值上发生影响。

例如各劳动者的一年的工资为五十镑，利润为百分之十。第一年末，甲乙两企业家所得生产物的价值，各为五千〔五〕百镑。即是说，百人的工资共五千镑，加上作为工资五千镑之百分之十的利润五百镑，就是生产物的交换价值。第二年度甲乙虽各支给工资额五千镑，但是与第一年度一样生产同一价值生产物的，却只有丙企业家，甲乙因为使用前一年生产的机械，而且假定这种机械在一年间消耗无余，那末，其第二年度的生产物的价值，便一定是一万一千五百五十镑。这就是当作固定资本之机械价值的五千五百镑，与前工资五千镑。合计一万零五百镑；再加上百分之十的利润一千零五十镑。在这种情形下，因为甲乙两者第一年度的生产物，比较丙之生产物迟一年运往市场，所以这种生产物的价值，须加上相当额数的利润。

但是，假如工资腾贵，这些商品将受到何等的影响呢？在李嘉图，因为他是研究相对价值的，所以他以为，纵令工资腾贵，资本组成之相等的羊毛品及棉制品间的价值关系，仍不会发生变化。因为由工资腾贵所生的影响，是彼此相同的。但是就李嘉图所树立的那个利润率不低下，工资便无从腾贵的前提说来，羊毛品或棉制品对于谷物的相对价值，就不得不发生变化。即是说，依他所见，工资率其所以腾贵，仅由于利润率的低下。羊毛品或棉制品因为含有生产投下的更多固定资本，所以它们对于谷物的相对价值便应该低减下来。

要之，商品的相对价值依工资腾落而受到影响的程度，是与总资本上所占的固定资本部分之比例而不同。由非常高价的机械或工厂所生产的商品，比之仅由流动资本所生产的商品，其价值将随着工资腾贵的程度而低落下来。为什么呢？因为机械或工厂在结局虽然能够把劳动回复转来，但是这种凝结成为固定资本的劳动，在它转形为商品而搬往市场以前，须经过较长的时间，由是这种行程中的利润，便不得不发生变化。

李嘉图一方面虽申言：因为资本持续性不同，于是工资若有腾落，利润率若有变动，相对的交换价值亦发生变化。但是他同时又主张：就长期间平均评量起来，交换价值与投下的劳动量乃成为一致。这种说法，恰如不绝动摇的市场价格，在长期间平均看去，就与自然价格成为一致相同。李嘉图极力称说：各种资本因相互竞争而不绝平均化。假若某商品的市场价格，比较其他商品含有更多的利润，则资本会离开低利润的生产部门，而投向高利润的生产部门。因此，利润率结局就要趋于平均。换言之，就要在长期间内，各种生产部门的利润率是同一的。也就是说：长期间平均的相对交换价值，不受何等利润动摇的影响。而在这种情形下决定价值的要素，便只能说是生产投下的劳动量。

这样一来，李嘉图算是依然归结到了他原来的主张，即：相对价值的决定要素，仅为生产上投下的劳动量的主张。然而投下劳动量之大小，究从何而评量呢？在生产上投下的劳动量恒久不变，且能为他种商品价值尺度的商品，根本就没有。就是变动最少，因而附有成为货币的机能的黄金，李嘉图亦不认其能为恒久不变的价值尺度。因为货币的比较的变动虽少，其自体与其他的商品，同样有价值的变动。可是货币价值的变动，究不若其他商品之显著，所以他以为把货币作日常生活上的尺度，那是十分妥当的。

货币自体发生价值变动的结果，其他商品就是在价值没有何等变化的情形下，依旧不能不变更其价格。依李嘉图所见，由货币评量的价值，就是价格。所以商品在其价值不变的时候，其价格有的会变动；其价值增大的时候，价格有的会不变动。例如：假定金的采掘，与鞋的制造需要更多的劳动。在这种情形下，金与鞋的价值，是自然会增加的。但是金与鞋的价值，如依同一比例增大，则鞋的价格，或不致表示何等变化。反之，金价如其减少，那末，鞋的价值即使在没有变化的情形下，其价格犹不能不昂腾起来。

假定金的价值不变，其他商品的价格，便随投下劳动量的大小，即价值的大小而上下。商品的生产容易，其所体象化的劳动量减少，则价格必会低落。商品的价值，是依生产力增大而减少的。例如由采用或种机械，得以从来同一量的劳动，生产两倍的商品，那末，这种商品的价值，便当减少二分之一。生产力依社会的发达而增进，从而商品的价值，便不得不逐渐低减。

因此，李嘉图以为：财富与价值，应当严格的区别，把财富与价值混为一谈，并且对于价值的尺度，缺乏正确认识的结果，曾经在经济学上惹起了许多谬误。然所谓财富云者，不外就是一切的有用物（生活必需品，便利品，奢侈品等）。生产力增进，自然会使个个商品的价值减少。但社会物质的财富，却是随生产力发达而益益增加的。

李嘉图以这种价值论为根底而树立其分配论，而他的地租论，又在分配论上占有特殊的重要地位。一切的商品，就任何意义言，终须蒙受自然的恩惠。没有哪种商品，不仰给土地之原料或辅助材的。而且事实上，土地又都是属于个人的私有。然则地租也算是构成商品价格的要素么？李嘉图在他的地租〔论〕中的回答是否定的。依他所见，地租决非自然价格（即他同时又称为交换价值的）之一般的构成要素；地租之存在，与上面的价值法则变化，毫不相干。

四　地租的概念

李嘉图在探究地租法则之前，首先就确定地租的概念，使通俗意味上的地租与经济学上的地租相区别。通俗所谓地租，是指着农业经营者实际支给地主的佃料全部。但是经济上的地租，却仅指佃料的一部分，即不外："土地生产物中，对于土地之固有且不可灭的力之利用而支给地主的一部份。"①因为佃料中，通例除去对于"土地固有且不可灭的力"之利用的报偿以外还含其他的部分。

地主对于土地，往往投下固定资本。即是说，他在土地贷出以前，建有佃屋或围栅，或整理耕地，改良灌溉等。他其所以乐于投下这类资本的，就是想增大土地的效用，而要求更多的地租。从而佃农对于纯粹土地生产力的报偿以外，还须报偿地主所投下的这种固定资本。普通所谓佃料，包括有上面这两种报偿。然而佃料内除去对于土地生产力支给的一部分外，其余在经济学上不得谓之地租。因为对于地主投下的资本的报偿，实质上是随利润法则为转移的。

再者，在土地上投下资本的，不仅地主，就是佃农业者，也往往以自己的资本，投在他从地主借得的土地上，即是说：由佃农的资本整理耕地，改良灌溉。在这种情形下，由整理改良而增加的收获，自然是当作资本的利润，归之佃农。但是这类固定资本一旦投在土地上，便不易从土地离开。佃农等到经过若干年限，须得把土地退还地主的时候，他在土地上投下的资本，当然尚有残留；因之，当地主把土地转佃他人时，他就能够对于以前佃农投下的资本，向新佃农要求报偿。"地主在实际上也许会使用广义地租(Larger rent)这个名称。但这一部分明明是对于土地投下的资本而支给的。对于土地的本源力(固有力)之利用的报偿，那不过是其他的一部分。"②

要之，依李嘉图的定义说来，地租就是对于利用土地固有的生产力的

① 《经济学及赋税之原理》，第34页。

② 《谷价低落对于资本利润的影响》，第375页。

报偿，可是凡属利用土地固有力的，不必都发生地租。依他的主张，利用既占有的土地的生产力，只有在那种生产物能够获得超过生产必要的一切费用(含有生产的资本利润)以上的价格的情形下，其余剩利润的全部，乃成为地租。

生产上重要的自然因素，不单是土地。如空气，如水，如电力，如蒸汽，都是生产上不可忽视的助力。然而对于利用空气及水之类的生产力，其所以不会要求报偿的，就是因为空气及水的极丰富的存在，不论是谁，皆可自由利用。现在如假定土地无限的宽阔存在，并且其质皆相等，那末，利用土地的人，便不会支给地租。然而一切土地的质不一样，其广袤亦非无限；加之，在某种人得排除其他的人而占有的一点上，土地与空气及水是大不相同的。从而丰度最高的土地，便最先被人占有；土地利用的必要增大，因而丰度低的土地，亦渐划入利用的圈内。丰度不一，虽投下等量的资本及劳动，其收获犹会发生差异。惟其如此，所以在收获上不够偿还一切生产费用的土地，便没有人去利用。依李嘉图所见，利用圈内最低丰度的土地，必得是在收获上能够偿还一切生产费用的土地。最低丰度的土地即能够偿得一切的费用，则丰度较高的土地，当然会获得更多的收获，当然除去生产普通利润外，尚残有余剩利润。此种余剩利润的全部，就是当作地租，支给土地所有者的。概括的说来：这是对于利用土地固有生产力而支给的，同时也可说是："通常使用二种等量劳动及资本所得的差额。"①

李嘉图既然是这样决定他的地租概念，所以他在《经济学及赋税之原理》第二章里面，指谪亚当·斯密的地租概念之过于暧昧。斯密举出挪威的森林，因为需要激增，从来不生产地租的土地，亦因而渐次唤起地租之一例证。即是说，随着材木之需要增大，挪威的森林地亦发生地租。可是在那种情形下对于森林所支给的，决非纯粹的地租。因为这不是对于栽培可供将来需要的树木而提供的地租，乃是对于现在成长的树木价值所给的报酬。换言之，就是那不外是取得采伐并贩卖树木权而支给的代价。再者，斯密就是关于采石场或矿山，亦把对于现在价值物支给的部分与对于土地生产力支给的部分，混为一谈，而统称之为地租。但是对于现存价

---

① 《经济学及赋税之原理》，第37页。

值物支给的，是依从利润的法则；惟有对于土地生产力支给的，才是依从地租的法则。

李嘉图一方面对于地租树立这样严密的概念，而在他方面又说：在土地上投下的资本，与土地不可分离；因而对于这种资本的报偿，便应当依从土地的法则，而不是依从利润的法则，即是说：他在区别对于土地上投下的资本的报偿及地租两者的时候，没有十分考察资本投下的结果。但是他在《经济学及赋税之原理》的“救贫税”那一章里面，曾经区别：土地上投下资本，便会永久增大土地的效用；土地上没有投下资本，就不会有这种效用的两层关系，他并且认定在前一关系上支给资本的报偿，应该依从地租的法则。

土地上投下的资本如佃屋及围棚之类，在一定的期间内是会消耗的。因为这类资本只能增加土地一时的效用，且须时常更新，所以其报偿系由利润的法则所支配。但是资本用在土地改良上，将与土地合为一体，而永久增进其生产力。由资本投下而增进的人为土地生产力，不久便与土地自然的生产力区别不开。所以对于这种投下资本支给的报偿，在李嘉图以为不是依从利润的法则，完全是依从地租的法则。

李嘉图既承认此种例外，对于土地自然生产力以外的报偿，亦主张依地租法则所支配，于是他的地租概念，便不免导入混乱了。假若投下资本所得的报偿，亦由地租律支配，那末，地租这个东西，岂不成了关于一切（不问自然的或人为的）土地生产力所支给的报偿么？但是李嘉图并不想把地租概念这样扩大。他对于人为生产力的报酬，虽认为是应该依从地租法则的“准地租”，可是那不是就狭义地租而言的。

五　对差地租的三种形态

李嘉图研究价值论，是以一定的前提出发，他研究地租论，也是以一定的前提出发。他先假定一个在农业技术上没有何等发达改善，并且资本及人口常以适当的比例增加，而其工资在实质上止于同一水准的社会；在这样的社会里面，他进行考察：土地的耕作范围，因资本及人口增加而扩大，而渐次由丰度较高的土地发生地租的过程，并由是说明地租与商品价值形成的关系。

如前所述,李嘉图并不曾主张进于耕作的一切土地,都会发生地租。依他所见,进于耕作的土地中之最低丰度的土地,通常是不纳地租的。地租不过是在一定的经济情形下所生的对差所得,而不是由耕作地的所有必然生出来的一般所得。换言之,就是在土地生产物的价值,与含有农业资本利润的生产费为等额的限内,便不会提供地租。

依李嘉图的观察,在某种经济的发达阶段,一切土地概无地租。未开垦的土地,尚极辽阔,人人皆得自由利用的时候,地租决不会发生,因为这时的土地,决非独占的所有物,不过是如空气或水一样的自由财。例如在殖民地殖民之初,一切土地,皆任人自行占有,谁也不会对于土地的利用支给报酬。但是在最高丰度的土地,已被最初的殖民所占有,丰度较低的土地虽得自由利用,而最高丰度的土地,已不复能自由利用的情形下,优良的土地,便非提供地租不能利用了。

地租所以成立,系由人口增加,唤起了谷物需要的增加。即是说:谷物的需要,超过了最高丰度的土地的收获量以上,谷价势必腾贵,于是丰度较低的土地的收获,亦能偿生产费及农业资本的普通利润。从而最高丰度土地的所有者,乃利用其独占的地位,把此等土地与较低丰度土地间收获的差额,当作地租征收。谷物愈腾贵,丰度更低的土地亦划入耕作圈内,而最高丰度土地所提供的地租,乃益益加大。

在一般土地生产力较大的国度里面,其地租比之一般土地生产力较小的国度为少。这个理由,就是因为地租非与绝对的丰度为比例,而是与相对的丰度为比较。地租不依存于土地生产物之交换价值,乃依存于其他土地之较低的生产力。从而,在土地极丰富,而且一般丰度均高的情形下,地主的收入便极其有限。所以李嘉图说:"进于耕作的土地,如果都为多生产的土地,则地主的所得,便不过是全生产物中最小的一部分,仅具有最小的交换价值。迨后因为人口增加,更劣等的土地,亦有耕作的必要,于是地主由全生产物中分得的部分,即彼所得的交换价值,乃渐渐增加。"①

要之,李嘉图认定地租在这种经济阶段,即在一切土地尚未完全转化

---

① 《经济学及赋税之原理》,第247页。

为独占的所有物的状态下，必然为对差地租。可是他并未因此否认绝对地租之发生，他曾肯定的说：一切土地被占有的时候，就是绝对地租出现的时候。不过他设想：一切土地都被占有，那是极远将来的事。所以他通常所称述的地租，究不过是对差地租。

李嘉图说，地租（即对差地租）有三种形态，即丰度的对差地租，位置的对差地租，资本的对差地租。他关于此三种形态，有以下的说明。

首先假定有品质不同的三种土地。在这三种土地上，如果依同一的经营方法，投下同一量的资本及劳动，则由一等地生产小麦百石，二等地生产小麦九十石，三等地生产小麦八十石。并且为使一等地上投下的生产资本能够获得普通的利润，支给普通的工资起见，小麦价格每石须得假定为三元。在谷物需要比较少，一等地还未全部从事耕作的时候，一等地的所有者便不会收得地租。为什么呢？因为一定面积的土地所产出的小麦百石（价格三百元），仅够抵偿资本的利润及工资。即令在这种情形下，需要略有增加，麦价每石超过三元以上，结局，对于地主犹不会有提供地租的余剩利润。这又是为什么呢？因为其他未开垦的一等地将次第从事小麦生产，供给增加，麦价依旧会降至原来的水准。但是，如果谷物需要益益增加，一直增加到一切一等地都进于耕作，尚不够充分供给的时候，那末，小麦价格每石会售到三元三角三分，接着，第二等地会进而从事小麦生产；于是第一等地就因而发生地租。

与一等地同面积而所产不过小麦九十石的二等地，如果不是麦价每石售到了三元三角三分，便一定不会从事耕作。因为无论哪种土地，得不到价格三百元的小麦，就不够开支普通的资本利润及工资，一等地生产小麦百石，虽可由每石三元的价格，抵偿工资利润，但二等地就必得要每石三元三角三分的价格，始能偿得工资利润。因此，二等地进于耕作，小麦价格每石须抬高至三元三角三分。麦价抬高到三元三角三分，一等地的所有者，遂把每石三角三分的差额，当作地租收去。

谷物需要因人口增加而更形加大，结局，单靠一等地二等地的生产物，还是不够供给。供给不够，小麦价格不得不抬高起来。当小麦价格每石抬高到三元七角五分时，三等地亦进于耕作。因为三等地所产不过八十石，必得每石价格为三元七角五分，始能报偿普通工资与利润。小麦每石售得三元七角五分把三等地划入了耕作圈内，于是二等地的地租，就因而成立了。即是说,二等地每石提供地租四角二分,一等地的地租,便由三角三分抬高至七角五分。设谷物需要不绝增加,更低丰度的土地进于耕作,则三等地的地租成立;这种过程,就是所谓对差地租的第一形态。

第二形态的对差地租,是由土地对于中心市场的位置便否而形成的。可是李嘉图关于此种形态,没有与以详细的说明。他所述及的,土地对于市场的便否,使地租因而成立的程序,是片断不全的。迨屠能(Von Thunen,1783—1850)在其所著《农业经济及国民经济关系上的孤立国》里面,把位置的便否与地租的关系加以说明之后,李嘉图的片断不全的理论。才算是得到了补充。

现在假定有第一,第二,第三,三种同丰度的土地。即是说,此三种土地,以同一面积,同一生产方法,同样会生产小麦百石。可是第一部类土地邻接市场,第二部类土地离市场稍远,小麦每石搬往市场须运费五角;第三部类土地离市场更远,每石须运费一元。在此种情形下,决定小麦价格的,便是离市场最远的土地。即丰度一样,仅仅第一部类土地不够供给小麦的需要,于是小麦价格每石腾贵五角,第二部类土地乃进于耕作;第二部类土地既进于耕作,于是第一部类土地生产的每石小麦,便提供五角的地租。设价格更腾贵,第三部类土地划入耕作圈内,则第二部类土地生产的每石小麦,亦提供五角的地租,而第一部类土地的地租,乃由每石五角抬高到一元。最后利用的土地,仅够偿得普通利润与工资,这不论在丰度的情形下,或在位置的情形下,皆为一样。

李嘉图更假定在同一土地上,重复投下几宗资本;因为追加的资本比之最初资本只能收得较少生产物的差异,于是地租乃有在这种情形下成立的可能,这就是所谓对差地租的第三形态。现在假定资本一万元,投在第一部类土地上,获得小麦百石,更在同一土地上追加资本一万元,产出小麦八十五石。同时又假定:如果把追加的资本一万元投在第三部类的土地上,则其收获为八十石。在此种情形下,假如农业经营者可供利用的土地,仅限于第一部类的土地与第三部类的土地,他定会把资本追投在第一部类的土地上,因为资本追加到第一部类土地上面,要比重新耕作第三部类的土地多收获五石。但是同在第一部类的土地上,第一次的资本虽然收获生产物百石,第二次的资本,却只收获八十五石。换言之,就是第一次资本与第二次资本间有十五石的差额;这种差额,就是地租所由成立的来源。即是说,第二次的资本虽无地租,第一次的资本,却须提供十五石的地租。谷物价格腾贵,对于同一土地,有进行投资至第三次,第四次……的可能,因之,除去最后一次的资本不纳地租外,其余一切资本,将各各以所超过最后资本收得的差额,提供地租。

这样看来,由资本发生的对差地租,是以前章威斯特详加说明过的所谓收获递减法则为前提。威斯特与李嘉图各有所见,而达到同一的结论。可是他们对于收获递减的法则,都没有加以十分的考究。因之,像奥彭赫姆(Oppenheim)主张收获递减法则,依农业技术改良及其他的原因而不绝打破,而成为幻想,以及其他否认此说的学者的相继出现,那并不是无因的。

要而言之,李嘉图主张地租是起于土地的丰度,位置或投下资本的对差性。在他所假定的经济阶段,地租必然是对差地租。他以为,立于耕作限界的土地,则可获得抵偿生产资本的普通利润,及生产劳动的普通工资之相当收获。而此种限界以下的土地,因为不够抵偿工资及利润,所以根本就不会耕作。可是限界的土地因为不能获得抵偿工资及利润以上的余剩利润,固然无从提供地租,但比之此种限界土地有更高生产力的土地,便不得不各以其余剩利润的全部作为地租。

六 地租与谷物

因为李嘉图是把一定经济关系作为前提,而在那种前提下申言通常的地租,必为对差地租,于是就有人发生误会,以为他似乎否定任何情形下的绝对地租之存在。可是他并未否认一切土地以及土地上投下的一切资本,在远的将来亦得提供地租。

固然李嘉图的地租学之特色,是他认定从耕作限界的土地上,及最不利的土地投资上不得提供地租的一点。但这种主张,还有两件事实作为前提:其一是丰度最低的土地尚得自由占有,则此种土地利用,不会形成谷物的独占价格;其次,纵令一切土地皆被占有,在同一土地上追加新的资本,仍可获得上算的收获。

假若到了占有劣等地成为不可能,追加资本获得上算的收获亦成为不可能的时候,事实上的土地独占性就要表露出来,而土地的生产物,乃得享受独占价格。因而在这时候的任何土地，都会发生当作独占所得的地租。可是这在李嘉图看来，不是最近将来的事，所以无须加以特别考察；不过他也承认绝对地租有发生的可能，并称说那种情形下的地租的大小，仍旧是与收获的差异为比例。他曾说："一国的谷物及原生产物，是暂时能够以独占的价格而发卖的。但是这种现象，只有在资本已经不能有利的投在土地上，从而生产物不会增加的情形下，才得永久继续下去。而且在那种情形下，从事耕作的土地的各部分，以及在土地上投下资本的各部分，一律都提供地租；不过那种地租，是与收获的差异为比例的。"①

李嘉图既认定一切土地成为独占所有物，最劣等土地仍得发生地租，于是又进而申述此种情形下的地租，亦存有对差的特性。最低丰度的土地的地租额，一定是等于此种土地生产物的交换价值，除去生产资本普通利润及生产劳动普通工资的残额。更优良土地的地租，常超过最劣等土地的地租。由是李嘉图主张：地租在任何情形下，皆具有对差的特性。

李嘉图虽承认绝对地租在一定经济情形下，有发生的可能性，但当他考察地租与价格的关系的时候，却是以最劣等的土地及在土地上投下最不利的资本，皆不会提供地租为前提。即是说，他是极力主张不纳地租之土地的存在的。他并由此观点而达到了地租非一般价格构成之要素的结论。亚当·斯密虽申述工资，利润，地租三者为价格构成之要素，但李嘉图主张地租决非价格的原因，且宁可说是价格的结果。

李嘉图把他的地租论与价值论，归到了一个论点上。如前所述，他主张：所有商品交换价值，不决于最有利的生产条件下所投下的劳动量，而是决于最不利的生产条件下所投下的劳动量。从而，亚当·斯密所说的：劳动量决定价值，只行于资本未积蓄，土地不曾为私人占有的时候；自土地被占有，并得支给地租以后，此种价值法则，便不得不完全加以修正了。这种主张，在李嘉图看来，是含有极大的谬误的。谷物价格与其他一般商品的价格，是同样取决于最不利的生产条件下投下的劳动量。因为比较有利的条件下所生产的谷物，比之其他谷物只含有较少的劳动，所以能够获得可供地租的余剩利润。换言之，就是地租非价格的原因而为其结果。这个论旨，是李嘉图所不惮反复力说的。

---

① 《经济学及赋税之与原理》，第 151 页。

依李嘉图所见,谷物及其他一切农产物,决没有独占的价格。因为独占价格的商品,只限于由任何方法皆不得增加其供给量的商品。谷物及其他农产物得因追投资本而增加其供给量,所以无从发生独占价格。再者,独占价格既然只能行于供给量不能增加及购买者相互竞争的情形下,其价格的变动,自与生产费的大小无关。购买者间的竞争,常由他们的财产及趣味所左右,因之,一种商品的独占价格,又因社会富裕与否而发生种种的变化。

农产物的供给量,既不是不能增加,所以其价格与一般商品同样由生产费决定。农产物与一般商品间仅有的区别,是前者的价格,由资本的一部分(即不支给地租的资本部分)决定,而后者即工业品的价格,则由一切资本(因为工业品任何部分皆不给地租)决定。即是说,地租并不像利润或工资那样的一般所得,而是特殊的对差所得,所以就任何意义言,皆不能算是构成价格的要素。

重农学派自不待言,即马尔萨斯亦视地租为财富的新创造。但李嘉图不赞成此说,他以为地租决非财富的新创造。例如谷物因生产困难,从来每卡德(quarter)四镑的抬高至五镑,于是百万卡德,便不只四百万镑,而有五百万镑的交换价值。即是说,这宗谷物,能够换得更多的货币,更多的商品。当作谷物价格的结果所生的地租,在这种意味上,一定是交换价值的创造。但谷价腾贵,财富(即社会的必需品,便利品,享乐品)上没有表示何等的增加。国民不过是依旧保有从前同一量的财富。并且,谷物腾贵的结果,不过是把谷物及其他商品之交换价值的一部分,由从前的所有者手中,移交到了他方。从而地租虽可说是交换价值的创造,决非财富的创造。这是李嘉图反对马尔萨斯的论据。

谷价有随着社会发达而益益腾贵的倾向。为什么呢?因为获得能够养活渐次增加人口的谷物,是日加困难了。一切商品的交换价值,是随着生产上困难的增加而抬高的。假若金银的生产不必要多的劳动,而同时谷物发生了新的困难,必得增加劳动,那末,谷物的交换价值,便不得不趋于昂贵。

依李嘉图所见,此种情形下的谷价腾贵,与地租的有无没有何等关系。纵令征收地租的地主阶级不曾存在,谷价依旧会腾贵起来。谷价腾贵而不给地租,其结果不过是增加了农业经营者的所得。因之,一般人所谓:地主完全放弃地租,则谷价将因而低落,那是非常谬误的。地租放弃,断乎不会使生产力最小的土地的必要劳动量减少丝毫,而仅有的效果,无非是让若干农业经营者,过着王侯一样的生活罢了。

七　地租的增进与减退

李嘉图的地租法则的展开,是以农业上的技术没有进步为前提。而且当他称述第三形态的资本对差地租时,对于可以阻止收获递减法则的农业技术上的改良,也没有放在心下。可是,就大体上说来,他并未全然抹煞农业技术的进步,他不过认为农业技术的进步,没有根本修正地租法则那么重大的关系。

技术发达,对于地租上所生的影响,就一国而言,那与资本减少招来的结果正同,即地租一时减少。资本减少,有减少土地生产物之需要的意味,有劣等地之利用废止,因而地租减少的意味。同样,农业技术上的进步,必使耕作圈内的土地面积减少,即无异使地租减少。例如从来供养一定的人口,需要谷物百万卡德,因而利用第一级,第二级,第三极的土地。但是农业技术进步的结果,只须利用第一级第二级土地,便可得到百万卡德。其结果,当然会把第三级地抛在耕作圈外,使第二级地立在耕作限界的地位。即第二级无地租,第一级地的地租,等于第一级地与第二级地所收获的差额。结局,第二级地的地租消灭,第一级地的地租减少。

依李嘉图所见,地租如果依这种过程减少,结果必至增加资本的利润。因为由地租增加而减少利润,与由利润增加而减少地租,都是可能的。地租减少,利润增加,则一国所蓄积的资本量增大;资本量增大,因而劳动需要量增大,而工资腾贵,以致人口增加。人口增加,自然会增高谷物的需要,结局,第三级地重又加入耕作圈内,地租率遂恢复旧观。可是地租这样循回复旧的过程,李嘉图并未否认其间得经过长的时间。

一说农业改良,其间便有所谓土地的改良(即土地本身生产力增进的结果),有所谓机械器具的改良。这两种改良,是同样会招致生产价格下落的。但是李嘉图却把它们严加区别,以为它们彼此及于地租的影响,决非一样。土地生产力的增进,由较小面积的土地上可以获得同一的生产物，其结果，农业资本的一部分，遂离去最劣等的土地，而决定谷物价格的限界土地，乃具有较高生产力的土地。于是最多产的土地，与生产力最低的土地间之收获差额缩小，即地租减少。

反之，机械器具的改良，就不必会使一切的地租减少。因为这种改良虽不免要减少李嘉图所谓"货币地租"(以货币支给的地租)，而对于"谷物地租"(以生产物支给的地租)却没有何等影响。为什么呢？因为这在实际并没有增进土地自身的生产力，不过在同一面积上由较少的劳动，获得从前同多的生产物罢了。例如打禾机的改良，农业经营者在可以减少劳动者的情形下，其货币地租虽然会由谷价低落而减少，但谷物地租是依然仍旧的。可是由这种改良，在使土地上投下的最后的追加资本离开土地的时候，产出力最高的资本(最初投下的资本)与产出力最低的资本(最后追加的资本)间之收获的差额减少，于是地租亦定会因而减少。

李嘉图认定此类农产物改良所及于地租的影响，不是永续的。因为农业上的改良，并非常见，而人口则在不绝的增加。在人口增加率较低于食物增加率的时候，也许谷物会继续下落，地租会继续低减。然而一时的偶然的农业上的技术改良，要想比之永久的必然的人口增加更迅速的生产谷物，在李嘉图看来，那是颇不容易的。

再者，农业上的改良进步，是同样影响一切土地的，所以那对于成为地租原因的土地差异，没有何等关系。李嘉图其所以认定技术上的改良，无须过于重视的，就是根据着这种见解。他尝说："农业上的改良及分业的发达，在一切土地是共通受其影响的。那会加大各个人从各自土地上□以产出的原生产物的分量。从而对于从来各级土地间所有的关系，恐怕没有大的变更。"①

由一定面积上所生产的生产物之增加，对于地主是没有何等的利益的。但是在农业经营者方面，他不仅可以节约应该提供地主的剩余生产物，并且能节约同一量生产所需的费用。这样看来，农业上的改良，不过是直接使农业经营者的利益增大。而地主由这方面所得的利益，系由于资本的蓄积增进，因而劳动需要增加，人口增加，以致谷物需要增加的结果。因为农业技术的增进，从来决难利用的土地，亦划入耕作圈内，而且此

① 《经济学及赋税之原理》，第252页。

等劣等地的生产力与其他土地间所存的差异，决不会消灭，所以李嘉图断言：技术的进步，就是在极远的将来，对于地主的利益，仍是无可怀疑的。

总而言之，李嘉图视农业上的改良，于地租法则没有何等的关系。依他所见，这种改良，是在地租研究上，即使被抹煞了也无关轻重的次要的要素。因为在地租方面，还有比之农业上的诸改良更为重要的种种反对原因在不断的作用着。假若此等反对原因与农业上的改良，以同一力量施其作用，那末，地租便不会腾落，充其量，不过是由贵金属的价值变动，因而发生偶然的价格变动罢了。

李嘉图认为影响地租，较之技术改良还重要的要素，就是耕作限界地随着人口增加而向下推，以致谷价腾贵的事实。他以为，一国的文明愈进步，则土地的利用范围愈扩大，从而谷价及地租的腾贵，乃难于避免的自然倾向。可是，他不像马尔萨斯那样，以地租腾贵，为财富之表征。地主的利益，在他看来，正是其他诸阶级的损失，同时又为国民经济上可悲的现象。

李嘉图与亚当·斯密同样以国民的所得，分为工资，利润及地租三大部门。这一切的所得，都由劳动者，资本家及地主三者间分配。但是自然倾向之谷物价格的腾贵，将给与此等所得部类以何等的影响呢？依李嘉图所见，地主的所得，由谷价腾贵而增加，则劳动者与资本家所得的合计，便不得不减少下来。但是在劳动者方面，因为工资是由劳动阶级的一般生活费所决定，所以他们还可借着谷价腾贵，增加名目上的所得。由是，事实上蒙到损失的，就只有资本家了。换言之，就是谷价腾贵，在李嘉图看来，就等于说是地租的腾贵与利润的低落。

依他所见，地主方面会因谷价腾贵而获得两重利益。当地主以谷物的形式取得地租两倍的时候，他可以把这所收得的谷物，换得其他商品两倍以上，从而也可以换得货币两倍以上。假若他在这种情形下，以货币的形式取得地租，那末，这所取得的货币，当然是超过从前的二倍。李嘉图曾就下面的数字，说明此种关系。①

现在有一定面积的土地，由十人的劳动，产出小麦百八十卡德。假定以同一面积，同一劳动，由第二级土地产出小麦百七十卡德，由第三级土

① 《经济学及赋税之原理》，第 44 页。

地产出百六十卡德，由第四级土地产出百五十卡德，由第五级土地产出百四十卡德，则每级土地的必要生产费（包括利润在内）为七百二十镑。

当小麦每卡德四镑时，第一级地分明可以偿得生产费，为什么呢？因为百八十卡德的总额，就是七百二十镑。但是第二级地每卡德非售四镑四先令八便士（一镑等于二十先令，一先令等于十二便士），便不能得到七百二十镑的总价格。从而第二级地进于耕作，小麦每卡德必须腾贵到四镑四先令八便士。同理，麦价每卡德售到四镑十先令，则第三级地进于耕作；售到四镑十六先令，则第四级地进于耕作；售到五镑二先令十便士，则第五级地进于耕作。

因之，第二级地（收获百七十卡德）立于耕作限界的地位，则第一级地（收获百八十卡德）的所有者，始要求把差额十卡德作为地租。但是因为在这种情形下，一卡德的价格非四镑而为四镑四先令八便士，所以货币的地租额，便不止四十镑，而一定有四十二镑七先令八便士。

更进，第三级地（收获百六十卡德）立于耕作限界的地位时，则第一级地的谷物地租为二十卡德，其货币地租为四镑十先令的二十倍，即九十镑。第四级地（收获百五十卡德）进于耕作时，则第一级地的谷物地租为三十卡德，货币地租为百四十镑（四镑十六先令的三十倍）。依次第五级地（收获百四十卡德）进于耕作，则第一级地的谷物地租为四十卡德，货币地租为二百零五镑十三先令四便士（五镑二先令十便士的四十倍）。

这样看来，谷物地租以 100—200—300—400 的比例递进，同时其货币额则以 100—212—340—485 的比例增加。即是说，地主的地租加至两倍时，其利得在实质上为 2.12 倍；加至三倍时，其利得在实质上为 3.4 倍。

谷物腾贵对于地主既有这〔么〕大的好处，那末，对于其他阶级的影响是怎样呢？我们首先看看劳动者所受的影响罢。

谷价腾贵，确实是把劳动者的所得，在名目上增大了。可是这种增大的所得，并没有增大其所得生活资料。工资的货币额虽然在增加，而由此货币购得的物品量，却宁可说是减少了。李嘉图认定工资的自然率，是由劳动者生活上必要的生活资料价格决定。生活资料腾贵，工资的自然率亦相应而抬高。但是工资的市场率，常因需要供给的作用而动摇，所以不必能与自然率一致。即是说，工资的市场率超过自然率，则劳动阶级的结婚增殖加甚，其结果，劳动的供给过多，工资遂低降到自然率以下，于是劳动阶级的人口又复减少。这种起伏的作用,就是后来由拉赛尔(Lassalle)名为“工资铁律”的李嘉图的工资论。

因此,工资的自然率纵然随着谷价一齐腾贵,工资的市场率仍不限定会腾贵。但是,假如说市场率与自然率一样腾贵,其结果便怎样呢?李嘉图关于此点,有以下的说明。

劳动者的工资,假定每年为二十四镑,即等于价格四镑的小麦六卡德的交换价值。他以工银的一半购买小麦,其他一半,则用作购买小麦以外的其他物品。现在小麦一卡德的价格如腾贵到四镑四先令八便士,其工资便为二十四镑十四先令。即是说,他当工资二十四镑的时候,对于小麦三卡德消费十二镑,对于其他物品消费十二镑;现在对于小麦三卡德费去了十二镑十四先令,而对于其他物品,仍只能消费十二镑。

劳动者名目上的工资,随着麦价腾贵而增加的,不过十四先令,但在其他诸种物品没有变动的限内,他所受的实质工资,即是说,对于他的生活水准,没有与以何等的影响。因此,由谷价腾贵引起的工资腾贵,在劳动者方面是得不着什么好处的。

不但此也,李嘉图却进一层主张:谷价低落,反而会使劳动者的生活向上。马尔萨斯认定谷价低下,为劳动者的不利益,因为谷价低落,谷物及其〔他〕物品的生产减退,结果,劳动的需要亦同样减退。但是李嘉图以为谷价低落,则地租减少,利润增加;利润增加起来,于是劳动的需要抬高。

马尔萨斯与李嘉图所见的差异,乃存于以地租为本源的所得与否。马尔萨斯踏袭重农学派的见解,以地租为本源的所得,自不待言。但李嘉图则视地租为派生的所得:因为可称为本源所得的,只有工资与利润,地租不过是由这般本源的所得派生出来的。可是在本源的所得里面,工资既是依前述的法则所支配,自不会因地租而低减,这样看来,地租的全部,就完全是由利润方面派生的。换言之,地租的成立与腾贵,就含有利润减少的意味。

由地租的成立及腾贵而直接减少的,是农业资本的利润。但农业资本的利润减少,转瞬会波及其他一切资本,因为一切资本是不断相续竞争的。由地租腾贵,因而利润渐被侵蚀,结局遂致成为利润全部皆落在地主手中的状态。这种倾向,李嘉图以为是出于自然而无可避免的。他曾就下列的数字，说明其究竟。

假定现在有一个富有肥沃的土地，而不纳任何地租的新殖民地。在这个新殖民地上，农业经营者以等于二百卡德小麦价值的资本（半为固定资本，半为流动资本）投下，则投下的资本已回收后，还可获得小麦百卡德的纯利润。又假定农业技术没有何等进步，资本及人口成正比例的增加，并且实质上的工资，亦无何等变化。

在这种状态下，商工资本的利润与农业资本的利润，一定皆为百分之五十。为什么呢？因为商工资本的利润如在百分之五十以上，则资本必由农业方面转注到工商业方面；如商工业资本的利润在百分之五十以下，则资本会由工商业方面转注到农业方面。但是人口增加的结果，丰度更低的土地加入了耕作圈内，而从前投下二百卡德小麦价值相等的资本所收获的同一量谷物，现在须投下等于二百一十卡德小麦价值的资本。所以这种情形下的纯利润九十卡德，若就利润率计算起来，则不过百分之四十三。

固然这时候对于第一级地的地租，依然残有百卡德（对于资本二百卡德的百分之五十）之余剩，但是这种余剩的全部，早已不许呼为利润了。因为一般的利润率由最不利的农业资本利润率所规定，而低落到了百分之四十三，所以第一级地就一定含有利润以上的余剩。换言之，第一级地的余剩，是由利润及地租两者所构成。即百卡德（百分之五十）中，八十六卡德（百分之四十三）为利润，残余的十四卡德（百分之七），就是代表地租的。

更进，设若产出同一生产额，须得投下一宗等于二百二十卡德小麦价值的资本的那种土地，加入耕作圈内，那末，这种生产物的利润，就不过是八十卡德，而其利润率就低落到了百分之三十六。但是因为第一级第二级土地的收获量没有变动，所以第一级地的余剩，就是等于二十八卡德（百分之十四）的地租，及七十二卡德（百分之三十六）的利润；而第二级地的余剩，就是等于十四卡德（百分之七）的地租，及七十六卡德（百分之三十六）的利润。

要之，李嘉图主张谷物需要增加，则更劣等的土地进于耕作，由是地租率昂腾，同时一般的利润率，遂以同一比例而低落。利润率低落的倾向，不到资本蓄积因此受到妨害而招致供给不足的程度，是不会停止的。

经济学者中,有的人说:资本利润的腾落,系基于商业上的原因。但这种见解,是完全错误的,依李嘉图所见:利润率离开谷价的起跌关系,便不会显示永续的腾落,而此外其他的原因,要不过是一时的现象。

八 地租之社会政策的意义

李嘉图以地租为派生的所得,其归结当然会相信地主的利益,通常是与工商业者及其他一切消费者的利益对立的。他说:"……谷物生产费的腾贵,于地主有利益,于一般消费者没有利益。就消费者言,他们虽然希望货币及商品低廉,但他们更希望谷价低廉,为什么呢?因为他们通常是把货币及商品去购换谷物。谷价抬高,就是对于制造业者亦没有利益,因为谷价腾贵起来的结果,制造业者势必要支给高额的工资,而同时制造业者的商品价格,却不会因此提高。这样一来,制造业者就不仅对于谷物,须把他们较大分量的商品去交换,对于劳动者,亦须支给较大的商品分量。因此,地主以外的一切阶级,都会因谷物腾贵而蒙到不利。地主与公众的交易,与商业上的交易不同。商业上的交易,在买主及卖主两方面皆可得到利益,但是地主与公众的交易,则是全然有利于一方面,于他方面完全不利的。并且,假如当谷物能由输入而廉价购得的时候,实行禁止输入,那末,这种限制政策酿成一方面的不利,就比较他方面由此得到的利益,一定还要大。"①

在李嘉图看来,制造品的价格,不会由工资腾贵而提高。因为工资腾贵为一般的现象,其影响对于一切制造品是相同的。依他的主张,价格不取决于绝对的生产费,而取决于相对的生产费。从而,成为一般的打击的工资腾贵,在所有造制品的交换价值上没有影响。他们由一定的价格中支出膨涨起来的工资额,其结果,便不得不以比较从前为少的利润而自甘。

由谷价腾贵蒙到损失的,还不仅是一般消费者及商工业者。就是农业经营者,亦不免要受到损失。农业经营者支给地主的地租,在结局上,

---

① 《经济学及赋税之原理》,第202页。

都转嫁到了一般消费者,所以由谷价抬高而增加的地租,他们不会从自己腰中掏出半文。这样看来,这般农业经营者似乎不致受到谷价腾贵的打击。但自李嘉图看来,他们不仅同时是谷物消费者,以谷价低廉为有利;就是从谷价会影响工资一点设想,他们亦希望谷价低廉。谷价腾贵的结局,必然会使农业劳动者的工资抬高,于是农业经营者,不得不从一定的生产费(包含有农业资本的普通利润,就前例言,即是七百二十镑)中支出工资的附加额。从而,彼等的利益,就必然会因谷价腾贵而蒙到损害。

总之,依李嘉图的见解,则地主的利益,是由牺牲其他一切阶级的利益而得来的。所以社会的利益,常与地主的利益相反。可是李嘉图并未非难地主征收地租,他不过以为地租是由于土地的独占性而自然归属于地主的自然利益。地租的征收,是一切社会中难于避免的现象。在他看来,纵令地主不征收地租,谷价仍不会因此低落。地主所放弃的地租全部,将统由农业经营者中饱了,农业劳动者不会得到何等利益,恰如劳动者纵令放弃全部工资,地主不会因此得到何等利益一样。假若地主放弃地租,劳动者放弃工资,则他们所放弃的全部,皆入了农业经营者之手,谷价依然会保持从来的高率。

这样看来,李嘉图便与当时的地租否定论者不同了。他不以地租减下,会使谷价低落,他只主张谷物自由贸易,由低廉谷物的输入而使谷价及地租减低。如马尔萨斯所云,土地似为"具有生产力的机械"。不过在国内运转生产力最小的机械,仅属地主的利益,而非国民全体的利益。国民全体的利益,系由使用生产力较大的外国机械而成立的。这是李嘉图与马尔萨斯相反的地方。

依李嘉图所见,即使外国输入廉价的谷物,亦断不致侵蚀英国的农业全部。英国在农业上虽然会因此阻止更劣等的土地进于耕作,但至少总可以与他国的农业立于竞争的地位。要而言之,不论谷物输入,是阻止谷价腾贵,或者使谷价低落,其结局在国民全体上,却会因此避免损失。而且,因为由此招到损失的,仅限于国民中极少数的地主阶级,所以我们对于谷物贸易,就不能不任其自由。

李嘉图由这种立场,极力反对贸易限制政策。在他看来,谷物自由输入与农业技术改良,有同一的效果,所以阻止谷物输入,就无异阻止农业改良。假若认定牺牲国民中极少数的地主阶级的利益,便有牺牲全国国民的利益那样重要，那末，应该禁止的就不仅是谷物输入，而同时农业上的一切改良，皆不能不与以遏制。为什么呢？因为农业上的改良，与廉价谷物的输入，是同样会招致谷价下落与地租减少的结果的。设使农业技术的改良，在国民经济发达上是值得欢迎的事体，那末，外国谷物的输入，就没有理由去禁止了。

如果社会在逐渐进步，而同时又没有何等谷物的输入，那我们为供养继续增加的人口计，便不得不耕作更劣等的土地。更劣等的土地进于耕作，谷物乃益益腾贵，于是从前耕作的较良地的地租，亦随着腾贵起来，但是这时候如果以从前同一的劳动量，能够获得更多的生产物（即农业上的种种改良），也许不致惹起谷物的腾贵；如果把劳动投在工业方面，由工业制造品换得他国多量的谷物，也许不致惹起谷物的腾贵。谷物的腾贵，是因为谷物生产需要多量的劳动，并且是因为一国劳动最大的部分，皆被吸收到了谷物生产上的结果。假如谷物生产上只占有较少量的劳动，那我们就可以把投在其他享乐品及便宜品的生产上的劳动量加大。这样一来，国民的财富，就会因而增加起来。

李嘉图既抱有上面这种见解，所以在他看来，徒徒重视农业，是全无意义的。我们设想工业国没有农业国那样幸福，并且苦苦诉说工业国的国家状态，那恰如一般人诉说他们的年老一样。“诸国亦如个人相同，有的是逐渐老大的。老年的诸国民，人口增加，财富增加，于是不能不以此为比例而成为工业国。事物如按照这种顺序进行，英国已无疑为一大工业国。但它依然是一个大农业国。在英国的现状看来，也许不成为农业是不可能的。可是英国人口的增加，恐怕不久就要达到一部分谷物须得仰给外国的程度。然而这不是应该忧虑的事，却宁可视为富裕的证据，祝福的对象。”①

李嘉图一再力说，谷物即使自由输入，决不会使英国的谷物为外国所驱逐。而被外国谷物驱逐的，仅仅是由国内劣等地所得的谷物。实在说起来，谷物输入的自由，极其限，不过会防止谷物达到异常的高价，却不会防止谷物保持正常的高价。因之，这种政策的施行，对于英国的农业国的地位，是丝毫不会动摇的。我们在一方面要设法防止谷物生产上投下的

① 《谷价低落对于资本利得的影响》，第384页。

劳动的增加，而在又一方面才有使工业发达的可能。工业发达，决不像一部分重农论者所说的可悲的现象，依李嘉图的见解，那简直是显示国家的富裕与成长的。

九　李嘉图地租论的批判

一般人承认李嘉图是地租论的创始者，那是决非失当的。地租学说上之李嘉图的地位，可是比美进化论上的达尔文(Darwin)的地位。他的学说，迄今尚为许多经济学者所支持；一切关于地租问题的论争，我们无妨说是袭取李嘉图的理论而加以扩充的。

李嘉图的地租论，乃立脚于以下的几个根本命题上：

一、土地的存在量有限，不能因任何人的活动而增加。

二、在相异的土地上，投下同一量的资本及劳动，则所得的收获量各不相同。

三、假若农业技术不变，则土地上投下的追加劳动与追加资本，比之先前投下的劳动及资本的所得收获较少。

在以上三者中，最关重要的是第二个命题。即是说，李嘉图的学说的主要部分，就是他以为：土地的自然生产力具有差异的结果，虽投以同一量的资本及劳动，其收获量犹会发生差异，由此差额，而地租因以成立。土地由丰度的差异，成立地租；由地位的便否，也同样成立地租。因为获得同一量收获的土地，常因地位便不便而收益互有差异，所以这种位置的自然要素，在李嘉图的学说上，是属于广义的自然生产力。

可是在土地上如非收获递减法则施其作用，则不会由自然生产力发生收益的差异。那就是说，在同一土地上追加更多的资本及劳动，皆能获得最初资本及劳动之同一比例的收获，那末：较劣等的土地，便不致加入耕作圈内，而土地收益的差异，就根本不会发生。因此，李嘉图的对差地租说，就不能不说是成立在收获递减法则的前提上面。此种法则，一七六八年虽经杜尔阁加以明了的说明，但威斯特与李嘉图都曾以同一法则为根底而展开他们的地租学说。

李嘉图在收获递减法则的前提上，太没有注意到阻碍这种法则施其作用的农业技术上的改良：这种非难，我们是不时闻到的。固然他也承认农业技术上的改良，暂时会阻止地租的发展。但他又以为：技术改良的结果，谷价低减，因而人口增加，更劣等地加入耕作圈内，结局地租依旧会趋于腾贵。然而反对论者批评说：在现代文明诸国中，依农事化学的发达及新机械的应用，土地收获递减法则，已不绝受到限制；资本及劳动比较自然生产力成为更重要的因素，所以收获递减法则的作用，亦次第失其重要性。

依李嘉图所见，较劣等的土地进于耕作，则对差地租因而发生；不到一切土地进于耕作，则绝对地租无由成立。换言之，就是在一切土地没有成为独占所有物之前，只有生产力较高的土地产生对差地租，而立于耕作限界地位的土地，就没有地租可言。这种议论，在加尔·克尼斯(Knies)是不肯赞同的，他以为：立于耕作限界的土地，亦会提供地租。比如，在一等土地二等土地的生产物，不够供应需要的时候，三等土地乃进于耕作，但是二等土地的地租，却不是这时开始成立的。依他的主张，一等土地二等土地不足供应需要，其价格定会提高，从而二等土地亦产生剩余利润；这样看来，在三等土地进于耕作以前，二等土地的地租已经成立了。可是，不论是二等土地之地租成立以后，更劣等的土地才进于耕作，或者是更劣等土地进于耕作以后，二等土地的地租方始成立，在结局上，要不过推移过程的问题，却并非对于李嘉图学说本质上有所非难。

对于李嘉图学说根本的批判，大抵可分为三种：第一种批判，是不以地租为一种报偿土地固有自然恩惠的特殊提供，而认为是对于资本及劳动支给的一般余剩所得之一部分。主张此说的，是薛福来(Schüffle)及曼葛尔特(Mangoldt)。依薛福来所见，处在特别有利地位的工资劳动者，贷出货币的资本家，乃至企业家们，各各以工资，利息，利润的形式，获得剩余的所得。地租既属一般剩余所得之一部分，也就不外是经济上最有用土地的整顿及保存之一种报酬(Premium)。李嘉图所说的，对于同一资本及劳动活动的土地报酬的不相等，那决不仅是农业上固有的现象，在商工业的一切方面，对于同一量的活动，同样有报酬上的差异。(关于薛福来及曼葛尔特的地租论，将在第七章详述。)

第二种反对论，是否认对于土地自然生产力所支给的地租之存在。倡导此说的，为加雷(Carey)、巴师夏(Bastiat)及其他诸学者。依加雷所见，地租的起因，不是自然生产力之差异，而是劳动及资本。他说：“李嘉图的由耕作高丰度土地，渐次进而耕作低丰度土地的假定，无条件的成了'昔时粗野的劳动，为报酬最丰的劳动'之见解的辩护者。他由是对于地租的提供，不得已而附上不适当的意义。实在说来，他是把那种为开拓及整理耕作土地之贷货金的收益（纵令土地的丰度最高，而且丰度本身，不应该说是完全属于人类的劳动，但是发现此丰度，犹不外人为的努力），勉强称之为地租。"①巴师夏在他所著的《经济之调和》（一八四八年刊）里面，也曾与加雷主张同一的学说。（加雷与巴师夏的见解，将于第八章详述。）

第三种批判，就是罗贝尔图（Rodbertus），马克思所提倡的对差地租以外的绝对地租之存在。依罗贝尔图的见解，生产同一量的价值的必要资本额，在农业方面与在工业方面显著差别。即是说：在农业资本上，不必要工业资本上那〔么〕多的资本额。由相异的诸资本额，获得同一价值的生产物，则在两者间产出的价值的比例上，及对于投下资本的比例上，必然会发生差异。换言之，就是农业资本比之工业资本能够生产较多的价值。因为地租是就此种价值率的差异而言，所以土地的丰度不论如何低下，既经利用，便一定会提供地租。罗贝尔图这种主张与马克思的见解相同。他们同样声称土地之自然生产力不论有无差异，在农工业间资本组成的歧异的限内，地租必然成立，而李嘉图之对差地租，却不能说明地租之所以发生。这种见解，可以说是最肯綮的致命的批评。（罗贝尔图的地租论，将在第七章详述，马克思的地租论，将在第八章详述。）

---

① 亚多拉（Adlar）编《加雷之社会科学的基础》，一八六四年刊第三卷第201页。

第五章　屠能的地租学说

一　农地地租与一般地租

对于由地位关系发生之对差地租，与以最明确的论究，而补充李嘉图地租学说之不足的，就是鸠亨·赫姆利·芬·屠能(Johann Heinrich Von Thünen)。他于一七八三年生于德意志伊虎尔之克拉里霍斯。十四岁时入伊虎尔高等学校，一七九九年辍学从事农业，管领某贵族之领地；其后，复就学于欧罗斯·虎诺托倍克之农业学校。一八〇三年夏，始在塞尔入农政学者台尔(Thaer)的门下，同年秋，进额庆恩大学，研究两学期的法律。

一八〇四秋，往麦克林布尔实地研究，后两年结婚于该地。屠能结婚后，依妻所继承的遗产，经营农业。刻苦精励的结果，乃得于一八一〇年在特鲁(Tellow)买入农地若干。由是，他根据多年钻研的理论，试作模范经营；又基于此种实验，草成其主要著作《农业经济及国民经济关系上之孤立国》。该书第一卷于一八二六年刊行，第二卷及第三卷至他死后始于一八六三年刊行。他曾被推为罗斯托克大学哲学科主讲 Dictator，至一八五〇年九月死于特鲁。

屠能的《孤立国》，是描述一个假想国，即四周围绕着未开辟的原野，且与其他文明国家没有何等关联的孤立国。在这个孤立国中，文明及土地的丰度，全国一律，没有什么差异。平野中央的一大都会，为国内唯一的市场。所有制造工业，皆在都会经营，就是采矿制盐，亦行于都会附近。此外，没有可通船舶的河流或运河，一切的搬运，皆依赖车辆，各地的道路或交通机关的发达程度相同，居民假定皆有同一的技术，皆受同一的教育。

屠能在《孤立国》里面假定的这些条件之下，探究距离中央市场之远近，于农业上有何关系。在这些条件下，重量大，容积大，由远处搬运，对于价值比例上不大上算的生产物，势必在市场附近产出。并且容易腐烂或宜趁鲜服用的如牛乳蔬菜之类，也自然生产在都会的周围。于是以都会为中心的生产物之环状线乃自行成立。

在第一环状线上，以土地为最重要的要素，劳动则比较次要的。牛乳的价格，这时会腾贵到那种限度，那就是供牛乳生产的土地，恰好作这种用途，而不出生产其他物品的最有利的限度。可是在这种情形下的牛乳价格的昂贵，决没有增加劳动量的意味。第一环状线以外，依同理推演，还有数层环状线。各环状线上的生产物价格及生产费，各各不同。屠能借孤立国说明的，要不外由这种位置的差异而生的地租之区别。

我们要理解屠能的地租学说，就有明了其地租概念之必要。他首先把土地本身产生的收益与农地收入，严加区别。一般农地，备有土地以外的如建设物及坦篱一类的诸种有价值的对象物。从而由农地所得的收入，并非全部为土地生产力的赐物，其中一部分盖属于此等价值对象物之固定资本的报酬。把农地收入中对于土地以外的价值对象物之利息除去，则余下的部分，便是屠能所说的地租。

屠能著述《孤立国》第一篇的时候，还不曾知道李嘉图的地租论，而他关于地租的解释，却与李嘉图全为一致，他曾说，买入那种建设物及坦篱等都被烧尽了的农地的人，首先便会盘算：建设物等设备好了之后，看能够由该土〔地〕地租获得几何纯收益；他并且会就那种除去了建设物一类固定资本利润所残下的纯收益，而决定其买入的价格。屠能说：这种事实，本来是非常明了的，不过在实地生活上尽管极简单的问题，一到了学问的领域，便会导入种种混乱。

亚当·斯密认定：在农地生产物中，除去劳动普通工资及资本普通利润以外的余剩，即为地租。但屠能以为：斯密所谓地租，结局与佃料混为一谈了。佃料与本来的地租区别起来，应当称为农地地租。所谓农地地租，就是由土地报酬及附带土地的建设物的利息合成的，所以不能够与本来的地租（屠能呼为一般的地租）相混。

在农地地租里面，土地报酬与资本利润所占的比例究竟如何呢？原来那是没有一定的。有时农地地租的大部分由资本利润构成，有时大部分又由土地报酬构成。从而农地地租的大小,决不会成为一般地租之大小的尺度。亚当·斯密把商品价格区分为工资,利润及地租三种要素,那不能不说是完全谬误的。我们由他这种地租概念,论及(在工资及地租不生变化的限内)商品的价格,单因资本利润的变化而变化的时候,则地租所含的资本利润究竟是怎样呢?在屠能设想,斯密之谬误的地租定义,或许是起于以下的观察。

当作农地建设物的资本,一旦投下去了之后,不独不能从那里撤退出来,而且也不能转移到其他的产业部门上去。这种资本,看看只有随着土地一同衰退。现在假定因为农产物价格下落的结果,农地地租少到不能提供建设物所费的资本普通利润,那末,事实上本来的地租,早就消灭无余了。可是,本来的地租虽然消灭,土地所有者尚不会中止此种农地的耕作,为什么呢?因为耕作一旦停止,他就无从收得从前投下去的资本的利润。再者,一般的利润率,尽管在不断昂腾,在农地地租没有变化的限内,实际上本来的地租已趋于低落,时或全归消灭了。这样看来,在土地报酬与资本利润间,结局就发生了一种交互作用。正因为有了这种交互作用,所以,即使在地租全归消灭的情形下,土地所有者为欲获得资本利润而继续耕作的事,是数见不鲜的。这种事实,一见似乎土地报酬与资本利润两者分离不开;在屠能说来,亚当·斯密的地租概念,就是这样陷于谬误中了。

依屠能所见,由劳动及节省而创造的新资本,不能以普通的利润率投在既耕的土地上面。因为土地收获递减法则的结果,追加资本比之最初资本,只能获得较小额的收益。从而,资本的所有者,便把他们的资本投向从来未施耕作的无价值的土地上面,而获得该国当时的普通利润。在这种情形下,所谓农地地租,就全部皆由利润成立,而没有包含丝毫的本来地租;本来的地租,简直等于零了。

现在假定一般利润率由百分之四腾贵到百分之五,在农地地租没有变化的限内,新农地本来的地租,便不免要低落到零限以下。但是地租纵然低落到零限以下,在建设物等固定资本尚未消灭的限内,依然会继续耕作,不过在此种情形下,如因火灾及其他事故,致建筑物及坦篱等全归消灭,那末,固定资本的普通利润既无希望,而备办新资本的途径又穷,于是土地便归于荒废。

固然火灾会使农地资本一时消灭，但在时间的经过上，也能促成农地资本的逐渐消灭；不过后者消灭的速度，比较前者特别缓慢罢了。由是，地租降落到零限以下的土地，如果它的建设物一类资本，因时间的经过关系而消灭了，那末，这种农地，也就不会有重新整备资本的途径。假若在一世纪间，新农地逐年一一从事耕作，各土地投下的建设物一类资本的耐久时间为一百年，结局，这些资本便会逐年一一趋于废弃。一世纪后，新资本全部，一定要再归于消灭。

屠能由上述的观察，主张继续决定土地耕作的，决非农地地租的有无，而为一般地租的有无。即是说，就一时看去，不论一般地租的有无，在农地地租存在的限内，总会继续耕作，而这时对于土地报酬与资本利润的区别，似无意义。但是我们如果作长时间的观察，就知道决定土地继续耕作的，一定是一般的地租。

屠能曾指谪亚当·斯密把土地报酬及资本利润混为一谈，致陷于以下的三种谬误：即认为（一）用作食物生产的土地，通常皆生产地租的谬误，（二）农业劳动比之工业劳动为更有利更能生产的谬误，（三）自然力只能益助农业，而无补于制造工业的谬误。

关于此三者，屠能有如下所示的反驳：（一）假若我们不把工厂等建设物价值的利息除去，则工业上亦会生出土地的报酬；（二）设不除去此种利息，则工业生产物中有超过普通工资，企业家的辛勤及对于建设物资本普通利润以上的余剩，换言之，就是劳动不拘在工业方面或农业方面，是同样生产的；（三）工业与农业同，没有自然力的协助，则不得继续生产。

在上面这样的反驳之后，屠能以为亚当·斯密所以误解地租的根本原因，只有归之于重农学派的思想。固然斯密对于重农学派标榜的“农耕劳动为唯一生产劳动”的命题，曾加以调和订正，但是他不能离开这个命题，去理解地租的本质。

屠能是非常尊敬亚当·斯密的。他曾自谓信奉亚当·斯密与泰尔，并称斯密是在《国富论》里面给与了我们无尽藏的教训的深湛思想家。可是他对于斯密的谬误地租概念，还是不客气的指责，而且极力申言农地地租与一般地租，不得混为一谈。

二 位置上的对差地租

屠能与李嘉图同样以地租发生的原因，归之于农地收益的差异。但是他与李嘉图相反的，就是他主张：农地收益之差异，不基于土地的丰度，而基于土地的地位。在孤立国中，一切土地的丰度，皆假定是同一的。而且因为耕作土地的位置关系，同多的劳动量，所得的收益相差，于是对差地租成立。他为说明位置的对差地租起见，乃进行考察谷物价格究依如何的法则而决定。

首先假定孤立国都会中，石麦价格每一布奚(Bushel)由一元半低落到一元，在离都会半径三十一里半的农地上，每布奚石麦的生产费为四角七分，搬往都会所需的运费为一元零三分。

在此情形下，因为距都会三十一里半的农地，不能由一元的价格抵偿生产费及搬运费，石麦的输送定会中止。且不限于距离都会三十一里半的农地，凡属每布奚石麦的生产费及搬运费，需要一元以上的诸地方，皆不得不停止运输。现在假定离都会二十三里半的一切地方，以一元之价格运输石麦为不可能，而且人口及消费无变化，二十三里半以内的农地生产额不够供应石麦的需要，则石麦的价格，必然会腾贵起来。即是说，在此种情形下的石麦价格，决不能够是每布奚一元。

都会的谷物价格，是以供给都会需要所不可缺少的最远距离农地生产物之生产费及搬运费所决定。假若谷价由此限以下(谷物生产费及搬运费)决定，则都会的谷物需要，就不能得到充分供给。从而，都会的谷物需要，如大到必须取给于距都会三十一里半农地的石麦的程度，那末，石麦每布奚的中间价格(middle price——即屠能所指称的自然价格)，就必为一元半，同时其市场价格，亦不能低到此限以下。

关于以上的谷价决定法则，屠能以为不仅在假定的孤立国，就是在其他一切情形下，皆有其作用。即，谷物的价格，必定是决于那种为供应需要而必得耕作的最远距离的农地。那种农地的地租，是恰等于零的。因之，在谷物需要永续变化的情形下，谷价亦难免不永续的变化。例如，谷物需要退减到二十三里半以内的农地生产物足够供给的程度，则此种农地的石麦价格每布奚一元，便可抵偿生产费及搬运费。由是石麦的中间价格，就必为一元。

反之，假若人口及消费增加，旧有农耕地不够都会的需要，则谷价腾贵，因而从来不生地租的最远农地，亦有提供地租之余剩。在此种情形下，因为更远距离的农地亦能偿得生产费及搬运费，所以耕作范围扩大，重又保持生产及消费的均衡。

依屠能所见，生产力增进与消费减少，对于谷物价格的作用相同。例如，孤立国之农地收获，如增加百分之二，则都会的需要，可由较小部的土地供给。如生产力增进，从前由半径三十一里半以内的农地供给，现在只须二十三里半以内的农地供给，则石麦的价格，便必得由每布奚一元半低落到一元。但谷物需要与谷物收获量，如依同一比例增加，谷价自然不会发生何等变化，在这种情形下，人口与国富，才可显著的激增。

假使从来各农地产出的谷物为八，现在因生产力增进的结果，产出额为十，那末，前者能供都会四年的需要，后者便可充五年的需要。而且同时，如果更远距离的土地亦进于耕作，则集约的与延大的耕作之增进，人口将迅速增加，且能获得从前较少人口的同多供给。

要之，屠能不惮力说的，是谷物的价格，由最远距离农地生产物的生产费及搬运费所决定。最远地方产出的石麦，每布奚需要一元五角的总费用(生产费及搬运费)，则较近农地产出的石麦不能不卖一元五角。由近距离农地产出的石麦，其搬运费虽再少，于价格决定上无何等关系。谷物自购买者看来，不论是由都会近旁产出的，或由远隔地产出的，皆有同一的价值。从而基于需要上必要的最远距离的生产物的原价，一切石麦皆不能不以同一价格而买卖。这样一来，于是近距离农地产出的谷物，乃有超过总费用以上的价格，并且继续年复一年的产生纯粹的所得。即是说：某农地的地租，是由该农地对于需要上必得生产之最劣土地所具有的优越性而产生。

李嘉图称说立于限界的土地，通常不纳地租；屠能亦同样认定立于耕作限界的最远距离的土地，不纳地租。因之，各农地地租之大小，皆取决于各该地对于限界地所具的优越程度。即是说，地租系基于丰度或位置优劣之对差的性质。可是屠能虽然力说地租之对差性质，却不曾完全否认绝对地租。“诸农地，在地质肥沃性及对于生产物贩路的位置方面，或在其他影响价值的一切因素方面，完全相等，则未耕地如果不能无偿获得，仍会发生地租。”[①]即他认为“某农地对于其他农地的优越性质，那是另外的更深的地租发生的原因。”[②]

屠能与李嘉图同样认定一切土地皆被占有时，乃得发生一般的地租（即绝对地租，不得与屠能所谓一般地租即本来的地租相混——译者）。但是他不以为承认这种原因，便算是否定地租的对差性。他主张在一切土地均被占有了的时候，则位置及丰度最劣的土地为决定价值的尺度，而较优良的土地，则各以自身对于最劣等地之优越程度，而决定其地租。因之，屠能的地租论，殆可说是与李嘉图一致的。不过他的特色，是对于李嘉图比较简单说明之位置对差地租，曾试作精密的统计研究。

三 地租税之经济的意义

屠能由以上的地租观，论究国民经济上之地租的意义及地租课税，对于国民经济之影响诸点，皆值得注意。兹依据《孤立国》里面第三十八章地租税而探索他的见解。

某农地的所有者，由该农地所得的一部分当作赋税，纳入国家，那于农耕的形态及扩张上，没有何等变化。在地租课税的限内，少额地租的农地，不过提供少额的赋税；若最劣等的农地，则全无赋税可言。因之，这种赋税对于耕作的扩张，人口的增加，资本投下及生产物的产出量，皆没有何等不利益的影响。纵令地租全部完全移作赋税，在土地耕作上犹不会改变旧观。

再者，地租无论输归国帑或提供地主及资本家，与国民福祉无何等关系。因为在此两者的情形下，地租多半是花费在不生产的用途上。依屠能所见，许多地主仅保持着所有者的名义，实际上地租的大部分，皆当作借金利息而转奉了资本家。从而地租在资本家或富裕地主手中，其用途是豢养了多数婢仆，肥硕的马，并备置其他奢侈品。现在即使把地租作为

① 加尔·德儿(Karl Diehl)编《经济学选集》第四卷《地租论》。

② 同书。《地租论》。

赋税,充实国库,用在维持军队方面去,那对于国民财富本质上不会发生影响。

屠能力说地租的起因,不是投下的资本及劳动,而是发生于农地位置及丰度形成的偶然的优越。所以他认为除去此偶然优越所赐的地租,并不会成为阻害资本及劳动投下的原因。

屠能所描写的《孤立国》,是假定一切耕作,在同一状态下,由同一的知识活动,而获得同一的结果。可是这种假定,不能通行于现实的社会,所以在现实社会中,便有地租因何而形成,地租的大小,由何而决定的问题。实际上,即使有位置及丰度相等之诸农地,由耕作者在农业上之知□及活动不同,其纯收益尚非常相异。不过在这种情形下,纯收益少的农地,其地租额还是与纯收益多的农地一样。因为此种纯收益的差异,并非必然的永续的现象,而是由耕作者的勤惰精拙发生的偶然的一时的现象。同一农地,假使换人耕种,也许会收得较多的纯收益。然而决定农地价值及地租的,并非此一时的现象,而是由于土地位置及丰度之更永续的优越。

地租不能发生于实地上之纯收益以外。因为地租结局不外是除去建设物,或农地上存在的其他价值对象物之资本利润而余下的纯收益。然而决定地租的,不是由于特别例外的纯收益之大小。特别大的纯收益或特别小的纯收益,皆不够决定地租。地租决定上之标准限度,是以普通知识及活动,由普通耕作而获得的平均纯收益。

然而计算此平均的纯收益,在事实上是困难的。唯一的方法,只有就通常的知识与活动之结果,而决定由一国全体或一地方全体耕作者所产出的种种生产物之平均额。在平均收益的决定上,必先合计全国或全地方的纯收益,并由此总额算出与土地之丰度及位置相应的各农地的纯收益。我们由此可知确定各个农地之纯收益,及由是而确定纯粹的地租,该是如何困难。

加之,此种困难程度,将因一般人根据错误原理计算地租而益形加大。大家不相信全然不纳地租的耕地之存在。他们以为:耕作圈内最劣等土地六平方洛特,比之最优良土地一平方洛特,只有同一的价值,未免相差太远。但是零之六倍不能为一;同样,最劣等地六平方洛特且有不够最优良地一平方洛特的价值的,那决没有什么稀奇。

此外，耕作上投下资本的利润与地租混为一谈，亦会加大此种问题的困难。土地在不能获得超过建设物一类资本之利润以上的余剩限内，即使能够给与所有者的所得，犹不会发生地租。

地租决定既是这样困难，那末，所谓地租税，就不限定是纯粹的地租税。赋税加于未含有地租的所得，与人头家畜税，同样会使土地上投下的资本及劳动蒙到不利。但是要避免这种不利益的影响，正确而且正当的决定地租，事实上早就成了不可能的问题。因为正确的决定地租，恐怕需要多数的专门家，需要莫大的费用。地租税比起其他诸税来，在征收及决定上，以简单为唯一特色；为了正确的决定地租而费去莫大的费用，那简直是没有意义的。

不特此也，地租在实际上非不变不动的，而是颇有变动的。——因为耕作的方法，生产物的价格以及利润率的变化，都可使地租的大小，发生显著的差异——就是一旦计算准确，也不得视为永久的根据。假若地租算定后，赋税划一的征收下去，则一世纪以后的地租税，便与真的地租，没有何等关系。设若赋税随着地租不断的增加，则从事推算，也要不断的费去莫大的费用。其结果，就不免要发生赋税提高，以致阻止土地改良及耕作发达的危惧。

孤立国中假定土地的收获是不变的。即使地租的全部，输归官府，于土地耕作上亦不会发生何等不好的影响。但在现实社会里面，农业经营者多少总期望收获量增大而不断努力，于是其中就含有使收获量大的可能性。不过增大收获量的一切改良，常需要莫大的费用，而为着改良投下的资本利润，与由改良增加的纯收益达到同一额数的事，那是数见不鲜的。

农业上的诸种改良中，有的为一时的，有的为永续的。在永续增进生产力的情形下，地租亦由是而增加。但这所增加的地租部分，不得与旧来的地租同视，因为旧来的地租，单由丰度及位置的优越发生，所有者不曾加上何等的人力。而由改良所增加的部分，则是投在土地上之资本的报酬。有永续性的种种改良，例如由粘土填掘等之土质改良，或利用运河之沼泽排水等，一旦既经作成，便不能遽然移去。而由此等改良所增加的纯收益，亦有许多不能提供赋税。

地租税在不妨碍此等改良的限内，是没有害处的，但是如果对于农业上的种种改良加以威胁，则在国民经济上最不利益。为土地改良及耕作进步所投的资本，是国家最有利的投资。孤立国之农业生产由八增大到十，都会人口将增殖百分之二十，而谷价则如前所述，保持原状。一国的财富，权力，人口等的增加，与土地集约的耕作增进，有密接不离的关系。

屠能由以上的见地，把地租税当作实际上（即非孤立国里面的）阻止土地改善，妨害国家发展的赋税而加以排斥，即他以为：地租税像在孤立国假定之下，虽属可能，但一旦推行于现实社会，便没有利益。他的学说都是由一定的假定出发。可是我们由他关于地租税之主张，就知道他是不欲以他的学说无条件的应用于现实社会的。

屠能为要使他的考察成为一贯起见，于是他把种种见地区别为绝对的见地与相对的见地，或全世界的见地与国民的见地。当他探究实际上的问题的时候，主要是采取国民的见地。依他所见，亚当·斯密的自由贸易论，在大体上是采取全世界的见地，而部分的，则是立于国民的观点上。他自己大体上虽是自由贸易论者，但他不视自由贸易为绝对善，而以为那是从国民的见地看去在现存条件之下的相对善。

四　自然工资说

最后，我们对于屠能倾注其大部分努力的自然工资论，亦有略略解述之必要。他目击当时劳动者因工资低廉，致沦于悲境的事实，而努力探究工资律。他所著的《真挚的梦》（一八二六年刊）一书，就是把他的自然工资观展开的结果。

亚当·斯密谓劳动者所受的工资，由自然工资决定，犹之乎自然价格上的市场价格一样。而决定自然工资的，要不外劳动需要及供给上的竞争。然而依屠能所见，劳动之供求关系，并非常住不变的，其不断转变，正如气候一般。假若由这种变动关系去决定工资的自然律，那不能不说是难能的事体。

斯密又谓：在一定场所某一时期的普通工资，不能不视为该场所之自然的工资。然而在现实社会中，究有哪个场所的工资，不是随着时间之流而不断变动的呢？因之，工资之正当而合乎自然的状态，皆不得不惹起或种的反问。斯密所说的，单是模写现象，而不曾追究现象发生的根底。屠能为要补充斯密的缺陷，所以就提倡他的自然工资说。

他为使问题单简化起见，先基于孤立国之限界地而与以说明。在限界地上，地租无疑是等于零的。而由是所产的收获，如果把企业利润除外说起来，就单是分配于资本及劳动两者的。依他所见，资本不外就是集积起来的劳动。所以资本的生产力，可以说是劳动的生产力之还元。在这种假定下，他分劳动者为充当资本之生产的劳动者及充当消费财之生产的劳动者两种；工资的自然律，是由前者（资本生产上的劳动者）所决定；而由前者决定的自然工资律其所以施及于后者的，则似由于自由竞争的结果。

屠能基于以上的假定，由四个观点分析工资及利润的关系，并由是提出自然工资决定之法则。（一）以资本为劳动的结果，（二）视劳动为资本的代用，（三）考察资本之限界生产力，（四）考察劳动的限界生产力。

屠能由第一观点，以为对于一定资本可以支给的利润率，是由该资本生产上必要的劳动量（宁可说是劳动上必要的生活资料之价值）所决定。即是说，资本的利润率，就是等于劳动者作为资本生产之结果而获得的追加所得之工资率。从而在资本生产力变化的情形下，工资及利润亦当然发生变化。总之，一切的工资，是取决于那些从事资本生产之劳动者，借资本生产力而获得的追加所得。

屠能关于第三及第四两个观点，是以收获递减的法则为前提。即是说，追加的资本及劳动之单位，只能比较以前投下的单位，获得少额之收获。若就资本之限界生产力而言，则继续加入的资本单位，其收获递减。换言之，追加的资本，比之以前的部分，会使国民劳动生产力之增大率低落。但是因为利用的全部资本的报酬，是以最后利用之资本报酬所决定，所以最后单位以外的资本，便发生一种余剩。在屠能主张：只有这种余剩，才可说是劳动的报酬。

复次，屠能由第四个观点，主张工资由劳动限界生产〔力〕所决定。他想像在一定的马铃薯的农田里面追投劳动的时候，其结果将显示收获递减的轮廓。依据这个结论，他以为：最后的劳动者，会获得由他们自身所追加的收获全部，并且他们还可决定那种具有同一熟练与能力的一切劳动者所受的工资。由这点判断起来，我们就知道劳动者可以受到的工资，决非高率。但是屠能以为在这种情形下,劳动者手中还残一种可分配的余剩。因为最后的劳动者,纵然不会生产工资以上的余剩,而以前的劳动者却在企业家手中残有多额的余剩,这样一来,于是劳动者的工资率,便可因而提高了。但屠能关于此点的说明,不能不说是太欠明确。

总之,屠能由以上的种种考察,达到了同一的结果。即是:如以 A 代表劳动及资本之共同所产,以 P 代表劳动者及其家族的生活资料,则自然工银率,定为$\sqrt{ap}$。这个工资公式,是屠能自身得意之作,他甚至想在死后把这个公式刻在他的墓碑上面。

总而言之,屠能的自然工资论,可以概括如次:当劳动及资本继续投下时,除最后的单位外,其余各次资本,皆存有一种余剩。这种余剩的分配,首先对于劳动者必与以随着资本及劳动二要素共同所产之平方根而变动的分额。自然工资是超过生活资料以上,而不绝增加的。对于劳动者能与以自然工资,则劳资两阶级的致命冲突可以避免。因之,给与劳动者以自然工资,那是绝对必要的。

屠能的自然工资论,不必有怎样卓越的见解。可是排除历来局限于劳动者之生活资料与劳动之需给范围内的工资论,而从生产方面研究应归劳动之分额一点着眼,这不能不说是他遗下了一种功绩,并且他在论述劳动及资本之限界生产力上,力说收获递减法则,这也算是开前人所未发,而值得注意的。

第六章　地租论与土地改革运动

一　土地改革运动之抬头

如前所述，马尔萨斯的地租论，是由当时以汤姆生・斯宾士（Thomas Spence）为理论代表者的土地改革运动所激起的。所以他的小著《地租之本质及进步的研究》，实际就不外地主方面对于土地改革论者的回答。然而地租论之确立者李嘉图，以地租为基于自然生产力之不劳所得，事实上，就不啻给与了土地改革运动以锐利的武器。由是，标榜排除不劳所得的土地改革运动，不久就由亨利・佐治作先锋而再抬起头来了。

李嘉图虽明认地租为一种不劳所得，但他自己没有想到：因为地租是不劳所得，便应该没收。他以为，地租的存在，是基于土地独占性之不可避免的现象。地租腾贵，一般国民——除地主外——的利益，将依腾贵的比例而受牺牲。在他想：要缓和此种利害冲突的危险，只好让谷物自由贸易，借以防止谷价的腾贵。

然而以李嘉图的地租论为武器，而主张土地国有或土地充公的，是由亨利・佐治领导的一群土地改革论者。亨利・佐治把地租与利息及利润分开，而以后两者为正当的所得；至于前者，他认为是纯粹的不劳所得，应该全部当作赋税，收归官有。

在他的主要著作《贫穷与进步》里面，他反问：生产力虽益益增大，而劳动工资却渐渐低下，至趋向最少限度的这件事实之原因以后，随即力说，那是以财产分配不公平为正当的起因。依他所见，工资不应当依从所谓工资基金说之规制，而必须由劳动者投下之劳动量所决定。即是说：劳动者由自己的劳动成就的财货，应该当作工资取回。如果依据工资基金说，那末，各个劳动者由其劳动投下，作成基金，再由此基金支取工资；所以劳动人口增殖，致工资底下，那是不得已的。但劳动者应该取得自己的劳动生产物。因为劳动效果，随着劳动人口增殖而加大，所以在其他情形没有变化的限内，社会的进化，必然招致工资的腾贵。

亨利·佐治所谓“其他情形没有变化的限内”，即是说，“自然生产率不因人口增殖而减少的限内”。他指斥马尔萨斯人口律之谬误。他以为：人口增殖，物资将相伴而加多。贫困与缺乏之原因，决非人口过剩，而是由是分配不得其平。

然则可以实现分配公平与贫困减绝之途径是怎样呢？亨利·佐治主张：排除地主，没收地租。在他看来，地主是唯一的榨取者。在自己的正当所得，横被地主榨取的一点上，劳动者与资本家是一样的。劳动资本为生产上不可分离的要素，两者持有相同的利害关系。在利息利润高率的时候，工资一定为高率。工资低廉，即不外利息利润低落的表征。所以劳动者及资本家须得相互协心对付共通的敌人即地主这一点，就是他的名著《贫困与进步》的结论。

佐治在达到这个结论之前，首先是确定地租的定义，其次则力说利息与地租本质之相违。所以我们一探究他的分配法则，便可了然于他的土地改革论的本体。

二　地租的法则

亨利·佐治在说明分配法则之前，亦曾决定地租的概念。他将经济学上所谓地租与通俗意味的地租加以比较，并说明两者的区别。

经济学上的地租，是指着对于土地及其他自然资源之所有权，应当支给的报偿；但通俗用语的地租，则不仅指着自然资源的报偿，而当使用房屋，机械，器具等对于所有者支给的部分，亦包括在内。并且这个名目，仅仅通用于非一人兼为所有者与使用者的情形下。再者，通常言土地的地租时，没有把那时对于土地本身使用所支给的，及对于在土地上投下资本所支给的分开，而统称为地租。

经济学上的地租，不外就是对于自然资源所支给的报偿。对于土地上投下的资本所支给的部分哪怕就是包括在那种因为使用土地而支给的报偿里面，亦当称为利息。并且在自然资源的所有者及使用者同为一人的情形下，地租亦会成立。要之，此种意义上的地租，就是对于自然资源使用具有排他权者给与的一种报偿，这种报偿，是借着自然资源造成的财富里面分出来的。

亨利·佐治以为此种地租，仅成立于有交换价值的土地上。有交换价值的土地，不仅在土地被利用的时候，发生现实的地租，就是在土地不使用的时候，亦会发生潜势的地租。因为土地有价值，便具有发生地租的能力。假若土地所有者不能由其土地获得何等地租，那末，这种土地便无价值可言了。

因此，他申言，土地的地租及价值，不是生于土地本身之生产能力或效用性；也不是代表那种给与了土地生产上的助力或便利的东西，究其实，不过是代表能够获得生产物之一部分的权力。不论怎样的土地，如果对于利用该土地的特权，不与以一部分的生产物，则无所谓赁借，从而价值也不会发生。因为在这种情形下，不论是谁能够提供出来的生产物的大小，也不是取决于土地本身之绝对能力如何，而是取决于该土地对于无偿而得的土地所具的相对能力如何。

现在假定某人拥有极高丰度的土地。同时设有同丰度且能无偿获得的其他土地存在，则他的土地便无人赁借，因而也就没有价值可言。但无偿获得的土地，如较他的土地为劣等，那末，他的土地就当然有人赁借，当然会发生价值。所以亨利·佐治以为地租是对于独占权的报偿，是发生于不得由人为努力而生产而增加的自然要素之个人的独占。

假若能够利用的土地，全部属于一个人或属于一个共同团体所有，那末，对于土地的报偿，亦是由所有者任意决定。但现世社会的土地，是由许多人所有，从而对于土地使用的报偿，便不能由所有者全然决定。因为所有者间自由竞争的结果，其中势必要生出一定的限制。换言之，就是土地所有者所受到的地租，是由一定的法则所支配的。

在亨利·佐治说来，此种法则是由李嘉图发现的，早已成为没有议论余地的规定。即是说：投下等量劳动及资本所得的多少不同的各种土地收获量中，各各以其对于最劣等地所超过的部分，形成地租，这种法则，已经判然如几何学上的公理。但是他以为要完全理解此种究竟，则不妨说："一种自然生产的资源之所有权，是对于投在土地上的劳动及资本所生产的财富中之一部分的占有力，这一部分的财富，就是以等量的资本及劳动从事生产，而其所得，超过收益最少而仅够活动的那种资本及劳动的溢出额。”①

亨利·佐治虽然这样论究地租的性质，但结局他自已也承认是与李嘉图的说明一致的。因为依他所见，不独是农业，即在其他一切的产业上，亦有使用土地的必要，因之对于土地的报酬，便由竞争而统统趋于均等化。例如在某种社会中，资本及劳动的一部分投在工业上，一部分投在农业上。假如在这种情形下，耕作最劣等地所生之平均报酬为二〇，那末，二〇就是农工业两者的平均所得。但因某种障碍发生，工业上的报酬，低减到一五，则农业上投下的资本及劳动的收益，亦不得不低落至一五。因为资本及劳动竞争的结果，任一部门的所得，皆不能单独保持高率，因之，地租不论是就耕作最小范围或最小程度以上之超过分言，或就比较报酬最少之超过分言，结局皆归于一致。

李嘉图仅仅论及农业地租，而没有顾及商工业上的地租。不但此也，他并且在许多地方称说地租不发生于商工业方面。但亨利·佐治所见不同，他以为地租不单是属于农业方面的。商工业之赍与地价，就商工都市地价极高的事实，便可判明。

亨利·佐治由地租存在于一切产业部门的的事实，而达到工资及利息，皆可由同一法则所支配的结论。即依他所见，如上述的地租法则，必然会使利息法则及工资法则成为一致。为什么呢？因为地租既为超过最低生产能力的土地所产的余剩额，那末，工资及利息就不能超过最低生产能力的土地所生产的生产物价值以上。换言之，无论该土地的生产力如何，劳动及资本各各所能要求的工资及利润，终不过最低生产能力土地上之生产量的相当额数。设由方程式表出，就是：因为生产物＝地租＋利息＋工资，所以生产物－地租＝利息＋工资。

这样看来，工资及利息，就不是取决于劳动及资本所产的大小，而是取决于生产物除去地租剩下的残额。其结果，生产力纵令增大，在地租以同一比例增腾的限内，工资及利息决不会增加。因此，他以为，在文明国中工资及利息所以不能随生产力增大的，就是因为地租不绝提高的缘故。

---

① 加尔·德伊儿编《经济学选集》第四卷《地租论》。

要之,生产的财富,就由那个可以称为地租线的,划分为二了。决定这个地租线的,就是耕作限界地,换言之,就是不纳地租的资本及劳动由自然要素所获得的生产物。因为生产出来的财富当中,地租线以下的部分,支给劳动及资本,地租线以上的部分,支给土地所有者。所以生产尽管增进,在地租线没有上升的限内,工资及利息不得昂腾。

他不惮反复力说,地租之增加,是阻止工资及利息增加之唯一原因;并且是给与土地所有者以所得的原因。同时也就是不与资本及劳动以所得的原因。新开国度的工资利息所以较之文明国度为高的,其原因不由于等量的资本及劳动获得较多的生产物,而是由于土地价格低廉,地租微薄。任何国家的工资率及利息率,不决于生产量,而决于土地价格。在原始状态下,一切劳动直接投在土地上,以生产物的形式,取得工资;假若土地所有者,由生产物中取去更多的,则劳动所受的分额,自然更少。文明国度的生产关系虽极复杂,但地租增加,会使工资及利息减少之根本事实,则没有变动。土地的价值,系由土地所有者附与劳动生产物之获得权而成立的。因为这种价值由工资低下(即劳动的分额减少)及生产力增进而腾贵,所以贫困随伴着社会进步而益益加甚的现象,就无从避免。

三 利息的源泉

如前所述,亨利·佐治主张工资及利息的总体,是生产出来的财富中之地租线以下的部分。然而这个地租线以下的部分即工资与利息,将怎样区分呢?我们为明了此种关键起见,首先就有知道其利息法则之必要。

亨利·佐治没有分认资本利息及企业利润的区别。但当他称述分配法则时,他不曾引用企业利润这个术语。因为他之所谓“利息”,是当作财富分配上的抽象名辞使用的。即是说,他不仅以债务者付给债权者的报偿为利息,而对于利用资本之一切报酬,皆呼为利息。依他所见,企业利润的大部分,可以视为工资(即可呼为企业工资管理工资的劳动所得)。但他没有否认这一部分是利用资本所得的报偿。不过他统称此等利润部分及普通利息为“利息”,而究明其共通的一般法则。

各个的普通利息,依贷借的确实性如何而显著差异。可是利息的决定原因,却不取决于此种确实性。由各个利息率平均看去,便可见到一般利息率的存在。所以各个利息率,是以一般利息率为中心而由其所决定。一般的利息率,因国与时代不同,而显有差异。在美洲合众国的利息率较英国为高,在合众国新州的一般利息率较旧州为高:我们由这些事实,就不难想见利息率是随社会发达而趋于低下的。然而一般利息率之成立与变化的根本原因,究竟安在呢?

一部分的学者,以利息为对于禁欲之报酬。即是说,为资本所有者实行禁欲而报偿的,便是利息。但亨利·佐治反对此说,他力言"禁欲是消极的特性,而没有积极的特性。……禁欲本身,不能生产什么。"[①]依他所见,如谓利息为禁欲的报酬,则自己保藏着一定的货币,应该可以赍与利息,然而在此种情形下,不会有利息发生。同是实行禁欲,何以仅在贷借与人的时候,始有利息可言呢?这就是因为禁欲本身不能创造什么。亨利·佐治由这种见地,反对禁欲论。下面便是他驳击巴斯夏(Bastiat,1801—1850)的利息说的见解。[②]

巴师夏由有名的木工例证,申述利息的原因,乃存于资本内在之"增加劳动生产率的力量"。他先假定:甲木工以十日的劳动制造刨子,这种刨子,在一年三百日之劳动期间中,可以耐用二百九十日。假使在这种情形下,乙木工以一年后,返还同样新的刨子的条件,向甲木工请求借用,甲木〔工〕将如何应付呢?因为依此种条件,甲木工在一年内,不过把他的刨子消费去,又收回一个新的刨子,而他一年间由使用刨子所得的利益,便完全没有着落,他必定拒绝乙的请求。

但乙如一年后,不仅返还一个新的刨子,并添上一块新板向甲申请,甲因为收回刨子(资本)以外,还能得到一块木板(利息),一定会承认贷与。此种贷借关系,逐年更新下去,甲木工便逐年可获板一块。甲所获得的木块,依巴师夏所见,那是自然而且正当的代价。因有乙由使用刨子得到增加劳动生产率的力量,虽支板一块,不致比从前陷于更坏的状态,同时,甲虽得板一块,也不比他自己使用刨子的时候,得到更多的报酬。

---

① 加尔·德伊儿编《经济学选集》第三卷《资本利息及企业利得论》。

② 同上。

亨利·佐治对于巴师夏此种例解,曾指谪其没有十分说明:何故只有甲能够最初制造刨子,并且,他还预想到了甲与乙之间的刨子贷借关系未行的情状。即是说,假若甲的刨子不贷与乙,则他在二百九十日中,自行利用刨子,而以残余的十日,充当新刨子的生产。同时,乙在起首的十日,即自行制造刨子,而以残余的二百九十日,自行利用这所制造的刨子。假若一块板代表借刨之助的一劳动日之结果,则甲乙两者在一年终了时的生产物,甲定为刨子一个,板二百九十块,乙为板二百九十块。

这与最先由乙所提出的条件而进行的贷借关系相同。即乙由甲借得刨子使用二百九十日,而以最后十日,充当返还甲之刨子的生产。甲于最初十日从事新刨子的生产,而以剩余的二百九十日,消耗这所产生的刨子。

但是刨之贷与,相伴而产生板一块的报酬,则一年后甲乙的地位,自然会发生变化。即甲有二百九十一块板及一个刨子,而乙所有的,不过板二百八十九块。在此种情形下,假若乙更以对于刨子及木板各各支给一块板的报酬,向甲借得刨子与木板,经过一年之后,乙不得不返还甲刨子一个及木板三块;由此种贷借所生之差,更逐年继续贷借与乙,则甲之所得次第增加,反之,乙之所得便益益减少。末了,甲木工最初贷与乙木工一个刨子的结果,有一天,甲木工会获得乙木工的全收益,换言之,有一天,乙会成为甲之奴隶。

因此,亨利·佐治说,利息并非如巴师夏所主张的,是出于自然而且正当;而其原因,也不是存于资本内在之"增加劳动生产率的力量"。依巴师夏所见,甲贷与乙的,就是由刨子使用而生的劳动生产率的增加。可是佐治说,这不是投下十日劳动的结果。假若可以增加劳动生产率之力量为利息的原因,则利息率就应该随着发明而增进。然而事实上发明的结果,并未促成利息率的增进。这样看来,巴师夏的利息说,便不能不说是谬误。

然则利息的原因究是什么呢?依亨利·佐治所见,那不外就是自然的能动力。假若一切财富,皆如刨子;一切生产,皆如木工生产的那种无生命的素材,其结果,不过是使诸种形态变化而已,而上述木工的例解的利息,便成了劳动结果之掠夺的表现。"但是一切财富,不必皆如刨子,木板或货币。一切生产,不必皆为宇宙无生命的素材,仅在形态上发生变化。或把货币放着不动，固然不会生产，但假如我贮藏葡萄酒罢，一年以后，因为葡萄酒的品质是变好了，我所有的价值，便会因而增加。又假定我以适当的土地饲养蜜蜂罢，一年后，便有更多的蜜蜂，及由蜜蜂制造的蜂蜜。更假定我在牧场上豢养牛羊之类的家畜罢，一年终了，一定会有许多的增额。”①

因之，在这里就有此种增殖原因究在哪里的疑问发生。在这种增殖上，一般的劳动自然是必要的。但是实际还有与劳动性质全异的原因存在，那就是自然的能动力，也就是我们称为生命而附有神秘力之特征的生长及增殖法则。亨利·佐治称这种能动力，这种法则，为利息的原因，为由劳动使其增大，因而使资本增大的原因。

利息的原因，既存于自然的能动力，则刨子木板一类死物，便没有发生利息的理由。但亨利·佐治以为，就是这种死物，亦不能不发生地租。资本当中，不单是如刨子木板一类的死物，除了这些死物，还有如葡萄酒如羊一类具有增殖其自身价值力的部分。所以，在他看来，资本是具有一切交换能力的财富，可是这种财富，并不是定然要在一定的形态上被人所有的。例如，甲木工对于他自己所造的木板，他不一定要就原木板或换为货币保存起来，他是不论拿去换葡萄酒或换羊子都行的。因为这样，所以亨利·佐治说，由财富的所有而产出的利益，自然会趋于平衡。这就是说，葡萄酒的所有者，固然不能获得增殖价值的全部，而同时刨子的所有者，也得分让其增殖价值的一部分。

他视交换为一种增殖价值的行为，为一种生产。例如在A土地投下一定的劳动，生产有二百价值的植物食料品，或一百价值的动物食料品。B地方投下同样的劳动，生产二百价值的动物食料品或一百价值的植物食料品。在这种情形下，植物食料品对于动物食料品的相对价值，A地方定为二对一，B地方定为一对二。因此，假若A地方仅生产植物食料品，B地方仅生产动物食料品，而有相互交换的必要，那末，在这两种食料品的二百价值上，加入因交换而费去的或损失的部分，就算是生产出来的部分。因为这样，所以交换就不能不说是一种价值增殖的行为，一种生产。

---

①　同前。

原来亨利·佐治在分析生产上，曾把生产区分为三个种类。第一为适应生产，即改变自然产物之形态，使适于人类的欲望(例如刨子或木板的生产)。第二为成育生产，即利用自然之能动力，而饲养栽培动植物等。第三为交换生产，即利用由场所相违的自然能动力，或由位置，职业，性质等相违的人类劳动力之更高的特性，而图财富之增加。

在此三种生产上，资本虽皆能为劳动之助，但资本与劳动的关系，因生产种类而不必一样。第一种生产，以劳动为主要的要素，劳动停止，生产亦归停止。因而在这种情形下，资本就非绝对必要的要素。假若劳动者不利用刨子，则由刨子增加的价值，亦归停止。所以他在重新着手劳动以前，袍子没有何等功用。当作资本看的刨子，会与使用者以增高劳动生产率的利益。但在劳动中止期间，刨子自己就不得生产利益。

第一种生产虽然这样重视劳动，但就第二种第三种生产言，则资本是绝对必要的。不论是在农场饲养家畜，或是在藏贮葡萄酒的价值增殖行程上，如果缺乏家畜，缺乏葡萄酒这种资本，那是绝对行不通的。因为在前者方面(第一种生产)，虽然是由所有者使用其资本而生产利益，但在后者方面(第二种生产)则是由资本自体增殖价值，而与所有者以利益。家畜在牧夫睡眠时，犹会继续生长(价值增殖)。第二种生产需要资本是如此，若就第三种生产言，因为资本由交换而增殖其价值，自然资本是绝对必要条件。在这两种生产(第二第三)上参加的劳动，那有如樵夫向下游搬运木材，而把木材投在水上一样。这与其说是劳动，到宁可说木材流向下游或家畜生长之时间的要素，尤为重要。

亨利·佐治由上面这样把生产加以分析之后，复说：各种各样的生产如同时并行，则诸种利益间，必然会趋于平均化；由是，自身不会增殖价值的资本的所有者，与自身增殖价值的资本所有者，将会获得同样的利得。这种利得，在他说，即是所谓利息。本来由资本使用所生的利益(在第一〔种〕生产上的利益)是属于劳动，由自身增殖的资本所生的利益(在第二第三〔种〕生产上的利益)是属于资本的。但是分业与财富的交换性，使各种生产的利益，皆趋于平均化。因为假若各种生产间有利益大小的差别，那末，劳动资本皆会流入利益多的部门，而利益少的部门乃莫由进行。要之，在第一种生产上的劳动所获得的，不是此种劳动的全利益，而是对于资本与以资本用在其他生产上所得到的利益之残额；在第二第三种生产上的资本所获得的,亦非此种资本的全利益,而是对于劳动与以劳动用在其他生产上所得到的残额。这样一来,所以各种利益,皆趋于平均化。

利息是由自然力与交换能力给与资本的价值增殖能力而发生的,“这不是人为的,而是出于自然的。这不是一定社会设施的产物,而是横贯于人类社会根底上之宇宙律的结果。”[①]这就是亨利·佐治的利息观。他的利息论所以被人呼为“果实说”的,就是他视利息如生于树木的果实,而求其原因于自然的增殖力。

四 独占利得之排除

就上面所述的看来,亨利·佐治既力说利息这种所得的正当,自无怪其对于以利息为劳动之掠夺的理论,加以排斥。他以为,此种应当排斥的理论,系发生于事实上的资本与架空资本,以及利息所得与利息以外的所得之难于分别的缘故。依他所见,普通呼为资本的土地,实非资本,而由土地所得生出的地租,亦非利息。资本必得是资本,同时又是财富。在本身上直接或间接满足人类欲望的自然恩惠,不得谓之资本。换言之,资本是自然力以外的具体的财富。所以,不仅土地,就是普通列入资本中的国库证券或股票之类,在许多情形下,亦不能代表资本。

要问国库证券何以不能代表资本?其原因不外:由发行国库证券而移归国家之手的资本,大部分皆系充作军备或其他不生产的用途。可是为设立公共市场或整理耕地而发行的证券,在其全部皆充作此种用途的限内,则不妨视为资本之代表。

此外如各种公司的股票,如果实际能代表生产所投下的资本,也自不妨视为保有资本的证据。但在亨利·佐治看来,事实上因为美洲合众国诸公司所发的股票,遥遥超过了现实投下的资本额,所以对于这种超过现实资本之架空金额所支给的股息或利息,皆宁可当作是企业的利润。

当分析企业利润的时候,他以为企业利润是成于四种要素,即现实资本的利息,经营者应得的管理工资,独占所得,及对于危险的所得。管理

① 同前。

工资,是对于经营者的技能,手腕,企业心及组织的发明才能等而支给的。独占所得,是对于该事业之排他权利而支给的。但依他的见解,此种独占所得,占有利润的一大部分。

奖励发明的特许权,或振兴国内产业的保护关税,自然都是独占所得的原因。但是更一般的独占,他以为是那种资本联合的独占,他并且还指出了此种独占之种种恶害。在他看来,各个铁道公司为提高工资增大利得而结合,那与强盗为劫夺而合伙没有区别。此类独占利得的起因,决非由于资本力,而是因为社会制度方面集中资本作用的缺陷。他说,危险投机的利得,亦非对于资本正当用途的报酬,那不过是由某人的损失而生的不当所得。此外,他更反复力说,因资本集积或劳动掠夺而得到的利得,只能算是投机所得或独占所得的代表,亦非正当的资本利息。

亨利·佐治如上面这样分析利润以后,乃言纯粹的利息,在其本质上,系与工资由同一法则而支配。依他所见,资本与劳动两者,不过人类努力活动之同一物而具有相异的形式。资本由劳动而造成,即所谓物质上体化的劳动。所以,在生产上使用资本,究其实,就不外是使用一种劳动。资本与劳动在人类努力活动上为同一物的限内,对于相等的活动,必与以同等额的报酬。即是说,利息与工资两者,并非单独上下,而是彼此相伴腾落的。假若工资尽管低下,利息没有减低,那末,不论是谁,都会去使用劳动。因为在那种情形下把劳动转化为资本(即使用劳动),那是更为有利可图的。

资本不过劳动的一个形态。这两者的关系,与熟练劳动及不熟练劳动之间的关系相同,没有何等本质上的区别。通常以财富为土地,资本及劳动的生产,而分配于此三者。但依亨利·佐治所见,这是一种谬误的见解。他主张,实际上财富是分配于土地及劳动两因素的。前者腾贵,必然会招致后者的下落。

因此,他的结论是:一切社会的贫乏原因,皆起于地租。地租不仅使工资及利息低落,同时并会招致经济上的恐慌。依他所见,个人领有土地,不能不说是一大罪恶,因为土地本来是不会增殖的东西,其领有必然是出于独占。地主基于此种独占,乃永远提高其他一切人对于自己的劳动贡献。换言之,就是永远不断的增高地租。可是地主这种所得的增加,并无关于他的何等经济劳动,而是一种社会的产物。因为地租因生产及人口增加而抬高，所以地租腾贵，不外就是社会之总合行为的结果，从而地主的行为，就不能不说是与劫夺社会全体总合行为之结果相等。因此，亨利·佐治，就主张把地租全部移归社会，即是说，由国家依赋税的形式，全予没收。

可是地租就令当作赋税移归官有，土地所有权在形式上仍没有变化。即是说，地主还是如先前一样保有土地，不过这时候他由土地获得的余分所得的特权，实质上是已经不存在了。亨利·佐治对于斯宾士(Spence)在土地国有论上与地主以赔偿之说曾加以非难，他以为，奴隶解放不与奴隶所有者以赔偿，同样，地主亦应无偿而拿出他的土地。

以上所述，就是亨利·佐治的土地国有论——即所谓单税论——之理论的根据。

第七章　罗贝尔图之地租学说

一　罗贝尔图的根本思想

李嘉图潜心于对差地租的研究，而对于绝对地租的存在，却没有深深留意，反之，罗贝尔图则极力称说地租之绝对性。他主张，李嘉图的对差地租，单单说明了地租的差异，却不曾究明地租的发生。可是问题不在地租差异之如何发生，而在地租发生之本质原因存在何处。这样看来，地租的研究，可以说是至罗贝尔图达到了一个新的阶段。

加尔·罗贝尔图(Karl Rodbertus)于一千八百零五年生于普鲁士之厄拉依佛斯特。他在额勤恩大学及柏林大学学习法律后，曾为司法官数年，至一八三四年，乃退居蚌麦伦州之雅额兹。他在雅额兹买有骑士领地若干，于从事农业之余，专心钻研社会科学，史学，语学等。他所以被人认为雅额兹的罗贝尔图的，就是因为他永远栖隐在这个地方缘故。

罗贝尔图在雅额兹栖隐后，因其声望日隆，曾几度推任公职。即一八四七年推为蚌麦伦州会议员及州参事会会员，翌年被选为普鲁士国民议会议员。他在国民议会中，因为众望所归，遂被拥戴为中央党领袖。罕泽内阁成立时，曾被任为阁员，但不久即辞去。一八四九年又由德意志新宪法最初被选举为国会议员。同年四月，随议会解散而退隐；以后遂辞退一切恳请，而潜心研究。至一八七五年，始在雅额兹逝去。

他的有名著作为《寄文·克尔满之社会通信》(Sociale Briefe an Von Kirchmann 1850—1851年刊)，《社会问题解明》(一八五七年刊)，而此外还有《国家经济现状论》(一八四二年刊)及《正常劳动时间》(一八七一年刊)等。《社会问题解明》，系订正《寄文·克尔满之社会通信》中的第二信(《克尔满之社会学说与我之社会学说》)及第三信(《李嘉图之旧地租学说的否定与新地租学说之建立》)两者,于其死后出版。他的地租论,皆见于这部书中。

罗贝尔图的地租论,是以他的劳动价值说为根底而树立的,他相信绝对的劳动价值说。即他主张:一切生产物的价值,皆由生产所费的劳动量决定。那不单是说制造上的生产物,即一切原生产物,亦系由该生产上所需的劳动量而换得的。

罗贝尔图所称的劳动,不仅是直接投下的劳动,就是在机械,器具等上面凝结的劳动,亦包含在内。例如对于一双毛袜的价值,不单是由袜工直接投下的劳动量决定,而此种生产上体现于机械器具的间接劳动,及在成为原料的羊毛上面投下的间接劳动,亦不能不予以计量。要之,凡属生产物,皆系过去及现在之劳动的合计。像机械及器具等物,皆不能不说是间接劳动的还元。

罗贝尔图说,不论何种货物,皆是这所谓直接劳动及间接劳动生出来的。依他所见,货物如果不是在所有关系之下的需要的有用物,便不仅不能算是有用物,且非具有需要的有用物。因之,凡属称为货物的,皆不外由人类劳动所造成,这就是他的根本思想。

他以为,在国家正常的经济秩序下,劳动所费,定为真的价值尺度。但是在私有财产制度支配的今日,商品价值,仿佛不一定是取决于劳动之所费。可是在货物的价值,常等于由劳动所计算的费用额一点上,有的人竟以为把劳动券作为支付要具去代替货币,是行得通的。此种主张,恩格斯(Engels)曾斥其为可笑的空想。罗贝尔图为极温和的国家社会主义者,所以他设想,现在的财产制度,尚可存续下去。

依罗贝尔图所见,在正常的国家经济秩序下,一定是按照劳动的计算额而行交换。但是在今日的社会里面,实际没有把商品的全价值给与劳动者,其中资本及土地所有皆各有所得。即是说,今日除工资以外,还有基于土地及资本所得的重要的国民所得部门。这种属于土地及资本所有者的,“非得之于劳动,而是由财产力取得的所得”,罗贝尔图常称之为赁子。赁子在实际上,与马克思称为剩余价值的相同,即包含有地租,利润及利息的部分。可是罗贝尔图没有明白区分利润及利息,他不过把赁子分为地租与资本所得而加以解述罢了。

然则今日赁子的所得部门,究因何而存在呢?罗贝尔图以为此系取决于劳动的分业(经济上的理由)及所有权(法律上的理由)。他说,在两种理由存在的限内,赁子的存在,是不得已的结果。以下,我将简单介绍他所关于赁子的全般考察。

二 一般赁子的起因

依罗贝尔图所见,在劳动分割以前,劳动只能勉强维持劳动者的生活。因为当人类社会的分业未发达的时候,劳动所占有的,不过是采集野生果实或猎取禽兽一类自然所提供的素材。所以想由一人的劳动养活他人,那是很难办到的。

但是分业既行,协助生产素材之自然活动的劳动因而发生,即是农业或畜牧发生。自达到此种阶段以后,劳动始能获得支持自身生活以上的收益。因此,他说:"巴师夏曾以公式极巧妙的表白此种真理。'在孤立状态下——即劳动分割以前的状态——人们的欲望超过其力量。在社会状态下——即劳动分割以后的状态——人们的欲望超过其力量。在社会状态下——即劳动分割以后的状态——人们的力量超过其欲望'。"①

分业既行,劳动者所生产的生产物,便于养活自己以外,还使非劳动者得资以生活;而且非劳动者更多数的或更丰富的由劳动生产物而生活的可能,亦因而增加。

但是经济财为劳动的生产物这一点,在分业发生以前及分业发生以后,都是不变的。今日由精巧机械所制造的商品,与原始人没有何等工具而采取的果实,同样为劳动的生产物。因此,劳动由分业的结果而成为更生产的,因而造出的更多的(于养活自身以外,还使非劳动者得资以生活的)生产物,亦不外劳动的生产物这一点,也是不变的。

不过自分业增进,劳动益益成为生产的以来,土地、资本,乃至劳动生产物,遂不属于劳动者自身,而为其他的个人所有。这种情形,是分业以前所不能见到的。因为那时的土地,资本及劳动生产物三者,皆为劳动者自身的所有物。"他所狩猎的地方,射兽的弓,以及他所打死的野兽,都属

① 加尔·德伊尔编:《经济学选集》,《地租论》。

于他。但劳动的分割既行，劳动者对于土地，资本及劳动生产物的直接所有关系，遂告中止。”[①]他所耕作的土地不属于他，所使用的工具不属于他，所收获的谷物，也同样不属于他。“他当作材料，当作工具或当作机械，预先或当时由资本的所有者，取得一定的分额。因此，劳动者就不过是因他人的资本而劳动。”[②]

总之，分业既行以后，劳动生产物便不属于劳动者自身，而属于土地及资本的所有者；劳动者所得的，只是与生产额完全相异的工资。劳动者对于土地，资本及劳动生产物的这种权利关系，在今日是到处能够见到的。关于此种权利关系的形成，也许可以提出这样的异议，即是：今日不属于劳动者的土地，在耕作之初，或者是最初土地所有者的劳动生产物，或者是最初生产者的生产物，同样，像今日的资本，或者是最初资本家的劳动生产物：由法律上的转移，几经岁月，而入于现在所有者之手。但罗贝尔图以为此种主张，“不独是历史上的错误，而且在经济上为不可能。原来在劳动分割的限内，土地及资本的所有者，是依他人的劳动而耕作土地，生产资本的。他们自己决不能独自耕作土地，独自生产资本。”[③]

我们一探究劳动分割发生以后的人类历史，就能发现一个人榨取其他的人的劳动，如像强有力者榨取妇女，儿童或奴隶的劳动，或者主人榨取家属的劳动之类，一方是服从的，事奉的，他方是支配的，享乐的。一方的人们虽然劳动，但是他们所耕作的土地，资本及劳动生产物，皆属于他方的人们所有。“由主人榨取家属的劳动，如同劳动分割，也如同成为劳动分割存续条件的‘法律’一样，老早就存在的。这种榨取没有存在，只限于劳动分割未行以前。”[④]即是说：对于被征服之敌，只杀却完事，没有何等的经济服从存在的时代，那是指着分业发生以前。因为那时的劳动仅够维持劳动者及其妻子，除本身及妻子以外，不能养活别人。

但是劳动分割既行，因而奴隶制度成立。以前任意诛锄政治的被征服者的惨剧，不复续演，于是乃形成一部分人榨取他人的状态。罗贝尔图以为任何国民的历史，莫不由劳动分割或隶属他人的形式而形成。所以

① 同前。
② 同上。
③ 同上。
④ 同上。

他说："构成今日社会永续纽带的这种分业关系，是常由暴力之助而成立的，是一方面强制与他方面隶属的产物。"[①]

罗贝尔图更为证明劳动分割以来，土地，资本及劳动生产物不能属于劳动者自身起见，曾举出了共同生产物的分配的困难。例如头针这种生产物的生产行程，便把劳动分割成为许多种类，如金属搬出，头针原料合成，针长引伸，针尖摩擦，针头作成以及针之包装等等。尽管小针一枚，终归是多数劳动者共同产物。这样看来，生产物将在劳动者彼此之间如何分配咧！罗贝尔图根据这般实例，所以他认定：劳动既经分割，劳动生产物便明明白白的不能属于劳动者。

因此，他主张成为赁子的地租及资本所得的发生，是基于两种事实，即劳动分割以来，劳动成为更生产的经济事实，以劳动分割以来，土地，资本及劳动生产物乃属非劳动者的法律事实。土地及资本所有制度，到了使劳动者除了为土地及资本所有者以外，便无从劳动的时候，劳动者乃甘心或不愿意的把自己的全劳动生产物捧给地主及资本所有者，而以其中的一部分为满足。这样，土地及资本所有者的手中，就残有给与劳动者以外的劳动生产物，那就是所谓赁子。

依罗贝尔图所见，这种事实，是被多年的习惯暧昧了。照一般的想法，似乎只有工资是劳动的生产物，他若土地及资本所有者的所得，那好像是根据贩卖价格的利益，土地及资本的内在生产力，或者土地及资本所有者的劳动而发生的。但是这种想法，不过是因为劳动生产物之总体，不属于劳动者自身，而其大部分却属于土地及资本所有者的事实，给经济发达的外表掩遮住了而发生的谬误观念。

并且，在土地及资本分别属于各个人所有，加之，由劳动者分去的生产物部分，被区分为地租及资本所得，而地租，资本所得及工资又各各由货币制度的媒介，分属于各当事者的情形下，对于上述这种事实的认识，就更加困难。在交换还没有普遍化的奴隶制度下，"主人的所得"的来源，是清楚明白的。因为那种所得，是直接当作奴隶的生产物而显现出来的。然至今日，一切的生产物，皆当搬往市场，赁子便成为一定营利事业上投下的资本之果实。从而，分别地主及资本家的所得，为劳动者的生产

① 同前。

物之一部分的这件事，就非常困难。可是这件事的本质，就不拘在奴隶制度时代或在今日，皆是没有什么差异的，在这两种情形下的赁子，都是成立于劳动的高度生产率及土地与资本所有制度。“这种所有制度的法律，由劳动者夺去生产物的一部分，而给与土地及资本的所有者。”①

上所云云，即是赁子的起源。赁子仅仅成立于经济前提及法律前提同时存在的情形之下。假若劳动高生产率的经济前提不存在，则今日赁子的所得者，便不能不自行劳动。假若土地及资本所有制度的法律前提不存在，则全部所得，便不能不属于劳动者。可见不协同参加国民生产物之生产的个人，所以能够把他人的社会劳动结果当作赁子收归己有的，全然是由于上述的两个前提同时存在的缘故。

三　地租的本质

如前所述，罗贝尔图因为土地及资本在原则上是属于各别的个人，所以他把赁子区分为地租及资本所得。同时，如下所示的问题，便不得不提出了。就是由何种法则，使地租及资本区分，换言之，就是从属于原生产物的赁子部分中除去资本利得以后，以何种理由而残下地租。他的绝对地租论，同时也就是包含在这个问题里面。

当他探究这个问题的时候，他以任何原生产物或制造生产物，同样是依从劳动所费，换得与劳动所费相等的价值物为前提。在这个前提下，他断定：由属于原生产物的赁子部分中，除去资本利得之后，常残有当作地租的部分。为什么呢？因为赁子的分配，是与原生产物及制造生产物之价值为比例，而价值则是由劳动价值所决定。

罗贝尔图认定赁子的大小，非决于资本的大小，而是取决于（不问是农业劳动或制造业劳动）直接的及间接的劳动之总计。即是说，能够影响赁子的大小的，只有工资及由消耗了的机械器具所成的资本部分。因为消耗了的机械器具可以决定间接劳动，而在工资率不变的限内，工资的大小，可以决定直接劳动。

① 同前。

但是他说，由原料价值所成的资本部分，即购入原料所投的资本，决不能形成生产物的价值，因为这种资本部分，对于由制造业追加的生产物品，不会发生影响，比如毛织物上所费的劳动，不能由它的原料即羊毛上可以计算的劳动费用所决定，就是一个例证。

可是原料价值，虽然不能形成或追增生产物的价值，我们如果由资本支出的方面看去，就知道原生产物的价值，毕竟是要当作利润，算入那种属于制造生产物的赁子部分的。即是说，那毕竟是资本财产中不可缺少的一项。因为制造生产物的赁子，哪怕就是对于它的形成没有关系的资本部分，也不能不使其当作利润，占一个相当的比分。

然而在农业资本上，就缺乏由这种原生产物价值所成的部分。农业劳动不待仰仗何等原生产物的材料，它只是在一般学者所谓不费什么的土地上进行。这一点，就是农业与制造业间根本的差异。即是说，决定赁子部分大小的两种资本部分——当作工资支付的资本部分及代表消耗的机械器具的资本部分——在农业与制造业上虽是共通的，但是由原料价值所成的资本部分，却仅限于制造业，而没有在农业上存在。

罗贝尔图以为由原料价值所成的资本部分，在制造生产物上没有添加何等的新价值，所以不得影响赁子的大小。可是制造资本的利润，是以对于含有原料价值之总资本的赁子比例而决定。由是，原料价值一方面使制造业资本增大，同时在比例上又使其利润减少。

不过利润率常有因资本自由竞争而平均化的倾向。农业资本的利润率，系取决于制造业资本的利润率。因之，属于原生产物的赁子部分，于除去农业资本利润后，常残有一种余剩。此种余剩，即他所说的地租。地租不问应该属于原生产物之赁子部分的大小如何，在农业上及制造业上之资本组成分的差异限内，是必然会发生的。关于此点，实在不能不说是罗贝尔图地租论之核心。

更进，“在今日的社会状态下，从事制造业者，不能不购买原料，因而在要求利润的支出里面，不能不把原料列入计算，但是在农业资本上，没有这种原料价值，而决定赁子大小的原因，农业与制造业又是同样的。”①所以，他以为：如像李嘉图假定的那种情形说来，哪怕就是关于最不利状

① 同前。

态下所产生的原生产物，也必然会成立地租。

然而这种假定，是就原生产物价值等于其所费劳动，而且一般赁子的条件，皆臻齐备而言的。假若原生产物价值低到所费劳动以下，则由应当属于原生产物的赁子中，除去资本利润后，有的时候便不会残下什么。因为在此种情形下的赁子部分非常缩小，于是这种赁子部分与农业资本（尽管其中没原料的价值存在）之间，便得以成立一个制造生产物的赁子部分与制造资本（尽管其间含有原料的价值部分）之间的同一的关系。但是在劳动费用与价值相等法则实现的限内，绝对地租之存在，也不能不说是必然的。依罗贝尔图的意见，地租不成立，仅仅利润成立的现象，决非如李嘉图所说的出于本源，那不过是一种变态。

要之，依罗贝尔图主张：李嘉图的地租论不过说明了地租的差异，而没有触到地租的本质。他为要说服李嘉图的信奉者，乃设想以次的孤立国，而力言地租之绝对性。

“现在假定有一个离隔一切世界的圆形岛屿或‘孤立国’。在那个‘孤立国’上面，方行着如今日所见的土地及资本制度。岛之中心为都市，一切制造业，均在都市上经营。都市周围地带，皆从事原生产物的生产。这个国家不大，由都市城壁到海岸的半径之长，就半径上相互邻接的农场面积，仅及五千莫尔恩（德国地积名），恰与德国的大农地相等一点看来，便可想见，农场各由一农业家族耕作。诸农地的丰度皆相等。原料品由城市人贩卖，制造品由农民购买。原生产物及制造生产物皆确然由其所含的生产劳动量——即投下的直接劳动及依器具机械消耗程度应该加算进去的间接劳动——决定；原生产物及制造生产物，各以这所决定的价值而行交换。”①

在这个孤立国中的国民生产力，不拘就全体看去，或就原生产物及制造生产物各别看去，都达到了收回资本支出工资以外还残有多额国民所得的程度。因为孤立国里面的土地及资本为私人所有，一切劳动生产物属于所有者的结果，生产所得，亦属于财产所有者。由是，都市的利润率，系由工场主为取得利润而支出的价值额，与他当作利润残留手中的价值额之比例而决定。此种比例，同时又会决定对于地主投下的资本利润率，那是不待说的。

---

①　同前。

为使这种假定下的问题单纯化起见，首先不妨把关于原生产物的价值或贩卖上，某地主的地位，似较其他地主为有利的诸种要素，统行除去，即地味没有肥瘠，贩卖地没有远近，土地生产力也不会递减。这样一来，于是原生产物及制造生产物的价值，也就假定是极为平稳的。——因为无论那种生产物的价值得任意腾贵，则其地租或资本利润便容易趋于消灭。

在此种假定下，关于李嘉图的地租成立为不可缺的前提条件(土地的地味，位置及生产力递减法则)，虽一无所有，但罗贝尔图却主张：就是在这种假定下，且不妨成立地租。因为在这种场合的土地所有者手中，依然残有超过其资本利润以上的纯收益。要答复何以这样便会成立地租，那就是他的绝对地租论。依他所见，偶然的现象，与本质的现象，即地租自体与地租的诸差别混为一谈，在这种情形下，已经是不可能的。但是关于这种问题，李嘉图的信奉者却没有一人与以解答。因此，他就断定："关于此点竟没有一个人与以解答或议论，那大概是因为不论是谁都不易解答，不易议论的缘故。"①

四 罗贝尔图地租论的批判

对于罗贝尔图的地租论，李嘉图的信奉者，曾加以如次的批评：

第一，以一切财货为劳动生产物的罗贝尔图的前提是错误的。因为财货的形成，不单是由于劳动；极其限，也应该说：财货是劳动与自然力的共同产物。第二，仅视物质工作上投下的劳动，才能形成价值，那也是错误的；实际为精神所指导的一类劳动，亦足以形成价值。这样看来，罗贝尔图在其地租论的出发点上，就是支离悖谬的。

李嘉图的后继者，更非难罗贝尔图不应该求其地租成立原因于农业资本的原料上面。依他们所见，利润既是准据总资本额而推定的，那末，原料价值缺如，便显示与此相应的资本部分没有存在；对于没有存在的资本，就不会计算利润。所以，由这点出发，是无从说明地租的源泉的。

---

① 同前。

最后，关于罗贝尔图提出的问题，即孤立国地租存在的理由，他们以为容易回答。李嘉图的地租论，是以尚未进于耕作，且得自由占有之土地为前提。然而罗贝尔图在其假定的孤立国中，把这个前提抛在一边了。从而此种情形下的地租，纯然是独占的地租，是由于当作生产因素的土地独占而发生的。在他们看来，李嘉图对于这种意味的绝对地租之存在，决无异议。

罗贝尔图求地租源泉于农业资本上的原料价值的缺如，那不仅是李嘉图的后继者反对，就是马克思亦痛烈的加以攻击。马克思嘲笑此种见解，以为在农业上不把原料价值算入资本支出里面，恰如在制造业上不把机械价值算入资本支出里面一样。其实，大农业发达，因而农业上的原料价值，乃益加大。由是，假若原料价值不应该算入资本里面，那末，如运输一类不必要原料的生产部门，将与农业怎样区别呢？

再者，罗贝尔图把成为不变资本的一部分（即机械）放在可变资本（即产出剩余价值的资本）里面，亦不能不说是极大的谬误。依马克思所见，前贷资本的一般形态，就是不变资本即机械原料与可变资本即劳动工资；不变资本的这两种要素（机械原料），无论占怎样的比例，皆不会左右利润率。决定利润率的是总资本（不变资本与可变资本的合计）对于剩余价值的比例。因之，把不变资本中的原料的有无，作为在利润打算[①]上发生差异的原因，那是完全错误的。

此外，罗贝尔图还承认利润率平均化的事实。但依马克思所见，平均利润率既经成立，生产物早已不会照原来的价值买卖。因为在这种情形下成为交换规准的，是生产价格，由是，像罗贝尔图承认之利润的异同，那是定会归于消灭的。然而他说：制造生产物纵令在以生产价格变卖的情形下，农产物还会依照原价即劳动所费而贩卖。可是这时候的农产物何以会照劳动所费而发卖呢？他对于此点，一向没有与以说明。假若利润率在农工两方面都会平均化，农产物也如其他商品一样，以生产价格贩卖，那末，罗贝尔图认定的绝对地租论，便当然归于消灭了。

以上，是马克思对于罗贝尔图非难的要点。他以为罗贝尔图的出发点谬误，致全部思想，以悖理而终。然则他的地租论是怎样呢？这将在次章详述。

---

① 原文如此，或为“计算”。——编者注

第八章　马克思的地租学说

一　马克思的生涯

世所共知科学社会主义者的鼻祖，社会主义经济学的建设者加尔·马克思(Karl Marx)，于一八一八年五月五日生于德意志之托利亚。他的父母据说是犹太人种的血统，他由一八二四年的改宗令转入基督教。父亲哈因里赫一面为辩护士，一方又为福尔泰(Voltaire)及来不尼慈(Leibniz)的生徒，他对于卢梭(Rousseau)、陆克(Locke)的著述，皆有研究。因为母氏安利爱托为荷兰的善良妇人，援助父亲哈因里赫营着充满了和平慈爱的家庭生活，所以次子加尔的少年时代是极有幸福的。

加尔·马克思在少年时代，不仅因为受了父亲的影响，醉心于哲学及史学，并且因为他时常在父之亲友威斯特佛伦(Westphalen)家庭中出入，所以又感染了那里不少的文学趣味。威斯特佛伦家为特来维(Treves)第一名门，其家世是由苏格兰的血统传下来的。他家的爱女燕妮(Jenny)，后来成了马克思的夫人。

马克思在特莱维高等学校卒业后，即依从父的意向，入报恩(Bonn)大学学习法律。但他不愿专学法律，所以于法律学以外，更学习高等数字，历史，文学，语学等，间或创作诗与戏曲。一年后，由报恩大学转柏林大学。他在那里研究文学似较法律学为热心。

马克思在柏林大学得与向导他以黑智儿(Hegel)哲学的诸先辈，特别是布尔诺·巴维尔(Bruno Bauer)结为亲交。巴维尔与马克思皆有志于以黑智儿的急进后继者，立身学界。马克思依巴维尔的劝告，草一《德谟克利泰(Democritus)与伊壁鸠鲁(Epicurus)的自然哲学之差异》的大学教授的论文，在维也纳大学提出，于一八一四年获得博士学位[①]。但是当时由柏林大学转为报恩大学讲师的巴维尔，亦于同时担取了这个职位，致使马克思不得不放弃其充当大学教师的希望。

适会当时莱因(Rhine)地方的自由主义者们，为图反抗普鲁士政府的政治压迫而计划发行新闻。至一八四二年一月一日遂由卡罗恩(Cologue)发刊《莱因新闻》。因为该新闻的主笔洛登柏尔为柏林大学的学友关系，所以马克思，巴维尔及斯奇尔勒儿等皆成为《莱因新闻》的撰稿家。同年十月，洛登柏尔引退，马克思遂代其为该报的主笔。他以尖锐的论锋，直接攻讦政府。但是政府对于该新闻的压迫程度，亦与马克思的论锋成正比例而加甚。翌年三月，他遂被迫而离去主笔的地位。

一八四三年六月，马克思与燕妮结婚。婚后赴巴黎，遂与蒲鲁东(Proudhon)巴枯宁(Bakunin)及诗人海涅(Heine)等交游。翌年又与亚罗尔德·卢格(Arnold Ruge)共同发刊《德法年报》。该报虽只出版一期，但马克思却由此得到了终生的盟友斐特列·恩格斯(Friderick Engels)。因为恩格斯曾以奥斯瓦尔特(Oswald)的变名，在该志上为《经济学批判大纲》撰稿。

马克思与恩格斯共著的《神圣家族》，于一八四五年刊行，其中对于黑智儿理想派辛辣的批评，已经表露了唯物史观说之萌芽。在此以前，马克思于从事经济学及法国革命研究之余，曾由德文刊行的《每日新闻》，与普鲁士的政府斗争。结局，因为法国政府容纳了普鲁士政府的恳请，卒于一八四五年一月把他逐出法国了。马克思离开巴黎以后，曾移居比利时之不列塞尔。他是在该地住了三年，才又被普鲁士的政府放逐的。

一八四五年春，马克思与恩格斯共同旅行英国，开始接触该国的资本主义经济学。他以异常的兴趣，读破了恩格斯搜集的各种经济学书籍，及在曼切斯特(Manchester)与其他图书馆内所藏的经济学书籍。

一八四六年六月，马克思为驳击蒲鲁东的《贫困的哲学》，而著《哲学的贫困》。他的小著《工资劳动与资本》，则是同年在不列塞尔劳动者协会的讲稿。马克思住在巴黎时，虽曾与当时革命结社的共产主义者同盟的

---

① 原文此处有误。马克思是1841年获得耶拿(Jena)大学授予的博士学位。——编者注

首领们交际，但他自移居不列塞尔后，始与恩格斯共同加入这个同盟。该同盟自一八一七年[①]开第二次大会以来，其性质全然一变，至成为共产主义的宣传团体。当时大会的宣言起草，由马克思及恩格斯担任，那就是有名的《共产党宣言》。一八四八年一月，该宣言以德文脱稿，二月即在伦敦付印。

一八四八年二月在巴黎爆发的二月革命，如燎原之火，在全欧洲各处蔓延。因此，马克思遂由比利时追放出境。他曾一度赴巴黎，但不久即归故国，借恩格斯及伍尔夫(Wolf)的协助，于一八四八年六月一日在卡罗恩发行《新莱因新闻》。可是政府把托勒斯登及莱因诸州的五月革命镇压下来之后，乃由武力禁止此种新闻发行。一八四九年五月十九日，《新莱因新闻》遂以载有悲壮短诗的赤纸终刊号宣告结束。

马克思结束《新莱因新闻》后，即赴巴黎，因法国政府不容，乃不能不亡命伦敦。他在伦敦所过的贫困生活，竟视面包及马铃薯为上品食物。但因为他的友人恩格斯及其妻燕妮的扶助，所以哪怕就是穷到此种境地，一生犹得继续工作下去。

一八五二年末，他由共产主义者同盟解脱出来以后，即专心从事研究，并在新闻杂志上投稿。一八九五年[②]，有名的《政治经济学批判》刊行。他在这部书里面，不仅开始对于后来成为他的大著《资本论》之根底的价值及货币，试行分析，并且在该书的叙言中，曾开始有组织的叙述唯物史观之要领。

《资本论》第一卷出版是在一八六七年七月二十五日。他最初预定分《资本论》为三卷，第一卷论资本的生产行程，第二卷论资本的流通行程及资本的总行程。第三卷论剩余价值学说史。但不幸他仅仅完成第一卷，就死去了。后此，由恩格斯于一八八五年整理第二卷草稿上半部出版为《资本论》第二卷，又整理第二卷草稿下半部于一八九四年出版为第三卷。恩格斯以后并委托加尔·考茨基(Karl Kautsky)整理《剩余价值学说史》，于一九〇四年——一九一〇年刊行。《资本论》第三卷是究明剩余价值被分割为利润，利息及地租的过程，而《剩余价值学说史》，则是批判重农

---

① 原文如此。应为“一八四七年”。——编者注

② 原文如此。应为“一八五九年”。——编者注

学派至里卡德·朱斯(Richard Jones)的诸经济学者的剩余价值说。

在先，马克思曾以一八六四年九月设立的国际劳动者协会即第一国际的中心人物的资格，起草该会的宣言，纲领及会则等。后来由其季女爱里娜(Eleanor)所刊行的小册子《价值价格及利润》，即是他在该会的评议员会的讲稿。同协会因为一八七一年三月对于巴黎发生的“巴黎公社”暴动颇有效力，所以开始指导的活动。这个“公社”的性质，详见马克思所著《法兰西之内乱》中。国际劳动协会，自经一八七二年马克思派与巴枯宁派在哈额开大会时完全分裂以后，不久便归消灭了。

此后，马克思虽专心致志于《资本论》之完成，但因多年不遇的生活，及过度的劳作，颇于健康有损。至一八八一年爱妻燕妮死去，其精神乃陷于极度的衰弱。一八八二年因为往访长女(法国社会主义者朗格特(Longet)之妻)，并旅行非洲北岸之阿吉尔，游历瓦伊特岛之菲因托洛等地，虽略略恢复了健康，然卒于一八八七年[①]三月十四日在伦敦与世长辞了。

二　地租的概念

马克思克服了李嘉图及罗贝尔图，进入于前人未蹈的境地，在其他方面是如此，在地租论上也是如此。即是说：他关于对差地租，虽然容受李嘉图的思想，但因为他极力称说绝对地租之存在，所以又与李嘉图达到了全然相异的结论。可是他的绝对地租论，决非罗贝尔图的绝对地租论，他们两者的根本思想是全然相反的。即罗贝尔图所说的土地所有，是基于“国民经济的有机组织之缺陷”，反之在马克思，则视为是必然的历史的发达阶段。出发点既不同，无怪他们的见解是完全两样的。

依马克思所见，地租的形态，依土地所有的历史形态不同，而应该发生差异。即是说：土地所有者，有的是共同体的代表者，有的是中世的地主及农夫，有的是自营农民，还有的是资本家的土地所有者。所有者不同，地租形态亦不得不因之而变化。今日的地租，即资本制的地租，依旧

---

① 原文如此。应为“一八八三年”。——编者注

不过是一种历史的形态，而决非唯一的形态。换言之，地租的可能，决不仅限于资本制生产的情形下，不过今日资本制的地租，为地租最高的发达形态，所以马克思特别把这种形态作为研究的对象。

不待说，在资本制度存在的限内，农业显然是由资本制度生产方法所支配的。农业的资本主义化，含有两层意义：一方面显示资本自由竞争，及可以成立平均利润的条件十分齐备；又一方面显示组成现代社会骨干的三阶级即工资劳动者，产业资本家及土地所有者，皆一齐在相互对立着。

在这种状态下面从事实际土地耕作时，农业资本家即佃农业者，便不能不有雇佣的劳动者。佃农业者如同其他产业资本家在其他生产部门投下的资本一样，把农业当作一种产业部门而在那上面投下资本。

因为，“这般佃农业者为允许使用自己的资本在前述的特殊生产部门上起见，乃以契约确定一宗货币（恰如货币资本的借方所支给的利息），于一定期间内（例如逐年），向他所利用的土地的所有者即地主支给代价。”[①]这种代价，就是佃料，即通俗所谓地租。

普通引用地租这个术语时，与佃料的意义同。但经济学上所谓地租，却不是这样，这是无待再说的。佃料中通常不仅含有严格意义的地租，并含有其他的种种附加物。所以我们要详细分析佃料的内容，就知道不把这些附加物除开，地租的概念是弄不明白的。

通俗所谓地租即佃料中，还含有资本的利润，这是李嘉图已经指明过的。实际上为使土地的效用增大起见，常须在土地上面投下资本。但是投在土地上的资本有种种不同，有的比较是经久的，有的比较是一时的。即是说，为着排水的沟渠的设备，灌溉的设备，以及土质改良或农业上的建设物等所投的资本，皆比较有永久性，反之，如为施肥料或其他化学性质小的诸改良所投下资本，则是比较暂时的性质。

土地因投下资本，增大效能，因而获得更多的生产物，所以对于土地投资的这回事，往往是由租借土地的佃农业者办理。不过其中也有地主在自己土地上投下资本，而以更有利的条件贷出的。这就是说，在这种情

---

① 马克思《资本论》，高畠素之日译改造社版，第三卷下，159面——译者案：此处本应指出《资本论》的德文原本几卷几面，但因译者不通德文，即令举出英译本的地方，亦属一种译文，所以只有照原样写下。后仿此。

形，地主会获得更多的佃料。

不拘是谁在土地上投下资本，一旦资本与土地结着起来了以后，是再也不易取去的。例如为安设排水沟或整理耕地所投的费用，就是如此。因之佃农业者在佃期终了时，其自身所投下的资本，不能不与土地一同移归地主。地主由新规贷出此种土地的时候，必会同时征收前借地人所凝结在土地上的资本的利润及严格的地租。此种利润部分，一见似与本来的地租不易区别；因为土地的效用由资本投下而增大的部分，会使人感到仿佛完全是对于土地自然所支给的。

不单是土地上投下的资本利润为然，实际上，因为土地有一种货币价格（即地价），一般人把对于这种价格所支给的利息认为地租，那也是使地租概念暧昧的一种原因。这种误解的发生，就是因为今日以一定货币所得的总额，为假想的资本的利息。结局在通常利息率年利五分的时候，就把逐年生二百元地租的土地，认为是四千元的资本。由是土地的价格（即地价），就成了由这种地租的资本化而成立的东西。

依马克思所见，能够形成价值的，只有劳动。从而想像土地含有非劳动生产物的价值，那不能不说是完全谬误的。但是这类不合理的见解，所以一般流行的，就是因为它的背后还存在有现实的理由。现在，假如有人以四千元的价格，购入年租二百元的土地，那末，那种地租，是对于四千元的资本平均年利五分所凑成的。在这种情形下，就购地人看来，购入土地与购入五分息的公债券，或由年利五分，把此项货币资本贷与他人，皆没有何等差别。

可是我们不要忘记：这四千元的地价的发生，是因为每年有二百元的地租。地价的成立以地租为前提是可能的。但是地租却非由于土地有地价。此种关系，就地价因何而腾落一点观察，便更加明了。通常的平均利息率，是随社会发达，资本存在量加大而渐次低落的。因之，假若地租不变化，平均利息率由年利五分低落到年利四分，则年生二百元地租的土地价格，便不得不由四千元涨到五千元，因为五千元的年利四分，才够地租二百元的额数。地价在地租额不变的情形下，既是与平均利息率依反比例而动摇，那末，平均利息率的低下与地价腾贵，便不能不说是相互消长的社会倾向。

更进，佃料中往往因为含有平均利润或工资的残额，亦不免使地租的概念混乱。在实际上，有的时候尽管严格的地租全不存在，而佃料依旧是照付的。马克思举爱尔兰的实例说："爱尔兰的佃农业者，大抵为小农民。他们作为佃料支给土地所有者的，往往不仅吸收去了他们的一部利润——换言之，就是他们以劳动器具所有者的资格，而应该占有的余剩劳动——并且在他种情形下，他们以同一量劳动所受到的一部分标准工资，也被吸收去了。"[①]这样，佃农业者或劳动者的应得部分，便以地租的形式移归了地主。但是因为这种地租，在地主方面看来，与现实的地租，没有何等差异，所以这种地租，也就与现实的地租，同样具有决定地价的力量。

此种现象，不仅见于农业还未进到资本制度生产的场合或其他例外的场合，就是在资本制的生产发达的诸国，亦不难发现。例如在英国借地人中，就有许多是因为在教育与传统的关系上，不得已而成为佃农业者的。可是他们如果不由提供一部分利润与地租的条件，便不能租得土地。地主在立法方面，具有压倒一切的势力，他们必不肯以取得严格的地租而甘心，他们凭借法令的力量，剥夺一部分平均利润或工资，那是不难办到的。

马克思说："例如一八一五年的谷物条例——反杰可比党(Jocobins)战争的当时，地租异常昂贵，当局为确实保障不事耕作的土地所有者计，乃向土地课取面包税——对于例外丰收的少数特殊年度，姑置不论，而在平常产物自由输入的情形下，大抵有维持农产物价格在水准以上的效果，那是不容否认的。但是就外国谷物输入的法定限界的意义言，这种条例，便没有维持谷物价格在立法方面的土地所有者，作为标准价格的水准以上的效果。然而缔结租佃契据时，是根据这个标准价格的印象。此种幻想一经打破，马上便要造一种含有新标准价格规定的新法律……这样，佃农业者自一八一五年至三十年代止，其间都被欺骗住了……在这个全时期中，累代的佃农业者，皆横被剥削以致于破灭。一个新的资本家阶级所以勃然兴起来的，其原因也就在这里。"[②]

要之，此等情形，皆足以使地租的概念混乱，使人觉得其他的诸要素，

---

① 同前，第 166 页。

② 同前，第 167 页。

也像是地租。严格的地租,要不外对于土地之自然力所支给的代价。而所谓佃料中所包含的利息,利润,工资之类,决不能说是地租。我们研究地租的时候,对于这些附加物,是不能不排除在思考领域以外的。

然则严格的本然地租的本体,究是怎样呢?就马克思说:一切的地租,皆是剩余价值,皆是剩余劳动的产物。所谓剩余劳动,就是劳动者自身生活资料生产以上的劳动。剩余价值,不外剩余劳动所凝结而成的价值部分。这种价值部分不直接归于生产的劳动者,而归于雇佣劳动者的资本家。依马克思所见,不论利息,利润或地租,都是由这种剩余价值成立的。

但是土地自身,不会生产何等价值。只有雇佣劳动者,把土地当作对象使其劳动,乃可生产价值乃至剩余价值。这种剩余价值,就是当作投下的总资本的利润,由资本家取去的。至若农业上的这种剩余价值的一部分,何以要作为地租移归地主的原因,那就是因为农业资本所生的利润,比较用在其他一般产业部门所生产的利润为多。然则农业上何以又会产生多额的利润即剩余价值呢?追究起来,要不外农业上的资本组成,比之其他产业上的资本组成较为低位;而且因为土地具有独占性质的结果,农业上的利润,不会与其他产业上的利润平均化。

在马克思看来,任何产业部门上的资本,都是由不变资本与可变资本组成的。不变资本,是投在机械器具原料等上面,不能在生产行程上增殖价值的资本;可变资本是用作买入劳动力而能够在生产行程上增殖价值的资本。因之,他称总资本中,不变资本比较多,可变资本比较少的资本,为高位组成资本;反之则为低位组成资本。现在的农业,不像工业那样需要大规模的机械或建设物,这是谁都承认的。结局,农业资本对于工业资本,就只能算是低位组成资本。再者,因有可充利润的剩余价值,仅由可变资本产出,所以资本组成的农业方面,就能够收得更多的利润。农业资本所生的利润,与其他一般资本所生的平均之差额,即是剩余利润,即是转化为地租而移归地主所有的部分。

马克思如上面确定了地租之定义及其本质后,乃进而考察资本制地租之三形态,即对差地租,绝对地租及生产物之独占价格的地租。以下,首先讨论第一种形态。

三　对差地租之一般的特性

马克思为明晰第一地租形态，即对差地租之一般性质起见，特举例解释。比如这里的工厂，大部分皆借蒸汽机关运转，其中仅有少数借自然的瀑布运转。假定这种产业部门的商品生产价格（消费的资本与平均利润之和），对于投下的资本一〇〇为一一五。在这种情形下，依自然瀑布运转的工厂制造品，同是以平均市场价格贩卖，那是没有疑问的。因为商品价值，不决于个个商品生产所支出的劳动时间，而决于社会一般的必要劳动时间；并且，规制市场平均价格的，不是个个的生产价格，而是那种产业部门一般的生产价格。

但是利用自然瀑布的工厂，因为对于蒸汽机关或燃料所支出的不变资本之节约，其他工厂须得支出一〇〇生产资本的，在这种工厂方面，只要支出资本九〇就能成功。因为生产物的贩卖价格彼此都是一一五，所以其他工厂主所得不过百分之一五的利润，瀑布利用者，便能获得百分之二五的利润。

换言之，就是瀑布利用者于获得平均利润百分之十五以外，还有百分之十的剩余利润。这种利润，是由瀑布利用者，在该种产业部门上比较一般更有利的条件所生产的商品，而得由平均市场价格贩卖生出来的结果，决不是那种商品以比较高于生产价格而贩卖的结果。

这种剩余利润，与其他一般的剩余利润，是无从区别的。因为，这就是在该生产部门全体上支配市场的一般社会的平均生产价格，与那种以更有利的条件生产商品的个别生产价格间所发生的之差额。本来在应用那种尚未一般化的优良机械或秘密生产技术的时候，亦会得到此种利润，可是这种剩余的取得者，是直接生产的人，而非把此种剩余当作地租移归别个。

在一般的情形下，由利用自然瀑布所得的剩余利润，便须当作地租提供瀑布的所有者。因为这种剩余生产，是关系自然力的，与应用优良的机械或秘密技术不同。但自然力的利用，不必就是地租的原因。因为即使是应用蒸汽机械的工厂主，在不需要何等费用，能使劳动更能生产，且由是使劳动者必要的生活资料之生产低廉的限内，依然会利用种种自然力。因之，此等自然力，与由协业及公业发生的劳动之社会的自然力，虽同由资本所独占，但工厂主支给石炭的代价，对于水的机能性或蒸汽的弹力性，却不支给代价。因为后者的独占，对于一切以蒸汽机关生产的资本是共同的，不论哪种资本，都不会由此受到特惠。纵然此种独占，能够增加劳动生产物，增大剩余价值，但剩余利润（即超过平均利润以上之个别利润）决不会由此成立。其结果，不过是使一般的利润率增加罢了。

反之，自然的瀑布，便不会为同一产业部门上的一切资本家所独占。占有此种自然力的，只是一部分特殊的人，他人皆不能自由利用。因之，由瀑布获得的剩余利润，只是属于支配这种具有瀑布的特殊土地的人，其他任何资本家，决不会浴得何等恩惠。而此种剩余利润的起因，并非资本，乃"资本利用可以独占或能够独占的自然力而发生的。"[①]由是，这种瀑布之自然力的所有者，乃得立于把剩余利润当作地租征收的地位。

这样看来，马克思是认定在同一产业部门上，以社会的平均条件所投下的资本，与以更有利的条件所投下的资本之间的收益差额，为地租的起因。此种意味的地租，自然是通常所说的对差地租，因为这不是当作决定的因素，加入商品的一般生产价格里面，而宁可说是以生产价格为前提而成立的。

但是瀑布的所有，对于剩余利润的造出无何等关系。在土地所有制未行，附有瀑布的土地能无偿获得的时候，剩余利润依旧存在，土地的所有，不过使利用此种自然力所生的余剩利润，由土地所有者获得，换言之，土地所有制，非剩余利润造出的原因，不过是使剩余利润变为地租形式的原因。在此种情形下，就令工厂主自身持有瀑布的土地，事实上亦没有何等差异。不过他收得此百分之十的利润，不是以资本家的资格，而是以地主的资格。

就令工厂主的土地是买入的，瀑布的价格（即土地所有者变卖持有瀑布的土地的价格），仍不会加入商品的生产价格里面，为什么呢？因为瀑布的价格，不过使地租资本化，而地租则是以蒸汽机关所生产的同种商品的生产价格为前提的。

---

① 同前，第185页。

马克思如上面这样说明了对差地租的一般特性之后，乃进而说明他同意于李嘉图的地方："李嘉图如下所示的主张，是完全妥当的。——'地租(对差地租，他假定对差地租以外，没有其他的何等地租存在)，通常是由于使用两种等量资本及劳动所得的生产物之差额而形成的。'(原论第59页)在这里，成为问题的是地租，而不是一般剩余利润的限内，他应该'常常'追加'在同一量的土地上'的这样的子句。换言之，剩余利润在通例的，而不是起于流通行程内偶然的诸种事件之限内，常是当作二种等量资本及劳动之生产间的差额而产生出来的。所以这种剩余利润，当二种等量资本或劳动以不同的结果，使用在同一面积的土地上的时候，便转化而为地租。"①

马克思又说："李嘉图更有如次的主张，那种主张仅就对差地租言，也是妥当的。——'任何使同一土地或新土地上所得的生产物间的不等差额减少的原因，皆有使地租低下的倾向。而且，任何使这种不等差额增大的原因，其反对的结果，是必然有使地租腾贵的倾向。'(原论第74页)"②但是马克思以为可以算入此等原因之内的，不单是丰度及位置，还有(一)赋税上的差异，即全国的赋税是否均等的作用。(二)基于各地方农业发达上之差异的不均等。(三)佃农业者间资本分配上的不均等。马克思把这些原因算入，就可知道他与李嘉图的见解不同。

马克思指示以上的预备概念后，乃进而就绝对地租详细叙述，但我们叙述他的绝对地租之前，必须知道他所提示的对差地租的分类。对差地租发生的三种原因，李嘉图认为是(一)丰度的差异，(二)位置的便否，(三)收获递减法则。但是马克思于此三者中将丰度及位置的差异称为"对差地租之第一形态"，称收获递减法则，为"对差地租之第二形态"，并就这两者各各区分为第一，第二，第三的副次形态。即第一副次形态，成立于生产价格不变的场合；第二副次形态，成立于生产价格低下的场合；第三副次形态，成立于生产价格增进的场合。此等形态的地租，究如何发生作用，马克思与李嘉图一样，曾作成许多图表，并加以说明。

① 同前，第188页。
② 同前，第188页。

四　对差地租之第一形态

为要说明对差地租之第一形态或由丰度及位置形成的对差地租，马克思首先假定甲乙丙丁四种土地。更假定小麦的价格一卡德六十先令（三镑），恰与最劣等地的生产价格（支出资本及平均利润之和）相等，并且最劣等地甲，以五十先令的资本，生产一卡德，则可得十先令即百分之二〇的平均利润。在这种情形下，假定乙以五十先令的支出资本，产出小麦二卡德（值百二十先令），其利润为七十先令，因而剩余利润就为六十先令（即与甲所得利润之差）；丙以等额支出资本，产出小麦三卡德（值百八十先令），其利润为百三十先令，剩余利润为百二十先令；丁亦以等额支出资本，产出小麦四卡德（值二百四十先令），其利润为百九十先令，剩余利润为百八十先令，则成立下列表式：

土地种类	生产物		投下资本	利润		地租	
	卡德	先令		卡德	先令	卡德	先令
甲	1	60	50	$\frac{1}{6}$	10	无	无
乙	2	120	50	$1\frac{1}{6}$	70	1	60
丙	3	180	50	$2\frac{1}{6}$	130	2	120
丁	4	240	50	$3\frac{1}{6}$	190	3	180
合计	10	600				6	360

依马克思所见，土地的耕作，有的是由高丰度的土地移向低丰度的土地，也有的是由低丰度的土地移向高丰度的土地。姑先就上表考较此两种情形。

耕作由丁下降到甲的场合，小麦价格每卡德由十五先令（丁的生产价格）挨次腾贵到六十先令（甲的生产价格）。设若丁生产四卡德（单位为百万，则是四百万卡德），还不够一般增大的需要，其价格势必腾贵到每卡德二十先令（恰与丙的生产价格相当），于是丙土地进于耕作。更进，如需要超过丙丁的生产量，则价格每卡德三十先令，乙土地进于耕作。再进，需要如果超过了丙乙的生产量，则小麦每卡德腾贵到六十先令，甲土地进于耕作。在此种情形下的地租（自然这所谓地租，是指着一切对差地租），是先随丙的耕作而成立丁的地租，即由丁与丙之差额，每卡德有五先令（四卡德合计二十先令）的地租。进而乙地划入耕作圈内，则丁的地租为每卡德十五先令（四卡德合计六十先令），丙的地租每卡德为十先令。更进，甲地划入耕作圈内，则如前表所示的地租成立。

但是，反之，耕作由甲开始时，仅仅甲的生产物不够供应需要，马上价格会腾贵到六十先令以上。迨因乙地进于耕作，那种不够供应的需要得到了补充时，于是以充当总需要所必不可缺少的甲之每卡德生产价格为标准，小麦价格再低落到六十先令。乙的生产价格为每卡德三十先令，现在既能以六十先令贩卖，所以就要开始成立六十先令的地租（乙的生产物前面假定为两卡德，计百二十先令，除五十先令的前贷资本，十先令的平均利润，尚余六十先令的剩余利润即地租——译者）。而丙丁的地租，亦依同一方法成立。但是在这种情形下，最初因甲，其次因甲乙两者的供给量不够充当需要，并非丙丁顺序进于耕作，乃是一般的耕作部门扩大，而丰度较高的土地，也许偶然是在后才划入耕作圈内。

马克思更就对差地租的发展，加以几许修正。例如小麦的需要，假定最初由十卡德增大到十七卡德，则从来最劣等地甲（前面假定生产一卡德——译者），便会由其他以六十先令的生产价格（一卡德四十五先令），产出小麦一卡德又三分之一的甲所驱逐，从来乙丙丁的生产量虽不变化，但位于甲乙之间的甲′土地，位于乙丙之间的乙′乙″土地，就会成为新的耕作地。

在这种情形下，规定小麦一卡德之市场价格的，必为甲的生产价格四十五先令。因之，小麦一卡德由六十先令低到四十五先令即低减百分之二五，于是乙丙丁的剩余利润下落，从而地租下落。固然以小麦代表的地租总额，因耕地面积增大，由六卡德增大到七卡德又三分之二，但是以货币代表的总额，却因谷价低落的结果，由三百六十先令低减到三百四十五先令。兹表解如次：

土地种类	生产价格		投下资本	利润		地租		一卡德的生产价格
	卡德	先令		卡德	先令	卡德	先令	
甲	$1\frac{1}{3}$	60	50	$\frac{2}{9}$	10	—	—	45（先令）
甲′	$1\frac{1}{2}$	75	50	$\frac{5}{9}$	25	$\frac{1}{3}$	15	36
乙	2	90	50	$\frac{8}{9}$	40	$\frac{2}{3}$	30	30
乙′	$2\frac{1}{2}$	105	50	$\frac{2}{9}$	55	1	45	$25\frac{2}{7}$
乙″	$1\frac{2}{3}$	120	50	$1\frac{5}{9}$	70	$1\frac{1}{3}$	60	$22\frac{1}{2}$
丙	3	135	50	$1\frac{8}{9}$	85	$1\frac{2}{3}$	75	20
丁	4	180	50	$2\frac{8}{9}$	130	$2\frac{2}{3}$	120	15
	17					$7\frac{2}{3}$	345	

最后，甲乙丙丁同时进于耕作，其情形虽如先前那样，但假定各各的生产力增进，甲的产出量，由一卡德增至二卡德，乙的产出量，由二卡德增至四卡德，丙的由三卡德增至七卡德，丁的由四卡德增至十卡德，并且人口增加，由十卡德增大至十七卡德的生产额，能够全部被需要吸收，则成为次表的结果。

土地种类	生产物		投下资本	一卡德的生产价格	利润		地租	
	卡德	先令			卡德	先令	卡德	先令
甲	2	60	50	30	$\frac{1}{3}$	10	0	0
乙	4	120	50	15	$2\frac{1}{3}$	70	2	600

续表

土地种类	生产物		投下资本	一卡德的生产价格	利润		地租	
	卡德	先令			卡德	先令	卡德	先令
丙	7	210	50	$8\frac{4}{7}$	$5\frac{1}{3}$	160	5	150
丁	10	300	50	6	$8\frac{1}{3}$	250	8	240
计	23						15	450

即小麦的市场价格虽减少了一半，由每卡德六十先令低落到三十先令，但总生产额却由十卡德增加到了二十三卡德。从而，地租在乙的部分纵然未变，可是因丙的部分增高两倍，丁的部分增高两倍以上，所以总体上由三六〇先令增加到了四五〇先令，即增加了百分之二十五以上。

综合以上的情形，就知道形成调节的市场价格的，常是最劣等地的生产价格，而其他诸土地的生产物价格，则比较低减。但是因为此等生产物，以最劣等地的生产价格贩卖，其间由该两种生产价格所生的差异，乃形成剩余利润而成为地租。因此，马克思说："对差地租，就是发生于不断与耕作程度发达相伴的诸土地之自然丰度（此处姑且不问位置）间所生的差别。即是由最良土地面积之限制，并且在种种相异诸土地上不能不投下等量资本，而对于等量资本所能产出的生产额又因各地而不同，所以对差地租因以发生。"①

此种对差地租，不拘土地的生产物价格，在静止的时候，在腾贵的时候，抑或在低落的时候，皆得成立。因为就是在价格低落的时候，生产总额与地租总额是会增大的。无论是最劣等地甲被较优良的土地所驱逐，或其自身成为优良土地，致其他较优良土地的地租减少，在结局上，因为从来不发生地租的土地亦提供地租，所以，纵然如前面第二表所示，货币地租会因而减少，但谷物地租却是增加起来的。

再者，在由耕作一般的改良，而价格下落，而最劣等地的生产物及其价格皆因而减少的情形下，一部分优良地虽然有的不变，有的下落，但最

① 同前，第197页。

优良地的地租必会增大。假若所有土地的绝对地租增进，优等地的丰度，比之劣等地丰度相对的更多的增进，则生产量的差额亦同时增大，所以对差地租，就是不以更劣等地加入耕作圈内或耕作递减法则为前提，也决非不能说明。

马克思说："这样一来，已把威斯特，马尔萨斯或李嘉图之间至今尚受其支配的，关于对差地租第一的谬误假定——对差地租，必以较劣等地不断进于耕作，或农业生产力不断减退的必然的前提的假定——倒转过来了。如前所述，对差地租，就是在向着更优良的土地挨次推进的场合，也会发生。从前站在最下位的是劣等土地，现在转过来，以一种较优良的土地，站在那个地位。即是说，这种地租，是与农业改良相伴而得到的。对差地租之唯一条件，是诸种土地间的不等。仅就生产力的发达考虑，那末，我们对于对差地租，与其假定是总地积的绝对丰度增进，不会使此种不等消除，倒无宁说是总地积的绝对地租增进，使此种不等增大，或者不变，或者大大减少。"①

五　对差地租之第二形态

以上所述的对差地租，是起于在丰度相异的同一面积上，投下等量资本所生的差异生产力。换言之，就是此种对差地租，系由最劣等地上投下的资本之收益，与较优良土地上投下资本的收益之差额所决定。在这种情形下的资本，是投向种种相异而同时并耕的土地上。但以下待考察的第二种对差地租，乃是在同一土地投下生产力相异的各资本量而成立的。

但是各种资本量，在相异诸土地上投下的场合，与在同一土地上投下的场合，究有何等区别呢？现在假定有各各五十先令的四种资本。这四种资本不论是投在一亩丰度相异的土地甲乙丙丁上面，或者是挨次仅仅投在一亩乙地上面，那对于剩余价值的形成，是没有何等差异的。在这两种场合，都有不生何等剩余利润的资本，及依超过其他投资之收益的比例而发生剩余利润的资本存在。但就剩余利润化为地租的情形设想，这两

① 同前，第198页。

种场合下的事体,便不一样了。即是说:在同一土地上投下等量诸资本的时候,其剩余利润之地租化,就比较狭窄而且不定。所以在施行集约耕作(资本不分配于各种土地而集中在同一土地上□的地方,土地评价人的事务不仅非常重要,并且复杂而困难。

对差地租的第二形态,是以对差地租第一形态的基础为出发点。换言之,农业上总资本的相异各部分,是由异质各土地同时并耕的结果,也就是第二对差地租的基本出发点。第一对差地租与第二对差地租,不过是质同而形异。对于等量资本之生产物的不等,无论是存于同一土地上逐次投下的诸资本间,或存于相异土地上投下的诸资本间,在更生产的资本部分成立对差地租一点上,皆无何等区别。因为不拘在哪种情形下,对于等量诸投资的土地,赍与不等结果的事实,那是不变的。

在前揭第一表中,以二百先令的资本,分作四个五十先令的独立资本,投在各一亩的甲乙丙丁的四种土地上,甲地投的资本,生产小麦一卡德,乙地生产二卡德,丙地生产三卡德,丁地生产四卡德。但是假若把二百先令资本,在同一土地上平分做四回投下,第一次投资,生产四卡德,二次生产三卡德,三次二卡德,四次一卡德,则剩余利润的形成,与前一场合相同。即不拘在哪种场合,皆是由生产力最低的资本的生产价格,决定市场价格。而其他诸资本部分的所得,则各各与此生产力最低的资本生产的差额相应,而生出剩余利润。

试就下面的事实加以考察罢。土地丁的佃农业者,有两宗五十先令的资本。他首先把一宗资本投在土地上,获得四卡德的生产物,提供三卡德的地租;接着又把另一宗资本,依旧投在同一土地上,所得的生产物与最劣等地甲的生产物相等,即一卡德。这样一来,新资本就只能产出平均利润,而不会提供地租,因为可以转化为地租的剩余利润,根本没有存在。可是丁的第二次投资的收益虽然这样减少,其利润率仍不受何等影响,这与在一亩新的甲种土地上投下五十先令的资本,同样可以给与佃农业者百分之二十的平均利润。并且,这种平均利润,还会等于丁土地最初投资所得的利润。

更进,假如佃农业者对于丁的土地,行使第三次及第四次投资,第三次所得的追加生产为三卡德,第四次为卡德二。此等追加资本的收益,比之最初投资所得的四卡德生产物(剩余利润三卡德),自然是挨次减少。

但是在此等追加资本上所减少的，不过是剩余利润的量，并未影响平均利润或调节的生产价格；而受其影响的，也不过是因为获得更少余剩利润的追加生产，致甲的生产无用，而把甲种土地抛在耕作圈外。假若甲被抛在耕作圈外，由乙的生产价格，调节市场价格，并使乙成为不纳地租的土地，则一卡德的小麦价格，亦由六十先令，降落至三十先令。乙地一亩的生产量为小麦二卡德，丁地一亩的生产量，起初虽为四卡德，但因追投资本而成为十卡德(4＋1＋2＋3)，于是丁乙两者的差额为(10－2＝8)八卡德，由此看来，对于各别五十先令的追加资本的剩余利润，尽管减少，而丁地的谷物地租，仍由三卡德增大到八卡德，其货币地租则由百八十先令增大到二百四十先令即百分之三十三又三分之一。

"由此看来，我们就知道一般的对差地租，尤其是第一形态第二形态组成的地租，该要引起如何复杂的配合。(但是如李嘉图所论的，不过是这种地租片面的或单纯的事实。)试举例说明罢：如前例所示，调节的市场价格低落，同时丰度高的诸土地的地租增进，由是就有了绝对的生产物及绝对的剩余生产物共同增加的事体。……但是同时对于同一土地逐次所投诸资本的丰度(这等投资的大部分虽然可以说是属于比较丰饶的土地)，则是不免要减少的。从一种见地看去，劳动的生产力，无论就生产物言，或就生产价格言，皆在增进。但从他种见地看去，则结果相反。为什么呢？因为对于同一土地上的相异诸投资的剩余利润及每一亩地的余剩生产物，皆在逐渐低减。"①

马克思曾就逐次诸投资的丰度低减所生的诸种影响，详加说明。例如在最劣等地甲上面追加资本，其生产力必然绝对的低下，而招来生产价格的腾贵。即是说，对于以五十先令的投资，获得(生产价格六十先令的)小麦一卡德的甲地一亩，更投资五十先令，其所得的总体如仅小麦一卡德半，则生产价格，就全体言为百二十先令(百先令的支出资本，加上百分之二十的平均利润)，就一卡德言，为八十先令。在此种情形下，生产力与投资增大相伴而低下，就是每亩的生产物相对减少的意味。并且乙丙丁的对差地租，亦各各因而减少了。

但是事实上追加资本，不仅行于最劣等的土地，就是在优良的土地上

① 同前，第 218 页。

面，也往往进行投资。当英国的谷物条例撤废，谷物生产量减少的时候，从前用作栽培小麦的土地，多为其他的目的而使用，于是小麦栽培上的资本更形狭少，而最适于丰饶地之集约耕作。

反之在谷物需要增大，市场价格超过甲的生产价格以上，一切土地生产物皆得以超过六十先令的价格出卖时，甲乙丙丁中之任一土地乃进行追加投资；假若那种追加资本的生产物减少，则生产价格及调节的市场价格，一定会增腾起来。而且此种状态如长期继续，则劳动工资（在其他情形没有变化的限内）将由面包的价格腾贵而提高，利润率乃依工资腾贵的比例而低落。利润率低落，因而对差地租增进。

“在既耕诸土地上，由后来追加资本的丰度减少，而招致生产价格腾贵，利润率低下，对差地租增进的这一种场合，就是李嘉图作为他的第二对差地租形成之完全过程所依据的唯一的标准场合。”①但是马克思以为，把市场价格连续超过其生产价格的情形除外设想，则追加资本的生产力在比例上虽然低下，而调节的生产价格与利润率，仍不受何等影响。

这就是说，在甲乙丙丁任一土地上追加一宗资本，如所得仅为甲的生产价格所决定的利润率，那末，此种投资，便没有何等剩余利润，从而也不能形成何等地租。不过追加资本如能获得更多量的生产物，在调节价格不变的限内，或许可以形成新的剩余利润。否则如果追加生产，把甲的土地驱出耕作圈外（即调节的价格变动——译者），则以上的结果，便不会发生。因为在此种情形下的调节价格，将因甲的土地耕作为不可能而低落，其结果，如工资下落，或以不变的资本要素获得更低廉的生产物，那利润率当然会因以增进。换言之，追加资本如投在丙或丁一类最优良的土地上，而招来以上的结果，其剩余利润（从而地租）虽然增进，利润率虽然增加，但生产价格就不免要低落。在这般情形下，李嘉图是不能加以何等说明的。

马克思这样的对于第二对差地租试作一般的考察后，乃进而详细指示：由生产物价格不变的场合（第一副次形态），生产物价格下落的场合（第二副次形态），生产物价格腾贵的场合（第三副次形态），以及在此等场合追加资本的生产力，是不变的，低下的，还是增进的情形如何，究在第二

① 同前，第 219～220 页。

对差地租上发生如何的变化。不过这种种关系，在这里无庸一一介绍，因为由以上一般的说明，已够明了了。

但最后还有一层必得介绍的，就是马克思主张：最劣等地亦会发生对差地租。他假定，在这种场合，为图供应增大的谷物需要起见，便必须选定应在哪种情形下追加资本：是把资本追加在既生地租的土地上呢？抑是追加在与甲的土地具有同样低下的生产力的土地上呢？或者还是追加在比甲更低丰度的土地上呢？现在假定以乙为既生地租的诸种土地之代表，而在乙地上追加资本。

因为在乙地上追加资本的缘故，市场价格每卡德会提高至六十先令(从来调节的生产价格)以上，乙的追加生产，须为一卡德。在这种情形下，恐怕提供最高地租的丁与丙，亦会行使追加生产。但为图供应需要计，姑假定乙的追加生产，必为一卡德。如果这一卡德在乙地追加资本时，比较以等量的资本，追加在甲地或甲以下的更劣等地的场合，为更廉价的生产，则调节市场价格的，就是在乙地上的追加资本。

假令甲地如从来一样，以六十先令的生产价格，生产一卡德，但是乙地却能以一百二十先令的生产价格生产三卡德半。因为，假若乙地为追加生产一卡德，需要八十先令的生产费(包含利润在内)，甲地获得同一生产物，只需七十五先令，则生产此项追加生产的，一定是甲而不是乙。所以在此要假定乙地是以七十先令的追加生产费，而能获得一卡德的追加生产。

在这种假定上成为调节价格的，是乙的追加生产费七十先令。乙现在以四卡德半的总生产物，贩卖三百一十五先令。其中除去最初三卡德半的生产费一百二十先令及追加一卡德的生产费七十先令，尚残下百二十五先令可以转化为地租的剩余利润。这种剩余利润在没有追加资本以前，只有九十先令，即随着追投资本〔而〕增加了三十五先令。

在这种情形下，最劣等地甲亦会提供十先令的对差地租。因为市场价格，早已不是由甲的生产费(六十先令)调节，而是由乙的追加生产费(七十先令)调节，其结果，甲的生产物遂发生了十先令的剩余利润即地租。可是这种情形，实际只能见于那种不能得到从来最劣等地甲一样的丰度及位置的新土地，而在甲的既耕地带追投资本的场合；否则就是更劣等地加入耕作圈内的场合。

这样看来,追加诸投资既行,第二对差地租成立,同时生产价格腾贵的限界,亦得由优良地上所追加的资本而调节。接着,形成第一对差地租基础的最劣等地,亦开始提供地租。因此,从马克思的对差地租看去,即令仅就对差地租考察,犹不难在一切土地上成立地租。

六　绝对地租

马克思当分析对差地租时,是由最劣等地(最后的举例除外)不提供何等地租的假定出发。可是他认定,他自己的对差地租法则,无关于这种假定的当否。即是说,对差地租虽由上述的法则所支配,但事实上存在的地租,单是对差地租呢?或者是对差地租与绝对地租并存着呢?那全然是另一问题。因此,马克思乃进一步考察上述的假定,究竟是不是与事实一致,换言之,就是对差地租以外,是不是还有绝对地租存在着。

现在以 P 表示调节的一般的生产价格。依上面的假定,最劣等地甲的个别生产价格与 P 一致。换言之,就是甲的生产物,得以支出资本加上平均利润的等额价格出售,从而甲无地租可言。兹更以丰度较甲为高的乙之个别生产价格为小于 P 之 P',假如由 P 减去 P',残下为 D,则 D 为超出 P'以上之 P 的超过分,即是乙方面可以转化为地租的剩余利润。更进,设丙之生产价格为 P'',丁的生产价格为 P''',则 $P-P''=2D$ 即丙地方面可以转化为地租的部分;$P-P'''=3D$,即丁地方面可以转化为地租的部分。

但是这时如视甲地地租为零,因而假定其生产价格等于 $P+0$,那是谬误的。换言之,就是假定甲亦提供一种地租(以 R 表示),那末,甲的生产物,决不会以等于其生产价格的价格贩卖。因为甲的生产物价格,必得含有生产价格以上的超过分,即必得含有 R。在资本制生产方法的常态上,R 如非由平均利润或工资控除下来的部分,则佃农业者,在不得以超过生产价格的价格贩卖其生产物的限内,决无从支出此种超过分。

因之,此种场合的土地生产物的调节的市场价格,在一切生产部门上,不等于一般所成立的生产价格,即不等于支出资本与平均利润之和,而宁可说是等于这种生产价格与地租之和。换言之,就是不等于 P,而必得等于P+R。要之,土地生产物之调节的一般市场价格之限界即甲的生产物的价格,一定是等于支出资本与平均利润与绝对地租之和。

但是这对于土地生产物的一般价格,虽曾与以本质的改变,可是对差地租的法则,却不因此受到影响。因为甲的生产价格,即土地生产物的一般市场价格如为P+R,其他乙丙丁的生产物价格,亦等于P+R,所以对差地租,仍由从前的同一法则所支配。不过在此种场合,有一非对差法则的要素存在,那就是加入绝对地租,致土地生产物的价格与地租一般的增大。

因此,这里便发生了这样的结论:“最劣等地的地租不论如何,在结局上,不独与对差地租之法则无关,并且就其性质加以理解之唯一方法,乃存于A种土地(这是马克思在本文前面假定的A,B,C,D,四种土地中,生产最低的土地——译者)的地租等于零的关系上。在考察对差地租的限内,A种土地的地租,无论是等于零,或大于零,都没有关系,因为在实际上,这是不曾加入计算的。”①

马克思像这样注意到:对差地租法则与绝对地租研究的结果,无何等关系之后,乃进而追问:最劣等地甲的生产物,不提供地租之假定的根据安在。要回答这个问题,就存于一种事实,那就是甲的土地上即使能够与以通例的生产价格,即与以平均利润,仍得追加资本。而实际就资本家说来,只要能够获得通例的利润,就算是备有投下新资本的条件。

由资本家式的佃农业者的立场看去,只要能获得平均利润,即使不支给何等地租,亦不妨投下新的资本。但是在这种情形下的土地所有者是否无偿贷以土地,那是别一问题。在土地所有制存在的限内,假定这样的博爱现象,是绝对不可能的。追加资本在既经支给地租而租得的土地上,固然是佃农业者的自由,但是他没有任意利用新土地的权能。

因之,甲种土地在新加垦殖的场合,其土地生产物的市场价格超过一般的生产价格以上,那我们就不能不设想甲种土地亦得支给地租。假若市场价格未腾贵到支给地租的程度,则不开垦甲种土地而在既耕地上追

① 同前,第290页——译者案:这段话,高畠素之的原文曾分做两节,并附加两个(注)字,但译者翻阅《资本论》英译本及高畠氏的日译文,都是连成一气的。大概高畠氏在这里是因为行文上的缘故才把它分开,兹特依原著更正(因为就原意上说,更是不应分开的)。

投资本,那宁可说是出于自然的。因为此种场合即令不生何等地租,只要能够获得平均利润,就可自由投下资本。这样看来,促成土地的生产物价格腾贵到一般生产物价格以上的创造原因,便不能不说是存于土地的所有制。换言之,就是"土地所有自身,斯为地租创造的原因。"①

可是我们就是从土地所有方面说来,地租的发生,并不单是基于法律上的所有。土地所有者于法律上的所有以外,还由法律赋有禁止不给地租者利用土地的权力。所以利用其土地的佃农业者,尽管能够获得平均利润,假使他不与地主以地租,地主马上就要停止他的耕作。这样看来,丰度最低而不产出可充地租的剩余利润的土地,根本就不至于利用。因之,最劣等地的地租存在,就等于说是不基于丰度之差的地租的存在;这种地租其所以存在的,就是因为土地生产物必会以生产价格以上的价格贩卖的缘故。由是,一般人就设想:土地的生产物,似能以独占的价格,即超过其价值以上的价格出卖。

然而土地生产物决不能以超过其价值以上的价格出卖。土地生产物比工业制造品含有更多的剩余价值。从而,这种生产物能够照其价值出卖,当然会获得生产价格以上的价格。我们设使明了商品价值与生产价格的区别,则对于此种关系,是了无疑义的。

依马克思所见,一种商品的生产价格,决不与价值一致。间或有一致的,倒宁可说是例外的现象。因为生产价格为支出资本与平均利润之和,不能表示投下劳动量之大小。所以工业制造品,有许多因为以超过其价值的价格出卖,斯可获得生产价格,同时在农业生产物的场合,虽则以超过其生产价格的价格出卖,且有不能达到其价值标准的。

决定某种商品价值是否超过生产价格以上的,就是当该商品生产时所投下的有机的组成分。假若在某种生产部门上投下的资本的有机组成分,比之社会平均的资本组成分较为低位,即该资本中投在机械,器具,原料等上面的不变部分,比较用作工资的可变部分为小,则以此种资本所生产的生产物价值,必定超过生产价格以上。因为投下的资本中,可变部分愈多,则所充用的劳动愈多,而在此种场合的剩余价值,将以劳动被榨取的同一程度加多;同时剩余利润的部分,就越发加大了。换言之,就是此

① 同前,第296页。

种商品上的利润，实较多于生产价格所含的平均利润；超过平均利润的部分愈大，该商品的价值亦愈大。反之，以比之社会平均资本之有机组成分较高位的资本所生产的商品价值，当然会低于其生产价格以下。

资本之有机组成分为高位或为低位，就是该产业上的社会劳动生产力是否增进的反映。换言之，产业愈发达，则需要机械与原料的资本部门愈多，而其资本组成分乃益益成为高位。从而，农业上的资本组成分为低位，就是表示农业的发达比较其他产业为迟。实际即在今日的农业上，投在劳动力方面的资本，比之投在机械，器具，肥料等方面的，占有非常大的比例。这就是农业发达，比之其他产业发达非常迟滞的结果。但是因为农业不断进步，将来不变资本会大于可变资本，那末，农工业间的资本组成分没有差异的事，是不限定没有的。

但是仅就农产物的价值超过生产价格以上而言，还不够说明绝对地租的存在。工业生产物中，有的也还是持有超过生产价格以上的价值。不过在工业生产物方面持有生产价格以上的价值之商品，不会成立可以转化为地租的剩余利润。

资本的组成分，就是在农业以外的方面，犹会依产业部门如何，而有种种差异。假如甲的产业部门之资本组成分，不变资本八十，可变资本二十；乙的产业部门不变资本六十，可变资本四十，而两者的剩余利润率（对于可变资本的剩余价值的比例），皆为百分之五十，则甲的生产物总价值一百一十，乙的总价值一百二十。因此，甲乙各各的生产物假如都照原价值出卖，那末，甲对于总资本所得的利润为一成，乙为二成。但是在资本自由竞争的限内，此种状态，不会长久继续。因为资本会由利润低的产业部门，流向利润高的产业部门（例如由甲流向乙）。利润高的产业部门的生产物供给量加多，同时利润低的产业部门的生产物供给量减少，结局，利润率趋于平均；而由种种组成分的资本所生产的商品，遂同样以支出资本及平均利润之和的生产价格贩卖。

因此，假如自由竞争能行于农业与工业之间，则农业生产物，工业生产物，将同样以生产价格出卖，农业资本的剩余利润，乃不能不趋于消灭。同时绝对地租便无存立的余地。如前章所述及的罗贝尔图的绝对地租论之致命的缺陷，也就是存于此点。

但是依马克思所见，农业与其他诸产业间，不会进行利润率平均化的资本自由竞争。因为土地所有权会阻止土地上的资本之自由移动。土地所有权既不许无偿在土地上投资,土地生产物的市场价格,势不得不以能够提供地租的限度,而腾贵到生产价格以上。但是此种地租是否等于生产物的价值与生产价格间之差额的全部或其一部,那要看生产物的需要供给关系及新耕作地之土地面积如何。然不拘何种关系,完全不基于丰度之差所支给的地租,那不是因为农产物以超过价值的价格出卖,而是因为农业物一方面以等于价值或低于价值,而同时又是较大于生产价格的那种独占价格出卖的结果。

由以上所论,我们就知道农产物的价格,何以不能达到价值的限度,而偏能超过其生产价格的原因。同时还知道,因为土地所有上的独占,生产价格以上的农产物之价值超过分,乃能成为决定农产物之一般的市场价格的要素之一。从而在这种情形下,生产物的腾贵,并非地租的原因,反之,地租却宁可说是由于生产物腾贵的原因。这种意味的地租存在,于是一切的对差地租,乃有提高的可能了。这就是说:如果由某种单位面积的最劣等地产生的生产物的价格,为生产价格及地租之和,即P+R,则一切的对差地租,皆不得不与此种单位面积相应而增大R的倍数。为什么呢? 那就是因为此种场合的P+R成了调节的市场价格的缘故。

要之,马克思以为:绝对地租的原因,基于两种事实,其一是农业资本的有机组成分比之其他诸产业的资本较为低位,又其一为农业资本的自由竞争,受了土地所有权的限制。对差地租所以表示某种特殊诸土地的特殊剩余利润,反之,绝对地租,乃超出平均利润以上的一般剩余,这两者都是基于土地的所有而生出来的。所以马克思说:"只有对差地租与绝对地租为唯一正常的地租形态。其他的地租,除了严格意义的独占价格以外,则无立脚的余地。"①

马克思的地租论,大体虽如上述,但最后还得略略述及基于独占价格的地租。

严格意义的独占价格,不是由生产物的价值所决定,也不是由一般生产物的价格所决定,而是取决于购买者的购买欲及支出能力的一种价格。例如葡萄牙的葡萄酒,或珍奇鱼一类具有自然稀少性的物品,其价格皆超

① 同前,第304页。

过一般的生产价格，而形成一种独占的局面，而且依亚当·斯密所说的，农产物亦依人口的法则而不绝带有稀少性，所以能够获得超过其价值以上的价格。这所谓价值以上的价格，就是独占价格。

生产物以独占价格出卖的时候，地租乃因而成立。马克思说："产生纯然特质的葡萄，或者比较只能造出少量葡萄的那种葡萄园，是会享受一种独占价格的。葡萄栽培者由此种独占价格——虽然在生产物价值以上的独占价格的超过分，纯由一般上流阶级饮葡萄酒者的财富与嗜好所决定——而获得多大的剩余利润。这种剩余利润，在结局，便要转化为地租，而归于土地所有者之手。土地所有者其所以享受这种权利的，就是由于他对于具有特殊性质之地体部分的所有名义。"①

成立独占价格的，决不仅农产物，由矿山或湖沼所生产的商品，亦有独占价格存在。所以矿山地租或渔业地地租，都是基于独占价格的地租。此外，都会的建筑地皮等，亦由得一种独占价格的高价房屋，而使此种地租成立。

诸凡此类地租的发生，都是由于该生产物具有独占的价格，而决非因为有了地租，使那种生产物的独占价格发生。因之，矿山或建筑地的地租，便不能不说是与对差地租基于同一法则。即使有相异的地方，也不过是土地性质或地位，在对差地租上，特别有巨大的影响罢了。丰饶的矿山或大都会的建筑地，因为由利用而能得到莫大的利益，所以在那上面便有多额的地租，而成立了莫大的地价。要之，不拘何种地租，其究局皆由农业上的对差地租及绝对地租所支配。所以从农业上的地租出发，去考察一般的地租，那才是完全正当的途径。

七　马克思与李嘉图及罗贝尔图

马克思对于李嘉图的反对论旨，大体包含有下面三点：第一，李嘉图抹煞了对差地租以外之绝对地租的存在；第二，李嘉图对于同一对差地租中，由土地丰度之差所生的地租，与由累次投在土地上的诸资本之生产力

① 同前，第 315 页。

不等所生的地租，没有明白区别；第三，对于土地生产物的价格，在昂贵的场合，不变的场合及下落的场合所展开的地租法则，没有十分研究。但是就对差地租说来，李嘉图与马克思在大体上所见相同，这由前面述及的，便可概见。可是在第一点上，马克思与李嘉图却是立于全然相反的立场。

李嘉图的地租说由各方面受到的批评，虽如前面所述，但是就土地丰度之差，止于说明地租额之差，没有说明地租发生之究竟的这种见地，以及就地味就是没有肥瘠，地租亦不难成立的这种见地，去批评李嘉图的，却不妨说是只有马克思与罗贝尔图。即是说：马克思与罗贝尔图认定绝对地租之存在，就与李嘉图表示显著的不同。他们都是从农工业资本间组成分的差异上寻求绝对地租成立的原因，不过两者所论，有极本质的相违之点，那是必得加以注意的。关于此等相违之点，先前在第七章第四节，虽曾示其梗概，但因为此种论究，于了解马克思地租学说之特征上极关重要，所以在这里须略与说明。

依罗贝尔图所见，影响剩余价值（即他之所谓赁子）生产的，仅仅是生产上投下的资本中代表工资（直接劳动）与机械及器具（间接的劳动）的资本部分，而代表原料的资本部分，却与新的价值生产无关。在工业生产上，虽必要原料；在农业生产上，却无需原料。所以投资额尽管相等，农业方面所得的剩余价值，比之工业方面为多，而绝对地租发生的原因，便存于此种关系中。我们闻到此种议论时，首先会注意到的，就是机械与器具既与剩余价值生产有关，何以原料独独没有关系的这一点。机械与器具虽能说是代表间接的劳动，但在此点上，却不见得与原料有何区别。因为就过去劳动之结晶的意味言，这两者间简直没有出入。

马克思区分资本组成分的要素，为不变资本及可变资本，器具机械及原料等属于前者；支给劳动者的工资，则由后者代表。新价值的产出，只限于可变资本，不变资本不过以其预先存在的价值转移到生产物方面。所以，依马克思的见地看去，不会影响剩余价值的生产物的，不仅原料的价值，就是机械器具等的价值，也还是一样。

复次，罗贝尔图以为农工业间资本组成的差异，是永久的，反之，马克思却认为那是历史的，依罗贝尔图所见，农业上资本的组成分其所以比较工业上的组成分为低位的，就是因为后者需要原料，前者不需要原料的缘故。然而照马克思说：农业上的资本组成分为低位的理由，不能单说是不要原料，而且实际农业上也还需要肥料及种子；这些物材与工业上的原料（包含有助成材）的性质是相等的。这样看来，像罗贝尔图所说的，农业全然无需原料的议论，就不能不说是大大谬误。资本组成分的高低，不取决于原料之有无，而取决于不变资本（机械器具等）与可变资本（工资）之组成分之比例如何。产业愈发达，需要机械或原料的资本部分愈多，其资本组成分，乃益益趋于高位。在农业上，虽然从来投在劳动力方面的资本，比之投在机械，肥料，器具方面的资本占有大的范围，但这不是农业本来的性质，而宁可说农业发达比较工业特别迟滞的结果。

然则农业发达，何故较工业为迟呢？关于此点，马克思曾由下面的事实与以说明：即（其他种种情形，姑置不论）工业以比较发达最早的机械原理为基础，反之，农业则是以崭新的地质学，生理学或化学一类科学为基础。可是农业虽然像这样受了科学的限制，但来日进步没有止境，机械或肥料的充用，比之使用劳动者之数，将随技术上的进步而益益加多。因之，农业上资本组成的程度，结局总是有追上工业之一日的。[①]

罗贝尔图与马克思的见解相违的第三点，是前者不承认农工相互之间不能行使利润率平均化之资本自由竞争。马克思则明认此系事实，并以此为基础而推究绝对地租之成立。依他所见，对于土地上的资本自由移动，常为土地所有权所阻止。地主拥有土地权，在任何情形下，得拒绝他人无偿使用其土地。从而，对于土地上所投的资本，单是获得平均利润，依旧不会使土地进于耕作。（固然在地主自行经营其所有土地的场合，只要收得平均利润，便会从事耕作；但是在土地私有一般通行，土地赁贷已成为通则的状态下，地主就是自己经营其土地，也会在利润中把应该支给自己的地租列入计算，结局，他对于仅能够获得平均利润的耕作，一定是要认为不十分上算的。）农产物的价格，如果不能腾贵到收回支出了的资本以外，还能对于资本获得平均利润及对于地主提供相当的地租，那末，地主就决不会允许他在土地上投下资本。马克思综括此种关系，而达到如次的结论：

“要之，绝对地租的本质，那怕就是在剩余价值率相等的地方，即劳动榨取程度相等的地方，总归是存于这一点，即相异生产诸部门所投的等量

---

① 同前，第300页。

诸资本,各各与其平均组成分之差相应,而生产种种的剩余价值量。在工业上,此等相异剩余价值诸量,因其平均利润之均衡化,结局就宛如配分在社会资本诸部分间那样,而均等配分于各个资本之间。可是农业上,或在其他采取原料的生产上,就不会这样。我们知道:在这般生产上一需要土地,马上土地所有权便妨阻关于土地投资之均衡化;本来应该参加到一般利润率之均衡化的剩余利润部分,现在由土地所有者攫到自己手中了。因之,地租就不外是商品价值的一部分,更特殊的说,就是剩余价值的一部分。这一部分,不过是资本企业者由劳动者方面夺过来,不属于自己,而仅由自己手里过渡一下,转奉给土地所有者了。”①

① 同前,第311页。

参考书目

Ansgewählte Lesestücke zum studium der Politischen Ökonomie, herausgegebe Von K. Diehl und P. Mombert. 3. Band(加尔·德伊儿编,《经济学选集》第三卷“地租篇”)。

Ch. Gide und Ch. Rist, *Geschichte der volkswirtchaftlichen Lehrmeiungen*(基德,里斯特合著《经济学说史》)。

HenryGeorge, *Progress and Poverty*(亨利·佐治:《进步与贫穷》)。

Lewis Haney, *History of Economic Thought*(韩讷:《经济思想史》)。

Dr. Ingram, *History of Political Economy*(英格列姆:《政治经济学史》)。

K.Marx *Das Kapital*, 3. Band 2. Til(马克思:《资本论》第三卷)。

高畠素之著:《马克思学解说》。

安倍浩著:《经济思想十二讲》。

校后记

高畠素之著这本书的动机，曾在他自序上，表白得很清楚。至若他这本书，究曾在多大的程度上，达到他著书的目的，却是一个颇可疑惑的问题。然而，他自己亦曾说："这本书，不是表示我研究完了的一种结论，而是当作我之研究由此开始的一个小的序曲。"在我，亦正有此感想，我希望读者不可视高畠氏的议论为定论，只把它看作是参考书之一。他的简明的叙述，确有相当的成功。他从重农学派讲起，归结到马克思，总算把经济学史上的重要地租学说，很扼要的，做了一个史的叙述。至若别一些经济学家的地租理论，实都不过是这么几种思想的承继，调和或修正。

这本书的移译，我以为在现今是颇为重要的一种作业。今日喧闹着的农民问题，土地问题骨子里，即是一个地租问题。终年劳苦的农民，不得不在地租名义下，以生产物的大部，奉献给地主，实是农民积怨的根本原因。这种积怨，在无机可乘时，只有潜流着。但一有机会可乘，则如大河决堤，往往一发不可收拾。这个大河决堤的情势，曾在中国历史上，破坏多少人的国家啊，但可怜，中国历代的当政者，一直到现今，似乎还不曾注意到这一点。减租运动，虽然喧闹了一个时期，但结局，却反而造成了一个加租的运动。

减租运动，当然不是农民问题土地问题的澈底的解决，但至少可以和缓农民的积怨。我并没有成为可笑的土地改良运动家的心思，但我们至少觉得那是一个严重的问题，不可不亟谋解决。

但要解决这样一个严重的问题，自然不能单凭一种人道主义的慈善心。人道主义是靠不住的，慈善心亦是靠不住的。我们最要的，是由地租性质及地租法则的理论的研究，到地租问题的实际的研究。我们要先了解地租的性质，起因，及其法则，然后决定地租的政策。

说到这点，我不得不推荐亚南译的这本《地租思想史》。我相信，这本书，对于今日中国土地问题农民问题的研究者，将成为案头良好参考书之一。

而且地租论的研究，在纯理论的经济学中，亦占着颇为重要的地位。李嘉图曾说过，在正确的地租理论未被充分了解以前，有许多重要的经济学理，决无发现的可能。譬如劳动价值说，设不先明白地租的性质，即无由确立。亚当·斯密的价值说，所以会成为不完全的劳动价值说，要不能不归因于这一方面的缺陷。又譬如要明白社会上各阶级的利害关系，亦非先了解地租的性质及法则不可。亚当·斯密所以误认地主阶级的利害关系与社会一般的利害关系全然一致，亦不能不归因于这一方面的缺陷。至若工资率如何决定，利润率如何决定，更无处不须先有地租论的知识。

所以，以分配论为经济学研究中心问题的今日，实以地租论之研究，为最重要的一面。在这里，我又希望这本书，对于研究纯理经济学的人，亦能有若干帮助。

关于这个译本，我曾在印刷所中，把三校稿，校了一遍，翻译本是一件难事，尤其是关于这一方面的译作，似乎更为困难。有些名辞，至今尚未有标准的译名。有些话，如果直译出来，简直难于使人看懂。关于经济学，不，关于科学这类著作，我以为，绝对的直译，是绝对行不通的。所以，只要不害于著者的原意，殊没有保存著者原语气的必要。我同亚南合译《国富论》，《经济学及赋税之原理》各书时，即是抱的这种态度。这种译法，或不免有人以为不相宜吧。但我以为，翻译决不是从一种文字译成别一种字，而是译成别一种文字。亚南这个译本，虽不免有几处过于直译，但大体总是小心谨慎，颇可推荐的。对于本书，批评家们若能不吝于批评，那我敢代表亚南，表示十分的欢迎。

郭大力

一九三一年二月五日

经济学绪论

經濟名著叢書

經濟學緒論

王亞南譯

上海民智書局發行

原书封面

中華民國二十二年三月初版

經濟學緒論

(每册定價大洋一元一角)

版權所有

原著者 John Neville Keynes

譯者 王亞南

印刷者 民智印刷所

發行者 民智書局

分發行處 民智書局

分售處 海內外各大書坊

總發行所 民智書局

原书版权页

译者序

这个译本，是根据英国克赖士博士（Dr. Keynes）所著的 *The Scope and Method of Political Economy* 全译过来的。照文字直译，书的译名应当是“经济学的范围与方法”，但这样的名称，不独就中文的语气讲，有些碍口，就依原书的性质讲，亦是不十分切合的。因此，我把它意译为“经济学绪论”。

普通经济学论究的对象，是价值，价格，地租，利润，货币，资本等经济范畴；晚近的经济学原理一类著作，多半是袭用所谓四分主义，就生产，分配，交换，消费四大部门来分别论述。但这部书里面所讨论的，却不是把经济学上的主要诸范畴做对象，而是把经济学本身做对象。它论究经济学的本质，经济学的方法，经济学的功能，经济学与其他科学的关系，乃至经济学能成为科学所备具的条件等等。就原书涉论的这种广泛的范围讲，那已非“经济学的范围与方法”这个名称可以概括，同时，普通经济学或经济学原理，照例写在前面的绪论，又大抵是论到这些方面。这样看来，我把本书书名意译为“经济学绪论”，就不是没有理由的了。

经济学上像这类性质的书，就我所知，实在不易多见。凯因斯（Cairnes）于一八七五年出版的《经济学的性质与论理方法》（*The Character and Logical Method of Political Economy*），虽然与本书的性质，大相类似，但它涉及的范围，没有本书广泛；所论究的事理，亦没有本书精确，这是有特殊的原因存在的。经济学是比较后期才完全成立的科学。而把这种科学当作对象来论究，那更是要到挽近才有可能的。因为，一种学问不到它本身已经成育完成之后，我们对于它的认识和评价，就往往难得十分正确。由亚当·斯密[①]创建的经济学，虽到李嘉图[②]手里已达

① 原书为“亚当斯密”，现统一改为“亚当·斯密”，下同。——编者注

② 原书为“里嘉图”，现统一改为“李嘉图”，下同。——编者注

到登峰造极的发展，但关于经济学的本质，是要愈到最近才愈容易明了的。单就这点而言，我们就不难知道克赖士博士的这部书，要比有名的经济学者凯因斯那部著述详尽多了。

在经济学统的关系上，克赖士博士是被称为奥地利[①]派学的后进，但他论述本书所取的态度，却是非常公允，而且是竭力回避一切独断的结论的。他的理解非常精到，他的征引非常渊博，但也许因为这是抽象之中抽象的业作吧，本书有几章的立论，实在很费我们的思索，然通体看去，究不能说是怎样难读的。

凡是一个对于经济学略有理解，或者对于经济学想进一步深造的人，他有时总应该考虑到"经济学是什么"的问题吧，如其他肯读这部书，那他就不但会增进对于经济学的理解，且会增加研究经济学的兴趣。

我译这部书，是在今年"一二八沪战"开始前不久，我完成这部书，是在沪战结束后不久，全书大部分是在炮声隆隆的惨黯光景下译成的；那时，爱国男儿在前方杀敌效死，血性学者亦在后方奔走呼号，我虽然冷冷伏居斗室，从事不急之务，但时则狂喜，时则盛怒，时则深忧的不定心理，已使我的工作不能照常进行，就是勉强成就的译文，亦难免留下许多罅隙。为了这个缘故，我把译文全部，送交我的朋友郭大力君，请其对照原文，详校一遍。他是乐于并且习惯了校订我的文字的。对于这部书，他尤花费了不少的精力与时间。我只好在这里空空的表达我感激他的盛意。

又，对于这部书的出版，杨幼炯先生是劳神不少的。我愿把这书当作酬劳他的纪念。

一九三二年九月于上海

① 原书为"奥大利"，现统一改为"奥地利"，下同。——编者注

第一章 绪论

第一节 经济学范围与方法之研究，有怎样的性质，怎样的重要

在“经济”(Economy)及“经济的”(Economic)这类语辞里，横有一种暧昧语义，普通对于经济学性质所以含混不清的，多由于此。依普通的解释，凡在可能范围内，以最少的金钱，时间与努力，而达到目的的一切行为，均称为“经济的”；为欲获得最大的纯收益，而节约的谨慎的使用其财源，则谓之“经济”。

但同是这种语辞，又用在不含有达到目的之任何特别合理手段的意义上；关于经济学著作中之“经济的”一语，一般仅用为财富(Wealth)这名词的形容词。所以，经济事实，被解作有关财富现象的一切事实；经济行为，乃指着人类创造财富，使用财富，蓄积财富的一切行为；而经济习惯，经济制度，则是人类社会关于财富之习惯与制度。

所谓政治经济学或经济学(Political economy or Economics)，不外就是关于上述经济现象的原理的一个总体。本书的主旨，即在讨论这原理的性质与范围，并讨论适于这原理发展之论理的方法。一门学问之范围的限定，其主要着眼点，在决定那门学问所论及的诸现象之显著特征，且决定那门学问所探索的关于这诸般现象的知识。此外，在这种论究上，还得考察本门学问与其他有联带关系诸学问间之相关性。研究方法，即是讨论实用论理学的一个部门，其着眼点，在决定那种学问，特宜于这种学问的论理过程研究方法有怎样的性质，并决定那种学问因以达出其结论之论理的性质。

因此，下面的讨论，就可说属于经济学之哲学或论理学，那不会直接

增进我们关于经济现象本身的知识。惟其如此，所以当提出这种讨论时，往往会感到几分难耐。有人说，我们所要求的，不是多谈方法，而宁是正当方法之有用的应用；不在于作无益的争辩以研究达到经济真理之途径，而在增加我们经济真理的实际贮蓄。对于此种抗议，论理学家会这样答复：关于经济学之范围与方法的论究，即使不持有经济的意义，终归持有论理的意义。而况在实际，那不徒具有论理的意义，且具有经济的意义咧！从经济学本身的观点来看，哪怕经一瞬间的考虑，亦就不难知道正当理解其范围与方法之极关重要吧。

关于经济法则的性质，一开始，就有一种广为流行的混乱。为了这个理由，经济学者力求正确的限定其论究范围之性质与限界，乃最为必要。经济学是关于实际的，抑是关于理想的问题，或者，就达成其目的的规律言，经济学仅是讨论是什么，抑是更进而讨论应怎么的问题，我们应当弄个清楚，不稍含糊。而且，即使理论的论究与实际的探讨，都包括在这个范围内，此两者间的区别，以及它们相互的关联，亦不能不解述明白。在这些方面的误解，曾引起对于经济真理本身的误解，而其结果，并会损害经济科学之作用与权威。

论到方法，有人说，与其断断争辩何种研究方法，才是正当方法，倒不如把那正当方法，使用在新经济真理的实际成就上，加以证验。果其如此，方法的正当与否，不就成了疑问吗？然则对于研究工具，对于其使用的适当途径，对于那种工具所能产生的结果，就不能顾惜时间，而不加以初步的研究了。使用推理方法，没有好好注意其效力问题，则所得结果，定然没有何等确定的效力。就经济知识的进步而论，那不独不能因此增进，且会因以阻滞。

加之，一种结论因以达出的研究过程。势将影响那结论的本性与真价，且会在认知程度上，规制其限界与妥当性。如其那是纯粹经验的，那就单是建立在有高度盖然性的根基上，其所搜求的例证，不能怎样超越时间空间所许可的范围；如其那不是经验的，而是演绎的，除非决定了其所根据的假设，已在某种程度，在某种情境下，实实在在被实现了，那就仍是假定的。李嘉图(Ricardo)的主要缺点，在于没有明白体会他自己的方法之真实性质。这，曾为许多人所哓哓争辩。但不论如何，李嘉图在解释其结果的场合，他是没有注意做那避免许多读者误解的必要工作的。

为建立一种科学而设定正当方法，为一件事，要使其建立成功，为另一件事，那是真的；并且，如奥地利经济学者门格（Menger）所说，科学曾被那些不断解析自身研究方法的学者们，所创造过了，革命过了，那亦是真的。就令他们对于正当方法的使用，没有怎样着意，或者没有迂回的特予表识，他们的功绩，仍旧是由于他们使用了那正当的方法。而且，在他们对于科学贡献的价值，能得到相当的定评以前，他们的方法，定然要被人小心分析过了的。

方法之应当讨论，那并非经济学独特的要求；不过其他科学的论理学，大部分都在一般关于论理学或方法论的著作中，充分讨论过了。经济学方面的论理学，所以需要更精密的考究的，那却有其特别的理由，就中，一部分是由于这门学问本身的性质，一部分则是由于外部的原因。

就前一点而论，经济科学所讨论的现象，较之自然科学所讨论的现象，更为复杂，更不均整。从而，其所得结论，除了大部分抽象的形式外，例皆缺乏自然法则的那种确定性与普遍性。关于研究经济现象之适当方法的决定，原有其相当的困难，而对经济推理的有效性之条件与限界，加以限定，那简直是复杂无比的问题了。况且，在一门学问领域内，想树立一种独特的排他的正当方法，事实上哪能做到呢！各种不同的方法，视那可资利用的材料，视研究所达到的阶段，且视着眼点的相异，而都有其妥当处；我们的特别任务，在于指定它的适宜地位和它的相对的重要性。

我们对于经济方法上之真实原理，须详加研究的另一理由，就是经济学上所存的谬论，实较其他科学更为普通。这，当然有一部分是归因于这种科学取材的困难与复杂。经济学讨论的现象，都是我们日常观察的事实。经济学上的专门术语，几乎没有几个不是我们日常谈话使用的术语。所以，经济问题虽然复杂，普通人虽然缺乏对于研究其他学问认为必要的初步科学训练，但他们都觉自己适于推论经济问题，这种趋势，原是没有什么不自然的；他们缺乏相当的科学准备，但对于讨论经济问题的诱惑却很强大，因为经济状况对于人们物质利益上的影响，是太有力了。倭克尔（General Walker）说："人虽再狂妄，关于化学家或机械师日常所学所业的诸点，竟敢与化学家或机械师争论短长的，一定不多。但不论何人，只要他能读能写，他就觉得要自由形成并支持他自己关于贸易及货币的意见。逐年出版的经济文献中，有的著述，虽具有真实的科学精神；但有的著述，却表露了他们极粗俗的全不懂得经济史，且对于经济研究之条件，表露了极不合理的轻蔑。这种情形，颇有类占星学要与天文学，或炼金术要与化学并驾齐驱。”要之，流俗经济学之一般趋势，不是流于轻率的普遍化，就是流于似是而非的论争。在这当中，往往参连了一些根本概念之不完全的分析。其结果，思想混乱，错误命题，竟看作自明之理而被选定了。从事演绎推理，每每会忽视那种推理结果之有效应用的必要条件。

论到这里，我们还须提到演绎派与其他反对派形成的尖锐区划，他们那种狭隘的独断主义，曾不必要的把整个问题都弄混淆了。那个题目的呶呶争论，不独使胸无成见的人感到烦厌，同时并损毁了经济学本身的信用。一种科学在讨论上，如其动不动要闹着新的分化，局外人自然不免会怀疑这种科学，人们也许会这样推想，诸经济学家连研究法也不能一致，哪里谈得到使这科学进步呢。

著作者们关于经济学方法上容易犯的错误，如一般人所说的，恰是排除异已的错误。他们只着眼到经济研究上的或一方面或分野，从而夸称适于那种研究的方法，至若在适当场合具有同等重要性的其他方法，那则被忽视了，甚或公然被拒绝了。这样，互相非难的两方面，就肯定上立论，虽不失为正当，就否定上立论，却就不免是错误。而且，他们对于其所拒绝的方法的批判，往往总是基于误解或虚构。方法之被攻击，徒因没有做到那件事，那就是鼓吹自己方法用途的人，从未设想其能够做到的事。各方面都只顾到解释各自的方法，而不肯注意对方方法之权能与限界。所以，因了排除异已的错误，或者宁说，排除异己的结果，每每在争论上，伴有一种故违论旨的毛病(Ignoratio elenchi)。在下面，我想对于一切为经济学者所能利用的各种研究手段，竭力予以持平的解述，同时并注意这每种研究手段在应用上的缺点。

第二节 经济学当作一种实证的，抽象的，演绎的科学

关于经济学方法论争的要点，大体上，可以概括的，就两个显然对照的派系来说明。一派认定经济学是真述的，抽象的，演绎的，又一派则认定经济学为伦理的，实在的，归纳的。可是我们应当分释清楚：这种尖锐

的对照，实际并不能发现于任一派之最优秀经济学者的经济著述中。当他们实实在在讨论同一问题时，他们所使用的方法，大体近于一致。不过，他们有的更重视研究的这方面，有的又更重视研究的那方面。但他们一从形式上述说到方法，那种不同，就被夸称得非同小可。

研究经济之正当方法的问题，亚当·斯密(Adam Smith)并未把它当作问题讨论过。从而，我们要知道他对于研究方法的见解，就得从他讨论实际经济问题的途径上去推求。实在说来，上述两派，都支持他的权威。有人说，他是树立经济学，使成为一演绎科学的首倡者，但有人又视他为经济学之历史方法的建立者。

对于这显然矛盾的理由，索证并不在远。亚当·斯密，一方面既不过分看重先验的(a priori)推理，他方面又不过分看重后天的(a posteriori)推理。凡能帮助他研究财富现象的一切方法，他都是兼容并蓄的。在讨论上，或在叙述上，他有时觉得要仰助人类本性之单原事实，他就仰助这类单原事实；有时觉得要仰助产业生活上之复杂事实，他就仰助这类复杂事实。他相信：事物有“自然的”秩序，那秩序，可由一般的思考，演绎而为“先验的”。但对于这信念，他又不断借历史之实际的进程，来限制其结果。他殚精竭虑的，由抽象研究到他所生活的经济世界之复杂的实在。所以，一方面，他把工资趋于平衡的原理，建树在演绎的基础上，同时，对于限制那种趋势的诸原因，他又是采取归纳的研究。一方面，他虽宣称富裕之“自然的”进步，同时，对于富裕之实际的进步，他却又是根据历史上的事实来说明。一方面，他大体依抽象的根据，非难本国产业保护原理。同时，为力持那种意见，他又仰赖无数具象的说明与论据。

就亚当·斯密显有归纳的趋势而言，他的后继者为马尔萨斯(Malthus)，若论到他的抽象的演绎的趋势之继续与发展，则当推李嘉图。英国派(English school)后起的诸经济学者，大抵同具有马尔萨斯与李嘉图之最显著特征，不过，在他们著作的一种判然的风格上，尤其是在他们对于所取方法之详细分析上，李嘉图之影响，又远甚于马尔萨斯。

最初使经济方法原理定式化的英国经济学者，为西尼耳(Senior)及约翰·穆勒(J. S. Mill)。西尼耳关于这方面的意见，见他所著牛津大学《经济学初步讲义》(*Introductory Lectures on Political Economy*)及《经济学纲要》(*Outline of Political Economy*)——译者按：本书著者对上二书未举出全题名，为使读者便于参考起见，故特将原书名注出。)；约翰·穆勒的意见，见其《经济学上未决诸问题》(*Essays on Some Unsettled Questions of Political Economy*)及《论理学》(*Logic*)第六卷中。可是对此问题讨论更详的著者，则为凯因斯(*Cairnes*)。他那为人称羡的光辉著作，即《经济学之性质与方法》(*The Character and Logical Method of Political Economy*)，在论究论理学的限内，曾有好久被视为英国经济学上有数的教科书。巴基浩(*Bagehot*)所著《经济研究》(*Economic Studies*)之《英国经济学之论据》及《经济学入门》诸论文中，亦在许多方面，有其代表的性质。

上述四著者定立的原理，虽微有出入，但在根本上，他们都同意经济学为一种科学，这科学，言其范围，是直述的而非伦理的；言其方法，则是抽象的，演绎的。以次，我将极简括的概述他们的原理之特色。

第一，他们把经济学本身，与经济学之实际应用，划为判然各别的两事。经济学之功用，在研究事实，发现关于事实的真理，而不在立定生活的规律。经济法则是事实的原理，而非实践上的规条。换言之，经济学不是一种术，不是伦理研究上的一种部门，而是一种科学。对于诸对立的社会计划，它的立场可说是中立的。它虽提供某种行为会产生某种盖然结果的知识，但它本身无所谓道德的判断，即不宣称应当怎样，或不应当怎样。可是，经济学本身的性质虽如此，同时，其最大价值，却在这种科学之实际的应用。经济学者之应当注意实际应用，那是大家一致的——不过，就性质而论，他虽然不是纯粹的经济学者，但因他是一个经济学者，他就毋宁说是具有必要理论知识的社会哲学家。像这样分划起来，实际问题——有时或极关重要——之社会的伦理的方面，就不能轻易疏忽，或视为等闲的了。

就经济学在诸科学中的地位而论，它对于社会哲学，并未视为有怎样不可分离的联锁。不错，大家都承认经济事实，会受极不同种类的社会事实的影响，同时又会反而影响那些社会事实。但财富现象的研究，在某种方面，与其他社会现象的研究分离，那亦认为是可能的。实在说来，这种分离，还是起于科学上的要求；科学往往要从分析具体的现象入手，而分析具体现象，自当把其他各种方面，及那各种方面所包含的各种不同要素，撇在一边，存而不论。因此，在社会学的研究上，经济科学虽然不是一个完全独立的部门，乃是一个判然各别的部门。

论到科学真理所由达到的手段，上述几位经济学者主张：经济现象所受影响之变化性与复杂性，效力不确定之经验的综合，固不宜于对付，而精密的经验法或直接的归纳法，亦不会有更好的结果。实验为经济学者不准采用的手段。我们不应以具体的产业事实的分析，为立论之起点。反之，处理那复杂多变的事实之正当方法，应当是演绎的，或如约翰·穆勒所说，应当是先验的。演绎科学所基的根本前提，是有定数的，这样，其中比较更重要的前提，自始乃有正确的说明。经济现象所由形成的动境，虽有无限多数，但其中终有势力远过其他一切的少数动境存在，这少数有力动境，成于人类本性——比如，人们在经济处理上，总不免受他们对于财富之欲求的影响——上之简单而明白的事实，而这人类本性，又与土地之自然性质，及人之生理的构造①相关联。

因此，就大体上说来，经济学就可说是一种抽象的科学。它的结论根据，既限定于少数的根本假定，许多在个别场合，有其重要性，就全体而论，则没有何等重要性的动境，乃不能不置诸度外了。在种种场合，决定人之经济行为的，除了对于财富的欲求，固还有其他动机；可是因为那些动机的作用，是不规则的，不确定的，易于变动的，所以在最初就被忽视了。根据这些理由，经济学定“经济人”(Economic man)——其行为仅受决定于其对于财富之欲求的“经济人”——为主要题材的抽象，逐被论证为适当的，必要的了。而且，要进一步论证其正当，更以数学物理学来作比，数学同物理学两者，据说就是基于同样的抽象②。

根据类似的理由，约翰·穆勒及凯因斯把经济学解作假设的科学。

---

① 可是对于究局原理在应用上须加限界的程度，经济学者间的见解，有些不同。巴基浩认定英国经济学原理，不能应用于一切社会状态，只能应用于商业颇发达的，特别是像英国当前的那种社会状态。在凯因斯，他有时也曾说明经济研究之相对性质。但西尼耳不同，他以为关于人类本性及财富生产的结论，那是普遍真实的。虽然关于财富分配的结论，不免为特殊国家之特殊制度所影响，而事物自然的状态，依旧能定立一般的则律，并且，由特殊变动原因所产生的变例，那可在一般则律解述后，再加以说明。总之，巴基浩视经济学前提，有关于特殊时代，特殊国家之经济习惯与经济制度，而西尼耳则视那些前提为“自然的”，极少变动，俨若不受时代及国家的影响。

② 在经济的推理上，约翰·穆勒和巴基浩都极力主张置重抽象。巴基浩往往说：“英国经济学不是论及真实的人，而是论及想像上的人，即，不是我们所目击的人，而是为我们便于假定的人。”(见《经济研究》第6页)

因为经济学的前提，既未括尽影响其结果的一切原因，其法则就只能在假设上是真实的。换一个说法，经济学仅是表白一种倾向的科学，而非关于事实的科学；其目的在计虑并确定若干大动因的结果；并且在计虑或确定那种结果上，俨然只认定那些大动因在活动，而其余的动因，则假定其没有变更结果的作用①。

西尼耳曾把他的意见，概括在一句明言里，说经济学之"依赖推理，比较其依赖观察者为多"。可是约翰·穆勒，凯因斯，巴基浩的主见不同，他们都主张：在这科学之假设的法则，能用以说明解释具体产业事实之前，观察与经验，是必须仰仗的手段。因为我们一考察到特殊场合，动乱原因的作用——即由影响经济现象之轻微作用会导出的特殊变化——究须在何种程度予以斟酌，那是必得确定的。观察的事实之比较，对于演绎而得的结论，可以提供一种试验，且能使其应用的限界，得到决定。因此，精密的经验法，对于经济法则的发现，虽然全无能力，对于那些法则的效力，虽然不能提供何等独立的证明，但对于构成这科学骨骼的演绎推理，却被认为是一种必要的补助工具。

对于上述诸著者所明白宣布的经济方法原理，我们须得参证其实际的经济著述，而得到解明，并且在若干方面，得到修正。因为，如其我们要检讨其经济著述，因而推知其对于方法的见解，我们将发现，他们的实践，并未十分准照他们的理论。由是，我们还可下这样的结论，即，就他们自己的著述来下判断，他们对于方法原理的陈述，却就未免过于专断，特别是过于夸称经济学之抽象性质。他们还说，这种科学，仿佛比他们自己讨论经济问题的方法，还更确定的，达到了演绎阶段。

比如就讨论财富之分配问题说，如希维克教授(Professor Sidgwick)所指出的，约翰·穆勒及他这一派的经济学者，就往往使用归纳的分析的方法，而在他们关于这方面的推理上，演绎的要素，却本原的降居次位。穆勒在他精心论究的"农民所有权"问题中，甚且更明显的表示他是一个归纳的经济学者。关于所有权将如何影响耕作者之勤劳与能力的问题的论争，无疑的，其中含有基于心理事实的演绎要素，但是，就在这点上，他

---

① 西尼耳一方面虽肯定经济学结论，仅在动乱原因不存在的场合，才是真实，但他仍旧呼经济学为直述的科学，以别于假设的科学。他以为，经济学的前提，并不是随意设定的。

还是多多引用后天的证据。他的一般的论据，主要是基于归纳的，比较的研究，即对于法国，瑞典及其他诸国农民所有权之实际活动的研究，因为在这各国中，那种所有制度，是大体能够观察得到的。凯因斯在他关于“奴隶能力”的论著中，他也分析奴隶劳动之一般的经济特质，因而根据事实之详细的归纳研究，树立了若干重要的经济原理；在这种场合，他们都比较更不使用演绎的推理。

约翰·穆勒一派之解述分配与交换的一般理论，乃基于一种抽象性质的推理，那是真的，但就在这里，上述诸著者，犹未免过于夸称他们自己的方法之特征。他们关于经济学的叙述，无论就哪点说，终没有超然离绝实际经济世界之具体的事实。说他们的原理，全系由少数关于人性之基本法则所构成，那是很靠不住的。总之，为要保持首尾一贯，他们大部分的良好经济著述，就不得视为是关于经济学真理本身的学问，而宁当视为是关于经济学真理之实际修正的学问。

约翰·穆勒在他《经济学上之未决诸问题》中所论到的方法理论，与他在《经济学原理》中对于方法的实践，其间就存有一个特别显然的对照。在前书中，“经济人”的概念，占有中心的，普被于全书的重要地位，但在后书中，“经济人”就是演的一个卑卑不足道的角色。加之，穆勒在《经济学原理》中所讨论的，分明不仅是那些原理本身，且是那些原理之社会哲学方面的应用。他在本书序言中说，他想阐明经济学之抽象原理，更想阐明这些抽象原理以外的若干事理；他的对象所包括的“范围，较之一般视为抽象理论之一个部门的经济学的范围，就意象说，就题材说，都遥为广阔”。因此，最广义上之道德的社会的问题，就都受到相当注意了。由经济问题牵涉到伦理的讨论，舍却该书中之“劳动阶级之未来”一章，那是难得找到更好的例证的。

第三节 经济学，当作一种伦理的，现实的，归纳的科学

关于经济方法之初期系统的著作者，特别是英国著作者们，对于经济学之抽象方面的着重，其结果，遂惹起了一种反动。这反动，起于德国，特别与罗夏尔(Roscher)，喜尔德布兰德(Hildebrand)，克尼斯(Knies)的名

字相关联。在广泛的区别上，这两派往往被称为英国学派与德国学派。此种称呼，简而扼要；而且，我们一论到十九世纪中叶英国、德国经济学者，实际关于方法方面的著述，这样分别称呼，亦并不是没有理由。可是我们解释起来，却不要太着重字面。上节所述的方法原理，我认为没有十分表明英国经济著述有许多方面。尤其是对于英国经济学者努力在历史的统计的材料上所成就的贡献，我迄未予以充分的重要位置。况且，现世诸英国经济学者，虽自称赞承了英国学者们阐述的原理，但那种原理在形式上，已有所修正，有所增广了。而所谓德国的原理，不论其起源如何，亦不是长此为任何一国所特有。比如继起解述那种原理的，就有美国的经济学派。这个学派显明的反对新兴运动全为德国运动的主张。就说在英国吧，这种反动精神，早就表现于里嘉特·钟思(Richard Jones)的著述中了，并且，在更近年代以来，克里福·例士勒(Cliffe Leslie)及其他著者，亦曾对此有过极强烈的表示。反之，对于经济问题，以最抽象方法来讨论的另一派经济学者当中，却也有几位德国人，屠能(Von Thünen)就是其中的一个；更近，在奥地利，又发生了一个新学派，他们是极力主张科学有抽象讨论的必要①

在下面的解述上，我们顶好称罗夏尔及克尼斯学派，为德国学派。这派关于经济学之范围与方法的明白教义，可概述于以次各段中。②

---

① 在这德国学说之最近发展上，维也纳之加尔·门格教授(Professor Karl Menger)是一个主导的人物。试一比较他所著《关于社会科学并特别关于经济学方法之研究》吧！他极力主张：理论经济学，一方面，有与经济史及统计学区别之必要；另一方面，有与实用经济学区别之必要。他非难支配的德国学派，说他们误解了抽象方法的立脚点，并过于夸张了历史的研究之重要。他更进一步，说他们的错误，就是企图给理论经济学，以伦理的倾向。当他攻击希莫娄(Schmoller)时，他特别加强其论战式的语调，把书名题为《德国国民经济学上之历史主义的谬误》。普列格之爱弥尔·萨克斯教授(Professor Emil Sax)，在根本论点上，与门格大体一致。不过他少作论争，只一味力说纯粹理论之重要。这，我们读到他所著的《国民经济学这本质与命题》，就可知道。

② 关于以次论到的诸点，参照罗夏尔著：《德国国民经济学史》(特别是第1032～1036页)；克尼斯著：《历史方法观的经济学》；辛柏格(Schönberg)题为《国民经济》的论文(第一节至十三节)；瓦格纳(Wagner)著：《国民经济学体系》(《经济学及统计学杂志》一八八六年三月号)；从一八四二年至一八五三年，主要由罗夏尔，喜尔德布兰德，克尼斯奠定基础的新德国经济学之良好历史纪载，则为柯因(Cohn)之《国民经济学的体系》(见一〇八节—一二二节)。此外，还可参照拔尔格列夫君(Mr. Palgrave)《经济学辞典》中，亚胥勒教授(Prof. Ashley)所撰之《历史学派》论文。

第一，这派经济学者所讨论的经济学范围，较之英国经济学者所讨论的为广；因为他们明白表示：这门科学，不但研究是什么，且研究应当怎么。想在这两种研究间，划分一个明白的界线，实际殆难做到。所以像凯因斯所期待的纯粹直述的经济科学，他们认为没有成立之可能。

这派曾直爽的以伦理的学派自命。他们视经济学具有高尚的伦理任务，有关于最重要的人生问题。这科学，不仅类别那些促进经济行为的动机，更须权量比较那诸般动机的价值。在满足正义与道德的要求上，经济学必得决定财富之正当生产和正当分配的标准。必得着眼物质的生活，也同样着眼知的与道德的生活，来设定一种经济发展的理想。并且，还须讨论到使这种理想得到实现的方法与手段——如像正当动机之增强，产业生活上之健全风尚与习惯之普及，以及国家之直接干涉等等[①]。

德国历史学派的又一特征，就是这派的信徒者，都着意经济学之社会的方面，并力说经济与其他社会现象之相互依赖性。因为有这种相互依赖性，他们遂主张：经济学非与他们社会科学，保持密切的关联，讨论起来，就难期适当。从而，那种讨论，便应当是现实的。从实际经济生活的复杂事实，进行抽象的事，经济学者即使难免，亦应大加限制；而在大部分推理上，他就不当讨论那单受财富欲望支配的抽象“经济人”，而应直接讨论那为各种动机所转移，且为当前社会及时代之实际情形所影响的真实人。他们既作这种主张，与这密切相关联的，就是坚持经济原理之相对性。经济生活情况是变动不居的；规制人们之经济行为的法则，亦同样是变动不居的。

关于经济知识所由扩展的推理方法，他们极力主张不断精密观察实际经济世界，并将观察所得，加以综合之必要。惟其如此，这个学派遂被称为是归纳的，统计的。因其特别坚持历史材料对于建设这科学的重要，遂又更加区别的，称之为历史学派。依他们这派的意见，只有参验过去，才能适当的理解现在；只有比较各时代各国家的经济状况，经济原理的极限，才能相当的实现，经济学者才能免于偏执，与狭隘的独断。因此，研究

① 这里应当注意：关于一种科学范围所示的差异，那很可说是言辞上的差异。一个著者括入科学本身的那种研究，另一个著者也许会视为那应属于科学之应用范围；可是，这并不是说：后者忽视那研究，甚或，对于那研究，有何等不看重的地方。

经济进化行程的事体，就被视为再重要没有了。

占有优势的德国学派与旧的英国经济学者间，还存有应当提到的一种差异，那就是后者主张自由放任(Laissez faire)，前者力说政府干涉。不过，他们这种差异的对照，无关经济学之范围与方法，所以也就与我们现在的论题，无直接关系。

在这里，我们应注意一点：上面述及的诸种特征，并非是彼此独立的。比方，我们的立脚点愈是切实，直接诉诸历史与统计的必要，就愈加明白；历史的方法，必然要导来经济原理之相对性的认识；并且，写实的与社会的观点，更是密切的相互关联。反过来讲，这种科学上之伦理的概念，结局又必会加强所有其他诸点，事实上，如其认定经济学要直接论及"应当怎么"的问题，那吗，所有其余的诸论点，就都会在论理的形式上，跟着成立起来[①]。这派的各种特征，既相互依存，结果，对于种种问题的讨论，就不可避免的要流于重复。因此，我们在下面就是讨论判然各别的问题，也往往碰到相异观察上之同一根本论点的复现。

在这个新学派本身里面，就风格讲，就态度讲，亦有显然的派别，这是值得注意的。该派比较进步的份子，对于徒徒力说历史方法的重要，犹嫌不足，于是进而拒绝其他任何方法——极度从属于历史方法者除外——的帮助。他们不仅是改革者，且是革命者，因为他们在鼓吹经济学之完全的改造与转形。在他们看来，这种科学在过去，全没有一点有价值的结果。只有激烈的改变方法，庶几将来可望收到成效。旧的原理，以及那些原理所由形成的旧的方法，通通抛在一边，不再垂顾了。这新学派急进份子的典型，可以说是希莫娄教授(Professor Schmoller)与因格列姆博士(Dr. Ingram)。前者实际把经济学与经济史看成了一个东西；或者，无论如何，把经济学还原为经济史之哲学了。后者的倾向，虽然同样是革命的，但他的目标，略有不同，他把经济学，并入了一般的社会学。

德国学派中，比较温和的份子——罗夏尔自身也包在里面——与上述急进份子，恰是一个对照。他们的风格是稳健的，他们的态度是调和的。他们一方面力持经济学上历史的研究之重要，同时又承认历史的方

① 不过，这命题的转换，显然不能成立；因为经济问题之写实的讨论，即不通过伦理的判断，亦有可能。

法，有与其他方法合作之必要，一方面对于这种科学全体，采取写实的观点，同时又承认在某种预备阶段上，抽象有其价值。他们接受了许多立于旧根据上的旧结论的特点。瓦格纳教授(Prof.Adolph Wagner)可以说是这新派中比较温和份子的代表人物，依他的见解，在经济学上，归纳法与演绎法，都有其地位。他说："这就是那两种方法：一方面，从心理的动机——首先，由个人利益的动机，然后，更由其他动机——加以演绎；另一方面，从历史，从统计，且从普通观察与经验上之较不确实，较不一定，然而不可缺少的程序，加以归纳。依着这两种方法，我们才可接近各种经济问题，并在可能范围内，予以解决。究应着重哪种方法，那要看特殊问题之性质如何；不过同时也要看研究者个人的心境，特别要看他所受的训练与教育。"①

① 参见《经济学季刊》第一卷第 124 页。在他所著《经济学便览》(*Lehr-und Handbuch der politischen Oekonomie*)第一卷第 17 页，瓦格纳曾进一步表述其同一见地。他说："问题不是完全变更演绎的方法，也不是完全用归纳的方法去替代。想达到后面这目的，那是不可能的；就会说可能，那就既不正当，也无此要求。这里的问题，是要在演绎的历程上，有一种改进；使其有更精更深的心理的根基与发展；使其能更小心的应用，特别是在具体实际问题上的应用。此外，还须提到的，就是，对于演绎而得的假定，照不断注意；对于这种方法应用上的必需的限界，应更敏锐的辨别。总之，关于方法论争的真正解决，不能求之于演绎'或'归纳的选定，而当求之于演绎'与'归纳的容受。每种方法，必得用到那种场合，那就是特别宜于待决问题之特殊性质的场合；并且，在可能范围内，——因为常有不可能——两者必须合作，虽然在实际场合，总有任一方法占着优势。"希尔博士(Dr. Von Scheel)也表明过同样的见解。他说：对于经济问题的解决，各种方法都有用处。"我们必须使用归纳的与演绎的两种方法。最适宜的方法，是不断随待决问题之特殊性质而变动。"(辛柏格《经济学便览》第二节)加斯塔夫・柯因教授(Prof.Gustav Cohn)，亦可说具有同一见地，他说：单靠历史的统计的材料之搜集，便以为能大有造于科学，而不必演绎的帮助，这观念，恰如认定整个科学，可由演绎而得的根本假定构成的那种反对观念，是同样的荒唐。(《国民经济学原理》第 35 页)塞里格曼博士(Dr. E. R. A. Seligman)曾著论代表新运动在美国方面的拥护者，他亦说，比较趋于极端的德国人，"他们自己已经超越了正鹄，已经不适当的低评了英国派劳作的价值，并且，在他们的热心上，已经过于武断的拒绝了任何一般法则形成的可能。(见《经济科学研究》第 21 页)。

第四节　经济学的方法，决不能用几个字解说明白

由上面讨论的结果，我们就不必要夸张英国派与新起德国派间是怎样背道而驰。前者比较活跃描述的，为这门科学的抽象问题，并且，在其方法的论著上，亦大抵能注意及此。后者比较活跃描述的，则为这门科学的具体问题，从而，那些为英国学派忽视之点，这派乃力为解说。但是，严格的讲来，他们的不同，仅是程度上的。现时最优良经济学者，不论其自命为新派，抑甘愿属旧派，我们试一比较他们解决一定问题所采用的实际方法，就知道新旧两派间的对抗，已缩减至最低限度①。

这里关于下面所解述的原理，要补充几句的，就是，我虽认演绎方法在经济研究上，占有极重要的地位；虽难责那些宣称经济学须完全改造的新派诸子，未有历史的精神，但我对于约翰·穆勒及凯因斯所建立的旧派的原理，依旧不要怎样辨明其正当。经济学的方法，不宜以任何简单辞语来形容。因此，我们不能鼓吹一种方法，而排斥其他方法。反之，依着这科学之特殊部门或特殊方面的研究，适当的方法，可以是抽象的，亦可以是现实的；可以是演绎的，亦可以是归纳的；可以是数学的，亦可以是统计的；可以是假设的，亦可以是历史的。

① 当一千八百九十年，本书初版刊行的时候，我在这一章所提及的论争，已逐渐减其尖锐化的程度。在这时以后，经济理论家与经济历史学家间的相互理解，乃更有进步。关于此点，可参照亚希勒教授所著《经济史之研究》（见《历史与经济》第 1 页至第 21 页）。

第二章　论经济学对于道德及实践之关系

第一节　经济规律，经济理想，及经济法规之区别

论到经济学的范围，最重要而又最困难的问题，就是这种科学对于实际问题的真实关系。它所研究的部分，是关于理想的，仰是关于实际的呢？是完全关于规律(Uniformities)之研究的一种实证的科学，抑是悬有或种目标，来决定行为之实际法规的一种术(an art)呢？例如，就竞争及于工资之影响说，经济学所论究的真实问题，究是什么呢？那是研究这影响之精确的性质，且研究这竞争作用究在何种程度，并依何种方法，蒙受其他动因的影响么？或者宁是决定：那竞争效果，能在何种程度，为道德所赞许，并且，其作用，应在何种程度，受组合或直接政府干涉之辅助或阻制么？

通常在这种问题上，含有两重的区别，这里实在宁可说含有三重的区别。因为，当我们把那关于经济现象之真实秩序的研究，即它们在实际或假定状态下之共存性与相续性的研究，放置一边时，我们仍须对于若干意义，作进一步的区分。那在一方面，是经济理想的研究，经济行为及经济状态之社会价值所由判定的标准的决定；别方面，还有经济法规的研究，即研究什么准则或规条，最容易达到一定目的①。所以，论到利息的偿

① 可是，这里还有无须谈到的另一种区别，那一方面是由学者作成定式之经济原则，他方面是这种原则在各国实际立法上之实际结果。这种区别，往往没有被人明白的辨认出来。柏列姆维尔卿(Lord Bramwell)在他就英国协会第F组的主席时的演说中，就似乎把这区别弄得暧昧不明了。他说："如何才得最善的增加社会财富，必为那种社会研究的主题。社会为此目的而设定法规——即是说，定立法律——所谓经济学，就是指着这个。亚当·斯密不算是第一个经济学家，虽然他很可说是现在通行的这些法律之创立者。他以前也存有为增进社会财富而设定的法律，但那些法律被人反对的大理由，就是它们大部分是错误的。当时有死者应用羊毛掩遮的规定，有划一工资的规定，有禁止垄断居奇的规定。还可想到那对于盘剥重利的规定。这些规定本是错误，但你不能因其错误，就否认其为经济的法则。"这里所说的法则(Laws)，并不能称为适当意义上之经济学的法则。哪怕就是把经济学认作一种术罢，那种术的规条，也必得与政治家及理财家之实际惯例区别，虽然他们的条例，有许多就是那规条之直接的法律的体现。

付，我们首先当经过实证的研究，看利息究为什么会在某种产业状态下发生，利息率究因何而决定。其次，我们要论到：利息究竟应不应该偿付，如其应该偿付，公平的利息率，将如何构成。最后，关于利息偿付，是否应加以何等干涉，如其有干涉之必要，那看用什么最好的手段，才可革除那种偿付，或至少使其接近一种公平的标准。

我们还可以赋税为例来说。赋税负担的研究，其本身就是一种实证的研究。各种赋税对于相对价值的影响的问题，亦然。换言之，就是研究实实在在的事实。论到不同范畴的问题，我们还可把赋税理想之决定，和最窄狭最严格意义上之赋税法律之决定分开。一件事是问：赋税究在何等意义上（如其说有意义的话），并且为什么应以平等为目的。另一件事是论究：用什么法律，例如，究采用累进税制，抑是采用适当的直接间接并税制，才能最可能的接近那平等原则。

上述各种论究，虽然紧相关联，但它们本身的性质不同，并且，在知识分类上，乃属于不同的部门。第一种论究，是属于实证的科学；第二种论究，是属于规范的或制限的科学（即令实在的说来，不是伦理学，或应用伦理学的一个部门，也与伦理学同类）若第三种伦究，就比较近代的用语而言，那简直不算是科学，而是与科学有别的一种术。

关于这里所用的语辞，所谓实证的科学（Positive science），可以定义为关于“是什么”[①]的系统知识的一个集体；所谓规范的或制限的（Normative or regulative）科学，乃关于“应当怎么”的系统知识的一个集体，所

---

① 用“实证的”（Positive）这个语辞，来形容此种研究，多少总有点不妥。因为同一语辞，凯因斯及其他的人，曾用以与“假定的”（Hypothetical）那种语辞对照，而这里则不含有此种对照的意味。可是，要找到一个字，用在这里全不含糊，那实在困难。就某种方面说，“理论的”（Theoretical）这个语辞，原很好，并且，有时也可便利的使用。可是在某种关联上，那确又不宜遽用，因为我们把理论与事实对照着说的时候，这“理论的”语辞，又会解作与“实际的”相照应。而且一使用这个字，那种研究，就不免被暗示为与实际问题，少有或者全没有关系，而那种研究的性质，又殊不如此。希维克教授（Prof. Sidgwick）在他所著《伦理学的方法》中，曾使用“思辨的”（Speculative）一辞，但这一语辞的涵义，甚至较之“理论的”语辞，尤多毛病；那暗示着，有些事不太确定，有些事太远于日常生活的事实。所以顶好是不用在现在这种关系上。

以这是关于理想方面的,而不是关于现实方面的①。至所谓术(art)就是为达成一定目标之法律的一种体系②。实证科学的目的,是规律之定立;规范科学的目的,是理想之决定;而一种术的目的,则是法规条之形成。

经济学当视为实证的科学呢?规范的科学呢?一种术呢?或者还是这三者的综合呢?这个问题,在某种限度,单是名称的问题,分类的问题。不过,把经济的论究,按照各自所属,区分三个部门,那是重要的;弄清它们的相互关系,那亦是重要的。对于这三者的含混不清,已成常事,并且,那已经是许多不幸错误的根源。

我在下面所要努力表明的,就是撇开经济理想,且不定立经济法规,而独立讨论经济规律,乃是可能的,且是允当的。虽然,把这命题倒转来,却不能予以肯定。并且,如其这种见解不误,我们至少就应承认:纯粹关于"是什么",且要求决定经济法则③之经济学上的实证科学研究,乃根本的研究。至若那别于实证科学的部门,如(一)我们可以呼为经济学上之伦理学,意在决定经济理想的部门,及(二)意在定立经济法规之经济学上之术的部门,是否也应当承认其包括在最广义经济学范围内,那是更进一步的问题。

① 我们应当特别注意一件事,就是知识的一个部门,不必因其所论为"应当怎样",就属于那不同于科学之术的范畴。论理学与伦理学,仍为两种科学,虽然一是关于"正当"推理的,一是关于"正当"行为的。不过,当我们在下面把科学与术来相提并论,而没有加以任何限制时,那是指着实证的科学,而非指着规范的科学。

② 为避免误解,还应补说几句。亚当·斯密与其同时代的人,乃至近代的经济学者,对于科学一语的使用,通没有关说到科学与上面述及的术的区别。他们意想上的科学,就是知识之系统的集体,那包含有理论的命题,也包含有行为上之实际的法规。可是,最近这国最优秀的权威学者,却能把这一辞用在比较窄狭的意义上。

③ 我们这里使用的"法则"(Law)这个辞,下面也照此用法,都是取其科学上的意义,而非法理学上的意义。即是说,那所指的是一种原则,一种规律,而不是依命令推行之法律。供给需要的法则,李嘉图之地租法则,格莱欣的法则(Gresham's law)等等,都算是上述经济法则的实例。这诸般法则的效力,是纯粹理论的问题,我们对此所取的态度,不受,或者全不应受,伦理的政治的见解的影响。可是,政治家立法家在指导上定立法规,那一开始就迥不相同。当我们主张公平贸易或自由贸易时,当我们鼓吹劳动时间之立法的限制或土地国有时,当我们论辩一般的自由放任政策时,我们已经跨出了纯粹理论的阶段。视为实证科学之经济学上的讨论,虽仍会形成我们论争的基础,但那样的论据,定然要受伦理上政治上的思考的影响。

第二节　不问伦理的判断,不立经济的法规,亦能研究经济的法则或规律

我们在前章讲过,某经济学派的一般趋势,在扩大经济学范围,赋与经济学一种显明的伦理性质;实际科学与理论科学在研究上的区别,他们很少注意,甚且不承认这种区别的可能。所以,明白辨别实证问题,与伦理问题的瓦格纳教授,竟否认这两种问题能分别讨论——虽然他以为这两者归在一起,可以同那有依附性质的术的研究分开。他提出以下五个问题,(就中,第一第二问题,是属于上述之实证科学;第三第四问题,是属于规范的或伦理的科学;第五问题,则是属于术的范围)作为经济学上之一般的大问题,那就是(一)经济现象的叙述;(二)那些现象所依存之原因的说明;(三)借以测定其社会价值之标准的决定;(四)对于经济进步之目标的树立;(五)达到那种目标之方法与手段的检讨。关于上述这五个问题,他认为:前四者息息相关,殆难区划;不过最后第五者,在讨论上,关涉到一种术的种种实际问题,故能与其余诸问题判然分开。[①] 然而就是瓦格纳所承认的这种分离程度,其他经济学者,且犹不予首肯呢。比如希尔博士(Dr. von Sheel)曾说:经济学之历史,理论,与术,构成为一个不可分离的全体[②]。

可是,一经考究起来,说不经道德价值的判断,不为经济进步树立一个目标,便无从描述并说明经济现象,那似乎分明没有何等内在的理由;不过,反过来说,却不适当。例如,我们不知道自由竞争的结果是怎样,我们就分明不能决定那结果将如何接近我们的经济理想。我们不曾确定政

---

① 见《经济学季刊》第一卷第124～128页。瓦格纳在其所著《经济学原理》之最近版本(一八九二年)中,于上述第一第二问题间,插入了第三个理论的问题,那就是范式的发现。那产出了一个配合的有趣的考案,其中包括有三个理论的问题,与三个实际的问题。就在《原理》的这个版本中,瓦格纳似乎更有意于承认那三个理论问题之分别讨论的可能,虽然他认定所有这六个问题,都包含在任何经济问题之完全的讨论中。关于这点,是必得承认的,不过,我们同时对于严格意义上的经济科学,经济学上的伦理学,以及应用经济学,那是要明白区分的。

② 见辛柏格之《便览》第一卷,第71、72页。

府干涉或自动组合对于自由竞争所加的限制作用，及其附生的结果，我们就无从谈到那结果应在何种程度予以限制。可是，在竞争制度下的经济现象的性质，我们却能有效的讨论，而不必以它们去参较任何理想的标准；并且，对于竞争作用以外，如法律，与论及自动组合诸原动力所促成，或者所能促成的结果，亦能正确的决定，而不必要在那种实际问题——即那些原动力作用，应在何种程度特加鼓励的实际问题——上表述何等意见[①]。

研究经济规律，不通过伦理判断，不定立经济规条，亦有可能：这个命题，实似无须证明；当我们明白把握住了问题的争点时，要说一些非自明之理的话，来加以拥护，那就困难了。不过，那些基于误解，而有碍真理之普遍认识的困难点，却非辩解清楚不可。想不通过伦理判断，不参考一种企图达到的理想，而讨论经济法则，那种尝试，一定会在实际上否认道德的较量，与经济现象有何等关系：这一层，是不免要为人所想起的。实在的说，十九世纪中叶的英国经济学，就曾特别受到这种非难；在纯粹理论的讨论上，那被视为是极其不道德的，其趋势在要求经济行为，离道德法则而独立活动。

我们如参考英国各时期第一流经济学者的实际著作，实不易证明这

① 讨论学与术之间的关联，须得把伦理的次序(Logical order)，与那可称为历史的次序(Historical order)分别开。在伦理的次序上，学先于术；在历史的次序上，术先于学，这是往往被人指明过的。那种理由，就是说，思考上之诸真理，被系统的形成以前，人类实际生活需要上，乃有对于指导的要求，且有满足那要求的诸种尝试，所以，在生理学成为明确的科学以前，医学上早有一种经验的方术存在。诚如乔治·康勒威尔·刘威士君(Sir George Cornewall Lewis)所说："对于任何主题，作纯粹科学的讨论，而不从事定立何等实践上之规训或法规，就一般而论，那是知识旅程达到了最后阶段的事。"(见《政治学上之观察与推理的方法》第十九章第五节)。但是，如我们已经讲过的，在论理的次序上，学先于术，因为，我们没有知识的基础，就不能对于实际的指导，好好定出法规来。所以，当这知识，尚不能发现于其他地方时，那种术，就必定要自求他能利用的知识，于是，学与术，在研究上，没有确定的区别。严格的讲来，与其说在历史的次序上，术先于学，倒不如根据上述理由，说在开始时，学与术之间，没有判然的区别，还要来得确切些。因此，在初期关于各种术的论文中，我们期望可以找到，并且，我们也实在找到了，若干科学的原则，显明的由那些著者表述着，因为他们的主旨，要借此示证其法规的允当。比如，亚当·斯密一方面视经济学为一种术，同时，他的大著《国富论》，却有一大部分是属于科学的研究。他在那书中所拥护的经济学体系，是"自然的自由之明白而简单的体系"，其本身未含有任何矫揉造作的法规。对于其他体系的驳击，亚当·斯密大抵是根据科学的理由，并树立他自己的科学基础。他那部书的前三篇，第四篇的大部分，第五篇的若干部分，全都是讨论并诠释经济现象之实际关系。关于这点，可参照希维克教授所著《经济学原理》，序论，第二章。

种非难的正当。不过，如从当时经济科学之流俗注疏家的风格讲，态度讲，那种非难，亦就有若干理由。探明他们这些人的错误根源，那也许是有益的；那是一种错误，是无须乎再三申述的。谓经济学者所讨论的个人，在产业经营上，不受正义与人道之普通义务的束缚，这样着想，实是最可悲痛的事体。把经济界的不正义，归因于需要与供给，也许能够说明这点，但根据道德家及社会改良家的见解，说这样就把问题决定了，却也是不大能靠得住的。人类经济行为也好，其他种行为也好，通不能正当的离道德法则而独立，这件事，已无须证明。

不过，我们应知道，这里所驳斥的错误心理态度，决非建立经济学上纯粹实证科学之企图的必然结果。反之，那却宁可说是不曾根本认识：是什么的论究，与应当怎么的论究间之区别性质；这种区别性质，实是解决实际问题，不参考其伦理方面之要键。一切想系统的混合这两种论究的努力，一定会增加此种错误的危险。可是，这里还有一种错误的根源，必得特别注意，那即是不知道，从纯粹实证的观点，道德势力的作用亦须计及。那往往暗示着，——虽然没有明白说出来——如果我们分别了实际能发生的问题，与期望其或发生的问题，那么，如我们所讨论的，是前一问题，那一经正确认定并表述竞争效果[①]，就不要管到其他的什么了。然而，事实上，竞争作用在经济界，虽常有其超越的势力，但它并不是具有普遍性与必然性，也不是如我们会说到的，没有道德化的可能。经济现象依

---

① 在金斯莱(Kingsley)所著的《亚尔敦、陆克》(Alton Locke)中，我们得知一位国会议员——他负有哲学家，经济学家及自由党人的盛名——是如何回答一个劳动者的代表，他说，他虽然乐得帮助他们，无奈他办不到，他不能变更自然的法则，因为工资是由他们自己之间的竞争限度，所规制了的，即是说，由经济学的法则所规制了的，反对这法则，不是疯狂，就是自杀。[见第十章]可是，英国代表的经济学者，是没有教给我们这样浅薄的原理的。约翰·穆勒曾力说："财富之分配，乃依存于社会之法律与习惯。决定这分配之规律，则是成于社会支配的一部分人之意见与感情，这规律，因时代，因国度，而极不相同；设人类愿意，其不同乃益加甚"。(见《经济学原理》第二篇第一章第一节)他这所说的"社会支配的一部分人"，我们不应当只解作能参加一国立法意见的人，那些制造舆论，且在人民道德情调上发生影响的人，亦包括在内。更参照他所著的《自传》吧，在该书第246页，他还说，财富分配的样式，乃依存于人类意志，从而，能为人类努力所变更。不过，对于财富分配的法则，我们同时还得注意，不要过于夸称其选择的任意的性质。比方，我们决不要设想：统治者的权力——不论为民主的，抑为其他的——就能够凭其所好，任意赋予人民一种分配的原则，而不顾及那在社会中自然成长，自然成立的普通经济动机，与经济习惯的作用。

存于自由的主体的活动：这主体之惯常的行为，不仅仅受立法干涉的限制；自己的道德标准的变迁，舆论加诸他们的社会压力的变迁，亦可限制，他们的惯常的行为；加之，就一般而论，我们关于具体的产业事实，假定一种究局性，或在经济界，认定事物必须怎么，那都是失当的。在经济的事务上，格外注意的动机（Extra-regarding motives），总不若自爱性质的动机（motives of a self-regarding character），来得有力而持久，那本不错，但前者仍多少有其影响，而且，社会责任的意识，日益加强加大，它们的重要性，也就要跟着增加起来①。

可是，这一来，又不免惹起思想上的混乱；依着上述的理由，有人会假定，经济的现象，不能用实证法来研究，或者，研究那现象，必然不免要通过道德价值上的判断。其实，承认人们自行设定的经济理想之现实的，或可能的影响，并不是讨论那些理想之客观的效力。并且，我们即使详细论究：经济现象究是怎样，或会怎样为舆论压力，为正义，仁爱，乃至公共福利心所影响，我们仍旧不妨对经济科学，作严格的实证的研究。

有人曾主张：经济科学，不能与经济术分开，因为在经济发展的实际行程上，后者是有其影响的。② 在这种论难中，原存有一种有时为人所忽略的真理要素，不过这里无从成立一个为我们所期望的结论。人们在其实际作什么的过程上，是会受他们想着应作什么的影响的；并且，当经济规条由法律或舆论强制实行时，自不免招致经济事实的更动。但是，我们即使顾及这一切，仍就不必放弃实证的立场，而采取实践的立场。试一考察法外高利原则，以及那构成合理价格原则，在中世贸易上所生的影响吧。研究这影响的性质与范围为一事，讨论那原则本身的妥当性为又一事。虽然历史家会在某种程度，把这两种研究结合起来，但它们显然有论理上的区别。

对于这一节讨论的结束，我们可以这么说：有如心理学这门科学，承

---

① 当一般人谈及供给与需要时，他们往往忘记了：这种经济现象本身，就是依存于人类意志，并且，在会限制供给或需要的诸种变化中，道德条件的变化便是其一。比方，人们因公德心的发动，不卖那些（为他们认定）在非道德条件下生产的商品，或者，不与那些虐待雇工的铺店交易，就可说是这种情形。这，可由一件事实来表明。英国上院关于雇主报酬其雇工之低工资制度（Sweating system——一八八八年），组有一个检定委员会，在这委员会的报告，若干伦敦大公司，都予以否认，它们所以出此，就是担心那可为顾虑的公愤。有几个公司，特别请委员会注意一重事实，即是："因着那些向委员会提出的报告，它们将在营业上蒙到损害。"

② 参照亚当斯教授（Prof H. C. Adams）著《经济科学研究》第102页。

认道德动机之存在与作用，但无待通过伦理的判断一样，经济学纵或承认道德动机在经济界的作用，依旧不会成为一种伦理的科学。

第三节　承认经济学为一种实证科学——其目的仅在于确立经济规律——的理由

在论理上，承认经济现象之实证的研究得与伦理的实践的研究分开，那对于不愿作这种区别的主张，仍非绝不相容。因为坚持这种主张的人，可以指出财富之生产与分配样式，该在人类福利上，有过如何大的影响，并且，他们还可力说：那些构成经济学者研究题材的人类行为，具有一种伦理的意义，这伦理的意义，至少与他们经济的意义，同样值得考虑。实在说来，在经济学上加以根本的伦理研究的观念，对于热心者，具有一种有力的引诱，原不足怪；而且，我们在社会同情心越是加大加强，就越是觉得不应仅仅作纯粹实证研究就算了，那亦毫无足怪。

可是，在所有这些观念里面，真正的论点，就不免要弄得含糊不清了。没有一个人愿意仅仅作纯粹理论的讨论。一般人都承认：对于事实之实证的研究，那在经济学上并不是一个目的，而是要把它用作实践的研究的基础，而在后面这种研究中，伦理上的考虑，就被认为有相当重要。不过，这里成为问题的，不是实证研究是否形成乃至完成一切经济研究的基础。而是这种研究，究应在体系上与伦理的实践的研究结合，抑是首先独立讨论。

根据科学上便利的理由，我们宁当选定后面这独立的讨论。我们如其满意在一个时间，做一件事，我们的工作，将做得更其周全，我们由理论上及实际上所得的结论，将更有价值。在下面，我将不厌详尽，举述那些明认实证研究之独立性的诸种理由①。

（一）想把"是什么"，与"应当怎么"这两种研究，融结在一块讨论，其结果，必致阻碍任一问题之明白而公平的解答。比如，我们研究决定竞争

① 直述研究与伦理研究结合的问题，和那属于学的研究，与属于术的研究之结合的问题，多少有些不同。不过，这两个问题，同时又有些共同之点，为避免不必要的重复，我们将归在一起讨论。在下面的议论中，读者会知道：我有时是侧重后者，有时是侧重前者，主要则是两者并合的观察。

的工资之法则，如其同时又顾到，那么决定了，是否公平的问题，那我们的讨论，就不免要受到异常的妨害。经济理论的价值，实在是由它们对于实际问题之究局的关系而测定；并且，经济学者对于其理论的研究，应当时常导向那种通道，那就是在结局上，从实践立场来证明其最为有用的通道。但是，究局的目的，虽是指导人类行为，而我们观察的直接目标，却是实证的事实之知识。假使一个经济学者，不肯从事理论之系统的研究，而零零碎碎的涉及每件事实之实际的关联，他那种知识，就不会正确，也不会澈底。我们总得努力暂时把实际问题搁在后面；科学的基础，如先奠定了，结局，那种研究所提供的指导作用，将会更有价值①。

加之，纯粹经济的材料，既然对于实际问题，罕能有完全的解决，那么，我们对于后者的解决，就不会完全，否则，那些属于经济学上之实证科学的讨论，将不免要为另外的考虑所淹没了②。

---

① 对于人们容易忽略纯粹科学，而遽行论到其实际应用的那种匆遽的，不合时的急躁，倍根(Bacon)曾加以批评，他批评的那段话，屡屡有人引用。他说："这样，就有如阿塔兰塔(Atalanta)，走向旁边攫取金的苹果，以致搅乱了他们的路程，让胜利由他们手中溜去了。但是，在经验之真实的程序上，在使其有新的结果的进程上，神的智慧与秩序，完全可以做我们的榜样。上帝在第一天所创造的，只是光；为这项工作，费了它一整天，并且，在这一天，没有创造一点实物。同样，在各种经验上，首先是原因与真的原理之发现；是光的经验之成就，而非所要寻获的果的经验之成就。正常发现了而且成立了的原理，其所提供实际用途的，必多而不匮，并由此引出许许多多的效果。"[见《新机关》(Novum Organum)第一卷]

② 在经济学之《大学的研究》中，顿巴尔教授(Prof. Dunbar)曾坚持严格的科学立场之重要。他说："经济法则的研究，与地心吸力法则的研究，同样是属于严格科学的讨论，并且，经济法则的决定，乃属于大学的权限。实在的说，大学存立的大目的之一，就在对于这种论究，训练人的头脑；并正确的增进人对于这门暧昧学问的知识。可是，关于立法的政略与方策上的参杂问题，大学没有权限评定。这些问题，实在也包含有科学的成分，有如包含有其他的成分一样；然而它们的解决，却不是一种科学的判断行为，而是一种政治的判断行为。这种判断行为，大有赖于经济科学，法理学，人类本性研究，乃至其他可供问题解决之一切研究的启发。那载有过去许多大问题的历史记述，无疑都是大学研究的对象，并且，借着那有无限兴趣的题目，这些问题乃可释明，乃可提供一有价值的训练；但大学的任务，决不会对于那些政略，——即在历史记述中可以找到若干例证，而同时终归要依属于不定的，大体是过渡情形的政略——宣示一种裁判的权威(Ex Cathedra)。在复杂问题的分析上，在证据之收集与权衡上，当时财政上实业上的大问题，亦同样可供给我们很好的材料，但这不过是对于讨论问题之权能的获得，谈不到是当前实在问题的解决。对于一切有关立法的行政的问题之决定的人们，大学也许会供给些科学的材料；并且，如其大学真实的功能成就了，它将一定要供给这类的材料；但是，当这类材料，加上那决定一切问题的基础部分的其他许多材料时，那由大学讲座进一步宣称的意见，便只是一种可有可无的附论(Obiter dictum)；不独非严格的履行任务所必需，且会在政略上引起若干困难的问题。"(见《经济学季刊》一八九一年七月版本，第114页)

(二)想把理论的论究,与实际的论究,结合起来,那实足以加强普通对于许多经济真理之性质的含混。一切被定立为纯粹科学的定理,都不断被解作是实际指导之原则。不管经济学者们常常提出抗议,亦不管定立那原理的经济学者的主旨,只在决定“是什么”,而无意于解明“应该怎么”,大家总归有一种锢弊的趋向,要把那当作根本上的行为的规准。所以,在经济理论上,因人们买卖的行为,被普通认为是受支配于一己的利益,于是经济学就假定是在谆谆教人自利;因许多经济的真理,都是基于竞争的论据,于是职工组合(Trades unions),就说破坏了经济法则;又因在完全的市场上,价格被假定是受支配于需要与供给,于是这门科学,就说是在教人应如此决定价格。这种种的含混,恐怕特别以英国为最普通,因为根据这门科学之史的发展上的理由,一般人都认定:经济学在大体上,必与自由放任政策(The policy of laissez faire)[①]一致。

为革除这种偏见,最当留心的,是经济法规,与实证科学上之定理的区别。可是,理论的论究,如其在系统上,与实际的论究,混为一谈,那种区别,就决不能澈底分辨清楚。加之,如其我们明言;我们的讨论,澈头澈尾是伦理的,那么,当我们无所责难时,我们就自然会被人认为是赞成,或者至少是原宥。实在的说,对于任何场合,都下伦理的判断,并且,这么做来,要常常中肯,那简直是不可能的了。再补说一句吧,经济现象之道德的性质,就连在它们之科学的性质不变的场合,也是变动不居的。

(三)对于经济学上之实证科学,应当各别的独立的认识,那还有一种理由。即,知识进步的结果,关于经济界“是什么”,或者“可以是什么”的问题,要得到一般同意的见解,也许要快些,关于个人与社会的经济活动,应当受指导于何种法规,那要得到一般同意的见解,却也许要慢些。前者只要求事实上的一致,后者则会受诸种矛盾理想的妨害,而且现实性上或可能性上的各种歧异见解,亦不免会予以妨害。试以社会主义对个人主义的问题为例来说吧。哪怕哲学者事实上意见一致,但因他们对于人类社会之真正理想,是各人不同的,他们究如何看重个人自由的实现,亦是各人不同的,所以,他们关于那个问题,仍会达到不同的解决。

要使理论的经济学得有大进步,那么,断绝一切争论之外加的或早熟

---

① 经济学与自由放任原理之关联,在下面本章注释中,将作更进一步的讨论。

的根源，就成为必要了。我们可以断定：经济学上诸原理愈能离伦理的实践的思考，而独立研究，这门科学，就愈能快点的，从论争的阶段脱化出来。伦理学侵入经济学的范围，不过是能增加并延续纷争的根源罢了。因为，如其经济问题上的一种伦理研究，是系统的，贯澈的，而不仅是感情的，浅近的，那么，老早就成为争论之目的的根本伦理问题——如像正义标准之决定，以及这种标准对于普通功利标准之关系等问题——就不能置之不理了。可是，在最近期间，不论我们怎样有论及这些问题之必要，但说我们在经济学上，不应有一种离它们而独立的实证的科学，那实在没有一点理由。

因此，下面每当提到经济学，而未进一步加以限制时，那就是指着这实证的科学。①

同时，经济学者之从事理论的研究，并不是说，完全不指明事实原则——定立原则，是他主要的目的——上之伦理的或实践的意义。就一般而论，这种分离，是决行不通的。在许多实践的问题上，特别在通货与银行的问题上，经济的考虑，无上重要；理论与实践之间的关联，非常直接而明白，设一味研究理论，而不立即考虑其实践的关系，那就仿佛是不必要的炫学，与包含有不必要的重复。这一切所指明的是：如其表述道德的判断，或指出实际的应用，那就应当被视为离题的枝节，而不是什么经济格言，不是构成经济科学本身之必备的切要的部分。换言之，理论的与实践的研究，在体系上，不应结在一起，或者相互并合。有人宣称：经济学是

---

① 关于实证科学的称谓，就减少一点暧昧说，与其称 Political economy（政治经济学——本书中通译作经济学——译者注），就宁不如称 Economics or economic science（经济学或经济科学）。不过 Political economy 这个语辞，习用过久，不能完全摈斥，所以，我们把这二者不分彼此的混用。凡属附着于 Political economy 一辞上的暧昧，也会同样附着于 Economics 及 economic science 这两辞上。比如克宁翰博士（Dr. Cuningham）在其所著《经济学与政治学》中，大体上就把经济学（Economics）及经济科学（Economic Science），解作一个格言的体系。他说："经济科学完全是实践的，除了指导向着一定目的的行为，那更没有存在之理由（Raison d'etre）。"这所谓向着一定目的的行为，就是财富的追求。从而，经济学上的原理，便被认为是实践的原理（如体现于重商制度或自由放任制度中者是），这原理，就在说明那种目的，采行那种手段。关于经济政治学（Economic politics）一辞的使用，以及本节一般主题之进一步的考察，参照本章注释乙之注。

理论研究与实践研究之不可分离的全体,那是不当的①。

第四节 应用经济学

由经济科学提供的理论知识,在实用上,当然有其极大的重要性,对于这重要性,我们是无所用其力说的。产业上财政上的政策,要以这种知识为基础,才能得到正当的指导;而且,不论我们是创建社会理想也好,抑是决定达成理想的步骤也好,对于那会由变动的经济情形导出的经济结果之研究,终是一项决不可少的准备工作。

于是,这里会引起这样的问题,即,在承认经济科学独立研究的情形下,经济学者是否应在经济学上创设一种确定的术——其中含有为实际指导之明白定式化了的准则——来辅助他这种科学的论究。

在支持这种意见上,有人会主张:如其经济学者要把若干实际问题,明白的导入他的权限内,他便更会把他的理论的研究,导向那最为有益的通道,那一来,那种研究在结局上,就不但是光的给予(Light-giving),且是果的成就(Fruit bearing)。

更有人会主张:明白承认经济学之两重性质,同时复小心辨别学与术所由分歧的观点,这样,我们就会好好纠正普通对于经济法则之真实性质的误解。

可是,我们一承认系统的讨论经济科学上之实际应用,马上便会有人怀疑到:“经济学上之术”(Art of political economy)的这个术语,不将会暗示为一种有一定范围,同时且有完全性质——这实在是不会有的事——的一团原理么?经济理论之实际应用,是多而且杂的;基于一种科学研究的规训,可依我们所取的观点,为个人的,国民的,抑为世界的而不

① 有些对经济科学采取更严格见地的经济学者,常被人评论其矛盾,因为他们一方面把经济学描述为一种实证的科学,同时又大抵在他们的论文中,导入一大些伦理的与实践的断案。(参见德法斯教授(Prof. C. S. Devas)在一八九七年一月《国际伦理学杂志》中发表的《论经济学之复归到伦理学》)不过,对于这不时导入的断案,如其分别清楚,说那单是作为例证与应用;并且,著者如果不忘记他的主要目的,在研究事实,则那种矛盾,便可免除。总之,我们所要辩驳的,是经济学与伦理学不能有系统的结合,并且,经济法则不能有一点含糊。

同。就说把这一点抛过不提吧，因着一件普遍承认的事实，即实际问题罕有单依经济理由，而得到完全解决的事实，我们便会碰上更其严重的困难。在有些部门上——如像在通货与银行那种部门上——要决定一定提议的经济断案，我们会在当前找到必要的材料，来下采取或拒绝的明断，那是真的。但是，当我们论到赋税问题时，论到国家与商工业的关联的问题时，更论到共产的与社会主义的计划之一般的研究时，经济思考却不能排他的固持其领地。我们必须顾到伦理的，社会的，政治的讨论，如认经济学为一种科学。那诸种讨论，都在经济学的范围以外。

所以，术的本身，如其限于纯粹而简单的科学之实际应用，那么，这种术的规训，就必然缺乏终局的决定。它们都是有条件的。而同时，它们这种假定的性质被忘记了，就是一种危险；广布经济学者不愿看重一切非纯粹经济讨论的那种思想，亦是一种危险。

反之，如其那种术企图对于实际问题，有一种完全的解决，它的性质，就有颇大程度，必然是非经济的，其范围乃漠然而无定，从而，企图作成一种经济术，并定立绝对规制人类行为之规律的经济学者，就不免被人反对，说他要求占据过广的范围，说他所构成的所谓经济原理，实在遥遥越出了经济关系以外，而难得同一般的政治哲学与社会哲学分开①。

在经济学上承认一种明确的术的问题，在某种限度，简直是一个言辞上的问题；而且，对于这种术的范围，以及其对于实证经济科学的关系，所发生的一切可能的误解，如能除去，那决定这种问题的方法，就比较不怎么重要了。可是，自全体看来，与其把这种论究，构成经济学上的一种明确的术，倒不如说那是政治哲学之经济的方面，或者，立法术之经济的方面，或者社会哲学之经济的方面，仿佛还易于收到廓清思想的效果。这样，我们就不说那是一种术，而应当承认那是讨论实际问题之政治的与社会的特殊部门，在这特殊部门中，经济思考最关重要，从而，经济知识不可缺少，经济学者自然要注意到这种研究上来。在采取这样一种办法的当中，我们对于经济科学之比较重要的实际应用，仍不妨概括在应用经济学

① 对于那视为一种术的经济学，想定一个明确的范围，至为困难，在本章结尾的注释中，我还要更详细的讨论。（见“本章之注释”第二节。——编者注）

(Applied economics)[①]这个名目下，应用经济学这语辞，有一种特别的功用，就是，那不会暗示一种有科学区划限界的一团明确的原理。

如其愿意的话，我们还可把现在讨论中的诸种实际研究，称作是实业立法之术，赋税之术，国家财政之术等等。照这么说，似乎不致惹起反对。在每种场合，我们都有一团明确而简明的原理，其含义又不暗指吾人之材料，纯然是经济的。这样，我们就把经济学上之唯一至上的术的观念，改变过来，代以各种的术，使各有其经济活动之特殊范围的限界了。

第五节　经济学与伦理学

经济学与伦理学的关系，前面已经解述过了，现在所说的，虽不免近于重复，但会比较更明白些。我们已经讲过：人类经济活动，既有一部分要受支配于道德的考虑，那在实证的经济科学上，就不得不顾及道德动机

---

① 可是，应用经济学这语辞，亦不能完全没有暧昧，那是我们必须指出来的。因为一种科学可以有两个用途：第一，特殊事实之解释；第二，提供行为上之指导。应用经济学(Applied economics or Applied political economy)一语，曾经用在三种不同的意义上：(1)如本书中所暗示的意义；(2)指定经济理论，对于特殊经济现象之说明与注释上的应用，但不必要参详到实际问题之解决；(3)使经济原理上，比较具体的特殊的部分，与那全渗透有经济推理的，比较抽象的部分分开。比较如下：

(1)“应用经济学，是以那种为行政上提供安全法规之直接目的，或以那种向导经济制度，使其有益于一般福利的直接目的，来研究经济现象。因此，这种经济学的目的，就显然是实践的了，因为它所研究的，不是某种事实之“如何”或“为什么”，而是探寻法规，使某种事情得有好的成就。——卡萨(Cossa)著：《经济学研究指导》，英文第一版，第一篇，第二章。还可参照勒韦斯(Cornewall Lewis)所谓纯粹政治学与应用政治学之分工(见《政治学上之观察与推理的方法》第三章，第五节。

(2)“以下的论文，有一部分，是企图应用经济学上之原理，来解决种种实际问题，那些问题，以卡利福尼亚(Californian)及奥地利亚(Australian)金之发现，爱尔兰之土地租地法等，为最关重要。应用经济学上的论文，占有这多篇幅，或许没有什么不当。其余的论文，则大都是论及理论的题材。”凯因斯著：《理论经济学与应用经济学上之论文集》。上述应用经济学之两种用法，这里都顾到了。

(3)“通货，银行业，劳动与资本的关系，地主与租户的关系，贫民，赋税及财政，都是应用经济学上的主要部分；都包含有同一的究局的法则，但表现在极不相同的情形下”。——杰芬斯(Jevons)著：《论经济学之未来》，应用经济学在这最后的意义上，构成了经济科学本身之具象的部分，这可称为具象的部分，是与其抽象的部分有别的。

的作用了。可是，通过伦理的判断，那不是这种科学的任务。被看作是一种实证科学的经济学，很可说是离伦理学而独立的。

但是，当我们转到经济科学之实际应用时，即转到应用经济学时，情形却就两样；因为任何关于人类行为之实际问题，非考虑其伦理方面，即不能有完全的解决。所以，凡属有经济性质的实际讨论，均不能与伦理学分离，否则，那种研究目的，必定是单在指出经济事实之实际关系，而没有定立行为上之绝对法规的任何企图。在过去，虽然某派经济学者有一种趋势，企图解决经济问题，不相当承认其伦理上的性质，但至现在，在一切有权威的经济学者间，这种显然的趋势，是完全没有了。

因此，我们这里就要论到最广义经济研究上诸部分——这是一开始，就加以分辨了的——中的第三部分了。在论理的次序上，这种区别，介乎其他两者之间，即是说，介乎实证的科学与所谓术之间。那可视为应用伦理学的一个部门，并可呼为经济学上之伦理学。在这部门上，经济学者与道德家的任务，是联合着的，社会道德的一般原理，在它们对经济行为的特殊意义上[①]，予以考察。

关于这种论究，我们的目的，是要科学的，限定人们在他们相互经济关系上的义务，并且，在社会能由其行为支配或变动经济状态的限内，限定社会的义务。换言之，我们是要决定那种标准，那就是可借以判断种种经济行为——其性质，其效果，已由我们先头对于经济事实之研究，而确定了的经济行为——的标准。并且，我们还要决定关于财富之生产与分配的理想，务使其好好满足正义与道德的要求。这一来，应用经济学的任务，或者，经济学上之所谓术的任务，就接着要论到：如何才得使那理想容易实现，并用什么手段促其实现；又不能不决定：最大量的幸福，如何才得以最小量的努力而达成。

举例来说，中世道德家，关于如何构成公平价格这个疑问，所提起许多问题，那都可以说是属于经济学上之伦理学的范围。比如——所卖多于所值是正当么？出卖一物，在实体上，分量上，或品质上，不够其所明言

---

① 在经济学上，有一种公的伦理学与私的伦理学的区别，关于后面这个范畴之原理的例证，可以注意一部教训的著作，那是由里奇孟德君（Mr. W. Richmond）所著，题名为《基督教徒的经济学》。此外，还可参照克宁瀚博士在一八九一年《经济评论》（一月份）上发表的《投资伦理学》。

的限度，那是正当么？卖者非隐匿他某种物品上的缺点不可么？在交易上，买贱卖贵是正当么？可是，在澈底竞争的制度下，正常价值由生产费决定的近代原理，却是属于实证科学的原理。从而，竞争如能担保实在是自由的，并对于各关系者都是有效力的，那么，关于如何构成公平价格这个伦理问题之真正解决，就自然可以这么说：竞争的价格，就是公平的价格。或者说：这不算一种公平的价格，则比较公平的价格，实际上简直没有。但是这种种原理，并不包含在普通调节正常价值之生产费原理中。

第六节　本章所述种种区别，在方法论上的重要性

以次，我将简单指出前述种种区别，在方法论上的重要性，以结束这一章。我们应当注意的要点，就是，想并合“是什么”与“应当怎么”的问题的那种努力，结局，不但会混淆经济讨论的本身，且会混淆关于经济方法的讨论。各种研究方法的相对价值，依我们所取为伦理的实践的观点，抑为纯粹科学的观点而不同。所以，一般会公认：在实际问题的讨论上，抽象的方法，为用较少，在理论问题的讨论上，其为用较多。这就是说，关于前一类问题的讨论，我们大体上，要依赖历史的与归纳的综合。

再，经济规律与经济法规两者，虽在许多场合，与社会之特殊状态相关联，但就其一般的相对性而言，后者就可断言是较大于前者。杰姆斯·斯图亚特君（Sir James Stuart）说：“经济学在每个国度中，必定是不同的。”他这所说的经济学，是指着经济学上之术，并且，在关于实际问题的限内，这并不算是一种过言。在这类问题上，几乎常常会说到两方面，所以，达到一种实际的决定，只有权衡彼此相互矛盾的论据，才有可能。但是，这些论据的相对作用，大体上，总不免依当前不同的情状而不同。就一般而论，一定经济政策之明确的形成，只是要在那种有特殊经济环境，且达到了一定经济发达阶段的国度。若应用到环境不尽相同的国度，那政策就至少要加以变更。哪怕在某国一定时期行之尽善的政策吧，对于他国，或者，对于同国不同的经济时期，且会发生不好的有害的结果。因之，我们要想适当的判定过去经济制度的价值，就不能仅仅参较当前的状况。在这里我们，不是否认经济原则的相对性，只是断定经济法规有较大

的相对性。如其原则与法规的区别,没有小心牢记着,我们是容易把前者的相对性,说得太过的。

因为这种种区别,常被人忽视了,关于方法问题上的见解的差异,就不免流于过甚其词。由是,在这种问题的论争上,一群争论者大抵侧重理论的问题,而另一群争论者,则大抵侧重实际的问题,相互反观,彼此都不免犯了"不当推论法"(Ignorantis elenchi)的错误。

又,因为经济学被视为全是实际的,有些作者就错谬百出的,否认任何经济原理,能有明确的或正确的说明。他们以为,那种研究,除了一些有用的法规之集成以外,不能更产出什么,至若那些法规,他们认为,有一定的效力与用途,且有许多的限制与例外。现在就退一步承认,他们这评述,对于那看为一种术的经济学,不是全然不可适用的吧,但不明白区别,说在经济法规上是真的,在经济原则上亦同样是真的,那么断定,就显为一种谬误。

像这类错误之屡见,正本章不厌其详,而缕述这种区别的理由。下面诸章所论,几乎全然属于当作实证科学之经济学的范围,以及这种科学原则借以定立的方法。

第二章之注释

一、论经济学与放任主义

经济学与放任主义(Laissez faire)的关联,可以从两个不同的观点来研究,这两个不同的观点,往往是没有十分分别清楚的。把放任主义看作一种推理的假定或基础,那是它与经济学的第一关联;把放任主义看作行为之准则或法规,那是它与经济学的第二关联。

(1)抽象的经济学原理,有一大部分是由自由竞争及政府不干涉的假定出发。这种假定,实在可以说,占有过去〔一〕百四十年经济理论发展上的中心地位;其所以如此的,那有两种理由。第一种理由是:推理的一般原则,最初顶好是采取极简单的事例。如其我们能够正确的决定经济自由状态下,会发生些什么情形,我们就更其能够好好讨论到比较复杂的事例,并评定各种干涉所生的影响。第二种理由是:在近代的经济社会中,放任主义在实际上,已经成了一般的准则。所以,与那由同样简单的假定,所得的任何结论比较,基于不干涉的假定的结论,就与近代产业的实际状况,更为适合。

可是,除此以外,经济学与那看作推理基础之放任主义间,就没有什么根本必要的关联。有些经济学者承认:某种社会状态(实在的或可能的)下的产业状况,与近代产业状况,极不相同,其不同的程度,致令以不干涉的假定为基础的结论,简直不能适用到那种社会。加之,就近代经济现象本身而论,我们归根结底的,总必得要讨论到一些比较复杂的问题,在那些问题中,对于澈底竞争所加的种种干涉,那都是要顾到的。因此,放任主义这假定,仅只做了一个初步工作;借着它的帮助,我们只横过了经济推理过程所掩覆的领域的一个部分。

稍加考虑,我们就知道:说经济学常以政府不干涉为前提,未免远于事实。经济学研究输出税输入税的影响,研究奖励金的影响,且研究国营独占(State-created monopoly)——如在孟加拉之鸦片独占——的影响。它并企图决定,国家保证之救贫法,所及于工资的影响。几乎在一切近代的通货讨论——例如复本位币制,或兑换纸币之调节——上,全部论据,都不是基于放任主义的假定,却反而是基于通货多少受政府统制的假定。总之,政府干涉成为一显著的动因,经济学者就得承认并研究这动因所生的影响。并且,未来的时候,如其政府在经济方面所扮演的任务加大了,那么,现行的经济学,将不免要顾到那种事实。

在社会之社会主义的状态,与经济的状态之间,往往被人划有一个鸿沟;但是,当那区别这么表现着的时候,“经济的”这语辞的使用,原非含有经济学者们自己所赋与的那种意义。在纯粹共产的社会中,许多关于生产交换的普通经济理论,都会变成枘凿不入,或者全不适用,那是真的。可是,那种社会的人们的经济行为,虽不免被统制着,向着一定方面,但并不是全然没有那种行为存在;所以,经济现象之科学的研究,依旧有其必要。比如,资本的动用,以资本与劳力合作的样式,仍需要说明。生产费仍要分析,我们仍当有增加并缩减报酬的现象。实在的说,我们且有地租的现象,即在较有利条件下与在较不利条件下,生产费是有差别的。

况且,社会主义(与纯粹共产主义不同)的计划,并不一定要完全废除自由交换。从而，在那种计划下，一种交换的理论，仍是必要的。而且，除非我们社会主义的社会，与其他一切社会断绝来往，对于那极形复杂的外国贸易与国际交换的问题，仍不能不加以讨论。

最后，我们可以这么断定：如果说有些旧经济现象，不免归于废弃，新起的经济现象，仍需要科学的研究。

我们现行的经济学，是特别指定来说明当前的经济秩序；将来这种科学形态，又假设是特别指定来说明社会主义社会的现象，此两者间，既会形成这样一种对照，那么，设想社会主义的胜利，就等于当作一种科学看的经济学的消灭，分明是大错特错。

(2)我们现在可以讨论到经济学，与看作一种行为准则的放任主义的关联。这个问题，和我们适才讨论过的问题，判然各别。因为，显明的，我们可以一方面，存心要把放任主义称为一种实际原理，而探究其结果；又可以另一方面，慨叹政府干涉常常发生，承认政府干涉之经济效果的研究为必要。

然而上述两问题，往往被混作一谈；因为放任主义是一种共同经济的论据，所以就常被假定为一种必要的经济规条。这种思想上的含混，曾经为历来有力的经济学者所促成，他们关于实际的经济论著，都明白的鼓吹贸易与产业不干涉的一般的政策。由是，经济学乃被视为关于财富之一般的立法术，为符合这种观念，大家遂公认缩减政府干涉至最低限度的一种特殊政策；而自然的自由——即人人应在自己认为最好的场合，自由使用其头脑，其体力，乃至其财产——之准则，就常被认为是基本的经济公理。

这样，经济学就转形为一种独断的教条了，这门学问本身的价值，乃由同意这教条的程度而测定。经济学与不干涉原理之一致，竟是那样普通，凡属向前者的明白攻击，在分析上，大体几乎都可还元为向后者的攻击。这实例，可参证哈其生·斯体林博士(Dr. Hutchison Stirling)，在其所著《黑智儿之秘密》[1]中的猛烈泼骂。又，当人们谈及经济学，将全被排斥，并成为陈迹时，他们总之所指，就是说，放任主义将不成其为一种公认的准则。但我们一加考虑，这分明是妄诞无稽；因为经济学为一事，经济

① 第二卷，第569页。又可参照卡莱尔(Carlyle)对于经济学所加的各种攻击。

学上的特殊制度为又一事。某种特殊制度被排斥,那不过是使其他的制度,有起而代之的必要罢了。

经济学如被视为一种实证的科学,显明的,放任主义也好,其他的行为准则也好,当然都不是经济学教义的不可缺少的部分。由是,个人主义经济学者所主张之放任主义政策,虽会植基在他们对于经济真理的说明上,终归是属于应用经济学。前面讲过:主导的英国经济学者,关于实际经济的论著,大概都是赞成放任主义。可是,我们进一步的观察,就会发现:他们在拥护那种原则上,总不免伴有一些限制与例外。他们并未视那为一种不易不变的定式,为最后借以测验一切特殊计划的定式,他们不过说,那是一种实际的断案,其效力在每一场合,都是取决于特殊的环境[①]。

例如,亚当·斯密主张,除了维持国防及司法行政的必要公共设施外,还认定政府的义务,应维持某种便利商业,增进教育的设施。他说:"君主或国家之第三的或最后的义务,在创建并维持那些公共设施,与公共土木工事;对于一大社会,这类设施和工事,虽有颇大的利益,然就其性质而论,其利润究不能补偿任何个人,或少数个人的出费;因此,这类公共设施的创建与维持,就不能期望任何个人,或少数个人了。"此外,他更承认自由贸易政策上的例外;他明白表示:在某种场合,有对于国内产业保护之必要;在其他场合,则可正当的加以考虑:看"继续免税输入某种外国货物,至何种程度才是适当",或者,"恢复中断了若干时候以后的免税输入,究至何种程度,或取什么方式,才是适当"。不但如此,他还有辩解干涉的其他实例。他说:"在某几种职业上,强制主人付其劳动者以货币,而不付以货物的法律,那是十分公正而平等的。"又,他一方面虽承认:任何影响一国纸币发行的规定,即可视为"若干方面之自然的自由之破坏",然而对于某种的规定,他却又根据那种理由来辩解,即,"少数个人危险全社会安全之自然的自由努力,那是为,或者,那应为一切政府的法律所限制,

① 凯因斯说:"我们要记着:放任主义是一种实践的法规,不是一种科学的原理。这法规,大体上虽亦稳妥,但如其他大部分稳妥的法规一样,不免有许多例外。要之,一种规律,随时都不要用以妨碍那关于社会改良,或产业改良上之有益计划的明白讨论。"(《经济论文集》第 251 页)

无论那政府是极自由的，抑是极专制的。”①

论到马尔萨斯，我们知道他是主导的英国经济学中的《谷物法》拥护者。李嘉图对于国家之经济功能，实在很少谈到。可是，通常被视为李嘉图后继者中最拘谨的马克劳克（Mc Culloch），却明白主张政府在某种方面的干涉；而约翰·穆勒对于放任主义规则，所列举的许多例外，那是早为人所知道的。至若最近的著者，他们对于经济学与不干涉原则间的那种根本而必要的关联，更少辩护。在目前，某有力学派的一位著名经济学者，且公然排斥这种原则。就说那些在经济学研究上，找到了反对保护政策，并反对社会主义立法的最有力论据的学者吧，他们仍旧没有想到，在工商业上树立一个无限制的自由政策，来作为经济正统的一个试验。

二、视经济学为一种术而论究其范围

视为一种术的经济学之范围的决定，当不免有些困难，这，我们在前章已经简单的解说过。在本注释里面，我还想加以较详细的讨论。讨论这个问题，我们会发生两种疑问，第一，这种术所期待的福利的范围；第二，企图达到之理想的确切的性质。

（1）关于上述第一点，我们会问到：那种经济术的目的，为个人的，抑为社会的；为国民的，抑为世界的。

（甲）不论个人也好，社会也好，都会为他们自己的利益，转向经济科学的研究。独占者会由独占价值（Monopoly value）的讨论，得到实际的指导；制造者会由生产过剩和产业不况的讨论，得到实际的指导；银行业者会由定期危机情形的研究，得到实际的指导；而职工组合者，则会由那有利于罢工胜利情形的研究，得到实际的指导。因此，我们也许可以承认经济术有一个部门所关涉的原则，为私人追求自身经济利益所遵循。此外，还有如银行术一类的专门术（Technical arts），此等术，在某种程度，乃基于经济科学，但其目的不能说是社会的。

---

①　论及亚当·斯密对于放任主义的态度，可参照希维克（Sidgwick）著：《经济学之范围与方法》第5～7页。希维克博士说：“如近代若干德国著者想要做的，把个人有绝对产业独立之自然权利之独断理论，归于亚当·斯密，就无异从一个人的内心意识，来构成经济原理之历史。”还可参照尼却尔生教授（Prof Nicholson）之《国富论》版本，《序论》第14～18页及洛（Rae）之《当代社会主义》一八九一年版第353～359页。

然而经济学上之术，所企图达到的结果，不仅是从任何一定个人的观点出发，且是从社会全体的观点出发，这一点，为主张承认这种术的学者所一般公认的。因之，这一种术，就不得视为致富之术，投机之术，投资之术，或者，一个生产者，要如何组织并进行其业务，始能在可能范围内，获有最大利润之术。换言之，经济学上之术，不是与经济科学之全体实际应用相一致。①

（乙）假定经济术的目的，为社会的，而非个人的，那么，这里就会进一步问到，那种目的，究竟单是为了国民的繁荣与国民的伟大，抑是为了全体人类。关于这一点，李士特（List）曾在政治经济与世界经济（Political economy and cosmopolitical economy）之间，暗示有一种区别。他以为前者仅“在研究，某一定国民，如何能依农业，工业，商业，而获得（在世界现状下）繁荣，文明与权力”，后者则“在研究全人类要怎样才可达到繁荣之境”。②

真的，在这里所说的两种术的规训间，似乎不会常有冲突的事件。但是，如其说真正的冲突不能发生，那我们就得注意关于人口移入移出的问题，并关于输入税输出税的问题。约翰·穆勒曾指出，一国因输出税的课加，致牺牲他国而获利的事，那是可能的。中国与印度间的鸦片贸易，即可提供一个实例，因为在那种贸易中，一国由实际课加输出税，而从外国人抽得了一大宗收入。穆勒又曾就世界的观点说：“不过，我们之所得，即为旁人之所失，那是一定的，而且其中还有征收的费用；如其国际道德，正当的被理解了，被遵循了，这类反乎普遍福利的税收，就不会存在。”③论到限制

---

① 这里会引起一个小小的问题，即，在经济术之目的为“社会的”限内，那是否全与立法相关。拿裴里耶（M. de Laveleye）定义经济学，为决定“人们应采取什么法律，才会以最少努力，获有那满足其欲望的最多有用物财；才会公平的分配那物财，合理的消费那物财。”（《经济学要义》，第二节）这里所注意的经济实践部门，分明最关重要；而且，对于那可称为理财之术，与产业立法之术，亦有分别认识的理由。就前者而言，那包括有赋税与国债的一般原则的研究，就后者而言，那是研究国家应在何种程度，并依何种方式，去规制商业工业。然而经济学上之术，通常则认为较这任一方面有更广的范围。比如，那可在私人施予的事实上，要求为社会利益，而定立指导个人的准则；那可在比较公平分配财富的目标上，主张自动选择合作原则或利润分享；或者，在承认其有高尚道德功能的认识上，企图以各种方法，范围个人的经济行为，使其与稳健的经济的道德一致，并确保其产业生活上之正当习惯的尊严。

② 见《国民经济学体系》，萨姆普生·洛伊德（Sampson Lloyd）之英释本，第119页。除李士特外，其他经济学者（包括有与李士特不同的自由贸易经济学者）都承认：议论自由贸易与保护贸易的一般问题，须因所取观点为国民的，抑为世界的，而略异其趣。

③ 见《经济学上之未决诸问题》，第25页。

机械输出的问题，穆勒认为，即使一国依这种手段，可谋一己之利，但依据国际道德上的理由，他仍觉那种政策之失当。他说："一切国家共同的利益，显明的，应该是各个国都不作减少商业世界之集合财富的种种打算，虽然每个国得借种种打算，由那较小的全额中，抽取一较大的分额。"①

这样的冲突，既然不时有发生之可能，经济术的解释者，就不能不弄清观点，看那种术的目的，实是什么。关于这问题最明显的解决，恐怕就是承认李士特所暗示的那种区别，即世界经济之术与国民经济之术。要适合于各国特殊的环境，前者的规训，常须加以修正，但以其关怀于最大多数的福利，而无关于国民性，所以可说是世界的。至若后者的规训，那就是苦心孤诣的，看如何牺牲他国的利益，如果考虑起来，本国特别与这他国的利益相冲突。

(2)关于被看作一种术的经济学的范围，还有一个比较根本的问题，这问题，就是那种术所企图达到的理想的性质。(甲)那仅在指出最有利于财富生产，财富蓄积的法律，制度，及经济习惯么？或者是(乙)进一步研究用什么手段，才可达到一种理想而公平的财富分配么？又或者是(丙)更进一步加大范围，并间到，如何才得以最丰满最广泛意义上之一般福利的观点，来形成国家与个人之一切经济活动么？最后这一点，就可代表德国经济学间的通行的见解。②

---

① 见《经济学上之未决诸问题》，第31页。

② 这里所述三种研究之第一项，有时称为经济的政治学(Economic politics)，第三项，则称为社会的政治学(Social politics)。参照皮耳生(Pierson)著《经济学原理》，导论，第一节。依皮耳生博士自己的意见，经济学与社会的政治学之间，虽可划一明确的境界线，但在经济学与经济的政治学之间，却不能划一明确的境界线。实在的，他曾定义经济学，"为教导我们，应注意什么法规，才可增进物资繁荣的科学。"至若他否认经济的政治学与经济学本身间的区别，就是根据这种主要理由，即，研究经济学的目的，乃在探知实践性质的种种问题，而经济的政治学之规训，则不过经济学(视为实证的科学)上诸结论之扼要的重述。同时，皮耳生博士又承认，经济学的规训，常常是有限制性质的。前章我曾部分的反对经济学与社会的政治学之一致，在那种议论的限内，我们赞同皮耳生博士的意见。但是，他关于经济学范围的见解，从而，关于经济学与经济政治学为一致之见解，我们亦曾加以反对。加之，在若干场合，经济科学的则律，与所谓经济政治学的规训间之区别，虽不徒徒是直述法的申述与命令法的申述间的区别，可是在其他场合，理论的申述，却不容许直接转形为相当的命令语气。这一点，可适用于经济学上之最根本的诸原则，如决定市价与常价的法则，地租法则，决定货币价值的原则等等。哪怕就是关于一定赋税负担的研究吧，就一般而论，那所研究的结果，犹不能直接作为一种命令的根据。因此，经济学就似乎决计不当视为一种行为准则的体系了。

（甲）假若经济学上之术的目的，单在财富之增大的生产，那么，它的范围，就一定明确；而其结论所由准据的题材，亦完全是属于经济科学。可是，财富的生产，既然非社会组成法律，树立制度之唯一的或至上的目的，则那样一种经济术，就无从定立绝对的或决定的法规。那只能加以有限制的说法，只能说，在关于财富之增大的生产或蓄积的限内，那一类行为是应该采纳的。因此，在决定遵循经济学之假定的规训之前，必需论究它们，看在何种程度，与其他的社会目的一致，并在何种程度，满足正义的要求。凡在有冲突的地方，都必须诉之于若干其他的较高的根据。那根据，必须决定各组讨论，将在何种程度，隶属于其他诸组。

在经济学上，构成这样一种明确的术，其利益，似乎是可疑的。因为，经济科学本身既含有一切必要的知识，那就只要注意其原则之实际关系就够了，不必要系统的把那些原则变作规训。完全为了财富之增大的生产，而构成规训为一种明确的体系，那实在难免引起误解。实际上，关于经济学，就常有骇人听闻的误解，因为经济学，开始被视为与致富术（The art of making wealth）有最大限度的一致，往后则把那种术之必然假定的性质忘记了。用不着抗议经济规训不必就会遵行。因为政策的准则一旦形成，并宣称经济原理是直接实践的，则经济学者希求以增加财富为第一义的那种意见，就定要受到鼓励。但是，我们如其能够明白分辨：说经济原理本身是实证的，并说，当经济学表明法律制度如何影响财富之生产与蓄积时，其自身仍非依那种知识，构成何等行为准则，要不过即其研究的结果，贡献于立法者。社会改良家，让他们加以适当的权衡与考虑，这样，那误解的机会，才可减至最低限度。

（乙）按照希维克教授说来，“我们就可说，当作一种术的经济学，除了包含政府用费的筹供学说以外，尚包含如下的对象：（一）使生产对人口的比例，保持最大程度；（二）或按照公平的原则，或按照经济的（使全部生产物得尽其可能的成为有用）原理，而适当分配生产物于社会各员。”[①]经济术作如此观，实较以上所论为广泛。但这如非行之过远，即尚嫌不足。因为我们在这场合，已超越了最狭义的经济讨论的限界；但我们的定则，却在若干场合，依然是附有条件的。那不能说是绝对的，除非我们已经考虑

---

① 《经济学原理》一九〇一年版，第 397 页。

过了一切可以考虑的问题。在定立赋税及国家财政的定则时,我们不仅要注意公正的经济的目的,且须注意政治的社会的目的。关于自由贸易及保护贸易的定则,亦是这样。而要决定什么是财富之理想的分配,我们又不仅应该考虑分配与赏罚的关系,且须考虑分配方法将如何影响于社会幸福的各种要素。产业之个人主义的组织,为某一些作家所责斥,而其责斥之理由,即因竞争的奋斗,致生出一种反社会的精神。反之,产业之社会主义的组织,又为另一批作家所责斥,而其责斥之理由,即因其阻碍个人自由之实现及个人性格之发展。这两种论据,都无关于社会主义及个人主义对财富生产及财富分配所生的影响。

(丙)把经济学当作一种术,还有一种人以为,这种术的目的,在于指导国家及个人之经济活动,以期最完全的实现社会幸福。辛柏格教授,就代表德国主要学派及他自己的意见说,"经济学,不问是否能生产最大可能量的财富,只问人是如何生活,只问人的经济活动,能在如何程度上,履行生活之道德的目的,只问公道,人道,与道德之要求,得在如何程度上得到满足[1]。抱同一见解,代表美国所谓新经济学派的伊利教授(Professor Ely),即认经济学之理想,为各个人得尽其可能,最完全的发展一切人间的才能。"他往下又说,其目的是有一种这样的生产,一种这样的分配,使经济的财货,得在最高的实用程度上,使社会上一切人都能生存。"[2]这样的目的,乃是社会存立的最高目的,生出来的一切问题,都不从一个观点去考虑,而从各方面去考察。如是,定立下来的规律,就不复是有条件的,而是绝对的,至少就所讨论的特殊国家或文明状态说,那是绝对的。

一切学派的经济学家,如要完全解决社会目的的实际问题,大都会赞成以上那种说法。按照这种观念,经济学家的地位,就较他们只讨论纯理论或有条件的规条时所占的地位,更为重要了。但这样,岂不大大超过了经济学家所应做的事情吗?他要如此作,那他所需要的科学基础,就不单是经济学,而且是最广义的政治学社会学了。他还须解决社会道德的根本问题。订立绝对的法规,自不能仅仅根据唯一的理论科学。这是通例,

---

① 《政治经济学便览》第九节。

② 《经济科学讨论》第50页。

他自不能例外。

于是，我们又得到了前章所指示的结论了，即，要规制人类行为而定立绝对的法规之经济术，其限界并不确定，其性质亦大部分是“非经济的”。

第三章　论经济学——被认为是一种实证科学——的性质与定义

第一节　经济学与自然科学

因为物质的财富生产，大有赖于自然条件，于是有的人就要问：经济学是否在某种程度，具有自然科学的性质。但是，对于这个问题的回答，是否定的。经济学虽不免要顾虑到自然法则的作用，但那只是间接的相关联，而不曾以那些法则为其主题。比方说，定立或解说农业上的自然法则，矿业上的自然法则，或者制造业上的自然法则，那是机械学，化学，地质学，乃至农学的任务，而不是经济学所要做的。经济学与这些法则的关联，只是把它们中间的若干法则，定为前提或张本，使其成为自己推理——探寻它们在形成并限制人类经济行为上的影响——的基础。所以，哪怕被看作纯粹自然事实的土地收入递减法则吧，那在经济科学之本原的引论中，虽无疑要占一个非常的地位，但终难视为真正的经济法则。它的经济上的重要性，乃在于它对于使用在土地上的人类劳动的生产力，保有关系，在于它对于财富之分配与交换，有一种究局影响。如其经济学者关于农业所叙述的，比较其通常关于制造业所叙述的，更为详尽，那就是因为由此观点看去，上述那种法则，格外重要。

因此，经济学与自然科学的关联，简单的说，就是前者是根据后者而来的；经济学有时是以自然法则为前提，而决非以自然法则为结论。

惟其如此，当财富生产被称为经济科学之一大部门时，我们主要的，总会述及那所谓财富生产之社会的法则（即是，由分工，由对外贸易，由分配方法等等，作用于生产上的各种影响），而不大注意那帮助生产进行的诸种自然作用。财富生产之自然的要件，固须就其最广义的轮廓，加以概说；但是，对于各种工艺与职业的技能，却不是这种科学所要直接关说到的。况且，当经济学者承认那些影响人类经济效能的自然条件时，那些条件的直接效果，已由生理学及其他科学认为事实了；自然条件仅在间接影响或受影响于财富之社会事实的限内，经济科学自身才研究它。

把经济法则与纯粹自然法则对照起来，其区别乃存于一种事实中，那就是前者含有自发的人类行为[①]。我们有时论到竞争的动力，仿佛那在其本身作用上，是机械的自动的；但是如我们前面间或提到了的，实在不是这回事。比方，当我们说商品价格受决定于需要供给时，我们所指的供给，并不是现存的全量，而是商品所有者的出售量；这种意义上的供给（这种意义上的需要，亦复如此），乃受支配于人类的判断与意向，那是显明的。

第二节 经济学与心理学

为要把经济学与自然科学分开，所以经济学有时称之为道德的科学，有时又称之为社会的科学。在这两种称谓中，后者较为妥当。因为道德科学一语，一开始，就不免流于暧昧。这语辞有时用在广义的意义上，无疑的，包括有种种各别的科学，那些科学，是讨论人之主观性的，换言之，是讨论其有所感，有所思，且有所志的性能的。但是，把道德科学与伦理学混为一谈，则更属常见；所以说经济学即是道德科学，那就不免要掩蔽其实证的性质[②]。

不过，这上面所说的，还不算是经济学不当解作道德科学的唯一理由。关于人的科学，分有两个部类：一是纯粹关涉其个别性质的，一是主要关涉其社会性质的。经济学则隶属于后一部类。经济学所讨论的问题，有的——如像关于资本之功用的问题——在比较基本的形态上，会关联到各别的个人，那是真的；正惟其如此，本诸一个鲁滨孙（Robinson

---

① “种种自然法则，尽可视为与人类经济有关，但那不是经济法则。我们所谓经济法则，就是经济事实的法则。一种经济事实，不是自然的与物质的世界之现象，而是由于有智慧，兼有自由意志的人类，为满足其欲望，在某种方法上，自动的与自然现象协作的结果。”辛柏格著：《经济学便览》第十三节国民经济。

② 参照前章所述：经济学与伦理学的关系。

Crusoe)的行为,而疏解某种基本的经济原理,那就是可能的了。可是,当我们一跨越了这科学的门限,我们就不当视人类为孤立的,而必得把他们看为有结合的社会之成员,在那种社会中,除他们以外,还有旁人。实际经济生活之最显著特征,就是各别个人间之相互依存的关系,而我们讨论的经济学,根本就可说是关系经济生活的,经济生活,乃社会生活之一个特殊的方面。

因此,与其把经济学解作道德的或心理的科学,就宁当把它解作社会的科学。经济学之以心理学为前提,恰如其以自然科学为前提;在比较抽象的论究上,经济学者所主张的自然的出发点,就是对于种种动机的考虑,个人在他们经济关系上,是常常受这种动机的影响的。可是,这种科学,并不因为如此,就成了心理学的一个部门。人们在其他条件相等的场合,是愿多得而不愿少得的,在一定的条件下,是会为了将来的报酬而放弃现在的,诸如此类素朴的事实,都是有极大经济重要性之心理的事实。但是,这些事实,虽为经济学者所容受,却非由他所定立。经济学者对于这种种事实,不求解述或分析,也不要研究那些由它们所导出的结果。在严格意义上,经济法则是与上述诸心理事实不同的。它们不是关于人性之单纯的法则,而是由这关于人性之单纯法则,所导出的复杂社会事实的法则。这,我们可由凯因斯引述一个例证。他说:"地租是一个复杂的现象,这个现象之发生,乃当人类的利害关系与土地之现实的自然条件,相接触所引出的结果,而这种自然条件,乃与植物生产之生理性质相关联。经济学者不图解述土地性质所依存的自然法则,也不要分析地主与佃农之自利感情的本性,虽然这本性会支配他们之间的佃租条件。对于土地之自然法则,对于人类之自利本性,他只视为两种事实,加以确认,加以考虑,而无所用其解述与分析;换言之,他不以那些事实为题材,但以那为其推理的基础。假如他有进一步得到学理根据之必要,一定还可仰仗其他的科学:物理的事实,他可得自化学家或生理学家;心理的事实,更可得自心理学者或伦理学者"①。

经济学与心理学的关系,较之经济学与自然科学的关系,更为密切,那是无疑的;这一点,在上面引述的凯因斯的文句中,也许没有充分表达出

---

① 见《经济学之论理的方法》第37～38页。

来。但是,社会的(不是纯粹心理的)现象,构成经济学之题材的这事实,如其我们就一般公认的经济学著述,如像亚当·斯密之《国富论》加以观察,那就昭然若揭了。斯密对于许多财富的现象,都探源于人之心理构造,但他的目的,不在分析这心理构造,当我们把《国富论》与《道德情操论》对照起来,且说后者正可作为前者之补充时,我们往往没有十分记忆到这一点。

不错,约翰·穆勒之论经济学,惯用"道德的或心理的科学"这术语,并且,他进而定义经济学,为"关于财富生产与分配上之道德的或心理的法则之科学"①。但是,我们试看下面由穆勒自己在他《经济学原理》中定立的法则吧;他认为:地租无关于农产物之生产费;货币价值依存于其数量及流通速率;一种商品税,终会落到利润上。像这种种法则,纵令我们认定在结局上,都是基于一种心理的基础,但一定不应当把它们解作是道德的或心理的。

加之,如我们后面要论到的,在某种经济论究上,心理前提虽有其重要性,但若单由那基于人性之若干基本法则的演绎推理,必无从解述产业界之现象。经济学究竟对于什么目的,并在什么情形下,使用心理的材料,后面再说,这里须得提到的,只是根据那种材料的推理,应在各种方面,由那构成经济生活之复杂社会事实的直接观察,加以补充②。

---

① 见《经济学上之未决诸问题》第 129、133 页。

② 杰芬斯(Jevons)在他所著《经济学理学》中关于经济学的解述,似乎过于重视其心理的性质,过于小视其社会的性质,这是不妨提到的。他视经济学理论,为"效用与自利心之机械学"。(第 23 页)这种学问,"完全基于一种快乐与痛苦的打算;而经济学的目的,则在以最小的痛苦失费,尽量增大由快乐而获有的幸福。"(第 25 页)在以次若干页上,他曾进一步扩展这同一的观念。"快乐与痛苦,无疑是经济学的打算之究局的目的。以最少努力,使欲望得到最大满足——不欲的,费去最少;所欲的,获得最大——换言之,尽量增大快乐,那是经济学的问题。"(第 40 页)杰芬斯之苦乐计算的概念的究竟,就是一种效用理论,效用理论在经济上的重要性,是难得过分夸张的,并且,这种理论本身,亦不能构成经济学之中心理论。实在讲来,与其说这理论自身,为经济学的一个完全的部分,却毋宁视之为经济推理的主要张本或基础。若归之于应用心理学的一个部门,而加以快乐说的称号,那就似乎更其妥当了。同时,因其有经济上的重要性,经济学者如其发觉这种理论没有独立的完成,他就得为了自己的缘故,着手去成就它。因此,在经济的著述中,这就不期然而然的占有重要的地位。然而对于经济学,那终归是一个前提,而非究局的结论。杰芬斯在定立了他的效用理论以后,他自己更进而考察这理论,对于严格意义上之经济现象的应用。关于这些经济现象,他有非常详尽的解明,而他的《经济学理论》,就全体说来,很可视为是对于这已成科学之最有意义,最有价值的一种贡献。

第三节 经济学是一种社会科学不是一种政治科学

无论从哪种观点来看，经济学顶好是解作社会的科学；并且，如其在社会科学与政治科学间，划有一个分野，则我们应当不计及它的名称，把它归入前一范畴，而不使其属于后一范畴[①]。因为，经济学有时虽须注意政治的与法律的条件，但根本上是关涉于有社会关系的人，而不是关涉于有政治关系的人。换言之，只在经济学的某一些部门，我们所关涉的人，才有一国成员的特殊性质。诚如克尼斯(Knies)所说："经济学上的一个大的初步分界，必得是离却一切政治影响，而仅仅研究人类之社会的经济生活。"[②]在自由契约条件下的分配与交换的法则，可以提供我们一个例证。这些法则，虽不足以括尽经济学，但无论如何，它们在经济学上允有一个大的根本重要的经济地位。又，经济原理在若干场合，固然有关于特殊政治情形，可是它们更其常见的，是有关于产业组织之特殊阶段；这种产业组织，虽非完全离却政治影响，而大体上是与政治影响无关的。

上面所论，主要关涉于经济学上之实证科学。若论到经济学之实际方面，则其与政治学的关联，就更加密切。应用的经济学，大体上可以说是关系于集合体国家之经济活动，或者关系于受支配于国家之个人的经济活动的。可是，我们前面间尝论到，经济准则——其目的在求全社会的利益——亦可定立来指导个人离却外部拘束的活动[③]。

第四节 财富及经济活动的定义

照我们已经达到的结论，似乎很可对于这被看作实证科学的经济学，下个形式的界说；但是，在下界说以前，我们有简单讨论几个已经常常述

① 近时若干著作者不大称"政治经济学"(Political economy)，而宁愿称"经济学"(Economics)的，除了前面第二章第四节某项注释中提过的一种理由外，这又是一个理由。

② 见《历史观的经济学》一八八三版第3页。

③ 参照第二章之注释乙项。

到名辞之必要，那几个名辞，就是财富与经济活动。财富一辞，可以无大妨碍的，从不同的观点，加以略略不同的种种定义；并且，我们须得牢记，我们现在的目的，单在给予这样一个界说，即，这界说的广泛程度，要足够区别经济的论究，与有关其他人类利益的论究。因之，那些关涉于财富计量而发生的困难，我们就不必要论到了。

效用一语，可以定义为直接间接满足人类需求与欲望之力量；持有效用，为财富之一特征，关于此点，一切著作者的主张都是一致的。可是，从我们现在的观点看来，我们分明不能把财富与效用的一切根源，混为一谈，因为许多满足人类需求的手段，如像家庭的感情，交游的，荣誉善良心，文雅的嗜好等等，那从未括入经济学的范围，并且，这种种东西的生产与分配的法则，与经济学者实际上所讨论的法则，其间难有何等共通之点。因此，除了持有效用外，还须加上若干特征，如像存于人之本性，或者旁人对他之主观态度一类的效用根源，都可排出于财富范畴以外。这类追加的特征，可在有交换可能的性质上发觉出来。关于此点，我不是说，非经过实买实卖，即不得谓之财富。因为一件东西没有交换的对象，仍可说有交换的可能。哪怕在共产社会中，规准依旧可以适用。真的，我们对于那种社会，如加以特殊考较，也许那会更自然的表现于别种形态中，即，财富之根本特征，可说是那种得由政府命令分配的可能品性。不过，能够如此分配的效用根源，势将与那些在经济自由国度，得由购买而得到的效用根源，成为一致。总之，不论在哪种场合，个人的品性，以及情感与荣誉一类希求对象，都是在排除之列的。

因此，财富的定义，就可说是满足人类欲望之一切有交换可能的手段①。

---

① 对于财富的定义，玛先尔教授说是包括“有人身外的一切事物，那事物(1)是属于他，而非同样属于旁人，所以分明为他所有；并且(2)那有直接以货币测定之可能——这一种测定，一方面代表那事物成形所费的努力与牺牲，另一方面则是代表得由它们满足的欲望。”(《经济学原理》一八九五年版，第一卷，第 127 页。)这界说，颇与本书所定的界说相当。因为，一方面，要事物有交换的可能，必须它有被占有的可能；他方面，要事物有直接以货币测定的可能，交换的可能性，就是一项必需而充分的条件。再者，为了下界说的缘故，既可顺便置重交换可能性，那么，财富的其他特征，亦可在经济科学某部门，更被重视。比如，在生产部门上，基本的意念，就是财富为劳动与牺牲的结果。在分配部门上，所有的权利，便须得到更明显的承认。参照尼可孙教授在 Encyclopaedia Britannica 中所草《财富论》一文。

根据这个界说，财富范畴中就包括有：第一，可欲的，有占有可能的物质商品，如食物，书籍，房屋，机械等是；第二，使用，领受，或在其他方法上由物质货品获有利益的权利与机会，如抵押，债款，公私公司的股本，专卖执照与著作版权，图书馆及美术陈列室之许可证等是；第三，不能有何等物质生产之个人的勤务。如由优伶，兵士，家仆，律师，医生等所从事的勤务是；第四，个人在一定时期内，指挥或统治他人勤务之权利。

论到勤务，我们应当注意一点，即，蒙受其赐的利益，虽然多少可以持久，但在它们本身，却仅是一个暂时的现象。不过，它们都不失为劳动的产物；他们得成为交换的对象，且具有交换的价值①。所以，凡属关涉到物质财富的问题，也同样会发生于勤务这种事体上；从而，由我们现在的观点看去，勤务正当括入财富的范围②。

---

① 当一种物质商品被卖掉了，或被弃置了，它的所有权，就要由一个人移转到另一个人。可是，当一种勤务被完成时，却不能有什么由一个人所有，转为另一人所有；因此，勤务交换的可能性，就曾被人否定了。但是，设想所有权的更动，就是交换所由形成，或者，于交换为必要，那却是一种错误。一方面，物质货品，是可以无偿的变其所有权的；而在他方面，当甲授与乙以某种利益时，想到了乙会授与他以其他的某种特殊利益，在乙亦然，那在这场合，我们其实就有了交换的一切必要条件。任一种利益的授与，都可存于某种物质货品的所有中；但那也可以存于一种成就了的勤务中；勤务在一方面是努力的支出，而同时在他方面则伴有现实的或拟想的需要之满足。因此，说一种勤务，可用以交换他种勤务，或交换物质商品，那是十分正确的；并且，说勤务有其交换价值，那亦是十分正确的。

② 有人以为，能够蓄积，乃是财富这观念的必要属性，并且，当我们说勤务无异财富时，那与通常的说法，当然有些不同。在某种关联上，凡属不能够蓄积的东西，都可置诸财富的计量之外，这一点，也正是事实。但在另一方面，如希维克博士所说："在一国居民总收入的通常计量上，直接有用的——或说可以说，能够消费的——勤务，普通都加在里面：因为这种勤务既被算作收入，又当作收入支付，所以，我们如果把成就勤务者与领受勤务者的名目收入，即以货币计量的收入，加算起来（如果总实在收入，扩展到把勤务包括在内），结果，就只是代表一国总实在收入。"（《经济学原理》一九〇一年版，第 88 页。）下面的文句，是从特别专门研究经济问题的有名杂志中录出的；那段话，可以提供一个佐证，证明若由能消费的财富范畴中，省去勤务，将失之正确。"试一检查财富的分配，我们所得的最强印象，就是在理论上可利用以救济显明的不平等的那一部分的微小。因为有钱人自己实际消费的，不过一小部分，故实际能由有钱人本身取出的财富，也仅是一小部分。至若其他的大部分，那虽说是属于他的，要不过由他指示消费或使用的式样而已。为照料厅堂，看护马匹，培养花卉，他直接维持了一批拥人，这些人，虽然可以用在较有用的用途上，但现在却是以他的财富来维持。因此，他的全部收入，将近是直接间接为劳动花费了，要把他那收入取去，那就等于说是整个仪具之一般的倒置。"这一段文字，即令在现实上不是大错特错，至少是极不可靠的。富人除了物质财富的消费外，还享受了种种色色的勤务，那在其他情形下，是可以比较公平分配于社会的。

就上面的界说而论，个人种种的才能与造诣，亦当排出于财富的范畴，这一点，是值得注意的，因为，才能与造诣本身，不能成为交换的对象。不错，我们有时也说：为某人技术的使用，而以及报价；但在实际，那报价，是为了他那借助技术而成就的勤务。至若在一定时期内，指挥其他任何人之勤务的权利，如前面指出的，当括入财富的范围。

从全体上说来，人类品性与才力之排出于财富的范畴，那是依照科学上的便宜，也同样依照普通思想与普通言说；如克拉克教授（Prof. J. B. Clark）所说：在有能力的人与有钱财的人之间，在人是什么与人有什么之间，显然有区别[①]。同时，在劳动之终局结果，为生产物质商品，或成就有用勤务的限内，我们承认那为获得技术而费去的劳动；即是间接的财富生产，那亦是重要的，这样，为获得优伶技术而费去的劳动，为获得医师技术而费去的劳动，正如为获得木匠或鞋匠的技术，而费去的劳动一样，通是生产的。此外，在一国生产资源的任何正确的估计上，其居民之生成的才能与习得的才能，总可以占一个极关重要的地位。

尤有进者，姑无论如上面的界说，把财富限制于效用之有交换可能的根源也好，或者在较广的意义上，依人的财富的名色，把财富用来包括一切才能——即使人成为可交换财富之有效生产者的那些才能——也好，这种问题，实际上不致影响经济学的范围。因为，纵然我们选定前一界说，这所谓人的财富，不直接构成经济学题材的一部分，那在讨论上，仍不失为一个财富的源泉，并且，这财富源泉，仍须认为是有重要效果的经济因数。

财富的界说，既如上述，而经济活动一语，就可相当的定义为人类的活动，这活动，自行导向那满足人类需求且能成为交换对象之手段的生产与占有。一个社会的经济生活，就是由该社会中之成员的经济活动所构成，他们的活动，或者是各别进行，或者是团结合作。经济一语，有时用来，与经济生活为同义，从而，国民经济就说是一整个国民的经济生活。我们须得注意，文明愈进步，个人为满足其需求，而对于社会的依存性，乃愈加大；经济生活亦因之日即于复杂。换言之，社会进步，产业组织及产业功能的分配，乃渐趋复杂错综，而造端于人类经济活动之现象，遂愈益异其性质。

---

① 见《财富的哲学》第6～7页。

第五节 经济学的定义

被视为一种实证科学的经济学,往往简单的定义为财富现象之学。这个界说,简单而扼要。但是,对于这门学问下界说,如努力明白指出:那主要不是关涉于物理的,心理的,或政治的现象,而是要论到那根源于人类在他们相互社会关系上的种种活动的现象,那一来,却似乎由几分好处。

为要把这层弄明白,经济学就可定义为:讨论人类社会经济活动的现象的科学。

可是,这种界说也好,或其他的界说也好,都不能说,它本身能够充分显示经济学的性质,而没有一点含糊。所以,论到经济学的范围,以及经济学与其他诸种论究的关系,一种拟想的定则,总不免要惹起种种的解释,这些解释,有的是前面已经提过的,有的是往后要说及的。我们可以说,如同对于其他大部分的界说一样,对于经济学界说,其讨论,较之最后选定的特殊定则,更为重要。

第三章之注释

论经济现象之相互依存性

经济学所关涉到的现象,通常分类为财富之生产,分配,交换与消费这几个项目。可是,这各部门明确的区分,不当视为是绝对的,或者本质的。分类的目的,乃是为了说明的便利;诸种经济现象之间,存有作用及反作用,我们要满意而且完满的讨论这任一部门,同时不关涉到其他诸部门,那是不可能的。

试以生产与消费为例来说吧。显明的,人们惯习的消费,决定他们所生产的财富的种类;并且,如在生产的消费,与不生产的消费间所指明的,财富消费的样式,实质的影响财富生产的数量。至若财富生产在种类上,数量上,均为其分配所影响的事,那虽不是十分显明,却是同样真实。假若财富比较公平的分配，则巨富所消费的奢侈品，在一切盖然的限度内也许完全不会生产出来，或者，无论如何，亦不致以同一程度而生产。又，假若财富比较公平的分配，那么，在一切盖然的限度内，前此社会上报酬最坏的阶级的平均效率，将因他们吃得较好，穿得较好，住得较好，或者因其两亲为他们准备的教育与训练较好，而有所增加；在另一方面，他们愿意劳作的时间，却会因以减少。因此，财富的生产数量，势将如此的受影响于分配的变动，在实际上，这似乎是一定的；虽然我们不能预先说定：那影响究在哪种方面占着优势。

论到生产与交换的关联，我们知道，分工之事既行，前者就要在种种方式上包含着后者。比如就银行业者，证券买卖者，批发商，零售商说吧，他们的功用，明明是在单纯而完全的便利财富的交换，但在助成财富的生产上，他们都扮演了一个角色，而且有时还是重要的角色呢！没有诸种方式的交换，生产能够进行的途径，当然颇为有限；并且，严格说来，非商品已经发现了转达到愿意消费它们的人手中的途径，生产工作不能算是完全[①]。在交换与消费的场合，其关联将更较密切；因为交换的比率，根本就是受支配于需要法则，而这需要法则，又是直接受支配于消费法则。

分配与交换间的关联，可以从较多的观点来讨论。如其要问：财富的分配，究是如何受近代产业状况的影响，则其回答，分明可以说是借着交换。诚如一位学者所说："交换率的调节，综合起来，构成了分配的过程。"[②]我们甚至可以更进一步的主张：在个人主义的社会中，分配理论本身，就可直接还原为交换价值的理论。社会纯生产物配分的每个分额，即是对于领受这分额者所提供之某种勤务或效用所付的代价。因此，工资就可视为劳动之交换价值，利息可视为资本使用之交换价值，地租为土地使用之交换价值[③]。

---

① 约翰·穆勒在资本项下，讨论生产，而居然引论到那或许可以避免的分配问题。在他关于资本的根本命题中，尤其是在他那颇带有批评性质，谓对于商品的需要，不就是对于劳动的需要的命题中，他的结论的真理，有一部分就是基于资本与劳动/完全易变性的假定。可是，这样一个主题，明白讨论，只有和分配问题联在一起，那在穆勒著作中是以后许久才论到的。穆勒《论资本》的诸章，所以被许多读者认为困难，以致感到不满的，这或许是一个理由。

② 克拉克著：《财富的哲学》第 64 页。

③ 参照希维克教授著：《经济学原理》一九〇一年版，第 176 页。

从另一观点来说：物质商品之交换价值理论，乃受支配于分配的理论。如克里福·列斯勒所主张的，无论如何，生产费的理论，包含有工资与利润之全部理论；因为，除非我们已经决定了一种正常工资的法则，与正常利润的法则，生产费的原理，就没有意义。

因此，分配与交换理论之不能分开，且不能因任何目的而分别讨论，那是明明白白的。

关于经济现象之相互依存性，我们可以简单论到一种争论，这争论，就是说：财富的消费，是应该，或者不应该视为经济学上的一个确定的部门[①]。这种问题，与其说是关于经济学范围之意见的实际分歧，倒不如说那大体上是为了配列的便利。

下面的种种题目，是各经济学者，在财富消费项目上，讨论过了的，这些题目，都算是关于经济消费性质的一种分析：效用理论，及效用与价值的关系[②]；各种消费间的区别，特别是生产的消费与不生产的消费间之区别[③]；

---

① 这里应当注意一点：经济学者所谓财富的消费，并不一定含有财富破毁的意味。我们可以说：经济学上的财富消费，就是财富的利用，对于这利用，破毁可以说是偶然的，或者不是偶然的。所以，就经济的意义而论，当宝石被用作装饰品时，那已是在消费的过程上；我们住的房屋是如此，我们壁上悬挂的图画亦是如此。无人居住的房屋，或卷藏在盾物房中的图画，决不会比那经过合理"消费"的房屋或图书，保存得更为长久。参照西尼耳著：《经济学》第 54 页；及倭克尔(Walker)著：《经济学》第三二八节。西尼耳说："假若使用(To use)一语，能够代替消费(To consume)，那在经济学用语上，就算是一种改良。"

② 参照杰芬斯著：《经济学理论》。据瓦尔克(General Walker)的意见，许多近代著述，想把消费全部门实行除去的倾向，那"是关于经济问题之数学的讨论的迷惑，并且是想使经济学成为一种确实科学的野心"。(《经济学原理》第 298 页)在我，这种意见，难得认为正确，因为，我们就杰芬斯来说，杰芬斯对于经济学之数学性质的主张，比较其他经济学者尤为坚决，他那最有特质的原理，分明是基于效用理论，而这理论在他看来，却正是消费理论。其实，他还明白说过："经济学的理论，须得以正确的消费理论开始。"(《经济学理论》，一八七一年版，第 43 页)此外，他还宣称消费原理，为经济学上的一个最重要的部门；英国经济学者几乎都把这种原理弄错了，他认为那是莫名其妙，而且十分离奇(见《两周时报》二六卷，第 625 页)。洛森讷(Lausanne)之瓦拉斯教授，他是又一个代表的数学经济学者，他之立论，实与杰芬斯全然一样。那含有一种消费理论之需要满足的考虑，就是他的交换原理的基础。见他所著：《纯粹经济学要义》。

③ 参照萨伊著：《经济学》；杰姆斯·穆勒著：《经济学要义》；马克劳克著：《经济学原理》；罗夏尔著：《国民经济学原理》；拿斐里耶(E. de Laveleye)著：《经济学要义》；勒洛·波略(Leroy-Beaulieu)著：《经济学要义》；勒克西斯(Lexis)之《国民经济消费》，载在辛柏格之《经济学便览》中。

各种消费的结果,特别是奢侈品的结果[①];节约政策,以及其他企图节制消费的政策[②];商业不况的原因,以及一般生产过剩之不可能[③];保险及保险之经济上的利益[④];政府的支出与赋税理论[⑤];人口原理,特别是经济需要的生存,以及影响人口增加之安适的标准[⑥]。

上述诸题目中,有一大部分可以十分自然的,归属在经济学上的其他部门讨论,那是容易看出的,而在实际,那些未明白承认讨论财富之消费

---

① 参照马克劳克,罗夏尔,拿斐里耶,勒洛,洛略,勒克西斯各著。马克劳克之论财富消费,偶然的,然而是明白的,提到了那为经济学者所忽略了的一点,那就是:一种奢侈品的嗜好,对于生产的财富量,不会减少,只有增加。"在顺利的境况下,徒是获得需要品,那只须少少的劳动;没有获取安适品之欲望的未开化部族,都是以懒惰贫乏著称,一逢到凶年,即遭受异常的艰苦。要使人勤劳——使其在草昧的或退化的状况下,除去那麻痹能力的昏睡神情,必须有一种对于安适品,奢侈品,享乐品的嗜好来兴奋他们。"(《经济学原理》第493页)克里福·列斯勒关于这同一意见,就表述得有点过火了,他说:不生产的支出与消费,"结局都是对于生产的刺激,并且,没有显著奢华支出的习惯,一国国民将陷于穷乏。"(《论文集》一八八八年版,第170页)人们首先为要可以生活,方始生产;而在有效的工作状况下,供养劳动者的消费,通常并不说是不生产的。考洛(Cournot)曾表示(见《财富学之原论》第三节):我们能意想到一种社会状态,在那状态中,没有什么严格的不生产的消费;因为动物每种嗜欲的满足,或则保持其健康,或则增加其体力,或则延续其生存,或则繁殖其种属。倭克尔讨论消费时,曾曝露所谓徒徒破毁财富,可在若干方法上增加生产的妄论。这妄论,可以视为一种真实理论的附添的错误,而这真实理论,就是指着:在某种情形下,一种奢侈品的嗜好,与对于安适的高的标准,势必增加生产的效率。

② 参照马克劳克,罗夏尔,及勒克西斯之诸著。勒克西斯教授曾论到若干商品(如炭,石油,水银)供给成为枯竭的危险,并论到,为保护后代利益计,应依某种方法,限制其消费的政策。此外,他更论到:由气候上的,卫生上的,道德上的考虑,去干涉消费,即,限制森林之破坏;规制劳动阶级之家常用品,限制火酒之消费。

③ 参照杰姆斯·穆勒,罗夏尔,勒克西斯及瓦尔克之诸著。这个题目,放在消费项下讨论,乃是因为这有关于生产与消费间的平衡,勒克西斯教授曾论及商业危机之可能的救济与和缓,那种救济,就是主要为失业者预备工作,并移民国外的由国家担当的种种事业。

④ 参照罗夏尔及拿斐里耶之著作。

⑤ 萨伊,杰姆斯·穆勒,拿斐里耶及其他著作者都把这个题目,放在财富之消费项下讨论,他们的理由是:赋税为一种手段,因而是备供政府消费的。

⑥ 参照倭克尔《经济学》第五篇;及勒洛·波略之《经济学要义》,第四篇,第三章。这里应当注意一点,哪怕是承认消费有一种确定原理的经济学者,对于什么问题应当括入这一部门的意见,仍不能完全一致。例如,就人口理论而言,倭克尔说是与此有关,杰姆斯·穆勒却归属在分配项之下,马克劳克更归属在生产项下,同时罗夏尔则以此为生产,流通,分配,消费以外的,经济学上的第五个部门。加之,关于商业不况与赋税讨论的地位,学者们仍是异说纷挐;而杰芬斯与瓦拉斯之消费理论,则又与上述各著作者颇不相同了。

的经济学者，却正是如此的类属这些题目。比如：生产的消费与不生产的消费间的区别，以及各种消费形式在生产上的影响，归在生产部门本身讨论，那并没有什么不当；同时，(现实的或假现的)生产过剩的现象，却不妨与交换理论一块讨论，因为只有在一种交换的制度之下，这种现象才能够发生；再，赋税的负担，直接与财富分配之现象与法则有关；并且，赋税理论除却各种赋税影响生产的部分外，其余的，与其归属于经济学上之实证科学(单有这，是我们在此要讨论的)，倒毋宁归属于应用经济学。这最后的见解，还可适用于节约法则的讨论，且适用于消费应以何种程度，或在何种方面增加的一切论究。至若保险，那分明可以视为一个分配的问题。更就人口理论说吧，因为劳动为生产要素之一，所以人口增加法则，可以和生产归在一起讨论；又因为人口理论与依着劳动供给，而规制工资正常率之法则相关系，故又可归入分配理论，一起讨论。如我们后面要论到的，效用的理论，原占有一个非常的地位；可是，那与交换法则的决定，是有密切关联的。

这里所存的真理，就是，生产，分配，交换，消费各现象间，都有其相互的作用及反作用，假若这些事实之任一部类没有独立讨论到，则它与其他诸部类的关联，就非多多讨论不可。因此，关于消费的一切命题，应当自行配列起来，抑是应当与其他有关的题目，合在一起讨论，那在某种限度，不过是说明上方便的问题罢了①。

总之，被杰姆斯·穆勒及其他学者归属在消费项下讨论的，如生产的消费与不生产的消费间之区别，如生产过剩的现象，如赋税原则等等，都可十分自然而且方便的归入经济科学的其他部门。若杰芬斯所讨论的效

① 所以，希维克博士一方面明白承认那些关于消费之若干命题的根本重要性，同时却设想，在他自己的那种论文中，与其把这些命题结合在另一个项目下，倒不如把它们引到生产，分配与交换的问题讨论中，还要比较方便些。(《经济学原理》，一九〇一年版，第 34 页)约翰·穆勒(《经济学上未决诸问题》，第 132 页，注释)与揭标里泽(Cherbuliez)(《经济科学要义》第 5 页)反对消费为一个特别讨论的题目，他们的议论，有点失之周慎。穆勒说："对于财富的消费，经济学除了视这方面的思考，与生产的思考，分配的思考，不能分开外，再也无所成就。我们不明白：任何财富消费的法则，可以成为一个明确的科学题目；它们不过是人类享乐的法则罢了。"揭标里泽说："财富消费在它自己唯一的重要形态上，是一种与财富生产不能分开的现象。不生产的消费，乃是财富对于需要的应用；我们生产，又正是为了需要。所以这无须进一步的讨论。当财富落到了不生产消费者手中时，经济活动就要从此中绝。"

用理论，那却是站在一个不同的立场。因为，那种理论，与赋税理论，人口理论等不同，它本身纯是关涉到财富之消费的；并且，它对于成为一种明确消费理论的要求，是比较有力得多。同时，根据我们关于杰芬斯之经济学描述，而已经简单指明过的理由，这种理论，与其视为完全的经济原理的一个门类，倒宁可视之经济科学之必要序论的部分。就前述经济活动的意义来讲，财富的消费，并不成其为一种经济活动，因为它本身就是一切经济活动的究竟与目的。为了可以消费，财富才被生产，被分配，被交换。人类需要的满足，乃是一种贯透的原动力。所以真的消费理论，就无异经济学的枢石。不过，这理论，要说它本身是一种经济法则，或者是与生产，分配，及交换法则等量齐观的法则，却倒不妨视之为经济学的一种根原的张本或前提。

第四章　论经济学对于一般社会学的关系

第一节　关于经济学与一般社会学间的关系，意见甚为纷歧

在更进一步讨论之前，对于经济学是否实在有资格，品列为一个明确的研究部门，那是有明白论到之必要的。关于此点，孔德及其后继者主张最力；他们那认为：财富现象与社会生活其他方面，密切关联，所以，想把经济科学与其他一般社会哲学分开的任何努力，终非失败不可。社会的现象，是一切现象之最为错综复杂的，并且，社会上之各种一般的方面，在科学上是整个的，不可分离的，想努力把社会之经济的或产业的分析，从其过去及现在之智的，道德的，政治的分析分开，那就未免悖理。依着科学的机巧，财富事实之某种方面，原无妨分别讨论，但是，说它们的研究，能够构成一个明确的科学，那是要被否认的①。

与上面这种见解针锋相对的，就是那些视经济学为一种独立的抽象科学的经济学者的见解；他们独立的讨论财富现象，且不以财富现象与其他社会现象有何关联。就前一见解而论，经济学对于社会学的关系，恰好是隶属的，或者宁说是被包括于社会学中的；就后一见解而论，那却又是绝对独立的。财富的事实，是就其本身研究，且由其本身研究，它们可以视为与其他社会现象没有关系。我们人，被看作是专于获得财富并消费财富的动物。

---

①　参照马丁努(Miss Martinean)所著：《孔德之实证哲学》第二卷，第51～54页；还可参照哈利生君(Mr. Frederic Harrison)题名为《凯因斯教授所论孔德与经济学》之论文，这论文载在一八七〇年七月之《两周评论》中。孔德的意见，最近在本邦经因格拉姆博士著论阐述，已获有新的优势，博士之论题为《经济学》，揭载于*Encyclopaedia Britannica*第九版(重刊为《经济学史》)。在他这部史中，对于从来英国经济学者讨论这门学问的方式，曾加以精密的攻击，他所达到的结论是：经济学不包摄并合在一般的社会学里面，将不复能被人认作是一门有效果的理论了。他说："唯一需要的事，不单是经济学的改造，而是经济学在一种社会的完全科学中的融合。"

在这两极端意见之间,存有一种真理。那可以呼为极端孤立论者的原理,乃是肯定经济学全体,只有某部门或某方面是真的,因之,这门科学,就成为不完全的了。反之,孔德的见解,又忽略了一件事实,即,无论那门学问,只有在适当限度内,才能借综合达到科学的透澈与正确。而且,经济学研究者,在他们有意把经济学包摄且并合在社会学中以前,他们要问到比较有明白定义的社会学的范围,并要知道社会学本身之比较明白定立了的根本原理,那是自然而且显明的。

我们所要努力表明的是:经济现象之研究,虽非关涉到那些作用于产业界之各种社会事实的影响,即不能完成,但承认那主要且只直接关涉经济现象的知识有一个明确的学问体系,那却是可能的,不错的。基于这种见解,经济学就可视为一般社会哲学的一个分门,与这相并的其他分门,就是法律学,政治组织学,以及宗教的,道德的,乃至智的发达之哲学;它许有专门独立的研究,如果说必然要系统的把经济现象的研究与人类生存其他诸方面的研究,联结在一起,却可予以否定。换句话说,经济学者,大可中道而行:不要假定其研究的全范围,为一种完全不实在的单纯,也不要因为疏忽了这在自然科学上必不可缺的专攻作用,而使自己失望的,为现实现象之复杂性所妨碍。

我们应当小心牢记一件事:在这一全章,一如在一下诸章,我们是把经济学看为一种实证科学。对于社会学,同样的,是被理解为一个理论的真理之集体,而非一个实际的准则之体系。我们承认,仅仅基于经济原由的实际议论,其本身罕有结断,但我们又承认,经济理论的孤立,亦不一定就有危险。这两个问题,往往彼此没有明白的分开。然而,那些极力主张一种分立的经济科学的人,会同样极力主张:单靠了经济考虑,而不注意非经济性质之一切社会关系,即无由得到行为上之真实指导,这种事实的承认,亦是重要的。

第二节 抽象法在经济推理上的地位

照着前所谓极端分离论者之意见,经济学所论到的,是人类社会与人类行为的一个方面,并且,这方面是绝对孤立的,分离的,经济学所关涉的人,仅是希求获得财富的人。正如几何学者视物体容积,与其物理属性分离,物理学者又视这物体容积的物理属性,与其化学机构分离一样,经济学者乃视人为这样的一个动物，即，他在一切经济关系上，系为一种启发的自利心所鼓舞，在不干涉他人自由的限内，他亦是在自由的活动着。

关于经济学上的这种意见，约翰·穆勒在其所著《经济学上之未决诸问题》中，尝主张过，虽然如我们前面提过的，在他对于这种科学的有创意的论文中，他的立论不同，而所取范围较广①。他之视经济学为讨论财富的生产与分配法则之学，并不以那些法则是受支配于人类本性之诸般现象，而仅是受支配于财富之追求，或者说，受支配于那永久与这种追求相反对的原理，即，劳动的嫌恶，和多费的，纵欲的，现在享乐的要求。而对于人类其他各种情欲或动机，则加以完全的抽象，换言之，据一般的假定，经济学者所研究的主体，不是如我们所知道的，在现实复杂生活中的完全实在的人，而是一个抽象——通常说是经济人——这个人在财富的追求上，是沿着抵抗最少的途径而活动，且不避向其他的目的。

依着这种意见，经济学就被定义为："探寻那些源于人类为财富生产，而行种种联合作用之社会现象——在这些现象不受限制于任何其他目的物的追求的限内——的法则的科学。"②经济学者在适用其结论时，必得

① 玛先尔教授对于这对照，表现得非常明显而有力。他说："在一八三〇年，约翰·穆勒关于经济方法，写有一篇论文，在这论文中，他对于经济学的抽象性，主张颇力。他倾向李嘉图默认的假定，那假定是说：舍了财富的欲求，经济学者很可不要注意什么行为动机；他认为：不把这点充分表述明白，那是危险的，但也用不着说得过多；他有一半允许了，这篇论文，应当耐心的显明的，基于此点来讨论，但他终未收回此种诺言。然在一八四八年刊行其经济大著以前，他的思想与情感的格调，却有一种变更。他题呼这大著为《经济学原理及其对于社会哲学之若干应用》；并且，在这部书中，他没有企图以严格的界限，来区别那种种不同的推理，即假定财富追求，为人之唯一动机的推理，和假定财富追求，并非人之唯一动机的推理。

② 见《经济学上之未决诸问题》，第 140 页。巴基浩(Bogehot)在其所著《经济研究》中，他自己亦有同样的主张："完全形式上的我们现今所有的经济学，是一种抽象的科学，恰如统计学和动力学，为演绎的科学一样。并且，在结局上，这种科学所讨论的，是一个非实在的，想象的主体。"(第 73 页)这科学"不论及那为我们在实际上知道的完全实在的人，而为一个比较单纯的，想像的人——这种人，适合于那减杀去了一切有损害的，矛盾的要素之纯粹界说。经济学上的抽象人，仅只包藏有一种欲求——获取财富之欲求。"(第 74 页)关于经济学上的这种意见，巴基浩曾证明其合理，他的理由是："科学的准则，单是常识的准则——以简单的事例开始；当妨碍的势力少至极限时，且先看看其主力如何活动，当你要澈底认知时，再加上各种背离或妨阻的势力之各别的结果。"(第 74 页)这里所引述的准则，原可不用踌躇的接受；但是，对于前述经济学在其完全形式上，为一种抽象科学云云，却似乎难于一致。我们的争论之点是：经济学固然是以抽象开始，但在其完全的形式上，它可被称为一种实在的科学，也同样可被称为一种抽象的科学。至若为凯因斯在他《经济学上之论理方法》中所明白定立了的原则，却似乎不失为正确。(见该书第 42～45 页)

承认其他冲动的干涉;甚且,在其原则之形式的说明上,他应当提及许多实际的限制,那是无从否认的;但是,这诸般其他冲动的承认,是要排除在经济学本身范围以外的。

在上述意见中包含的简单谬误,就是错把一部分当作全体,并想像经济学是以抽象始,抽象终。穆勒所说的实际限制,其本身就要求一种科学的讨论,从而,在这种科学本身中,应占一个相当的地位。它们在许多场合,并不单是分离的限制,不过要只许应用于个别的事例罢了。舍经济人的基础外,基于其他的基础,亦往往有综括的可能;并且,无论如何,各种伴有自由竞争的干涉,都许有科学的列举与分类。

在经济活动上,人们被假定有一个某种近似的目的[①],即,以最少的努力与牺牲,而获有最大价值之成效:这假定所由成立的抽象,在经济学上占有一个地位,且是一个非常重要的地位。因为,我们的经济活动,不免要受那些有时相互加强,有时相互抵消的各种动机的影响,那是真的,但是,就人们全体而论,在经济事务上,财富欲求较之其他直接目的,有一种比较一致的,比较有力的影响,那亦是真的。因之,为要导入一种为科学上之正确讨论所必要的单纯,而开始探寻这欲求在活动无阻的假定下的诸结果,那就是正当的,甚且是无可避免的了。除了那些含蓄于自由及澈底竞争观念中的动机与情由外,首先不问及其他的动机,其他的情由,那样,在论究的一定部门上,我们总可决定比较一定的,比较永久的活动倾向,并且,第一步接近于真理。

事实上,这接近,在某种场合,诚然是一种非常相近的接近。比如,讨论近代产业状况下之股份交易所的价格,或大批发商场的价格,我们大部分是关涉到那些在现实生活上,实行实现经济人观念的人们的经济活动。我不说是,这里述及的人们,就是通常应当呼自私自利的人。因为,最没有自私自利性质的人,在他们许多商务上,都不免要直接受那些严格商业目的——仅受支配于法律限制,及普通商业习惯与道德之限制——的影

① 视"经济人"为意在某种近似目的的达成,而不以为那是在作纯粹自利动机的活动,那对于防止误解,将有所帮助。人们是由何等更远的动机,及其所期在何等结局的目的,而希求财富,那于经济学者所关涉到的他们的行为的影响上,无关重要。我们要进而表示,敦促人寻求财富之更远动机,可与自利迥然大异。参照希格瓦特(Sigwart)著:《论理学》(英译本,第二卷,第455～457页。)

响。为要教养子女，使子女获有最好利益，他们希求财富；或者，为要供应特殊博爱目的，或增进其所属社会之一般福利，他们希求财富。此外，希求财富之究局目的如何不论①，其直接经济效果却是一样的。

因此，在有些场合，非金钱上的目的，其直接影响至为微小，即使在经济原则之具体应用上，把这些影响忽略了，那亦不致有怎样了不起的错

---

① 克里福·列斯勒批评财富欲望的概念，为一种无结果的抽象，在这当中，混同有现实效果至为繁赜的许多不同的欲望。他说："没有其他的哲学部门，染有经济科学这样深的现实主义色彩。一些不同的事，在某一方面，彼此相互类似，并且，照着它们共有的单一特点，而附以共通的名称。适当的说，共通的名称，仅只是这共通特点的一种表示；它们根本的不同地方，都置诸度外了，这样，总括想来，它们就俨然是一个种类了。财富欲望，乃对于一大些需求，欲望，情绪的一般名称，这种种，在经济的性质与效果上，非常不同，在若干方面，有根本的变异，而在其他方面，则又保存有一种历史的联锁。道德家所取虽为正相反对的观点，但陷入了同样的谬误，并且，依着一种抽象的惶虑，他们在爱财富的共通名称下，连带着排斥肉欲，贪婪，虚荣，而把爱生命，爱康健，爱清洁，爱礼貌，爱知识，爱艺术诸端也排斥了。同样，由包括于'财富'一辞中之各种事物去满足的一切需要，贪欲，欲情，嗜好，目的，观念，皆总积在经济学中；看为一种人性的原则，这人性原则，就算是产业的根源，与经济界活动的原则。分工，交换的作用，以及货币的中介，曾使抽象的财富或货币，成为生产的动机，并掩蔽了真正动机即为消费者之需求与欲望的真理；消费者的需要，决定生产者所供给的商品。在把一切责骂加诸重商学派以后，近代经济学者们自身，乃陷入了那为他们所责骂的错误。假若每个人生产，是为了自己希求使用或保有的东西，那么，概括在"财富欲望"这语辞中的动机之繁杂，就是显而易见的了——那些动机，因各个人，各阶级，各国民，两性间，乃至各社会状态而不同……财富欲望，并不一定是对于勤劳的诱因，更不是对于节约的诱因。战争，征服，劫夺，盗窃，欺骗，全都是由财富欲望所招致的获得的样式。统治斯替芬时代的大盗，乃至商人，乃至为他所虐待的犹太人，都曾受过同一动机的影响。在放荡生活上耗其资财的败家子，他是受了爱运动，爱肉体享乐，爱奢侈，爱讲外观种种动机的影响，而这同一动机，却使其他的人在业务上勤勉努力。"《论文集》(第166～170页)上面的全部议论，是很可以赞同的，但那没有达成克里福·列斯勒所要达成的结论。所谓财富欲望，其意就是对于普通购买力的欲望，换言之，就是增加一个人对于普通生活上之必需品方便品支配权的欲望。人在普通经济事务上，大体要受财富欲望的影响，并且，在结果上，愿多得而不愿少得；这假定，依克里福·列斯勒所说的，完全没有证明其不正当或无结果。人们对于构成生活必需品方便品的那些特殊事物的种种不同意欲，那于这里所论，漠不相涉。因为，如我们在本文中讲过的，所期之更远目的虽极不同，财富欲望之直接效果，终归一样。一个人为要助成其达到最高尚最无私的目的，他不妨希求普通的购买力；但这不是说，他因此就可以较低的市场价值，而出卖其劳务或货物。加之，如希维克博士所说，我们一方面承认人之欲望对象至为繁多，但在这些对象能交换，且在价值上能较量的限内，它们"就可视一物——财富——的定量；并且，正因其如此，"财富欲望"一辞就可用来包括一切由包含于"财富"一辞中之各种事物去满足的一切需要，食欲，欲情，嗜好，目的，观念"，我们就能够在演绎经济学所要求的限度内，假定其实际的普遍性与无限性。"(《经济学》，一八九一年版，第41～42页)我们还可提到一点，财富欲望在不同情形下，可以导出极其不同的行为，那也没有把握住论点，人们由这种欲望所鼓舞的假定，在经济推理上，乃与其他的假定——例如，强力与欺骗不存在的假定——相联，而其他的假定，在一定限界内，会制约这欲望所能活动的样式。

误。然而更普通的是:这本诸其他诸影响的抽象,只生出了一种向着现实真理的接近,这种接近,须得继续加以发展与纠正。

就是这上面所说的妥当程度,有些经济学〔者〕犹出以反对。他们主张:假若我们因以假定人是单单为自己利益而活动的那种抽象,不致因引起积极错误而被认为不适当,至少,亦应因其无实际用处而被拒绝。他们说:对于生活上的事实,那显然是背道而驰。比如,克尼斯反对这见解,他的理由就说是:人们单纯的,继续的,为自利心所鼓励,且被承认有绝对行动自由的那种社会,那是从来没有存在过的。在假定上,他承认,如果那种社会是存在的,那要假定的定立价格法则,亦是可能的,但他反对这样一种假定的论究,有何等效用或实际理由。他说,同样的,一个人不妨把他的论究根据,建立在一种假定上,说人们都是为博爱心所鼓舞,或者都有一种倾向仁慈的同等有力的冲动,并且,他以为,这样两种论究,在一切方面,就它们帮助经济学者理解并解释现实经济界现象那一点说,可说是同样有用的——或没有用的[①]。

上面议论中的第一点,——纯粹利我者的社会,从来不曾实际存在过——严格讲来,那是无关论旨的。因为,那些为克尼斯批评的经济学者,往往总坚持着:他们所讨论的,是抽象,是比现实生活上所遇见的较为单纯的想像的人。他们从没有假设那样一种社会的现实存在,即纯为自利心所左右的人们之社会的现实存在。他们议论的要点,就是在他们经济学者所关怀的生活的范围内,也没有说:财富欲望乃自行活动,而不受他种欲望活动之干涉。他们所有的主张是:依着经济范围之广泛的考察,每个人欲增加其支配财富的欲望,较之其他动机,——这有时对于财富欲望,为一种附随作用——遥为有力,而且在活动上遥为一致。因此,他们主张,计算财富欲望之结果,实际上就可帮助他们决定那大体将要发生的事情[②]。

克尼斯批评的后一部分,虽不能算是无关论旨,但因其失之妥当,而莫由成立。那等于说:基于纯粹博爱之假定的原则,恰好与那基于纯粹自利之假定的原则,同样近于具体的实在;换言之,在他们彼此相关的经济

① 《历史观的经济学》,一八八三年版,第504页。

② 门格特别主张:德国历史学派经济学家,认自利学说反于经验的事实,这其实是他们的误解。参见门格之《社会科学方法论》,第79页。

事务上，人们是那样一致的，有力的，受着增加其邻人之财富的直接欲望的影响，正如同受着增加他们自己之财富的一种欲望的影响一样[①]。但是，这种议论，一定不免要与现实经济生活的一切事实相抵触。试向产业界看，我们没有发现自利心——虽然会受道德的，法律的，社会的考虑的控制——为决定人之行为的主动力么？在买卖上，在同意支付或同意接受一定工资率上，在租出租入上，在贷借上，一般人都在尽可能的造成于自己有利的契约，那不是明显事实么？在一定限界内，他是会受法律、道德及舆论的拘束的，并且，由这些拘束力所生的影响。在结局上，都必须加以考虑。在正常的情形下，财富欲望，就是自动的推动力。所得财富在结局无论是怎样大公无私的花费了，这种欲望之直接经济效果，依然一样。即此普通经验的事实，就可示证经济学者由经济人——将近为经济关系上看出的现实人之典型——概念出发的合理。基于这种概念的结论，诚然包含有一种假定的要素；但是，无论如何，在经济学的某部门中，那些结论与现实经济界之具体实在，其间距离，决不是无可测量[②]。

---

① 在理论上，我们不妨演绎的，作为博爱动机之单独活动的结果，而不问那些基于其他动机之活动的一切干涉。但是，依本文的意旨，则以为这在任何场合，都没有实际的价值。亨利·梅因(Sir Henry Maine)曾作正当的主张说："基于抽象的一切科学的实际价值，乃是依存于那些在抽象过程中，被摈斥的要素，与被保留的要素之相对重要性。"(《初期制度史》，第 361 页)因此，在经济事务上，我们就得予自利动机与博爱动机之相对重要性。

② 上面这意见，那是为少数基于其他理由，而批评英国经济学派的著者，所率直承认了的。玛约·斯密(R. Mayo-Smith)教授说："没有一个经济学者，敢于冒险解决经济问题，而不考虑人们通常由自利心驱促的事实。"(《经济科学研究》，第 113 页)瓦格纳说："在假定上，自利学说的使用，常是适当的；并且，为使原因孤立，这曾证明为一种最好的方法学上的工具。因为我们这里有一种对于一切人的共通要素。我们有一种基于一种法则——那在真理上，是'自然的'，普通的法则——的要素。那是以人之身体上的性质，心理上的性质(这性质，主要是基于身体上的性质)及其对于外界的关系为基础。那既影响个人，也就可代表种族的利益，因为种族是经由个人而存在，而继续的。历史派经济学者的反对论，暧昧不明，且言之太过；当他们反对由自利心出发之演绎的假定价值时，他们遂不承认那有任何价值。他们铸成了一种反乎纯粹演绎鼓吹者之错误的错误，并且，他们的错误，还要大些。在考察不同个人，不同国民，在不同时代之自利心的变化，乃至这自利心与其他动机之各种联结上，他们忘记了，就在这自利当中，毕竟存有一种人类的普遍要素。"《国民经济与统计年鉴》，一八八六年，三月出版，第 231 页。《经济学季刊》，一八八六年，十月出版，第 118 页)瓦格纳更进而指出我们曾经主张过的意见："当自利心说来是当作产业行为之动机时，那往往不单是指着个人一己的利益，而包括有他人的利益；一定的，为他人之福利而活动之个人，他自己亦有其利益。试考察家庭吧，财产之获得，乃为了转移于子孙。这样看来，这里的自利行为，就转为一种利他行为了。但是，有人会说，自利动机虽然拓展至个人本身以外，那仍是自利的。"从表面看来，这里像存有一种矛盾；其实并无实在的矛盾。就全体看去，一个人的行为，可以与那些利他的行为，形成一个联锁；然就其自体看去，并且，就它与其直接效果之关联看去，那就会与纯粹自利的行为，分辨不开了。

同时，在我们能够指示，对于某种经济行为方面，人们是正常的为利他动机所左右的限内，这多少能够在那种抽象当中，即在经济学者之比较一般推理所基的抽象当中，予以承认。不过，在任何场合，要想把那符合于英国经济学的一种正确科学，建立在一般的利他主义的假定上，能否可行，就颇是疑问。因为，对于一般福利的欲望，究不能以测定财富欲望的同一方法去测定①。

在上面的议论中，我们已容受了，克尼斯视经济人为仅由自利心所鼓舞的那种描述。但是，如我们已经讲过的，我们必须记忆：这所谓经济人，无须解作是一个纯粹的自利者。我们敢于断言的是：在他的经济行为上，他的直接目的，就是以最小的努力与牺牲，而获有最大的财富；并且，我们惟有论及这直接目的，才能把他描述为一种单由自利心所鼓舞的人。

但是，现在应当是转说到其他方面的时候了。由完全经验的实在，所形成的抽象过程，在经济研究上，那是一个有极大可能效用的工具，可是，经济学者不能单靠这个工具，去解述一切产业的事实。构成经济学上的全部学问，以经济人概念为基础既嫌不够，以任何其他抽象为基础，亦是不够。就一般而论，在完成我们的研究上，我们须得论到一些更较复杂的事。如罗夏尔所说，我们必须在我们完成了的学说上，“转向无限复杂的现实生活”。

第三节　举例说明经济问题的完全解决，必须有现实主义的讨论

要解决财富分配的问题，但又视人类所关怀的，单是利益的追求，毫无

---

① 参照玛先尔著：《经济学之现在的地位》第八节至第十一节。

关于社会环境，单是金钱的动机，毫无涉于其他，分明还是极不充分的[①]。爱某一国某一地的心思[②]，惰性，习惯，个人名誉的希求，独立地位或权力的爱心，农村生活的爱慕，阶级偏见，个人恶意的固执与感情[③]，公众精神，同情心，舆论，义务心，一般的正义观念，对于财富分配，都可有所影响。其影响之轻重，固随情形不同而大有不同，但经济学家总得承认其有若干影响。伦理动机所生的特殊影响，我已在前章予以更详细的讨论。这是应该注意的，就连在抽象的学说上，经济学家亦假定传统道德规则，在商业的事务上，是一般为人所承认所遵守的。不过，这种传统道德标准是常常变动的，而远离标准常有的程度亦是常常变动的。对于这一类的变动，经济学家在研究更具体的问题的时候，是不应当忽视的。比方，市场的传统道德，会在如何程度上推进"购者各自当心"的规则，就是值得注

---

① 所谓经济动机，如所指为影响人类经济活动的任何动机，则财富之欲望，显然不是唯一的经济动机。瓦格讷曾在以上的意义上，对于经济动机，提出了五种：四种是自私的，一种非自私的。（一）愿得利，畏缺乏。（二）愿望非经济性质的报酬（加称赞），畏惧非经济性质的不利（如刑罚）。这一类动机的作用，与奴隶劳动相关而言，是很重要的。（三）望名誉，畏羞耻。理想状态下的基尔特制度，即是这种动机的作用的例。还有一个例，如每个优良工人，均以作品性质自夸。（四）乐于行动及使用权力，畏惧不活动的结果。"有时，经营大规模产业者的不息的行动，即以蓄积财产的愿望为直接目的，但蓄积财产与其说为了物质的利益，尚无宁说目的在于财产所移交的权力。"竞争的动机，在一定状况下亦可发生好影响，但这动机，就和权力欲极为近似。（五）非自私的动机即义务心及对良心的恐惧。"赖有此，竞争才不致趋向极端，价格才不会随个人利益而达到最高限度或最低限度，而多少要顾到名誉与正义。在这一项下，不仅包括了一切慈善行为；在实业上社会上占优势的人所以故意不把一己的利益，看作是自己的经济行动的唯一立场，亦即因有这种动机。"参看瓦格讷《经济学原理》第33～46页；《经济学季刊》第一卷第118～121页。

② 张伯伦君（Mr. Chamberlain）一八八五年九月在英维纳斯演说，曾说："传统观念，民族历史，爱护乡邦的心思，宗教热情，政治感情那一类不实际的考察，如何会使高地人绝对不愿接受逐出故乡的提议呢，因为这故乡，是他祖宗所占有所耕作的地方，流血的地方，坟墓所在的地方。对于这点，经济学家也许觉得极难理解。但人类本性，甚至比经济学法则，还更有势力，上帝在人胸中树立了对乡邦的爱情。这种爱情，使爱斯克莫克斯人喜欢永远下雪，阿刺伯人喜欢不毛的沙漠，高地人喜欢贫瘠的山陵。"但我们的主要经济学家，实际都不应受这种责备。在经济学的应用上，他们都承认必须用归纳法，研究影响劳动移动（国际间的移动或国内的移动）的一切势力的作用。在这一切势力中，他们并不忽视张伯伦君所指的那诸种考察。但他那一段话，可用以说明经济学家在一般的评价上是如何偏窄，并可用以说明如何常常以皮毛读者（他们在经济学理上断章取义，不知道经济学理的真正的内容）的见解，来代替经济学家本人的见解。因有这种误解，我们更须主张，抽象学说不是科学的全部。

③ 这诸种势力，在贸易的辩论上，可以发出重要的影响。

意的。因为那就连在同一社会同一时间，亦会依交易的种类而不同。

影响工资的重要事件，有如合作性质，有如劳动阶级的团结习惯，有如社会势力及法律将如何允许此种性质及习惯之自由行使。又，在讨论劳动问题时，我们又显明不可忽视企业与知识的差别，因为这种差别，可以影响一个人改变自身境遇的意愿与能力。举凡可以直接间接影响劳动移动的法律，亦须予以注意。举一个特殊的例——经济学家如须讨论决定女工工资的事件，研究女工工资与男工工资在这一点是否有某种不同，那吗，他如不研究各种社会势力的作用，他就决难获充分的解决①。

再讲到一个更普通的问题，即劳动供给变动的原因问题。我们就发觉了这问题乃实际取决于社会的，智识的，道德的事情（因为这种种事情，可以决定人类幸福标准），并取决于食品价格及其他必需品价格那一类事情。我们要说明这点，可参照穆勒对于下述那一种议论所下的研究。有一种人说，在社会主义下，“对人口繁殖之慎重的限制，将告终结，人口的增殖率，将使全社会，按次经由各不幸的阶段，而实际致于饿死”②。穆勒说，“如果社会主义仅仅消灭抑止人口的动机，而不提出与相等的抑止人口的动机，那确乎会惹起此种惊慌”。但他再进一步说，舆论的势力大概会提供一种新动机，此外，照他的口气说，公共精神及对公共幸福的留意，似亦与舆论有同种作用。对于这诸势力的盖然的作用，每易流于过分的夸张；但这种说明，至少可以说明，我们的研究如从一种社会状态过渡到别一种社会状态，我们必须研究并考虑不同环境对于人类活动所可有的影响。

我们如论到财富的生产与蓄积，我们又可发觉，有作用的诸种动机，将依情形不同而不同③。例如，为爱作事而作的工作，已成为习惯的蓄

---

① 参看倭克尔（Walker）《工资问题》第372～384页关于这问题的讨论，并参看玛先尔教授夫妇的《产业经济学》第175～177页。

② 《政治经济学原理》第二篇第一章第三节。

③ 在广大的永久的社会中，在长期的历史上，像埃及印度那样的人口，在严格的姓阶制度下，已经说明了，有一种惊人的产业，乃直接受刺激于习惯，社会感情，及宗教义务，但仅在极微小的程度上，受刺激于个人利得的欲望。在信仰的宗教社会中，有许多极活动的产业，是受刺激于纯粹宗教的动机。历史上有些最光荣的工程——开辟荒野；像桥梁，纪念碑，庙宇那样的大建筑物；训练全野蛮种族使习于劳苦——都赖纯粹宗教团体如僧侣，传教师，牧师，为纯粹宗教的动机所刺激，而底于完成。”菲利特里克·哈利孙（Frederic Harrison）《论经济学之限界》，见《半月评论》，出版于一八六五年六月十五日。

积,并不像我们所想像的那样不普遍。后一事实的结果之一,即我们单由财富欲的结果,决不能发现资本蓄积的定律,不能发现利息率的低落如何影响蓄积。

即在纯粹货币问题上,例如,不见现通币折价量如何决定的问题,我们就要考虑人民不信任的程度,但人民不信任的程度如何,又一部分取决于他们的政治同情,取决于他们的知识与理智,取决于他们的道德抑制力能如何阻止他们的不合理的恐慌。最后一点,与财政恐慌那种现象相关而言,当更见重要。例如,财政恐慌在常规期间内恢复原状的学说,因其未包含自然原因的作用(好像杰芬斯的日点学说 Sunspot theory),正可按照国民智识及道德发展的阶段,而予以修正。

法律状况,政治制度,社会制度,对于工业现象,有颇大影响[①]。关于这点,我们要举出更多的例来,亦未始不可;但我们以上的例,已够说明,财富的追求固可说是主要势力,但若经济科学要对于经济生活的事实予以充分的说明及解说,我们还须注意于社会环境及其他各种动机的作用。

第四节　经济学和其他社会研究之差别

经济问题之现实主义的研究,既常为完全解决经济问题者所必需,所以经济学家不得不注意于社会生活的各方面。从其他社会科学完全分开经济学的企图,显然是有害的。但经济学亦不失其独立性。因为我们虽承认社会活动的各种形式,在许多方法上是互相存赖的,但其间的差别,并不因此而丧失其意义,设破除各种社会科学间的限界,则科学分工所得的一切利益,均将丧失无遗。经济学固须研究别种社会科学范围内的事实,但其研究,限于从一个特殊的观点出发,即因其有直接的经济影响。所以,其他社会哲学家,如法律学家,道德学家,政治学家,所极重视的许多现象及其关系,经济学家忽视之,轻视之,殆甚为正当。那正如揭标里泽(Cherbuliez)所说:“科学进步的趋势,常常是把诸科学分开,不是把它

---

① 辛柏格(Schoenberg)曾指出,放任原则无论如何有力,法律要素总是有作用的。关于财产等等,总须有法律。

们混合；把科学研究的范围分开又分开吧，不要把它看作是单个的领域，由同一的人按同一的方法耕作。"[1]

以下一点亦是值得注意的，即，不仅社会条件，自然条件亦得为经济学所注意。例如，若工资提高，则其能否维持，即取决于较优食品对于工人效力所生的影响。又，报酬递减率，亦有直接的自然条件；如不假定不同国家的自然条件亦不同，则要研究自由贸易的结果，亦必不可得。但没有人因此便认经济学离自然科学即不存在。我们还可从诸自然科学的类推立论。因为自然界的现象，亦在各种方法上互相依存的。例如，地质学的现象，即依存于物理学的和化学的现象。但亦无人否认地质学为一种独立的科学。有人说，从某一意义说，一种事情之中，已包含着其他一切事情。这句话，颇有其真确性。无疑，我们能在土地地租问题上，建立一本科学辞典。不过，我们如要获得正确的知识，则诚有分究专攻之必要。

即令经济学不是完全独立的孤立的科学，我们仍该把它看作是思辨的真理之一个显明的部门，仍该把它看作是一种社会科学，但与其他社会科学有不同的特征。换言之，经济学这种科学，乃取出一种特殊社会活动，而予以特殊研究者也[2]。

如我们最坦白的承认经济学只是社会科学的一部门，我们正有特别理由，在社会学知识的现状下，不给经济学说以完全新的形式，使其并入

---

① 《经济科学要义》第一卷第 9 页。

② 德国经济学家的主要见解，可以辛柏格博士为代表。辛柏格博士一方面充分承认并坚决主张经济现象及其他社会现象相互依存，但又认经济学为一种特殊的独立的科学。他以为，正义，艺术，科学，教育，家庭生活，社会生活，道德，宗教生活，政治生活，经济生活，乃各民族的主要生活范围，就全体看，即构成所谓国民生活。他又说，最后一种生活，与其他各种生活，有极密的因果关系，可以互相影响。所以，我们如要研究经济生活，就必须承认此种因果关系。但同时，经济生活又是国民生活的一个特殊范围；在这范围内，人们追求特殊的目的，其中有特殊的势力发展，有特殊的制度，有特殊的问题，所以是一种独立科学的对象。参看辛柏格的《便览》卷一第 3 页、第 16 页、第 17 页。再参考方・希尔博士(Dr Von Scheel)在同卷的《便览》第 69 页所说："有人提议，经济学应扩大而为社会之科学，但其实我们只应当说，经济学应扩大而为社会科学之一，而与以前所持的偏隘见解相反。"克尼斯(Knies)亦有同样的见解："有人以为，有一种科学，可在社会学或任何其他名称下，对于一切政治科学及社会科学，立下根本的普遍的学理。但无论如何，我们仍可要求特别注意政治经济学或是社会经济学。如果由科学分工而起的这一种科学，尚未发明，那也就要立即发明出来的。"(《历史观的经济学》一八八三年第 9 页。)

一般社会学中。孔德(Comte)认经济学为极无结果。但作为领袖科学以讨论人类社会生活全部的社会学，又有什么结果呢？谢尔布鲁克爵士(Lord Sherbrooke)曾说，与特殊社会科学有别的社会学，仍有胜利的机会。也许终有一日，在社会科学领域中，确立了最广大的结论，俾各特殊的讨论社会人类的科学，有所遵循。也许终有一日，会有一种普遍的社会学原理，而以经济学，附属于其下。但这种社会学，至今仍未成立。经济学决不能停下来，等待这种社会学的成立。玛先尔教授说："这里用不着谈到同一社会科学的更高的权威。如其存在，经济学必乐于受其翼伏。但这种权威是不存在的；将来是否存在，现今亦未可必。用不着停下来等；我们必尽所能，利用我们现有的资源来进行[①]。

应附言者，我们须声明，经济学中有一特殊部门，比其他部门，更为密切相关于一般社会哲学。这个特殊部门，即是经济进步的学说。在这个部门中，我们更不必采用特殊化的方法。但若假定产业状况不变而讨论其法则，我们就更要采用特殊化的方法。固然，我们要从经济的立场，历史的探寻进步的实际过程，亦未始不可。但关于经济进步的特殊点，我们仍可不问一般社会进步的学说，而达到综合。但我们既承认社会进步一定阶段的经济状况，不仅取决于前一阶段的经济状况，且取决于前一阶段的一般社会情形，所以，我们如不问社会进步一般趋势的学说，决不能得到经济进化一般趋势的学说。

攻击旧经济学者，即以经济进步学说为最有力的例证。我们又知道，平常所想像的一般社会学，即以发现前一社会状况将如何产生后一社会状况的法则，为其根本问题之一[②]。作如此解的社会学，倘真能立下确定

① 《经济学现状》第35页。希维克博士(Dr. Sidgwick)在他所著《经济学之范围及方法》一书中，曾表示同一见解。他曾详论社会学能不能从孔德自己的试验(第一看它是不是有连续性的，第二看它是不是可以预料的)，被认作一种实证的公认的科学。他研究的结果是否定的。他在结论中曾说："我们没有理由，失望于一般社会学的进步；但社会学的发展，绝不会因为我们闭起眼来不看它现在的极粗劣的情状，而实际得到促进。在今日，一般社会学，对于许多问题，不过多少予以明白的定义，不过是一堆模棱含混的生理学的比论，是一些不曾十分证实的历史的总论，是一些无证明的政治预言。倘若一般社会学能解决这一切问题，能提供我们以较此为良的实证知识，能在真正科学的归纳法上建立社会进化的预测，则专研一种社会事实的研究，都必然会感到它的存在。"(第55页第56页)

② 《穆勒名学》第一卷第510页。

的明白的命题，那经济进步的学说，附属于社会学之下，亦就可以有利了。

第四章之注释

一、抽象经济学与具体经济学之区别

前章的讨论，自然使我们承认经济学说有两个阶段，即抽象的阶段与具体的阶段[①]。抽象的纯理的经济学说，所论涉的，全然是广大的普遍的无关特殊经济状况的原理，或照杰芬斯的话说，是“那一类普遍的法则，其性质是如此单纯，又如此深深的基于人间及外部世界之组织，所以，在我们所论及的那一切时代，都是同一的”。抽象学说的方法，几乎全然是演绎的假设的；那虽究极的以观察为基础，但所本乃为人力所单纯化了的材料。所得结果，从某一意义说，有普遍的应用性，因为它随时可以按照情势，加以修正，以适合特殊环境。但其本身往往是不完全的，因为如果单独依靠它，决不能充分理解实际生活的经济现象。

具体经济学，乃所以补充纯理的理论，而不满于单纯假定的结果。其法则或由直接综合经验而得，或由演绎法的帮助而得。在后一场合，则所采前提，必适合于特殊环境，而前提与结论，都要不断直接受验于经验。当形成具体的经济学说时，我们所定下的法则，只适用于一定的时间或一定的社会状况。这样的法则，在应用上，大都是相对的，不是普遍的[②]。

我们所论，如为经济人，即被假设完全在经济自由状态下互相待遇的人，则占优势的，是纯粹的理论。在这基础上，竞争的价值，工资，地租，利息等等法则，均在最普遍最抽象的形式下定立下来。杰芬斯的《经济学理论》，与倭克尔的《工资问题》相较，即可说是抽象经济学的代表作，因前者对于题目，是予以抽象的论究，后者却在大体上予以具体的论究。

抽象经济学与具体经济学的界限，断难有严格的规定。因为怎样才

① 参考杰芬斯所著《经济学之未来》一文，见一八七六年十一月《半月评论》第625页。

② 此所谓具体经济学，有时又被称为应用经济学。按上所说，后一名称，略嫌暧昧。大体说来，最好把这个名称保留，作为经济术的名称。

配称为特殊的环境及社会状况，殆有时是程度的问题。同一学说（例如，生产费支配价值的学说），即可按照其论究方法，有时被认为有抽象的性质，有时又被认为有具体的性质。在某一些场合，具体的学说，即是抽象的学说加某种东西，换言之，在抽象的学说以外，加以对特殊情状的研究（因为只有在这情状下，抽象的学说，才能应用到现存的事实上来），再加以学说所受种种限制的研究。所以，我们与其尝试在这二类学说之间，划出任何坚固的界线，不如简单的说，经济学如不论到时间，空间，及环境之特殊情状，便是抽象的；经济学越是计算此等情状，便越是成为具体的。这相对性，决不因此种区分甚为重要（此种区分，对于方法问题，尤有效用），而有所减轻。

此外，应附言者，本书叙述此种区分的方法，及此种区分本身，都不为一般所赞成。因为，如我们所已见者，有些经济学家即实际否认有抽象的假说的经济学的可能，即可能，亦必无用，但同时又有些经济学家，却以为除了纯粹的学说，即不复有经济学。前一章，我们已把这两种意见统通驳倒了。纯粹的学说，很可认为是经济理论的一般基础而具有伟大的不可缺少的价值，但同时那又只是一个更大的全体的一部分。

固然，要由纯粹的学说，立即到现实经济界的个别现象的说明，亦有时是可能的；但普通多必须有一群这样的学理，作为过渡。那一群学理，有普遍的形式，但其性质不纯然是抽象的，其形成能仅凭单纯的普遍的材料之帮助。那不是抽象的学说，乃是具体的经济学，与纯理的经济学大有不同。

抽象学说的推理，有论理的准确，这在具体经济学是大部缺少的。因其为假说的，故得成为明证的，必要的，故在有适当修养的人们中间，不致于对于它的结论，发出不同的意见。具体的经济学说，却比较是无定的。但我们不能因此，便不承认它是科学的一部门，便承认它本质上是非科学的，非理论的。我们应当坦白承认，并非一切科学，都有明证的格式；如果我们仅仅因为要得到完全的论理形式，便缩小经济学的概念，以为经济学只是纯粹的学理，那就大错了。

二、经济学静学与经济学动学之区别

前章论到经济进步法则的时候，曾提出经济学的别一种分类法。关于这种分类法，得于此附注几句。经济学说所讨论的，(甲)可以是在一定经济情况下表现其自身的财富现象；(乙)可以是此种情况经长期间发生变革的方法，及从此发生的经济变革。

前一种研究，是经济科学的主体。例如，研究一定社会内支配地租，利息，劳获物的生产物分配法则，即属于此。后一种研究，可特称为经济进步的研究；结果所得的结论，全体是经济发展或经济进化的一般学理。由官定时期到契约时期的进化法则，由集产到私产的进化法则，便是这一类特殊学说的例。

静学与动学，是由孔德介绍到社会科学上来的。穆勒及若干其他经济学家，即应用这两个名辞，来代表这两种经济学，一曰经济学静学，一曰经济学动学。这两个名辞，实在说，并不特别适用；那还可以引出误解。在所谓经济学静学中，我们常常要考察特殊变化的结果，例如需要的变化，生产费的变化，流通货币量的变化及其他等等。经济界，就连在一定社会状况中，亦在不绝的变动中；价格，工资，利润，货币制度，关税制度等等，都是不绝变化的；研究此诸种变化的相互关系，即令不谈经济进步的学说，亦应该是经济学的一个任务。

即令不使用这两个特殊名辞，这种区分亦无疑是重要的，而在讨论经济学方法的时候，尤其是这样。经济进步的学说，几乎完全依赖历史的研究法，这是很特别的；并如前章所述，这种学说，比较任何其他部分的经济学说，都更显然的附属于一般社会学。有些历史学派中人，有意的或无意的，认经济发展的研究即是经济学全部，至少亦认这种研究为经济学中唯一值得科学研究的部分。所以，他们对经济学研究的历史法，所赋予以相对价值，亦是非常大的，但他们对其他经济学家所提抗议的性质，亦颇易使人误会。

于此，必须附言，经济学静学与经济学动学的称呼，所示的区别的澈底性质，亦殊不如上所描述。经济学说，如基于所谓静止状态的假定，换言之，如假定生产与消费，分配与交换所由而行的一般情状，未有任何本质上的变化，则名为静学。在静学的研究上，特种变化的结果被讨论，但一般的社会状态及经济状态，却被假定是固定的；社会需要的一般性质，被假设未有根本变化；并假设未有任何发明来大大改良生产方法；又假设没有战争或饥馑，以致引起人口突然减少；还假设供给的资源，并没有逐渐干竭的情状等等。但在后一阶段,则有按照此等变动以研究其结果的必要,从而我们就进到动学中去了。须注意,此所谓经济学动学,比经济进化的一般学说,范围是更小的。

但这里所说的静学与动学的区别,与其说是绝对的,又不如说是相对的。但这种区别,根本就是非常重要的,从方法论的观点说,尤其是这样;不过,我们亦须认清这两种研究的关系的真正性质。与动学有别的静学,对于任何一问题,其讨究均包含一种较高程度的抽象作用;此种讨究法,有其是处,因为我们研究经济势力的作用,如尽可能,认此种势力为各个孤立的,不是互相结合的,则所得结果,必最明晰准确。我们的问题单纯化了,我们最初即把问题放在一个形式上,容许我们得到有定的准确的解决。不过,在其他的场合,如尽用抽象法,则静学的论究,决非最后的论究;那须尽可能采用更不抽象的方法,以为补充。

玛先尔教授,关于静学动学这两个名辞从物理学移入经济学,曾提出颇有趣味的论调。他承认早期的经济学推理与物理静力学的推理,显有类似之点;但他以为,对于经济问题,要在物理学的意味上,予以动学的解决,却是不能办到。他以为,后期经济学,生物学的类似点,似乎比力学的类似点,更有用处;所以,经济学的推理,从类似于物理学静学方法的方法出发,应当逐渐采用生物学方法的步调。换言之,经济问题愈是复杂,即愈无关于机械势力的相互影响,而愈有关于有机生命与发展①。这种见解,与下述那种见解,颇相吻合。有一种人以为,如讨论经济发展及进步的问题,则演绎法越不适宜,归纳法越是相宜。因为,我们讲过,力学的类似点(动学与静力),自然会暗示演绎的研究法,生物学及进化论的类似点,则暗示归纳的研究法。

① 如是,“在早期经济学中,我们认需要与供给为互相压制的并趋向机械平衡的粗野势力;但在后期经济学中,均衡或平衡,已认为不存在于粗野的机械势力之间,而存在于生灭的有机势力之间。……再者,每一春间,树叶都会生长,长至充分以后,即凋落。但同时,树的本身却亦一年一年的长至充分以后凋落。这里,我们关于商品或劳动价值在其所向中心之周围摆动或在长期间自行摆动,发现了一种生物学的类似点。(《经济评论》一八九八年三月号第43页。)

三、经济学与常识

孔德及其学派的观点，否认经济学为一种科学，但如此主张者，不只于孔德及其学派，因为有一种怪论，以为经济问题最好由常识解决之，换言之，由自然的未经训练的理智及平坦未受科学教育的人的灵巧解决之。从而，给经济学以科学的形式，遂被认为是一种错误①。

这所提出的问题，得在一定程度上，分解为何谓科学及科学的的问题。就连那班否认经济学为一种科学的人，亦承认经济学由系统的观察及分析出发，结果所得为一群确定的合理的真理。但这与别人所谓科学，略有不同。科学的定义是：有形式普遍性的若干真理之联系的系统的合体。所以，主张经济学有成为科学的可能，即无异主张能发现经济现象的一般法则，能调整此等法则，并能应用此等法则以说明特殊的经济事实。

如在这意义上不否认经济科学成立的可能性，则残下之问题，当为用如何方法，始可以达到所望的目的。在这里，我们可以极简要的，讨论一下那一种人——他们以为，不如采用所谓实际的与科学方法相反的方法——的一两种论据。

因为经济学要对一个不科学的听众讲解，必须使其自身易于理解，所以经济学之科学的研究，遂被轻视了。“其目的，在于使常识成为工商业的最高支配者。要试验那是不是真正的经济学，就看它的教义，它的原理，它的论据，尤其是它的言辞，是不是一切人所能理解。”换言之，他主张，经济学家必不可是科学的，因为如果他是科学的，他就不能使听众理解了。当然，如果更单纯的推理，可以和复杂的推理一样有用，更复杂的原理便无存在的余地了；避免了亦不失为准确的种种专门学术，就只有破灭了。但要以一般未受训练的头脑是否易于理解作为真理的现实标准，却不过为错误开辟道路而已。

至若，在讨论经济问题的时候，健全的常识得在合法的限度内，有很广的运用，却又不必多讲了。常识，至少，普通经验，可供经济学家以许多究极的前提；并且，关于两方面都有许多主张的实际问题，最后一着，常识

---

① 参看朋纳昧·蒲勒斯(Bonamy Price)的《实用经济学》第一章；再参看他的社会科学协会工商部的主席演说辞，一八七八年，出版于《统计学会报》一八七八年一二月号。

亦往往是被请命的最高裁判者[1]。但讨论像经济学那样复杂的题材，如拒绝系统的观察法推理法的帮助，亦就不免违反常识；再四筹思，使用这种方法以养成科学的预备修养，亦不见得是一种无限的不利。经济生活的具体事实是如此显明的，所以人们关于此等事实，大都以为自己可以下健全的判断。所以，我们尤须一般承认，经济分析及推理的方法，必须有科学的训练。有人说，经济学如过于科学化了，必丧失其效力。那其实不如这样说，即，经济学的科学意义，有时被误解了，被夸张了，因为作为一种实证科学，它的许多缺点，每每会被人忽视。但经济学的信任，无论从这原因受到了怎样的损失，其损失，终不若它由粗野独断教义所受的损失，持粗野独断教义者，借经济学之名，倡为空言，然于经济学实无充分的科学训练。

主张经济学不能称为科学的人，还举出了一个理由。即："经济学所宣布的真理，终归是自明的真理，那常常为全世界所已知"。如果这命题是真确的，则其应用之范围，当不限于经济学。许多科学的法则，是历代所已知的事实；但科学的法则，决不只是此等事实的复述。科学将考察日常真理的论理的基础，并使它们有准确的形式，改正它们，补充它们，以更高的综合说明它们，从而系统化它们，调整它们，那便是科学对日常真理的关系。这样处理人类共知的经济的真理，乃是经济学目的之一。

---

① 或谓，此处所说的常识，是颇为稀罕的；但那依然可称为常识，如果那不适合于科学的规律，亦非由科学的训练获得。

第五章 论经济学上之定义

第一节 经济学之定义问题

自培根以来，论科学方法的作家，都曾在某一形式上，注意概念规定在科学成立上所占地位的重要；我们的根本概念，应当弄得明白，这一点，在经济学上，决不比在其他科学，更不重要。关于这点，我们遂有一论定义的必要。

有些作家，对于经济名辞下准确定义的尝试，概不重视。他们以怀疑的眼光，看待这种尝试；在研究者眼中，这种尝试是没有用的，不过转移他的注意点，使更不注意于更重要的点而已。据说，经济学即因定义而生出了许多错乱。里嘉特·钟思(Richard Jones)，大家知道，他是李嘉图学派的最早的批评者之一，亦是看重经济学说相对性的最初的一人，他就以十分轻蔑的态度，评论那班花费时间来讨论定义的人。他说："有人责备我不曾对地租下任何正规的定义。但我所以如此，并非偶然。以一定义，开始或结束一种对任何对象的性质之研究，其实不过表示自己不知道怎样进行自己的工作，表示自己没有归纳的精神。"①孔德亦是这样主张，近世历史学派亦有若干人如是主张。他们以为论究名辞意义，即令不会引出错误，亦是玄学的，无用的②。以上所述，亦包含真理的成分。单是一个定义，不能帮助我们多少；为严峻的定义所束缚，甚至于为求名辞的用法完全一致，都有时——其理由见下——会妨碍科学的知识，而不能促进科

---

① 《里嘉特·钟思之遗稿》，休埃尔出版，第 598 页。

② 托劳特·露吉尔斯(Thorold Rogers)说："分解字义，扩张定义，是最适意的工作。那不需知识，尖厉就够了。人们得由其内部意识纺成许多定义，并得在纺纱中除去小疵"。(《经济史观》第 8 页)

学的知识。不过，如能避免过分在名辞的意义上用功夫，则按真正的科学方法讨论定义，亦未尝没有根本的重要性。

第一，我们可以注意，有一些经济学家，为详论定义，固耗费了许多时间，但不讨论定义的经济学家，为辩论此定义，还要耗费更多的时间。对于自己所用的名辞，既不能使其准确，对于其他经济学家所用的同一名辞，又不能赏识其意义，他定然易犯固违论点的误谬。经济学上有许多争论，如能明白了解名词的种种意义，并能明白了解各种意义的相互关系，就都是可以避免的。

但应记着，定义（其意如能有适当了解）问题，并不仅仅是文字问题。穆勒说："定义，即今只是名辞的定义，亦必须根据于相应事物的知识"。在讨论定义时，往往要洞察事实；并且，像希维克博士（Sidgwick）在所著《经济学原理》之高深理论所主张的那样，讨论本身，比较最后所选择的特殊定义，还更重要得多。希维克博士说，经济学家往往"过于看轻名辞最好定义的寻探，而过于看重名辞最好定义的发现。真理是——读柏拉图书者，大都知道，这只是一个难于得到，难于应用的真理——我们讨论定义所得的东西，不过稍稍表现在我们最后采纳的公式的高度适宜性中。那主要是包含在更大的明晰性与充实性中。盖公式所示事物的特性，在寻探的过程中，如更明晰更充实的呈现于我们心中，我们就说是得了真理。"[①]在选择此定义而放弃彼定义时，那并不常常是任意的。暧昧朦混的源泉一经扫清，则在相当限度内，在此二三待选定义之中，究采纳何者，实不甚关重要。但就各种关系分析一个概念的精密的内容，却并不是随意的无关本质的，在这样一个分析中，那大都假定概念的外延，多少是一致的，不然，就假定概念所参加的命题，是真确的。例如，如分析资本的概念，就通常假定资本是生产财富诸合作因素之一。如是，我们的经济概念，才不只是想像的虚构，而是从我们所注意的工商业事实所抽引出来的。此等分析，使我们的注意点，确定在事实的异点与关系。

如果没有明白的概念，则对于与概念有关的那种事物，不能取得任何准确的知识，这是无待我们力说的。在经济学上，有许多错误是概念暧昧无定的结果；又因经济现象如此复杂，故在这知识部门，要取得明白观念，

---

① 《经济学原理》一九〇一年版第59页。

亦无疑是特别难[1]。这是定义问题在经济学上比在其他诸种研究上，被假设更为重要的一个理由。我们讲过，讨论定义，可以帮助我们，使我们的观念明晰；并且，我们是否能够构成满意的定义，亦可验明我们的观念是否明晰[2]。

定义问题所以重要，并不只因定义的讨论，可以帮助我们把根本的概念，表示明白。一切定义，都包含分类。给一定的现象以名称，我们即以此现象划为一类。经济的观点极互相类似的诸事物，应当放在同一范畴中，但若仅有皮毛的不重要的类似点，却切不可划归一类。这在科学上是极重要的。如是，那只能在相当限度内，说经济名辞的精密定义的最后择定，是一种无关重要的事情了。我们的目的，乃在于使我们的名辞，充分表示其特殊点——从经济的观点看颇为重要的特殊点。我们如要不费赘辞即能形成财富现象之精密的一般的论述，那就只有求助于适当的术语表。

从这观点，定义问题又还元而为分类问题了；那又说明了，定义不是一个名辞问题，而是一个事实问题。真理是这样，即，经济学定义的讨论——那并不像托劳特·露吉尔斯教授所说，不须知识，只求锐利——如要使其稍为有用，则对于经济现象及其相互关系，即须有广博的经验和充分的知识。在说明的程序中，定义的讨论，自然有其优先的地位。但在知识的程序中，定义的定夺，就只能在较后的发展阶段中求得。休埃尔说："中世纪论理学作者，认定义为知识进步之最后阶级；在这样的配置中，科学史及由历史而生的哲学，均可证实他们的思辨的见解。"[3]从这观点说，亚当·斯密在极省略的方法上，在《国富论》中，介绍其定义，就是值得称颂的了。

---

① 举一个例来说罢，错误的工资学说，至少有一部分可以归因于资本概念之难于精密分析，并难于明白在心中保留此种分析所得的结果。

② 休埃尔曾说"即令定义可以适当表明我们的概念，那亦非此过程所必需。我们如求知识进步，那当然是绝对必要的。因为知识进步者，应当充分明白他所使用的概念；但概念的意义，并不必要在形式的定义上，以言辞表白云云"。(《论理学》第 38 页)。没有文字的定义亦能有明白的概念，那是完全不错的。例如，我们如准确精密的分析资本在产业上的机能，我们对于资本，就有了明白的概念了；对于资本，并不绝对要构成精密的定义。但同时，概念是否明晰，其最后试验，却是我们是否能够在明晰有定的文字上，表述此相应之定义。

③ 《论理学》第 40 页。

第二节　构造经济定义所必须注意的条件

根据前节所言，则在经济学上讨论定义，构造定义，所抱之主要目的，当为——(一)尽可能，使这科学上的根本概念，得以显明准确；(二)注明诸现象——于经济上甚为重要的——区别。换言之，我们的目的，在于使我们的观念，马上明晰而得宜。至若我们必须在单纯可理解的形式上叙述定义，却又无待烦言了。在此，我们尚待讨论的，厥为构造满意的经济定义，有几种特殊困难而已。

因为经济学所关涉的，是日常生活的显明的现象，又因过去诸大经济学家已有成规，所以经济学家大都乐于使日常交际所用的名辞。这亦有若干利益。如休埃尔所云，借用日常交际的用字，“只要略加解释，即为人所理解，不待努力，即为人所记忆。但同时，定义的问题，就更为困难了。因为我们如果使用普通的用字，则我们亦须努力使其意义，相当近于习惯的用法。如这条件不能满足，则我们不仅有被人误解的危险，且如希维克所说，我们将因旧联想之势力及习惯对于吾人精神之影响，而陷自身于矛盾。不幸，普通用字，照例，是没有精密确定的含义。它们的用法，大都是暧昧的，不一致的。由此指示的区别点，并不常常是从经济观点甚为重要的区别点。于是，我们一方面对于我们的名辞，要给以如此的定义，使与此名辞相应的观念，得明晰而得宜，他方面又像马尔萨斯所说那样，又“要使其意义，一致于知识分子普通谈话使用此名辞所包含的意义”[①]。但我们顾得这方面来，便往往顾不到那一方面。因为这两方面的条件，是常常冲突的。这两方面的条件，孰轻孰重呢？有些作家以为，是否一致于普通用法，是最后的最高的试验。他们以为，如我们离去名辞的普通意义，我们必不能解决什么是最好的定义。换言之，研究一名辞在经济学上应当如何解释，实际上，即是研究一名辞在日常交际上是如何解释。

真正的解决，决非如上所述，而似应如下所述。给名辞以定义，应以苏格拉底的归纳法开始，即研究此名辞在日常交际上及经济学著作上，其

① 《经济学上之定义》第 4 页。

主要观念究如何研究语言的传统用法，除了使我们尽量减少定义与通俗意义的差异，还可使我们注意我们平常所注意不到的类似点与差别点。从这观点说，就连名辞的暧昧，亦不是全然没有补偿的利益。我们如进而研究此暧昧之来源，我们当可明了同一名辞在两意义上所示诸现象之关系①。不过，文字普通用法的研究无论怎样重要，但终不可把这种研究，混同于下述那一问题，即，为科学的目的，决定什么是应该选择的最好的定义？我们固要使名辞的定义与其普通用法相一致，但这目的必须放在其次的地位，因为我们最要紧的是得到明晰而得宜的概念。所以，有时亦就不得不终与普通用法相乖违。至若，如我们觉得不得不在新的专门的意义上使用旧名辞，我们即应不惜放弃以前的用法，却又无待烦言了。

经济学家之间，对于同一名辞，往往有不同的用法。关于这点，我们可以说一两句。这种歧分，有时会引出误解，也许有延迟这科学进步的趋势；那是很有遗憾的；但我们不应给以过分的重要性。定义虽有差别，但在根本概念的最后分析上或在完全的学理上，仍许有本质的一致。每个经济学家的结论，即令其用语怪僻，仍有其内在的价值。再者，在定义不一致的地方，如能一究其原因，亦有时可得有价值的教训。同一名辞的两个不同的定义，可以互相辅助，因为一定义所忽略的差别点，别一定义将予以着重。所以，批评那终被放弃的定义，亦不是毫无结果的。

根据以上所言，可知名辞定义优劣的判定，独断主义大都是不行的。赞成特殊定义的人，每每因认其他定义为不当而排斥之，不知道那并不是绝对正当或绝对不正当的问题，只是适宜到怎样的程度的问题。所以为这理由，撮要讨论各定义被批评被排斥的种种根据，亦未尝没有用处。(一)有一些定义，以事实之错误的分析为基础。这种批评的真正根据，是一个根本的假定，即，有构造定义者方面，名辞的外延，多少是确定的，不然，就是这名辞所参加的某命题是真确的。我们已经讲过，这种假定，通常是所拟定义的基础；并且，有结果的论争，必须根据事实，而不仅仅是用

① 拿一简单的例来说，价值一辞的暧昧，使我们得去讨论交换价值与效用的关系。又如货币价值一辞的暧昧，使我们得去研究如何货币购买力的变迁，与折扣率的变迁有关。

字宜否分类宜否之争执，那是非常明白的[1]。所以，如果这样的批评可以证明是有效的，则批评家正可要求独断的提出异论的权利。（二）有些定义是不可理解的，晦涩的。这个批评的根据，如能使用得当，则虽加以绝对的拒绝，亦是正当的。（三）有些定义是不适合的。这个批评的根据，是：定义所包含的分类法，不适于或不便于经济学的目的。这种不适或不便，当然可以是非常的昭彰的，但那大都是程度的问题，即利害得失孰轻孰重的问题，然关于这点，各作家有各自的意见，且亦应任其他作家有他们自己的意见，不必再有激烈的论争。因为，如果诸经济学家在根本的分析上是一致的，则分类点略有不同，亦就比较更无关重要。（四）有些定义，和通俗的历来的经济用法相乖违。这有可分为三点讲。（甲）作者原要按照通俗的通常的经济意义，给名辞以定义，但没有作得正确。从这根据说一个定义不正确，是很得当的。（乙）作者明知他与通常的用法相乖违，但他以后使用这名辞，却又无意陷到旧的意义上。这无疑是一种内部的矛盾；如果我们真可以表明旧联想的势力如此，以致新定义的构造者，亦不免受其误导，那我们就有适当的理由，把这定义排斥。（丙）作者明知他与通常的用法乖违，但又不能责其自相矛盾。在这情形下，定义虽新奇，亦可以是完全正当的；那决无理由，可以指摘其积极的错误与不当。但在新奇意义上使用名辞的不利，是明显的，无可辩驳的；所拟的新意义，可以如此奇怪，以致不合于实际的目的。即令不致如此，我们亦有健全的充分的理由，排斥所拟的定义——如果我们能够指示这定义所包含的用字的用法，过于奇怪，而究其实际，却正可不必这样奇怪。

第三节　经济定义之相对性

经济名辞的定义与用法所以如此困难，乃由于下述一种事实，即，在各不同部门的经济研究上，变更所指的区别点，其中颇有一种方便。换言

---

[1] 例如，假定自由生产的商品的标准价值，取决于其生产费，如是，生产费的定义，便是事实的问题。同样，如给财富以定义，即假定凡能被买能被卖者，皆为财富；如给市场以定义，即假定货币市场是应当如此称呼。

之，从某一观点看甚为适宜的概念，如果观点改变了，则要求其仍为适宜，就必须加以修正。关于财富及资本这样的概念，就有这种情形：例如，从生产的观点看，财富的定义宜是这样，但若从分配的观点看，则财富的定义，也许又要是一个模样。如再就财富的测量而言，则对于财富，所下之定义，即令不同于世界主义者，民族主义者，个人主义者所下之定义，亦未始毫无利益。那吗，这种种冲突的需求，将如何予以满足呢？唯一可能的解决法，即是介绍新的术语。但术语非常繁杂，可限制科学的研究，故本身即是一种弊恶。并且，对于密切相关的诸概念，予以全然不同的名称，亦不免使人轻视其重要关联与类似点。再，原名辞未尝不可严密规定，细心限制，使其适合于各种用途；但如是，恐必致有非常错乱非常复杂的论法。第三个办法，即是公然按照此科学所论的部门，而在略为不同的意义上，使用同一的名辞，并从而改变其定义。

最后一种办法，颇为有力者所赞助。如果意义的差异，实际并不甚大，这个办法亦就未尝不可采用，因为一般说来，上下文已足表明一名辞用在特定场合的精密的意义。不过，有一件事必须注意，即，名辞用法已经改变的事实，应非常郑重的申说一下。在某一些场合，结合第一办法与第三办法而形成一系列的混合名辞，亦未尝不可，因为按照这个办法，表示中心概念的名辞，依然没有变化。所以，如以为资本一辞，从个人的观点与从社会的观点，宜予以不同的定义，即可使用收入的资本与生产的资本那一类混合名辞。用这方法，一切暧昧的危险，都可免除，同时，名辞不同用法中所含的共通要素，却依然一望而知。但充分的混合名辞，似乎没有在一切场合使用的必要。

再者，定义的相对性，不仅见于观点的不同，见于经济研究部门的不同，且见于经济发展时期的不同；因为在一个新的经济发展阶段，由同一名辞指示的现象，即将涌出新的特征，令人注意。例如，为适应近世商业财政组织的情形，货币的定义必须有改革，因为适合产业进化前期的货币的定义，已不适用于近世。又，市场一辞的定义，如适合于中世的原始情状，即难适合于近世产业的更复杂的情状。一反省不同诸时代之特性，一说明现象所经之诸不同阶段，则名辞用法的现实历史，亦有特别研究的价值①。

不过，经济学上虽有许多定义持有相对的或渐进的性质，但这相对性，决不能推延到科学根本概念的究极的分析上去。如果这种概念在不同的关联上会有稍稍不同的性质，我们仍可在它们每个之间，发现一些共通的或普遍的点。所以，经济定义的相对性的承认，又决不是绝对的，无限的。

此外，经济学像其他许多科学一样，往往难于应用它的定义。关于这种困难，亦是可以注意的。有许多特殊的情形，不易划归到适当的范畴中去。这个注解，很显明的可以应用到如下那种种区别上去，例如，专门的与非专门的资本之区别，熟练的与非熟练的劳动之区别，那种区别的界限，简直没有划分的可能，因为其间相差的程度，颇难为人所感到。但就使所讨论的，是财富，资本，货币，直接税间接税，本国产业保护税那一类的概念，我们亦往往极难构成适宜的定义，以致遇着一种现象，能否划归此等概念，总不免有多少疑惑。例如，熟练是一种财富吗？一种职业的善意是一种财富吗？一个商人的信任是一种财富吗？资本与土地的区别如何严密划清，资本与劳动的区别又如何严密划清？汇兑期票是不是一种货币？工资税，因其可抑制劳动供给从而减低利润，便是间接税吗？英格兰的茶输入税，因其可鼓励人民多消费啤酒及他种家酿饮料，便是保护税吗？

在构造定义时，上述那一种困难，是不应忽视的。但我们不能因为一个定义不能使我们把这种困难解决，便对这个定义，提出根本的抗议。如果一个定义必要顾及一切有发生可能的特殊情形，则所得公式必错乱异常，甚至于没有达到任何定义的希望。讨论定义，虽讨论之本身极有价值，但若讨论结果，不能提供一个定义，却也不能认为满意。所以，一个经济学家在构造一个寻常的定义的时候，如果提示了许多难点，他亦就应该

---

① 参看克宁汉(Cunningham)《英国工商业在古代及中世的发展》第17页。克宁汉博士说："十六世纪，有些名辞用法的变化，是颇为显著；如加以注意，我们当能认识当时发生的异常的变革。一种社会变革，如已能表现在一个新名辞上，或在旧名辞上确立一种新意义，那就可以说已经完成了。"尼却尔生(Nicholson)教授，曾在一篇演说辞《经济学是教育的一部门》中，赞成用历史的定义方法。

进而说明何一公式(照按他的意见),能对于这种种难点提供最便利的解决。

真理是,要划出一个坚固明快的界线——这是定义所不得不作的——总不免会有点勉强;因为这种界线,并不是自然所划的。在这里,像在其他经济事件上一样,有一个连续法则的作用,各种类是互相渗透的。所以,有时,即令定义不是绝对明确,绝对有定,便亦不得不认为满足。果如是,则特殊情形之特性,将成为一种有价值的考察对象,是应该予以注意的。不过,它们一向是被我们忽视的,除非它们在特殊的关联上,发生了特殊的重要性。

第六章　论经济学上的精密的经验法

第一节　观察在经济研究上的初步作用

这一章，将要努力说明，除了在有限的范围内，精密的经验法，决不能独自提供一个确实的充分的基础，以期得到一般的经济学的真理，从而，像某一些人所主张的那样，经济学并不是一种纯粹经验的或归纳的科学。不过，我们最好在当初即明白表示，这所说的，只是真理的一面。如果纯粹的归纳法不够，纯粹的演绎法亦是同样不够。不幸，一般都误认这两种方法是相反对的，似乎使用了其中的一种，即不许使用其他一种。事实上，如要使经济科学完全发展，那就只有不偏不倚的，把这两种方法合并起来。

在经济研究的初步，观察有其极重要的作用，但此种作用，或易于被人忽视而已，第一，就连演绎的经济学之究极的前提，亦是从观察得来的。从这一个观点看，对于左右人类经济活动的动机的作用，予以内省的观察，实在非常重要；但这种内省的观察，必须与别一种观察相结合，那就是观察别人在经济范围内的行为。并且，如要决定经济的动机，可在如何程度如何方法上比较并测度，观察亦是不可少的。此等动机通例有测度可能性那一个事实，乃经济学所以能够大规模化为演绎科学的一个重要理由，但这个事实，即是从观察得来的。

支配经济活动的主要自然条件及其他条件，亦有研究的必要。社会法律组织对于一般经济的影响，尤须予以检察。关于这种初步的观察，尤其是关于观察在演绎法上所占的地位，我们将在下一章予以进一步的考察。但有一种区别，却得予以注意。居在演绎推理以前的观察，大体都不是对复杂经济事实的观察，只是对基本经济势力及其活动条件的观察。

复杂经济事实的构成，乃由于此等基本经济势力的活动[1]。

不过，一切经济研究，都须事先观察复杂的现象，而加以记述与暂设的分类。这样，构成经济科学题材的现象，才能在具体的形态上呈现出来；待解决的问题，才指示了出来；我们以后的推理，才有指导与支配的手段。

从直描的立场处理经济现象的那一部经济学，可称为直描的经济学，与企图建立法则或规律的建设的经济学有别。直描的经济学，又可再分为形式的与叙述的[2]。前者分析概念，类化概念。像财富，资本，价值，货币等等概念，凡要理解经济现象的性质者，均不可不予以分析与分类。所以，这一部门必须有定义与分类的论理学的过程。后一部门，却以历史法比较法并辅以统计法，研究各社会各时代的特殊经济现象；那本质上就是具体的，详细的。

有直描的分类的经济学领域中，有无限的范围可以从事有价值的经济研究。在广泛的意义上，直描的经济学，包括了全部经济史与经济统计学。但由此而得的关于特殊事实的知识，并不是经济科学的目的，因为经济学的中心问题，乃是建设的，不单是直描的。因为有人主张，经济学只在直描的或分类的阶段上，才是一种经验的科学，所以关于这点，有考究的必要。有些著作家主张，在现存的条件下，经济学家除了供给一些术语，除了描述并类化直接观察所得的东西，即不能完成任何其他的事情。

---

① 参看瓦格讷(Wagner)《经济学原理》一八九二年第九十二节。

② 参看W. E.约翰生论《经济学方法》条，见拔尔格勒夫《经济学辞典》。约翰生君曾从方法论的立场，把经济科学分成如下诸部门：

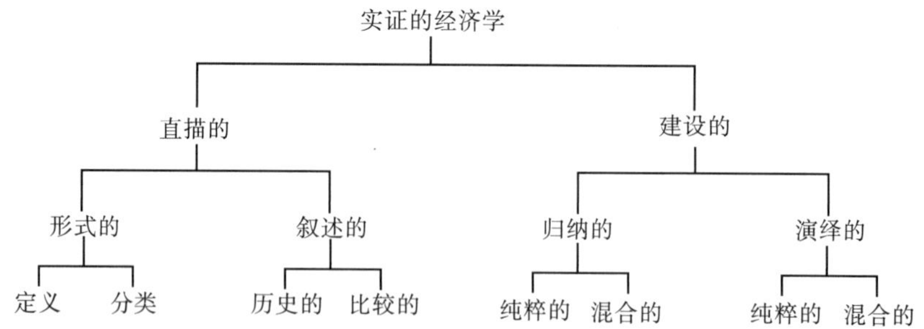

须注意建设经济学的分类，乃以所用的推理方法为标准，那可以主要是归纳的或主要是演绎的，而所谓混合方法，则是以演绎法修正归纳法或以归纳法修正演绎法。

所以，他们竟认经济学必须“以观察，分类，描述，定名诸事为满足”[①]。

如果经济学家对于财富现象不能推理，又不能发现因果关系的法则，经济学就不配称为科学。单纯的记述，决不能成为科学；经济学亦没有纯粹的分类阶段。关于这点，经济学和动物学植物学那一类科学，是不相同的，因为动物学植物学所研究的物质的对象，有一种自然的分类系统。以上所述的原理，实际忽略了一种事实，即，经济学必然是一种因果的科学。经济学者必须努力探寻结果的原因，指示原因的结果。但因果关系的探究，必须有推理的工具为助。那不是演绎法，就是归纳法，不然，就兼有二者。单是反省的观察，不能提示必要的洞见[②]。

应附言者，对于具体经济现象之初步的记述与分类，固应居在经济学理的讨论以前，但此等记述与分类，在最初的时候，必须认为是暂设的。原因与结果的关系，屡屡包含在所谓单纯的记述中。所以，如果不考察根本的原理，则经济事实之记述，往往会在无意中成为欺骗的，因为名为自然之反照者，实含有个别著作家的私人的偏见。至若经济事实之分类，就更不必讲了。我们越是明了经济现象所由而支配的法则，我们对于经济现象的记述与分类，必越是准确。

纯粹直描的经济学，无论怎样重要，我们终须从观察，进到合乎论理法则的推理过程。第一应当讨论的问题，即，产业现象的精密的观察，能在如何程度上，直接引导我们去建立经济法则。所谓精密的经验法，即渐渐由特殊到“中间的定则”(Axiomata media)，再进而到最高的科学公理。那决不会颠倒这个次序。

纯粹归纳法，可区别为两种形式。第一，在特殊情状下，应用论理的

---

① 参看克宁汉所著《当作一种经验科学的经济学》。德国历史学派的更极端的学者，亦持有略略相同的理论。关于他们的主张，我们以后还要详论。

② 我们已经讲过，瓦格纳承认经济学上有三个理论问题，即，经济现象的记述，经济现象的类列，经济现象的原因的说明(参看本书第二章第二节)。但他又说，这三个问题实际构成了一个问题的三个阶段，它们必须尽可能予以解决，而且要按照这所举的顺序解决。他往下还说，经济学即令是一种科学，亦至少不是一种独立的科学，只是历史科学及记述统计学的一部门——如果照历史学派的说法，认经济学所讨论的只是这三问题的第一问题。其实，第二问题第三问题，才是经济学的特殊问题主要问题，因为第一个问题的解决，不过是解决这两个问题的准备；要第二问题第三问题已经讨论到了，经济学才配称为真正独立的理论的科学。(《经济学原理》一八九二年第五十八节)。

差异法，而检察一单列的经济事实。第二，从许多事例，应用综合法，以广集特殊种类的经济事实。在前一场合，须用实验或实验的代替物。在后一场合，则材料所从而搜集的资源，乃是历史与统计。

第二节　经济学上实验的范围有限

观察与实验，以其获取知识之方法不同，故有时被认为是相对的字眼。但这看法，当然是不当的。实验即是亲自小心造出现象来，俾能在最有利的条件下观察①。在实验时，我们得支配所研究的现象，而对于此现象所由而起的条件，其知识大都是更准确得多，所以，与其不加支配，即从事观察，要得结果，必较为困难。如实验的范围无穷，我们还可改变条件，以重复吾人的实验，并依次把那些可以朦蔽现象真正性质的事情，从现象分离出来。所以，实验法大都须应用差异法。我们要从精密的经验推理，差异法乃是唯一完全充足的方法。

差异法的本质，乃是一种比较，所比较的两种事例，在其他各点均互相类似，但在其一，有一特殊之原因在，在其他，却缺少了这个原因。从而，这个原因的结果，就很显明了。

如果这个原因——其结果正是吾人所要研究的——的作用至为单纯，其作用之情状，已为吾人所非常熟识，他一切实际变化，亦无不为吾人所察，这方法的必备条件就是最完美的了。并且，一般说，由原因的出现到结果的产生，又最好不要历时过久；不然，即难免有其他的未知的原因加来干涉。在这些条件下，所比较的事例，一为这原因未有作用的情状，一为这原因已有作用以后的情状。实验法普通所用的形式，即如此。

倘若所比较的两种事情，其一为一定原因和其他诸原因共同作用的结果，其他为这其他诸原因单独作用的结果，则其形式，又自不同。在这里，不必一定要完全知道“其他诸原因”的性质；唯一的必备条件是，这其

---

① 我们有时听见“无意的实验”那一个名辞，例如火车的意外及饥馑。但就论理的意味说，实验就必须是小心的，有目的的。那不只是一种惊人的事实，研究之，那可获得特殊的洞见。上述那诸现象如何可以作为论理的实验之代替物，且待以后研究罢。

他诸原因,必同样出现于这两件事情上。但这必备条件是否真正具备,极难确定。所以这形式比较更不适用[①]。

现在我们要问问,精密的实验法,在经济学上,能在如何程度上使用,不经实验,使用差异法所必具的条件,又能在如何程度上具备。

我们不能说,经济研究,绝对不能使用实验法。实验可以帮助我们确立比较单纯的财富生产法则——例如,劳动效率法则,劳动效率增进的法则。所以,赖有实验,经济学家得直接研究技术专门化对于工人技巧的影响,使他们更能够计算分工的经济结果。报酬递减律亦可以实验试验之。

但这些问题,都是经济学入门的问题。事实上,这样由实验决定的法则,有些与其说是由实验所得的结论,不如说是其他科学对经济学的贡献。关于分配问题交换问题,及社会制度政府政策所生的经济影响,精密实验法更加有应用的可能。但经济现象大部分不能由人随意操纵;就使某一种实验是可能的,我们支配相连诸条件,改变相连诸条件的能力,亦极为有限;实验亦不能随意重复[②]。

或谓,每一个新法律,都是一个实验。依照实验这名辞的通俗意义,那主张一点也不错。在一切的法律上,新现象都由人力产生;这种现象的真正性质,在种别上,在数量上,大都是不能预料的;要完全恢复以前的情形,固全不可能,但要由以后的法律加以修正,亦往往是可能的。但若说每一新法律的最初目的,即是供给手段,教我们对于改变条件或加入新因素所能产出的结果,好予以研究,却又未免太远于事实。并且,就说这新法律的最初目的,在于整理或修正相连的条件,以便达

① 差异法这两种不同的形式,以下还有说明。此外还有一种形式,即,这一定原因与其他诸原因共同动作,而这其他诸原因的性质及其个别结果,在种类上数量上都已准确的知道。在这场合。这一定原因的结果如何,可由抽象作用——从总结果中;抽去其他诸原因的结果的总和——决定之。差异法的这个形式,大家知道,即是所谓剩余法。

② 凯因斯既言经济学家不能使用普通的实验法,但又提议一种较劣的代替物,他还把它叫做"精神上的实验法"(Experiment conducted mentally)。最先构成假设的条件;其次,假设有某新的因素,在这些条件下动作;最后,阐明这新因素的结果。凯因斯还说:在方法上,"李嘉图,曾尽可能,在问题的性质及环境所许可的限内,使用这种实验法。轻视他的伟大成就的人们,往往称扬这种方法,但按照他们的评语,他们似乎并未曾了解这个方法的性质"。(《论理的方法》,第 81 页)。这所指的方法,乃是演绎法的一个形式,极为有用。但称之为"实验法",却难免滥用这个名辞了。

到这目的，亦属非是。立法，一般说来，决不能等于自然科学上的实验①。

一个政治家，采用一种试验性质的法案，如明言其目的，在于洞察这种法案在社会上经济上的结果，我们正可说他是在实验。在修改税制时，就可采这种办法，因只少数物品的赋税，暂时改订；在改订救贫法时，亦可采这种办法，因暂行的改订，只行与一二地。试行性质的法律，特宜于成为地方的实验。国内一定地方的地方官，采用一种新办法，国内其他地方的地方官，可观察其施行结果。采行的区域，可以渐次扩大，而每经一次扩大，也许就有一次新教训。应注意，在这场合，我们不仅可以拿实验地的情况，比于同地域以前的情况，且可以之比较于未有此种实验的其他地方的情况。后一种比较，使我们能够把那影响全国的同时发生的诸种社会变化产业变化之结果除去。所以，这乃是我们所述差异法两种形式的合并②。

应附言者，在特殊场合，经济的实验亦可由个别的私人团体施行；例如，洛伯特·欧文(Robert Owen)及其信徒，即曾实验共产主义。还有一种试验，是萨尔福特铁厂马太(Mather)及卜剌特(Platt)二君在一八九三年试行每星期四十八小时工作制一年。这种试验，亦是一个颇有趣味的例子。

---

① 培根曾区分“求理的实验法”与“求果的实验法”。实验之本身虽无所用，但可以帮助我们发现原因与公理，我们常惯叫它作求理的实验法，以别于求果的实验法。其中有一种可惊的德性与状态；即，它们决不欺骗人，决不使人失望。因为它们既不用以获取结果，而仅用以显露某种事物的自然原因，即令落伍，亦同样可以满足我们的目的，因为它们曾把问题解决(《新工具》第一篇格言第九十九)。在近世论理学著作上，实验一辞大都限于求理的实验；换言之，其所指的活动，乃以增加知识为直接目的，非以增加物质利益为直接目的。但在特殊情形下，求果的实验，亦会显然成为求理的实验。

② 杰芬斯在一篇论文《社会改良法》中，极力赞成试验性质的法律(见该书第253页以下)。他指出了，赖有这个办法，“活的社会有机体”就有“直接实验”的可能了；为社会进步而施行社会实验，亦有了可能性了。中世纪的法律，往往只适用于一定的年限，那是值得注意的。关于保护本国工业的古时法律，亦适用这个主张。所以，在一四五五年，丝业工人及纺业工人，诉说他们的工业，为朗巴特人及其他人所破坏了，于是，有一法律通过，限制丝制造品输入五年。一四六三年——在此年以前，这项法律已停止执行了一个时期——又通过了一种同样的法案，但其性质更为普遍；一四八二年，再通过了同样的法案。以后还更新了几次，直到下一世纪开始，这个禁令才成了永远的。这一类试验性质的法律，虽亦有各种弊害，但我们总可从此不断获得新的经验。

但无论如何，像上面讲的那种实验，亦和化学家物理学家在实验室中，所作的实验，有极不相同的情形。我们无论如何不能说，如有实行某种实验的可能，差异法的必备条件即能充分具备。例如，试验性质的法律，即不是能随意进行的实验；所以，普通研究者的研究过程，殆与单纯的观察很少差别。而理论经济学家所愿有的实验，又不必就是实际行过的实验。并且，政治家决不能随意在改变的情状下增加实例；如是，实验法的特殊利益，就丧失了一种了。

再者，在经济界上，一切最重要的结果，都往往是极其渐次的发生。所以，我们所不能支配而不稍疑其已经发生的物质变化，遂更有单独发生的可能。换言之，我们要从其他诸原因——其结果可以被人误认——分出任何单一的原因来，必特别觉得困难。

包含个人随意行动的实验，还有一种特别的不利，因为被当作实验对象物的人，亦往往关心到实验的结果。所以，如要实验财货公有的经济结果，则因组成社会的份子，有大多数因要实现社会主义的思想，也许是——至少在当初——特别选择了的人，并不是一般人类的代表，而由此事实所造成的干涉，决无法可以排除。组成这个社会的份子，就其个人说，大都是不自私不自利的，都热望实验所得结果，能适合于他们心目中的计划。在某一些场合，自动的共产社会的份子，又由一种特殊的宗教性质的束缚，团结住了。就以上所说各点来讲，共产的实验，似乎过于有利于共产主义了。但事实上，这种实验失败的机会，往往比成功的机会多。为要说明这点，共产主义的赞成者，遂举出别一理由，来说明这失败的实验的缺点。他们主张，实验只能行于小规模，其周围各社会都不表同情，而要纯然自动的作例外的持久的牺牲，那非常人所可作到，只能望于最强壮最能干的人。所以，他们以为，被试验的原理，盖不许有良好的机会。我们说这一类实验不能给我们以任何有用的教训，固有所不能；但这一类实验,不能在任何方法上,给我们以确断的证据,却亦是极其显明的[①]。

第三节 差异法之独立的运用

大体说来——把财富生产的更基本的现象搁在一边——在经济学上,精密的实验,不能给我们以多大的帮助。在复杂的经济研究上,差异法固有时能有相当的成功,但亦只是有时;那大都不是实验的结果,而是

① 以上所说诸种意见,有些可适用于马太及卜剌特二君所作的有趣的实验。二君于一八九三年,因要试行每星期四十八小时工作制,作了一年的实验,其实验之记录(录自一八九四年三月三十一日《经济学家》所载),可略述于此。这工厂,雇有一千二百人之谱,从事机械业,热望减少工作时间,并曾与工人当面商酌这问题。结果议定自一八九三年二月至一八九四年二月,每星期工作由五十三小时减至四十八小时,工资率则依然不变。计划之各款,均经机械工人联合会讨论,联合会并答应,在实验进行的年度,不再向其他雇主,要求缩减工作时间。那还对工人们说明了,这种实验,如要成功,工人们就得尽力使此实验成功,即更遵守时刻,并在这更短的时间内,用更大的能力与注意。同时,又对各部工头下了一个诚恳的申请书,请他们在一年内,在工作的分配上,在材料的供给上,在新工具的采用上,在工厂其他便利的建树上,特别认真,特别周到。在这实验上,有一特殊之特色,即除了在机械毁坏修理的时候,从来没有工作过久的现象发生;如工作特别忙,即采行替班制,而雇用临时的工人。并且,那又曾与工人及工会议定,如实验失败,则厂方有权修改其纲领或恢复旧制度。

实验的结果,曾为威廉·马太君所详记,新制度的利弊——直接的或间接的——又曾经极小心的秤量。这当然没有细述的必要;我们如知道,所得结果,从资方劳方看都极满意,就够了。点件工人的总收入,虽有减少,但这种减少,与其工作时间之减少比较,又是很微乎其微的;工资虽略有增加,但生产费并未增加,因煤气电光的耗费,机械的磨损等等,都可节减。

无疑,这种实验,对于减少工作时间的经济结果的断定,颇为有价值的贡献。但其令人信服之程度,有过分夸张的可能,因为,即令马太君的计算,能除去铁工业的外部变化的影响,他仍不免有过分夸张的可能。

诚如当时批评家所说,减少工作时间的条件,在某几点上,是有一种例外的性质,所以我们正可提出这样的疑点,即,满意的结果,是不是应归因于其他同时发生的条件者多,应归因于工作时间减少者少。也许,利得的一部分,应归功于各部工头的组织已经改善,点件工人已有较多的利器,使其出品能够增加。而且,在实验的年度,一切关系人又自然会竭力使实验成功。工人必在当初尽其心力以图获得永久的未来的利益;雇主亦一样切望他们所创拟的实验,不致失败。

如一般施行八小时工作制,这特殊的增加生产的动力,必定是缺乏的。所以,要从这一类特殊情形综合,必须非常谨慎;我们决不可单凭这个实验,来解决问题,我们还须以许多其他的与此有关证据,来互相印证。

(一)因为骤然加入了在性质上或程度上绝非正常的影响;(二)因为两个相邻的社会,碰巧,就一切有影响于经济状况的因素而言,除了一点,其余都是互相类似。

关于第一种形式,可譬如十四世纪黑死病突然异常减少了劳动的供给。试一比较瘟疫前后的劳动市场,我们当可明白指示劳动稀少对于工资的影响,虽然我们现今所能获得的材料,甚不完全[①]。此外,又譬如法国大革命时代所发行的纸币,危机期间银行法的停止,一八八一年美国铁路公司的紧急处置,都是突然加入的绝非正当的影响。

关于第二种形式,可在马尔萨斯《人口论》第二卷前二章中寻得一个例示。马尔萨斯说,挪威、瑞典这两个国家的一般经济情形,是极相类似的,他们之间,只有一个不同点,即,挪威有较良的土壤与气候。但瑞典平均死亡率对人口的比例,远较挪威为高,下等人民亦更不繁荣,歉收年岁的死亡率的增加,尤足惊人。马尔萨斯为要断定这区别的原因,遂使用差异法;他以为,原因乃在于挪威对于人口增加,更有力的在作预防的制裁。譬如,一直到他著书的那几年,挪威每一个人都须服十年的兵役;而在这十年内,"不得证明书,即不能结婚,而这证明书又须有教区行政员签字,证明他有充足的维持妻室的资质;此外,那还要得到军官的许可"。这国的一般感情,亦反对早婚。劳动是很少迁徙的,分工是不大进步的;每个人都能判断自己的职业儿女的职业,有什么出路;对于人口过剩的危险,每个人都深深的感到了。反之,在瑞典,则职业的种类较多,人口过剩的危险,没有那样明白。每年结婚次数对全人口所持的平均比例,遂较挪威为大,这比例且必然随食物的暂时的增加而加大。同时,政府尚不绝呼号要增加人口,分娩院育婴堂的设立,便是这种要求的实证。其间的对照情形既如此显著;是则,就两国在其他一切方面均相类似那一层考察,马尔萨斯所得的结论,就不易反对了[②]。

穆勒在其《名学》一书中曾指出,在保护政策的争论上要应用差异法,他以为,只有在如下的条件上,方为适当。他说:"如二国,就其自然的利

---

① G. C.刘威士(Lewis)在所著《政治学的观察及推理的方法》第六章第八节,曾引证似乎同类的一个例子,即一八四五年到一八四九年爱尔兰的马铃薯歉收。

② 看波讷尔(Bonar)所著《马尔萨斯及其事业》。

害说，均相类似；其人民，就各种性质——物理的和道德的，天生的和后获的——说，亦互相类似；其习惯，规矩，意见，法律，及制度，除了一点各不相同外，在其他各点都是相同，而这所谓一点，即一国更采用保护税，或在其他诸点上更干涉产业的自由；如果其中一国富，他国贫，或一国较富于他国，那就成了一种'决定的实验'，一种经验的真实的证据，可以证明在这两个制度中，究以何一制度更宜于进国于富。"①

那里所说，盖谓此等条件，决无满足之可能。但那里又主张，维多利亚和新南威尔斯两地一八七〇年后经济进步的比较，正是这一类事情的决定的例示。这两个地方都是一八七〇年开辟的，但据说，无论以人口为标准，以收入为标准，以输出输入为标准，抑以可计财产的价值为标准，新南威尔斯的进步，都胜似维多利亚的进步。于是，有人使用差异法来研究这种现象的原因。这二殖民地的领土是毗连的，就自然的利害说，它们是极相类似的；它们的居民既属于同种，其性格习惯亦是类似的；它们按同一原理受着统治；它们的制度，大部分是同样的。但在别方面，有一个显著的例外。即，在维多利亚，是保护政策占优势，在新南威尔斯，是自由贸易政策占优势。于是，那里就以为，这种差异必须说是二殖民地进步程度不同的原因②。

在如上那种场合，就连要在复杂的经济问题上运用差异法，亦不能说全不适当。换言之，要由这方法确立因果的关系，亦有颇大的盖然性。但如上那种场合，乃是例外的；并且就连在最适当的情形上，亦必须依别种推理方法来印证。因为，周围的环境既如此复杂，而结果的表现又往往须经颇长的时期，所以，要适当运用这个方法，必备条件单是近似的具备，还嫌不够，那应当在此以上，但这又为不可能之事。在自然科学上常常具备的条件，在经济学上是全然不能得到。

我们有时虽毫无疑问的，承认差异法所得的经济上的议论，但那大都因为以前的推理亦倾向同一的结论，有以致之。我们究在如何程度上信赖以前的推理，在如何程度上信赖单纯的以后的证据，那是往往难

① 《名学》第二卷第472页。

② 参考佛勒尔爵士(Lord Farrer)《自由贸易与公平贸易》第二十九章，及G.巴登·鲍威尔爵士(Sir G. Baden Powell)在一八八二年三月《半月评论》所发表的《保护政策在新社会上的结果》。

于决定的。正如凯因斯所示，以后的证据，因其讨论新的显著的事实，故特能惹人注意。但若结论所倚的基础一经论理的分析，那我们也许就会发觉，这里所用的方法，并不如我们最初一刹那所想像。那是归纳法与演绎法的合并，并不是纯粹的归纳法。归纳法与演绎法，原来是相辅而成的。

因要检验，比较详细的检验上述诸例的适当性，吾人对于上述一二例，有再行讨论片刻的必要。马尔萨斯比较挪威与瑞典，但其实，这两国的根本差别，是否已被忽视，那简直没有方法可以确定。如是，差异法在物理学上化学上的适当性，在这里，就似乎没有了；马尔萨斯亦决不曾想像其有。他不过在许多例示中，把它当作是一个例示，认其效力，是无可疑问而已。这说明了在复杂的经济研究上，差异法究竟占有怎样的位置。单独应用这个方法，决不会有独立的妥当性。因为这个方法，只在理想的条件下有独立的妥当性，而这种理想的条件，却无论如何，亦不能具备。但差异法通常可用以加强或证实其他方法所提供的证据。

以新南威尔斯及维多利亚的比较为根据的自由贸易论，亦适用这种注解。很明白的，在这种比较上，应当同样计算这两殖民地在一八七〇年以前及一八七〇年以后的情形。一八五一年以来，维多利亚时有金矿发现，因其地金矿，比新南威尔斯的金矿，几乎更丰饶六倍，所以维多利亚在那时期的发展，甚为迅速。但此后，维多利亚每年的金矿出产，即由大约一千万降至大约三百万。那吗，这在保护政策者看看，不是维多利亚自一八七〇年以来进步比较迟缓的明白的原因吗？再者，因维多利亚以前的发展极为迅速，以致在一八七〇年，两殖民地的出发点，已经不是同一的水准了。维多利亚的面积，比新南威尔斯的面积的四分之一，不曾大得许多，而其人口，在一八七一年却已更稠密得多，其外国贸易亦已更大得多。但是，一国所达的水准愈高，它要保持高度的进步率，往往愈难。并且，以下那一个议论，是否正当，固是问题，但亦未尝不可提出，即，维多利亚采用保护政策，虽足使其国运受直接之影响，但确乎立下了将来进步的基础。所以，单是比较两国的情形，决不能立下完全的断然的议论。

真理是，任何两国间，都确有无数差别，可以实际影响于它们的经济情形。这种种差别，可以是微小的，不显明的，但综合起来，其经济影响必甚可观。洛伯特·基贲爵士(Sir Robert Giffen)说："没有两个社会，能在严密的逻辑上充分的互相比拟。种族上或精神性格上的极微小的差异，已足使两个在外表上完全相同的社会，在物质的进步上，彼此发生极大的差别。如果两个社会的经济制度不同，那我们如何断言，其中一个社会的较劣的进步，实际是由于这种制度，而非由于我们所不甚了解的社会性质上其他的差别呢？此外，外部的经济状况是在不绝的变化中，对于性质很相同地位很相同的两个社会，可以发生极不相同的影响。如我们可以作许多比较并陈示一个一致的结果，我们断言差别之由来在于经济制度而别无其他一致的原因，也许还是可靠的；不过这条件又没有具备的可能。"①

经济研究上差异法的证明力，既如此容易为人所夸张，所以，在通俗的经济推理上，也许要以误用差异法，致误认因果关系，为最普通的误谬了。②

---

① 《财政学论文集》第二辑第200页。穆勒在一种先天的理由上，主张两国除了商业政策(或为自由贸易或为保护贸易)那一点不同外，要在其他一切影响经济状况的事情上互相一致，实不可能。在前所引述那一段话之后，他继续着说："假定有这样两个事例，显然是荒谬的。这种事情，就连在抽象上，亦是不可能的。除了商业政策不同其他一切均相一致的两个国家，在商业政策上亦必一致。法律的差异，不是内在的究极的差异；不是种类的差别。那是已有原因的结果。如果两国在制度的这一点上互相不同，那吗，这种不同的发生，必定因为他们的地位不同，或利害关系不同，或意见，习惯，趋向有某种不同。总之，这种不同，使我们窥见了无数的不同，那种种不同，可以依凭无数的方法，使人难于计算，难于想像，对于他们的产业繁荣情状，好像对于他们别种情状一样，发生各式各样的作用。在社会科学的研究上，要使用精密的经验法，以求得最断然的研究，其必备条件，决无取得的可能。"这种先天的论据，颇有其妥当性。但稍嫌言之过甚。采用自由贸易政策不采用保护政策，或采用保护政策不采用自由贸易政策，都可以是意外事件的结果。例如，某个政治家或某派政治家如赞成某种政策，当权后，即采用该种政策。所以，商业政策的不同，也许无关于任何其他在经济上颇为重要的不同。同时，那种现象"在抽象上虽是可能的"，但无疑有最高程度的不确实性。

② 这里可以附注一笔，即，我们以一结果归因于一个毫无关系的前设，固犯了误认因果关系的误谬，以一结果完全归因于一个仅一部分有关系的前设，亦同样犯了误认因果关系的谬误。例如，玛先尔教授曾"抗议以竞争的新势力，看作是英国劳动阶级在前世纪末及本世纪初过困苦生活的唯一原因。那，一部分应归因于战争，收获不良，及救贫法不当。救贫法，本身就和自由竞争相反对，那蹂躏自由竞争，而赞成一种粗型的使品性堕落的社会主义。"(《经济学原理》第一卷第一版第717页注)。

赞成保护政策或自由贸易政策的普通的后天的论据,可以作一个代表的例。保护政策家提出美国的繁荣来作证;自由贸易政策家,则提出英国的繁荣来作证。但经济的盛衰,乃是许多原因共同动作的结果,其中有一些可以证明同一的倾向,有些原因却多少是互相抵消的。假定自由贸易可以助长繁荣,但正可以有别种有力的原因来助长繁荣。而这个有力的原因,在实行保护政策的国家,也许比较在不征收保护税的国家,还以更大的势力在活动。但若按诸自由贸易论者的见地,则谓实行保护政策的国家,应较实行自由贸易的国家,更为繁荣,亦未始不可。因为自由贸易论者并不主张,无论其他条件如何变化,繁荣是常常与贸易的自由为比例;他们不过主张,在一定经济条件之下,一国的繁荣可由自由贸易而增加。在他方面,我们虽承认,就全体说,英国在撤废谷物条例之后已大大繁荣,但自由贸易的有利结果,并不仅仅因为这单一的事实,而毫无疑问;因为差异法所必要的条件,全然没有具备。前世纪后半,有许多原因在作用,我们亦可认我国的繁荣,出于这一类的原因(其是非又无论了)。例如,发明的进步,交通机关的大改良,运输费缩减,教育普及,澳大利亚及卡里福尼亚金矿的发现,移民范围的扩大,新国家的开放,都是这一类的原因。我们还须记着,就连在撤废谷物条例以前,英国已在商业界占有无敌的位置。佛力特克希·李斯特(Friedrich List),应用后天法,认英国在商业上的最优势,即令不应主要的,亦应大部分的归因于十九世纪前半她所采行的限制政策①。

综以上所论,我们必须承认,差异法在经济学上没有很重要的地位。那虽在特别合宜的条件下使用,其议论如非得有其他推理方法的支持与加强,亦决不会是完全满意的。经济学上差异法的作用,与其说是提供完全的充足的证据,无宁说是暗示或证实。应附言者,此方法的运用,必须非常小心——即令其目的,只在于证明。有许多相抵消的原因在作用,所

---

① 近顷有人,引述赞成自由贸易的后天的论据,来例示归纳法在经济科学上的价值。不然,我们就不必要注意到这种考虑了。玛约·斯密教授(Professor R. Mayo-Smith)说,归纳法是比较的,——“归纳法可以比较同程度诸国家有同种作用的经济制度,以发现何为最优的制度。”(《经济学论》第 107 页);他嗣后又说,我们能从“英国的繁荣”,推论“自由贸易原理,至少适宜于工业发展的国家”,(同书第 114 页),作为一个例,以说明归纳法亦可得到一般的结论。

以，我们虽知一定原因的影响在于某一方向，我们亦殊难在被吾人直接观察的复杂的事实中，探出这一定的原因。关于这一点，在下一章，还要予以解说。

第四节 从多数事例综合之归纳的综合法

前一节说明了，经济学家决不能在任何可观的程度上，根据两个事例的检验与比较，而进行推理。仍待讨论者，厥为经济学家究能在如何程度上，以数量代替性质，并从多数事例——在这多数事例中，有一个同一的原因，在不同的条件下发生作用——的直接观察，作综合的研究。以多数事例为根据的综合法，大部分即是穆勒所谓类同法或共变法，那在极严格的意义上，即是经验的。

类同法的本质是：在许多事例中，发现两个现象不绝的连带发生，但此两现象所伴而生的其余一切事情，却在这一切事例中都不存在。如果具备了这个条件，那就可以推论，这两个现象必定有某种因果关系。

共变法的特色是：那必须有量的材料。如两种现象，其一发生变化，其他亦在某情状下发生相应的变化，我们就可断言，这两种现象之间，保有因果关系。

如要使用以上的方法，则材料所从出的特殊资源，不外是过去的历史和现在的系统观察。现存经济现象的说明，原不必采取统计的或数量的形式。但因经济学所讨论的，本质上就是数量，所以现代经济记录，有一种趋势，即益益有统计的形式。如果关于过去的统计材料，能随意增加，过去的历史亦必如此。但我们追溯愈远，则听我们支配的数字，即愈少，亦愈不可靠。

历史及统计在经济研究上的作用，是非常重要，且非常多样的。我们现在不要讨论它们的差别性质；我们只要讨论它们的作用之一，即，联同日常经济事实的观察，当作从多数事例实行归纳综合法的基础[①]。

第一要注意的点，是我们必须按照所论问题的性质，认定综合法在经济学上占有如何的位置。通例，我们所论，愈由单纯的现象到复杂的现象，综合法即愈不可靠。按照普通论理学法则，有作用的原因愈多，则其综错互相影响的方法愈复杂，从而，妥当归纳推理所必备的条件，愈无满足的可能。

如所论为财富生产的条件，则根据精密的直接综合法，有最大的相对重要性。我们已经说过了，在科学的这一部门，一切经济学家都赞成把归纳法看作是主要资源。无疑，就连在这一部门，他们亦要在演绎法上，联络他们的结论和人性的一般原理。换言之，在这里，像在其他各地一样，演绎法与归纳法是相辅而成的。但归纳的要素，较重于演绎的要素。例如，如要研究生产因素的生产率究取决于如何的事情，要比较大规模生产与小规模生产，都会有这种情形。

又，如研究资本增加的法则，从心理方面分析动机的演绎的议论固极重要，但外界情势对此等动机的影响，却只能由新鲜的观察和直接的综合而断定。告诉我们何种社会状态最能鼓励蓄积的，乃是经验，——虽则经验所说明的事实，只能在后来，由心理学予以解说。

关于人口学说，可应用同样的注解。在这种学说的提出与发展上，人

---

① 有些作家，主张纯粹的归纳法，在经济学上极为重要。但须注意，他们所谓归纳法，比普通论理学所谓归纳法，乃是更广义的归纳法。玛约・斯密教授说："最后，请问，如所讨论的是影响全社会全文明的大经济问题，归纳法能有何种作用呢？劳动问题即是这样一个问题。劳动阶级的境遇究如何呢？其境遇已坠落呢，抑已改良？归纳法且曾尝试对于这一类问题予以解答。托劳特・露吉尔斯曾勤勉的探究过去六世纪英吉利劳动者的境遇，以冀从历史方面解答这一问题。基贲则在统计方面，企图说明在过去五十年间，劳动阶级的境遇已实际改良。"（《经济学论》第111页）。论理学作者普通所谓归纳或归纳法，乃是一个推理过程，借诸特殊事例的势力，而确立一种普遍法则。在上述那一个例上，并不曾确立任何普遍法则。此种研究，显然须从具体事实的研究出发。就连最反对归纳法的经济学家，亦不会主张：我们能够先天的，或采取精密经验法以外的任何其他方法，以决定某一时期劳动阶级的境遇，或比较他们在不同时代内的境遇。我们应当明白，我们怀疑纯粹归纳法在经济学上的效用，我们所指的，是就纯粹经验的材料，确立普遍法则。但若一种研究，全然不要确立普遍法则，只有关于特定时间或特定地方的经济现象的研究，或只有关于不同时代或不同地方的经济现象的比较，那我们无论如何，亦不要否定经验法的重要。这种否定，是无稽的。换言之，我们如要确立要直描的经济法，那除了根据直接观察，即不能有任何基础了。唯一的问题是，归纳法在建设的经济学上，占有怎样的位置。

口的历史与人类增殖率随情状变化而变化的统计记载，是第一重要的。马尔萨斯《人口论》第二版及以后诸版，表示了这一点。马尔萨斯采用归纳的研究法。他的推理，直接根据于历史的和统计的材料。他曾搜集并比较记录下来的事实，以说明支配古今欧洲许多国家（文明的与非文明的）人口增殖的诸种势力。

要再举出几个例来说明那种适于使用归纳法的经济问题，可参考凯因斯对于奴隶劳动的经济性质的分析，穆勒对于自耕农民所有权的经济性质的讨论。穆勒的议论根据于类同法，非根据于差异法，这是值得特别指出的。他不能满意的或在任何可观的规模上，比较各种土地——假设一切土地，在一切其他物质方面，换言之，就气候说，就土壤丰度说，就国民性说，就耕作法说，都全然相等——的租佃制度。

以下还有一章论经济史及统计学。关于经验法在经济学上的适当的使用，还可在那一章发现若干的例示。在这里我可以再举出一个代表的例来。即，关于各种合作生产的可能性，我们须在显著的程度上，依赖直接的从经验综合的综合法。

当我们使用经验法时，我们务须记着，事例的数目并不怎样重要，最重要的，是这些事例的性质，应有性质的差别，且须从一广泛的多样的范围中搜集。目的在于除去偶然条件的影响；所以须注意把议论所本的事例，应尽可能求其少共通之点——除非那条件是研究的特殊对象。具备这条件的好好选定的事例一打，比较性质互相类似的事例一百，还更有价值。

应附言者，即令以最善方法运用经验的综合法，但如要把这种综合超出实际经验的限界，亦得十分小心。因为，受检验的经济情状的范围，无论如何广泛如何多样，但所得法则，要适用于一切情状，恐仍有所不能；还有许多情状，非大大修正所得的法则，即不适用。杰芬斯说得很对——“经验的知识固然有用，但若与一贯的说明完善的知识体系——那是进步的演绎的学问——比较，依然只有极小的重要性。事实上，一种科学愈成为演绎的，使我们更能在同一的法则上，理解外表上不相连贯的事实，它就愈是完全。知一事为何发生的人，亦正确知道这事将在如何场合上发生，有如何条件上的差别将阻止这事的发生。观察与归纳，固然是一切确实的自然知识的基础，但其使用，如不得帮助，就决不能引出近世科学的结果”。

所以即令我们原须依赖归纳法，但我们的结论，仍须由演绎的推理而证实，而说明。我们说在经济研究某一些部门上，归纳法非常重要，我们的意思并不是说更普遍原理的演绎已不需要，不过说归纳法宜用在演绎法之前。

第五节　经验法的限制

在我们现在所要简单讨论的几个部门的经济研究上，如从复杂的经济事实直接综合，不先申请于基本原理，往往极靠不住。并且，在几个部门上，如我们单依赖归纳的推理，我们的结论即易陷于错误。这里所说的那几个部门，包括财富交换与分配的中心问题。凯因斯说归纳法在经济学上“绝不够用”，即是指这一类问题。巴基浩(Bagehot)说：“商业的事实，尤其是大商业的事实，是极复杂的。其中有些最重要的，并不现在表面；有些最容易混淆的，却在表面上现了出来。我们如不使用某种方法来解决这类问题，那就比如以平凡的攻击，想夺取像麦兹或柏尔福那样的新式炮台，是一定会失败的。我们要攻那种炮台，必须有枪炮；要攻那种问题，必须有方法。”他说这段话的时候，所指的亦是这一类问题。他这里说“方法”，意乃谓，我们不应从复杂经济事实之独立的分析出发，但应从一种综合——根据于以前对诸根本势力(复杂事实所赖而生的根本势力)的性质及作用之检验。在推理的某一阶段上，虽必须对于具体的事实，予以后天的研究，但纯粹的单纯的后天法，是不可靠的。

上述见解所本的论据，乃是财富分配及交换的现象，甚为复杂。如把直接综合法看作是论理学上一个专门名辞，则因原因繁杂，结果错纷，直接综合法乃是不可能的。所谓原因繁杂，即同一现象在不同场合可归因于全不相同的因素；所谓结果错纷，即同一原因不绝与其他原因共同动作，遂致其他原因所生的结果，与这一原因所生的结果，错综得分别不清。由于后一种情形，这一原因所生的结果，有时为其他的同时发动的影响所抵消了，有时又因此而发生性质上的变化。穆勒在《名学》第三篇中(并不特指经济学而言)，曾明白指出，对于由许多原因结合而生的结果，单纯的观察法，大都是不适用的。经济原因之完全结果，要表现其自身，大都须经过一个长时期,所以,其困难遂益加大了。在这场合,即令后天法使我们能够侦知某种经济变化所生的直接的暂时的结果,但我们如不借某种"方法"之助,恐仍不能理解其究局的更永久的结果。经济学上有许多问题,又因有相互关系——这科学所讨论的现象——其间每每有相互关系存在——而更为复杂了。那并不是第一现象决定第二现象,第二现象决定第三现象,没有任何有相反作用的影响存在。那其实是三现象彼此互相决定。例如,供给,需要,交换价值,即有这种情形。还有些同样极其重要的经济现象,亦有这情形。要用直接综合法讨论这种关系,是不可能的。那正如玛先尔教授所说,必须"借助于一种精密的方法"[①]。

为这诸种理由,要由纯粹后天的推理方法,形成任何一般的价值学说,利息学说,工资学说,地租学说等等,都是不可能的。这必须借助于一个方法。在这个方法上,人性基本原理的演绎,即令没有排他的重要地位,亦有中心的重要地位。一般经济学家,除了极端历史学派,在这点上,实际几乎是主张一致的;他们与其肯定一般学说能由精密经验法取得,无宁肯定精密经验法在一般学说的取得上毫无用处。所以,他们遂转而研究别一类问题。

不讲一般的学说,举一个有特殊性质的经济问题来讲吧。这个问题的解决,纯粹后天法是很少用处的,甚至于没有用处。假设我们要决定货币的一般商品购买力和利息率固定的证券价格二者的关系吧。共变法够解决这一问题吗?统计材粹是很丰富的。康梭尔斯(Consils)——那可以代表利息率固定的证券——的平均价格,一百年来,悉为人所熟知;并编成了许多表格,表示某几种批发商品的平均总价格,在若干年内,是在怎样变动。这种表格的编制虽有若干缺点,但即令其编制完善,我们亦不能单单比较商品价格或康梭尔斯的价格,以期在近似的方法上,把这一个问题解决。货币的一般购买力,对于证券价格,无论会发生怎样的影响,但若与其他影响——例如,货币市场的情状及政治情状——比较,那其实算不得什么。诚然,这种研究,如要求其完全,就必须知道价格涨落诸时期的一般特性。这种知识,虽只能由经验取得,但没有某种复杂的演绎推理,亦是不行的。

---

① 《经济学之现在的地位》第31页。

在某一些场合，要近似的满足妥当归纳法的条件，亦未尝不可能，但如此获得的结果，在未予以演绎的说明与证实以前，只能认为是暗示的，暂设的。货币市场的周期运动说，可以说是一个例示。

有些论经济学方法的作家，以为演绎法可适用于单纯的静止的产业情状，但不适用于更复杂的近世经济界；又以为，在复杂的近世经济界，演绎法必须让位给精密的经验法[①]。我们已经讲过了，为什么要反过来，才更近于真理。我们不必说，有作用的势力愈多数，其相互影响的方法愈复杂，产业一般情状的更迭愈迅速，则经济学的问题——无论使用何种方法来解决——愈困难。演绎法的运用必更加小心，辅助演绎法的事实必更须重视。反之，如单有事实，必更使我们无法，单有经验法，必更易引出错误。例如，在单纯而比较静止的产业情状下，研究金供给的变化与金价格的变化二者之关系，或研究金供给的变化与折扣率的变化二者之关系，那就令单纯根据于后天的统计的考察，不使用演绎的议论，亦有若干价值。但若产业情状甚为复杂，信用业银行业均已充分发展，价格及债务市场情况都有无数原因使其发生变动，那我们如要作同样的研究，单纯根据后天的统计的考察，不使用演绎的议论，恐不仅无用，且将有害[②]。

我们有特殊理由，不应蔑视或粉饰纯粹归纳法在复杂经济研究上的弱点。在经济问题的讨论上，如盛行一种低等的归纳推理，必定会在经济学上，产出不少的误谬。在一定条件下使用归纳法固属正当，但此种方法易为人所滥用，却亦是毫无疑问的。

---

① 参见克里福·列塞勒(Cliffe Leslie)《论经济界之已知及未知》。

② 洛伯特·基贲爵士对于上述诸问题，曾在《财政学论文集》第二辑中，予以美满的研究。这些论文，显然不得不借用演绎的研究法，但同时那里又叙明了，演绎的议论，决不要蔑视现代商业银行业的实际工作。演绎法的用途，曾不绝为人所误解，所以我们不惜反复叙述，借用演绎的推理法，并不是蔑视现实的事实。

第七章　论经济学上的演绎法

第一节　演绎法的性质

在精密的经验方法，不能提供经济法则之可靠知识的限内，我们必须借助于一种方法，这方法的本质，就在对于作用着的主因，加以初步决定；并对于那些主因在各种情形下所生结果，加以演绎。因为，在这样一种方法中，那基于现实复杂具体事实之考察的后验议论，就要为那种先验议论，所代替了；这先验议论，乃基于人类相互经济关系上所表现的一般特质的知识。约翰·穆勒说："演绎法的问题，就是要在那些以某一结果为共同结果的各种倾向的法则中，找出这结果的法则。"演绎法在它完全的形式上，包含有三个步骤。第一，是决定那些作用着的主因，以及这些主因作用起来，所遵循的法则；其次，乃及于纯粹的演绎阶段，在这一阶段中，就要推论到：在一定状况下，那些主因作用起来，所生的结果；最后，比较那已经推论到的结果，与能够直接观察到的实际结果，因以试验第一步骤第二步骤之正确性与适当性，并提示出必要的修正。严格的说，在这三个步骤中，只有中间一项是演绎的。因之，所谓完全形式的演绎法，并非是绝对的演绎法。设加以比较正确的描述，则可以说，那种方法，虽是演绎占优势，仍旧要为归纳所辅助，且为归纳所控制。关于此点，下面将要进一步论到，不过在开始是很可注意一下的。

第二节　“假设的”一语对于经济科学的应用

借助于演绎法的经济学，通常都以为那根本有假设的性质。可是，这样一种描述，很有引起思想混乱的危险，所以须得加以小心的注意与解释。

在仅仅肯定：一定原因，当没有反作用时，将产生一定结果的限内，一切因果法则，都可说是假设的。事实上，在一定原因实行作用着的例证中，有时会遇到反作用的原因，有时会不遇到反作用原因；所以，因果法则云云，要不过一种倾向的说明。我们由是知道：一切因果的科学，以及大大应用演绎法的科学——包括有经济学与天文学——都含有假设的要素。

设换一种略为不同的说法，那就是，经济学上之演绎法的使用，在某一阶段，包含有一种抽象的历程，使它常常不免要加上“其他一切情形不变”(Ceteris paribus)的限制。在自利动机被假定为作用于经济自由状况下的推理上，换言之，在包括有“经济人”概念的推理上，抽象的应用最广。不过，凡属使用演绎法的事例，都多少带有抽象性；因为，在特殊情形，或特殊变动之经济结果的演绎的研究上，必然要假定没有什么干涉的作用，没有连带的(但为独立的)变动。如其其他变动本身，乃根源于我们特为考虑的某一变动或某一情形，则那些变动，自不免要加以注意。但演绎法的特异性质，首在使那些于我们论究主题无因果关系的种种作用，从心理上分开。这里所指明的，不独立的变动与独立的变动之区别，颇关重要，并且非常简单。不过，在错综复杂的论究上，这却难得常常辨认清楚。特健全的经济推理，势须有这种辨认能力，所以这能力不得不加以特别培养。

但是，我们并不是说：因为一种法则有上述的假定性质，于是，就认为那不实在，或与事实之现实行程无关。有因果关系的法则，从某种观点看来，虽可视为是假设的，从其他观点看来，却可视为是范畴的，因为它们在范畴的肯定一定原因活动的样式。加之，某种原因，哪怕因为更有力的原因，在反对方面活动，而发生反作用，它仍得继续其自身特异的影响，因以限制终局的结果。当气球腾空或水从抽水机上升时,没有人认定地心引力法则会停止作用。关于经济现象,可常作如是观。例如,某商品之需要增加,同时,其供给亦增加;因此,需要变动上的绝对影响,将不会呈现于任何现实的价格变动中。单是需要变动发生作用,价格将因以腾高,惟其不如是,所以甚且还要低落。不过,在假设情状下,如其没有这需要的变动,则价格的低落将更甚。需要上的每一变动,将使价格不同于这变动未发生的场合,这是千真万确的。

更就其他理论,即就流通货币量(在其他一切情形不变的限内)增加(或缩减),物品价格将趋于一般的腾高(或跌落)的理论来说吧。在某种意义上,这是一种假设的法则:我们不能因此说:无论何时,流通货币量一有增加,物品价格即将实行腾高;哪怕流通货币量增加,同时发生有物品一般腾高的事实,那我们亦不能说:后一现象,必定完全是归因于前一现象。因为流通货币量增加这原因,并不是能影响物品价格的唯一原因。它的影响,可为那些同时活动于反对方面之较有力的原因的作用所抵消,亦可为那些同时活动于同一方面之诸原因的作用所增大。可是,在一方面,这固然是真的,同时,流通货币量一有增加,它会遵循那定立的法则,而发生相当影响,并于决定(积极的或消极的)实际所生的效果上,尽其任务,那亦是真的。因此,一定的法则,虽或不免含有假设的要素,它仍与事体之现实行程有关;总之,那是关涉于经济现象相互实际关系的一种断言。

但说到这里,就会发生一个问题,即,演绎经济学之假设性,是否比我们所说过的,有更根本的意义。凡属为演绎推理所达到的结论,必待要构成那种结论之基础的前提,在某种程度,见诸事实,否则它们对于实际现象的适用性,就显然还是假设的。既然如此,我们不是可以说:演绎经济学的结论,在它们不但要求反作用原因不存在的意义上,且在要求(事实上往往不能实现之)若干积极条件之实现的意义上,至少总有些是假设的么?假如对于这个问题作肯定的答复,我们就不要节外生枝,说经济学所使用的,是任意的或虚构的前提,或者是与经济生活之现实现象,无切实关联的前提。然而那些轻视演绎法,说演绎法只能产出假设的结论——无论这些结论的假设效力,怎样可靠,都被断定是无裨于任何实际的目的的——的人们,他们似乎就是如此设想。

经济学者在他们演绎法的使用上，一定是动辄根据一些不能一般得到实现的积极假定。实在说来，为要适应各种不同的情形，他们的前提，须得随时变更；这样，他们的结论的适用性，就分明要受支配于环境了。比如，论到关系地租的问题，我们就要假定某种土地租佃的条件；论到货币问题，我们就要假定某种关于铸币，货币本位，信用工具等等的规定。再讲到工资理论的探究吧，我们亦往往要假定一个各级劳动，甚或全体劳动，都有其自己的一定生活的安适标准。这种种假定，哪怕可以归属在没有搅乱原因存在的总目之下，却都有一个积极的方面。因为，在关涉于现实现象之解述的限内，要想议论得到确证，那些原因，即其影响被忽视了的原因，实际上，就应该是严格的"搅扰的"原因，而其影响作用的强烈，又不致使其他动因的影响，降为不足轻重。

然而，我们须得牢记一件事：即，演绎的方法，并不仅只包含演绎的步骤。那些轻看了演绎经济学上之假设性质的人，他们似乎把这点忘记了。徒是演绎的推理，也实在可用一种假设的语式，如像甲与乙如是真的，丙亦是真的这种语式，表达出来。但是，演绎法所关涉到的，并不仅是要树立甲的真理，乙的真理，乃至与丙的真理之间的关联。在它完全的形式上，它包括有实际上发生作用的诸力之初步研究，以及那诸力作用时的各种条件之研究；并且，借着那些可以直接观察的具体实在，这方法还可证验其结果对于现实现象之适用性。在经济研究上，只选取演绎阶段，那有时有一种便利；而在经济学之纯粹理论研究中，则以演绎方法为特要的主体。然而对于诸种前提，还是不宜任意择定的。因为，纯粹理论，虽假定诸力在人工简单化了的条件下发生作用，但它仍要求这诸力——其影响，乃为这理论所研究的诸力——都是主因的(Verae Causae)，即是说，这诸力在现实经济界，确系发生作用，且发生有力的作用[①]。

在此，我们可以简单的取证于正常价值法则，正常工资法则等等。在达到这些法则的历程上，显然的，只能顾到那些作用起来，比较普遍的，比较永久的诸力，而对于那些偶然发生一定活动之局部的，暂时的原因，所

---

① 关于这一点，西尼尔曾特为主张。他虽认定经济学所赖于推理者，多于观察，但他仍不肯说经济学是一种假设的科学。

作用着诸影响,就得抛在一边。因此,这种法则,就是得自一种非常精审的抽象历程,并且,它们似乎具有一种异常的假设的性质。但是,假若其影响为我们所计及的诸力,能够示证为作用于一定经济社会之比较有力的,比较永久的动因,那么,说在不同场合,不同方向作用着,而不为我们所计及的诸力,久而久之,将彼此趋于平衡而中和,那就算是一种正当的假定了。在这种种情形下,演绎推理的结论,也许不会符合各个事例中所观察到的事实,但是,我们如就那些事例全体看去,并且,经济生活之一般情形,如在一个充分长久时期[①]不变,则这些结论,总归是会实现的。因此,正常的价值法则,正常的工资法则等等,并不一定含有任何不实在的假定的意味。与那些在个别事例中,可以观察到的常变现象比较,它们就往往几乎不仅有更大的科学上的重要性,且有更大的实际上的重要性。固然,局部的,暂时的影响作用,在究局上,不应加以忽略或漠视,但知识如没有把握着一般的永久的趋势,这局部的或暂时的作用,就总不免要被人误解了。

这一节所达到的结论,可以概括的说:演绎经济学,很可描述为一种假设的科学;不过,这假设的意味,应该只含有这种意味,即:第一,它的法则,只是一种倾向的陈述,所以往往要以其他事物相等的条件,加以限制;第二,它的结论,有许多是基于某种积极条件的实现,而在事实上,那些条件又往往是不会实现的。不过,关于这些法则的条件,如已假定好了,那它们就不妨加以范畴的叙述。特条件不当任意的假定,而必须在大体上,符合于经济现象所呈现的各种形式中之现行事实。所以,经济学在它借助于演绎法的限内,虽然被称为一种假设的科学,但当我们这样称谓时,

---

① 我们必得承认:在一个长时期内,这些有力的,并且比较永久的诸力本身,也就会发生变动;如玛先尔教授所指出的(见《经济学原理》,一八九五年版,第一卷,第426页),这一点,无疑要增加经济原理应用到实际问题上的困难。如其我们把那包括于正常价值法则,正常工资法则之决定中的两个要点,区别清楚,那也许会使这个问题容易明白些。那两个要点,第一,就是抽出局部的暂时的诸原因之作用,第二,就是假定经济生活之一般情形是固定的,因而假定那些作用着的主要诸力本身是固定的。仅在这种限度内,这第二个假定,事实上,乃得实现:正常价值,才能与平均价值相符;正常工资,才能与平均工资相符。

切不要以为这种科学是不实在的，或者是与经济现象之现实秩序不相符合的。[①]。

第三节　观察在演绎法上之功用

在指导上，在事实的提供上，精密经验对于演绎的经济推理所尽的职务，是非常重要的。无论经济学是否要借助于演绎法，我们可以无条件的说，这门学问，必得以观察始，以观察终。前面讲过：完全形式的演绎法，包含有三个步骤，就中，只有一个步骤实实在在是演绎的，而其他两者，则是前提之归纳的决定，和结论之归纳的证明，关于这点，我们每每把它忘记了。演绎法之真实性质，特别为其批评者所误解，他们以为：这种方法的应用，等于是闭眼不向事实，而试从那完全离开现实的境界[②]，去想出经济法则，根据这种理由，他们否认演绎法于经济学有何等帮助。

在探求经济学之纯粹理论中，精密观察所担当的职务，可以居于次位，并暂时搁在后面，那是真的。而有些研究者之知识上的癖好，自然使他们特别倾向这纯粹理论之探讨，那亦是真的。加之，为了明白例示，为

---

① 凯因斯在他所著《经济学上之论理学的方法》中，他对于这种科学的假设性质的陈述，大体上，都十分稳健，并且，照例是说得明白而有力。可是，就中有若干的陈述——例如，他说：一种经济法则，并非是关于经济现象之现行秩序的一种断言；又说：一种经济法则，只能由若干心理的或物理的原则，加以确立，或加以否定——即使小心的解述起来，有其是处，但那究是容易引起误解的。比方，试就那借着某种社会事实，即可概称为“劳动与资本之固定性”的事实，而对于生产费为价值之调节者的原则，加以否定的企图来说罢！如其那原则是纯粹假设的，那么，这种反对，就算无关论旨，而可置诸不理。但是，我们不能想着这样会使凯因斯满意的。在他的手中，乃至大体上在这一派的手中，那种原则，就是说，在现行的经济状况下，生产费确实在大部分商品价格上，有一种颇关重要的影响。试更就劳动各级间之竞争，为轻微而无力的原理来考察罢。这种原理，系由约翰·穆勒所指明，至凯因斯则大加发挥，并根据此原理，对于旧来价值说，加以修正。然而借着心理的或物理的原则，就能够确立这样一种原理么？这倒宁不如视为是由观察所提示的前提的一种修正，因此，使经济理论与实在的事实，保持更密切的关联。

② 瓦格纳曾谓归纳为演绎的一种补充，他说：“根据以往的经验，或者将来可能的经验，我们希望归纳成为一种统驭的工具，更不希望它成为一种独立的方法。我们要仰仗归纳的，也许不是要得到新的结论，而宁是把首先由演绎得来的命题，加以校正，加以修改，加以扩张。”(《经济学原理》，一八九二年版，第九五节)

了使我们熟于讨论经济问题所必要的推理，有时建立一些与实际事实无何等关联的假定，那亦就是有用的了[1]。可是，虽然如此，经济学者能离开精密的经验，究只是局部的，暂时的。我们试一分析既述的演绎法，立刻就会知道，观察有一种特殊功用，作为演绎推理之补充。

第一，当经济学者最初选定前提时，观察可以作为他的指导。甚且在经济学之最抽象的讨论上，开始即有观察人们在相互经济关系上所实际表现的一般特性之必要，要有研究他们经济活动之物理的社会的环境之必要。然而，如我们已经暗述过的，关于人类动机或其物质的社会的环境所假定的诸命题，其真确性，无须是普遍的或不附有任何条件的。企图与那所谓“完全经验的实在”，确然一致，势将牺牲一般性，使我们自己卷入那现实经济生活之复杂错综中，而演绎法的特殊目的，却正是想暂时逃出这个复杂的纠累。在这当中所必具的条件，第一，就是着意到的诸种动机，要在经济界特别有力，并且，它们的作用的一致程度，要使推想到的行为种类，与实际的行为种类，大体相合；第二，不论是关于一般的经济生活，或者至少是关于一定范围内经济生活的某一方面，那被假定的动机活动的环境，应当具有代表的性质。

前提选择所必要的观察，有时，几无异对于若干最熟悉日常事实之反省的熟虑。但是，我们须得牢记着：经济学者并不常是根据相同的一套假说；为要决定以何者为前提，他在若干场合，且需要颇为广博的知识。在探究国外汇兑的理论中，在探究一般价格涨跌的理论中，在探究劳动组合或机械对于工资的影响的理论中，皆非有广博的知识不可。论到这一类问题，我们在着手研究之初，就得对于具体经济现象，有相当的谙熟。至若指导经济学者选择其前提的一般原理，下面将有比较详细的解说[2]。

---

① 关于示例的假设，参照维恩(Venn)著：《经验的论理学》第 288 页。

② 凯因斯说：“经济学者以一种关于究局原因的知识，为其始点。”(《经济学上之论理学的方法》，第 75 页)但这种说明，无论如何，只适用于经济学之纯粹理论。顿巴尔(Dunbar)教授在他《论经济学上之反动》的论文中说：那运用起来，使经济科学进入李嘉图从没有领悟的境地的那种方法，是简单的：因为那只需要从事实之实际的观察，去抽取关于次等动因的新的诸前提。(《经济学季刊》，一八八六年，十月号，第 10 页)玛先尔教授在他的大著《经济学原理》中，对于观察能够指导演绎经济学，使其有新的发展的显著实例，曾举出了许多。

第二，借着观察，经济学者乃能决定其假设，在何种程度与一定经济状况下之现行事实相接近。这样，我就知道他的前提，必须作如何程度的修正；或者，在无需实行修正，或不能实行修正的场合，将在何种限度，斟酌那所谓搅乱原因的影响。观察对于上述目的之使用，就是经济学上比较具体的论究，与比较抽象的论究之区别的一个主要方面。它对于一定时期之经济现象的适当理解，有非常大的重要性。巴基浩(Bagehot)说："我们如其不知道经济学的第一判断，在何时并在何种程度是实在真确的，及在何时并在何种程度是不实在真确的，则经济学除了不实在的东西以外，就全不能生出什么。"[①]

设从略微不同的观点，来考察观察的这种功用，我们将知道，观察会决定那由演绎法得来的法则之积极妥当性的限界。经济界是不断变动的。在经济发展的某一阶段，某种假说或可实现，而在其他阶段，则又不免大反于事实。因此，没有一种关于事实的广博知识的帮助，我们就会遇到一种危险，即把经济原理应用的范围，扩大得远过于其实在所属的范围。关于此点，在后面讨论经济理论与经济史之间的关系时，将作进一步的考察。

第三，为要例解，证验，确定其演绎的推理，经济学者不能不仰赖观察。不过，这里关系重要的，就是我们要知道：证实的意思，就一般而论，实际只要对于现实现象有满意的说明就行了，并不要发现一些现象，表明那由演绎法得来的结论，正同于直接的综合[②]。

自然哪，在有些场合，观察不会对于演绎理论，作何等确证，却反而要显示事件之现实行程，与演绎推理之结果间的矛盾；并表明这后者，即便

---

① 《经济研究》，第 71 页。巴基浩自己，曾以真实劳动工资之参差，对于人口增减之影响的一种归纳研究，来解证这种说明。关于这种影响之性质的重要假定，就是包括在正常工资法则之普通演绎的决定中。参照普莱斯君(Mr. L. L. Price)著：《产业上的和平》，第 108 页。

② 在最近的经济论文中，尼却尔生教授(Prof. Nicholson)所写的《货币论》，关于现行事件得例解并确证演绎的议论的方法，可以说提供了许许多多有效的例证。如其我们缺乏例证的话，我们顶好是去参看《国富论》。如玛先尔教授所说："亚当·斯密不大用详细的归纳或历史去证明什么。他的证据的材料，主要都是人所共喻的物理上的，心理上的，道德上的事实。但他解明其证据，却是使用新奇的，含有教训的事实。这样，他赋予其材料以生命与力量，使读者觉得那所论到的，乃是真实世界的问题，而非抽象的。"

不是积极的错误，无论如何，总不够说明事实。因此，这里成为问题的，就是决定错误与不完全的根源。经验的论究，也许可以指示那些被忽视了，但对于我们所研究的现象，有一种重要影响的诸种动因的作用；或许是，正当的动因虽顾虑到了，但它们相对的力量，却被估量错了，或者它们个别作用的样式，被推测错了；要不然，就是错误在演绎推理本身。

在证实的历程上，有时是会遇到严重的困难的。但这困难，决不要忽略过去，约翰·穆勒甚且说："我们相信任何具体的演绎科学，其根据不在先验的推理本身，而在先验推理结果与后验推理结果间之一致。"[①]他这种说明，须得略加限制。因为，我们会有独立的论据，相信我们的前提，与事实一致，并相信演绎的历程，没有错误；这一来，我们就会不顾那难于求得明确的证实，而信任我们的结论。

这样，在我们理论的结论，与现实的事实之间，就自然不免有一种显明的矛盾。但是，我们切不要因为它们的作用的事例，观察不到，就仓遽的下否定的结论，或者设想那理论全被推翻了。因为，使我们必需仰赖演绎法的现实经济界的错综复杂，也会使我们难于决定任何一定动因之现实效果，是否与我们演绎的计算的结果，实在相符[②]。

而且，我们讲过，如像正常价值法则，正常工资法则等等，只有就全体实例，并合起来，才可证实，而决非个别事例所能证实。因此，由观察来证明演绎推理的结果，那与构成经验的综合相类，大体上，须得扩张我们对于事实研究的范围，并特别让那些结果，有充分时间，使它们自己明白的表现出来。如其我们没有这样小心注意，我们就容易引起误解，以致不公平的贬黜经济理论了。

在普通状况下，商品税由消费者支出的原则，就算是一个简单的实例。因为新税为被税产业之极重负担的事实，并与这原则不相抵触。这原则所由定立的全部推理，表示它所关涉到的，只是大体发生的结果，换

---

① 《名学》第四篇第九章第一节。

② 流通货币量影响一般价格的问题，首先是演绎的探求出一定的原则，然后再以货币量显然变动的实例，加以例解，加以证验。有些场合，那种证验，是极明白，而且极为确定的；但有时要想对于贸易全额之增减的影响，信用之涨缩的影响等等，证验得当，又会遇到极大的困难，因为这诸般影响之倾向，在在会抵消或增大我们所特别研究的原因之结果。

言之，只是旧来的，或老早就预料到了的赋税①。

我们可以再举出一个简单的实例。按照演绎法经济学的定则，谷物法(Corn Law)的取消，势必惹起英国麦价永久的跌落。可是，这种跌落，并没有即时发生。这个显明矛盾的解释，就是说有马铃薯的歉收，克利米的战争(The Crimean War)，特别是金价低落的种种情由，因着这种种情由的干涉，所以哪怕谷物采行自由贸易，而麦价竟维持到一八六二年，还没有跌落下来。加之，在新的国家中，要为适应新的需要，而增加耕地，发展交通工具，那都非一蹴可几的②。

第四节　李嘉图所用的演绎法

我们上面的研究，指明了，演绎法之正当的运用，究应备具哪些条件，并且，要受到哪些限制。一个根本的要点，就是对于任何推理所基的假说，都应有明白而确定的说明。有时，除了细心解释那推论所得结果，将适用于何种条件下之外，更宜指示这些结果在条件变易时会改变的方向。讨论经济变动的结果，尤须标明时期之长短，把直接结果与究局结果区划明白。我们要时常记着：为求适应变动不居的经济环境，经济假说是须得变更的，把结论应用到任何社会状态，都得避免先验的独断主义。在这种应用能证明妥当以前，须经过经验的试验——这试验，在若干场合，虽容易着手，但往往包含有系统的观察，与统计的研究，与演绎推理本身比较，其困难更大。

---

① 关于商品税负担之演绎的理论，往往是一种错乱误解的根源。克里福·列斯勒说："演绎的经济学者之利润与价格的理论，在一切情形下，对于贸易上的每个人，乃至每件物品，都求其真确，并且预言货物将来售出时的精确的物价。他的赋税理论，就是他的利润理论与价格理论的应用；而那赋税理论的出发点，乃基于价格实际与生产费相符的假定；在任何特殊场合，价格与生产费的相符，竟是那样凑巧，即，加担在商品上的任何特税，生产者总会从消费者收回来，并还附加一项对于垫支的利润。"(《论文集》一八八八年版，第 229 页；归可参照第 64 页)我们如从演绎经济学者的著作中，摘出理论的一个片段，克里福·列斯勒上述的话，似乎不失为正当。可是演绎经济学者们所以出此的，就只是因为他们没有常常把赋税之直接负担与究局负担间的区别，充分加以考虑。

② 关于观察与演绎法的关联，在下面第九章第十章中，将更进一步加以例解。

李嘉图的著作，特别是他的大著《经济学及赋税之原理》，往往被称为经济学上运用演绎法之典型的代表的实例。所以无论是反对他的方法，抑是反对他的结论，都无异于反对演绎法。但是，我们必须说：在经济文献上，李嘉图的著作，虽然包含有严密演绎推理的最光辉和最有意义的实例，虽然他的著作上的一种透澈的研究与精通，可视为研究经济者的一部分必要的准备，而他运用演绎法的方式，仍不免有严重的错误。例如，他的结论的说明，虽断要求不解释与限制，但这解释与限制，通常要读者自己去补充。无论是辅助的假定，抑是大部分推理所准据的假定，他都没有明白指明出来，特别使人头昏的，就是他有时不加解释，遽然从一个假说，变换到别个假说。加之，时间的要素，他没有十分注意到；经济原因酿成究局结果之过渡期的特质，他也看得太不重要了。又，李嘉图的语调，使人误信其所得结论，有绝对的与普遍的效力；他的例解，则又远于现实生活的事实，而在实际上，演绎法的运用，并无须要与现实生活的事实离开。

在另一方面，李嘉图的主著，也没有满足一种完全的演绎体系的要求。一种科学愈是演绎的，它各部分论理上的排列，以及某部分对于其他部分之相当的隶属关系，就愈要加以研究。然而李嘉图对于他的各种原理间之正确关系，乃至它们彼此相互依存的样式，却从未充分的弄明白。我们一读他的《经济学及赋税之原理》，就知道，其中诸章，都像各各独立的论文，而没有连续起来，成为相关的，论理上完全的体系。

李嘉图的这些缺漏的地方，有很多可以就他著作时的特殊情形和特殊条件来说明。他的诸前提，虽为其生活之现实经济界所暗示出来，但他的观察，是局部的，且限于一个窄狭的范围。所以，当他解释其结论时，就没有加以适当的限界。而且，他对于经济科学是否立意要成就一个完全有系统的叙述，已颇是疑问。曾经有人根据可靠的理由，说他的主著的写成，原非为了刊行问世，只不过是把他自己对于各种经济问题的意见，写述出来，供他的熟识朋友们的参阅。如其这种见解不错，他那从严格论理观点看出的许多不完全之点，就大体得到说明了。一个人为熟识其一般态度的人而写作，他就自然而然的会省去其假定与限制的明白说明，但对于一般读者,这说明却是非要不可的①。

但是,关于李嘉图的缺点,不论怎样去解说,他的演绎法,总不能示证其已臻于完善的形式。

第五节 演绎经济学的前提

在那些构成经济理论之显著部分的抽象推理上,经济学者选择其前提,是为一般性与单纯性的原则所指导;在这两原则中,前者是要把那当作解决具体问题之工具的理论适用范围,尽可能的使其扩大;后者则是要使演绎推理历程,不致过于困难②。如像人们希求以最少牺牲,增加最大满足的原则,商品量愈增,其最后效用即愈减的原则,以及土地报酬递减原则等等,都算是具有必要限度之普遍性的前提。又,自由竞争的假定,可为演绎推理之明白而简单的基础,至少,在关于近代贸易的限内,那于一大些经济现象,是几迎于妥当的。至若纯粹独断的假定,那在若干方面,虽然更要简单,但这假定将近可以实现的事例,却仅占有一个颇为狭窄的领域③。

论到比较具体问题的研究,那就与上面所述,不尽相同。在这种场合,有两个必须注意的要件,第一,是前提在结局上,要包括有一切的因素,这些因素,于我们所研究的某时期某地方的现象,有极重要的影响;第二,也

---

① 一八八七年七月出版之《经济学季刊》(第 474 页)载有一篇极有意义的,《关于李嘉图之事实的运用》的注释。还可参照波讷尔博士(Dr. Bonar)所编《李嘉图寄马尔萨斯之书简集》。这位编者说:"生在李嘉图以后两世代,'兼有其祖先之一切的,乃至较多一些的知慧'的人,他是不难在李嘉图所著《经济学及赋税之原理》中,指出许多不适当的假定,许多暧昧的言辞,甚至许多反复不定的用语。在这些方面,著者分刊的小单行本,与这在一般理论上,集成于没有完全联结诸论文的主著比较,实在要有力得多。友辈们阿谀的恳求,已经使一位没有系统的著者,企图写一部系统的论著。"

② 玛先尔教授说:"纯粹理论的功用,就在从一定假设的前提,推演一定的结论。前提应在可能范围内,接近那应用理论所论到的事实。但是,在纯粹理论上运用的语辞,必须能作正确的解释;而理论所基的假定,则必须要简单而容易把握。"

③ 考洛(Cournot)在其所著 Recherches sur les Principes Mathématique de la Théorie des Recherches(《财富理论的数学原理的研究》——编者注)中,乃以卖者方面之纯粹独占的假定,为其出发点。

还是单纯性。所选定的假说,应该能够成为演绎推理的基础;因而,应取一个确定的,切当的形式。并且,其数要少,要简单,以便于切合事实[①]。

巴基浩在他未完成的《经济学上之假说》(Postulates of Political Economy)中,他打算列举经济科学上的主要假说,并考验这每个假说之妥当性,或其妥当性之限界。在某种条件下,这种列举或考验,是很有意义的;但是对象如没有细心解释,那亦不免要使人误解。在经济学上,特别是在纯粹理论上,运用演绎方法的,有五六个比较根本的,比较常见的前提。但是,我们如没有大大注意抽象经济学与具体经济学间之区别,则承认这少数确定假说为根本的,且为充分的前提,那就不免使人误认整个经济学的性质,为形式的不实在的了[②]。

而且,经济假说的妥当性,不仅因时不同,因地不同,且因同时同地之各种相的异关联而不同。所以,整个经济学之前提的初步列举,即令实在可行,而那些前提之妥当性的考验,就难得做通了;要之,对于经济假定之初步列举与考验,顶好不要视为是确定的,包容的,而仅应视那为经济理

---

① 瓦格纳是没有企图把种种假定,完全列举出来的,他说演绎经济学之第一重要的假定,就是(甲)断言个个人是基于经济上的自利心而活动。(《经济学原理》,第六七节)对于这点,他更有以次两个根本的假定来补充,即,(乙)一切活动的人,都知道并理解他们自己的利益,(丙)在他们追求利益上,不受法律的妨阻。由是,我们就可假定我们的论据的一般基础是(甲)欲望,(乙)能力,(丙)按照自利心而行动的允许。但是,瓦格纳在同书第七十节中,却更进而指出了这三种假定,各各依情形不同,而应加的可能的修正。自然哪,那些修正,都不当任意提出,而是以那使我们的假定,更符合于事实为目的;并且,那些事实本身,将随我们所研究的经济现象之特殊国度,特殊时代,特殊地方,特殊阶级而不同。因此,上述第一种假定,就会依我们所考虑到了的,当作自利心之辅因的其他动机的作用而变更;第二种假定,就会依我们承认人们追求自己利益所需的知识与能力的不平等,而有所变更,至于变更的限度,那则看我们所研究的人们的阶级如何;若第三种假定,将依个人自由在经济事实上所受到的各种干涉而变更。这样做去,瓦格纳以为我们可以逐渐使假说与完全的实在相符,不过,变更了的假说,往往不易运用,且不能达到数学程序的理想。但我们可以说,我们对于经济学之演绎推理的一般控制力有增加,则我们依据这些变更过了的假设所收到的成功,将益加大。

② 说整个经济学,是根据一两个前提而建立的观念,往往有人在评注下,加以反唇相讥的抨击。例如佛列德利克·哈利孙君(Frederic Harrison)批评说:“经济学有两个假设——唯一的目的是生产,唯一的动机是竞争——这两个假设,在人类及其历史,都不能显示出实例。”

论之一般性的例解①。

第六节　演绎法之特殊的修正

演绎法上的某种修正，那对于讨论非常错综复杂的问题，要比较容易

① 巴基浩所要列举的假定，不幸没有完全。可是关于这类的列举，却可发现于西尼尔之《经济学》中（第26页），凯因斯之《论理学方法》第二讲第二节及第三讲第一节；柯萨（Cossa）之《经济学序论》（Introduction to the study of Political Economy），理论之部，第六章第二节；希维克之《经济学原理》第三版，绪论第三章第四节。还可参照本节前面关于瓦格纳所论经济假定之注释。现在顶好是引用西尼耳与凯因斯的话来说。西尼耳说："我们曾经讲过：经济学这门科学所依据的一般事实，乃包括于几个一般的命题——观察与意识的结果——中。我们所要提及的命题，就是（一）每个人希求以最少的牺牲，获得追加的财富；（二）世界的人口，换言之，居在世界中的人数，仅由道德的或自然的罪恶所限制，或者仅由各阶级居民习惯上所需财物之缺乏的恐慌所限制；（三）劳动力及生产财富之其他工具，可由利用其生产物为进一步生产的手段，而无限制的增加；（四）农业技术不变，在一定地域追投劳动所得报酬，在比率上减少，换言之，每次增加劳动，其总报酬虽然增加，但报酬的增加，没有与劳动的增加为比例。"凯因斯指示以下的几点，为经济科学之究局的前提：第一，"对于物质福利之一般欲望，及对于获取物质福利之手段，即财富的一般欲望"，第二，"判断那些达成目的之手段之效能的智力，并希望以最容易最简便手段达成目的之倾向"，第三，"这些性向和人身组织之生理的条件，连同决定人口法则"，最后，"土地之物理的品质，以及其他为人类劳力与智力赖以活动之自然因素的物理的品质"。像这样列举起来，分明说不上完全。比如，有些假定，根本是要涉及那些关系于财产之社会习惯与法律制度的性质的。有些假定，则又必须是关涉于效用随商品量而增减的变动的；单靠西尼尔或凯因斯的前提，就无从演绎出需要的法则。他们甚且连自由竞争的原则，亦没有明白列举出来。实在说来，自由竞争原则是太复杂了，在各种关联上，它是包括有许许多多的辅助假定，要想对于它在各种经济推理上活动的全内容，加以分析，那是不容易做到的。

在拔尔格列夫君（Mr. Palgrave）所编的《经济学辞典》中，约翰生君（Mr. W. E. Johnson）撰有一篇《经济学方法》的论文，对于经济学上的假定，他曾妥为排列出来。他虽没有表示前提之完全列举的可能，但他同意本书所取的见地，认定有五六个前提，是可视为典型的，且几乎可以普遍适用的。"这六个前提，可分为物理的，心理的，社会的三组，每组两个。（一）两个物理的或自然的法则，第一，就是报酬渐减法则，那法则，是由于我们有使用次等生产因素之必要，或者使用它们，是要在比较不利的情形之下；其次，就是报酬渐增法则，那法则，是由于我们的设备扩充，致使产业组织的可能性增加。这两种法则的作用相反，而通为日常观察所确定的倾向。要更正确的知道这些作用在特别情形下的力量如何，势须有更详细的考察。（二）两个心理的前提，在基因于个人性质的限内，第一，就是需要的法则，这法则是说：某种目的物所给与我们的效用，随我们保有该物之量的增加而减少；其次，就是供给的法则，这法则是说：人人希图以最少牺牲，取得物质福利。这些法则，虽然常没有明白的规定出来，对于一切演绎式的经济推理，几乎都是共通的。有如物理的假定前提一样，这些心理动因在任何情形下作用的正确程度，也要求更详细的观察来决定。特别是供给法则，要把这法则弄得比较确定一点，对于实际影响其作用的习惯，惰性，无知，或习俗等的势力，都得加以估量。（三）两个社会的法则，即是关涉于一个社会经济活动所遵循的自由的条件，与限制的条件。就一般而论，后者是以那关于财产的某种法律制度，来限制个人的行动，前者则是在一定限界定，让个人依照他自己的意向而行动。至若自由或限制的正确程度如何，那同样要决于精密的观察。"

些。由简单的假定，探究到渐形复杂的假定，那是特别便当的。开始所假定的条件，也许不会怎样接近事实。但首先在最简单形式下讨论过的问题，在比较不大简单的条件下，就似乎能够把握得住。按照这个顺序，渐渐复杂化，到最后，假设乃大可符合于事实。诚如巴基浩所说："科学上的格言，要不过常识上的格言——以简单的事例开始；先观察主要动因在没有受到阻碍时的作用如何，追你完全理解了，然后再逐渐加上每种阻碍因素或干涉因素之各别的结果。"①

约翰·穆勒之国际价值理论，即按此方法程序而求出，他首先假定国际间之贸易，只进行于两个国家间，而且以两种商品为限；这两种商品，相互直接交换，不用任何货币为中介。因为这两国假定相毗连，所以不计运费，除了偿付输入商品外，它们都没有任何国际的债务。并且，它们的贸易，完全自由，不征出口税，亦不征入口税。国际贸易的问题，先在这种简单形式中，求得解决，然后再逐渐除去各种限制，直到最后，才达到一种假定，把各社会间之一切实际贸易的根本条件，统包括进去。就说决定那些规制一般价格之限度的动因吧，同样的，顶好先从一种极简单的人为的假定入手，然后再渐次通过现代贸易之复杂的实况②。

---

① 《经济研究》，第 74 页。

② 参照尼却尔生教授(Prof. Nicholson)所著《论货币与货币问题》(*On money and monetary Problem*)他是这样开始的，"在我们现在这种产业与交换的条件下，那些招致价格一般涨落的原因，是异常复杂，并且异常不同的，要理解它们，必得先以最简单的事例开始，然后乃渐次导入涨落之比较不明白，然而同样有效的诸原因。因其如此，凡属对于今日复杂产业界最近价格涨落之现实诸原因，所具的一切意见，我求读者尽可能的除去，并且，为要孤立并研究一切最重要的原因，我是取的一种把市场当作'假设的市场'来观察的态度。'假设的市场'一语，诚然会暗示这市场为不实在，但物理学与数学上往往假定有完全不变化的，平滑的，或没有重量的物体，没有阔度的线，没有部分或大小的点，与上述'假设的市场'比较，这些假定的不实在程度，就相去不远了。因此，我们以次就可假定我们市场的法则与条件为(1)没有货币(为求不实在与简单，我们不妨假定是以渡渡乌骨做成的筹码)实际由这个人手里转到别个人手里，任何交换亦不得成立。例如，假使一个商人有两枝烟管而无烟，另一商人有两盎司烟而无烟管，那么，以一枝烟管换一盎司烟的交换，就非货币不行。信用与物物交易，是假设为不知道的。(2)货币被认为如非便利交换，即全无用处，所以，没有人会把它藏蓄起来，都要实行拿去流通。(3)假定有十个商人，他们每人有十种商品而无货币，另一个商人，他有货币(百枚)，但没有商品。更假定，这个有钱的商人，他对于所有的商品是一样看重。"(第 56 页)上述诸假定，可说极人工化之能事。但那仅是起点。在结论到达之前，读者将知道那所讨论的，是关于今日现行的诸问题。

演绎法上另一种有趣的且有用的样式，就是提出若干更代的条件（那些条件在实际上，涵盖有一切能够发生的事例），然后再挨次讨论每种条件下所生的结果。这种方法，可以决定真理所存的限界；而且，那既能在任何具体事例中，发现现实条件与假设条件之间的关系，则演绎的答案，就可转用到实际上。各种更代的条件，除非在形式上发生矛盾，一种初步的研究，自然是要在事实中，去决定何种更代的条件应当选择。

试就劳动者目前罢工胜利，而决定其究局的结果这问题来说罢，对于这个问题，我们可以研究到三种假定下会发生的结果：第一，工资提高，既可增进劳动者的效能，在结局上，就不致牺牲社会其他阶级的利益，第二，工资提高，既可使物价高腾，在结局上，就不免要牺牲消费者的利益；第三，工资提高，既可使利润减低，在结局，不是牺牲经营的利得，即会牺牲利息。就第一场合而论，在其他情形不变的限内，我们没有理由说罢工的胜利，不应持久。就第二场合而论，物价抬高起来，我们就必须要顾虑到由此发生的反动，是否结局有使人使用代用品，或激起外货竞争[①]的可能。此外，对于这更代的条件，还可更分为二，即，在罢工以前，一定职业上的工资，是低于一般工资的水准，抑是不低于一般工资的水准（各种职业的净利，自然要顾到）。假若是低于一般工资的水准，那么，除了上面所提示的理由，就可没有反动，而且罢工之举，不过是使那迟早必然要抬高的工资，早点实现罢了。可是，某种职业上的工资，如其已经达到了正常的水准，则工资由罢工抬高起来，就不免要引起一种反动，使他种职业上的劳动，流注到这方面来，至若流注的限度和速率，则视竞争的程度而定。在原先那第三种假定下，亦可分作两层，即，罢工前的该种职业上的利润，是高于一般的利润，抑是不高于一般的利润。如其高于一般利润，则工资的抬高，就可以保持（若果在这场合的竞争厉害，高利润就不免要为其他职业所分享。）如其不高于一般利润，则这种职业上的资本与经营力，即不免移向其他职业；而结局，经营利得或利息减低到何种程度，才不致在劳动需要上发生严重的反作用，那就成为问题了。

上面所说的，自然不是要当作一定问题之实际的解决，而仅是要当作如何运用演绎法去解决问题的一个例示。我们知道，要如何借助于演绎

---

① 并且，在这些情形中，其他对于相近职业之工资上的影响，亦不得不加以考虑。

法，才能达到那使我们能理解我们所论到的问题之一种分析，所以，假若我们要研究任何实例，我们就可知道顶要注意观察到的，究是哪些特别事实。

演绎法之其他的修正，就在于运用数学的符号与图表。其性质如何，将在次章讨论。

第八章　论经济学上之符号法及图表法

第一节　经济学之数学的性质

杰芬斯宣称经济学根本具有数学的性质；假若数学的一辞，用在广义的意义上，包括有一切关于量数的关系之论究，那么，如此描述的经济学的性质，就容易明白了。经济学所关涉到的，不仅是事件发生或不发生的问题；而是要论到那些在数量方面颇关重要的现象，并且，其主要目的之一，就在决定那些规制这诸般现象之涨落的法则。因此，它的主要定则，不外是关于某一种数量的变动，如何取决于其他种数量的变动。

经济推理上之数量的性质，从而也可说是广义上数学的性质，几乎随便翻开哪本经济学的著作，都可得到说明。约翰·穆勒在他论供给与需要为价值之调节者的研究中，曾导入了严格意义上之数学的概念。例如，他坚决主张，供给与需要之间，并无所谓比例，实在不过有一种方程式。他的货币价值之一般的论究，乃至他的国际价值论亦都可为例。在国际价值中，他居然应用数学的公式[①]。假如有进一步例示之必要，那么，凡属关于一种价值之测度，而包含有一个单位概念的研究，我们都可指示出来，说那内在的具有数学的性质。对于货币购买力之变动，加以测度的方法，也必须要根据数学的研究。

经济学根本是关涉于数量的关系，从而，包摄有数学概念的事实，须得力加主张，因为，在某些经济学者看来，经济问题之数学的论究的观念，不但悖理，甚且荒谬；又因为，人们对于把经济概念在数量上弄正确的重要性，还没有适当的认识。然而。更为切要的，就是要确立一种论据，使

① 《经济学原理》第三篇第十八章第七节。

经济知识能由几何图表或数学公式之明白的运用，而有所增进。简单的数量的关系，得由普通语表明；因此，有些人虽承认数量上小心分析之必要，但不愿借助于数学的符号。这一来，我们就残有一个要讨论的方法问题，并且，本章的目的，主要是要论究：经济推理上，由运用数学公式与图表所得的利益（如其有利益的话），究有怎样的性质①。

第二节　算术例式的应用

近年以来，普通经济学论著中所引用的数学，一大部分是取的算术例式的形式；关于这点，关于经济学上由这种例式所能承担的任务，我们可约略说说。我们对于那些由普通推理历程达到的结论，可采取特殊数字的前提，并求出其结果，而加以说明，而且，这种假定的说明，一定不是没有价值的。依着它们的帮助，学者们将很容易理解供给法则与需要法则的作用。加之。在那仅求反证一种普遍命题，或者建立一种特殊命题的场合，例如，在仅求表示，一国对于一种在自国生产所费劳力少，在他国生产所费劳力多的商品，不自生产，而由他国输入，也许是有利的这个场合，数字的例式，皆具有一种盖然的力量。

然而例式的引用，并不是一种一般结论所由达到的方法，并且，算术例解应用起来，有使我们忘记例解究不过是例解的危险。要保证既经选定的特殊数字材料，具有典型的或代表的性质，并确定那些材料变更，其一般结论常为一样，那不独难能，甚且全不可能。对于何者为必然的效果，何者仅是偶然的效果，我们也许竟区别不来②。

---

① 我们在这里可以指明的，就是经济学上的数学方法，可分为两项，一是代数的，一是图表的。前者的应用，需要各种具有专门历程的知识，如照考洛（Cournot）和杰芬斯所使用过的，那简直包含有微积分在里面。若图表的方法，则仅需要粗浅几何原理之初步知识。上述这两方法，往往连在一起。我们要注意：图表虽自然会成为统计的记录，但图表的法则未经决定，想用方程式的方法表示统计，则做不通。因此，理论家就惯用图表的方法，而不大用代数的方法，代数的方法，对于统计家的帮助是间接的。

② 应用数字例式，容易发生上述错误的一个显著实例，可参阅约翰·穆勒之《经济学原理》第四篇，第三章第四节。这一点，玛先尔教授及其夫人，曾在他们合著的《工业经济学》（*Economics of Industry*）第85页注释中指出。

第三节 在数学法的应用上,正确的数字前提为不必要

如其数学的符号与图表的应用,不妨称为一种方法,那就一定不能单靠一些孤立的例式,而必须要没有上面指出的缺陷。借着符号与图表的帮助,经济学者乃能推演出那些在正确决定了的条件下,具有一般妥当性的结论。不过,在这里,我们必须要避免一种误解,因了这误解,有些经济学者竟至完全拒绝数学的方法。例如,凯因斯教授就似乎认定:我们如非获有那些能以正确数字①表述的前提,这种方法的运用,必无结果。他这种意见,实在不过是追袭约翰·穆勒的前踪罢了,穆勒曾说:“数学的原则,在各种现象所依存的原因,不能为我们所观察,以致我们不使用一种适当的演绎法,就不能确定其数字的法则的场合,那显然不能适用。”②克里福·列斯勒教授同样反对把数学应用到经济学上去,他的理由是说:经济的前提,不能有正确数量的决定③。因格列姆博士更说得蠢笨,他说:“反对在经济推理上运用数学方法的大理由,就是因为那定无效果。假如我们一考察那运用这方法的种种尝试,我们将发现,演绎所凭的根本概念,实在有不确定的,形而上学的性质。数量的结论,当有数量的前提,而这些前提,却又没有。因此,这种研究,是没有前途的;探究没有前途的方法,不过浪费智力罢了。”④

想在经济学上获有正确数量的前提,考洛及其他数学的经济学者,认为全不可能。但同时,他们又明白表示:这些方法对于数学的方法之应用,并不常是必要,例如,考洛说:任何商品之需要法则,纵或可用经验的公式和弧线表明,事实上我们仍不能为此目的而获得够多或够确的观察。不过,他更补〔充〕说,那种意思,并不是说,未知的需要法则,不能借符号导入解析的联数中。因为,数学分析之最重要的功用之一,就在发现那数

① 《论理的方法》一八七五年版。

② 《论理学》第三卷,第二十四章第九〔节〕。

③ 《政治哲学与道德哲学之论文集》一八八八年版,第69、70页。

④ 《经济学史》第181、182页。

值(Numerical values)不能指定的诸数量间之一定关系。就函数(Function)而论,那虽然在数字上是属于未知的,但仍具有已知的性质;假若诸数量之一定的一般关系确定,则以数学方法演绎出那用其他方法难于演绎出的诸关系,那也许可能①。

考洛曾举例实证他如此描述的历程。他开始以简单的公式,表述需要与价格,生产费与价格间之关系,并假定:这些关系,将遵循一定的特殊条件;由数学方法推演其若干的结果。例如,他极其明白,极其正确的演绎出那决定什么价格,将赉与独占者以最大利润的一般法则,然后再进而讨论对独占课税(在各种假定下)负担的困难问题。对于其他问题,亦以同一方法讨论,且多少收到了成功。总之,在这些问题的推理上,完全不必要指定符号之数值。

在代数的公式是这样,在图表亦是这样。例如,因一根弧线表示某种商品随其价格变动的倾向,则这种弧线所遵循的一般法则,可以决定,其结果,可以演出。但是,表示社会各种商品需要的弧线,并无须乎要把它们的数字写得怎样精确。

第四节　经济学上运用符号法及图表法的利益

运用符号的,图表的方法,而离开精确的数字材料,那自然大体上(即令不是全部)只限于纯粹的或抽象的理论。因此,那些否认任何抽象经济学之效用,并主张经济研究之唯一有效方法为归纳法与经验法的人们,他们自然不承认数学方法是一种研究的工具。不过,像这类一般的问题,已

---

① 参照考洛著:《关于富之理论之数学的原理之研究》(*Principe Mathématiques de la théorie des Richesses*)第二十一节。他在序论中,复表示:有些经济学者,似乎把数学分析应用到经济学上的性质认错了。爱基华兹教授(Prof. Edgeworth)在他所著《数学的心理学》中,对于无须数字材料之数学推理的可能性,曾详加研究与例解。(见该书第1～9页及第83～93页)他说:"我们要知道:数学的推理,并不是如普遍所假定的,只限于那些能获有数字材料的题目。有些材料,虽不是数字的,但是数量的——例如,某一数量,对于他一数量,是较大或是较小,是增或是减,是正的或是负的,是最大限度或是最小限度——在这场合,数学的推理,是可能的,并且也许竟是不可少的。试举一个寻常的例:甲较大于乙,乙较大于丙,故甲较大于丙。这个例,就是表明数学的推理,能适用于那些不易为数字计量的诸数量。"

经充分讨论过了，所以要略略论到运用数学方法有甚么利益，就姑且要假定经济学者有时要仰赖抽象的与演绎的推理。那种利益，一部分是直接的，一部分是间接的。兹先论及后者。

当我们运用数学的方法来解决问题时，我们自不能不注意到那些假定为论据之基础的条件；不能不相当看重这些条件之正确的说明；更必需对于根本的概念，加以比较澈底的数量的分析；这样，就比较不容易忽视推理上的步骤，而发现出那为其他方法所不会发现的困难。哪怕是在那些运用非数学的方法的事例中，抽象经济推理上之确切标准，将因以提高不少。此外，还有一种结果，就是人们忽视纯粹抽象的，演绎的推理方法之限界的倾向，将因此受到限制。诚如福克斯威尔教授(Prof. Foxwell)所说："要想一种学说不为人所误用，顶好是对于那种学说加以确切的说明。"并且，他正当的指明：这所谓确切的说明，当我们运用数学的分析时，乃成为必要[①]。现在一般人都承认把数学的思考方法和思考习惯，导入经济学，那在促成思考与说明的确切程度上，有了一种广博的，重要的教育的影响，因而减除了许多由于凌乱的不确当的推理所生的错误[②]。

数学方法与图表方法的直接利益，乃存于那种事实，即，各种现象的联续性，将因此而更为显明。关于这点，大可适用于供给与需要法则之图表的研究。我们可以持此研究为最简单的手段，来对付松东君(Mr. Thornton)所加于供求法则之聪明的批评。他征引一些看似把这法则完全推翻了的事例；但是图表方法立即表示这些事例之成为极端的或有限的，那是由于需要或供给之联续的中断。这一来，这些事例，就可得到说明，而其真正意义，亦容易了解[③]。

数学方法之另一种利益，是使我们更有能力研究可变的事项(如需

---

① 《经济学季刊》，一八八七年十月版第90页。

② 普莱斯君(Mr. L. L. Price)指出了，数学的方法表面上固与历史的方法相抵触，但彼此协助起来，却能使经济理论更确实，更明白。"历史的论究，着重限制的条件，那就可防止理论的误用；数学的论究，从不同的出发点，经由不同的路径，而达到同一的目标，且使说明更加确切。"(《经济科学与实践》第309页)

③ 参照松东著：《劳动论》，第二卷，第一章。还可参照佛里明·简金教授(Prof. Fleeming Jenkin)之《供求法则之图表法及这些法则对于劳动用之适用》论文。

要，生产费），而不把它当作是固定的东西来研究。爱基华兹教授（Prof. Edgeworth）说："把变动的东西，当作固定的东西来讨论，那是非数学的经济学者之特有的坏处。"[①]惟其如此，我们所有的工具，如只限于一些比较拙笨的普通言语，普通命题的样式，那么，为要简单化起见，我们就实在不得不把事物当作固定的东西来研究。不过，在这种研究条件下所得的解决，显明的，只能视为一种初步的接近。李嘉图与约翰·穆勒的许多推理，都是这样弄成不完全的了；例如，讨论什一税的负担，讨论农业进步的效果，他们都假定需要不受价格跌落的影响。更显著而更重要的事例，就是他们把生产费当作固定的来讨论，其结果，就认不出需要在正常价值与市场价值决定上所负的任务。玛先尔教授在他所著《工业经济学》最初几版中，他真的没有明白运用符号与图表，而表明了正确的学理。但不用讳饰，他对于价值论的重要贡献，大体上却是由于那种识见，那是得自考洛开始指示出的以数学来治经济学的途径。加之，玛先尔教授之理论的全部力量与意义，哪怕在非绝对要用图表不可的场合，有了图标之助，就格外能使人理解；而况那些理论在比较复杂的发展途径上，有的竟非借助某种图表不可呢！

与上述紧密相关的一点，就是数学方法对于理解供给，需要，价格种种现象间的一种相互依存关系，有所帮助。这种概念，在经济学上居于中心的重要地位。因为，玛先尔教授说过："在太阳系中，每个星体的移动，势必会影响或受影响于其他星体之移动，经济学上各种问题的要素，正复类此。"可是这样一种概念，在那些没有数学训练的人看来，特别难得认识。而且，凡属含有这种概念的议论，假若全用普通言语表达出来，那不流于冗长，并且难得使人领会。

实在我们还可以说：数学方法之特别利益，不仅是正确与切当，且简洁而没有冗赘之弊。有些事例，用他种方法，需要相当精细的解述，若用简单的图表，则可使人一见了然。希维克教授所指出的需要的增加这语辞，就须得精细的解述其暧昧[②]。由价格跌落引起的需要扩大，

① 参照一八八九年十月号《统计杂志》（第541页）爱基华兹教授之 *British Association Address on the Application of Mathematies to Political Economy*。

② 《经济学原理》一九〇一年版，第186页。

与在一定价格下的需要加强，其间存有一种区别，这个区别的真实含义，用图表去表明，就比用冗长的语句去解述，要明显得多。并且，与其他方法相较，图表的帮助，亦能使我们更迅速，更容易的认识需要加强的影响①。

上述论列，有许多是为考洛好好说明了的。他说："哪怕是在非绝对要运用数学记号不可的场合，亦能借以便利说明，使其简洁，使其越发进展，并防止空泛议论之枝枝节节。"②

但是，谓根本重要的经济真理，非依着数学的形式，则不能解明，那也难得相信。就许多方面而论，杰芬斯之效用学说及其应用，即是数学的经济学之成果；并且，不借助于数学方法，我们对于那种学说，亦难作公平的判断。然而，门格(Menger)及奥地利学派(Austrian school)虽没有明白运用图表或代数的公式，居然也求出了与杰芬斯效用学说根本一致的学说③。

---

① 爱基华兹教授在他的 *British Association Address* 中，还提出了其他的例解，他说："大部分研究者在穆勒用过心血的各章中，难得发觉的赋税与其他障碍的各种影响，一用数学的工具，就几乎了如指掌了。希维克教授为要表明一国施行一种聪明的调节税则，能牺牲外国人而增加自己的利益，不知费了多少唇舌。但是，著名的数学经济学者阿斯庇支(Messrs. Auspitz)与里本(Lieben)借着图表的帮助，却把那种真理表显得更加明白了。"(一八八九年，十月号，《统计杂志》，第 540 页)

② 《关于富之理论之数学的原理之研究》第 8 页。

③ 门格之《经济学原理》，出版于一八七一年，就在同年，杰芬斯之《经济学纯理》亦问世。我们可以说：门格及其后继者之著作，在言语上虽不是数学的，在意旨上却是数学的。洛森那之瓦拉斯教授(Prof. Walras of Lausanne)，他是同一领域内的又一个独特的著者，他与杰芬斯同为数学方法之热心的战士。著《经济科学之字母》(*Alphabet of Economic Science*)的维克斯体德君(Mr. Wichsteed)，他在这部书中，就保持有数学的形式，并且把杰芬斯的原则解释得非常明白。玛先尔教授是又一个典型的数学的经济学者，他不同于杰芬斯与瓦拉斯，他虽有许多方面与考洛更接近，亦不同于考洛，他视数学为次要的。虽然他用图表来解明其学说，且进一步发展其学说，但他表示，他的主要原理，能不借助于数学而加以说明。他以为，哪怕在数学符号特别适当的场合，哪怕在真理确已由数学分析全部或一部分达出了的场合，我们如其是为一般经济读者而著述，仍须极力避免运用数学。他的理由，幸为爱基华兹教授表明了。这位教授说："数学是所谓物理的科学之普遍的语言。数学之于物理学家，犹之乎拉丁文之于学者；但不幸，对于许多经济学者，数学竟成了希腊文。因此，作者如欲其著作成为一般的读物，他就顶好不要把数学的技术性，增加至不可少的极限以外，这极限，我们有理由相信那不是很大的。符号的吝啬，在物理学者，常为雅驯之物，而在经济学者，则为一种必需品。"

总括上面所述，我们达到了以次的结论：第一，经济学包含有需要数学精神来分析的数学性质的概念；第二，在这科学的某些部门，可借符号的或图表的方法之实际运用，而得到有价值的帮助。直到现在，数学已被证明为经济研究上，经济表述上的一个绝不可少的工具；但是，由运用数学观念到经济理论中心问题上所得到的利益，我们还难得怎样夸张。

第九章　论经济学与经济史

第一节　经济史在理论研究上的作用

经济史与经济理论之间的区别性质，虽然有时明明被人忽视了，但究用不着详细讨论。经济史是描述过去一定时期的经济现象，并探寻那些现象在各时期之实际进步；若经济理论所探讨的，则是决定经济现象之并存与连续之则律（Uniformities）。因此，经济史之命题，是特殊具体事实之叙述，反之，经济理论，则是关涉于一般法则之建立。

这两者各有其地位，不能相互替代。因为，在一方面，徒是历史的研究，其自身不足求理论问题之解决；在另一方面，经济习惯与经济条件之实在进化，又不能先验的形成，同时，在种种方面，经济史与经济理论，都是相互的帮助，相互的制约，并且，当历史述及经济理论比较特有关系的时期，它们的相互关系就尤其重要。

首先，我们对于经济理论所研究的经济现象，宜作一般历史的研究，且追寻其徐徐发展的迹象。凡属非有最抽象性质的经济学之讨论，都可这样做去。假如我们能够追寻英国过去分配制度发展的历程，即使不借助于实际历史的综括研究，亦就不难更清晰的明了现在规制英国分配制度的一般原则。这样，现存制度之实在性质和特征，将更显而易见，而其经济结果，将更能精确的探得。

试举一个比较有特殊性的实例：假若我们注意到劳动组合所由设立时的境况，对于劳动组合主义所引起的某种问题，就比较容易讨论。再就英国货币市场的理论，及英伦银行在那市场所生的影响来说吧。如巴基浩君（Mr. Bagehot）在其所著《洛巴尔街》（*Lombard Street*）一书中所指示的，英伦银行在货币市场的地位与功用，设非注意其源起和历史，即不能适当的理解。所以,论究近代银行之一般的理论,顶好是研究它们各各发生的不同原因,及其原来的目的。

同样,大部分理论的论究,如不是具有特别抽象的一般的性质,都宜于以简括的历史导论开始,而追寻那些待研究的现象之发展的样式。

可是,理论家照着这种方法,由研究经济现象之进化所得到的那种帮助,虽然极其真实,但是间接的,并且也许有些是不一定的。与经济学上之理论问题相关联的经济史之比较特殊的功用,可以粗略分类为以下几点;第一,例解并证验那些本身非以历史证据为根据的结论;第二,指示经济原则实用的限界;第三,提供一个基础,使我们直接达到那种有理论性质的经济真理。当我们说及历史的方法应用于经济学时,那特别是指着后面这三种功用。

第二节　由历史说明的经济理论

经济学者所采取的论据之一般途径,哪怕有演绎的性质,若能得到具体的历史的例解,那亦是很好的。因此,把学理结论运用到现实生活上所需的修正,就这样弄得彰明较著了;而且在一般研究者,他们将同时得到启示,以为假设与抽象,都不过是用作达到目的的手段;经济学的究局目的,乃在对于现实产业界现象之解释与说明。哪怕是枝节的历史事实,亦会在极抽象的推理上,帮助研究者把握住真正的意义。例如,流通货币量作用于一国物价之一般水准的影响,可由亨利八世及爱德华六世治下之通货成色低落,由条德(Tuder)时代的美洲贵金属的大发现,由法国大革命时的不兑现的土地担保纸币(Assignats),由英国银行限制的期限,乃至由十九世纪澳洲及卡利福尼亚之金的发现[①],来加以解明。

为解说近代的经济理论,我们很自然的。会着意近百年的经济史。不过,对于若干目的,百年前的经济史,亦可资引用。如中世纪的物价记

① 参照尼却尔生(Nicholson)所著:《货币与币制问题》,第58页。凯因斯在其所著《经济学上之主要原理》中,曾表示澳洲黄金发现后的情况,亦可用以解明外国贸易之抽象的理论。

录，就可以解明经济学者的一般价值理论。例如，由一三一五年，一三一六年之荒歉所惹起的谷价变动，为供给变动影响物价之极有力的说明。麦价较普通年度增涨三倍以上，并且，这种增涨，在比率上，大于近来年度的事实，正可示证以次的学理的结论，即，供给来源的范围愈狭，则季节变动对于市场的影响愈大。加之，把中世物价与近世物价比较起来，我们就知道市场范围扩大，交通便利增进，在一国普通年度稳定物价，统一物价上所生的影响。

根据中世的物价，来解明近代的经济理论，也许不免有人反对；因为在他们看来，习俗的势力，法律限制的作用，一定要蒙蔽甚或抵消供给与需要的影响。我们运用那些以澈底竞争为前提的初期理论，固须大大注意，但就在中世纪的产业界，亦往往有某种形式的竞争在作用着。每种事例，都需要特别的研究，法律与习俗在前述谷价上，没有绝对的，决定的影响。那是明明白白的。[①] 在法律与习俗在某种限度作用着的限内，那种示例，将更要明显，因为它们在表示，供给的变动，是如何能够超越法律与习俗的影响。

论到工资，那由英国劳动史上的革命，即由一三四八年，及一三六一年，及一三六九年的黑死病(Black death)的荒废所招致的革命，提供了一个最显明的前期历史的例解。姑不论英格兰十四世纪初期的人口，究有多少，由那次疫病死去了将近一半，那是为一般所公认的。这事实，给予了我们一个机会，来研究劳动供给突然减少，究于工资有怎样的影响；这暂时增加的工资，将在那种条件下。才得维持永久。在开始的时候，全部工业机械，反乎常道，工资有的增加两倍，有的甚且增加三倍。就在诸事略归安定后，名目工资[②]犹平均增加了将近百分之五十。像这样的增加，虽不能全部维持，然在后一世纪，工资仍高过黑死病以前百分之二十五，乃至百分之四十。

---

① 参照露吉尔斯(Rogers)著:《英国之农业与价格史》第一卷，序论；第四卷，第427页。

② 与这病疫相伴而来的，就是一种大荒。由是，一般工业停滞，土地亦不能有适当耕作，其结果，谷价乃大增涨。又，因了一三四六年，一三五一年铸币成色之相续低减，致一般的价格，都略有提高。因此，真实工资的高涨，并没有十分达到名目工资高涨的那程度。不过，在这种计算上，也无须打下怎样大的折扣，因为商品货币价值一般的增加，与工资的增加比较起来，究属有限。

所有这些事实,都符合于工资之一般经济的理论。我们应当特别注意的是,那种学理,会导出这样的一种结论,即,一般工资抬高,如欲使其维持永久,那必定要在人口已经增加到够惹起一种反动之前,提高劳动者的生活标准。"黑死病"之影响劳动者地位之永久增进,已可使这个结论得到确证。在黑死病既经中止后,人口迅速增加——这事实,可用以解明马尔萨斯的人口原理——可是因为当时劳动供给过于缺乏,以致补充那种缺乏的劳动的增加率,终不能快到阻止工资永续增加的倾向。

想恢复工资旧时的标准,立法当局是不断作过种种尝试的;但是,他们通过的关于这方面的法令,虽在若干地方部分的收到了成功,大体上却没有何等作用。立法的法案,竟不敌供给与需要的普通行动,那是非常有意义的。在经济条件变动极缓的场合,价格与工资,仿佛是受支配于法律或习俗,而与竞争完全无关;其实,法律或习俗本身,就是在一代一代的不断变动,所以,一定时期为法律或习俗所承认的价格率,工资率,与那由供给与需要之自由作用所形成正常价格率,工资率,实没有大的差异①。如其这种理论不错,我们就知道:法律与习俗虽或有时在中世的工业经济上发生过大的影响,但临到黑死病的荒废后的那个特别时期,却就无能为力了。因为这个时期的经济条件变动,是突发的,不是逐渐的;由习俗或法律承认的工资率,不能安稳的逐渐的去适应,所以它们不得不让位于竞争的工资率。

如上面历史的例解之价值,我们已经注意到了,但与当前的观察比较起来,我们亦应注意历史的记载之缺点。历史上可供利用的材料,我们几无从断定它是否同样适当与正确;我们很容易误解它们,如其它们具有统计的性质,我们就尤其容易误解。有许多发生过作用的因素,我们没有记载下来,并且猜想不到;而对于记载过了的因素,却又不免过于重视。这种畸重畸轻的危险,如我们的目的在例解过去的结论,势将越发增大。

在历史的例解之运用上,还有一种困难。即,我们如求其不流于繁重,那种危险,不是使它们不适于为例解,就是使其从历史的观点看来,不大正确。把它们上下的关联隔断了,那在一方面固然容易使其失去许多力量,同时却又不免流于夸张。一种理论,是很可以由整个历史记载来试

---

① 参照玛先尔著:《经济学之现在的地位》,第48～50页。

验与确定的,但要指定某一部分断片记录为一种适当的例解或说明,却就困难。我们与其用那需要修正的历史记录,倒毋宁用那显为虚构的例解。总之,依赖历史的事例来解明一定的经济理论,固然适宜,但若希望这些事例完全不参杂假定的性质,那就未免是幻想了。

第三节 由历史批评的经济理论

前面讲过,经济史对于理论研究的真正功用,就是批评。这批评,无疑是历史最重要的一种功用。因为,历史不仅仅从事解明与确证,并且曝露错误,表示既经定立了的原理是否需要相当的修正与限制。例如工资的历史,就把以次的假定的错误,指明出来了,那假定就是说:劳动阶级的生活标准,自行决定工资率,而其自身不受工资率变动的影响。

经济史之特殊功用,乃在指明经济原理运用于实际方面的限界。它叫我们注意经济条件之变动性质,并指明,这些经济条件变动,至少,有若干规制经济现象之原理,亦将变动。关于经济原理之相对性,我将在本章结末的注释中较详细的讨论,这里不过是顺便提到罢了。近时的经济学者,至少在关涉于具体经济原理的限内,都一般的承认这种相对性,这可说是历史学派最显明的,且最正当的胜利。至若经济原理究具有怎样的普遍性的问题,往后再来讨论。

第四节 由历史建立的经济理论

历史的材料,除了确证或批评那些由其他方法求得的理论外,还可在某种程度发现经济的则律(Economic uniformities)。无疑的,对于有些问题的解决,需要历史的研究,也同等的需要演绎的推理,但对于其他的事例,却主要的要借助于历史的综合。

机械对于工资的影响,信用循环之出现(Occurrence of credit cycles),不良币制之恶害的范围,金之发现或金之缺乏对于商工业的影响,累进税则的推行,各种救贫制度之经济的结果,乃至各种国家干涉之经济的结果等等，皆可为经济学者要多少直接依赖历史材料的例。诚然，在议论上，人性基本原理之演绎，亦占有若干地位。在推理的某一阶段上，演绎法大都是必需的，因为纯粹经验的法则，是有缺陷的，没有演绎法，则推理是否可靠，就成问题。而上述诸例，又立即可以摇动经济史不能为经济学家提示前提或为经济学家学说形成基础的见解。

为例示起见，机械对工资的影响的问题，可以作更详细一点的考察。这问题，真如尼却尔生教授在其《机械影响工资论》中所述，包含着两个问题：第一，机械使用推广对于工资，有怎样直接的或近切的影响，即过渡状态下的特色；第二，与小机械工业比较，大机械工业制度，就影响工资收受者那一点说，一般有怎样的特性。

对于第一问题，我们就可大大根据一般的分配学说而使用演绎的推理。我们必须考虑，因采用机械之故，生产的效力增加了，从而有较大的利息，拿出来分配。又必须考虑，资本既能予劳动以较大的帮助，故有牺牲工资收受者部分而增加资本家部分的趋势[①]。必须考虑，对资本蓄积之刺激；必须考虑，所需劳动的种类已有变化，即，一定种类的熟练劳动，已可用不熟练劳动或别种熟练劳动为其代。这些都是待要说明的主要事实，我们正可用演绎法，辨明它们将要发生何种结果。当然，实际的结果，将随条件改变而改变；但在大抵场合，我们用演绎法辩论，仍能决定什么是最有势力的条件；例如，变化是否有连续性，及一定变化所经的时间[②]；又如劳动者的适应性(那主要是取决于他们的一般智力与专门教育)。

关于以上诸点，我们都可按照前二节所示，以过去一百年的经验，来

---

① 这种说法，比较圆满。有人说，那是牺牲流动资本以增加固定资本，这是比较更不适当的说法。如认某一雇主所能自由使用的资本量并非有定，而可在相当限度内由信用的帮助而增加，那机械的使用扩广，就不必会减少流动资本了。假定以机械代替人工可以减低价格，从而激起需要，以致先前雇在一定职业上生产一定商品的劳动，均可在机械推广之后，照旧被雇在这一定职业之上，雇主虽然购了机械，但他可由信用购买，故仍能照旧支付那么多的工资。如机械的采用是逐渐的，从而使需要亦逐渐增加，那就更加是如此。如所需之劳动为另一种类，则旧的熟练工人将因其特殊的熟练已失作用而蒙受损失，但其所以受损失，并非因他们生活所赖而维持的流动资本已经减少。但机械的使用推广，资本在生产上的相对重要性，却确乎会增加起来。

② 尼却尔生教授在我上述那篇论文中，曾定立如下的连续法则："发明方法上的激烈的改革，可以逐渐而连续的被人采纳；这种激烈的改革及不连续的跳跃，不致于发生。没有一种进步，不是出于'发明之微小的增加'。这一类命题，当然只能由直接的历史的证据而确立。"

说明,来证实,来校正我们的结论;但就令如此,历史的用途,大体上亦还是辅助的。但若我们进而论述第二问题,我们就更加要回顾过去,以决定机械时代与手工时代较,其一般特性将如何影响于工资收受者。因要解决这问题,我们不仅考虑廉价生产的结果,且要提出如下的问题——即,机械的使用,将在怎样的程度上,并在怎样的条件下,增加被雇的妇女与儿童,集中产业于大都市,扩大雇主与雇工间的裂痕,延长劳动时间;那又会在怎样的程度上,增加工作的单调性,使专门的熟练成为更不必要或成为更必要[①];那又在怎样的程度上,增加或减少工资的变动。这类问题,只在有限的范围内,可以使用抽象的讨论法。无论如何,如要使用演绎的推理法,那就只有依从历史的暗示,而其所从而出发的前提,必须由历史法确立起来。这类问题,就全体看,如果没有一个历史的根据,就分明不能得到妥当的处理。

但我们用这方法讨论机械使用对工资的影响,或不免会把一部分或全部分应归因于其他原因的结果,误谬的归因于机械的使用。为要避免这种错误,我们必须大为注意。又,如忽视这问题将如何受影响于特殊职业的特殊状况,我们每有过分扩大综括范围的危险。这种危险,亦得当心避去。已为事实所是认的归纳法,如可能,应用演绎法予以校对;尤须牢记者,机械时代的特性,亦因阶段不同而不同;使用极多机械,不同于使用许多机械;使用许多机械,又不同于使用少数机械,而使用少数机械,又不同于不使用机械。

经济发展及进步的问题更为普遍,在这更普遍的问题上,抽象推理的作用最少,经济学家仰赖历史的综合者最多。经济发展及进步的学说,可以说是经济史的哲学。因为只有直接比较社会的连续的时代,我们希望发现经济状况依次连续或变革的法则,才合乎理性[②]。

实际,在政治科学或社会科学上,很少有几个部门,还比经济发展的研究,更少用得着自因至果的方法。约翰·穆勒在其《经济学》第四卷中,

---

① 经验告诉我们,大体说来,机械的使用,与其说会减少熟练劳动的需要,不如说会增加熟练劳动的需要。

② 历史的比较,在若干场合,可辅以东方诸国及野蛮诸国之现状的研究。亨利·梅因爵士的研究,可以为例。印度及锡兰农村生活的研究,可以使我们洞见欧洲古代农业社会的性质与发展。

讨论社会进步及于生产与分配之影响；他的方法，是先假定若干不变的因素，然后演绎其他因素变化的后果。他曾在有效竞争的假说下，进一步说明地租，利润，及工资的一般法则；但这种讨论，在经济进步的真正学说上，是极少效果的。我们讲过，研究经济状况发展方法的经济学家，比通常更要仰赖于一般的社会学知识；从而，他亦比通常更要仰赖于历史的研究。写实主义的与历史主义的经济学观，是相并而行的，这二种经济学观特别相宜的范围，亦大部分是一致的。

第五节　经济理论在历史研究上的作用

论到经济史及经济理论二者关系的别一方面，我们可进而研究理论的知识，究能在如何程度上，有助于历史的研究。第一要注意的点，是：理论之认识，即经济现象之已定的一般命题之认识，会告诉历史家，何一种事实，有重要的经济的意义。甚至于我们仅仅搜集事实，登记事实，亦如杰芬斯在物理观察者的场合所云，宜以我们的注意，受指导于理论的预测。产业的现象是复杂的，除非我们已知道我们所要观察的是何种特殊事实，那就不免会有若干极重要的事情，不能吸引我们注意，经济界内，因果的知识，可以帮助我们分别什么是特须注意的事实，什么事实不注意，亦不致错误。

不过，理论的预测虽极有用，但亦极易引出严重的危险。我们曾屡次指示，事象的记述，必受影响于记述者的理论的见解。他配列事实布置事实的方法，每每使他着重一些事实而轻轻放过一些事实，以致事实所暗示之结论，即为配列者布置者所要推出的结论。例如，李士特《国家主义经济学》所从而出发的历史，虽在许多方面是健全的有趣的，但终不免有若干可以批评的地方；换言之，他的历史，乃是从特殊理论解释的历史，而究其实，那特殊理论，又是大部分以这种历史为基础。

作者的理论的见解，既会如此影响于他的事实的记述，那他须有细心精密的初步的理论研究，就非常切要了。不过，历史家所抱的理论的见解，亦千切不可隐瞒。玛先尔教授曾说：“最不足道的理论家，才会承认事实自是事实，数字自是数字，而不闻不问他是如何选择事实，汇集事实，因认后事随前事而起，遂倡议前事是后事的因。”[①]

如历史家要适当的履行他的职务，他就要明白的尝试确立诸现象之关系并寻溯其原因与结果。但若假设不应用前已确立的一般原理也能做到这步，却是一个错误。我们前面已经讲过，历史上的原因，并不会在每一场合，都由直接的证据而提示于我们，如果所谓“直接的证据”，其意即谓各种事象得分别研究，而因果关系，得不经演绎的推理或其他事例的比较，即可指定。由直接的证据，在每一场合，实际都会提示给我们的，乃是一列复杂的事象，其因果关系，可以有种种隐蔽，那决非观察者一望就会明了，而只能由有训练并富有科学知识的研究者侦知。所以，历史家如要解释产业上的现象，一定要相当熟习经济理论。

以上所述，特适用于过去一百年的经济史，一则因为经济现象间之交互作用，降至近世，是日益复杂，而经济学的解释，更成为必要；二则因为近世经济的分析，对于这一时期，比较对于前各时期，都有更直接更切要的意义。但以上所说，并非仅可适用于近世经济史；不过，关于前各时代，不须有精审的理论工具而已。可附言者，经济史家如能在经济的推理上受一种科学训练，那就使在不大用得着特殊经济教义的地方，亦当受其实惠不浅。批评理论，是历史的作用；同样，批评历史，亦可说是理论的作用。理论往往不能确实告诉我们，从某一种变化，将生出何种现实的结果。但理论能决定也许会发生什么结果，或者什么结果是可能的，那还能分别各种结果发生的条件。所以，对于已经实际发生的事实之说明，那可予以批判与试验。那有资格判定，某种结果决不能归因于某种原因，至少，在指定的条件上，那是不能归因于这种原因。

关于经济史的研究应先于抑后于经济理论的研究，曾引起若干争论。但因此二种研究是互相依赖的，所以我们正可有第三种说法，即，此二种研究，应当同时进行。要定立一个普遍的适应于一切情况的规则，是很困难的。但大体说来，如果所关涉的是基本的研究，则应最先着手的，似乎是研究最单纯最广泛的一般经济学。因为，如果经济史不限于一个古代——比方说十七世纪以前的时代吧——则说明一般经济原理并予以相当限制所必需的历史，正可随时得到，不必费多大工夫，更不必有多大危

① 《经济学之现在的地位》第十六节。

险。至若，为要正当了解历史而必须有的理论，却不是那样容易那样随便就可以取得的。

第六节 经济史与经济学说史

经济事实之历史，与关于经济事实之观念与学说之历史，当然是不同的，但有极密切的关系。在产业的范围内，好像在人类活动的其他范围内一样，事实与观念是互相影响的，所以，现象之史的连续与学说之史的连续，其间盖有一个复杂的连带。对于经济学说，不仅可就其绝对的真确性或虚谬性而予以考察，且可就其与事实——助这种学说发生的事实，或赖学说之助而发生的事实——的关系而予以考察。

流行于一定时代的工商业学说，往往可以说明那时代现实产业上的事实。研究学说，可以使我们得一个新观点，来观察事实，得一个新枢纽，来完全了解事象之现实过程。单为这理由，经济史家亦就得对于他所研究那个时代的经济意见的推进，作一个检验[①]。

经济事实的历史家所以必须注意于经济学说的历史，还有别一个理由，即，流行于一定期间的意见，对于后起的事象，将会发出直接的影响。经济发展的过程，不仅要受支配受修正于实际的法律，且须受支配受修正于社会制度及通行的思想习惯；而这一切，都分明要受理论与观念的影响。我们所以能探索古代思想的进步，主要即因思想对于现实的现象，曾大有影响；迄抵一定阶段，经济问题的思想史，就几乎必然要渗入事实的历史当中。迄于近世，学说才在著述中有更明白更确定的表现，而经济史

---

① 克宁瀚博士在他所著《英国工商业在古代及中世的发展》中，就说："凡与我们有关的事实，要以如次的事实为最重要了，即表明一种观念在什么期间内占优势，并在什么时日开始广布的事实。我们必须了解人们对于他们那个时代的营业与企业作何种观想，并知道他们的进步计划及目的，然后，这全部历史，对于我们，才有一种活的兴味。"（第 17 页）。克宁瀚博士又说，根据法律及其他文件的绪言，以及各时代的经济文献，"我们将会知道人们的思想怎样，愿望怎样，从而我们将更能了解他们所作各种事情的意义"。（第 21 页）。不过，我们当然要记着，法律的绪言，本身就可以有时是错误的。他们的根本目的，乃在于证明以下的法律，故不能在一切场合，被认为是意见的正确表示。

与经济学史，才有更明白的区分[①]。但经济制度的发展及经济立法的进步，往往是思想——关于财富现象的思想——进步的结果，却依然是真确的。个别的理论家，对于以后的经济法律，亦会生出颇大的影响。放任主义的胜利，在谷物条例撤废时算达到了极点，但放任主义的胜利，实在要感谢亚当·斯密。一八三四年英国救贫法的改良，又应大大感谢马尔萨斯的著作之直接的及间接的影响。

事实对于理论所生的相互影响，又是经济学说史不能离异现实经济现象史的又一根本理由。任何时代的理论，几乎都有一部分以如下的假定为基础，即，这种理论，特别适用于这个时代的实际情形。经济情形每经一次变化，即有待解决的新问题发生，而其所提示的解决法，又不能不在相当程度上，受影响于当时的事变。任何作家，亦不免要受影响于他那时代那地方的特别影响。即令能免，当亦非吾人所愿望。并且，我们对于过去的理论，倘非参照当时引人注意且熏染人们见解的实际现象，就不能适当了解，不能适当的评定它的妥当性。

试举一单纯的例，来说明事实与观念之交互作用。塞诺芬(Xenophon)及其他古代诸作家，对肉体劳动所表示的轻视(独于农业则不然)，与古代社会一切肉体劳动大都由奴隶担任的情形，正有关联。但同时，这种轻视，又自然会使这种情形，永续下去。

中世纪反对放债取利的强烈的道德心，亦是一个例。在近世经济情况之下，个人(国家不然)借钱，大都为了可图利润。但在十一世纪十二世纪，投资的范围极为有限，人们非为了身陷灾祸或有急需，就大都不会求助于货币出借人，从而，当时人眼中的放债取利事务，亦就和今日人们的看法，显然不同了。应附言者，利息不道德的学说已被人们是认的时候，用来赞助此学说的论据，有许多，按诸中世及任何其他时代的经济情状，按诸现在的经济状况，乃同样虚伪。教会实际禁止重利盘剥的行为，在若干场合，亦显明超过了当时情况所易于施行的限度。例如，批发商人，与零售商人贸易时，即不得分别现钱价格与赊欠价格；因为在这场合，赊欠的目的，通例在于图取贸易的利润。但事实上，这种禁令，就有种种巧法，

---

① 布郎克(Blanqui)不曾充分明白的分别这点，因为他认定经济学史，是“文明国改良人类命运之实验之摄要”。经济学，即令认为根本是一种术，亦不应与经济立法相混同。

为之避免；并且，除了在有实际效用的场合，那还恐怕很少实际施行过。

重商制度及重农学说，为各自时代与环境之自然产物，这一点，已为近世历史家所明白说明了。试一参照英吉利三大经济学家，亚当·斯密，马尔萨斯，李嘉图，即可说明，读特殊经济学著作者，不应忽视当时的现象。在这里，我们想单拿李嘉图来发挥几句。李嘉图的学说，有时被称为纯粹的抽象，但那对于他所观察的事实，亦其实有密切的关系。

我们在前章讲过了，要正确了解李嘉图，则正确决定他推理所由而发的假设，乃是主要的根本条件。但什么是他推理所由而发的假设，那通常是要读者亲自设法去发现的。李嘉图从未明白把它们叙述——也许因为在他看来，那些都不是什么任意的抽象，而是不必特别叫人注意的明白的事实。而其所以如此，要皆由于他个人的环境及他那个时代的一般经济状况，他的根本假设，即是完全的无约束的竞争作用；这，第一，大概和他在都市上及证券贸易上——这个市场，可以说是代表的在理论上堪称完全的市场，那里的竞争不息，需要与供给都甚有力——的地位，颇有关系。李嘉图个人的环境，从我们现在的观点看去，是比较更不重要。真正重要的，是他著书的时候，产业界本身，就其国内贸易言，竞争原则是极其活动的，已不可颠破了。支配产业的旧法令，已经消灭了。工厂各尚未通过。工人职业组合，尚不合法。在亚当·斯密时代刚刚开始的产业革命，正在进步；在由此所促起的一般运动上，对竞争所加的一切阻碍，虽依然存在，但很容易就可轻轻看过。

李嘉图每每被人称为工资铁律的发现者。工资铁律，断定工资不能永续高过维持生活所必需的程度。但他却曾明白承认，"劳动的自然价格"，就连用食物及必需品计算，亦不是绝对固定不变的。他说："那随时期不同而不同，并极实际的随国家不同而不同。那在本质上就取决于民族的习惯与风俗。"①而他在讨论原生产物税的时候，他又不断假定劳动阶级的享乐标准如此低，故必需品价格的变动，必定会极迅速的反应到工资的标准率上。这个假定，可以和十九世纪开头劳动阶级状况堕落——其主要原因是产业革命，贫民救济法施行的不道德，拿破仑战争，异常多次的歉收——的事情，关联起来讨论。

① 李嘉图《经济学及赋税之原理》。

李嘉图的推理，有许多，尚包含一个较不重要的假设，即，一国所消费的农产物，全都是本国生产的。而这个假设，在小麦输入（除了在歉岁）尚被禁止的时候，亦是一个自然的假设。就令自由贸易是实际政治学范围内事，李嘉图亦不能预测北美及印度的小麦生产力，加以运输的便速手段的发现，会使英吉利每年输入的小麦量，几乎多于它本国的产量二倍。这种事情，即令其可能性已被推知，亦似乎隔事实太远了，从而使它在经济上的后果，没有讨论的值价。

第九章之注释

甲　论经济学说妥当性的限制

第一，具体经济学说的相对性

有些老经济学家，例如西尼耳（Senior），就以为经济学的学说，具有普遍的妥当性。据称，这种科学，非属于某一国，亦非属于某一地；他们主张，工资、利润，及其他经济现象，乃受支配于和地心吸力法则相差不多的不变的法则。德·金萨（De Quincey）对李嘉图的称扬，可以为例。他说："以前诸作家，已为事实，细目，例外所攻击所责难了。李嘉图先生却先天的，从悟性本身出发，演绎若干法则，那对于材料之黑暗的混沌，还是第一次放射透澈的光明，从而，在先不过是一种尝试的讨论集，现今那就成了一种真正的科学，第一次立在永恒的法则上。"[①]

这样不论时间，不论地方，不论国别，而要求无条件的真理性，曾被克尼斯（Knies）称为理论之绝对主义[②]。他以为，有一些作家，虽在原理上不为这种主义辩护，却称赞它，认它是一种默认的假定。至于他及其他历史学派经济学家，却肯定经济学说的相对性。他们因见各时代各社会的

① 《一个雅片烟吃者的自白》（一八五六年版第 235 页）。

② 有时，有人用世界主义一语来代替绝对主义一语，克尼斯却以为，严格的说，世界主义一语尚不足代表其全部意义。由对地方不同国家不同而起的特殊情况，其蔑视，固可由这名辞表示，但由时间不同而起的差别，其蔑视却不能由这名辞表示。为了要表示绝对主义的第二要素，有人提议用永恒主义一辞。（《历史观的经济学》一八八三年第 24 页）。

经济现象受支配于特殊法则，遂倡言具普遍妥当性的绝对学说，必不可能。他们以为，各民族各时代都各自有其特殊的经济学。经济学说相对性的观念，乃从经济生活表现一种连续有机发展的概念出发，而这种概念，又是历史研究的自然结果①。

应附言者，肯定经济学说的相对性的，不限于历史学派。巴基浩君，根本就是一个保守的经济学家，但他就显明认这种科学为一种社会所特有，那就是"已发展的商业竞争的社会"，譬如十九世纪的英吉利。但他的目的，恰与历史学派的目的相反。历史学派的目的，在于把注意点集中到经济史上，他们要研究经济的发展，不要研究一定社会的经济关系。反之，巴基浩却把注意点集中到现行的经济现象上，他以为，如注意那表面上相同实质上相异的古代现象，结果只足分散我们的注意。

要讨论这里提出来的问题，须注意抽象经济学与具体经济学的差别。前者得视为普遍应用的**工具**。它所讨论的，是普遍的原理，而这所谓普遍，意乃谓贯澈一切经济的推理。关于这一点，我们马上就要讨论。但若我们仅注意具体经济学说，我们就可以说，它们的相对性，乃直接根据于前一章所采用的这一部分科学之现实主义的概念。一般社会情况都在不绝变化，经济情况亦一样在不绝变化。经济情况，随社会的法制而变，又随国民性格及制度而变。

就使两个地方有相同的诸种势力在作用，但其相对的强度，仍可有各种变化。法律、风俗、竞争、结合，都是决定财富分配及交换的要素，恐怕

---

① 里嘉特·钟思和菲力特利克·李斯特，与其说是历史学派运动的模范的代表，尚不如说是历史学派运动的主要的先驱者。他们学说上的最特色，即主张两特殊范围内的相对性。钟思特别主张李嘉图的地租学说，就空间时间说，其应用都属有限。他以为，以个人所有权及竞争自由的假定为基础之学说，不能适用于东方的社会状况，因为在东方的社会内，联合所有权是常规，而地租亦由习俗支配，那甚至于不能适用于较近的习惯租佃制如麦太耶制度(Métayer System)。就时间的限制言，他又说，李嘉图法则决不能适用于中世的经济状况，因为在中世纪，土地有许多是公有的，地主与耕作者的关系，亦非受支配于自由竞争。李斯特因承认别一范围的相对性，而为保护税辩护。他说，一切温带的文明的社会，都曾按次经过若干经济阶段，所以，对于一定时期内的一定社会，贸易应采保护政策抑应采自由政策的问题的解决，必须参考它已经发展到何种阶段。关于经济学范围内的相对性原理，在更普遍的形式上予以叙述者，为罗夏尔(Roscher)，在更确定的形式上予以叙述者，即为克尼斯(可参看本章注释乙)。

其中没有一种，会在某一时代毫无作用[①]。但其影响程度，影响方法，却在不绝变化中；而这种变化，对于经济学说是否适合于现实经济现象的问题，又颇有影响。

对于上述那种议论，并不要多费辞说明。很明白，许多近世的经济学说，不大能够甚或不能够直接应用到中世欧洲。从经济方面考察，中世社会与近世社会的对照，现代东方社会与现代欧洲社会的对照，都是难于忽视的[②]。关于前一种对照，克里福·列斯勒(Cliffe Leslie)曾简截有力的说："中世纪德意志社会的组织与现象，都不能暗示一种以个人利益及交换为基础的经济学说。那时候，土地公有制，土地公有权，尚甚严格；很少的财富可以买卖移转；劳动和土地一样是不动产；分工尚幼稚；货币流通尚稀少；社会的单位是家庭，共产团体、同业组合、阶级，不是个人：这就是中世经济的主要特色。"[③]李嘉图的地租法则，就其普通形式言，殆可说是特殊的例。每个经济学家都承认这个法则不能普遍应用，虽然不同资本部分的收获不同，依然是一种自然的事实[④]。

不过，我们亦不必假设现行经济学说，全不适用于历史上的古代。前一章已举例说明这种适用性。克宁瀚博士，曾在这一点，明白区分市场价格与地租。他说："中世纪产业生活的现象，有许多，其所由而支配的条件，恰与今日相似；竞争是今昔一样实在的，不过在中世纪更不活泼，更不明显而已。中世纪一切种类的市场价格，如羊毛及•鱼的价格，都和现今一样受决定于供给与需要，其间虽屡屡发生阻碍，从而影响其作用之程度，但终不能改变其势力。但关于地租，则不然；自由竞争与市场率，对于

---

① 在近世工业社会中，竞争已是主要的势力，但仍有些价值，是受支配于法律或风俗(例如国会火车费，律师费)，同样，在古代社会，风俗固然是最有力的影响，但竞争的价格，亦决非全然没有。亨利·梅因爵士(Sir Henry Maine)著《农村社会》一书，即在第五讲中，举出几个例来，说明除了习惯的价格，仍有竞争的价格。例如，同群中人虽不按通商原理而互相贸易，但不同群中人的贸易，却可全然不受习惯法的拘束。又如，"印度土人对于某一种货物，情愿支给竞争的价格，但对于别一种货物，如要求习惯价格以上的价格，却又将被视为非义。譬如，他就愿以时价购印度谷物或英国棉布，但不愿违反习惯价格以购鞋"。

② 土地租佃制度，劳动的移动性那种种特殊经济现象，在近世欧洲各社会中，亦是互相不同的，这种对照，虽比较更不显著，但亦不可忽视。关于这点，参看本注第二段。

③ 参看《政治哲学道德哲学论文集》一八八八年第84页。

④ 参看本注第三段。

农业活动之支配，今昔是完全两样的；所以，凡足用以说明现代地租变动的学说，均不能用以说明中世纪地租的变动。”

下述那一段话，可引用来例示过分重视经济学说相对性非过分轻视经济学说相对性的趋势。塞利格曼博士（Dr. Seligman）说：“中世纪是习惯价格的时代，非竞争价格的时代；当时的法律，绝对不知道允许买卖双方私相同意。‘市场论价’是不可能的，因为市场的法律，尚不许订约双方自由协议。如生产者尽其所能得而要求高价，或因要使邻人贴本而比较邻人要求更低的价格，那简直会成为笑谈”①。露吉尔斯教授（Professor Rogers）却说：“中世纪的生产者和购买者，在买卖的事务上，都很精明的，看他们对于手上已有的或待售的数量，作怎样的解释。一年中，最精明的买卖，见于初夏，因为在这时候，前一年的生产量已经知道得很正确，而下一季的收获如何，亦已能作适当的推测”②。这段话所暗示的一点，在供求律的作用上，颇为重要，那就是，未来的供给之估计，将如何影响购买者马上所需要的数量，如何影响售卖者马上所供给的数量。再以十四世纪的铁价，作为需要影响价格的例。有一个极干旱的夏季，使用器大为磨损，从而铁的需要增加了，价格提高了；所以，农民的记录，屡屡说：“因干旱之故，铁价大贵”③。

又如，现在有一种经济现象，虽属于现代，但与我们的经济现象相异。在那种经济现象下，价格虽似全由习惯的势力决定，但竞争仍在一种改装的形式上发生作用，即，不改变价格，只改变售货的品质。亨利·梅因爵士曾谓，东方的荒野农村，经营古时职业者，即以习惯价格出售他的货物。在西方人将改变其货物价格时，他却改变其货物品质④。

说以竞争的假定为基础的学说，全不能适用于古代社会或现代东方社会，虽未免近于夸大，但说这种学说，非经精研细究经济情形，即不能用

---

① 《经济科学论》第 6 页。

② 《六百年的工作与工资》第 144 页。

③ 亚胥勒(Ashley)《经济史》第一卷第 36 页。亚胥勒教授有一篇演说，论经济史的研究(《历史的经济的视察》第 12 页)，对于这所引用的话，曾下如次的批评：“当然，要探寻这样明白的现象间的关系，只须有平易的常识。”即令如此，我们在这特殊点上，引用这段话，亦不见得就不适当。本书的问题，不在于这个法则——价格变化与需要变化相关的法则——的证据的性质，只在于这个法则的应用的范围。

④ 《农村社会》第 191 页。

之得当，却亦一点不错。

社会的进步，不仅会影响旧时经济问题的解决，且会引起新问题。许多关于货币、信用、国际贸易那一类复杂问题的学说，即只能适用于进步的经济社会。这种种学说，与其说错误了，无宁说无关于古代社会。

以上所说，乃就经济理论而言，若就经济法规而言，我们尤须承认其相对性。我们前曾说过，倘不细心分别理论与法规，我们就不免会夸大前者的相对性。理论的研究，常常必须有假说与抽象。但若我们以定立法规为目的而应用理论，我们就顶好少用一些假说与抽象。在检验并批判特殊经济制度与政策时，我们应否抽象到那个程度，以致忽略社会的政治的非经济的讨论，诚然是一个疑问。但这种讨论的意义，甚至比纯粹经济的讨论，还更依随不同国家不同时代的情形而变化。所以，一定的经济政策，是否一般值得推称，必须要看那个国家所特有的社会情况与经济情况，看那个国家在经济的发展上，达到了什么阶段。要形成几个有普遍妥当性的消极的法规，即规定某几种行动在任何情势下均不得当，固未始就不可能；但就全体说，相对性的原理，正可不加多大修正而适用于经济法规。

反对商品投机贸易的法律，可说是经济法规相对性的单纯的例。这种法律是否可行，大大取决于当地当时的经济情形，能在如何程度上，任凭个人由投机的购买，而实际控制商品的全部供给①。更一般的说，我们可以说，情形愈不利于实际竞争之维持，则法律干涉竞争愈为适宜。面包麦酒法及其他规定价格的中世纪法规，正因当时零星交换难有竞争之故，而被承认为确当。其目的，不过代替有效竞争，使零售价格及原料价格变动，互相符应。

第二，不宜限经济学为近世商业学说

巴基浩君亦承认经济学说的相对性，但其结果，非采纳任何形式的历史方法，却是限经济学为“资本增加竞争加甚时代的商业学说”。他批评穆勒，说他过分扩大了旧经济学，不然就是未把它充分扩大。巴基浩曾这样说：“如果像我所主张的那样，旧经济学只得特殊社会之证明，并只适用于特殊社会，则穆勒著作中所包含的议论，有许多不应该包含在那里；反

---

① 参看王胥勒《经济史》第一卷第 187 页。

之,如果旧经济学得适用于一切社会的财富现象,则其中尚应包含许多其他的议论,而其中已有的议论,又有许多应该受限制”[①]。

我们可提出好多理由,反对这样限制经济学。诚然,近世经济学家都主要按照他们自身所在的经济界而形成他们的学说;他们所选择的假定,往往只适合于这样的经济界;如其是这样,我们自应把这事情牢牢记在心头。但我们的研究,不必完全根据于同一的假定。我们可以研究一个以上的社会的经济现象;我们将会发觉,我们的学说的应用,必须按照情形而有所缩小或有所扩大。其中有一些结论,只适用于更进步的国家,只适用于发展的现阶段,但正可有别一些结论,能适用到广泛得多的范围,或稍加修正,即可适用到广泛得多的范围。供求律也许真在一切社会,都可直接应用于某几种交换。有许多其他法则——如格莱欣法则(Gresham's Law),即劣币驱逐良币的法则——可以有极广大的应用范围。并且,我们研究的范围愈扩大,我们所得的知识亦就愈完全愈有用[②]

巴基浩君称近世商业时代以前那一时代为前经济时代(Pre-economic)[③];但这概念,颇有受人非难之处。即令在古希腊古埃及,在封建欧洲,在印度锡兰的现今仍然存在的农村共产社会,所发现的财富现象,在许多主要点上,和近世欧洲的财富现象不同,至少一部分受支配于不同的法则;但它们依然是经济现象,如非因其所得材料不足,我们亦未尝就无力研究。我们虽不得不承认经济形式有时代之划分,虽不得不承认原始的工业方始萌芽的社会存在;但在我们尚未发现一个不知交换——甚至于潜形的交换——并不知占有财富的时代或社会以前,在严格的意义上,我们就可说尚未发现前经济时代。

比方,我们就知道锡兰农村共产社会的技术工人,如何在邻人的门前,交换其精制的物品[④]。那种交换,用不着交换媒介物,不受支配于竞争,而受支配于习俗。但这亦是经济学家所不应忽视的一种经济现象。

---

① 《经济研究》第19、20页。

② 我们在前一章讲过了,某一种价格学说工资学说,很可由十四世纪十五世纪的统计,予以说明。但那期间的英吉利,却无疑不是近世工业社会的例。

③ 《经济研究》第65页

④ J. B.庇尔爵士(Sir J.B. Phear)《印度锡兰的亚利安农村》第16页。

亨利·梅因爵士又曾指出，东方经济现象的研究，即因其显然各别而愈有价值。但究其实，则东方经济现象与西方经济现象，在许多点上乃是类似的。他说："如居留印度的英国人，在那里发现了一种财产，可认为是乌托邦的或理想岛的，如果他们真发现了实际的共产主义，或财产平均制度，或国家占有一切物品制度，他们的描写至多亦不过应得脆弱的惊讶。但他们在那里所发现的一切，和他们在本国所留下的一切，原是极相类似，但亦颇有不同。那里有财产，大的，小的，土地的，动产的；那里有地租，有利润，有交换，有竞争；那里有一切显明的经济概念。但其间没有一个，和西方的同种概念，恰相符合。那里有所有权，但通例是一群人的联合所有权，个人所有权却是例外。那里有土地地租，但那里的土地租借，大都是永续不改的，所以，与此相应的地租，遂亦没有任何市场标准。那里有利润率，但极奇怪的受影响于习俗。那里有竞争，但经营贸易的，总是全不竞争的一大群的亲族。彼此发生竞争的，但是不同的大群。"①

再有一个理由，不承认巴基浩对于经济学所抱的见解。即，要如此限制这种科学，使其一切具体学说恰好相关于同一的社会情况，乃不可能。我们不能说近世商业世界是一个固定的静止的社会状态，再不会有变动或改变。今日美洲合众国的经济状况，就不和英吉利的经济状况相似——例如，劳动从一地到一地，从一职业到一职业的自由移动学说，在前一国，也许就较在后一国，实现得更为充分。同样，英吉利的经济情况，亦和法兰西的经济情况不相似。譬如，两国的土地租借制度，即不相同。至若二十世纪英国的经济状况，和亚当·斯密时代英国的经济状况，就更有显著的差别。所以，就连在商业时期内，我们亦必须细心检验我们的前提的适用性，并承认其相对性。事实上，误用近世经济学说于野蛮社会或东方社会的危险，还比较的少。我们愈行近，则过分扩张经济学说的危险愈巨大，这种危险，决不能因巴基浩的超越经济时代观，而有所减少；虽然据他所假设，在这个超越的经济时代内，经济学说的应用是绝对的，不须有任何限制。

---

① 《印度观察对于近世欧洲思想的影响》，一八七五年演讲。

第三,在何种意义上抽象经济学原理得要求普遍性

具体经济学说的相对性,不能证明抽象学说,不能有相当的普遍性。不过,抽象经济学说得在何种意义上要求普遍性,却是尚待研究。

第一,抽象经济学分析这科学的根本概念如效用,财富,价值,价值尺度,资本这一类概念。我们在前面已经讲过了,就连经济学诸定义,亦有时是相对的,渐进的。但在分析上述那一类概念的时候,要窥取一个确定的究局,亦不为太过。我们讲过,从不同的关系看,同一概念固不免有略不相同的性质,但至少我们在一个概念中,可以发现某种共通的普遍的事物;在共通性质上予此等概念以考虑,乃为具体经济研究之初步,而这个初步,亦不无价值可言。

其次,抽象经济学又要讨论根本原理。这种根本原理,因其贯澈一切经济的推理,故亦得称为普遍的。效用变动法则,就是这种根本原理之一。这个法则,乃杰芬斯对于经济学的主要贡献。那不仅可适用于物质的商品,以决定对此商品的需要法则,且可适用于劳务。所以,那在全部分配学说中,极为重要。在其他条件完全相等的场合,一定部分的资本,对于其所合作的劳动,所能提供的帮助,随部分之数的增加而减少。同样,在其他条件完全相等的场合,一个单位的劳动,对于其所帮助的资本或别种劳动,所能提供的帮助,亦随单位之数的增加而减少。这个基本原理的真确性,即完全无关于社会制度与经济习惯,虽然它实际产出的结果,可以有颇大的变异。还有一个原理,属于同一性质的,即,在一切其他条件完全相等的场合,较大的利得较优于较小的利得;换言之,在有选择自由的时候,他总愿意选择较大的显明的利益①。

根据根本概念的分析,再助以上述那一类原理,抽象经济学要取得若干消极的或形式的有普遍性的结论,亦未始就不可能。例如,说价值的一般提高为不可能;说两种商品如有同种效用,则愈稀少者愈有价值;说各

① 杰芬斯说:"经济学的第一原理,是如此真确适用,所以我们正可以说,这种原理,与人性相关而言,乃是一般的真理。"(《经济学之未来》《半月评论》第二十六期第624页)又说:"这科学的理论,乃由如此单纯如此深深根据人身组织及外部世界的普遍法则所构成,所以,在我们所讨究的一切时代内,那都是同一不变的。"(第625页)杰芬斯此处所言,也许就是这个原理。

种都可获得一定结果的生产方法,生产费最廉的,有时会推翻其他一切方法[①];说运输便利有平均各地价值的趋势,保藏便利有平均各时价值的趋势。像下述那一类命题,亦可包括在这一范畴中。例如,说任何商品或劳务,均不能用作不同时间不同地方的价值普遍尺度;说普遍生产过剩,按其本义,决无发生可能。

关于一般所说的李嘉图地租法则的相对性,我已经讲过了。现在,可以之比较于最抽象最普遍的经济地租原理。李嘉图法则,如要决定土地耕作者实际所付,那就是一个相对的学说,换言之,其所根据的假定,就时间说空间说,都只适用于有限的范围。但最普遍的经济地租学说,却不过肯定:如有某种商品,其各部分之品质完全一致,但其提供所费的生产费不同,那吗,由较小生产费产出的商品部分,将会提供一种等差的利润,这学说的应用,遂不复有同样的限制。那甚至于可适用于社会主义的共产社会,因为等差的利润,并不因为我们不知道,亦不因其归于社会或国家,而致于不复存在。

按这方法,我们要建立一种普遍的关于经济现象的理论,使其适当修正即可在许多不同的境况下适用,亦未始就不可能。这样建立的学说体系,大体上有假说的性质,那是必须承认的。换言之,那不能使我们确立一定社会内财富分配与交换的法规。为要确立这种法规,我们还得参考一般原理作用所在的特殊情况;而这种特殊情况,乃是变化多端的。我所要说的,是抽象学说,当作一种初步研究,是非常有价值的。其所包含之原理,所使用之研究方法,有一种意义与价值,如称之为相对的,就不免错误;并且,研究任何特殊时代或社会的更具体的问题的经济学家,亦不容对它忽视。所以,我们刚才说,关于供求律,许多抽象的推理,都有极广泛的应用。这种法则,在不同的条件下诚有不同的作用,尤其是作用的速度不同。但这种法则的作用,就连在习惯势力最大的社会状况内,亦可暗地探察出来。若我们不凭借抽象经济学所提供的分析方法,而注意于适当的方向,那却大有被人忽视的可能的。

① 这是代替法(Law of Substitution)的一个形式。

乙 论经济学为一种历史科学

我在前章已经说明了，经济史的研究，对于经济学的建立与完成，占有极显著的地位。有许多经济学问题，非得历史研究之助，其解决必难完全；所以，历史法亦是经济学家所应当留意的。但有些人，认经济学根本上就是一种历史科学，却又不然。

历史学派的激进份子，主张他们的方法应推翻其他一切方法，而不仅应当辅助一切方法，从而要完全改变经济学的形式。这一类要求，曾有时被人坦白的提了出来。因此，克里福·列斯勒竟认演绎法与历史法必然相反，他因见演绎法对于经济问题的自称的解决，全是幻想的虚伪的，所以把它排斥。他说："演绎法不能说明财富之性质数量及分配所由而决定的法则"；"反之，经济学之哲学的方法，必须是历史法，必须探究民族史之经济方面对其他诸方面之关系"①。英格列姆博士(Dr. Ingram)亦从同样的见地，责备杰芬斯不应该"在历史法之旁，再保留先天法"。他还说："这两种方法，无疑有一个时期是并存的，但历史法终不免有一天会把它的敌人打倒。"②。

别一些作家，虽承认他们不全然排斥演绎法，却亦轻视它，把它搁在一边，好像它已经作了它所能做的一切一样，在经济研究中，占着极不重要的地位。他们一样坚决主张必须放弃演绎法。就使按由旧经济学方法所达到的学说具有一个相对的真理，他们亦认这学说为不重要。经济学如要在未来成就一种有结果的事业，那就只有取得一个新形式，而成为一种历史科学。希莫娄教授(Professor Schmoller)说，抽象法已沦为理智的耗费，其活力之源泉已经干竭了。要进步必须有一次革命，而从另一方面，即从历史方面，视察各种事物。"在未来，经济学将来到一个新时期，但这个新时期的来到，不过是给现有全部历史材料和统计材料以价值，并不是对于旧教义已蒸馏无数次的抽象，再作进一层的蒸馏"③。

我现今所说的极端"历史主义"，不过是历史学派激进分子的特色，并

---

① 《政治哲学及道德哲学的论文集》一八八八年第189页。

② 《经济学史》第232～233页。

③ 《政治科学及社会科学的著述史》第279页。

不是罗夏尔的特色。罗夏尔通常被认为是历史学派的主要建立者。那亦不是瓦格讷的特色。瓦格讷是历史学派的更中庸的代表，他的经济学方法论，是很值得推称的①。

例如，罗夏尔就以为必须考虑经济习惯与经济状况之变异的性质，尤其要攻击下述那一种错误，即不顾民族历史，不顾社会发展工业发展已经达到的阶段，而评判经济制度。但他不曾亦不要完全改变经济学的形式。他的主要著作虽富有历史的统计的说明，并富有经济学的知识，但他所教导的学说，却无论就其实质说，就其说明方法说，大体都还循由正统派的路线。他甚至于承认，"将来必定会把李嘉图马尔萨斯看作是第一流经济学家和发现家而极力推崇之"②。罗夏尔在这里所持的中庸态度，亦曾为他的更激进的学徒所指责。据说，在他的《经济学原理》中，独断教义的要素和历史的要素，与其说是根本互相结合，尚不如说是相并而存。他们责备他，说他虽是这方法的最先发明者之一，但并不曾充分使用这方法③。

我们要批评认经济学为历史科学的概念，最大困难，乃在于了解此种概念究为何物。经济学的"变形"如果完成了，经济学将采用如何形式，我们颇不易明白知道。历史学派所说的，大都只是消极的批判。而在积极

---

① 以前论到瓦格讷的地方，都可供这里参考。有一个作者，在"*Revue de Belgique*"(一八八九年四月十五日)，说瓦格讷是 Un déductif Modéré(中庸演绎论者)，希莫娄是 Un historique avancé(极端历史论者)，门格是 Un déductif intransigeant(极端演绎论者)，布勒登诸是 Un historique Modéré(中庸历史论者)。但瓦格讷却承认他自己是德意志国民经济学上历史学派的代表。他所以会被人称为"中庸历史论"，也许因为他曾小心谨慎，联合历史法及演绎法，并能执二者之权衡。一个中庸的抱妥协态度的作家，可因我们自己的观点不同，而在两个对敌的营垒之中，随意指其属于某一营垒。事实上，多少同情于历史派反动的近世德国经济学家，其意见已难探得真面目，所以，要判定他们的位置，亦就不免有时不很公道。个别的作家，有些居在更极激进的地位，有些居在更不激进的地位。但在这个注释上，我却故意只讨论更激进诸作家的更激进的见解。

② 《经济学原理》之序。

③ 克尼斯说，罗夏尔在采认如此的见地以后，并不曾做强一层的进步。他以为，像罗夏尔所说明的历史法，与其说是扶正了的经济学，无宁说是扩大了的历史的描写。(《历史观的经济学》一八八三年第 35 页)。

方面，他们往往不曾充分区别何者实属于经济学，何者不过为单纯的经济史①。

照克尼斯的话说，经济学之历史观，乃根据于经济进化及经济学说相对性的观念。经济制度与经济学说乃是历史发展的产物。任何经济制度都不是最后的。它本身就是时间地方及民族的特殊情况的结果；这特殊情况变化了，那亦就不免要逐渐改变。所以，各国民，各时代，乃各有其经济学。他们遂从此断言，世间决无绝对的普遍的经济法则。每一经济原理，都相关于特定国民在特定时期所已达到的特定的发展程度。经济学只是工业进化各不同阶段的描写，故其原理亦只适合于各自的时代②。

我们已在前一注释中讨论经济学说的相对性。这种相对性，对于经济学是否一种历史科学的问题，究有如何意义呢，关于这点，我再说两点

---

① 克里福·列斯勒举出许多问题，他断言，那都尚未由演绎法完全解决；但这些问题，大都有纯粹历史的性质。反之，待他讨论到理论问题，他却屡屡承认在诸根本要点上，演绎法先天法亦有其用处。例如，"唯高利润能不绝维持高利息，而低利润对于资本出借人亦只能提供低报酬。利润率，一般可以决定利息的最高限度和最低限度。其最高限度，必须低于利润率，不然，承借人将毫无所获；而其最低限度，亦决不致低到如此程度，以致资本所有者不愿以之出借，而愿以之亲自使用或耗费。"（《论文集》第 255 页）又如，"外国对英国产物的需要缩减，（这可由输出比例小而证明），结果会减小输入比例，从而改变国际需要的方程式，而使英国蒙受不利。输出减少，可以是对敌关税的结果，但实行对敌关税，亦可减少输入。我国输出品如在外国获得好市场，则以外国商品为尺度，我国输出品的价值将可提高，从而能交换更多量的商品；如果外国对我国输出品的需要减少，就将强迫我们以更多的商品交换我们的输入品。输出率将增加，输出者的售卖，其不利程度将日益增加，而其利润则日益减少。"（第 257 页）这里所订下的原则，似以穆勒的国际价值学说为基础，但这种学说，却就代表一种更进步的演绎法。希维克教授在《经济方法论》某一论文中，还举出了一些例，说明克里福·列斯勒曾随在普通演绎法经济学家之后，使用演绎法。（见一八七九年二月的《半月评论》第 304、305 页）。关于历史学派其他诸经济学家，可参看希维克《经济学之范围与方法》第 35、36 页。

② "与学说绝对主义相反的经济学的历史观，其根本原理为：经济学之学说，无论形式何若，都和经济生活，一样是历史发展的产物；那是从时间，地方，民族的情状，与全社会组织缔结活的关联，而发展进步出来的；其论据之源泉是在历史的生活上，故其结果，亦应赋有历史解决的性质；经济学法则，应该成为历史的说明和真理之逐渐的表现：那只能代表一个时代的真理，在实质上形式上，都不能说是绝对完全的；学说的绝对主义，即令在历史发展的某一时期被人们确认，亦只能当作是时代的产物，不过代表了经济学史的发展的一个阶级。"（《历史观的经济学》一八八三年第 24、25 页）。克尼斯以为，抽象法与演绎法如能用之得当，且经经验的试验而后确立其所得结果，我们亦就应当承认其在经济学上之位置（第 499 页）。不过，他以为，历史法以外的一切方法，都只占有附属的地位。

就够了[①]。

第一，工业状况逐渐进化虽系一事实，但单有这事实，不足证明一般经济法则为不可能。诸不同的发展阶段，仍可有许多共通点；同一的趋势，可在不同的环境下作用。所以，要使普遍法则适用于特殊情形，有特殊的修正就够了。我们讲过，具体经济学说虽是相对的，但经济学的抽象理论，仍可有相当的普遍性。

第二，即令各时期各有其特殊的经济学，但经济学如何确立的问题，依然存在，如果视经济学所讨论的，原本是我们这个时代的经济问题，则现在的经济学，即无变形的必要。所必要的，只是承认这科学的原理，如其常状，当有若干必须相当限制其应用范围。

柏林的希莫娄教授，沿着克尼斯所指的方向，更进一步，他有一些言论，还实际混同了经济科学和经济史的哲学，甚至于混同经济科学和最广义的经济史。他以为，在我们已经达到的阶段上，我们最好不要企图形成什么经济法则。我们应当以精密的历史研究为满足，即观察现实的经济现象，记录之，类分之，并探究其原因。其意殆谓，要形成经济法则固不可能，但这种探究，却似乎是可以成功的。

不过，他虽否定达到经济法则的可能，但似未以此否定，应用到经济发展的法则上来。就在极端历史学派中，亦有些人认为这是一个显明的例外。他们主张工业情状常在变化，但又主张这种变化的法则可以发现，并主张这种法则有普遍性。经济学，遂一变而为"国民经济发展法则的学说"[②]。

亚胥勒教授，说明使用历史法诸经济学者，关于所企图者为何种结果及经济学将取何种形式之问题，意见颇为纷歧以后，亦差不多同样的，表白他自己的见解如下："真正的历史学派中，有人主张不值得再像以前的地租法则，工资法则，利润法则那样，关于个人在一定社会内的关系，构成普遍的法则；并主张，他们必要发现的，乃是社会发展的法则，换言之，对于社会经济生活进化所经的阶段，求一个综合的理论。他们相信，像这样一种知识，不仅能使他们洞见过去，且使他们更能够理解现今的困难。这

① 本注释最后一段，亦可供参考。在那里，议论又转了一个方向。

② 这是喜尔德布兰(Hildebrand)的最后目的。参看因格列姆《经济学史》第201～206页；克里福·列斯勒《政治哲学及道德哲学之论文集》第83、109页。

样主张这样相信的人，是一天多似一天的”[①]。

经济学就这样变成了经济史的哲学。他们主张，要决定经济法则，乃是可能的。但这种法则，和经济学家通常所构成的法则，乃属于不同的范围。为要说明这点，他们遂不得不确立如下两个命题：第一，任何经济发展学说，都必须以历史的基础为基础；第二，经济科学，倘非由经济发展学说构成，那要名符其实，直不可能。

第一个命题，现今几乎得了一般的承认。我们已在前章讲了，任何一种经济发展学说如要求其满意，其基础就大都要直接申请于历史。比较现代欧洲社会状况，东方社会状况，野蛮社会状况，固可给我们一个帮助，但主要的资料，必然是过去诸种社会状况的比较。不过，经济发展学说的求得，固然最宜使用历史法与比较法，但我们仍应知道，确立一般经济进化法则的作用，与其说现在已由这方法而履行，尚无宁说将来可由这方法而履行。

再把经济学作一种静止的科学，则现所讨论的极端的历史学说，与其说是这科学的再生，远不如说是这科学的否定。如此，我们把旧的价值学说，地租学说，货币学说，国际贸易学说破坏了，但不要建立诸种新学说以为之代。他们说，这样的学说是不值得定立的；又或说，以现有的材料构成这样的学说，所得结果决不会有任何真实效用或价值。

要积极的对付这种攻击，必须细心叙述特殊的经济法则，而并从逐项辩护之，说明它不仅有假说的真理，而且真正解说了具体的经济现象。但我们不能在这里这样辩护经济学。参考近来关于这科学的各种最好的讨论就够了。不过，我们如要检验纯粹历史法所提出的要求，却应知道，即令确立经济法则之不可能，将驱我们回往精密的历史研究，这种研究亦不能构成经济科学。经济学不曾变成历史科学，却因要以经济史为之代而被搁在一边了。历史法应支配经济学之要求，从这一观点说，不过给历史家的工作以非常的重要性，而比较的轻视理论家的工作罢了[②]。

---

① 《英国经济史与经济学说》之序。

② 门格教授指斥极端历史法的要求，非从研究本科学诸问题的经济学家的科学需要出发，乃是从外部迫到这科学上来的。他这种诉说，颇为正当。他说：“历史学家像外国侵略者一样，侵入我们这科学上来，强迫我们采用他们的言辞习惯，他们的术语方法，凡与他们的特殊方法不相融合的研究部门，都为他们所断然攻击。”（《德意志国民经济学上的历史主义的错误》之序）

但他们又对我们说，经济法则的确立，不过延期而已。希莫勒[1]教授说："那并不是理论的忽略，而是理论的必要基础——如果我们主要是从直描的方法出发。只在记述的材料多有缺点的时候，对这方法的责难，才得称为正当。"[2]但理论经济学家，却从来不否认经济史家有广大的工作范围，并在自己的研究范围内，欢迎历史家所能提供的任何帮助。他们所抗议的，只是如下那一种见解。即，在经济知识的现阶段上，除了搜集记述的材料以外，任何工作，都是没有用处的。他们还抗议混同科学之记述的材料与科学之本身。萨克斯教授(Professor Sax)曾说，嘱付我们的时代，在我们未在经济史范围内已完成无数研究以前，不要妄想求得任何满意的经济说学，只好说是一个完全错误的观念[3]。

只主张科学有分工的必要罢，我们亦觉得，在经济理论的范围内工作的人，与其探究纯历史范围内的事情以费其时间，即无宁根据一切已有的材料，来做他们所能做的一切。历史研究愈完全，愈好；因为，经济研究任何一部门的研究完全，都不会是别一部门的研究者的障碍，只是他们的帮助。但我们要做的工作，并不只是一种。

无疑，关于经济学现达阶段之最有结果的研究方向，极端的历史观，对于历史资料在这科学成立上所占的地位，未免过于夸张；至若不借明白的理论之助，历史家究能在如何程度上给现象以因果关系，极端的历史观，亦未免言之过甚。我们已经说明了，经济史本身就要由理论说明。像亚诺特·汤陂(Arnold Toynbee)那样的温和的历史学派，就明白承认："没有演绎法帮助，这方法就只能积集许多无联贯无用处的事实"[4]。说要延迟理论的讨论以待无数事实之搜集，就连从历史学派的观点看，亦是一个错误。

如按字面，限历史法只注重过去诸时代的事实，那吗，说历史法应在经济学上占最高位置，就显然不对了。纯粹历史法，显较归纳法遥为狭隘；而经济学家所应注意的事实，又分明有极大部分是从现代的观察取得，或从尚难称为经济史的那种近世记录取得。再者，一种推理，如不根

① 前文译为"希莫娄"。——编者注
② 《政治科学与社会科学之著述史》第279页。
③ 《国民经济学之本质与命题》第3页。
④ F.C.曼台(F.C.Montague)所著之《亚诺特·汤陂》第33页。

据现存事实的观察，只根据历史的研究，那必在极不利的情形下进行。因为事实本身就多少是不确实的。“有许多非常珍贵的知识，为历史所遗漏了，也许永远不曾记载下来。”[①]以不完全的记录作理论的结论之基础，比全无记载，还来得坏。我们回望过去，中间殆隔有一层雾；我们对于现时的事实，往往能够周密的考查，但对于过去的知识，却不能够[②]。

更应注意者，历史学派经济学家既如此坚持工业情状是进化的，经济状态的性质是变化的，则既往之研究，又如何可以帮助我们解决现在的问题呢？经济史所关涉的既是十九世纪以前的时代，所以现代有许多问题，都极端不能由经济史说明。以一类条件为基础的总论，如何可适用于别一类条件呢？不仅待解决的问题，可以有新的性质；那还可以引起新的工业上的阶级。例如，我们拿十四世纪什么阶级来比拟近世工厂职工和近世资本制雇主呢？所以，单举出制度习惯与情状都在变化中那一点，我们已可说明，除了历史法，还有别种研究法，为研究经济学者所不得不注意。经济学决不是一种专门的历史科学。

① 里嘉特·钟思遗稿第570页。

② 参看玛先尔《经济学之现状》第十七节。瓦格讷亦要我们特别注意历史的证据，因为历史法“不能假定原因之预料的分离，至若原因之实验的分离，就更用不着说了”。(《经济学原理》第一卷第223页)。

第十章 论经济学与统计学

第一节 统计学是否一种独立的科学

德国有一位领导的统计学家曾说,有多少统计学者,关于统计学的性质与范围,就有多少种不同的意见。统计学的定义有许多,一个人有一个人的;魁蒂勒(Quetelet)在一八六九年,就列举出了一百八十种彼此各不相同的定义。甚至于这个名辞的语源,及其变迁的方式,都还是一种争论的题目[①]。但其中只有二三种极特别的意见,须在这里注意到。

哥特夫里·亚肯沃尔,十八世纪中叶哥丁根大学法律政治教授,虽不是拉丁形容辞 Statisticus 的创造者,但最初用德文名辞 Statistick 的,却似乎是他。作为一种特殊知识的统计学,人们都认他为建立者[②]。他以为,统计即是搜集有关国家的可注意的事实——即现今政治学所大大依赖的历史的记述的材料。应附言者,亚肯沃尔所隶属的统计学上的学派,即所谓"记述学派",并不认统计学的本质是数量。文字的记述居首位,数

① 有人说,Statistics(统计学)一字,来自意大利字 Stato,这似乎是正确的。Stato 一字,第一次在十五世纪用来指示疆域或政治意义上的 State(邦国)。参看柳麦林(Rümelin)《萧堡辞典》"统计学"条第二节;沃鲍斯(Wappäns)《统计学入门》第 7 页。沃鲍斯教授说:"亚肯沃尔(Achenwall)从来不曾在他的著作上,说明统计学一名的起原,但在他的演讲稿中,却把这点说明了。他的说明如下。意大利人为最初构成国家(State)科学者,并名之为"Ragione di stato"。从此,在拉丁文诸著作中,遂有 Ratio status,Disciplina de ratione status 及 Discipline de stato 诸名称。在古典拉丁文中,没有我们所谓 State,是用 Status 一字来表示这种意义。同时,凡精通上述那种科学或技术者,均被意大利人称为 Statista。德意志的学者,将 Statista 一字纳入拉丁文中,并造成 Statisticus 那一个形容辞。

② 这种见解,不十分正确,因为亚肯沃尔尚有前驱者曾使用同样的题材与方法,如科林(Conring),斯美则尔(Schmeitzel)等。但他的讨论比较周详,亦比较更惹起注意。

字不过是附属品。

自亚肯沃尔以来,这名辞的通常用法又改了意义了,统计学之特色已是数字材料之使用[①]。再者,当作一种科学,统计学亦不应仅仅记述,而要成为理论的,思辨的。但主要的问题,即在于统计学宜否称为一种独立科学。这问题,因为除了亚肯沃尔的见解,还有两种极不同的统计学成立观,所以觉得复杂了。

照穆埃博士(Dr. Mouat)说,统计学"乃是一种特殊的方法学。支配人类动物植物状态的自然法则,只能由此方法推得"。他又说:"任何人类知识部门,都与统计学有密切关联,且非有数字之科学的整列或累积的事实之观察,亦决难有正确的理解。从此推得的法则,一经完全确立,固然是属于其所属的知识部门,但这点,依鄙见看来,并不会摇动其存立所赖之方法之科学的要求。"[②]

上述之结论,也许能得一般之承认。不过,一种方法是科学的,但本身不必是科学。统计学或统计法,依穆埃博士所见,乃是人类知识所由而推广的极重要的手段,但如此,统计学就是一种科学工具,不是一种独立的科学了。

我们当然要承认统计学有一种学说,所讨论的,是统计法的技术条件——即,统计材料所必须具备的条件,统计材料所由而确定而搜集的方法,统计材料为推理目的所应有的排列方法及运用方法,以统计材料为根据的议论是否妥当所由而决定的标准,及赖统计材料而确立的结论之论理的性质。在统计学为任何特殊目的而实际使用以前,实际都须有这一

---

① 这样的统计学,可溯源于威廉·皮特爵士(Sir William Petty),及十七世纪十八世纪其他英国著作家之"政治算术"。魁蒂勒及克尼斯之影响,在十九世纪之中叶,亦颇为重要,其影响亦有益于算术学派而有害于记述学派。但记述学派仍有若干附和者,不多罢了。例如哥丁根大学已故教授沃鲍斯,在所著《统计学入门》(在其死后一八八一年出版)中,就辩护亚肯沃尔的见解。他承认,数字材料已较前为重要,但其所以更为重要,仅因其今已较易获得。他说:"数字材料之获得,日益便易,那必然会影响统计学的方法。我们现今有两个等重要的资源:记述与数字。这两方法是互相辅助的,如认其为二独立部门,实大误。对统计学近颇有误解,因为我们所要求于统计学的,不能为统计学所履行。实则,能履行此种要求者,仅为纯粹哲学,而统计学又显然不是纯粹哲学。统计学是一种实证科学,是一群知识,集合起来,为一个实际的目的,约言之,即具体国家之知识是也。这是一个极单纯的定义,就这科学的发生与沿革言,乃是正当的。"(第32～34页)

② 《伦敦统计学史》第47页。

切。但这全部讨论,不能构成一种独立的科学,只是归纳论理学或方法论之一个特殊部门——换言之,只是讨论一般科学方法的科学或技术之一个特殊部门。

但大陆统计学者大多数,又从另一意义,肯定统计学是一种独立的科学。英国有些著作家,亦是这样主张[①]。他们以为,统计学不是一种从特殊方面讨论各种现象之抽象的方法学,只是一种有特殊题材之具体科学。当作一种方法的统计,截然不同于当作一种科学的统计。当作一种方法,其应用极为广泛;当作一种科学,却据说只研究人类的社会生活。

作如此解释的统计学,实际就与社会学相等了,从而,获得社会学知识(经济知识亦包括在内)的唯一方法,就是社会现象之系统的搜集及归纳的说明了。并且,照这样说,材料即令不全然是亦主要是数字的了。

麦耶博士(Dr. Mayr)采此见地,即予统计学以界说曰:"以总体之量的观察为基础,对于现实事件及人类社会生活法则,予以系统的叙述与说明"[②]。

或问,纯物理的总体之观察,既不成为一种独立科学,为何社会总体之量的观察,得有这种要求呢?答曰:社会生活法则之决定,统计研究乃是"唯一可能的研究方法",非如在物理科学上那样,仅仅是辅助的方法。他们以为,社会学与经济学都是统计学部门,因为统计学是研究社会现象经济现象的科学,其唯一满意的研究法,即搜集事实而类化之。应注意者,此所云云,殆较下述那一种意见为尤狭,即,认归纳法为经济研究之唯一妥当的方法。因为我们如照这里所叙述的原则,则我们所指,当只为量的归纳法;质的归纳法,无论是历史的抑是比较的,都和演绎法一道被排弃了。

我们拒绝这种意见的理由,已见前章,设在此再行讨论,未免嫌重复了。但应附言者,对于社会的一般学问,我们已有其他的名称,即社会学

---

①　参看威那特·荷培尔(Mr. Wynnard Hooper)一八八一年三月在《统计学杂志》中所发表的《统计的分析法》一文及《大英百科全书》第九版该著者所著的"统计学"条。荷培尔君亦赞成本书所赞成的见解,即认统计学非独立科学。这两种见解,有时以英国派及大陆派之名,为之分别。但大陆诸统计学家,意见并不完全一致;英国诸统计学家,更其如此。

②　见麦耶博士所著《社会生活的合法则性》。此书有节译本,出版于一八八三年九月《统计学杂志》。一八六五年十二月《统计学杂志》第492页及鸠比里版第8页,所载英国诸统计学的定义,亦有同种见解。

或社会科学,那无关于方法问题,且亦无统计学一名所必致含有的暧昧性。因为大家承认,这个名辞,有时又指一种分析法,那除了在社会科学上有用,还有无限的应用范围。所以我们说道德的统计,知识的统计,生死的统计,医药的统计,天文的统计,气象的统计,物理的统计,生理的统计,和经济的政治的统计并列。任何具体研究,都用得着统计法。亦就因为它有这种普遍性,所以大家都承认统计研究的要求,并予以鼓励。

设采纳较上述意见为和缓的意见,仍承认统计学为一种独立科学,但非统括社会学经济学全部的科学,它就是社会学或经济学的一部分,因其使用特殊方法,故与其余各科学不同。玛约·斯密教授就明白承认统计学为"使用特殊方法的社会学的一部门,其所论者,乃为最宜由此方法解决的社会生活问题"①。但我们区分科学,普通均以其题材,不以其方法,且亦不宜以其方法为准。设宜以方法为准,则科学之划分将愈形紊乱。因为这诸种科学,在其发展中,亦曾特别看重其他的科学方法。似此,我们不又可混同这其他的方法和这诸种科学吗?但这其实是一个名义上的问题,赞成上说者,及认统计学为科学研究之特殊方法或工具者,实无根本不同之点。这方法或工具,并非社会事实之研究所特有,不过在这种研究上,比在其他知识部门上,更为重要而已。

设不承认统计学为一种科学,则统计学家就似乎只是一种奴仆,只是一种意见的奢侈品,其作用仅在搜集材料,为他人推理所本而已。玛约·斯密教授称统计学为科学的主要理由,即,非如此,则此种研究"仅仅搜集大堆的数字,不再有任何进一步的作业,故就其目的而言,必致于毫无结果"。他以为,统计学是否科学的问题,不仅是名义上的问题,因为这问题的答复,可决定"统计学家及其发言所本之典据,究有怎样的地位"。

别一位作家,又以为统计学如果不是一种科学,统计学家,就不过捆束麦苗以供他人梿枷而已②。但这并不确实。自己搜集的统计,供别人使用,往往有错误的危险。因为,像荷培尔所说:"就连在最单纯的统计上,亦往往有陷阱。统计之地位与性质,唯实际搜集此原料者能知之。"所

① 《统计学与经济学》第118页。玛约·斯密教授分社会统计学为人口统计,经济统计,及罪犯统计。

② 格伊博士(Dr. Guy)。见一八六五年《统计学杂志》第483页。

以，统计学家应当甚或必须担任说明结果的责任。但若如此作，他就成了经济统计学家，政治统计学家，医药统计学家，物理统计学家了。换言之，他在某特殊科学范围内，应用他的统计。可附言者，倘非他对于这特殊科学有充分知识，他的说明就不仅有走入邪路的可能，材料本身之选择与配列，亦恐难得其当。

以上所说，可适用于社会统计学，亦显然可适用于医药统计学，物理统计学，及其他统计学。我们不能因为这一部门知识，可有用的使用统计学，遂认其为独立科学。如我们承认统计学只有关于社会现象，我们就未免轻轻看过了其他研究部门所用的统计学了。其实，我们即〔使〕否认统计学为独立科学，亦不致于降低统计学家的标准，更不致于看轻他们所尽的职务。

第二节　统计学当作一种方法

统计学当作一种方法，则有如麦耶博士所说，是一种以总体之量的观察为基础的科学方法。第一，那是一种以观察为基础的方法。那直接以事实为归结，而所搜集所配列者即为事实。第二，那是以量的观察为基础。它所处理的，是能数量从而可用数字表示的现象。第三，它所关涉的，是总体，不是个物或单位。孤立的数的事实之系列，普通亦被称为统计。这种系列，如果当作通知或记述例解的手段，亦是有用的，但若当作科学工具，便很少价值，甚至于毫无价值。统计如要有科学的功用，则观察须对总体而发，须保有一定程度的连续性，结果所得之数字，亦须细心而有系统的予以类别[①]。

赖有统计为助，我们遂能运用共变法。量的归纳法就是这样确立的，现象变异法则就是这样决定的。

统计法与变化学说，有密切之关联。以总体之量的观察为基础，偶有

① statistics 一辞，如用作单数名辞，则所指为上述之方法，或统计学那种科学。（德文为 Die Statistik，法文为 La statistique）。但在英文，这个名辞，通常当作多数用。如是，所指当为数字材料，而构成统计法之基础。

原因在个别场合所生的影响，可一律除去。因为，所举事例既然许多，我们就很可以假定，诸偶有原因的作用，会互相抵消。从而，对一定现象有永久影响的原因之结果，虽然个别计算有难于确计的情形，但总体计算却是可以计算的。个别的不规则性，如所举事例已有充分的数目，即可求得总体的规则性。这情形，乃是统计研究的最显著结果之一。比利时数学家魁帝勒就因见这事实而大为热心；十九世纪第二个四分之一，统计学研究所以如此热烈，又可说是出于他的影响。

使用统计，若能兼用图解，往往可得甚大的帮助。图解法不仅为通俗说明统计的有益方法，使人更能确切认识数的比较，且有真正的科学价值。但图解法中，又有所谓曲线法[①]。此名为休埃尔（Whewell）所题，乃一种量的归纳法。曲线之比较位置，较数格易于比较；其应合性可从此观得，经验的法则可从而推出。而在研究对象，是两列以上的现象的相互关系时，尤有使用曲线法的必要。单就节省面积那一点说，亦就甚可注意。因为，用曲线法，即可以若干不同的曲线位在同一格内，因此我们可在同一瞬间理解极复杂的细目[②]。

再者，使用曲线，又使我们更不易为局部性质或暂时性质的运动所朦蔽。有时真如休埃尔、杰芬斯所说，图解可以代替平均数的求得。我们可以直觉的理解得曲线之一般进程，而忽略个别的不规则性。但若我们只

---

① 图解法若干不同的形式。例如，有时用长短不一的直线，有时用长方形，三角形，或其他易于比较相对面积的几何图形。如统计所关者为地理的划分，则地图亦可用作通俗的说明法。统计地图有时被称为 Cartograms，即"运用地图当作统计之图解的说明"。但上述诸种形式，都没有曲线法所有的科学价值。因为曲线可以说明一定数量的变异如何与其他数量的变异互相关涉。休埃尔对于曲线法，曾定义之曰："曲线法者，画一曲线，以待观察之诸数量为纵线，以此诸数量所由而取决的数量为横线。这方法的效用，依存于眼的机能，以随时侦察图形的规则性与非规则性。这方法可用以侦察待观察诸数量所依从的法则；如观察不确，又可用这方法改正之，从而使获得之材料，较待观察之事实为真确。"（《论理学》格言第四十四条）。关于一般统计学的图解法，可参看玛先尔教授在《统计学杂志》上所发表的文章；还可参看杜威博士（Dr. D. R. Dewey）《图解统计学的基本说明》，包勒君（Mr. Bowley）《统计学大要》第一篇第七章，及帕勒格拉夫《经济学辞典》中夫拉克斯君（Mr. A. W. Flux）所著"图解法"一条。杰芬斯《通币与财政之研究》，并曾实际使用此方法。但为统计目的而使用图解，与图解在经济学说上的运用，却应明白区别。

② 但须注意使各曲线不致有互相混乱的危险。所以一根曲线以全线画，一根曲线以短线画，一根曲线以点线画，又一根以短线点线搅弄来画。

使用格数，这种理解就不可能，至少，亦不能同样可靠[①]。

第三节　统计学在经济研究上的作用

凯因斯说："统计学对经济学的关系，无异于它对其他已达演绎阶段的科学的关系。"[②]但这样笼统的排斥，我们是不能承认的。第一，演绎法在经济学上固甚重要，但不能说这科学已经像物理学天文学那样，确实的达到了演绎阶段。经济学的前提，没有物理学天文学的前提那样确定，故应比较看重经验的证明与批评。第二，统计学虽不应与社会学混同，但总体之量的观察，在诸社会科学上，比较在大多数物理科学上，是更重要得多。比方，在光学及电学上，如其结论乃以归纳的基础为基础，则其基础必为实验。个别的场合，可视为模范；即有重复试验必要，其目的亦仅为避免错误。统计法在特殊情形下，即在气象学上，亦是重要的，但一般说，总是居在次要的地位。但社会科学无实验之余地，统计的作用，无物可以为代。尤其是经济学，以其所论多为数量，多为与个物不同之总体，故在归纳方面，常有统计学化的趋向，而在演绎方面，则常有数学化的趋向。

单就统计之记述的作用而言，统计亦在经济研究上非常重要。例如，生产的统计，工资与价格的统计，在一国社会状况之完全的记述上，乃是根本的要素；输出输入的统计，在一国对他国的国外贸易及外交之记述上；赋税的统计，国债的统计，在一国财政状况之记述上，亦是这样。但这点极为明白，用不着多讲。我们且请进论统计在经济研究上的其他作用。

统计在经济理论上的作用，第一，暗示经验的能否由演绎法说明尚不一定的法则；第二，抑制演绎推理的结果，使其受经验之试验，从而辅助演绎法的推理。此外，统计在经济学的应用上还有一种更重要的作用，即说明特殊的具体的现象。

---

① 应附言者，统计的图解法，据以上所述诸理由，固有科学上的重要性，但要使曲线之比较不致错误，仍须十分当心。当我们以曲线表示现象的进步，而以比较进步比例率为目的时，尤其如此。玛先尔教授曾在一篇论文中，指明这种谨慎的性质。

② 《经济学之论理方法》第 86 页。上所述，为凯因斯所见到的统计学与经济学的关系。但此乃其一般意见。他的意见，有时比较更为和缓。

我曾讲过，经济学有若干部门，不得不满足于经验的法则。在这场合，我们所关怀的，通常是总体，而不大牵涉到个别的现象。所以，我们在这若干部门，自不能不主要的依赖历史的或现代的统计。例如马尔萨斯的人口学说。马尔萨斯自己，关于每年结婚次数对人口数的比例，关于各国婚姻的生育力，关于瘟疫对于生死婚嫁的影响等等，均曾作精密的统计研究。他就从此推论，在顺适的境况下，人口有每二十五年增加一倍的趋势；他又在同样的基础上，估计各野蛮国，古代，及现代欧洲各国的各种抑制，对于人口，会发生什么结果。

在这关联上，我们要再指出经验的综合之特殊的弱点。经验的综合，可适用于一定社会状况，但时代进步，变化发生，那就也许会成于虚妄的。所以我们必须时时记下它所根据的统计的时日。马尔萨斯的统计研究，诚如洛伯特·基贲爵士所云，直到今日，还是具有价值。但现世纪所得的新经验，已暗示马尔萨斯的学说应有相当限制，并在相当程度上，修正从此引出的实际的结论。

但经验的法则，又不必常常是这样。统计研究所暗示的法则，以后亦能在多少满意的演绎的基础上确立起来。换言之，所暗示的规律，往往可归因于其真正原因。例如，经济恐慌周期出现的趋势，本非先由理论发现，乃先由统计的观察发现，而后始建立循环运动的理论。金融市场之秋荒，亦是一个单纯的例。

统计除了可以绝对增加经济学知识，仍有一种大价值，即，一方面可助演绎经济学家考验其前提，如必要，还可助他修正他的前提，他方面又可制裁并证实他的结论，以统计为媒介，他有时还可粗糙的，测度意外因素的势力。

比方，巴基浩即要以统计，考验下述那一种假说是否正当，即，在近世工业社会中，劳动有从报酬较劣地移到报酬较优地去的趋势。他主张，可靠的统计事实，说明了所谓“人潮”，即，劳动不绝并迅速的从农业的很少用得着新劳动的郡邑，迁到有许多业务并用得着很多新劳动的邑郡[①]。再者，关于以下一件事的决定，统计亦是有用的。即，在一定的社会状况下，这趋势将在如何程度上，实际促成工资的平等，其他多少可以抵消这

① 《经济研究》第22页。

趋势的强大势力，又将在如何程度上，发生作用。

自由贸易论者与保护贸易论者间之争论，亦可以使用统计。统计本身虽不能决定这种争论，但可帮助我们，以辅助更抽象的推理。自由贸易论者，如以其结论，主要根据于演绎的过程，那就不得不参照一切可供利用的统计，来表明那些统计，在某几点上，支持他的理论，并在某几种方法上说明表面的矛盾[①]。

有些问题，在理论方面不能解决，却可由统计解决之，这是特别值得注意的。例如，为要在一国树立一种新工业而暂时施行保护政策是否有当，就理论方面说，乃是一未决之问题，换言之，据理论的说明，这样的保护可在一定条件下成为有利的，但不一定会成为有利的。新国家被保护的工业之统计，却大都可以帮助我们处理这问题，因为这种统计可以说明，并证明保护政策有利的情形，事实上曾在如何程度上屡屡实现，尤其可以说明，这种保护政策，曾在如何程度上，由其施行到一定阶段后即无延续必要之事实，而被人是认。如我们所考虑的，是暂时保护政策在特殊场合采用是否有当的问题，则统计尤可有助于吾人[②]。在经济学各部门中，还有许多情形，理论对之，只能达到一定的点，设无统计为之辅助，我们决不能由理论的讨论得到决定的结论。

我们如果不讨论一般理论是如何确立如何试验，却进而研究特殊具体问题是如何解决，我们就会发觉，统计的帮助，还比较更大。有许多重要的事实问题——如果当中含有不同时间或不同空间之比较，就尤其是这样——其本来性质就是统计的：例如，要知道一定年限内金价是否有增加；要比较各时代劳动阶级的地位，要分析并说明某种贸易衰落；要研究赋税在现状下对于社会各阶级之比较的负担。不过，要圆满的处理这一问题，尚须有健全的理论知识。理论将指导我们选择统计，告诉我们应如何说明统计。而解决此类问题所须有的材料，又一定要很多。

---

① 参看佛勒尔爵士《自由贸易与公平贸易》，基贲爵士的《输出输入统计的效用》（《财政学论文集》第二辑）。基贲说："统计，虽不能在论理学上证明自由贸易论与保护贸易论孰是孰非，（因为难发现恰好平行的场合，难除去其他的原因），但可用来在消极方面证明没有一种事实是赞成保护贸易论者的。"（第 223 页）基贲别的论文，又曾精巧的说明统计与演绎，可以互相帮助。

② 参考基贲爵士《论新国制造业之保护》（《经济学杂志》一八九八年三月第 3 页）。

大多数场合，总体的规则性，都从个别的不规则性展开，所以我们有一个特别的理由必须讨论现象的总体，而不个别的讨论现象。所以，如果我们要比较现今的物价及某一较古时代的物价，我们就会发觉，有些物品的价格已经跌落了，有些物品的价格已经提高了；如果我们要比较现今的工资及若干年前的工资，亦是这样；就连在不景气的年度，亦有若干种贸易是繁荣的；而赋税的压迫，则在同一阶级中，可因不同的个人而有变异。所以，我们必须求其平均[①]；显明的，问题适当解决之根本条件，即是可靠的统计及适当使用统计的能力。

要适当使用统计，决不是一件单纯的事情。统计的制作，往往因要证明某种事体。并且，如使用统计者无特殊知识，或其搜集，仅以确立一个已定的结论为目标，这种责难还是很有理由的。为要反对无知的或偏见的统计家，反对偶然使用随便采集来而又不注意上下联贯的数字，我们要辩护下述那一种怪论——即，最容易使人错误的，是事实，而数字尤其是这样——亦不会觉得困难。因为根据统计的推理，除了有一切经验法推理所共有的危险以外，尚有其特殊的困难与危险[②]。不过，如果我们明白认识了统计的缺点，如果统计是在充足的范围内搜集的，如果统计的运用不含偏见，都曾经充分研究其真正意义，如果统计的分类公平而适当，那吗，它的价值就是无比的，统计法亦可说是科学之最有效最可靠的工具了。

第十章之注释

论在经济推理上运用统计所必须留意的几件事

第一　统计材料是否可靠的条件

以统计为基础的议论如有任何价值，那就须注意下述数点：(甲)、统计的来源，尤其是统计材料的可靠性；(乙)、统计的真意义；(丙)、统计完

① 在统计研究上，平均数的重要，不能过分夸张。但亦有人提议定统计学为“平均数之科学”。

② 这种困难与危险的性质，将在本章注释中，略略说明。

全或不完全，即是否包括了所关涉的现象的全范围；（丁）、类集的方法，尤其是求平均数的方法。我们以下，对于每一点，都有简略的讨论①。

使用统计的第一种困难，即原来的材料颇有不正确之可能。统计或由公家取得颁布，或由私人机关搜集。由公家取得颁布的，其数字之正确，有时是实际不容疑问；例如，铁道运输收据。但公家颁布的统计，亦有时候不大可靠。在一八五四年以前，英国输入价值的计算，都以十七世纪末的价格为准。自一八五四年至一八七〇年，则以可得的最好的报告为根据。现在，英国输出输入的评价，都根据输出者输入者的宣言。那虽曾经统计编辑员的校对，但其正确程度，仍有颇大程度，取决于办事员或代理人的善意与谨慎，但据说，这一类人的教育往往是不充分的。因此，那就不免有时会错误了。但错误的机会，仍是彼此不同的。例如，以货物送代理人售卖，就比凭定单送货，更少有确定的货单。又如，海关人员的检查单，在所检查之货物课税的场合，比在无税场合，就更为有效。

由私人机关搜集的统计是否可靠，还更难确定。工资统计，可以说是一个特别的例。如果这统计的制作法，即是写信给研究区域的若干个人，请他给与最好的报告，那么，除非报告者自己的知识来源甚为充足而能经试验，所得统计，必难有甚多实际的价值。雇主与工人，都不免无意识的为阶级的偏见所蒙蔽，或因考虑报告的效用而多少致于不确。最好的报告来源，也许是大工厂的总帐簿和付款名册，或原为股东批览而造的公司记录。如有两种以上的报告来源可供利用，那倒可以互相校对。

以下一点亦颇为重要，即，我们所容纳的，应该是材料本身，不应该仅仅是以材料为基础的计算。例如，统计学家如能知道实际付给个人的工资，及各级工人的人数，那一定比较由雇主方面或工人方面提示的平均数，要更有价值得多。这当然不仅工资统计如此，一切统计都如此。

制作统计者，如散发空格表给许多人填写，好像人口调查表一样，那就得十分注意调查表的格式。答复是否正确，很要受这种格式的影响。从这一观点，问题仍力求简单，并须附以明白的说明，俾尽可能，减少答复

---

① 以下所论，我应特别感谢基贲爵士的《财政学论文集》第一辑第二辑；玛约·斯密教授在《政治学季刊》、《经济学季刊》、《美国经济学会学志》所发表的关于统计学的论文；《统计学会杂志》所载的各篇文章。

者方面的无意的或无知的错误[①]。表格的制造，不可有侦查案件的模样，致令人怀疑，不敢告以实情。倘非如此，则答复每致于引出有意的错误或不完全。应附言者，此等答复，在未构成统计以前，应妥当制表，妥为配列，因其价值，乃在极大程度上，取决于制表方法[②]。

统计材料之绝对的正确与相对的正确，可以分别。在某一些场合，绝对的正确虽不可得，但可有完全可靠的比较；有了这种比较，则数字虽不尽可靠，所得统计亦可有相当的价值。在这场合，有的是相对的正确；但统计搜集的方法与条件，应该是一样的。这些条件如已具备，则相当限度内的错误，尚不致引起严重的误解；因为按照机会原理，我们正可假设，错误在比较各方面所生的影响，是近似的按照同一的比例。

如所比较的统计，是属于连续的年度，则应特别注意者，即不改变统计搜集或评价之方法与条件。例如，如要比较不同时期的所得税的报告，那就必须注意改良预防报告虚伪的方法。并应记住，税率改变的结果，虚报收入的诱惑可以有增减。

所以，公家的统计，如遇搜集方法有任何改变，那顶好在几年之内，新旧两法并用。这样，我们计算起来，才能在比较上，顾到搜集方法的改变。

如所比较的统计，是属于不同的国度，那亦常常会发生同样的困难。例如，各国计算输出价值与输入价值的方法，就极为多样。据说，英吉利的计算，是依凭输出者输入者所报告的价值。但有许多国的计算，却依凭公家所制定的价格表[③]。所以，统计学家如要作国际的比较，那他就必须用所有的办法，使各地搜集统计的方法一致。

完全正确既不可得，就须计算“可能的不正确性之限度”(Limits of the possible inaccuracy)。如我们知道材料搜集的实际状况，并注意予以

---

① 这种错误的机会，比我们所想像的还要更多。所以，一八九一年人口调查总报告，就说：为雇主为雇工或为自作工人的询问，其答复既如此不全，并往往如此互相矛盾，以致关于这点的报告全不可靠。

② 要详知统计之搜集法与制表法，请参考鲍勒所著《统计学纲要》第23～106页。

③ 再者，“关于评价之根据，大多数欧洲国家，都以货物抵岸时的价值(其中包括运费)计算输入品价值，以货物出口时的价值(运费除外)计算输出品价值。但美国却是例外，它在计算输入品价值的时候，乃以输入者装货凭单计算输入品价值，即把运费除外。”此外，各国对于输入品输出品的分类法，又不相同。那亦不免引起困难。参看《各国贸易统计的比较可能性》，一八九四年六月《统计学杂志》，贝蒂曼君(M. A. E. Bateman)所作。

校正,则要计算此限度,相当配量其错误,亦未尝不可能。但应附言者,如搜集统计时,已知此统计之效用,并时时不忘其效用,那虽不免有偏执之嫌,但或可较有利于其目的。

第二 单纯统计之解释

即令数字正确,我们亦往往会在说明的时候,把统计所不包含的意义,加到统计里面去。因为在统计所关涉的现象中,往往有诸种差异,不能由单纯的数字表示出来。如果异质的不可通称的数量,竟被视为同质的可通称的,那就大概会发生这种错误。我们以下可以列举几个单纯的例来说明。

比较物价表及其他许多种研究,均须不绝注意不要忽略了性质上的差别。这甚至于可适用于原料。例如,谷物的品质及收获量,随季节而变化,所以麦价平均数官报,本身就可以是错误的。原料品质变化的事实,露吉尔斯教授曾在《农业及价格之历史》中明白承认。他故意不注意劣等谷物,而在计算家畜平均价格的时候,又故意不注意一切与平均品质以下诸种动物显然有关的记载。在羊毛的场合,他亦有同样的省略;那还指出了,在这场合,更为困难,因为在各种最上等的羊毛中,亦因各地域羊种的差别,而引起价值上的颇大的差别。在这情况下,我们选择数字,支配数字,那须十分注意的予以判断。比较物价的工作,一看虽似简单,实则,非放弃成见,并有广泛的经验及高尚的智慧,就难望其能胜任。①

所论倘非原料而为制造品,困难就更大了。即令制造品只包含一种材料,其品质亦可有种种差异。如果材料混合,则更多价值者与更少价值

① "关于农业生产的统计,最感困难的,即是不同的单位,往往有同一的名称。小麦,燕麦,大麦,各国的名称是一样的,但这国的小麦,非别一国的小麦,这国的燕麦大麦,非别一国的燕麦大麦。其品质可以有极大的差异。伦敦的物价表或其他市场(世界各地之谷物均在此出售)的此物价表,都可说明这一点。但一般比较世界小麦生产的人,大都忽视了品质上的差别。品质上的差别既可大大影响结果,精密的推理遂受其朦蔽了。在谷物为然者,在活家畜亦然。牛羊马,各有不同的种。任何两国农业上活家畜,都不能直接供人比较。这一点,在历史的研究上,亦显然甚为重要。比较现时英吉利及往时英吉利活家畜,我们就得常常考虑其平均重量与品质之差别。近数年来,据我所知,像法兰西那样的大陆国家,最有显著改良的,即是活家畜品质的改良,所以,即令数目未加或稍加,其实际生产即有巨大增进了。这一点,在国际比较上,亦是同样重要。"(基贲《论国际统计比较》,一八九二年六月《经济学杂志》第225页。)本书所引述的例,还有许多,可在这篇文章上发现出来。

者之比例，在若干场合，殆可有无穷变化。有时，同一名称可以指示绝不相同的事物。

一两个例，可以帮助我们说明这一点。在一八八八年前期锡价非常昂腾时，一般都预料锡器的输入将减少。但事实是，锡器的输入已略为增加了；而其所以如此者，即因贸易部报告中称为锡器的货物，有一大部分仅含有少量的锡，或竟不含有锡。在锡价如此高昂时，薄铁器的输运，遂远过于表面厚包锡皮的器皿①。

又如，新锡兰花竹布定价的低，就有人相信其不正确。于是，有发单证明其数字正确，而货物又确是花竹布。但进一步的研究，却发现了如下的事实，即，此种竹布的目的，乃用以包盖冷室内输往欧洲去的羊尸。当然，为这目的而使人的货物，比作衬衫用的普通花竹布，所须有的品质是更差得多的②。

在若干场合，品质上的差异，有好几个不同的方向，如取相当大规模的看法，则此等差异，或可实际互相抵消。如此，即单取平均数，亦可免去错误。但像若干制造品及家具那样的品质改良，全是向着一个方向，却是很少有的。在某一些场合如上所述，就连原料的品质，亦有逐渐的改变。玛先尔教授说："一头牛或一头羊的重量，现在每比往常不只加倍；而在这重量中，还有一较大百分比是肉，而在这肉中，又有一较大百分比是上等肉，一较大百分比是固体性食物，一较小比例是水。"③

还有一个性质略为不同的例，可附加在这里。即，单纯的价格表，对于对此贸易无特殊知识者，容易引出错误。在原料价格有颇大变动的场合，常惯不改变熟货的名义批发价格——即不改变已公布的价格表——但改变折扣率或由其他方法，实际改变价格。为这理由，价格表倘非有追加的知识为之补助，就不仅无用，而且有害了。

应小心解释统计之又一例，亦应略述如下。当商品价格改变的时候，输入价值及输出价值，就不是数量的适当尺度了。例如，在一八七二年，我们输出的铁与钢，共计价值 35996167 镑；棉纱共计价值 16697426 镑；

---

① 参看《经济学家》一八八八年六月三十日第 823 页。

② 英国协会报告一八八五年，第 870 页。

③ 《现代评论》一八八七年三月第 375 页。

但在一八八二年，其总数已减为 31598306 镑及 12864711 镑。但输出量在前一年度为 3382762 吨及 212327972 镑；在后一年度为 4353552 吨及 238254700 镑。因此故，一切价格统计，均须小心予以说明。大家都承认，比较两个相差甚远的时期的价格，是毫无价值的；但若所比较的统计，跨着许多连续的年度，我们实际就更有受惑的危险。

再讲工资统计。工资统计的数字，通常不过是名义的时间工资，所以是真实工资与作业工资的极不确定的标准。在决定后二种工资时，必须顾及别的可变数；如所比较的，是不同时期或不同地方的劳动阶级的境遇或劳动的费用，那就得有补助的统计。例如，那不仅要顾到工资通常所购商品的价格的变动，且须顾到此等商品的品质的变动，从而要引出上述那诸种困难。至若劳动时间的变动，劳动强度的变动，职业连续性的变动等等，又不必讲了。我们是必须顾到这许多点的。这种必须，表示了要引用工资统计来辩论劳动阶级的状况与进步，其实是很困难的。关于这问题的论证，必尽可能，使其复叠，即从各不同的观点，从全不相同的数字，获得同一的结果。

与工资有关的其他问题，就得注意工作的性质。倘不注意及此，则从统计所得之论据，可以同样发生动摇。克里福·列斯勒教授，因要驳斥工资趋于平等之学说，曾说："多谢特夏，散侔谢特夏，德文夏的劳动者，在过去五十年间，比诺森伯兰的同一劳动者，所获且未及其半数"。但是，即令假定这时期诺森伯兰的农业工资，二倍于西南诸郡的农业工资，我们亦不能说，在德文夏一星期获十先令的同一劳动者，如迁往北部，即能获二十先令。因为二三代以来即获较高工资的北方劳动者，对于其雇主，殆已成较有效力较有价值的工人。

又有一困难，出于如次的事实，即，依着时间的推移，工作的性质亦会改变；所以，称为同一劳动者，所作工作却不必是同一的。例如，印度邮差的工资率，近年来已经大增。但他们所做的工作，亦有不同的性质，因其间包含更大的责任，要求更好的教育与智力。一八五五年，他只要送信，他们有许多，简直不认得他们本国的文字。现在他们要兑付汇票，有些还不仅要读本国文字，且要读英文[1]。

---

① 参看巴伯尔(Barbour)《金银复本位制》第 125 页。

根据这一节及前一节所说，则统计之搜集要有科学价值，就不应当只是数字表。搜集的方法，编制的原理，须有细心的说明；如可能，则凡有关于此现象的各种特殊势力，或有影响于报告正确性的各种特殊势力，均须附带说明。遇有反常之事物，即加以特别研究，使不致陷于错误。统计学家愈有经验，他对于一切非按上述条件编成的统计，即愈表示怀疑。

第三　统计的范围

使用统计，还有一种危险要防止，那就是以结论基于不完全的视察。不必讲，我们如要用经验的方法决定任何原因之结果，我们的事实与数字，就得从这原因有关的全范围或全时期搜集拢来，不然，我们至少亦须有充足的理由，相信我们所注意的统计，是模范的代表的。我们如借统计之助，以研究经济现象之经过或进步，亦须有同样的注意。

由这一观点说，统计搜集的方法，亦须十分重视。个别的统计，即令是完全正确的，但可以不是代表的。例如，我们如以工人通信请其填写各项的方法来作工资统计，那决不会满意。因为只有少数工人会回信，而这少数回信的，大都是生活较优裕，智力较高的。那当然难保其为模范的统计。

还有要注意的一点，亦与工资统计有关，即，如比较各职业的工资或比较各时期的工资，唯一的满意的单位，即是平均年收入。雇佣的规则性，依职业不同时期不同而大有变化；设仅记录就业者每日或每星期所获之工资，就不免会引出错误。工人不免有暂时失业的事情。这种工资，并不能表示他会在如何程度上暂时失业。露吉尔斯教授十五世纪及十六世纪第一个四分之一是“英国劳动者的黄金时代”的见解，就曾为克宁汉博士及其他诸人，从这观点，予以批判，因为那不仅与价格的说明有关，且须假定劳动者的收入，为他每日工资的三百倍。

再讲到经济研究的别一部门。如要研究金矿发现及于价格之影响，而仅注意少数主要市场的价格统计，那是不能满意的。克里福·列斯勒曾引证据说明一八五〇年金矿的发现，与未开化地（由交通机关改良）的开放为同时。这可以使未开化地工商业大中心的价格，达于先前所未有的水平线；新的金，是提高一方面来形成水平线，不是压低一方面来形成水平线，换言之，使前一种地方的价格提高，但不同时使后一种地方的价格落下。因此，在未开化地——例如，爱尔兰及苏格兰内部的新铁路沿线及欧洲其他许多地方——金矿发现提高价格的影响，最为明白；所以，如单计算大都市如伦敦巴黎的价格，我们决不能适当的估计金矿发现提高价格的影响①。

关于金供给减少之影响，亦可作同样的考虑。尼却尔生教授主张金供给的减少，在信用比较不甚发展的商业界边陲的地方，可以生出颇大的影响；所以，我们如要研究全块生产减少的作用，而单注意大商业中心的金储统计及贵金属移动，是一定不行的。

第四　统计的汇集

统计既不可偏倚，我们就不得不履行更困难的必备条件，即其汇集，其"秤量"，要能正确表示它们的相对重要性。例如研究价格变动，我们一方面须小心不忽略任何有特殊地位或为特殊势力所影响的市场，他方面又必须小心不给大市场及小市场以同样的相对重要性。

一个单纯的例，已可表示这里所说的意思。假设在两个连续的日期，某一市场的谷物价格，为一卡德三十二先令及一卡德三十六先令。单考虑这两个数字，就知道这两天谷物的平均价格为三十四先令。但再假设第一日买卖的谷物量，三倍于第二日所买卖的谷物量，那吗，为大多数目的，我们都无宁说平均价格为三十三先令。一般说来，如有三个数目 a，b，c，各自售价为 x，y，z，那我们的平均数，就不是 $\frac{x+y+z}{3}$ 而是 $\frac{ax+by+cz}{a+b+c}$。设决定 a，b，c，三个数量的材料不凑手，那也许会因为我们过分重视特别小的交易，而致于过分把平均数提高，或过分把平均数抑下。例如要测量货币一般购买力的变化，则对于原有数字给以种种重要性之工作，就有了追加的重要和追加的困难了②。

如在一列平均数中求平均数，则有一种特别陷于错误的危险。那种危险，和刚才所论，是很相仿佛的。所以，如果报酬较高诸职业的工人数已相对增加，一切劳动的平均工资，就会比各业的代表工资的平均数，有遥为迅速的增加；甚至在后一种平均数尚在静止或跌落中的时候，前一种平均工资亦可有增加。玛先尔教授有一例示，可引述如下："如第三级工

---

① 《政治哲学及道德哲学论文集》一八八八年第 282 页以下。

② 如本位商品数量甚大，"Weighted index-number"就更不需要。

人五百名，每星期各得十二先令，第二级工人四百名，每星期各得二十五先令，第一级工人一百名，每星期各得四十先令，则此一千人之平均工资为每星期二十先令。倘若以后，第三级工人中有三百名升到第二级，第二级工人中有三百名升到第一级，各级工人的工资不变，但这一千人的平均工资，却已是二十八先令六便士。就使各级工资率减低百分之十，这一千人的平均工资，仍然在二十五先令六便士左右，即已提高百分之二十五以上。”①

平均数的求法，遂因如下的事实而更为复杂了。即，我们不应给一切数字以同等的重要性。此外，还有一种困难，即，有些平均数的求取，宜用比算术为繁难的计算法。固然，经济研究大部分都以算术的平均数为最适宜最单纯，但不免有例外。例如，如人口每二十五年增加一倍，那说每年平均增加率为百分之四，不显然错了吗②。

还有一些场合，求平均数，每易引出错误。例如，我们如求男工工资与童工工资的平均数，或求职业家薪俸与肉体劳动者工资的平均数，或求白竭浦房租与黑特公园附近房租的平均数，我们所平均的，乃属于不同的范畴，二者均不能在结果上真正表现出来。如果这种平均数，对于任何特殊目的，能有什么用处，那在使用时，如不知所本材料之性质纷歧，即不免陷于迷惑。③

---

① 《经济学原理》第一卷第三版第772页注。基贲爵士亦曾在一篇论文中，指出“两国相较，甲国一般工资劳动者的平均工资，较高于乙国，但在一两种可以计算可以比较的职业上，乙国的工资，要较高于甲国的工资，亦不是不可想像的。因为按照工资多寡来分别阶级，各阶级的人数可以极不相等”。以上所述，可由下述那一个理论的比较，而得说明。设有一社会，内有工资劳动者一千名，分配于甲，乙，丙，丁，戊五种职业，各职业每年的工资为五〇镑，六〇镑，七〇镑，八〇镑，九〇镑，而在职业的工人数为五〇〇名，二〇〇名，一〇〇名，一〇〇名，一〇〇名，每名的平均工资即为六一镑。再有一社会，亦有工资劳动者一千名，而各职业工资为四〇镑，五〇镑，六〇镑，七〇镑，八〇镑，各职业人〔数〕为一〇〇名，一〇〇名，一〇〇名，二〇〇名，五〇〇名。每名的平均工资遂为六九镑。“单按照职业性质而比较工资率，则第一社会的工资，显然较高于第二社会。那就某一意义上，亦确乎是这样。但若讲第一社会工资劳动阶级的平均工资，较高于第二社会，却就错了。”

② 关于各种平均数及一般平均数，可参看维恩(Venn)《机会的论理学》一书(一八八八年)第十八章、十九章；及鲍威尔《统计学纲要》第107页以下。

③ 有人(像郎格君 Longe)就说，像工资平均数或工资一般率那样的东西，是没有的。在某一意义上，那可提出很便易的反证，因我们对于任何一列的数字证求得其算术的中数。但这句话的真正意义，乃在于：各职业的工资，是互不关联的，其平均数只是一个数字，无任何实际的意义与重要性。这个观念，虽可以否定，但可用以说明本书以上所说的意思。

我们的材料,如有连续性,那吗,虽然两端相距甚远,我们亦可逐渐经过一切中间的阶段而通过这两端。这样,情形就自然不同了。但在任何场合,如能明白述出两方面的变化的范围,平均数的价值,都可大增。因为,所谓平均数,按其本来性质,即许有失落大量知识的事情。平均数,不能告诉我们,平均数所从而得的材料,是如何汇集起来的。所以,在这点上附以补助的说明——不仅说明平均数之极端的离异,且说明其平均的离异——亦不为无利[①]。

所以,如讨论平均数的离异,自得十分注意平均数所由而求得的特殊范围。例如,研究一定年限的现象的统计,即可确立趋违平均数运动的周期性。但平均数,如果是连续的年度的平均数,那就不免有逐渐的变动,设此等变动未经正确的计算及适当的酌量,我们的结论即可根本摇动。譬如,所谓贸易"平价",即不繁荣亦不衰落的水准,本身就常在逐渐移动之中。任何一年的输出与输入,铁道运输收据,铁的生产与其他,决不可与某前一时期的同种统计相比较;因为,它们虽都表示增加,但因标准的水准,在这期间已经提高,所以,后一时期尽可以是最低的衰落潮,前一时期亦正可以是最高的繁荣潮[②]。他方面,如我们研究长期的运动,我们亦同样必须分析时期的变动。一定年限的平均数,如与别一定年限的平均数相比较,则此等平均数所从而求得的时期,应该尽可能除去周期运动所促成的干涉[③]。

这里并不要系统的讨论统计法之技术;但研究统计所会引起的困难,其性质如何,我们却亦讲了不少了。统计学的学理——详细研究统计应如何汇集如何配列的原理,求平均数及变度的适当方法——已如上述,乃是实用论理学或方法学的一部门。这样的统计学学理,虽不宜称为一种独立的科学,但应予以一种特殊的研究。

---

① 参看维恩《机会的论理学》第 444 页以下。

② 如我们只比较这一时期的一年和别一时期的一年,我们实际就犯了前一节所指的误区,即立论于局部材料之上。

③ 参看杰芬斯《通币与财政之研究》第 34 页以下。